U0463365

问题·方法·观点

《天津社会科学》优秀论文集萃

侯晓韧 主编

天津社会科学院出版社

图书在版编目（CIP）数据

问题·方法·观点：《天津社会科学》优秀论文集
萃／侯晓韧主编. -- 天津：天津社会科学院出版社，
2021.8
ISBN 978-7-5563-0750-0

Ⅰ．①问… Ⅱ．①侯… Ⅲ．①社会科学－文集 Ⅳ.
①C53

中国版本图书馆CIP数据核字(2021)第158734号

问题·方法·观点：《天津社会科学》优秀论文集萃
WENTI FANGFA GUANDIAN : TIANJIN SHEHUI KEXUE YOUXIU LUNWEN JICUI

出版发行：	天津社会科学院出版社	
地　　址：	天津市南开区迎水道7号	
邮　　编：	300191	
电话/传真：	（022）23360165（总编室）	
	（022）23075303（发行科）	
网　　址：	www.tass-tj.org.cn	
印　　刷：	北京盛通印刷股份有限公司	
开　　本：	787×1092毫米　　1/16	
印　　张：	37.25	
字　　数：	534千字	
版　　次：	2021年8月第1版　2021年8月第1次印刷	
定　　价：	98.00元	

序

2021 年 5 月 11 日,习近平总书记在给《文史哲》编辑部全体编辑人员回信中指出:"高品质的学术期刊就是要坚守初心、引领创新,展示高水平研究成果,支持优秀学术人才成长,促进中外学术交流。"总书记的回信,从初心、创新、成果、人才、交流五个方面,提出了新时代学术期刊的使命担当,为学术期刊发展指明了方向和道路。学术期刊是传播学术成果、开展学术交流、引领学术创新、促进人才成长的重要平台,在学科体系、学术体系、话语体系建设中承担着传承文明、创新理论、引领思想的重要使命。学术期刊的品质,是衡量一个国家哲学社会科学发展水平的主要标志之一,而助推构建中国特色哲学社会科学学科体系、学术体系、话语体系,是人文社科期刊担负的重要使命。《天津社会科学》创刊于 1981 年,四十年来,该刊倡导"提出新问题,发表新观点,传播新信息",致力于探讨改革开放和社会主义现代化建设中的重大理论和实践问题,为繁荣和发展哲学社会科学做出了重要贡献,多次荣获国家级奖项,入选多家核心期刊评价体系,在国内社科研究界和期刊界具有较大的影响力。时值创刊四十周年,杂志社将近年来刊发的优秀论文结集出版,嘱我作序。作为该刊多年忠实的作者和读者,我虽怕力有不逮,但却欣然接下任务,因为她很优秀!

当今我国发展已经进入新的历史方位,也就是我国发展起来以后使大国成为强国的历史方位。习近平总书记指出,这是一个需要理论而且一定能够产生理论的时代,这是一个需要思想而且一定能够产生思想的时代。这既意味着我国在物质方面逐渐强大起来了,也意味着在物质方面要继续强大起来的同时,还需要在精神方面强大起来。精神方面的强大,主要体现在成为"文化强国",而"文化强国"的核心,是拥有原创性、标识性、代表性的中国理论、中国思想及其所具有的世界影响力,而且这些理论、思想能解决中国问题和人类问题,能走向世界。

"问题意识"作为一个哲学命题,是人们对存在问题的能动性、探索性和前瞻性的反应,它不仅是面对本体和前提的思考,更是面对现实的人的感性生活世界的思考,集中体现在人们发现问题、分析问题和解决问题的能力和方法上。强调问题意识,就是要发挥主观能动性,时刻关注并思考时代发展和现实社会中产生的一些难以解决的理论和实践问题,正是在这种困惑、怀疑、探究的心理状态中,才能发现有价值的问题,因此也就会确立解决问题的目标、动力和方法。问题是时代的声音,是社会矛盾的集中反映,也是人文社会科学研究的起点、创新的起点。强烈的问题意识是将学术研究引向深入并推进创新的关键。任何学术创新从本质上讲,其实都是围绕发现问题、分析问题和解决问题三个环节展开,发现问题是开拓新知的契机,分析问题是决定研究价值的程度,解决问题是实现学术创新的标志,最终得出具有原创性的新知识、新理念、新理论、新方法。

中国特色哲学社会科学的生命在于创新,人文社科期刊的生命也在于创新。揭示一条规律,提出一种学说,阐明一个道理,创造一种解决问题的办法,都属于创新。《天津社会科学》在四十年的发展历程中,坚持马克思主义的指导地位,坚持政治、学理和大众相统一,通过重大理论和实践问题研究,抓住学术热点,主动设置议题,提出具有标识性的学术概念、学术观点和学术思想,着力提升原创能力和水平。比如《天津社会科学》在"发展问题""发展理论"方面,发表了一系列具有广泛影响的高水平学术论文,提出诸多具有学术影响的新观点新理论,为推进我国发展理论研究作出了独特而重要的学术贡献,堪称全国学术期刊的一大特点亮点。此次结集的论文,有视野宏阔的理论阐发,有具体而微的学术思辨;有对基础研究的深度开掘,更有对现实问题的深切关怀。细读每一篇,都反映了作者的高层次、学术的高水准,具有学术原创力,对于构建中国特色哲学社会科学学科体系、学术体系和语话体系发挥着重要作用。

中国特色的哲学社会科学具有系统性和专业性的特点,习近平总书记指出:"中国特色哲学社会科学应该涵盖历史、经济、政治、文化、社会、生态、军事、党建等各领域,囊括传统学科、新兴学科、前沿学科、交叉学科、冷门学科等诸多学科,不断推进学科体系、学术体系、话语体系建设和创新,努力构建一个全方位、全领域、全要素的哲学社会科学体系。"从这一点来讲,《天津社会科学》此次结集的论文,学科归属多样化,既有对传统学科的深度研究,也有对新兴学科、前沿学科、交叉学科等的学术关怀。可以说,《天津社会科学》正在以自己的特色选题推进我国的学科体系、学术体系、话语体系的建设和创新,它也将与所有的同样优秀学术期刊共建期刊学术共同体,为构建一个全方位、全领域、全要素的具有中国特色的哲学社会科学学科体系而努力。

祝愿《天津社会科学》越办越好!

是为序。

2021 年 8 月　于北京

目 录

国学的三种形态

景海峰

摘　要　"国学"话语,内涵复杂,理解和谈论也十分多样化。就具体形态来看,百年国学可以划分为"国粹""国故""国本"三种,这其中既有时代背景所造成的显著差异,同时也呈现出了不同的思维方式、文化观念和价值取向,在这诸多问题的背后,又包含着复杂的社会心理和隐微的集体记忆,同时也折射出历史进程与文化变迁之五光十色的样态。

当前的国学讨论与国学研究呈现出纷繁复杂的局面。有以国学等同于文献典籍之学者,寻章摘句,力倡读经,以回归原典为旗帜,以恢复经学为目标,甚至钟情于雕虫之技,唯考据之马首是瞻。有以国学等同于中国传统文化者,或循着儒、释、道三分的格局,或按照义理、考据、辞章的套路,或者延续着道、技分层的习惯,自说自话,各行其是,此国学实非彼国学也,但又均拿国学作名号。有以国学等同于中国之学者,不分古今,模糊了历史概念,也不论汉文化与少数民族传统之差别,一概以中华为标识,以当下之民族——国家形态为依归,倡言为"大国学"或者"新国学"。这些不同的理解与进路,其入手处有别,取径迥异,目标和方式也不一样,故所讲之国学内容,所做之研究工作或所致力推动的事业,实际上存在着很大的差别。就具体形态而言,一百余年来的国学实可以区划为"国粹""国故""国本"三种,这既是时代背景所造成的巨大差异之使然,也是人们的思维方式、文化观念和价值取向判然有别的显著表征,它们的背后实包含着复杂的社会心理和隐微的集体记忆,同时也折射出历史进程和文化变迁之五光十色的样态。

一、国粹之学

"国学"的最初出场是以国粹为标识的,它是在西方文化的强力挤压之下的产物。鸦片战争后,西学、西术挟其军事之威临岸叩关、渐次伸达,洋务运动用"师夷之长技以制夷"的方略接纳之,张之洞倡"中体西用",已有画地为牢、平分秋色的意思。当其时,西学尚是被动接受和容纳的对象,还不足以对中国传统的文化系统构成根本性的威胁。清末新政之后,形势大变,废科举、黜读经、兴学堂、举西体,西方文化以完整的形态倾囊而出,有术有学,体用兼备,并且渐渐地反客为主,对中国传统文化构成了整体上的攘夺之势。只有到了这个时候,才出现了所谓"国学"的意识,有了与"西学"相对应的"国学"之观念。所以,"国学"是在中国传统文化和学术体系瓦解之后所浮现出来的特有话语,有着强烈的时代性。这也可以说是当时的知识人,在固有学术传统与西方文化构成对峙态势的特定情景之下,为了突显自身文化的价值与特色,确立其不可摇动的民族自信心而采取的针对性极强的一个策略。

作为国粹的"国学"观念与意识,有着强烈的民族主义心态,当晚清风雨飘摇之时,其背后又寄托着很强的保国保种之现实的诉求。当时的革命党人和呼唤时代变革的先进分子,一方面怀抱着排满复汉的志向,倡言种族革命,另一方面又要着力重塑"国家—民族"之新形象,以抵御西方之压倒性的强势。刘师培作《攘书》,黄节撰《黄史》,皆以光大汉民族的伟大史迹和优秀传统为旗帜,以塑造汉族祖先"创拓之丰功"的形象为历史叙事之重点,藉以突显汉民族在华夏历史文化中的主体地位。所谓"中国者,汉族之中国也。叛汉族之人即为叛中国之人,保汉族之人即为存中国之人"①。这一"正统"观念,上接轩辕黄帝的"类族辨物"和《春秋》大义的夷夏之防,下连宋明以

---

① 刘师培:《论留学生之非叛逆》(1903 年),载李妙根编《刘师培论学论政》,复旦大学出版社 1990 年版,第 285 页。

来理学家们的道统意识和家国情缘,将中国历史书写成汉民族本体的文化系统构建与心灵塑造的演化史。通过族群历史的再叙事和国家民族意识的强化,来激发人们的文化认同感,从而达到社会动员的效果,实现"驱除鞑虏,恢复中华"。晚清革命派中主力人物的地缘特色和独特的历史记忆,使得他们的民族主义有着强烈的政治诉求和排满色彩,表面上看似狭隘,并且有些"内斗"的嫌疑,但更深层的原因还是在于西方列强的步步紧逼和国破家亡的沉重危机,这种深深的忧患情绪激发出了文化更新的意愿,召唤"国魂",振兴"民族精神",以抵御外侮。1906 年,章太炎在日本首开"国学讲习会",明确打出"国学"旗号,其目的之一,就是"用国粹激动种性",通过研习国学来激发内心的民族意识,增强对于民族文化的自信心与自豪感,藉保存文化来保种族,以示与外来文明之区别。

从政治意图十分明显的民族主义转而为保存文化精粹的"国学",其情形就更为复杂,国族意识的强化在铸就民族文化心理和保守主义情感的同时,也增加了文化诠释的难度。一方面,对传统的自尊感和维护感,随着西风渐炽和传统文化的日趋失势而日见其长,传统文化越是面临困境,它表现得就越是强烈。近百年来,中国所面临的亡国灭种的危机和传统文化左右不逢源的困境,恰恰为这种情绪的植根和繁衍提供了丰沃的土壤。但另一方面,如何界定和筛选自身文化的精粹成分,在现实的不断变化和历史观念的转移当中,实际上又是困难重重,歧义甚多,同为宣扬"国粹",各家各派,各色人等,面目迥异。晚清国粹派、东方文化派、现代新儒家等,在保存传统文化之优秀成分的态度上可能是如一的,但他们的文化观念和具体主张却相去甚远,皆曰"国粹",谁人道得? 史密斯(Anthony D. Smith)在分析民族情感和传统记忆之间的关系时,提出了"重新启用文化"的概念:"开始时,本土知识分子极小的核心部分接触发达国家的文化,在经历合法性危机之后,他们激动起来,希望重新发现自己共同体的族裔过去,开始意识到该历史的范围或历史知识的不足,开始与其他共同体已知的传统、神话和共同的记忆进行比较。我们可以把这称作重新启用历史的第一阶段。历史学家、语言学家和作家试图重新发现共同体的过去,试图把一代代慢慢传递下来的各种集体记忆、神话和传统,阐发、整理、系统化并合理化为一部前后一贯的族裔历史。"①这里所谓"重新启用文化",于我国而言,实际上就是在与西方文化的比照当中,做重新的诠释和从头来塑造,而随着时代的变化,这种诠释的重心和塑造的理趣往往又是在不断地改变着的,所以在不同的时段、从不同的角度,所宣扬的国粹可能是很不一样的。相对于游移不定的观念形态文化来讲,物态的文化积淀可能显得稍稍固定些,所以中医、京剧、武术这些"技艺"类的国粹就有着比较高的公认度,面目保持得要相对长久些。

作为"国粹"之学,比较多地强调了中西方文化的不同,着眼于其差异性,在早期的民族主义心态下,甚至是严分中西的,追求所谓的纯粹性,在整体形式上中西划界,强调中学不同于西学,是故"国学"也就成为单纯的自身传统的叙事或者延续,而对于西学,则有着明显的拒斥感,略有接纳,也是谨小慎微,处在一种"将迎还拒"的状态。当西学全面普及之后,这种封闭的拒斥态度已经难以为继了,即便是最为保守的国粹主义者,也不可能不顾忌到西学的影响与挑战,总是要设法回应西方的问题,只是程度之轻重,略有拣择而已。

二、国故之学

一种更为主流的形态,当属所谓"国故"之学,在现代学术的格局中,这一国学形式在一定程度上取得了合法的身份,成为现代性知识系统中的一员。从历史阶段来讲,这一形态的出现当晚于"国粹"的意识,是伴随着西式知识系统在中国的传播和扎根而一步一步成长的。新文化运动以后,西学大获全胜,中西对阵,已渐渐鸣金收兵,虽说局部的争斗尚未平息,时起烽烟,但整体上中学对西学已构不成大的威胁。被彻底边缘化了的中国传统学术要想在新的文化格局当中和学科体制之内谋得一席之地,就必须

---

① 史密斯:《全球化时代的民族与民族主义》,龚维斌等译,中央编译出版社 2002 年版,第 74 页。

要"脱胎换骨"、改变自己的身份性,按照西方(现代)学术的规则和要求来重新打磨、改头换面,只有这样才能融入现代学术体系当中。而这个阶段的所谓"国学",实际上已暗含了"历史遗产"的味道,成为一种"材料性"的存在,和现实生活拉开了距离,或者遁入学者的书斋,或者尘封于历史高阁之上。旧体制或旧形态的"国学"已渐渐地退出了公众的视野,对现代学术的影响也近于微乎其微,"国学界"唱主角的大多为新派人物或者是有留洋经历的学者。像20世纪二三十年代之交,国学最为鼎盛时的北京大学国学门、清华国学研究院、燕京大学国学所、齐鲁大学国学所等重镇,其中的主要人物皆是有西学背景的①。

作为"国故"之学的国学,从总体上而言,具有以下几个特点:一是这类学问之学院化的形式已经成为定局,国学研究被纳入分科而治的学术体系当中。受到主流学术界关注的"国学"是和大学的体制紧密地联系在一起的,而游离于体制之外的民间讲习或者旧式学者个人的"单打独斗",已成流风余韵,影响甚微。二是在观念和方法上,这类研究全面地向西方学习、向西方看齐,用西学的眼界和方式来整理古代的资料,成所谓"国故"之学。在学科建设上,也和国外"汉学"有相当密切的关系,甚至是亦步亦趋。三是彻底的书斋化、典籍化、材料化,和现实生活脱钩了。"国学"演变为学院内部少数人经营和操持的艰深的事业,而与社会大众无关,国学研究者可以不关心社会,一般人也不会去理会什么"国学"。

从学术形态的转换来讲,这种"国学",实际上是扮演了中国传统学术向现代化的学术演进的中间角色,是旧学问向新学术过渡、中学向西学腾挪的中介形式,是由四部之学的架构转向七科之术的全面预演。按理说,当体制化的学科形式业已确立、新的学术形态已经平稳运行的情况下,这一过渡性的中间环节当已完成了它的使命、退出历史舞台,因为它"出场"的特定历史背景已经消失,它的含混性也不能够适应今天学术发展的状况和要求。所以早在20世纪20年代末,当国学声势浩大之时,主攻西洋史

---

① 参见桑兵《晚清民国的国学研究》,上海古籍出版社2001年版,第16~23页。

的何炳松就曾发出了这样的质疑:我们做文、史、哲的人,为什么不专心致志地去研究中国的文学、中国的历史、中国的哲学,而要去研究所谓"国学"。"我们当现在分工制度和分析方法都极发达的时代,是否还想要做一个'大坛场'上的'万物皆备于我'的朱熹?"①这个问题,对于较为西化的学者来讲,的确在内心深处或认之是一件不可理喻的事情,而对于眷恋传统、治中学的学者来说,又何尝不感觉到困惑呢?"国学"的身份和地位,它的内涵与外延,从一开始就是一个颇具争议性的问题,或许没有哪个人能够说得清楚!那么,作为一种避虚就实、减少争议的方式,整理国故便成了国学的不二门径,文字、音韵、训诂这些考据的硬功夫,就成为别人攻之不动的堡垒,也成了所谓国学家们最好的避风港。

三、国本之学

显然今天的"国学",不是要接续已经翻过去了的历史的那一页,也不是简单地回到20世纪二三十年代国学兴旺发达时的那般图景,更不是要借"国学"以为抵御西方之武器,像晚清国粹派那样的半推半就、将迎还拒。在现代学术理念深入人心,各种制度化的安排已经演变成为生活的常态,学术研究的积累和学术规则的运转在学科化、专业化的范式底下已十分流畅的情况下,任何简单的"复旧"的想法和企图都是不切实际的,也是根本行不通的。那么,我们为什么还要谈论国学?或者说,为什么还会有"国学热"的出现呢?这便是"国学"的另一层意涵,即随着眼下中国文化主体意识的复苏,人们期盼着作为"国本"之学的国学的新展开。

一百多年来中国社会发生了翻天覆地的巨变,除了物质生活和社会形态外,人们的精神生活和观念世界的变化尤为剧烈,中国的每一点变化似乎都是在不断地与传统"决裂"、与历史"告别"的意识支配下呈现出来的。不否定过去就不能面向未来,不与传统脱钩就不能迈入现代,似乎成了全

---

① 何炳松:《论所谓"国学"》,载《何炳松论文集》,刘寅生等编校,商务印书馆1990年版,第488页。

民的共识和时代的基本症候，借用梁启超的一句话，就是"不惜以今日之我，难昔日之我"。这样一种积习，久而久之成了"自然"，成为一种心理定势和思维习惯。似乎不这样做，就是"保守"与"落后"；不如此，就不够"现代"与"进步"。在这种观念的支配下，反传统天经地义，不具有历史批判意识就不能成为适应时代需要的"新人"。这样，漠视传统、轻蔑先贤、遗忘历史，逐渐衍化为普遍的社会风气。全民性的遗忘，加上无休止的批判，使得一般人对自己的民族文化日渐远离，对悠久的传统渐渐地淡忘而印记模糊，脑海里只留下一些现代塑造的"标签"和被妖魔化了的"碎影"。说起西方(现代)的东西来，头头是道，"如数家珍"，而对自己的历史文化却很隔膜，这种状况，延续甚久，积重难返，已经到了不得不改变的关头。近十多年来，随着我国国力的增强和民族自信心的提升，人们对传统的认识和理解有了很大的改变，迫切需要了解自己的历史文化，抛弃过去那种简单地对待历史的粗暴方式，重新摆正现代与传统的关系，从自身悠久的历史文化传统当中吸取力量。

　　从学术形态来看，中国现代的知识系统已经相当的"西化"了，不论是生产知识的方式、传递知识的手段和培育人才的机制，还是观察分析问题的方法、理论架构的进路和言说表达的形式，莫不受到西方的影响乃至支配。在一定程度上，可以说是亦步亦趋，"依样画葫芦"，充斥着摹仿和依傍的气息。且不论社会科学怎样，就拿文学、史学、哲学、宗教、艺术这些人文知识领域来说，离开西方的研究范式和表达手法，我们几乎到了"失语"的地步。这种状况，极不利于民族文化的创新和发展，严重制约了人文学术的影响力，使得学院化的知识人和现实生活的距离越拉越大。西方近代化知识系统的形成有它特定的历史背景，自然科学和社会科学、人文知识的关系也是在不断的调适当中才逐步确立的。如果说自然和社会知识可以简单地移植，不分彼我(实际上社会科学也有一个本土化的问题)，那么人文学知识则万万不可。用西方的人文科学来剪裁和套用中国的传统，带来了一系列的问题，有学科范式方面的，也有研究方法上的。这些问题一直困扰着学术界，像前些年的"中国哲学合法性"讨论，就是这一尴尬状态的具体体现。没有学科范式的反思和对近代化知识系统整体上的检讨,可能永远都走不出这个困局。而"国学"的表达和样态,恰恰提供了一种思考的可能路径,至少在壁垒重重的文学、史学、哲学、宗教、艺术各学科找到了一个可以对话和交流的平台,也找到了能够更好地挖掘和表达中国传统的形式。当然,这绝不是简单地走回老路去,而是在充分地分科而治之后的一种新的汇聚。

"国学热"的出现和当前我国所处的国际环境有着极为密切的关系,后冷战时代意识形态的淡出,使得文化归属和文明亲缘性的寻取变得格外重要,文化身份的认同成为舒缓文化同质化压力的必要方式。环顾四周,在迈向现代化的进程中,各个民族国家都在尽量地保持和发展具有本民族文化特色的那些内容,力图从各自的历史传统当中寻找到挺立于世的能量。同样具有悠久历史的文明形态,当代像印度、阿拉伯国家、东南亚流行佛教的地区,都无不保留着他们各自浓郁的传统。就是同属于东亚文明(主要受大乘佛教和儒家文化的影响)的日、韩诸国,在这方面的境况也要比我们好得多。相比较而言,一百多年来中国文化的内核稀释得最为严重,传统价值裂散乃至碎片化,文化符码也丢失殆尽,大众层面的精神生活已经和自己的历史记忆相去甚远,变得越来越不像传统意义上的"中国人"。这种丧失了文化主体性、文明"识别色"趋于消失的状况,在打开国门、走向世界之后,遭遇到很大的挑战,出现了身份的困惑,产生了从来没有过的焦虑感。特别是随着"中国的崛起"和大国地位的确立,表现"自我"的文化形象和世人对中华文明独特价值与贡献的强烈期待,非常现实地摆在了我们的面前:你是谁? 你和别人(如西方)有什么不一样? 你的文化能对世界起到什么独特作用? 当代中国不仅要面对这些问题,而且需要有效地来解答这些问题,所以亟待文化主体性的挺立和自我形象的明晰化。而"国学"作为独特的意象和符号,恰能满足这一需求,为中国文化的自我伸张和自主表达提供了一个现实的门径。

(本文作者:景海峰 深圳大学国学研究所教授 本文发表于2010年第4期)

浪漫主义在中国的四种范式

俞兆平

摘　要　西方浪漫主义原本就是跨学科、多向度的复杂的构成体,它在中国文艺界的接受过程中也必然分化为多种表现形态。主要呈示为以下四种范式:以早期鲁迅为代表的尼采式的哲学浪漫主义;以沈从文为代表的卢梭式的美学浪漫主义;以 1930 年之后郭沫若为代表的高尔基式的政治学浪漫主义;以林语堂为代表的克罗齐式的心理学浪漫主义。

浪漫主义是从西方引进的理论概念,作为一种异质文化进入中国,它必然会与本土文化相碰撞,并为本土文化所同化而产生一定的变异,呈现不同的状态与风貌,这是我们考察浪漫主义在中国表现形态的第一个视角。在西方文化史上,浪漫主义是一个意义庞杂、内涵宽泛的概念,勃兰兑斯曾说过:"浪漫主义曾经几乎在每个文学部门使风格赋有新的活力,曾经在艺术范围内带来了从未梦想过的题材,曾经让自己受到当代各种社会观念和宗教观念的滋润,曾经创造了抒情诗、戏剧、小说和批评,曾经作为一种滋润万物的力量渗入了历史科学,作为一种鼓舞一切的力量渗入了政治。"[1]由此可以看出,西方的浪漫主义是一个跨学科的概念,它涉及伦理学、政治学、哲学、美学等,学科界域远远超出了文学艺术的范围。这是我们考察它的第二个视角。

---

[1]　勃兰兑斯:《十九世纪文学主流》第 5 分册,李宗杰译,人民文学出版社 1982 年版,第 440 页。

但中国学界关于浪漫主义的研究,一般多局限于现象性的、静态的、单一学科的描述,多把它缩减到仅隶属于文艺的一种创作方法,并把思潮的整体性切割成若干特征的横断面。例如,在今日高校文艺理论教科书一般是这样界定的:"它以强烈的主观态度、热情奔放的情感力量、无拘无束的幻想精神、奇特神秘的艺术色彩,将理想型文学发展到极致"①。这种研究的缺点在于:不能从宏大的历史语境中进行动态的整体性考察,也不能从跨学科的视野中探索其深度本质。而对于西方不同特质的浪漫主义进入中国后,在与本土文化接纳、碰撞的过程中,所产生的变异与分化出来的各种形态,也没有做出相应的论述。

笔者就中国文艺界对浪漫主义的接纳,进行持续的探索与思考,有些新的悟解,现提出一个全新的命题:20世纪上半叶,西方浪漫主义文学思潮在中国的传播与接受中,分化为四种主要范式。一是以早期鲁迅为代表的尼采式的哲学浪漫主义,它偏于从强力意志的角度激发悲剧性的抗争精神;二是以沈从文为代表的卢梭式的美学浪漫主义,它偏于从美的哲学角度对人类在现代化进程所产生的异化状态的抗衡;三是1930年之后以郭沫若为代表的高尔基式的政治学浪漫主义,它偏于从政治角度对无产阶级功利价值的追求;四是以林语堂为代表的克罗齐式的心理学浪漫主义,它偏于从心理角度对表现性的创作本质的推崇。

一、以早期鲁迅为代表的尼采式的哲学浪漫主义

郭沫若在《鲁迅与王国维》一文中指出:王国维和鲁迅"两位都曾经经历过一段浪漫主义的时期。王国维喜欢德国浪漫派的哲学和文艺,鲁迅也喜欢尼采,尼采根本就是一位浪漫派。鲁迅的早年译著都浓厚地带着浪漫派的风味。这层我们不要忽略"②。鲁迅早期的浪漫主义观念很大程度上来自尼采。但

---

① 童庆炳主编:《文学理论教程》,高等教育出版社1992年版,第165~166页。
② 《沫若文集》第12卷,人民文学出版社1959年版,第542页。

这一美学观念到底在哪些方面呈示出来呢？与尼采学说的具体关系如何？以往学界并未深入对照。对此展开具体的论析，乃是重要的学术任务。

其一，鲁迅把西方浪漫主义划分为四派，并推崇尼采为代表的"意力"派。

在《文化偏至论》中，鲁迅根据"知见"与"情操"这一对立的心理质素的偏倚程度，把近代思想界出现的奉行主观主义的"新神思宗"，划分为黑格尔为代表的"主智"派、卢骚与息孚支培黎为代表的"罗曼"派、席勒为代表的"知感圆满"派和叔本华、尼采与易卜生为代表的"意力"派等四派。

从鲁迅对"新神思宗"四派的论析中，呈现出两点：一是鲁迅对美学、文学浪漫主义的把握是建基于哲学浪漫主义基础上的。他对其把握与理解相当到位，往往几个词语便能警辟透彻地抉出要义。因此，学界以往那种对鲁迅浪漫主义倾向仅做浮光掠影式的描述，很难把握其精髓。我们不能孤立地仅从文学的范畴来看待鲁迅对浪漫主义的有关论述，而应注意其根柢所隐伏的哲学思考。在鲁迅论及美学、文学的浪漫主义要质时，诸如诗意人生、灵性、直觉、象征、契合自然、宗教信仰、神话等，必须注意到其哲学根柢，特别是尼采哲学、美学的背景。

二是对此四派，"以改革而胎，反抗为本"的尼采的意力派是鲁迅最为关注并推崇的，而对其他三派则不甚着力，所以，鲁迅早期创作象征主义意味较浓与此有关。像《摩罗诗力说》一文的题记则引尼采之语："求古源尽者将求方来之泉，将求新源。嗟我昆弟，新生之作，新泉之涌于渊深，其非远矣。"这包含着将以尼采思想作为自己所欲探求的新的源泉的动向。鲁迅做出厚此薄彼的选择，乃出自拯救中国之需求。在西方各国思潮更替、改革迭起之际，在列强竞相聚集、群起逼迫之时，中国却仍是安弱守雌、固守旧习。如此，何以立足于世界？鲁迅从尼采哲学中寻得这样的拯救途径："是故将生存两间，角逐列国是务，其首在立人，人立而后凡事举；若其道术，乃必尊个性而张精神。"[1]中国首先需要的是要"尊个性"，弘扬个体

---

① 鲁迅：《文化偏至论》，《坟》，人民文学出版社 2006 年版，第 56 页。

意志,鼓励"独创之力",做到"立人";是要"张精神",振奋民族精神,使"沙聚之邦",转为"人国",方能"角逐列国"。因此,要"刻意求意力之人,冀倚为将来之柱石"。这样,以尼采为代表的"张精神"的意力派就自然成为鲁迅首选的对象。

其二,鲁迅和浪漫主义思潮一致,不断对诗意人生予以思考与追寻。

鲁迅对当时唯科学主义思潮泛滥引发了物质主义的偏误十分警觉:"唯物极端,且杀精神生活"。鲁迅在人文精神与科技理性对峙的巨大的世界性的历史语境中,发出了"掊物质而张灵明"的高昂呼声。在《文化偏至论》中,鲁迅对当时人世的偏误予以尖锐的批判:"递夫十九世纪后叶,而其弊果益昭,诸凡事物,无不质化,灵明日以亏蚀,旨趣流于平庸"[①]。19世纪"知识""科学"的高速发展,单向地助长了"唯物质主义","物欲"遮蔽了"灵明",外"质"取代了内"神",物质文明高涨,精神文明低落,人的旨趣平庸,罪恶滋生,社会憔悴,进步停滞。

那么,人类社会发展的正确途径应是怎样呢? 鲁迅指出:人类不仅需要物理学家牛顿、哲学家康德,而且还需要诗人莎士比亚、音乐家贝多芬、画家拉斐尔等,断然不能忽略人生的另一极——人文精神的塑造。只有两者并重,"致人性于全,不使之偏倚"[②],人性才能全面完善,才能趋于完美。鲁迅透过启蒙主义所制造的科学和知识的神话,深刻地揭示了人生另一向度——诗意人生的价值与意义。批判科技理性引发的历史现代性所带来的负面效应,这正是包括尼采在内的西方浪漫主义思想最重要的内质。鲁迅关于诗意人生的思考与追寻,构成其浪漫主义美学观念中最亮丽的部分。

其三,鲁迅奉从浪漫主义的要义,肯定"纯文学"及"文章不用之用"的观点。

浪漫主义在文学观念上表现为对文学性质独特的理解与倡导,表现为逐步弱化文学与政治、物质等功利及道德准则之间的关系,确立文学独特

---

① 鲁迅:《文化偏至论》,《坟》,第52页。
② 鲁迅:《科学史教篇》,《坟》,第33页。

的审美内质。鲁迅在《摩罗诗力说》中写道："由纯文学上言之，则以一切美术之本质，皆在使视听之人，为之兴感怡悦。文章为美术之一，质当亦然，与个人暨邦国之存，无所系属，实利离尽，究理弗存。"①若从今天所说的现代性的视点出发，鲁迅在这里倡立纯文学观念是启蒙主义在中国的战斗任务之一，是浪漫主义思潮给予封建主义功利文学观最沉重的一击，是构建中国现代新文学的重要前提。鲁迅当年有可能是从这一目的出发，和呼唤"摩罗"诗人的功利偏向形成一种结构张力，达到美学观念上的平衡。

鲁迅这一观念的深层，有来自尼采的印痕。尼采高度尊崇艺术，要在艺术中抵达"形而上意义"，像但丁的《神曲》、拉斐尔的绘画等，这类艺术"它们不仅以艺术对象的宇宙意义、而且以其形而上意义为自身的前提"②。在这里，艺术取代了真理。因为，在尼采看来，作为本无意义的世界和人生，其所谓的真理是"丑"的，而艺术对形而上意义的追求，则可代替它。艺术由此超越了现象层面，完全摆脱了艺术与人类社会的政治现实、伦理道德等功利性的关系，尼采认为这才是"纯粹"的文学。鲁迅可能由此出发才主张艺术本质的一个侧向，在于使视、听的人得到审美的感兴，而非直接地与国家兴亡、政治功用、经济实利等相关联。

其四，鲁迅像浪漫主义者一样，肯定诗人之灵性，倡导诗之"撄人心"的功用。

鲁迅认为真正意义上的诗人，与常人有别："有而未能言，诗人为之语，则握拨一弹，心弦立应，其声澈于灵府，令有情皆举其首，如睹晓日，益为之美伟强力高尚发扬"③。诗人有独特的灵性，能说出常人有所感，有所察，却"未能言"之语，即能说出一种导引民众，有着先知先觉意味的诗性话语。在这里，关于诗人的灵性及诗的审美效应的论述，颇有浪漫主义天才论与尼采"意力说"的意味。尼采多次强调，个人不能与他人重复、雷

---

① 鲁迅：《摩罗诗力说》，《坟》，第 71 页。
② 尼采：《悲剧的诞生》，周国平译，三联书店 1986 年版，第 207 页。
③ 鲁迅：《摩罗诗力说》，《坟》，第 73 页。

同,"我们务必要努力成为我们自己——为自己制造律令,创造自己"①。

鲁迅进而把诗人比喻成西方传说中弹琴的乐师,握拨一弹,奏者、听者心弦为之震颤,随之感应,此琴音响彻心灵,使审美感应者均抬起头来,仿佛看到一轮旭日升起。这与尼采在《查拉图斯特拉如是说》中的一段话几乎类同:"一个人深深震撼颤栗的某种东西,突然以一种不可言说的准确和精细变得可见可闻。……一种思想犹如电光突然闪亮,带着必然性,毫不犹豫地获得形式——根本不容我选择"②。这种对诗的审美传达与接受的具体而细微的解读,鲁迅与尼采是同调的。

在文艺功用的问题上,鲁迅是矛盾的,他不能忘却民族救亡的任务。在《摩罗诗力说》中,他把诗的"撄人心"和国之衰亡与国之专制这一重大的政治问题联系起来。"撄"之原意为"触",有触动之意。鲁迅揭示,中国封建专制治国之特点是采用"愚民政策",使芸芸众生处于浑浑噩噩的状态。诗人就是先知先觉的天才者,任务是"触动"、唤醒民众。但统治者势必全力杀死他。可悲的是,民众反而与统治者一道剿杀之,这是中国最大的悲剧。鲁迅对传统文化采取过激性的批判,显然来自尼采。尼采对一切旧有价值予以重估,率先对基督教文化予以断然的否定。他尖锐地揭示:"道德很不道德";他让疯子宣告:"上帝死了!"而人站起来了。尼采认为,人的站立在于他具有强力意志,弘扬、激发雄健的生命力,是新的哲学、伦理学、美学的任务。这与鲁迅指出的诗人的"撄人心",使奇丽、伟大、雄健、强盛的生命力及高尚的精神得以发扬完全一致。为此,鲁迅选择了以拜伦为代表的"立意在反抗,指归在动作"的摩罗派诗人,实质上就是对此派浪漫主义思潮的遵从与弘扬。

其五,在看待迷信、宗教、神话等问题上,鲁迅均与浪漫主义观念同调。

西方浪漫主义思潮对科学认知持抵制、质疑的态度,因此对纯粹认知所描述的物理性的世界并不满意,认为排除人生价值的世界观念是不完美

---

① 尼采:《快乐的科学》,余鸿荣译,中国和平出版社1986年版,第225页。
② 尼采:《悲剧的诞生》,第347页。

的,这样,对人的生存意义的追问便成为其思索的中心。鲁迅在1908年所写的《破恶声论》等,便从这一浪漫哲学思想高度,对迷信、宗教、神话做出新的解答。

20世纪初,唯科学主义思潮在中国泛滥,竭力批判迷信、宗教,众多国人不加辨析地盲从之。鲁迅指出:只要一个人不满足于物质的生活,必然就会产生超越现实的"形上之需求"。"向上之民,欲离是有限相对之现世,以趣无限绝对之至上者也。人心必有所冯依,非信无以立,宗教之作,不可已矣。"①一个有探索意识的人,一定会想超越有限的生存现状,而趋于无限的神性界域,这样,寻求灵魂的皈依——信仰、宗教、迷信,也就成了必然的事态。鲁迅对中国民众"普崇万物为文化本根,敬天礼地"的所谓"迷信"观念颇为赞赏,认为在此心念、情思的基点上方能有诗:"顾瞻百昌,审谛万物,若无不有灵觉妙义焉,此即诗歌也,即美妙也",视世间万物有"灵觉妙义",即成诗歌创造的美学前提,鲁迅的浪漫主义诗学观念亦由此可见。

宗教、"迷信"如此,神话亦然。鲁迅认为:"神话之作,本于古民,睹天物之奇觚,则逞神思而施以人化,想出古异,诙诡可观,虽信之失当,而嘲之则大惑也。"②神话亦来自古代民众之"神思",他们见天地万物的奇异景象,则通过想象的方式拟人化地加以夸大,虽然奇异幻怪,不可尽信,但若去嘲笑这类幻想也是一种迷误。想象、拟人化、夸张、幻想、象征、神话、传说,这些浪漫主义惯用的传达技艺,在早期鲁迅心目中都是值得珍惜的人文精神传统。像中国民间戏剧中的"无常""女吊",像《故事新编》中的女娲、嫦娥、大禹、眉间尺等,之所以得到鲁迅的偏爱,都与这一浪漫主义美学观念有关。

鲁迅对神话、宗教、迷信等"形上"精神活动的肯定,源自尼采对原始生命力,包括对以神话为主的原始文化的高度崇奉。鲁迅指出,尼采"不

---

① 鲁迅:《集外集拾遗补编》,人民文学出版社1993年版,第24页。
② 鲁迅:《集外集拾遗补编》,第27页。

恶野人,谓中有新力,言亦确凿不可移"①。在尼采美学中,神话并不只是一种艺术样式,而是一种真理的映象:"神话想要作为一个个别例证,使那指向无限的普遍性和真理可以被直观地感受到。真正的酒神音乐犹如世界意志的这样一面普遍镜子置于我们之前,每个直观事件折射在镜中,我们感到它立即扩展成了永恒真理的映象"②。可以看出,神话在尼采的心目中地位极高,它和酒神精神融合一体,使无限、普遍、真理这些"形上"的精神形态得以直观的呈现。

二、以沈从文为代表的卢梭式的美学浪漫主义

浪漫主义思想史家马丁·亨克尔曾经做过这样的论述:"浪漫派那一代人实在无法忍受不断加剧的整个世界对神的亵渎,无法忍受越来越多的机械式的说明,无法忍受生活的诗的丧失。……所以,我们可以把浪漫主义概括为'现代性(modernity)的第一次自我批判'。"③站在这一美学浪漫主义的立场上,对历史现代化进程首先做出鲜明、深刻的批判的,一般都认可是卢梭,罗素就曾把卢梭推崇为"浪漫主义运动之父"。

如若以此"现代性"视点来论析沈从文创作的美学思想,应该说是相当贴切的。但问题是沈从文曾明确地回答过他没有读过尼采的书,没有受过卢梭的影响。可是,从现存的史料来看,这是不符合事实的。沈从文在《论郭沫若》中写道:"可是《反正前后》暗示我们的是作者要作革命家,所以卢骚的自白那类以心相见的坦白文字,便不高兴动手了。"④能指出卢梭文章的风格是"以心相见"的"自白",能以卢梭作为参照系来评论郭沫若,他能说自己未读过卢梭吗?而且沈从文对与卢梭比肩并立的尼采却相当熟悉,在创作与文论中不时提及。其小说《知识》中的主人公在回乡途中,

---

① 鲁迅:《摩罗诗力说》,《坟》,第64页。
② 尼采:《悲剧的诞生》,第74页。
③ 转引自刘小枫《诗化哲学》,山东文艺出版社1986年版,第6页。
④ 《沈从文批评文集》,珠海出版社1998年版,第178页。

"他想起尼采聊以自慰。离家乡越近时,他的'超人'感觉也越浓厚"。写于 1938 年《谈保守》一文,也引证道:"尼采说:'证明一事是不够的,应该将人们向之引诱下去,或启迪上来。'"①既能熟读尼采,而对同样声名显赫的卢梭却无所接触,对于曾是北京大学旁听生的沈从文来说,似乎与常理不符。

在对沈从文作品的评论中,不少研究者都已注意到他和卢梭的关联。李健吾在 1935 年写道:当我们看完《边城》,"涌上我心头的,是浪漫主义一个名词,或者说准确些,卢骚这些浪漫主义者的形象"②。美籍华人学者金介甫也指出:"沈从文读书范围异常广泛。例如,他对西方浪漫主义很入迷。虽然他指名提到的只有卢梭的《忏悔录》。"③

如若把沈从文的一些论著与卢梭的予以对照,会发现两者之间居然有着惊人的相似之处。因篇幅仅举一例:沈从文爱水,他曾说过:"我所写的故事,却多数是水边的故事。"在青岛,他对着大海默然长坐:"时间长、次数多,天与树与海的形色气味,便静静地溶解到了我绝对单独的灵魂里。……我一定要放弃任何抵抗愿望,一直向下沉。不管它是带着咸味的海水,还是带着苦味的人生,我要沉到底为止。这才像是生活,是生命。我需要的就是绝对的皈依,从皈依中见到神。"④卢梭也爱水:"我一向是热爱水的,一见到水就沉入那滋味无穷的遐想,虽然没有明确的目标。……我觉得对神的崇敬,没有比这种由静观神的业绩而激起的无言的赞美更恰当的了。"⑤从与自然山水的默对,静观式的爱恋,慢慢进入宗教迷狂式的对自然"神"的皈依与崇拜,能说他们之间没有一定的关联吗?如若细细地品味,可以感受到沈从文与卢梭之间,不仅审美旨趣相同,甚至连文字风格(指译文)也几乎接近。

在我们的研究中,如若因沈从义自身的一句话,就硬性地否定沈从文由

---

① 《沈从文文集》第 11 卷,花城出版社 1983 年版,第 236 页。
② 《李健吾批评文集》,珠海出版社 1998 年版,第 65 页。
③ 金介甫:《沈从文传》,时事出版社 1990 年版,第 78～79 页。
④ 《沈从文批评文集》,第 282 页。
⑤ 卢梭:《忏悔录》第二部,黎星译,人民文学出版社 1982 年版,第 791 页。

直接阅读或间接了解得到卢梭美学思想及文风的熏陶,似乎是过于武断了。或许沈从文本身是出自某种原因,例如记忆上遗忘,或者是由于珍惜自己作品的原创性、独特性,而不愿承认受他人的启示或影响。这在文坛上也不乏先例,像俄国作家阿尔志跋绥夫就曾经抱怨说,人们认为他受到尼采的影响纯粹是误解,理由是他未读过尼采的书。但这恰恰从另一个侧面说明,尼采思想影响之广泛深刻,甚至成为一种"集体无意识"在文化思想界流行开来。在当年中国思想文化界,卢梭的影响也应作如是观。但不管怎么说,从现有的资料与作品来分析,沈从文与卢梭之间确乎存在着美学思想倾向上的关联;即使退一步来说,他也可能像阿尔志跋绥夫一样,是一种时空隔离的在一种共同性的哲学与美学氛围中的"神交"。

对自然神性的景仰 沈从文从内心里亲近自然,尊重自然,用一种世所罕见的审美敏感去捕捉自然,表现自然,甚至对自然升华出一种虔诚的宗教情绪,领悟到自然那庄严、超越的神性。特别是其散文集《湘行散记》《湘西》,文字下流出淡淡的水墨、静静的诗意,引领读者进入一个人与自然化融、合一的超然境界。沈从文受到中国道家美学影响,文字中多透出与道交融的禅意。但以往学界把沈从文的这类描写与感受,归之为受西方"泛神论"的影响,这一判断若从与卢梭关联的视角来分析,似乎有点错位。

斯宾诺莎的泛神论把自然与神等同起来,"神即自然,自然即神",神、上帝是自然的别名,两者是同一个东西。它与当时的"自然宗教"(理神论)观念不同,"自然宗教"是与"启示宗教"相对峙的,它认为在基督教产生之前,人类原始时期的宗教是"以理性为基础而自然产生的,通过理性对自然现象的认识,即可领悟神的存在和本性"[1],所以又称"理神论"。这里的理性,主要是指主体对客体自然的直觉性领悟,如卢梭所推崇的"综合感觉"(第六感)。当时,卢梭所接受的是这一"自然宗教"。对此,若加仔细辨析,我们将会发现,沈从文所接近的也应是"自然宗教""理神论",而非所谓的"泛神论"。

---

[1] 《简明社会科学词典》,上海辞书出版社 1984 年版,第 381 页。

在《水云》等文章中，沈从文对这种自然万物的感应及其神性解悟，有着详细的描述："失去了'我'后却认识了'神'，以及神的庄严。墙壁上一方黄色阳光，庭院里一点花草，蓝天中一粒星子，人人都有机会见到的事事物物，多用平常感情去接近它。对于我，却因为和'偶然'某一时的生命同时嵌入我记忆中印象中，它们的光辉和色泽，就都若有了神性，成为一种神迹了"①。显然，这里的观念与泛神论大不相同，沈从文所敬仰的"神"和卢梭的"自然神"极为相似，是"通过理性对自然现象的认识，即可领悟神的存在和本性"。创造主体只有在理性层面上"偶然"地对自然万物接纳、"默对""思索"，只有通过直觉性的领悟，自然的"神性"才会对他敞明、显现，而非斯宾诺莎式的直接等同。

亲近自然，回归自然，这是通常论定的浪漫主义思潮要质之一，但也是它为世人所诟病之处。康德的一个判断应引起重视：卢梭"其实并没有提出人们应该返回自然状态去，而只认为人们应该从他们目前所达到的水准去回顾它"②。康德改了一个字，卢梭不是"返回"，而是"回顾"。一字之别，揭示出卢梭学说的现代性意义：卢梭是要人们"回顾"自然状态，而不是让人们疏远文明，返回蛮荒。它"不是怀旧的哀歌，而是未来的预言"。卢梭是以"自然状态"作为参照维度，来衡量、反思、批判人类社会"目前所达到的水准"及其所产生的负面弊端。现今，文明带来的社会的异化、人性的堕落，与人类处于自然状态时期的本真、朴实对比，相去何其远也。这才是卢梭所代表的美学浪漫主义"回归自然"的真正内涵。同样，对于沈从文来说，他对自然形态的亲近、赞美、顾恋、"回归"，也只有从康德所指出的"回顾"的意义上去解读，才能真切地领悟到其内在的含义。

对自然人性的赞美　山水是美的，但更美的是由这秀丽山水孕育出来的湘西儿女。沈从义谈及自己创作的宗旨："我要表现的本是一种'人生的形式'，一种优美、健康、自然，而又不悖乎人性的人生形式。"③也就是要

---

① 《沈从文批评文集》，第303页。
② 转引自卡西尔《卢梭·康德·歌德》，刘东译，三联书店2002年版，第12页。
③ 《沈从文批评文集》，第244页。

表现一种纯正的"自然人性"。这就是那黑皮肤、眸子清明如水晶《边城》中的翠翠;就是那"美丽强壮像狮子,温和谦驯如小羊"的龙朱;即使是处在社会最底层的民众,如水手、兵勇、纤夫,甚至是土匪、妓女,沈从文也都从他们身上看到一种天然生成的生存的信义,看到人性的本真、善良。这是一种未受鄙俗的商业气息所濡染,在相对封闭区域内保存下来的自然的纯朴的信义,它构成了沈从文笔下湘西儿女的自然人性的基调。

20世纪初的湘西,古老而僻远,蛮荒而浑厚。现代文明的触丝刚刚延及,却尚未深入、扩展开来;现代社会赖以构成的商品交换逻辑,还未左右当地的民风。这就形成20世纪中国少有的纯朴、本真的自然人性,与现代异化了的"社会人性"之间的交锋,这是极具典型意义的美学命题。

就以充满诗意的《边城》来论析,虽然金钱、财物也在隐隐约约地介入,并产生诱惑,但在爱情与信义面前,却仍然败下阵来。小说中,那一座象征金钱与权势的"碾坊",不时在叙述过程中闪现,就像在柔美的抒情长调中夹杂着不和谐的噪音,连毫无心机的翠翠也隐约地感受到它的威胁。但随着事态的发展,二老断然拒绝了中寨人用碾坊作陪嫁妆奁的诱惑,不要碾坊,只要渡船。在爱情与金钱、信义与财富之间,湘西儿女选择了前者。虽然二老因哥哥的死亡而内疚、因受到碾坊的逼迫而烦躁、因翠翠的不明事由而苦恼,暂时选择了赌气出行……但为了爱情,我认为他一定会回到翠翠的身边。对于《边城》,不少论者像汪曾祺、李锐等都感到它透出一种深深的悲剧感。但与其说它是一部悲剧,不如说是人类大悲剧的预兆、序曲。因为,在小说中,沈从文尚未丧失对自然人性美的信念,他只是敏锐地感觉到"现代"的威胁,现代文明的魔影的步步进逼。如果连二老、翠翠这样纯净、本真的自然之子都挡不住的话,那湘西儿女及人这一族类所保留的自然、纯朴的美,将要彻底沦落,丧失殆尽。正如沈从文把自己定位为"20世纪的最后一个浪漫派"一样,二老与翠翠的爱情也是在湘西这块土地上演出的最后一出浪漫的纯情剧。而这"最后"二字,正是沈从文所预感到的人类大悲剧的核心所在。

卢梭也把人分为两种:"自然人"和"人为的人"。他把"自然人"理想化,认为"自然人"是最好的、完善的,是人类的"黄金时代"。卢梭对这两类人做了这样的区别:"野蛮人仅只喜爱安宁和自由",他没有功利、物质的束缚;而"人为的人""往往为了寻求更加勤劳的工作而不断地流汗、奔波和焦虑。……他们逢迎自己所憎恶的显贵人物和自己所鄙视的富人"①。总之,"自然人"是为自己的自由而活,而"人为的人"是为他人的规范而活,是奴隶式的生活。因此,"自然人"的生存形态才是值得肯定的,因为他合乎人的天然本性。显然,沈从文和卢梭在这一问题上完全同调。

对社会、人生异化的批判　在中国现代作家中,沈从文较早关注到科技理性、工业文明的负值效应所带来的恶果。他在《〈长河〉题记》中即敏锐地揭示:"'现代'二字已到了湘西","试注意注意,便见出在变化中堕落趋势。最明显的事,即农村社会所保有那点正直朴素人情美,几乎快要消失无余,代替而来的却是近二十年实际社会培养成功的一种唯实唯利庸俗人生观。"沈从文对历史现代性在中国的推进与展开所产生的负值效应进行了反思与质问,他在《边城》中对即将到来的人类大悲剧的预感,即是这种"思索"的结果。

知识的积累应是文明的建构,具有正向的价值意义,但在沈从文眼中却受到质疑,他说:"不过知识积累,产生各样书本,包含各种观念,求生存图进步的贪心,因知识越多,问题也就越多。"②这与卢梭论定科学与文化的进步起了败坏风俗作用的观点完全一致。沈从文还认为,政治、哲学、文学、美术的背面都被一个"市侩"的人生观所推行:"由于工具的误用,在受过高等教育的公务员中,就不知不觉培养成一种阉宦似的阴性人格,以阿谀作政术,相互竞争。这种相互竞争的结果,在个人功名事业为上升,在整个民族向上发展即受妨碍。同时在专家或教育界知识分子中,则造成一种麻木风气。"③这与卢梭两相对照,居然有着惊人的相似。卢梭也论述道:

---

① 卢梭:《论人类不平等的起源和基础》,李常山译,商务印书馆1962年版,第147页。
② 《沈从文文集》第11卷,第271页。
③ 《沈从文文集》第11卷,第291页。

"今天更细致的学术研究与更精微的趣味已经把取悦的艺术归结为一套原则了。我们的风尚里流行着一种邪恶而虚伪的共同性……疑虑、猜忌、恐怖、冷酷、戒惧、仇恨与奸诈,永远会隐藏在礼义的那种虚伪的面幕下边,隐藏在被我们夸耀为我们时代文明的根据的那种文质彬彬的背后。"①两人都谈到由于语言文字(文明)的误用、滥用,而导致虚伪、庸俗、猜忌、奸诈等精神的堕落,沈从文还形象性地给了中国式的概念界定:培养出"阉宦似的阴性人格"。面对社会的异化、现实的丑陋、个体生命的有限性等种种缺陷与不足,他们都企盼以艺术与美来化解之,补偿之。

看到社会人生的丑陋,看到生命不可避免之"死",看到此生之有限,他努力创造着美,追寻着"圣境"。这就是沈从文,一个"用一支笔来好好地保留最后一个浪漫派在二十世纪生命取予的形式"的作家,一个"在'神'之解体的时代,重新给神作一种赞颂,在充满古典庄严与雅致的诗歌失去光辉和意义时,来谨谨慎慎写最后一首抒情诗"的诗人②。他的美学观念与创作实践完全与以卢梭为代表的美学的浪漫主义体系契合交应。

三、以郭沫若为代表的高尔基式的政治学浪漫主义

20世纪中国文艺理论界对西方浪漫主义的接受可分为两个时期,分界点约在20世纪30年代。此前,所接受的主要是以沈从文为代表的卢梭的美学的浪漫主义,以及早期鲁迅和林语堂所代表的尼采哲学和克罗齐创造心理学的浪漫主义;在此之后,所接受的主要是以郭沫若为代表的高尔基的政治学的浪漫主义。

为什么会出现这一重大转向呢? 一方面是科学主义思潮的阻隔。1923年的"科玄论战",它表面上以科学派一方得胜,以玄学派一方消退而结束。如上所述,卢梭的美学浪漫主义在本质上反对科技理性所带来的风

---

① 卢梭:《论科学与艺术》,何兆武译,商务印书馆1959年版,第5页。
② 《沈从文散文选》,人民文学出版社1982年版,第324页。

俗败坏、人性异化的弊端，是以审美的形式展现出人文精神对物质主义的抗衡。但由于科学派的胜利，由于当时《新青年》《科学》等杂志的大力宣扬与推崇，在现代中国形成了崇奉科学主义的历史语境，从而客观地阻隔了以卢梭为代表的西方浪漫主义思潮，使它无法原汁原味地为中国文学界所接纳。

例如，茅盾在《语体文欧化问题和文学主义问题的讨论》中指出："科学方法已是我们的新金科玉律。浪漫主义文学里的别的原素，绝对不适宜于今日，只好让自然主义先来了。"①在这里，"别的原素"显然是指浪漫主义反科技理性的内质。在其后的接受进程中，浪漫主义对科学主义、物质主义抗衡的内质慢慢地被扬弃了，其对历史现代性带来的负面问题的自我批判，"回顾"自然、寻求本真等要质，被排斥殆尽。余下的只是与中国古典美学"诗缘情"接轨的主情主义，以及文学创作的一般心理能力——想象这两大成分。也就是说，浪漫主义"中国化"了。

若以此为衡定标准，我们对以郭沫若为代表的前期创造社所谓浪漫主义的定性，就会产生怀疑。笔者查阅 1930 年之前的中国现代文学史有关资料，找不到创造社主要成员肯定、推崇浪漫主义的任何一条史实；相反，却发现 7 条他们明确地回避、摒弃、否定浪漫主义的史实。但迄今为止国内各部现代文学史却均把创造社列为最具典范性的浪漫主义文学社团。根据史料，郭沫若是崇尚科学主义、工业文明的。他曾明确地表示："此次大战，欧洲人所受惨祸诚甚深剧。然而酿成大战的原因，科学自身并不能负何等罪责。"②像他《笔立山头展望》一诗，高声赞诵科技的伟力，燃煤散发出的黑色的浓烟，居然成了国色天香的牡丹花，成了人类文明生身的母亲。若与以卢梭为代表的美学浪漫主义思潮比较，几乎是逆向相背的，你说他能首肯、奉从此种浪漫主义吗？因此，以郭沫若为代表的创造社，不能冠之以浪漫主义的称号，而只能称之为采用某些浪漫主义创作手法的文学社团。

---

① 《茅盾全集》第 18 卷，人民文学出版社 1989 年版，第 187 页。
② 《郭沫若全集》（文学编）第 15 卷，人民文学出版社 1990 年版，第 151 页。

另一方面是对俄苏文艺理论的接纳。20世纪20年代末,资本主义世界爆发了严重的经济危机,人们就把希望的目光投向了"空前繁荣"的苏联,敏感而激进的中国知识分子更是如此。苏联的各项(包括文学艺术在内)纲领、政策,都被冠以科学社会主义的体系传播开来,都以一种神圣的、不容置疑的意味被无条件地接受下来。1932年召开的苏联作家协会筹备委员会,正式提出了"社会主义的现实主义"的理论,把浪漫主义降为一种附属的因素,政治功利的一种手段。这一内容经周扬的介绍,很快地在中国文艺界传播开来。

1909年秋,高尔基写出《俄国文学史》,如他自己说的,这是一部"给人民用的文学史"。在书中,他从阶级观念出发,指出英国文学中发生的感伤主义和浪漫情调,乃至悲观主义,皆源自资产阶级的心理怠倦:"浪漫主义不是一种关于人对世界的态度的严整理论,它也不是一种文学创作理论;……浪漫主义乃是一种情绪,它其实复杂地而且始终多少模糊地反映出笼罩着过渡时代社会的一切感觉和情绪的色彩"①。在高尔基的心目中,浪漫主义不是人们把握世界的一种哲学基础,也不是文艺创作的理论原则,仅是"一种情绪"而已。显然,他是有意识地削减、贬低,甚至取消浪漫主义的哲学、美学的独立地位与价值意义。其原因在于当时政治斗争、阶级斗争总体形势的要求,因为,浪漫主义主张"个人是绝对自由的;个人心理是完全不依存于外在条件而发展的,个人不但是暂时与无常的,而且是永恒与不变事物之最深刻、最充分的表现"。显然,这种哲学观念不利于无产阶级斗争,因为"在无产阶级建立自己的思想体系之际,他们应该是严格的现实主义者,把自己的结论建立在现实的资料之上"②。无产阶级的思想体系必须建立于唯物主义的基点上,必须从这一高度来看全部世界历史,才是正确的。与唯物史观相契应的革命现实主义,才是根本性的文学创作理论,而浪漫主义至多只能作为依从性的附庸因素而已。

---

① 高尔基:《俄国文学史》,缪灵珠译,新文艺出版社1956年版,第62~70页。
② 高尔基:《俄国文学史》,第113~115页。

这在 1932 年《苏联作家协会章程》关于"社会主义的现实主义"原则界定中体现出来,该原则最重要的一点是"从现实的革命发展中"去描写现实,这一原则是作家创作唯一的选择。而浪漫主义只能成为一种如高尔基所说的"情绪"因素,促使艺术家"从现实的革命发展中"去观察现实。对此,斯大林有一形象的说法:"一位真正的作家看到一幢正在建设的大楼的时候,应该善于通过脚手架将大楼看得一清二楚,即使大楼还没有竣工,他决不会到'后院'去东翻西找。"①这就是暗示作家不能去"后院"翻找社会主义事业的缺陷与阴暗面,他要有浪漫主义的"情绪",向上看到高楼建成的理想远景。浪漫主义所承担的,仅此"发展的""理想"的视角而已。显然,浪漫主义在这里已经成为为政治服务的工具,故称之为政治学的浪漫主义。

早在 1925 年,郭沫若和郁达夫曾一起去看望刚从苏联回国的蒋光慈,谈到了浪漫主义。郭沫若在回忆中写道:"不过近几年似乎'浪漫'也走起运来。原因呢? 大约是由于我们的高尔基,他很在替'浪漫派'张目罢。猫儿眼照例是容易变的。"而后,郭沫若记下了蒋光慈的话,蒋光慈在"浪漫"受围骂、受围剿的时候,公然声称:"我自己便是浪漫派,凡是革命家也都是浪漫派,不浪漫谁个来革命呢? ……有理想,有热情,不满足现状而企图创造出些更好的什么的,这种精神便是浪漫主义。具有这种精神的便是浪漫派。"②这里,透露出一个信息,即郭沫若等从蒋光慈处了解到了苏联文学界的最新动态,得知高尔基在为浪漫主义重新定位。

到 1936 年,郭沫若在接受蒲风采访时说:"新浪漫主义是新现实主义的侧重主观一方面的表现,和新写实主义并不对立。新写实主义是新现实主义之侧重客观认识一方面的表现。"③显然,这里的新浪漫主义的定位完全来自苏联的"社会主义的现实主义",因为创作的唯一正确的原则是新现实主义,它又可分为两个方面,侧重主观的为新浪漫主义,侧重客观的为

① 倪蕊琴:《论中苏文学发展进程》,华东师范大学出版社 1991 年版,第 341 页。
② 郭沫若:《学生时代》,人民文学出版社 1979 年版,第 244 页。
③ 郭沫若:《诗作谈》,《现世界》创刊号,1936 年 8 月。

浪漫主义在中国的四种范式

新写实主义。这样,浪漫主义作为一种独立的美学观念被取消了,它仅成为新现实主义里的一个因素。郭沫若已从理论精神上接受了它。

郭沫若的转变有可能来自周扬的引进与介绍。1933 年周扬发表《关于"社会主义的现实主义与革命的浪漫主义"》,文中指出:"把浪漫主义和现实主义当作主观的观念论的创作方法和客观的现实主义的创作方法而对立起来,显然是错误的。"革命的浪漫主义是作为"包含在'社会主义的现实主义'里面的一个要素提出来的"①。这就是说,在社会主义的文学理论体系中,浪漫主义不可能作为独立的创作原则而存在,而只能作为一种"情绪"而纳入、包含在"社会主义的现实主义"大原则之中。1935 年,周扬又在《文学》杂志发表了《高尔基的浪漫主义》一文:"他的浪漫主义却不是对玄想世界的憧憬,而是要求自由的呼声,对现实生活的奴隶状态的燃烧一般的抗议。"②周扬侧重从斗争的激情推崇之。随后,苏共以及高尔基的这种否定"浪漫主义"美学独立性的观念就逐渐为中国左翼文学理论界所认可。

至 1958 年,毛泽东提出"革命的现实主义和革命的浪漫主义相结合"的创作方法,其"革命浪漫主义"的内质仍与苏联的"理想性"相类同。周扬解说道:应"把实践的精神和远大的理想相结合在一起","没有浪漫主义,现实主义就会容易流于鼠目寸光的自然主义",而"浪漫主义不和现实主义相结合,也会容易变成虚张声势的革命空喊或知识分子式的想入非非"③。郭沫若也解说道:"马克思列宁主义为浪漫主义提供了理想,对现实主义赋予了灵魂","两者的适当的结合——社会主义现实主义"。虽然郭沫若比高尔基悄悄地加大了浪漫主义所起作用的分量,有点把浪漫主义与现实主义平等视之的味道,但仍没有改变浪漫主义作为附庸的地位。郭沫若讲了点实话:"而在我个人特别感着心情舒畅的,是毛泽东同志诗词的发表把浪漫主义精神高度地鼓舞了起来,使浪漫主义恢复了名誉。比如

---

① 《周扬文集》第 1 集,人民文学出版社 1984 年版,第 113 页。
② 《周扬文集》第 1 集,第 131 页。
③ 《周扬文集》第 2 集,人民文学出版社 1984 年版,第 6 页。

我自己,在目前就敢于坦白地承认:我是一个浪漫主义者了。"①但这种革命浪漫主义在政治的运作下,发展到了极致,就从理想变为狂热,浮夸,甚至疯狂,这就是1958年新民歌运动所展现的"浪漫",像"农民干劲震山巅,玉米穗儿冲云端;搬个梯子爬上去,好家伙,一粒籽儿八斤半。"在水稻亩产能达到13万斤的全国性的狂热中,这确是一幅"精彩"的"浪漫"的漫画。

但是,这种"理想"概念并没有从我国文艺理论体系中消失,而是作为一种重要的成分注入了中国浪漫主义的概念之中,情感、想象及理想,便成了高校中文系教科书所界定的浪漫主义的概念三要质了。以上所简述的,就是近70年来中国文学界所奉从的政治学浪漫主义的渊源与进程。

以林语堂为代表的克罗齐式的心理学浪漫主义,请参阅笔者发表于《天津社会科学》2010年第1期《论林语堂浪漫美学思想》一文,此处不再重复。

西方浪漫主义原本就是跨学科、多向度的复杂的构成体,它在中国文艺界的接受过程中也必然分化为多种表现形态,这是国内学界在以往的研究中所没有注意到的。鲁迅所代表的尼采的哲学浪漫主义,影响至40年代陈铨等的"战国策派";沈从文所代表的卢梭的美学浪漫主义,影响至尔后的京派及当代的汪曾祺等;郭沫若所代表的高尔基的政治学浪漫主义,影响至今天文艺理论体系;林语堂所代表的克罗齐的心理学浪漫主义,影响至今日的创作理论体系。笔者现把这四种形态首次集中在一起论述,以期引起学界的关注与论争;本文在以往思考的基础上以论纲的形式表述,同时增加了鲁迅与尼采、沈从文与卢梭、郭沫若等与高尔基、林语堂与克罗齐之间的关联比较的分量,以期进一步理清其理论渊源。

(本文作者:俞兆平　厦门大学中文系教授　本文发表于2010年第6期)

---

① 《郭沫若全集》(文学编)第17卷,人民文学出版社1989年版,第3、10页。

哲学的形而上学历险

孙正聿

摘 要 哲学作为理论形态的人类自我意识,它是表征人的否定现实和追求理想的形上本性的形而上学。哲学的根本性的文化内涵,是以概念批判的方式而构成的确立"神圣形象"、消解"神圣形象"和消解"非神圣形象"的形而上学历险。形而上学历险中的"后形而上学"并不是放弃以理论形态表征人类自我意识的"哲学的终结",而是以哲学自身为直接批判对象所表征的当代人类的"揭露人在非神圣形象中的自我异化"的自我意识。

一、表征人的形上本性的形而上学

哲学是人类把握世界的一种基本方式。这个命题具有双重含义:其一,不能用哲学方式代替其他方式;其二,不能以其他方式代替哲学方式。因此,对哲学的理解,就是对哲学以何种方式把握世界的理解。从这种思路出发,本文的基本观点是:区别于宗教、艺术和科学的"哲学方式"的特殊性质和独特价值,在于它是人性的理论自觉,是一种表征人的形上本性的"形而上学",即作为理论形态的人类自我意识的"形而上学"。

哲学的形而上学,根源于人类的实践的存在方式。人的存在就是人的生命活动。然而,人的生命活动并不是动物式的本能的"生存"活动,而是"使自己的生命活动本身变成自己意志的和自己意识的对象"①的"生活"

---

① 《马克思恩格斯选集》第1卷,人民出版社1995年版,第46页。

活动。"世界不会满足人,人决心以自己的行动来改变世界"。"为自己绘制客观世界图景的人的活动改变外部现实,消灭它的规定性(= 变更它的这些或那些方面、质)","使它成为自在自为地存在着的(= 客观真实的)"①。人的实践活动使世界的"现实性"变成"非现实性",也就是使人的"理想性"成为真正的"现实性",这就是人与世界之间的否定性的统一关系。在人的实践活动及其历史发展中,人永远以自己的"对象性"活动而实现自己的"目的性",人永远创造着自己和自己的世界,人本身和人所创造的世界永远是未完成的存在。因此,人是世界上最奇异的存在——理想性的、超越性的、创造性的存在,即与世界否定性统一的存在,也就是把现实变成理想的现实的存在。否定现实和追求理想,是人的"形上"本性;以理论形态表征人对现实的否定和对理想的追求,则构成哲学的"形而上学"。哲学的形而上学正是以理论方式表征了人类关于自身存在的理想性、超越性和创造性的自我意识。

实践是人的思维的"最本质最切近的基础"。实践活动的理想性与现实性的矛盾决定了思维的"至上性"与"非至上性"的矛盾。"人的思维是至上的,同样又是不至上的,它的认识能力是无限的,同样又是有限的。按它的本性、使命、可能和历史的终极目的来说,是至上的和无限的;按它的个别实现情况和每次的现实来说,又是不至上的和有限的"②。基于人类实践本性的人类思维,总是渴求在最深刻的层次上或最彻底的意义上把握世界、解释世界,并确认人在世界中的地位和价值,这就是人类思维指向终极存在、终极解释和终极价值的"终极关怀"③。哲学的形上追求,从人类把握世界的一种基本方式上说,正是以理论的方式表征了以实践为基础的人类思维的"本性、使命、可能和历史的终极目的",也就是理论地表征了人类思维"仰望星空"的"终极关怀"。因此,哲学的形而上学,始终是一种追本溯源的意向性追求,是一种自我超越的理想性追求,是一种以理想关

---

① 列宁:《哲学笔记》,人民出版社 1993 年版,第 183、187 页。
② 《马克思恩格斯选集》第 3 卷,人民出版社 1995 年版,第 427 页。
③ 参见孙正聿《哲学通论》,复旦大学出版社 2007 年版,第 224～228 页。

照现实和反省现实的"形上之思",是一种塑造和引导时代精神的"文明的活的灵魂"。

否定现实和追求理想,是人类的"现实的生活过程"。人类文明的历史进程,始终充满着理想的冲突与搏斗、社会的动荡与变革、历史的迂回与前进。由此构成的人类自己创造自己、自己发展自己的扑朔迷离、色彩斑斓的文明史画卷,展现的是人类发展过程的否定现实和追求理想的历险。以理论的方式表征人类发展过程的历险,追究世界、历史和人生的奥秘,反思思想构成自己的根据、标准和尺度,探求政治理想、社会正义、道德基础、价值诉求的"抑制不住的渴望",则构成哲学发展过程的形而上学历险。因此,哲学的形而上学历险,从根本上说,是以理论的形态表征了人类文明的历险。

在人类文明的历险中,人类的实践活动始终存在着理想性与现实性的矛盾,以实践为基础的人的思维始终存在着"至上性"与"非至上性"的矛盾,因此,作为理论形态的人类自我意识,哲学在自己的形而上学历险中,始终存在两个基本矛盾:其一,作为人类思维"至上性"的理论表征,它力图以"绝对真理"的化身为人类提供永恒的"安身立命"之本,而人类历史的发展和人类思想的变革却不断地否定"绝对真理"的权威性和有效性;其二,哲学把自己的"绝对真理"作为判断、解释和评价一切的根据、标准和尺度,而哲学自身的发展却实现为哲学挣脱自我解释循环的自我批判,也就是实现为哲学自身的变革。因此,在哲学的形而上学历险中,从其对待"形而上学"的根本理念上看,可以区分为三种基本的理论形态:一是"不知其不可而为之"即把哲学当作"绝对真理"化身的"传统形而上学",它成为今人所诟病和"拒斥"的"形而上学的恐怖";二是"知其不可而不为之"即以"科学"取代"哲学"的"拒斥形而上学",它成为今人所反思和批判的"科学主义思潮";三是"知其不可而为之"即把哲学视为人的"形上"本性的理论表征的"形而上学追求",它成为今人所倡言或拒绝的"形而上学的复兴"。从哲学的形而上学历险看哲学史,"现代哲学"对"传统哲学"的革命,本质上是实现了形而上学由"不知其不可而为之"到"知其不可而为之"的革命性变革,即把"形而上学的恐怖"变革为"形而上学的追求",把作为"绝对之绝对"的超历史的传统形而上学变革为作为"相对之绝对"的"时代精神的精华"和"文明的活的灵魂"。

形而上学历险中的三种理论形态,从根本上说,是以理论的方式表征了人类文明的历险,因而成为理论形态的人类自我意识即哲学。通过对人类文明史的总结和概括,马克思把人的存在概括为"人的依赖性""以物的依赖性为基础的人的独立性"和以"每个人的自由发展"为条件的"一切人的自由发展"这三种历史形态。作为理论形态的人类自我意识的哲学,它对人的存在的历史形态的理论表征,构成了哲学的形而上学历险的总体进程:以自然经济中的人的存在方式为根基,确立表征"人的依赖性"的"神圣形象",以"绝对真理"的化身规范人的全部思想和行为,这就是"形而上学的恐怖";以市场经济中的人的存在方式为根基,揭露人在"神圣形象"中的"自我异化"和表征"以物的依赖性为基础的人的独立性",以"无限理性"的化身规范人的全部思想和行为,这就是西方近代以来的"理性形而上学";以人的未来的或理想的"全面发展"的存在方式为指向,揭露人在诸种"非神圣形象"中的"自我异化"和表征人对自己的"自由而全面的发展"的向往和追求,以"有限理性"的化身批判地反思人的全部思想和行为,这就是现代性反省中的"后形而上学"。确立"神圣形象"、消解"神圣形象"和消解"非神圣形象",构成哲学形而上学历险的根本性的文化内涵,因而以理论形态表征了人类关于自身存在的自我意识。

二、作为概念批判史的形而上学

形而上学作为理论形态的人类自我意识,它既不是通常所说的以"整个世界"为对象而观之的"世界观",也不是通常所理解的凌驾于科学之上的"科学的科学",而是对人类文明的"反思",即以思想自身为对象反过来而思之的"反思",也就是以概念(思想)为对象的"形上之思"。概念作为人类文明史的积淀和"文化的水库",它构成人类文明进程中的"阶梯"和

"支撑点";对概念的批判性反思,就是以理论方式表征人的否定现实和追求理想的"形上"本性,就是以时代性内涵求索人类性问题,也就是对人类文明的反省和引导。这种以对概念(思想)的批判性反思为内容的形而上学历险,从其理论旨趣、思维方式、社会功能和历史演进上看,是作为概念(思想)的批判史而存在的;能否从概念批判史看待哲学的形而上学历险,从根本上制约着人们对"形而上学"的理解。

其一,就形而上学的理论旨趣而言,是寻求超越各种具体的"物理"的"统一性原理"。亚里士多德提出,形而上学就是"寻求最高原因的基本原理"①;对此,黑格尔作出如下解释:"要这样来理解那个理念,使得多种多样的现实,能被引导到这个作为共相的理念上面,并且通过它而被规定在这个统一性里而被认识"②;总结形而上学史,瓦托夫斯基提出:"不管是古典形式还是现代形式的形而上学思想,其驱动都在于力图把各种事物综合成一个整体,提供出一种统一的图景或框架,使我们经验中的事物多样性能够在这个框架内依据某些普遍原理而得到解释,或可以被解释为某种普遍本质或过程的各种表现"③。在哲学的形而上学历险中,如何看待形而上学所寻求的"统一性原理"——是"不知其不可而为之"还是"知其不可而为之"——则把全部哲学区分为"传统形而上学"与"后形而上学"。"传统形而上学"把自身视为它所指向的"统一性原理"的化身,而"后形而上学"则把作为"统一性原理"化身的"传统形而上学"作为自己的最为根本的批判对象,从而把"不知其不可而为之"的"形而上学的恐怖"革命性地变革为"知其不可而为之"的"形而上学追求"。

其二,就形而上学的思维方式而言,寻求"统一性原理"的形而上学,是以超越表象思维和形式推理的思辨思维所展开的概念的反思与批判。对此,黑格尔曾提出:所谓"表象思维","可以称为一种物质的思维,一种偶然的意识,它完全沉浸在材料里,因而很难从物质里将它自身摆脱出来

---

① 亚里士多德:《形而上学》,吴寿彭译,商务印书馆 1959 年版,第 56 页。
② 黑格尔:《哲学史讲演录》第 2 卷,贺麟、王太庆译,商务印书馆 1960 年版,第 385 页。
③ 瓦托夫斯基:《科学思想的概念基础》,范岱年等译,求实出版社 1989 年版,第 19 页。

的同时还能独立存在"；所谓"形式思维"，"乃以脱离内容为自由，并以超出内容而骄傲"；所谓"思辨思维"，则是努力地把思想的"自由沉入于内容，让内容按照它自己的本性，即按照它自己的自身而自行运动，并从而考察这种运动"①，以实现"全体的自由性"与"环节的必然性"的统一。这种"思辨思维"，就是以对"概念"的批判性反思，展现人类思想运动的逻辑，并从而展现人类文明历险的逻辑。瓦托夫斯基指出："形而上学的历史是一部关于这种普遍的或一般类别的概念的批判史，是一部致力于系统表述这些概念的体系的历史……我们也许可以这样总结这种历史，即把形而上学定义为'表述和分析各种概念、对存在的原理及存在物的起源和结构进行批判性、系统性探究的事业'"②。因此，能否从概念批判史的视域看待形而上学历险，而不只是单纯地从对"统一性"原理的寻求看待形而上学历险，从根本上制约着人们对形而上学的理解与解释。从概念批判史的视域中看"后形而上学"，所谓的"后形而上学"不仅不是对形而上学所承担的概念批判的否定，而恰恰是对形而上学所承担的概念批判的深刻的理论自觉——它自觉地把为人类思想和人类文明奠基的理性、真理、进步、规律等基本概念（思想）作为自己批判反思的对象。

其三，就形而上学的社会功能而言，这种以对概念（思想）的批判性反思为内容的形而上学，是以超越经验常识和实证科学的某种统一性原理规范人们的全部思想和行为，或把人们的全部思想和行为归结为某种统一性原理的自我实现。罗蒂提出："自希腊时代以来，西方思想家们一直在寻求一套统一的观念……这套观念可被用于证明或批评个人行为和生活以及社会习俗和制度，还可为人们提供一个进行个人道德思考和社会政治思考的框架"。"它成为这样一个文化领域，在这里人们可以脚踏根基……从而可以发现其生命的意义"③。具体言之，传统形而上学的社会功能在于：一是以寻求"万物之理"的形上之思而推进理论思维和科学技术的发

---

① 黑格尔：《精神现象学》（上），贺麟、王玖兴译，商务印书馆1979年版，第40页。
② 瓦托夫斯基：《科学思想的概念基础》，第20～21页。
③ 理查·罗蒂：《哲学和自然之镜》，李幼蒸译，三联书店1987年版，第1、2页。

展,推进人类对自身的生活意义的反思,并为这种"发展"和"反思"提供"抑制不住的渴望";二是以"普遍理性"的方式而确认诸种"神圣形象"或"非神圣形象",为社会的价值规范提供"最高的支撑点";三是以"万物之理"和"普遍理性"的方式表征自然经济中的"人的依赖性"和在市场经济中的对"物的依赖性"的存在方式。传统形而上学具有"科学的"和"哲学的"双重内涵:就其作为关于"万物之理"的物理主义,它是以"真正的科学"或"科学的科学"自期自许的;就其以人的"形上本性"而追究"统一性原理"并达成人的"安身立命之本",它又是"哲学的",即以理论形态的人类自我意识而存在的。因此,能否从价值理想的视域看待形而上学历险,而不只是从某种知识论的立场看待形而上学历险,不仅从根本上制约人们理解形而上学的立场与态度,而且从根本上制约着人们如何理解形而上学历险中的"后形而上学"。从概念批判史的视域看"后形而上学",所谓的"后形而上学",不仅不是对形而上学所承担的价值诉求的否定,而恰恰是对形而上学所承担的价值诉求的深刻的理论自觉——它自觉地把为人类思想和人类文明奠基的价值、自由、正义、发展等基本概念(思想)作为自己批判反思的对象。

其四,就形而上学的历史演进而言,表征"人的依赖性""以物的依赖性为基础的人的独立性"和以"每个人的自由发展"为条件的"一切人的自由发展"的形而上学历险,即确立"神圣形象"、消解"神圣形象"和消解"非神圣形象"的形而上学历险,它经历了由"古代哲学"到"近代哲学"再到"现代哲学"的变革,并从总体上实现了从"传统形而上学"到"后形而上学"的变革。因此,能否从理论形态的人类自我意识,即理论地表征人的存在形态的历史变革去理解和把握哲学的形而上学历险,不仅从根本上制约人们对形而上学历程的理解,而且从根本上制约着人们在何种程度上把握到形而上学历险的深层的文化内涵,特别是从根本上制约着人们能否从形而上学历险的视域把握到"后形而上学"的深层的文化内涵。

在西方哲学史上,一直占有统治地位的传统形而上学,就是柏拉图—黑格尔主义。传统形而上学最初的表现形态是客体主义的形而上学,即作为理念世界的柏拉图主义;中世纪的表现形态是一神教的形而上学,即以人的本质的异化形态(上帝)所表现的客体主义的形而上学;自笛卡尔、培根以来的近代哲学表现为反"独断论"的即认识论反省的形而上学,也就是具有主体性特征的形而上学;作为传统形而上学的总结与超越,黑格尔哲学既是把客体主义逻辑化的形而上学,又是把客体主义历史化的形而上学,即历史与逻辑相统一的形而上学,也就是以概念辩证法为内容的形而上学。辩证法形态的形而上学,深刻地体现了被阉割的形而上学的根本性的特质与功能——作为概念批判史的形而上学。因此,传统形而上学的最高形态,就是黑格尔的存在论、认识论和逻辑学相统一的形而上学,即以概念批判为内容的辩证法的形而上学。它既反对单纯主观性的"全体的自由性",又反对单纯客观性的"环节的必然性",而要求实现"全体的自由性"与"环节的必然性"的统一。这是主客统一或思存同一的形而上学。

作为理论形态的人类自我意识,哲学所表征的人类自我意识,从来不只是"外向"地指向"万物之理",而且"内向"地指向人的全部精神世界。卡西尔说:"走向人的理智和文化生活的那些最初步骤,可以说是一些包含着对直接环境进行某种心理适应的行为。但是在人类的文化进展方面,我们立即就遇见了人类生活的一个相反倾向。从人类意识最初萌发之时起,我们就发现一种对生活的内向观察伴随着并补充着那种外向观察。人类的文化越往后发展,这种内向观察就变得越加显著。"[①]在古希腊哲学的"人是万物的尺度"的命题中,已经蕴含对人的理性与非理性的矛盾的思考。在哲学的形而上学历险中,一直存在着物理主义与心理主义的矛盾纠缠。作为自然主义的唯物主义,始终表现出对人作为生理存在的关切;而以精神为本体的唯心主义,则从未离开对作为精神现象的心理的关切。黑格尔的思存同一的形而上学,把人的全部精神活动——情感、意志、表象——"复归于"思维,因而是"无人身的理性"(马克思)的自我运动的形而上学。反叛黑格尔,就是反叛"无人身的理性"的自我运动,因而也就是

---

① 卡西尔:《人论》,甘阳译,上海译文出版社1985年版,第5页。

把"主体"——人——"复归"为精神的多样性和丰富性。由此构成的形而上学就是现代意义的心理主义的形而上学。而无论是作为概念批判史的物理主义的形而上学,还是作为精神分析史的心理主义的形而上学,都不可逃避地在"文化"的视域中展开其形而上学,都不可逃避地构成其"在思想中所把握到的时代"。自笛卡尔以来的对概念内涵的形上反思,在近代哲学的终结处构成了作为思想的内涵逻辑的黑格尔哲学,并开启了马克思的作为历史的内涵逻辑的现代哲学。

作为概念批判史的形而上学,它的概念批判具有双重内涵:一方面是对构成思想的基本观念的前提批判,其中主要的是对规范人的思想和行为的真、善、美等基本观念的前提批判;另一方面则是对这些基本观念所蕴含的"思维和存在的一致"即"思想的客观性"的前提批判。前者是形而上学直接指向的"基本观念",后者则是形而上学在对"基本观念"的批判中所揭示的哲学的"重大的基本问题"——"思维和存在的关系问题"。因此,形而上学的概念批判史,既是对思想构成自己的基本观念的批判史,也是哲学展开其"基本问题"——思维和存在的关系问题——的历史。在对构成思想的基本观念的批判中而深化对构成思想的基本信念——思维和存在的关系问题——的前提批判,又在对构成思想的基本信念——思维和存在的关系问题——的前提批判中而展开对构成思想的各种时代性的基本观念的前提批判,这就是作为概念批判史的形而上学。

三、形而上学历险中的后形而上学

哲学形而上学历险中的最具革命性的"转向",是由"不知其不可而为之"的"形而上学恐怖"转向"知其不可而为之"的"形而上学追求"。这种"转向"的根本标志和基本形态,就是所谓的"后形而上学"。

"后形而上学"的"后",集中地体现在两个方面:其一,不是"断言"或"表述"关于"思维和存在"的"统一性原理",而是展现为对构成思想的各种基本观念——思想的客观性或真理性、历史的必然性或规律性、价值的一元性或绝对性、发展的单一性或单向性、文化的层级性或根基性——的前提批判,从而使哲学自觉地成为"知其不可而为之"的批判活动;其二,不是把理论思维的两种基本方式——哲学和科学——当作"理性"的化身而奉为一切文化的圭臬,而是"反其道而行之",以对哲学和科学的批判而实现对"理性"本身的具有颠覆性的前提批判——从"无限理性"到"有限理性"的革命性转变。简言之,以"有限理性"的理论自觉而深切地展开对构成思想的各种"基本观念"的前提批判,并由此实现对构成思想的基本信念——思维和存在的同一性——的前提批判,这是真正意义的"后形而上学",也是"后形而上学"的真实意义。因此,"后形而上学"是形而上学历险中的"现代哲学",而不是"终结哲学"的"非形而上学"。

西方哲学史上的黑格尔哲学,是全部传统形而上学的集大成;批判黑格尔哲学及其集大成的传统形而上学,则是整个现代哲学的出发点。在《分析的时代》一书的开头,美国哲学家怀特就以"绝对理念之衰微与没落"为题,指出"几乎二十世纪的每一种重要的哲学运动都是以攻击那位思想庞杂而声名赫赫的十九世纪的德国教授的观点开始的"[①];英国哲学家艾耶尔则用"叛离黑格尔"这个极具刺激性的口号来阐发《二十世纪哲学》;德国哲学家赖欣巴哈更以《科学哲学的兴起》为题而批判基于人的"不幸的本性"的形而上学。"拒斥形而上学",不仅成为 20 世纪哲学的最为时尚的"关键词",而且真实地构成了 20 世纪占有主导地位的"哲学理念"。"拒斥形而上学"的"真实意义",首先是暴露了传统形而上学的"理性的狂妄",即暴露了传统形而上学"不知其不可而为之"的"哲学"本质,也就是暴露了传统形而上学把"哲学"当作"无限理性"的化身的本质。这具体地表现在对传统形而上学的集大成的黑格尔哲学的三个方向的前提批判:

一是对黑格尔哲学的马克思主义批判。针对传统哲学以思辨的方式实现思维把握和解释世界的全体自由性的"幻想",恩格斯提出,"如果世

---

① 怀特:《分析的时代》,杜任之等译,商务印书馆 1987 年版,第 7 页。

界模式不是从头脑中,而仅仅是通过头脑从现实世界中得出来的,如果存在的基本原则是从实际存在的事物中得来的,那么为此所需要的就不是哲学,而是关于世界以及关于世界中所发生的事情的实证知识;由此产生的也不是哲学,而是实证科学"①。因此,"就哲学是凌驾于其他一切科学之上的特殊科学来说,黑格尔体系是哲学的最后的最完善的形式。全部哲学都随着这个体系没落了"②。正因如此,恩格斯提出,作为"现代唯物主义"的马克思主义哲学"已经根本不再是哲学,而只是世界观"③。关于这种不再是"哲学"的"世界观",马克思本人的最为精辟的论断是:"社会生活在本质上是实践的。凡是把理论导致神秘主义的神秘东西,都能在人的实践中以及对这个实践的理解中得到合理的解决"④。

二是对黑格尔哲学的科学主义批判。赖欣巴哈在系统阐述其"科学哲学"与"思辨哲学"原则对立的著作中提出,人类的一大"不幸"在于,"总是倾向于甚至在他们还无法找到正确答案时就作出答案"。这样,"当科学解释由于当时的知识不足以获致正确概括而失败时,想象就代替了它,提出一类朴素类比法的解释来满足要求普遍性的冲动","普遍性的寻求就被假解释所满足了"。由此他提出,形而上学就是"努力想获致一种关于普遍性的、关于支配宇宙的最普遍原则的知识"⑤。卡尔纳普则更为明确地说:"我将把所有那样的一些命题都叫做形而上学的,即这些命题宣称了某种在全部经验之上或之外的东西的知识,例如,表述了事物真实本质的知识,表述了自在之物、绝对者以及诸如此类的东西的知识。""这些命题都不是可证实的……也就使这些命题失去了任何意义"。由此他得出结论,形而上学"给予知识的幻相而实际上并不给予任何知识。这就是我们为什么要拒斥它的理由"⑥。正是由于科学主义不仅"拒斥"传统形

---

① 《马克思恩格斯选集》第 3 卷,第 75 页。
② 《马克思恩格斯选集》第 3 卷,第 63 页注。
③ 《马克思恩格斯选集》第 3 卷,第 481 页。
④ 《马克思恩格斯选集》第 1 卷,第 60 页。
⑤ 赖欣巴哈:《科学哲学的兴起》,伯尼译,商务印书馆 1983 年版,第 9 ~ 11 页。
⑥ 转引自怀特《分析的时代》,第 215、216、223 页。

而上学的基本理念和思维方式,而且"拒斥"传统形而上学的追求目标和历史成就,因此,科学主义就由传统形而上学的"不知其不可而为之"而"转向"了"知其不可而不为之"的"终结形而上学"。

三是对黑格尔哲学的人本主义批判。在现代西方人本主义思潮看来,黑格尔的"无人身的理性"是一种"冷酷的理性",它把人的情感、意志、想象、体验、个性等人的全部丰富性都异化给了非人的或超人的思维,这种"冷酷的理性"是敌视个人存在的。他们认为,黑格尔以这种"冷酷的理性"去描述思维与存在的同一性,去展现历史必然性的逻辑,不仅是纯粹的虚构,是与人的生存状态相悖谬的,而且是对个人生存价值的否定。人本主义思潮把对传统哲学的批判诉诸包括人的情感、意志、想象、人格以及"潜意识"等在内的人生体验和关于人的生存状态、人的"生活世界"的"人学"。在他们的理论中,凸现了人的自在性与自为性、理性与非理性、意识与潜意识、生与死、个人与社会、人生的意义与价值等矛盾,从而把传统形而上学对"绝对真理"的寻求转变为对人的存在的关切。

从总体上说,西方现代哲学所理解的"形而上学",就是对世界的普遍性作超科学的、不可证实的"假解释"。正因如此,他们不仅"拒斥"传统形而上学的纯思辨的研究方式,而且"拒斥"传统形而上学的追求目标及其历史成就。现代西方哲学的两大思潮,都否认理性的权威性、确定性和统一性,并力图动摇人类生存的合理性、必然性和规律性信念。与追求思维把握和解释世界的全体自由性的传统形而上学相比,它们从对人类理性的鲸吞宇宙的幻想,变成了对人类理性深感忧虑的怀疑;从对人类未来的满怀激情的憧憬,变成了对人类未来的惴惴不安的恐惧;从对真善美的雄心勃勃的追求,变成了对真善美的黯然失色的叹息。这种基本观念是对现代社会生活的理论折射,是对现代人类面临的"文化危机"的敏感反应,也是对当代全球问题的消极回答。因此,这种基本观念具有二重性:一方面,它通过对传统形而上学的批判而启发人们对人类理性及其对象化活动进行深刻的、全面的反省;另一方面,则在哲学层面向人类生存的合理性及历史过程的进步性提出严峻的挑战。"后形而上学"的本质特征就在于,它集中地揭示了形而上学的"普遍理性"的内在矛盾性：其一，它揭露了从柏拉图到黑格尔的"理性主义的放荡"所造成的"形而上学的恐怖"，即"普遍理性"对"人"的"偏离"所构成的"本质主义的肆虐"；其二，它对形而上学的"层级性"追求的"拒斥"，凸显了"顺序性"的选择与安排的生存论意义，从而"终结"了以"普遍理性"扼杀实践的选择性、文化的多样性的"同一性哲学"；其三，它在"瓦解"主体形而上学的进程中，凸显了"主体间性""交往理论""商谈""对话""有机团结"在人类历史活动中的现实意义；其四，它在否定"同一性哲学"的进程中，试图构建以"非同一性"为前提的、超越绝对主义和相对主义的新的哲学理念，从而使得"必要的张力"成为当代哲学的基本理念。这种"后形而上学"思想，对于深入地审视真理—规律—客观性观念，把"对现存的一切进行无情的批判"的哲学理念贯彻到全部社会生活，从而不断深入地"揭露人在非神圣形象中的自我异化"，具有重要的理论意义和实践意义①。

　　以批判"形而上学"为理论聚焦点的"后形而上学"，从根本上说，是以"哲学"本身为对象的批判活动，也就是以"理论形态的人类自我意识"为对象的批判活动。这种批判活动的实质是变革人类关于自身存在的自我意识，这种批判活动所诉诸的基本方式是各种文化样式之间的"对话"，而在"对话"中所展开的则是"形而上学"的概念批判。"后形而上学"所展开的各种最为重要的"对话"——哲学与其他文化样式的对话、各种哲学理论或哲学思潮之间的对话、哲学与"现实的历史"或"生活世界"的对话——其基本方式和根本内容都是对概念（思想）的前提批判。这包括对"哲学"与"宗教""艺术""科学"的前提批判，对"哲学"与"文化""经济""政治"的前提批判，对"哲学"与"理性""真理""规律"的前提批判，对"哲学"与"自由""正义""平等"的前提批判，对"哲学"与"专制""民主""协商"的前提批判。正是在这种现代意义的概念批判中，"后形而上学"承担起了"揭露人在非神圣形象中的自我异化"的历史使命，转化成了以概念

---

① 孙正聿：《理论思维的前提批判》，中国人民大学出版社2010年版，第307～308页。

（思想）为对象的"思的事情",实现了"知其不可而为之"的"形而上学追求"。因此,"后形而上学"是形而上学历险中的关于当代人类自我意识的理论形态,而不是放弃以理论形态表征人类自我意识的"哲学的终结"。

（本文作者:孙正聿　吉林大学哲学基础理论研究中心教授、博士生导师　本文发表于2011年第5期）

中西思维方式的差异及其意蕴析论

王南湜

摘　要　中国思维方式以"象思维"为主导,而西方思维方式则以"概念思维"为主导。思维方式可划分为本源性和实用性两个层面,当现实生活方式发生重大变化之时,实用性思维形式会发生变化,而本源性思维形式则倾向于不变化。这意味着,在中西文化碰撞中,国人能够在实用性思维方式层面实行转换,接受与之相关联的科学、技术、社会制度,但在本源性思维方式以及与之相关的终极文化理想层面,却可能保持不变。这种可变与不变,一方面在文化和思维方式的两个层面之间造成了一种错位和紧张,但同时也为基于中国本源性思维方式对于外来文化的重构或再创造提供了一种可能性。

中西思维方式的差异及其意蕴这一事关民族文化发展的根本性重大问题,尽管也时常被人们提及,但似乎始终并未引起主流学界的足够重视。之所以如此,恐怕是因为我们不能正视,甚至不愿承认这一差异。而其中更为深层的原因,恐怕是文化自信心的缺乏。毫无疑问,这种精神文化上的不自信,是与民族在政治经济上的不自立密切相关的,因而是可以理解的。但在当今,中华民族在现实生活中正在崛起,已为哲学家提供了建立文化自信心的坚实基础的条件下,这种自信心的缺乏就不再是合理的了。承认并正视这种差异,这既是民族文化自信心的一种体现,也构成了当代中国文化创新的一个基本前提。

一、前人对于中西思维方式差异的探讨

中西思维方式的差异,在近代中西文化碰撞之前,人们是无法意识到的。近代以来的文化碰撞虽然使人们意识到了这一问题,但在中西文化巨大势差的对比下,人们却往往习惯于从西方的眼光理解这一问题,往往把不同文化之间的差异,看成时代性差异,即将中西对比变成了古今对比。这种西方中心主义视野中的比较,一般而言是不会真正把握住问题的实质的。另外一些人虽然坚持中国文化本位的理论立场,认为中国传统文化与西方不同,甚至高于西方文化,但由于在进行文化比较时内心深处仍以西方文化为比较尺度,因而不知不觉中将中国传统文化强行做了西方式解释,也就失去了对比的意义。因而,尽管中西思维方式的差异是近代以来人们经常讨论的一个话题,特别是海外汉学家的一个重要研究方面,这些研究也取得了一些有意义的进展,但由于这些研究往往未能摆脱西方思维模式的框架,因而其对中国传统思维方式的把握也就往往显得含混。国内学界以往对这一问题关注不多,近年来虽取得一些重要进展,但仍有一些问题需要加以澄清。

最先意识到中西思维方式之差异的,是那些来华传教士。但这类文献大多只是一些现象性的描述,而缺乏较为系统深入的分析。在国外学者中,较早从学术上对中西方思维方式差异进行研究的,可能是格拉耐。在其作于 1934 年的《中国人的思维》一书中,"关联性思维被当作中国人思维的一个特征"①。诺斯罗普也在发表于 1946 年的《东方直觉的哲学和西方科学的哲学互补的重点》一文中写道:"儒家学说可定义为一种心灵状态,在其中,不定的直觉到的多方面的概念移入思想背景了,而具体区分其相对的、人道的、短暂的'来来往往'则构成了哲学内容",在道家哲学中,

---

① 参见安乐哲《和而不同:比较哲学与中西会通》,北京大学出版社 2002 年版,第 59 页。

"则是不定的或未区分的审美连续体的概念构成了哲学内容"①。受格拉耐的影响,李约瑟在其《中国的科学与文明》中"讨论了一般意义上的关联性思维,也讨论了与中国宇宙论思想家相联系的具体的'象征性关联'"②。

此后,一些西方学者,特别是一些汉学家,如葛瑞汉、安乐哲、郝大维等人,对于"关联性思维"及其与西方思维方式的差异,进行了更深入的探讨。在《论道者》一书中,葛瑞汉对关联思维与分析思维进行了对比。他指出,"西方传统长期坚持试图将分析从其关联的背景中完全分离出来,免除作为源于类比的松散论证的后者,我们在实际生活中需要它,但又从严密的逻辑中剔出它"。而中国思维,特别是"《易》的系统在两个方向发展了关联思维"③。

郝大维、安乐哲则在其合作的中西比较哲学三部曲《孔子哲学思微》《汉哲学思维的文化探源》和《期望中国》中,对中西思维特征的差异进行了更为精细的讨论。通过比较,他们得出了一些重要的结论,认为中西思维方式的不同在于"第一问题框架"与"第二问题框架"何者占据主导地位。所谓"第一问题框架","或曰类比的、关联性思维","这一思维样式承认变化或过程要优于静止和不变性,并不妄断存在着一个构成事物一般秩序的最终原因,而且寻思以关联过程,而不是以主宰一切的动因或原则来说明事物的状态"。而"第二问题框架思维,我们又称它是因果性思维,是古典西方社会占支配地位的思维方式。它的预设有:(1)用'混沌'说的虚无、分离或混乱解释万物的起源;(2)把'宇宙'理解为具有某种单一秩序的世界;(3)断言静止比变化和运动更具有优先地位;(4)相信宇宙秩序是某个解释性的作用者,例如心灵、造物主、第一推动者、上帝意志等造成的结果;(5)明里暗里的主张,'世界'的千变万化是被这些解释为动因的东西所左右、所最终决定的"。据此,中西思维方式的不同,就根源于"头一种问题框架形式在西方隐而不显,却统御着古典中国文化;同样,我们称之

---

① 转引自冯友兰《中国哲学简史》,北京大学出版社1985年版,第31页。
② 参见安乐哲《和而不同:比较哲学与中西会通》,第59页。
③ 葛瑞汉:《论道者》,中国社会科学出版社2003年版,第369、418页。

为第二种问题框架,或者说因果性思维方式是西方文化的显性因子,在古典中国文化中却并不昭彰"①。因此,"如果比较哲学对所谓轴心时代的中国文化有所评说,那它不外是说:'绝对'、'超越'和'主观性'的概念在那里未必具有意义。很难在中国找到像亚里士多德或是柏拉图的形式等绝对、超越的存在物,或是像充足理由律这样纯粹、超越的原理"②。

此外,还有一些学者从不同方面对这一问题进行了深入研究。如查德·汉森(中文名陈汉生)"在八十年代初提出了一个关于汉语意象性语言之性质及其对中国传统哲学上影响的理论"③,特别是其提出的"汉语名词的语法与英语中'物质名词'的语法惊人地相似"的论点,从语言与思维的关联上揭示了中西思维方式的实质性差别之所在④。艾兰则在《水之道与德之端》一书中相当深入地探讨了水的本喻与中国哲学概念体系之间的关系⑤。近年来法国汉学家于连的有关中西思维方式差异的探讨也颇为引人注目。他通过分析指出,"希腊优先看重摹仿关系(特别是感觉与观念之间的关系)而很少注意物中间的关联,而在中国则相反;不是挖掘表象性,而是在关联的基础上建立对世界的看法。这样,中国关心的是顺应隐喻的价值,而不是象征的表达"。因而,"从最普遍的意义上讲,中国思想的确是一种关系性的思想"。而"与中国世界的关联结构相对的是一个自在的孤立,即原则和本质的世界……这并不意味着中国思想不曾有抽象化,而是说中国思想并不能够通过抽象化建立本质的形态;这也不意味着中国思想不曾有象征化,而是说它没有用象征化发掘另一个世界"⑥。

中国学者中梁漱溟大概是最早系统论及这一问题的。在 20 世纪 20 年代初,他提出了一个中、西、印三种文化差别的理论,认为文化乃生活的

①　郝大维、安乐哲:《期望中国:对中西文化的哲学思考》"导言:期待论证",学林出版社 2005 年版,第 6、7 页。
②　郝大维、安乐哲:《期望中国:对中西文化的哲学思考》"导言:期待论证",第 1 页。
③　牟博编:《留美哲学博士文选》(基础理论卷),商务印书馆 2002 年版,第 362 页。
④　参见陈汉生《中国古代的语言与逻辑》,社会科学文献出版社 1998 年版,第 39~64 页。
⑤　参见艾兰《水之道与德之端——中国早期哲学思想的本喻》,上海人民出版社 2002 年版。
⑥　于连:《迂回与进入》,三联书店 2003 年版,第 384~386 页。

样法,意欲的不同决定了生活样法的不同。人类的意欲有三种,从而也就有三种生活的样法即三种不同的文化。不同于西方人"向前的要求"和印度的"禁欲的态度",中国文化的特征是一种"调和持中的态度"①。与之相应,中国哲学思维方式的基本特征,是不同于西方一任理智分析的直觉②。

　　稍晚一些,张东荪则相当深入地分析了中西思维方式的不同。他将中西思维方式的差异归结为基于中西语言的差异,认为由于中国言语的"主语与谓语不能十分分别,这件事在思想上产生了很大的影响","其影响于思想上则必导致不但没有本体论,并且还是偏于现象论"。"所以《周易》也罢,《老子》也罢,都是注重于讲 Becoming 而不注重于 Being。这固然是中国哲学的特性,却亦是由于中国言语构造上不注重'主体'使然。亦可以说中国言语上不注重主体和中国哲学上不注重本体都是同表现中国人的思想上一种特性"③。他进而又分析了中国文字对于语言构造与思想的影响:"中国的字是象形文字。因此中国人注重于观象。因象而取名"。"这一点不仅影响及于中国人的言语构造并且影响及于中国人的思想(即哲学思想)……所以西方人的哲学总是直问一物的背后;而中国人则只讲一个象与其他象之间的互相关系。例如一阳一阴一阖一辟。总之,西方人是直穿入的,而中国人是横牵连的……可见中国自来就不注重于万物有无本质这个问题。因为中国人的文字是象形文字,所以中国人的思想以为有象以及万象之间有相关的变化就够了"。中西之间的这种差别表现于思想方法或发问态度上就是:"西方思想对于一个东西或一种事情总是先问'是什么',然后讲如何对付。中国思想却并不注重于是什么而反注重于如何对付……换言之,即西方人是以'是何'而包括与摄吸'如何'。其'如何'须视'是何'而定。在中国人却总是以'如何'而影响'是何'"。而这种思想方式的差别体现于逻辑或推论方式上则为:"西方的同一律名学用

————————

① 参见梁漱溟《东西文化及其哲学》,商务印书馆 1987 年版,第 53～56 页。
② 参见梁漱溟《东西文化及其哲学》,第 126 页以下。
③ 张东荪:《知识与文化》,商务印书馆 1946 年版,第 161～163 页。

所谓三段论法就是推论。而中国人却不用这样的推论,只用'比附'(anal-ogy)"。他把中国人的推论方式"名之曰 logic of analogy",即比附逻辑或类推逻辑①。由于与西方哲学不同,"中国哲学根本上就不是追求'最后的实在'",进而,"中国人因不重视实在与现象之分别,所以不会发展认识论",因此,"严格说来,中国只有'实践哲学'而无纯粹哲学,换言之,中国可算是没有形而上学"②。

贺麟在 20 世纪 40 年代也指出,"宋儒,无论朱陆两派,其思想方法均系我们所了解的直觉法。换言之,陆王所谓致知或致良知,程朱所谓格物穷理,皆不是科学方法,而是探求他们所谓心学或理学亦即我们所谓哲学或形而上学的直觉法"③。牟宗三则认为,西方文化是一"智的文化系统,其背后的基本精神是'分解的尽理之精神'",是一种"'方以智'的精神";"而中国'综合的尽理之精神',则是'圆而神'的精神"④。

与西方汉学界的持续研究不同,在大陆学界,这种探讨并未持续下去,而是中断了几十年,直到"文革"后方才逐渐恢复。在这方面,王树人先生近二十多年来关于中国思维方式是"象思维",而西方思维方式是"概念思维"的对比研究,有着重要的意义。这种对比涉及中西两种思维方式的基本构成单元"象"与"概念"的根本性不同。两种思维方式的根本差别,在于所把握对象的"实体性"与"非实体性"的不同。"就思维内涵而言,两种思维所把握的本质不同。'象思维'所把握者为非实体,属于动态整体,而概念思维所把握者为实体,属于静态局部。如果说思维都需要语言,那么'象思维'所用语言,与概念思维所用完全符号化之概念语言不同,可以称为'象语言'。"关于"象思维"与"概念思维"各自不同的特征,王树人先生指出:"其一,'象思维'富于诗意联想,具有超越现实和动态之特点。而概念思维则是对象化规定,具有执著现实和静态之特点。其二,'象思维'的

---

① 张东荪:《知识与文化》,第 164、184、185、189、190 页。
② 张东荪:《知识与文化》,第 100～101 页。
③ 贺麟:《哲学与哲学史论文集》,商务印书馆 1990 年版,第 175 页。
④ 牟宗三:《中国哲学的特质》,上海世纪出版集团 2008 年版,第 144～145 页。

诗意联想具有混沌性,表现为无规则、无序、随机、自组织等。概念思维之对象化规定,则具有逻辑性,表现为有规则、有序,从前见或既定前提出发,能合乎逻辑地推出规定系统。其三,'象思维'在'象之流动与转化'中进行,表现为比类,包括诗意比兴、象征、隐喻等。概念思维则在概念规定中进行,表现为定义、判断、推理、分析、综合以及逻辑演算与整合成公理系统等。其四,'象思维'在诗意联想中,趋向'天人合一'或主客一体之体悟。概念思维在逻辑规定中,坚守主客二元,走向主体性与客观性之确定。"①并且,"就思的广度和深度而言,'象思'比语言逻辑之思,更加深广。'象思'要进入和把握的是动态整体,这是逻辑概念之思无法问津的领域。'象思'之象,其层面丰富深邃。主要可分两大层面,即形下层面与形上层面。人的嗅、听、视、味、触诸感觉之象,均为形下之象。而超越此形下之象进入精神之象(例如意象、幻象等多层面),特别是进入老子所说的'大象无形'之象,即动态整体之象,乃是形上之象"②。

刘长林先生对于中西思维方式亦从不同的角度进行了颇为深入的研究。他把中国人特有的这种思维方式称为"意象思维",与之相对的西方思维方式则称之为"抽象思维"③。"意象思维与抽象思维的根本区别就在于,它不对现象作定格、分割和抽取,而是要尽量保持现象的整体性、丰富性和流动性。它不是要到现象的背后去寻找稳定性和规律,而是要在现象的自身之中找到稳定性和规律。它也对事物进行概括,发现事物的普遍性,但始终不离开现象层面。概括的结果,仍以'象'的形式出现。因此,意象思维的运行及其结果,必须能够对现象的丰富和变易有所容纳和估量"④。可以看出,刘长林先生所说的"意象思维"与"象思维"的含义十分接近。但与王树人先生不同的是,刘长林先生起先是从研究中医哲学入手探讨中国传统思维方式的,这使他一开始就没有把"意象思维"只限于哲

---

① 王树人:《中国哲学与文化之根——"象"与"象思维"引论》,《河北学刊》2007 年第 5 期。
② 王树人:《文化观转型与"象思维"之失》,《杭州师范大学学报》2008 年第 3 期。
③ 刘长林:《中国象科学观》,社会科学文献出版社 2008 年版,第 51 页。
④ 刘长林:《汉语、汉字与意象思维》,《汉字文化》2006 年第 5 期。

学玄思或文学艺术的层面,而是直接将这种思维方式看作体现于中国医学以及兵学、农学之中的平常的东西。显然,一种思维方式只有是一个民族人们生活中平常的东西,是百姓日用而不知的东西,才能够说是该民族所特有的思维方式。刘长林先生把中西思维方式的不同归结为所关注事物层面的不同,认为"一切事物都有现象(简称'象')和产生现象的形体或实体(简称'体')两个大的层面。到现象背后去找本质和规律,自然就找到事物之形体或实体的层面,因而着力研究产生现象之实体的物质构成及实体之间相对稳定的联系。这就是西方传统认识论所说的与现象相对的'本质'。源于西方科学的现代科学,尽管包罗万象,但大都从有形物质之'体'出发,研究不同种类的'体'的结构、形态、性质及其运动规律"。"这就是说,西方近现代科学主要以产生现象的'体'及'体'的比较稳定的关系为认识层面。而'体'作为有形的实在,以空间属性为主要特征"。而"通过'象'层面对系统的认识,是以时间和整体为本位;其对系统构成的了解,是从动态过程和整体的角度获取的"[1]。

此外,这方面研究中比较重要的还有李泽厚的"实用理性"说[2],张祥龙的"构成见地"说[3],等等。

二、如何规定中西思维方式的差异

以上我们对前人关于中西思维方式之差异的探讨进行了简单的梳理。不难看出,以上诸说都从某一方面揭示出了中国传统思维方式的特质,而这一特质显然与西方思维方式十分不同。但同样明显的是,这些表述之间尚存在着歧异,且各种表述中也包含着诸多含混之处,这便需要我们对之加以辨析和澄清,以对它们之间的差异获得一种更为贴切的表征方式。

---

①　刘长林:《中国象科学初探》,《中国社会科学院研究生院学报》2005 年第 6 期。
②　李泽厚:《中国古代思想史论》,人民出版社 1985 年版,第 303～306 页。
③　张祥龙:《从现象学到孔夫子》,商务印书馆 2001 年版,第 190～199 页;《思想避难:全球化中的中国古代哲学》,北京大学出版社 2007 年版。

那么,如何表征中西思维方式的这种差异呢? 笔者以为,王树人先生对于"象思维"和"概念思维"的对比规定中虽然存在一些问题,但这两个术语,一者以"象"为思维单元,一者以"概念"为思维单元,从直观上鲜明地凸显出中西思维方式的差异,因而当为首选。更重要的是,参照上述各位学者对中西思维方式差别的分析,特别是张东荪和郝大维、安乐哲的分析,我们不难看出,唯有把"象"视为思维单元,才能够解释为何中国人的思维是"'如何'而影响'是何'",是"实用理性",是"圆而神",只有"类推逻辑",以及为何是一种"第一问题框架"的"关联性思维"。因为概念思维的首要特征是抽象性,即把思维对象从具体的感性现实中抽象出来,并以下定义的方式加以严格规定①。而象思维则始终不离具体性。所谓"观物取象",虽然是以概括的方式从现实事物中"取得"象,但所取之象却并不与感性具体事物相隔离。正因如此,在象思维中,类推逻辑,以及先问"如何对付"的"实用理性"才是可能的;在概念思维中,则不能如此,而只能以基于同一律的三段论法推论,只能先问"是何"。

在中西思维方式区别之实质问题上,笔者赞同王树人先生的方式,只直接地规定中西思维方式的不同,一者以"象"为思维单元,一者以"概念"为思维单元,而不本质主义地将之归结为对于思维对象不同层面的关注,因为对于事物层面的划分,正是相应思维方式的产物。在"象思维"方式的适用性方面,笔者赞同刘长林先生的见解,认为这种思维方式贯通于中国古代哲学玄思、文学艺术和易学、农学、兵学等一切方面,而不独限于哲学玄思与文学艺术方面。

关于"象思维"或"意象思维"与"概念思维"或"抽象思维"的关系,笔者以为刘长林先生将"象科学"的对象规定为现象或"象"的层面,而将"体科学"的对象规定为本质或实体层面,颇为不妥。本质与现象的对立,乃

---

① 我们可以在英汉双解词典中看到一种体现着中西思维方式差异的有趣现象:对于一个名词,如"cup",英语的解释方式是下一定义:"a small round container, usually with a handle, from which liquids are drunk"(一种小的圆形容器,通常有把,用来饮用液态物)。而汉语的解释则十分简单:"(有把的)茶杯;(有脚的)酒杯"(见《英汉双解朗文美语辞典》,外语教学与研究出版社1992年版,第292页)。

是"概念思维"所预设,而在"象思维"方式中,则不可能存在此种预设。"象"的世界乃是"体用不二"的。王树人先生认为"'象思维'乃是人类(包括个体和类)最先出现的思维方式,因而,概念思维方式是从'象思维'中产生出来的,并且一直以'象思维'为依托",在理论上亦有莫大困难。因为若如此,则"象思维"成为普遍的,而不能说是中国人所独有。解决这一问题的关键,可能在于必须进一步区分原始形态的"象思维"与高级形态的"象思维"(为简便起见,可将原始形态的"象思维"称之为"原始思维",而将高级形态的"象思维"仍简称为"象思维")。那种原始的"象思维"即原始思维是普遍地存在于人类原始时代的思维方式,并且在进入文明时代之后仍包含在高级形态思维方式(包括"概念思维"与高级形态的"象思维")之中,作为其依托和构成要素。尽管原始思维与高级形态的"象思维"较之"概念思维"有着更多的相似性,但二者毕竟不是在同一个层次上的。与"象思维"在同一层次的只能是"概念思维"方式。因此,可以认为"象思维"与"概念思维"都是从原始思维方式中分化出来的同一层面的高级思维方式。

尽管不能将两种思维方式理解为以"象"为对象还是以"体"为对象,但二者肯定在侧重点上是有所不同的。关于这种侧重点的不同,刘长林先生提供了一种颇有启发性的理解:"时间和空间是万物的两种最基本的性质。天地万物都有自己的时间和空间,时、空统一不可分割。但是时间和空间又是两个相互分别、各有自己的独立性的方面。当人们面对世界的时候,则不可能时、空并重,而必定有所选择:或以空间为本位,从空间的角度看待时间和万物的存在;或以时间为本位,从时间的角度看待空间和万物的存在。这两种态度和做法具有不同的意义和价值,对于人类都是必要的、有益的。之所以有这两种选择,是因为人的思维和感知在同一时刻只能有一个注意中心。因此,在对待外界事物时,或以空间为主,或以时间为主,这两种作法只能分别进行,而不可能体现在同一过程之中"。于是,"人类文化正是这样被分成了两大源流"。这就决定了两种思维方式的基本特征:"以空间为本位,决定了西方文化必定以主客对立、分离的方式对待一切事物。因为空间可以占有,相互排斥。对立、分离是空间的基本特征,惟有对立、分离才能显示空间的存在。主客对立和空间本位可谓互为因果。由此,西方喜欢采用分析、剖解的方法认识世界,强调人与人、物与物、人与物之间的分别,看重具有明显空间特性的物质存在。"而"中华传统文化以时间为本位,决定了这种文化必定以天人合一、主客一体的方式对待天地万物。因为在同一个时空连续系统中,时间不可分割,不可截断,不能占有,不能掠夺。从时间的角度看人与天地万物,永远是一个浑然有机整体。因此中华传统文化奉行'道法自然'的原则,尊重事物的自然整体状态。"①

如果以侧重时间还是侧重空间作为区分"象科学"与"体科学"以及"象思维"与"概念思维"之准则,则由于时间与空间的不可分割性,我们便不能在"象科学"与"体科学""象思维"与"概念思维"之间做出一种截然的划分,而只能作一种相对的划分。这就是,中国传统思维方式是以"象思维"为主导的思维方式,而西方思维方式则是以"概念思维"为主导的思维方式。在中国的传统思维方式之中,无疑也存在着概念思维的因素,只是没有发展成主导的思维方式罢了。事实上,这种概念思维的方式在名家与墨家的著作中有着十分显著的表现。而在西方思维方式中,那种严格的概念思维大概也只是体现于科学著作之中,而在普通人的日常思维中,恐怕有着更多的"象思维"的成分。

三、思维方式的可变性与不变性

以上我们在一般意义上辨析和描画了中西思维方式的差异,但这种差异是两种根本不同的文化类型所决定的本质性差异呢,抑或只是一种时代性的差异呢? 这是需要进一步辨析清楚的。

事实上,由于种种原因,人们往往倾向于不将这种差异视为文化类型

---

① 刘长林:《时间文化与人类的第二次文艺复兴》,《科学对社会的影响》2007 年第 3 期。

所决定的本质性差异,而是或者将之直接视为时代性差异,或者将之以某种方式转换为时代性差异。这种转换又有直接和间接两种方式。其中之一是直接将中西思维方式的差异归结为古今思维方式的差异。这种归结当以王树人先生的论述为代表。如前所述,王树人先生把中西思维方式分别归结为"象思维"和"概念思维",但他却又认为,"从思维发展的历程看,'象思维'乃是人类(包括个体和类)最先出现的思维方式,因而,概念思维方式是从'象思维'中产生出来的,并且一直以'象思维'为依托。就是说,概念思维乃是'象思维'在'原发创生'中的产物。并且,'象思维'这种'原发创生性',在概念思维发展的历程中还一直隐身于其中发挥作用。无论是形成新概念、新判断、新推理,都有'象思维'的'原发创生性'参与其中。以为进入概念思维,'象思维'活动就中止了,是离开思维本真本然的机械论观点。可见,无论是对于个体人还是对于人类,'象思维'都是最基础、最根本的思维方式"①。这样一来,"象思维"就不再是中国人所特有之思维方式,而成了一种普遍地存在于人类思维之中属于思维的初级阶段的东西了。对这一问题有过精深研究的郝大维和安乐哲,其"第一问题框架"与"第二问题框架"的对比,似乎也隐约包含着一种将思维方式的中西差异转换为古今差异的意味。但如果中西思维方式的差异只是一种古今的差异,不管论者是否更推崇"象思维",问题客观上已被消解。既然西方人已经从"象思维"或"第一问题框架"发展到"概念思维"或"第二问题框架",那么,中国人迟早也会经历这一过程。一旦中国人做到这一点,这一问题便成了一个只有历史学家才会感兴趣的"过去时"问题。

还有一种比较隐晦的转换问题的方式,这就是从本质与现象对比的角度去理解中西思维方式的对比。这方面刘长林先生的研究颇有代表性。他把中西思维方式的不同归结为所关注事物层面的不同,认为"抽象思维"是"到现象背后去找本质和规律……从有形物质之'体'出发,研究不同种类的'体'的结构、形态、性质及其运动规律",是所谓的"体科学",而

---

① 王树人:《中西比较视野下的"象思维"——回归原创之思》,《文史哲》2004 年第 6 期。

"意象思维"则"通过'象'层面对系统的认识,是以时间和整体为本位;其对系统构成的了解,是从动态过程和整体的角度获取的",是所谓的"象科学"①。但本质与现象的区分,正是西方传统思维方式之特征,以此来划分两种思维方式,恐怕很难为中国传统思维方式找到一个独立的立足点。因此,尽管刘长林先生强调现象或"象"层面对于本质或"体"层面的优越性,但只要承认现象是本质的表现,就最后不得不承认把握本质对于把握现象的优越性。事实上,在西方科学中,常有先对现象进行唯象的描述,而后再探讨现象后面之本质的研究程式。如此一来,所谓"象科学"岂不成了高级的"体科学"之预备阶段了。显然,从本质与现象层面来规定中西思维方式之差异,最后也可能导致将之转换成为一个古今差异从而取消这一问题。与之相似,张东荪的"西方人是直穿入的,而中国人是横牵连的",中国"不但没有本体论,并且还是偏于现象论"的说法,亦有按本质与现象来规定中西思维方式之嫌。

这里的问题是,中西思维方式的差别是否能够被置换为古今差异或时代性差异。如果能够的话,那么,这种差异便不是实质性的,因而是能够随着时代的变化而消除掉的。果若如此,问题便很简单,处于"较原始"的"象思维"方式中的中国人所能做的就只是将自己提高到发达的"概念思维"方式的水平上。但如果这种置换不能或从根本上说不能的话,那么问题就复杂得多了。

诚然,中西思维方式并非一成不变的,而是二者都发生过显著的转变。至少就哲学而言,如许多学者所指出的那样,西方哲学中,古代的实体性哲学、近代的主体性哲学与现代的实践哲学之间便存在着重大的差异②;而中国哲学中,从先秦哲学到宋明理学亦有过重大的转变,特别是,自从近代西方文化尤其是西方科学传入中国以来,中国人传统的思维方式以及哲学都受到了莫大的冲击,并在相当程度上有了改变。但这是否从根本上改变

① 刘长林:《中国象科学初探》,《中国社会科学院研究生院学报》2005年第6期。
② 参见王南湜《新时期中国马克思主义哲学发展理路之检视》,《天津社会科学》2000年第6期。

了中国与西方各自思维方式的最基本特征,特别是"象思维"与"概念思维"这一根本特征了呢?仔细回想一下,似乎又不像是那样的。无论是西方还是中国,尽管各自的思维方式从其内部表现形式上看,在历史上都发生了极其巨大的变化,但是,如果我们将二者置入对比之中看,似乎前述"象思维"与"概念思维"的根本性特征在相当大的程度上都被保留了下来。在西方,概念思维似乎仍是其核心特征,而在中国,象思维仍在支配着我们的智力活动。

那么,我们应该如何应对这种含混状态呢?或许,正是这种含混不清的状态在提示我们,必须仔细地分析所谓思维方式的改变到底意味着什么,或者说,在什么意义上人们可以说某种文化的思维方式发生了变化。鉴于此,我们或许可以将思维方式划分为本源性和实用性两个层面,看可否能更好地把握这一问题。

所谓思维,可以一般地理解为一种对于世界的象征性把握;而所谓思维方式则是指一种文化所特有的象征性地把握世界之方式。因而,所谓的本源性思维方式,是指一种文化之象征性地把握世界的基本或核心构架;而所谓的实用性思维方式,则是指基于这种基本或核心构架而敷设的象征性地把握现实生活的具体方式。我们可以把思维方式这两个层面的关系视为约略相当于康德哲学中理性理念与知性范畴之间的关系。在康德哲学中,知性范畴对于认识而言是构成性的,而理性理念则只是范导性或调节性的。类似地,我们也可以把实用性思维方式理解为构成性的,而把本源性思维方式理解为范导性或调节性的①。

按照这种理解,所谓构成性的,就是意味着实用性思维方式与现实生活之间存在着一种刚性的关联或搭挂关系,而所谓调节性或范导性的,则意味着本源性思维方式与现实生活之间不存在一种刚性的关联或搭挂关系,而只是一种柔性的甚至虚拟的关联或搭挂关系。若用船只航行来比喻

① 当然,在康德那里,无论是知性范畴还是理论理念都是先验的,而在这里,笔者所理解的思维方式只能是一种准先验性的,即相对于具体认识而言为先验的,而非相对于全部人类生活为先验的。

的话,刚性关联便有如船只与操作系统之关系,而柔性或虚拟关联则有如船只与作导航之用的北极星之关系。显然,船只与操作系统之间必定是密切结合,不存在可松懈其关联的空间的,而在船只与北极星之间则不然,其间巨大的间距使关联只能是柔性的甚至虚拟的。既然实用性思维方式与现实生活之间的关联是构成性的或刚性的,其间不存在可变通之空间,那么,一个不可避免的后果就是,一当人们的生存方式发生重大变化之时,既有的思维方式就不再能够有效地把握现实生活,从而就不得不发生变化。但另一方面,既然本源性思维方式与现实生活之间的关联是范导性的或柔性的,甚至虚拟性的,其中存在着足以消解任何特定牵挂的巨大空间,那么,其可能的结论也就是现实生活方式的重大变化并不必然地会传导到本源性思维方式,从而当此之时,也就不必然地要求本源性思维方式的变化。

当然,现实生活的变化不必然要求本源性思维方式的变化只是一种"不必然",而不是一种"必然不"。但是,本源性思维方式决不仅仅是一种工具性的东西,而是与一个民族的文化理想内在地关联在一起的存在,因而其之废兴,就决不是一种工具性的选择,而是关涉到民族文化理想的废兴。这种文化理想,依雅斯贝尔斯之说,形成于所谓人类历史的"轴心时代"。这是人类历史的一个特定时期,在这一时期,各民族传统文化的特质基本上定型。在西方,这一历史时期即苏格拉底、柏拉图、亚里士多德和耶稣基督的时代;在中国,则是孔、老、孟、庄的时代。正是他们这样一大批"同时代人"的文化创造活动,奠定了中西方民族传统文化的理想原型。这一文化理想的形成,无疑正是本源性思维方式活动的结果,因而这种文化理想就与其由之形成的本源性思维方式是同构的。这种同构于民族文化理想的本源性思维方式,便构成了一个民族深层的"文化—心理结构",因而便具有极强的稳定性。这样一种经历了数千百年而绵延下来的生活理想,在人们心中根植之深入、之牢固是超乎寻常的,因而,它就具有了一种近乎自然的强制性的吸引力量,使得人们难以轻易将其割舍。既然数千百年来这样一种生活理想为人们提供了生活的终极意义,既然由于数千百年的长存,而使人们感到它亲切得如同自身的一部分,既然任何一种可能的替代品都不能使人们感到它的亲切性,感到它是自己难分难舍的精神家园,那么,这样一种民族传统文化理想的力量便是难于抵抗的。就此而言,一个民族文化理想的保留,在某种意义上就是必然的或强制性的,从而,本源性思维方式的不变,也就具有了一种必然性。诚然,这种不变性只是一种主观的必然性,但这种主观不是一种个人意愿意义上的主观,而是民族集体意愿意义上的主观必然性。而这种民族集体的主观必然性与客观的可能性或不必然性结合在一起,就使得本源性思维方式具有了一种更高强度的抗变性力量。

如果思维方式能够被划分为本源性和实用性两个层面,那么,我们便不能笼统地谈论思维方式的变与不变,而只能分别地说,当现实生活方式发生重大变化之时,实用性思维方式层面是必定会发生变化的,而本源性思维方式层面则有可能不发生变化且倾向于不变化。

四、中西思维方式差异的文化意蕴

在上述的考察中我们得出了两个方面的结论:一是中西思维方式分别是以"象"为思维单元的"象思维"与以"概念"为思维单元的"概念思维";二是"现实生活方式发生重大变化之时,实用性思维形式层面是必定会发生变化的,而本源性思维形式层面则有可能不发生变化且倾向于不变化"。现在我们还须进一步追问,这两个方面的结论意味着什么。

从根本上说,由于思维方式对于文化创造的本源性作用,中西思维方式差异便必定意味着中西文化在总体上的重大不同,而本源性思维方式不变性倾向,则意味着这种重大不同将会持久地存在。

从哲学层面看,这首先意味着中国义化中作为最基本方法论的辩证法的根本性不同。西方的"概念思维"方式中的"概念"与"象"的最根本不同之处,是概念的抽象普遍性、对于感性事物的超越性。抽象的普遍性,即适于任何事物而又超绝于任何具体事物,自身构成一个超越的领域。从巴门尼德、柏拉图开始,这种超越性的概念就被看作构成了一个与流变的感性世界不同的不变的永恒世界,并被视为流变的感性世界的本质或本体。这两个世界的地位是固定的不可移易的,"是一种'排他性的二分法'"①。这就是说,在主流的西方思维方式中,所有那些经验性的对偶性现象,统统被归结为"一与多""本质与现象"等的对立,一句话,那些感性世界中的对偶事物统统被归结为"多""现象"等,而与之对立的则是超越的"一""本质""本体"等。而柏拉图开创的通过将现象归结为概念的组合来把握现象或"拯救现象"的方式,便是西方哲学辩证法的实质。在这种处理方式中,感性世界或现象不是原封不动地保持下来,而是被归结为本体或本质,归结为概念。这种将事物理解为"相"或"理念"的聚集的思想,规定了西方哲学辩证法的一系列特征。中国传统的思维方式以及由此发展出的辩证法则与之不同。如果把《易》视为中国传统哲学辩证法的典范的话,那么,由于构成易变之道的"阴""阳"双方处于同一层面,而并不存在西方哲学辩证法中那种"一"与"多"、本体与现象之类的等级关系,因而,用于把握事物的"易"之爻象与所把握的事物之间,就仍然处于同一个层面之上,或者,至少处在一种最接近的关联之中。中国传统思维方式的这些特征,导致中国传统辩证法与西方辩证法有着根本性的不同②。

思维方式的不同,特别是本源性思维方式的不同,还必然导致对一种文化来说最为重要的理想生活或文化理想形式的根本性不同。这里所说的文化理想是指一个民族的文化中被视为对于现实生活之超越的理想状态,这种生活理想在终极意义上赋予人们日常生活以意义,从而构成了一个民族所有成员终极的生活意义之根源。由于思维方式特别是本源性思维方式的不同,人们对现实生活的描述方式注定是不同的,从而对超越于现实的生活理想的想象必定也是不同的。就中西文化而言,西方的本源性思维方式既然是一种以概念为单元的"概念思维",且这种超越性的概念又被看作构成了一个与流变的感性世界不同的不变的永恒世界,并被视为

---

① 陈家琪:《反驳张祥龙》,《浙江学刊》2003 年第 4 期。
② 关于中西辩证法本质差别较详细的讨论,参见拙作《重估毛泽东辩证法中的中国传统元素》,《中国社会科学》2010 年第 3 期。

流变的感性世界的本质或本体,那么,对现实生活的超越的理想生活形式便不可避免地是系于这个超越的本体世界的。柏拉图对于理念世界的设定,亚里士多德对于以永恒必然世界为对象的沉思生活的推崇,基督教对于上帝之城与世俗之城的截然划分等等,均是这种思维方式之想象生活理想的体现。近代启蒙运动虽然对基督教神学进行了严厉批判,但这种思维方式并不可能被消除,甚至对宗教的批判亦只是这一思维方式更为彻底的体现。而中国的"象思维"之"象"与所把握的事物之间既然处于同一个层面上,并不存在西方哲学辩证法中那种"一"与"多"、本体与现象之类的等级关系,从而其所想象的生活理想也就不可能决然地超越于现实生活,而只可能是与现实生活处于同一层面的一种可能的理想状态。如儒家所设想的大同之世,并非现实世界之外的存在,而就是现实世界中的一种理想的可能状态。即便是道家的所谓"出世",亦并非出离此世而达致彼世。中国神话传说和文学作品中的天国,也大抵不过是置于想象的云端中的地上的皇宫,仙境亦不过是人迹罕至的"桃花源""香格里拉"等。由于中西文化的这种实质性差别,彼此之间便很难认同对方的文化理想,即便是接受,也往往是按照本己的理想进行了重构的。其结果是,虽然关于社会理想的名称看上去相同,但实际所指却可能有天壤之别。

中西本源性思维方式的差异及其不变性倾向与实用性思维方式的可变性,还意味着,中国人在接受西方哲学或一般思想之时,由于现实生存的压力,人们能够接受西方的实用性文化成果以及与之相关联的实用性思维方式,如现代工业技术、社会制度以及各门科学,但对于本源性思维方式以及与之相关的终极社会理想,却很难接受。这就导致人们只能借助于中国既有的本源性思维方式去理解、解释一切外来的东西,特别是西方思想中特有的东西,而不可能原原本本地将西方思想全盘照搬过来。在这个意义上,所谓"全盘西化"便基本上属于不可能之事,而人们对此的鼓吹或反对,亦只是类乎与风车作战的堂吉诃德式的行为。这里重要的不是赞成或反对,而是如何恰如其分地理解一种文化对另一种异质文化的吸收,亦即理解这种吸收在何种意义、何种范围内是可能的,又在何种意义上是不可能的。如果我们以此反观自近代以来国人对于西方文化的吸收，就不难看到，在实用性层面上，很明显，我们的吸收是巨量的，亦是非常成功的，现代工业技术体系、现代社会制度的建立，以及现代科学、学术和现代教育制度对于传统文化的取代，已使得我们在很大程度上被"西化"了。但同样明显的是，在本源性思维方式和终极社会理想层面，我们实质上则没有什么改变。尽管人们可能会接受一些来自西方的名词概念作为时尚的包装，但在这些飘来浮去的名词概念之下，我们最核心的思维方式，我们内心最隐秘的终极性向往，却仍然是中国式的。

这种本源性思维方式与终极文化理想的不变与实用性文化及思维方式的巨变，不可避免地在文化和思维方式两个层面之间形成一种错位和紧张，并造成种种文化焦虑。毫无疑问，文化的两个层面之间是不能长久地龃龉下去的，消除这种紧张、龃龉，正是今天国人必须直面的现实和必须自觉承担的文化创造任务。但这种消除不是靠一种中、西、体、用之间的简单排列组合就能实现的，而必然是一种基于中国本源性思维方式对于外来文化的重构。这种重构的实质就是在中国本源性思维方式及文化理想，与新的现实生活以及与之匹配的实用性思维方式之间重新建立起一种搭挂关系。既然本源性思维方式与现实生活之间的关联是柔性的，甚至是虚拟的，而非刚性的，因而这种重构就是可能的。但是，由于中国传统的思维方式是一种"象思维"，其文化理想是这种"象思维"的产物，而新的现实生活及与之相匹配的实用性思维方式是一种源自西方的"概念思维"，则这种系统性的文化重构，便是要在其间存在着重大差异的思维单元"象"与"概念"之间，建立起某种以往不曾存在过的转换关系，这是极其困难的。因而实现这种转换便是一项极其巨大的文化工程，必然要经过数代人的艰辛努力方有可能实现。这就需要中国的文化人有一种进行一场"持久战"的韧性的文化承命意识。

这种基于中国本源性思维方式对外来文化的重构或再创造的主张，从某种意义上也可以说是一种"中体西用"论。但这不是一种晚清以来文化保守主义意义上的"中体西用"论，而是一种"新中体西用"论。其之所以言"新",就在于它所主张的"体"只是本源性思维方式和终极文化理想形式,而将其余种种传统皆归之于"用"的层面。故除去本源性思维方式与终极文化理想形式之为"体",从而不可谈变之外,其余皆为"用",也皆可变之。以此观之,文化保守主义的"中体西用"论并未达到真正的中华文化之"体",而是将诸多"用"之层面的东西当作"体"了,从而在极大程度上限制了文化的重构或创造,故其主张之不适当,就不言而喻了。而"新中体西用"论只守住本源性思维方式和终极文化理想形式这个文化核心,这就给文化创造留下了一个极其广阔的空间,从而就是一种适当的文化主张。

(本文作者:王南湜　南开大学哲学院教授、博士生导师　本文发表于 2011 年第 5 期)

中西思维方式的差异及其意蕴析论

唯物史观的三个维度

邹诗鹏

摘　要　唯物史观包含三个维度：由一系列政治经济范畴及其关系构成的结构维度，构成唯物史观的一般话语系统；由政治经济学批判构成的批判的或方法的维度，构成唯物史观的理论硬核并发挥理论定向功能，表达为政治理论与社会哲学话语；由哲学人类学主导的人学或历史学的维度，构成唯物史观的目的，表达为文化及历史学话语。它们散见于马克思、恩格斯有关唯物史观的诸种表述，我们必须合理地把握其侧重。西方马克思主义的兴起强化了人学维度，阿尔都塞及后马克思主义则强调了结构维度。历史唯物主义的诸种重构努力，一直存在着对经典层面的政治经济学批判的无视和否定，显示了目前西方激进左翼界的理论困境。

一

在笔者看来，唯物史观应包含如下三个维度①。一是结构的维度。唯物史观由诸多范畴，诸如生产力、生产关系、生产方式、经济基础、上层建筑（又分为政治上层建筑与观念上层建筑）、社会形态、社会意识形态（又分为观念上层建筑与一般社会意识形态）以及社会意识这些范畴构成的关系结构，大体可以表述为如下图式：

---

① 在拙作《再论唯物史观与启蒙》（载《哲学研究》2011 年第 3 期）中，笔者尝试提出了理解唯物史观的三个维度。限于篇幅没有完全展开，这里撰文再作拓展，以就教于方家。

```
                          一般社会意识形态及其社会意识
        社会意识形态 {       ↑↓
            ↑↓          观念上层建筑
        上层建筑 {           ↑↓
            ↑↓          政治上层建筑
        社会形态 {           ↑↓
                          经济基础
            ↑↓          生产关系
        生产方式 {           ↑↓
                          生产力
```

　　上述图式乃后世马克思主义哲学教科书中系统化了的唯物史观理论图式与形式结构,特别是构成了马克思主义的政治经济学话语。其中,↑表示决定关系,↓表示反映或反作用关系。但仅仅揭示决定与反映关系是不够的。这些概念范畴本身只是从属于启蒙主题尤其是经验主义和实证主义传统,且本身就是国民经济学的理论术语。它们如何构成唯物史观的理论表述? 它们之间的复杂的关系结构,如何由唯物史观的理论原则所定向? 均是需要深究并在理论上有所显现的问题。而笔者的一个基本判断是,结构维度的理论效价其实是由如下两个维度所确定的。

　　二是批判的或方法的维度。对物的关系的批判必须转化为对人的社会关系的批判,政治经济学批判必须同对资本主义制度批判关联在一起。上述概念范畴及其理论框架,实际上是作为政治经济学批判的环节呈现出来的,既与古典政治经济学、也与空想社会主义以及黑格尔的观念论区分开来。政治经济学批判同时也是对政治经济学原理的解构,其实质是对启蒙及其古典自由主义原则的解构。历史唯物主义是在政治经济学批判活动中呈现出来的,因而马克思要求从市民社会出发去解释国家,而不是从抽象的国家观去解释市民社会,社会存在作为"历史过程中的决定性因素"亦即"现实生活的生产和再生产"①,从而成为历史唯物主义的基本概念。历史唯物主义要揭示的恰恰是:诸种社会关系如何通过其内在的矛盾冲突从而导致整个资本主义制度的解体? 如何通过阶级解放经政治解放

---

① 《马克思恩格斯选集》第 4 卷,人民出版社 1995 年版,第 695 页。

与社会解放从而达到人类解放？唯物史观必然要定位于政治理论与批判性的社会哲学。在这里，与政治经济学批判关联着的政治批判，不只是同青年黑格尔派的宗教批判以及黑格尔的抽象国家观区别开来、且仅仅关乎于资产阶级政治解放的"政治批判"，而是对资本主义制度本身的历史的和实践的批判。因此，第一个方面的那些概念术语及其关系，连同政治经济学批判方法，如果还没有深入到对资本主义制度的批判，依然还是对物的批判，而不是物的关系背后的人的关系的批判。

三是人学的或历史的维度。历史唯物主义的整个理论建构，从属于其终极的哲学人类学关怀，表达为文化与历史学话语。人既是历史的起点，也是历史的目的，因而马克思不仅把感性的个人当作历史的前提，也把"每个人自由而全面的发展"看成是未来共产主义社会的核心价值。历史唯物主义同马克思在哲学革命意义上提出的旨在解放人的主体性的新唯物主义是内在相通的。因此，社会关系以及社会形态的演进必须与人的发展结合起来。诸如社会发展的五个阶段论与人的发展的三阶段论，都只是从一个侧面表述的"历史唯物主义"。启蒙的问题，就在于把社会发展与人的发展分解开来，从而陷入线性的和单一的历史进步论。历史唯物主义所强调的社会发展与人的发展的统一，当然是实践意义即现实历史意义上的统一，并由此确立终极的人类解放论，这是在扬弃启蒙过程中向启蒙的更高程度的回复。正是第三个方面使得第二个方面超越第一个方面，唯物史观不只是一种实证主义以及经济决定论，而是总体的现代性理论话语，这不仅要求展开资本主义制度的批判，而且要求面向哲学人类学以及启蒙的基本价值展开自我批判，突显现代激进政治的主题，从而使唯物史观真正成为社会主义实践的理论基础。

唯物史观的上述三个维度中，大体说来，结构维度构成话语系统，方法维度构成硬核，人学或历史维度构成目的。启蒙恰恰是基于第一个维度的某些方面，但却绕过了第二个方面径直诉诸第三个方面，即从经济决定论绕过政治经济学批判与资本主义制度的批判而直接过渡到人类解放论。启蒙诉诸空想社会主义不是没有原因的。问题的关键在于，第二个方面不只是方法,还具有理论定向功能,因而政治经济学批判必须关联于资本主义批判及其意识形态批判。正是通过政治经济学批判与资本主义制度批判,马克思扬弃了启蒙传统及其空想社会主义,创立了科学社会主义,这正是历史唯物主义理论之被理解的前提。为恩格斯等人所命名的"历史唯物主义"显然是针对启蒙传统与空想社会主义传统而言的,乃唯物史观的理论化和系统化。恩格斯深谙马克思政治经济学批判与资本主义批判的社会革命与历史观变革意义。拉布里奥拉明确指出:"历史唯物主义只有在对社会主义的理论认识的基础上才能产生"①。拉布里奥拉无疑是在科学社会主义语境中讨论问题的。当然,方法须从属于目的,因此,第二个方面必须向第三个方面开放,就是说,资本主义批判连同意识形态批判,应当生成历史性,并通向哲学人类学,即通向人类解放论。因而,彻底的激进主义如托派所谓"不断革命论",或如直接主张恐怖主义的"行动哲学",都是抽掉了哲学人类学维度及其历史进步向度的结果。这是马克思、恩格斯所坚决反对的。由此看来,将政治经济学批判与意识形态批判绝对化,并非唯物史观的主张。

> **二** 马克思、恩格斯在有关唯物史观的诸多表述中不同程度地强化了唯物史观的三个维度。在《德意志意识形态》(以下简称《形态》)中马克思、恩格斯对唯物史观做了首次表述。在进一步阐述其新唯物主义世界观以及方法论之后,通过对人自身历史过程的生成与逻辑的双重叙述,马克思剖析了物质资料生产、人自身生产以及精神生产的基本规律及其层次,进而阐述了分工以及世界历史进程。在此基础上,马克思给出了这样的历史观:"从直接生活的物质生产出发来考察现实的生产过程,并把与该生产方式相联系的、它所产生的交往形式,即各个不同阶段上的市民社会,理解为整个历史的基础;然后必须在国家生活的范围内描述市民社会的活动,同时从市民社会出发来阐明各种不同的理论产物

---

① 拉布里奥拉:《关于历史唯物主义》,杨启麟译,人民出版社1984年版,第105页。

和意识形态,如宗教、哲学、道德等等,并在这个基础上追溯它们产生的过程。"①这种历史观不是侧重于具体的经济政治结构,即不是前述第一个维度,而主要是基于政治批判与历史批判展开的社会政治哲学(并非经济学层面)。马克思要确定的是市民社会决定国家这样一个基本的社会政治哲学理据,马克思是在不同于黑格尔观念论主导的政治哲学语境中展开其唯物史观的。这也是其政治经济学批判得以展开的地平。因此,政治经济学批判是从属于马克思关于整个资本主义社会的政治批判的。而且,作为新唯物主义,马克思特别强调唯物史观与唯心主义历史观的区别:"它不是在每个时代中寻找某种范畴,而是始终站在现实历史的基础上,不是从观念出发来解释实践,而是从物质实践出发来解释观念的东西"②。由此,马克思直接指出,唯物史观的定义不是提升人的意识,甚至不只是"批判",而是革命,并且其实践目的一定是带来社会生产与社会生活的革命。

在《共产党宣言》中,社会革命的观点既同社会发展的一般规律联系起来,也同工业革命以来无产阶级的历史使命联系起来,因而得到了进一步的强化。激进的实践诉求愈加突显。在 1888 年《共产党宣言》英文版序言中,恩格斯如此阐述唯物史观:"每一历史时代主要的经济生产方式与交换方式以及必然由此产生的社会结构,是该时代政治的和精神的历史所赖以确立的基础,并且只有从这一基础出发,这一历史才能得到说明;因此人类的全部历史(从土地公有的原始氏族社会解体以来)都是阶级斗争的历史,即剥削阶级和被剥削阶级之间、统治阶级和被压迫阶级之间斗争的历史,这个阶级斗争的历史包括有一系列发展阶段,现在已经达到这样一个阶段,即被剥削被压迫的阶级(无产阶级),如果不同时使整个社会一劳永逸地摆脱任何剥削、压迫以及阶级划分和阶级斗争,就不能使自己从进行剥削和统治的那个阶级(资产阶级)的控制下解放出来。"③

唯物史观的最为经典的表述则是在《政治经济学批判·序言》(以下

---

① 《马克思恩格斯选集》第 1 卷,人民出版社 1995 年版,第 92 页。
② 同上书,第 92 页。
③ 同上书,第 257 页。

简称《序言》）中。"人们在自己生活的社会生产中发生一定的、必然的、不以他们的意志为转移的关系，即同他们的物质生产力的一定发展阶段相适合的生产关系。这些生产关系的总和构成社会的经济结构，即有法律的和政治的上层建筑竖立其上并有一定的社会意识形式与之相适应的现实基础。物质生活的生产方式制约着整个社会生活、政治生活和精神生活的过程。不是人们的意识决定人们的存在，相反，是人们的社会存在决定人们的意识"①。这里揭示的正是唯物史观的基本结构，所强化的看起来是唯物史观的结构维度。这个结构也是社会革命得以展开的动态结构，马克思声称，这样的动态结构，乃是他有关市民社会决定国家学说的内涵，是其早年《莱茵报》时期"物质利益困惑"的理论结果。因此，《序言》的表述同此前的表述并没有实质性的区别，只不过这里更清晰地显示：社会的实质性变革，如何体现为经济与政治关系的变化。

恩格斯对唯物史观作过诸多精要的表述。他自己在晚年致布洛赫的信中称在《反杜林论》与《费尔巴哈论》中"对历史唯物主义作了最为详尽的阐述"②。恩格斯是在如下三个方面进行阐述的：一是从唯物主义的历史演进论证历史唯物主义，即把历史唯物主义看成是素朴唯物主义、机械唯物主义之后且同唯物主义的现代形态即辩证唯物主义同构的新的历史科学，即"关于现实的人及其历史发展的科学"③；二是从马克思主义理论体系的完整性论证历史唯物主义，不仅把辩证唯物主义同历史唯物主义统一起来，而且将历史唯物主义视作整个科学社会主义体系的理论基础，并同剩余价值学说关联起来；三是深化了历史唯物主义的存在论基础，而此前已经明确的社会存在决定社会意识的思想，则全面深入到对社会历史问题的从容而精细的讨论与分析。这使得恩格斯对唯物史观的理论更加自信。

在《在马克思墓前的讲话》中，恩格斯关于唯物史观的概括颇值得重

---

① 《马克思恩格斯选集》第 2 卷，人民出版社 1995 年版，第 32 页。
② 《马克思恩格斯选集》第 4 卷，第 698 页。
③ 同上，第 241 页。

视,他说:"马克思发现了人类历史的发展规律,即历来为繁芜丛杂的意识形态所掩盖着的一个简单事实:人们首先必须吃、喝、住、穿,然后才能从事政治、科学、艺术、宗教等等,所以,直接的物质的生活资料的生产,从而一个民族或一个时代的一定的经济发展阶段,便构成基础,人们的国家设施、法的观点、艺术以至宗教观念,就是从这个基础上发展起来的,因而,也必须由这个基础来解释,而不是像过去那样做得相反。"①可以看出,在遵循前述有关唯物史观表述的基础上,恩格斯更加强调社会存在学说,层次也更加简捷②。与此同时,其表述已倾向于国家与社会结构的理解与建设,而不是先前一直强调的社会革命。这实际上是一种显著的变化,同恩格斯晚年的思想变化也是一致的,连同晚年马克思对历史学以及人类学的关怀一起,均值得深入探究。晚年恩格斯有关历史唯物主义的通信中,特别强调不能把唯物史观还原为经济决定论,并明确指出:"根据唯物史观,历史过程中的决定性因素归根到底是现实生活的生产和再生产。无论马克思或我都从来没有肯定过比这更多的东西"③。

近年来,有学者主张把《德意志意识形态》有关唯物史观的表述当成经典表述,以取代《政治经济学批判·序言》中的表述,原因在于,前者特别显示出唯物史观乃马克思新唯物主义的直接成果④。这个观点应当说很有见地。的确不能把《序言》中的唯物史观表述看成是唯物史观的唯一表述。《形态》的表述,连同《共产党宣言》英文版序言、《1857—1858 年经济学手稿》以及《在马克思墓前的讲话》的表述均十分重要,其中,《形态》的表述更为明确地表达了市民社会对国家的决定关系,且一开始就是从经济关系的动态变化过程入手来阐释历史,这种让结构从属于方法及其功能的论述清晰地呈现了唯物史观的结构与层次,完全不同于古典政治经济学的静态的描述。因此,《形态》特别好地体现了唯物史观的第二个维度。

---

① 《马克思恩格斯选集》第 3 卷,人民出版社 1995 年版,第 776 页。
② 由于悼词形式的原因出现的这种简捷,不能理解为恩格斯有意简化唯物史观的层次与结构。
③ 《马克思恩格斯选集》第 4 卷,第 477 页。
④ 参见安启念《关于唯物史观"经典表述"的两个问题》,《哲学研究》2008 年第 9 期。

但必须注意的是，《序言》表达的结构本身也是动态性的，并且还提出了作为唯物史观的本体基础，即"社会存在"概念。《序言》的宗旨的确是进一步明确了有关市民社会决定国家的思想，而进一步展开的恰恰是唯物史观的理论结构。因此，如果说《形态》一开始就把市民社会决定国家看成是唯物史观的入口，那么，这一关系的稳定的表述却是在《序言》中完成的，正如马克思在 1843 年就已经明确的政治经济学批判，其实是在其长期的《资本论》研究中才得以具体落实的一样，在很大程度上说，《形态》与《序言》有关唯物史观的表述是相通的，因而，马克思主义研究传统把《序言》的表述视为唯物史观的经典表述并无问题。

人学或历史维度则贯穿于唯物史观的各种表述中，也是马克思形成唯物史观的动力，比如青年马克思对人类解放的重视，他从启蒙传统中承继下来的人道主义或人文主义精神，以及历史进步的信念，乃其唯物史观的硬核，此外还表现在《1844 年经济学哲学手稿》中的自觉的哲学人类学及其世界历史时代的清晰视域，《形态》中的"现实的、有生命的个人"以及历史进步观，《共产党宣言》中的人的全面发展，《资本论》中的"自由人联合体"、与政治经济学批判话语相表里的哲学人类学话语以及从资本主义到社会主义转变的历史必然性、晚年马克思的人类学、东方关怀及其历史意识、晚年恩格斯对历史唯物主义的人学维度的辩护。人学以及历史维度是近些年唯物史观探讨中强调得较多的维度，兹不赘述。

三　西方马克思主义的兴起无疑强化了唯物史观的人学维度，并以人本化的"唯物史观"对抗第二国际经济决定论化的"唯物史观"，但却在很大程度上弱化了另外两个维度。在卢卡奇看来，"经典形式的历史唯物主义意味着资本主义社会的自我认识"，而"资本主义社会制度成了运用历史唯物主义的典型基础"①。卢卡奇这里其实是把历史唯物主义看成了资本主义自我辩护的理论，并默许了资本主义的自我改良及其历史持存性。他反对如考茨基等"庸俗马克思主义者"把历史唯物主

---

① 　卢卡奇：《历史与阶级意识》，杜章智等译，商务印书馆 1996 年版，第 312、316 页。

唯物史观的三个维度

义看成是一切历史的理论,从而强调历史唯物主义对理解经典资本主义社会的正当性,并强调现代资本主义条件下"历史唯物主义的功能变化"。基于哲学人类学,卢卡奇展开了对资本主义的总体性批判,但他并没有对政治经济学批判维度给予必要的重视。柯尔施敏锐地洞察到,政治经济学批判乃"马克思主义社会理论的最重要的理论的和实践的组成部分"①,但他批判现代资本主义的主题,却不是在物质生产关系,而是在社会意识与精神文化方面。从某种意义上说,抽掉生产方式,也就抽掉了政治经济学批判的地平。葛兰西的实践哲学与文化霸权学说、法兰克福学派的文化批判均是从属于卢卡奇与柯尔施开创的范式与论域。其实,这也弱化了唯物史观的政治经济学批判维度,导致唯物史观的人学与结构两个维度之间的紧张。阿尔都塞提出"认识论断裂"并不奇怪,因为他其实是遵循并且强化了西方马克思主义的既有逻辑。但阿尔都塞对政治经济学批判方法同样并不敏感,正如他通过辩证唯物主义确立起历史唯物主义的科学话语的同时,也在无意中"做实"了经济决定论。政治批判一直是阿尔都塞的主题,这使得其理论结构带着浓厚的激进性质。阿尔都塞推进了从实证主义到结构主义的转变,并导向激进的现代政治主题,由此,在法兰克福学派的文化批判之后,法国政治传统再次复活,并成为当代西方马克思主义的核心。这样一来就产生两个附属的理论效应:一是政治经济学批判力度的减弱。生产方式的淡出是问题产生的主要背景,而鲍德里亚的符号政治经济学批判,其实质是将原先在生产领域展开的政治经济学批判转向文化符号层面的政治经济学批判,而且政治经济学批判本身也发生了变化——不再是批判,而是解码。二是辩证唯物主义话语的再度复兴。这一变化,与20世纪西方左翼运动的兴起有关,在这一运动中,来自毛泽东的唯物辩证法思想对西方激进左翼理论界产生了实质影响,而70年代法国左翼理论界空间理论的崛起则进一步促进了这一套话语的传播。人们注意到,受阿尔都塞(以及列斐伏尔)的影响,齐泽克、巴迪欧以及后马克思主义者,一直

---

① 柯尔施:《马克思主义和哲学》,王南湜等译,重庆出版社1993年版,第45页。

在强化和重述辩证唯物主义话语。

与此同时，当代思想正在以各种方式批判和重构历史唯物主义（如哈贝马斯、吉登斯以及鲍德里亚、大卫·哈维等）。然而，这些学者程度不同地舍弃或修改了政治经济学批判方法，且舍弃了对资本主义制度的批判，并让各种批判受制于后现代状况以及总体的物化状况，以弱化甚至解构人的或历史的维度为代价。诸种批判和重建历史唯物主义的努力，都存在着从唯物史观向启蒙的回溯，如哈贝马斯明确强调重启现代性及启蒙工程，吉登斯则在对启蒙的理性精神进行批判性检省中重新厘定现代性，而哈维的"历史—地理唯物主义"则是借空间以及地理视域，从而将唯物史观与作为启蒙哲学基础的法国唯物主义建立起了某种联系。这些回溯努力，包含着在当代资本主义及其技术条件下的激进政治何以可能的反思与追问，但在更大的历史视野内，在生产方式层面展开的政治经济学批判，仍然应当成为当代资本主义批判的主题（激进政治经济学确实在努力展开传统意义上的政治经济学批判，但其力道与影响，却难以同上述诸种批判和重构历史唯物主义的努力相比），一个庞大的甚至于全球化的资本主义体系，越来越多地依赖于实体经济，依赖于马克思当年在生产方式层面展开的政治经济学理论，也依赖于经典唯物史观，这一点在近年来波及全球的金融危机中得到全面印证，并应当在历史唯物主义的当代重构中体现出来。其实，这一方向上的任何努力，都应当考虑如何实现唯物史观的三个维度内在地贯通与统合。

历史唯物主义重建之所以成为今日西方激进左翼理论界的焦点问题，与激进左翼理论界的困境与焦虑是分不开的，这一困境在一定程度上的确是西方左翼理论界的自我启蒙。阿伦特曾把马克思之不同于西方政治传统的思想表述为三个方面："劳动创造了人类"；"暴力是历史的助产婆"；"哲学家们只是用不同的方式解释世界，问题在于改变世界"①。我们看到，这三个方面，恰恰都是针对唯物史观对启蒙的超越和扬弃关系而言的。

---

① 阿伦特：《马克思与西方政治思想传统》，孙传钊译，江苏人民出版社 2004 年版，第 82 页。

唯物史观的三个维度

通过上述分析,阿伦特把马克思的政治哲学看成是柏拉图主义的一个现代翻版。阿伦特的批判基础依然还是保守主义,在批判马克思方面,与列奥·施特劳斯的保守主义政治哲学以及以赛亚·伯林、哈耶克等现代自由主义是相通的。唯物史观在扬弃启蒙传统时,也扬弃了自由主义与保守主义,而保守主义同自由主义的联手,则形成所谓新古典自由主义(neo‐liberalism)或新保守主义。在新古典自由主义与新保守主义主导的当代政治哲学语境中,由唯物史观支撑的马克思主义政治理论传统一直处于退守状态,不是没有原因的。是退回民粹主义或无政府主义,是归顺自由主义,还是进一步走激进路线,构成了目前西方左翼理论界、特别是后马克思主义的焦虑,而从目前的情形看,这种焦虑注定要持续下去。

(本文作者:邹诗鹏　复旦大学哲学学院教授、博士生导师、当代国外马克思主义研究中心研究员　本文发表于2011年第5期)

中国艺术表达中的"隐喻"传统与历史写作

——兼谈开拓"隐喻史"研究的重要性

杨念群

摘 要 无论在鼎革时期还是在相对常态的历史环境中,士人都存在着难以用通行文字表达的思想和情绪,他们往往通过各种艺术形式如诗词、书法、绘画、碑刻等隐晦地表达某种内心感受,但对于历史学者而言,常常会发现其表面的陈述和隐藏的深意互不一致,甚至截然相反,只有通过细致的解读才能洞悉其真义,从而丰富我们对历史真相的认识。通过对以往"思想史""社会史"和"文化史"研究方法的反思和批评,初步提出了建立"隐喻史"研究路径的构想,并从明末遗民如何借助描摹景物完成气节书写,唐宋士人诗词中反映出的游离与回归宦场的复杂情绪,以及清朝皇帝如何通过绘画隐示自身获得统治合法性等几个方面探讨了拓展"隐喻史"研究的可行性。

一、史学危机与"隐喻史"研究的兴起

20 世纪 90 年代以来的历史学方法至少发生了四个重大的转向。其一,从对历史整体结构性和长时段的探讨,转向区域性的局部日常生活研究,对历史中"人"之角色的关注,也从"上层精英"转向了"底层民众"。人类学在这一转向中起着重要的媒介作用。人类学采取的民族志分析方法似乎天生就有"反精英"的倾向,不但相对忽略传统历史文本的权威作用,而且对草根口述及各种即时表现的底层民众之日常行为均给予更为积

极肯定的评价,如此叛逆的举动触及的恰是传统历史学所阙失的面相。

其二,"文化"的内涵终于有机会从整体的"功能"解释框架中脱离出来,具有了相对独立的意义,可以独自加以界说。原来"文化"在历史研究中是没有独立地位的,必须从属于某个更为"重要"的领域。在政治经济学框架中,"文化"由生产力和生产关系的状态所决定;在传统功能主义的叙述中,"文化"从属于各种日常的政治、社会与经济活动。没有太多人敢说,"文化"是一种可以自成体系,独立发挥作用的历史因素。

自20世纪90年代以后,"符号"(the symblic)和"表象"(representation)这类术语开始流行,因为文化史家讨论问题的共同基础就是各种历史现象如何作为"符号"和"表象"呈现出来。从艺术作品到日常生活实践,处处可见"符号"的踪迹,比如情绪的流露、感觉的抒发和对微小刺激的反应,以及下意识的激情所引发的行为。只是这些方面过去总被认为不过是历史进程大叙事中的细枝末节,与"结构""规律""趋势""阶级"等这些范畴相比完全可以忽略不计,或者仅仅作为补充材料偶被提及。"文化"一旦可以被独立分析,史学界对民众日常生活加以持续关注的行为就立刻变得理直气壮起来。

当格尔茨(Clifford Geetz)借韦伯的观念把人比喻成挂在意义之网上的动物以后,任何一些被结构化叙事所忽略的历史细节突然开始变得异乎寻常地重要。人们服饰穿戴上的某一个图案,所举旗帜的颜色,闻到气味的表情都可能被放大为影响历史进程的制约性因素,甚至敏感到人打个喷嚏都可能会改变历史的地步。如此一来,"符号"使用及其意义解读可怕地泛化到了几乎无所不在的角落。人们的言行处处都有可能是人为再造出的一种历史"真实",这样一场运动甚至排除了原先铁定应该划归"文化史"圈子的一些传统领域,比如"思想史"和"观念史"。因为就"符号"意义上判断,它们的解释太过"精英化",从"表象"上观察,它们又太具有"表演性"。因为所有"思想史"的材料都是公开发表的报纸杂志或个人著作,对这些文本的解读太容易受作者意识的暗示和导引,甚至根本就是个陷阱,因为这类文本表达的有可能和作者内心世界中深藏的私密性想法正好相反。一旦"思想"被串接连缀成体系,历史的虚伪一面就被合法化了,这话听起来有些耸人听闻,却在"文化史"意义的表述中已司空见惯,成为他们另辟他途的理由。但"新社会史"和"新文化史"的肆虐也遭到了一些尖锐的批评,我以为最有力的指控是说"区域社会史"和"文化史"研究日趋于琐碎无聊,使得历史学丧失了整体认知的视野,从而导致史学研究的民粹化,甚至由此更可能沦为"平庸化"。

其三,"物质文化"研究的拓展形成了对"时代精神"传统理念的超越格局,这个转变可以从布克哈特、赫律津哈到埃利亚斯这条线索的变化中观察出来。从"文化史"的研究路径来看,对精英精神形态的关注与对大众日常生活的体察一直处于相互交织渗透的状态,也呈现出某种此消彼长的趋势。早期文化史研究者如布克哈特与赫律津哈都通过艺术的表现形式寻究其中蕴藏的"时代精神",埃利亚斯开创的"物质文化"写作模式则更强调应从表面的礼仪举措中观察文化产生的意义,如他的著作《文明的进程》刻意集中表现餐桌礼仪的历史,揭示西欧宫廷内自我控制或情绪控制的渐次发展过程。在他的眼中,刀叉和餐巾的历史并非人类深层精神的历史。埃利亚斯是想通过宫廷礼仪的研究,为以往的"精神史"传统找到一个世俗的物质基础,以免因过度强调"思想"和"精神"超越性的一面,从而堕入某种虚幻的理想主义泥沼。这个思考路向直接促成了古代"消费主义"研究的热潮,这类研究还具有某种"时尚性",因为其关注课题可以直接与当代"消费主义"的表现分析形成对话关系。

最近国内对"物质文化"的关注热情渐趋高涨,有趋于白热化的态势。尤其是对明末清初士人生活样态的解释,力求从明末城市奢华的生活场景如园林建筑的风格、印刷文化的普及、绘画艺术的歧变和宴饮雅集的演示等方面来定义"文化"的形态。但其研究思路并不十分明确,既非彻底疏离"精神史"的表达,也非如埃利亚斯那般透视社会与个人的自我控制方式的变化,而似乎仅仅想说明某个特殊历史阶段已出现了消费能量积聚与渐趋繁盛的迹象,或者展示一些疑似现代时尚的特征。这样的研究不过是在验证当今流行的消费文化早已在明末就萌现出了兴盛的迹象,变成了为当代消费主义的流行提供某种历史合理依据而不是批判性的反思分析。也许其研究初衷是要回答"士大夫精神"如何以物质化的形式表现出来这类比较新颖的问题,但结果却变成末世士人奢靡浮华行为的大展汇。在我看来,"文化史"研究一旦流于为消费主义作合理性辩护,就几乎不承认士人具有思想史意义上的精神超越性,实际上也就间接否定了士人思想具有的精神价值。如此剑走偏锋的结果有可能遮蔽对历史最有力量部分的揭示。

自20世纪80年代以来,中国史学一直在偏离宏大叙事的新路上疾走,大家都希图尽快从僵化的经济政治决定论的束缚中解放出来。寻求士人超越世俗的品格和确认文化自身相对独立的价值大致成为逆向思维的最佳例子。余英时当年就特别强调,士人所具有的遗世独立之品格,应该超越阶级的界线,达到普世尊崇的境界,反对大陆学界给士人研究强行贴上政治经济定位的标签①。从这一点观察,余英时的主张有点像布克哈特写作《希腊文化史》时所持有的看法,他认为"政治"充满不确定性,而"文化"则相对稳定,易于把握,不受利益驱使,不带意图,甚至是以不自觉的方式进行表达的②。

但余英时对士人阶层精神纯洁性的研究,又自动剔除了"文化"中的世俗表现这一面,仍局囿于精神观念史的分析框架之内。有关士人精神价值的观念史描述显然只具"理想类型"的价值,和历史的实际境况相距甚远。因为中国历史上士人的非超越性行为恰恰以更为频繁的几率在发生着。"文化史"方法的介入显然有助于消解这方面的迷幻感觉,至少可以阐明士人精神价值的世俗基础。

其四,"思想史"研究面临不断衰落的命运,同时面对社会史和文化史的强力冲击,自身必须寻求新的突破点,其中对"感觉世界"的探寻应该是较为有效的路径。

---

① 余英时:《士与中国文化》序言,上海人民出版社1987年版。
② 彼得·伯克:《什么是文化史》,蔡玉辉译,北京大学出版社2009年版,第23页。

中国学者对此转型其实也有一定的认知,如王汎森曾借助雷蒙·威廉姆斯(Ramond Williams)"感觉世界"(structure of feeling)的概念,倡导研究近代中国的感觉世界。他以南社为例,认为柳亚子、陈去病等人聚会饮酒,或流连于古墓遗迹所写出的诗文,可能表现张扬的更是一种较为私密的情绪,与他们在《民报》等刊物公开发表的思想论点有所不同,整体而言是在带动一种感觉世界的变化。因此,捕捉当时文人情绪与思想如何发生互动就成为一件有趣的事情①。

对"感觉世界"认知视角的介入无疑有利于修正思想史和观念史的偏失,同时从直观上也丰富了历史写作中场景描写的多样性,目前的"文化史"研究也越来越细致地触及了历史的微观层次,甚至环境里的光与影、声音、味觉乃至具体到体味、嗅觉都有专题的著作予以揭示。如此一来,一些文学作品中的想象性描写同样可以被当作史料加以处理,因为它们可能言及的是一部分珍贵的底层历史记忆。

最近北岛撰写的回忆性随笔《城门开》中就有大量对老北京的记忆描述。比如,他谈到儿时北京的夜晚很暗很暗,邻居家两居室单元三盏日光灯,还不如如今时髦穿衣镜环形灯泡中的一个亮,灯泡不带灯罩,昏黄柔润,罩有一圈神秘的光晕,抹掉黑暗的众多细节,突出某个高光点。他的结论是日光灯的出现是一种灾难,夺目刺眼,铺天盖地,无遮无拦。正如养鸡场夜间照明为了让母鸡多下蛋一样,日光灯创造的是白天的假象,人不下蛋,就更不得安宁,心烦意乱。受害最深的是孩子,在日光灯下,他们无处躲藏,失去了想象的空间②。这已不是一种文学描述,分明是建立在记忆之上的一种历史感觉,或者是一种文化史观。不仅是光和影,在味觉上北岛也梳理出了几种北京的季节性气味儿,如冬储大白菜味儿、烟煤味儿、灰尘味儿,构成了北京城的味觉底色;在嗅觉上则有鱼肝油味儿、大白兔奶糖味儿,甚至什刹海体校游泳池中的福尔马林味儿、漂白粉味儿和尿臊味儿

① 王汎森:《中国近代思想文化史研究的若干思考》,台湾《新史学》第十四卷第四期,2003 年 12 月。
② 参见北岛《城门开》,三联书店 2010 年版,第 1~17 页。

中国艺术表达中的『隐喻』传统与历史写作
——兼谈开拓『隐喻史』研究的重要性

等,构成了一种微观的身体知觉场。

不过,如果"文化史"仅凭这些分散的感觉架构出历史的场景,显然还不足以和传统的思想史、观念史相抗衡,因为对感觉的沉迷很容易流于一种表面的体验,从而肢解和碎片化了对历史整体演进态势的理解。对感觉的描述可以泛化成不同的分支如"感觉史""情感史""身体史""嗅觉史",等等,其结果可能造成对历史叙事的多元解释越来越趋于分散,如何收束整合依然是个大问题。因此,彼得·伯克曾经把"思想史"和"文化史"的差异比作简·奥斯汀的名作《理智与情感》,思想史是大姐,更严肃、更准确,而文化史小妹比较含糊,但更富有想象力①。广义上的"感觉史"更多强调人们的身体如何屈从于从声音到气味的变化所构成的现代世界,这样的描述可以无边地扩散出去,最终难以划界。我认为,解决此弊端的办法之一就是通过"隐喻"的解读收拢因感觉肆意铺陈弥散所造成的四处飘零的历史碎片。

"新文化史"强调"表象"的支配作用,意味着要研究者笔下的历史人物挣脱对环境的被迫反应,而对"建构"意义的阐明则更是强调历史人物的活动对各种"表象"形成的干预力。问题是,历史人物在多大程度上能够干预表象的构造,表象的建构与历史本身的构造之间发生区别的判断标准是什么?这都需要进行更加细致的具体分析。其实在我看来,"文化"在更多情况下仍然是一种政治利益委婉曲折的表达,这倒并非说"文化"无法完全脱离政治经济的制约脉络而保持独立品格,而是说必须在有能力回答其与政治如何发生关联这个问题时才能凸显出其运思的力量,否则,就很有可能沦落成为当今消费主义合理性作辩护的从属角色。所以本文提倡"隐喻史"研究,就是想通过对中国历史上具有象征意味的一些现象的观察,拟以艺术实践中的某些个案为例,来聚拢"感觉史"研究所津津乐道的那些素材,并以此为基础,探索中国历史研究中政治史、社会史与文化史方法的再融合途径。

---

① 彼得·伯克:《什么是文化史》,第58页。

二、"隐喻史"表现之一:诗词隐语与绘画主题中所表达的士人心态

"隐喻史"在诗词中的表达更与个人精神心理状态相互依存,其中所表现的个人情绪往往只是第一个层次,背后指向的是更深层的动机和抱负,这种通过捕捉情绪弥散中的象征意思的手法,完全可以弥补思想史研究之不足。余英时对方以智(密之)诗词内涵隐喻手法的解读正是一个突出的例证。方以智于清初避世青原,或诗或画,多作禅语。这些禅语多取"自喻"的风格,不希求人们真正悟解。但密之又多有俗缘,有一个很广泛的遗民朋友圈子,故其诗词中透露出的信息多元而复杂。

"遗民"心境和经历可以作为"情感史"最佳的素材加以处理,其鼎革期窘迫流离的境况与常态之下士人的行事风格大异。但明末清初,这些遗民身处异族统治之下,其自我情感的表达十分隐晦,无法使我们从表面上清晰解读其内心的真实感受,必须绕过他们公开发表的言论,深入背后的隐层涵义,才能揭示历史的真相。余英时说解读方以智"死节"之谜犹如"译解暗码(decoding)",用的是西方诠释学的路径。在余英时看来,对密之"病死"还是"自沉"的考辨,非仅系一人之名节,而是关乎明清之际文化动态整体变迁的典型事件。他引述涂尔干《论自杀》中的说法,想通过透析密之"个人良知"的呈露,推断社会之"集体良知"的存在,即勘透"生死"意义之关节。

但中国史学中考据方法与诠释的关系迥异于西方,西方实证与诠释走的是两条道路,常互相排斥,中国史家则力求从疏解辨析史实中寻绎解释的可能。最显著的例子就是明清之际遗民"隐喻系统"的产生。明清易代,胜国遗民反清心绪不能明表,只能隐忍心中,不敢直道其事,所谓"物不得其平而又不能鸣,其声回荡曲折,于是隐语之系统出焉"①。清初遗民的隐语系统,因人因事而时有变化,往往借助古典的历史叙事传统中的大

---

① 余英时:《方以智晚节考》,三联书店 2004 年版,第 4 页。

量典故表达心曲与对史事的看法，并非凭空臆想。因此，要明白其深意，必须挖掘隐语背后的古典史实与现实发生之历史事件之间的对应关系，从中揣测其形成委婉曲折之心态的深层理由，即"论世"与"知人"之间必须构成有机交融互渗的关系，其难度之大，可想而知。

现今史学研究的毛病出在详于"论世"而昧于"知人"，不过其"论世"也往往为设定的意识形态规则所左右，难以窥见"人"之活动的踪迹。我们不妨仍以密之自沉死节一事作为讨论如何破解中国式隐语系统的例证。早年由于缺乏足够的文本史料，特别是密之及其亲属弟子述说其死节的证据，所以考证途径首先是从死亡地点的"隐喻性"表述特征开始的。密之辞世的地点叫"惶恐滩"。"惶恐滩"在古典诗词的传统中并非普通的地名，而是文人流放时吟咏抑郁不平心绪之地。苏东坡《入赣诗》有"山忆喜欢劳远梦，地名惶恐泣孤臣"的诗句。"惶恐滩"遂成"孤臣"放逐的自叹之所。文天祥那首著名的《过零丁洋》更有"惶恐滩头说惶恐，零丁洋里叹零丁。人生自古谁无死，留取丹心照汗青"的豪言名句，更使"惶恐滩"进一步成为蹈死不屈之名节士人的圣地。密之作为明代遗民，其隐居的青原山，就有文天祥手书的匾额，日日生活出入于此手书遗泽之下，其隐语发生的效力自然不可小觑，进而推测会建立起一种人格的"认同感"，遭捕之后以"惶恐滩"为慷慨殉难之地自然顺理成章。加之次子方中通以《惶恐集》命名其诗集，幼子方中履亦取名其住宅为汗青阁，都有隐为体谅其父死节的心思在①。

当然，只从地点出发揭示"地点感"包含的历史隐喻的做法显然还是不够的，必须进一步探析出更多密之自沉的相关隐语证据。故余英时又举其子方中通《惶恐集》中有诗句云："波涛忽变作莲花，五夜天归水一涯"之句，诗注则说："夜分波涛忽作，老父即逝，而风浪息云。"对这句诗中所含隐语的解读是，佛家以往生极乐净土栖托于莲花台。诗中说波涛作莲花

---

① 余英时：《方以智晚节考》，第83~84页。

状，正是隐言密之逐波而逝，为佛接引而去，入水则风浪止息①。这让人联想到方密之晚年哲学一直主张儒释道三教合一之说，其本人身份亦为隐居僧人，故以莲花台托引入佛界暗喻其自沉殉节，也颇合其现实身份，可以起到障人耳目的作用。这就需要解读者对密之的佛徒身份和相关佛教典故颇为敏感，方可洞悉其与殉节语境的内在关联。

再有一个例子是对隐语的破解必须建立在对更远古史实掌故的熟稔基础之上。如方中履有《崇老臣梅先生七十序》中曾复原其父于惶恐滩中的现场情境，时有"履兄弟亦惟止水相踵自勉"之句。"止水"从古意上讲当作"投水"解，隐含要随父亲投水自裁以全名节的意思。"止水"一词的相关出处在《宋史·文天祥传》中，有记载说宋臣江万里在襄樊失守后，曾筑亭题匾曰："止水"，当时无人辨其意，城破后，万里赴水而死，人们才明白"止水"的确切涵义。方中履转用此意，隐喻密之投水全节之举。故余英时才有感叹"今之治史者已渐失昔人对古典文字所必有之敏感性，此诚令人不胜其今昔之感也"②。

故对"隐语"中所含象征意义的阐释，就不是一个简单的考据方法是否能够运用的问题，也非一般诠释学所能胜任。考据学只注意史料之有无，若拘泥于"求实"的标准，则无法洞悉隐语背后的象征意义，因为史料并无密之自沉的确实记载。必须回到康熙年间严酷的异族统治之相关语境中去理解士人心态，才能寻究到历史真相，否则拘守"求实"家法，反而视"虚"为"实"，未知"实"隐于"虚"之幕后的历史隐情。

关于如何从史料的"虚""实"关系中洞见隐喻的讨论，在我自身的研究中也会遇到类似需要慎重处理的问题。在阅读明末清初士人的各类诗文集中，我曾不经意地发现，"残山剩水"这个词出现的频率相当高。通过撷取大量的诗文证据进行分析，我认为，"残山剩水"是清初遗民在怀念前朝故国时所经常使用的一个"隐语"，以表达其对蛮族入侵后山水变色的

---

① 余英时：《方以智晚节考》，第162页。
② 余英时：《方以智晚节考》，第167页。

不满情绪。比较有意思的是，"残山剩水"作为一种"遗民"典故，恰恰也大量出现在南宋元初的遗民诗词中。清初遗民正是借用了元初遗民的这个隐语来表达自身对易代处境的认知和感受①。全祖望曾作《南岳和尚退翁第二碑》，其中说："易姓之交，诸遗民多隐于浮屠，其人不肯以浮屠自待，宜也。退翁本国难以前之浮屠，而耿耿别有至性，遂为浮屠中之遗民，以收拾残山剩水之局，不亦奇乎！故余之为斯文也，不言退翁之祥，而言其大节。"②全谢山拈出"收拾残山剩水之局"的特殊意义，说明遗民隐语中不仅有怀念故国之意，而且有复兴故土之志，其"隐语"的内容更加复杂。

如果说，"残山剩水"的意象大量借用了南宋遗民怀念故国的隐喻表述，那么在非鼎革易代的境况下，士人的言行中是否也会出现类似的"隐语"以表达他们的心绪呢？我们从北宋文人的诗词和绘画等艺术形式中同样会发现，精神受到压抑后所隐晦表达出来的忧怨情绪。例如，北宋诗人常常引述某一经典诗句的韵脚，却不指明它们来自何处，如果人们不具备与作者相同的认知能力，就很容易错过诗句的隐喻内涵③。特别是与诗词意境相配合的山水画风格的转变，几乎直接配合了当时士人情绪的变化。

北宋从诗话到绘画风格的变异与当时政局的反复有关，神宗时期新旧党争造成大批文人遭到贬黜，抒写和挥洒内涵隐喻的诗画成为承载无声怨抑情绪的最佳媒介。与前文提及的"惶恐滩"隐语有些相连带的类似，北宋诗词中也往往以某一"地点"氛围的渲染作为积累和抒解怨忿之气的重要手段。比如，以"潇湘"这一偏远地区的描述衬托"离别"的主题。"潇湘"北宋称"潇湘南路"，属楚国南部，今天的湖南一带地区，常为遭贬黜之人的流放地，同时也是屈原自沉的地点，容易引发对故国忧思的联想。宋朝的"潇湘八景"绘画因此与讽喻离别之苦，责备君主听信谗言的诗词一

---

① 杨念群：《何处是江南？清朝正统观的建立与士人精神世界的变异》，三联书店 2010 年版，第 20～58 页。

② 《鲒埼亭诗集》卷十四第三册。

③ 姜斐德：《宋代诗画中的政治隐情》，中华书局 2009 年版，第 1 页。

道成为感伤艺术的代表作品。再如，"孤雁"就被作为孤臣谪贬流放的隐喻频繁地加以描绘，北宋诗人大量借助杜甫诗作中的"孤雁"意象形容自身进退无据之状况。以"鸿雁"的姿态分别喻示着士人所遭遇到的不同处境。飞行的鸿雁代表了朝臣的秩序，一旦降落犹如"平沙雁落"，则代表疏离了正常的官宦轨道，丧失了尊严端庄的地位。

关键在于，雁落平沙是由外力所害，故杜甫诗中有"伤了流落羽，行断不堪闻"的句子，描绘的是受惊鸿雁为射猎者的弓弦声所惊吓而跌落云间的故事。典出《战国策》，暗示自身被捕、受审和流放的经历。与之相对应的是，苏东坡第二次流放南方时也使用了相同的意象："雁落失东岭"。

在宋代的圆熟隐喻传统中，"鸿雁"凸显出的是"孤独"的主题，但士人对"孤独"的理解却并非可以单独处理，而恰恰是与"回归"相对应的中国士人的精神世界中，很少有对"孤独"痛入骨髓的深切理解和领会，而是浸淫在对回归的欲望之中。这从屈原对楚王的依恋情绪中可以加以体会。尽管在古代的传统诗词中，不时会出现所谓安适于田园生活的意向，最著名的当属陶渊明《归去来兮》对"归"字的诠释。从表面上看，好像完全陶醉于田园牧歌式的意境，但是在大多数的艺术表达中，回归仕途的内在渴望远远大于对安逸生活的需求。大多数流放者期待的回归状况不是孤寂悠闲的田园生活，而是减刑后官复原职的荣耀，是与友人重聚，重新融入京城繁奢的都市文化的喜悦。"归返"并非远离尘嚣，而是渴望回归到政治活动的中心，获取朝廷的宽恕和罪名的赦免。

在表达这种意境方面，绘画和诗意的解释完全可以相通。"平沙落雁"和"远浦归帆"这样的诗词主题同样成为"潇湘八景"的创作素材，恰恰证明诗词文字所表达出的既疏离官场又期待回归的内涵是如何转换成意象加以表述的。又如"潇湘八景"中另一个绘画主题"江天暮雪"，是以唐代柳宗元被流放至潇湘地区时所作《江雪》一诗的意境为底本加以摹写的。"孤舟蓑笠翁，独钓寒江雪"中所表现的是老迈渔翁孤身一人处于纯净的雪景世界中；"千山鸟飞绝，万径人踪灭"则喻示流放士人仕途的迷惘与落寞。渔夫隐逸的主题反映在另一幅名为《渔村落照》的绘画中，暗示隐逸之幽与重被征召的欢愉是相辅相成的。姜斐德认为,作为"潇湘八景"的最后一个主题,尽管流离官场的士人在大自然中颐养着宁静的心性,他们其实仍在思念着朝廷①。

渔翁江雪钓鱼的意境更像是一种姿态,是为了重返官场获取更大的利益。甚至晚清时期袁世凯退隐漳德时,都有一幅独钓园林之中的照片,后人看来显然是蓄志以谋再起的写照,而与闲适的心境无关。

三、"隐喻史"表现之二:不同艺术作品隐喻中所表现出的历史变迁

当艺术作品以"隐喻"的方式表达个人或群体的感受时,它的形式是带有主观色彩的,但其内容却与某个时代所表现出的特征有密切的关联,甚至从其"隐喻"样态的变异中可以窥知出历史演变的讯息。比如,从晚明到清初这样发生易代鼎革的剧变时期,士人心态的转化受两个极其重要而又相互冲突因素的支配,一个因素是晚明以阳明心学为代表的"人格主义"的兴起,"心学"比较强调个体主观的自觉对现实世界的介入和支配作用。狄百瑞甚至形容其为中国式的"自由主义"②。岛田虔次也认为,人的概念和自我意识的展开使人得以有限地区别于"社会"的控制,因此可以视为早期近代人性论在中国的发生,甚至是近代市民社会的萌芽③。但同时第二因素即满人的入侵和统治又使得人性的自由勃发受到抑制,最终使早期人性自我意识的觉醒遭遇了挫折。对这样的历史过渡期性质的判断,不少可以反映在公开发表或私下流传的各种回忆录、日记、自传、小品文、笔记、札记、游记、述略、逸史之中。

比如司徒琳就发现,16~17世纪与阳明学流行的主旨相适应,出现了大量叙事性以自我为主题的文献如自传、回忆录,这与明清交替时人们身处感时伤怀之中的特殊语境有关,亦和阳明学的"人格主义"对自我意识

---

① 姜斐德:《宋代诗画中的政治隐情》,第99页。
② 狄百瑞:《中国的自由传统》,李弘祺译,贵州人民出版社2009年版,第102~121页。
③ 岛田虔次:《中国近代思维的挫折》,甘万萍译,江苏人民出版社2005年版,第23~25页。

的刻意强调有关。但 18 世纪以后,落笔直抒胸臆的作品显著减少,一方面说明阳明思想的支配力在减弱,另一方面也说明异族思想控制和治理技术的能力得到了强化。如 18 世纪出现了许多按年月日的时间顺序撰写的自传,称作自订年谱或自撰年谱。年谱与清初自述体文类的重要区别在于其中充斥着大量对生活经历的流水账式记录。按司徒琳的观察,"清代年谱发展至顶峰时,年谱中记载家世、编年体例与记载真实经历的内容更多地反映了新古典主义的社会风尚、文本考据及对时代的观察,而非自我表达中的现代性萌芽"①。

由于大量使用隐晦的笔记,真正的"自我"被隐藏起来,这个观点与岛田虔次有关中国遭遇近代挫折的观点有相一致的地方。当然,对 18 世纪以来中国所面临的"近代挫折",不能仅仅以探析思想文本的形式加以考察,而应该把人的意识觉醒及其遭到抑制的过程置于多种艺术作品的表现形式中予以定位,特别是对这些作品中所深藏不露之"隐喻"意义的揭示。比如,在晚明的书法和绘画艺术中,"尚奇"变成了一种彰显自我价值的风尚。在白谦慎看来,"奇"在晚明文化中具有多重意义与功能,它既可以是文人的理想人格,一种高雅不俗的生活形式,或是社会上下关系浮动时代的精英分子用以重新界定自己社会身份与众不同的行为,或是知性上的好奇心和追求,也可以是文艺批评中使用的一个重要美学概念,它还可以是奇异新颖的物品,大众对异国风土人物的好奇心,或是印刷业用以招徕顾客的广告性语言,通俗文化的制作者用来制造大众娱乐生活中的戏剧性效果。总之,惊世骇俗的标新立异之举受到鼓励和激扬②。

"尚奇"风气在晚明书法中的表现也是俯拾皆是,比如,董其昌就提倡"试笔乱书",赋予作品以"生"的特质,以避免因习熟而蹈入僵死的书写风格。书法中"生"和率意、直觉相关,具有"奇"的特质。这还只是"尚奇"在相对平静年代的表现。

---

① 司徒琳主编:《世界时间与东亚时间中的明清变迁:世界历史时间中清的形成》,三联书店 2009 年版,第 441 页。

② 白谦慎:《傅山的世界:十七世纪中国书法的嬗变》,三联书店 2006 年版,第 25 页。

中国艺术表达中的『隐喻』传统与历史写作
——兼谈开拓『隐喻史』研究的重要性

　　"尚奇"行为在明清易代的鼎革多事之秋,就会具有更为特殊的"隐喻"意义。清初的傅山年轻时醉心于赵孟頫的书法,但经鼎革变故之后,深切意识到其道德品格与书法之间的对应关系。赵孟頫为宋朝宗室,却于宋亡后侍奉元朝,成为"贰臣"。傅山有此意识后再观赵孟頫书法就觉其"浅俗""无骨",开始回归唐朝颜真卿的书法,颜真卿在平叛中为国捐躯,成为忠臣的楷模。集体记忆中的象征资源由此成为校正艺术风格的标准。傅山认为,颜真卿的书法具有"支离"的特质。他比较了赵孟頫和颜真卿的书法后,提出了"四宁四毋"的美学观,在《训子帖》中宣称写书法时要做到"宁拙毋巧,宁丑毋媚,宁支离毋轻滑,宁率直毋安排"。

　　在这种美学观中,颜真卿的风格属于"丑""拙""支离""率直",赵孟頫则体现了巧、媚、轻滑、安排。"支离"一词典出《庄子·人间世》中对"支离疏"这种人形异类怪物的描述。庄子把肢体的"支离"视为乱世中生存的一种寓言,是一种政治隐喻的表达。傅山在鼎革之际以书法"支离"为美,喻示着逃避政治,对退隐姿态的认同和对现政权的消极抵抗①。与支离、丑、拙的书法相对应,傅山绘画中所表现出的狂放、粗野、荒率同样呈现出丑拙支离的一面,其荒疏之感折射的是遗民荒芜的心理世界。与傅山基本属同一时期的画家石涛在《梅》这一册页中明确用"支离"的形象表达遗民"残破"的心境。画面的梅枝断成三截,明显与传统的梅花完整的构图形象不同,显得破碎、丑、拙,其画面题诗昭显了"支离"的本意:"古花如见古遗民,谁遣花枝照古人? 阅历六朝惟隐逸,支离残腊倍精神",明确昭示出"遗民"的主题。清初画家髡残则以干渴而短粗的笔触皴擦出粗野模糊的山水画面。这种"破笔"完全不同于以淡湿墨点营造的诗境,至此,"残""拙""丑""支离"等异类的范畴终于转换升格为清初的书画审美理想,"丑拙"美学观也可视为明末"尚奇"之审美品味的延伸。

　　在清初向清中叶过渡时期,"访碑"这样一种艺术活动所包含的复杂内涵也颇值得分析。傅山曾作过一首名为《碑梦》的五言古诗。傅山梦到

---

① 　白谦慎:《傅山的世界:十七世纪中国书法的嬗变》,第144页。

的碑中残字可辨,其中有一个意象是"蜀葵",让人联想到蜀地和三国时僻居此地的汉朝正朔蜀汉。在满人统治的初期,傅山以此梦境隐喻对明皇的忠诚。因此,清初金石学的勃兴与访碑问古行为的流行就与士人维系对前朝历史记忆的动机有关。读碑访碑变成了凭吊前朝的一种仪式与隐喻,也与明末在书斋庭院当中赏玩碑刻拓本的金石学风气有了本质的区别。晚明的消费文化讲究闲适与雅致,清初荒野访碑体现出的对残破拙朴意境的追求,显然有更加复杂的隐喻意义。

金石学的复兴反映了清初士人由"尚奇"到"复古"品味的转变,当然这一转变是需要有一个过程的。17 世纪进入清代不久,怀旧气氛开始在艺术界酝酿发酵,引发由"奇"向"古"的转变。金石文字与经史考证的关系渐趋密切,但这时"奇"与"古"依然可以彼此兼容。然而,到了 18 世纪,艺术家逐渐将重点放在对"古"的追逐而非对"奇"的品赏之上。可以感觉到,金石学与考据学的结合以及对"三代""汉唐"风格的复归,都带有君王品味的渗透痕迹,而且随着这种痕迹的加重,对于"古"的追寻完全压倒了对"奇"的品鉴[1]。

再如,"屏风"作为中国绘画中的媒材,可以作为一种视觉隐喻加以探讨。屏风中的"画中画"在画面内容与风格上往往与绘画场景中屏风前面的人物形象相互关联。屏风还同时起着切割划分空间的功能。其装饰效果在于映射画中人的情感、思想和心绪等无形之物,可以为心态史研究提供某种佐证。巫鸿发现 14 世纪七八十年代山水绘画中的草堂里往往摆设着一张素屏,即屏风上仅设计成无任何图案的白纸。这张"素屏"前的卧榻上空无一人,草堂往往掩映在松涛和山泉流淌的氛围中,这与两汉唐宋屏风中往往饰以绚丽色彩的人物形象大为迥异。素白的屏风变成了士人高洁精神的"隐喻",这个传统一直延续到明代。比如,文徵明的画作中就大量使用素白屏风作为表现题材。如果进一步引申,即可视为士人"精神史"的一种书写形

---

[1] 白谦慎:《傅山的世界:十七世纪中国书法的嬗变》,第 250 页。

式,应该纳入我们的观察范围①。那么,在常规状态下,甚至在所谓"盛世"的境况下,各种艺术表现形式中的隐喻如何发挥其作用呢?

其实,绘画表现的场景往往对应着某些历史的演化和变迁,比如那幅最有名的《韩熙夜载图》,北宋顾闳中的摹本和明代唐寅摹本的最大差别是,人物的不变与周围景物布置的重新设色布置形成了巨大反差。唐寅的摹本明显受到"青楼文化"的影响,与明季消费文化的流行蔓延有关。在消费文化的际遇中,"素白屏风"的设置与周围奢华的宴饮景致交织在一起,就构成了大众消费主义与洁白操守之间的隐喻关系,这与文人画中的"素屏"形象完全是两个境象,在那里,"素屏"往往喻示着画中人精神的高洁。

与乱世中的隐士有所不同,处于相对稳定历史时期的人物对隐喻要素的处理往往显现出另一种风格。比如,身处晚明奢靡风气蔓延状态下的唐寅,就更表现出狂人世俗的一面,他常流连于青楼楚馆,不时会表现出卖画沽酒等狂放行为,与沉郁于国破家亡忧愤之中的隐士那含蓄低调的姿态明显不同,却并不妨碍其行动会交替表现出"消费主义"与"退隐主义"的双重意义。

对艺术风格变化中隐喻内涵的探寻也可为一些重大的历史命题是否成立提供某种新的佐证。比如,清朝如何建立起它的统治合法性的问题,就可从艺术作品所表现出的隐喻特征中寻求答案。目前争论较为激烈的一个问题是:清朝统治合法性的基础是建立在对中国文化的继承上,还是对满洲特性的刻意汲取上。要有效地回答这个问题,仅从宫廷制度(政治史)和基层运作(社会史)的角度观察仍显得说服力不够,还应深究皇帝如何通过对艺术的鉴赏品味凝聚和构建自身的权力基础。

比如,康熙、乾隆南巡中对"江南"文化的改造吸纳过程就异常复杂,一方面士林阶层要重构被清军毁灭的城市文化记忆,如对晚明时期扬州繁华奢靡生活方式的复原成为一个相当重要的心理情结。与此同时,满洲皇帝也想通过南巡把自己对文化的理解灌输进江南地区,实现某种鉴赏品味

① 巫鸿:《重屏:中国绘画中的媒材与再现》,文丹译,上海人民出版社 2009 年版,第 151~157 页。

的"殖民"。其结果是,皇帝的南巡与士林对往昔城市文明的记忆重构相互交织在一起,构成一个双向渗透的过程。一方面,"江南"文化诸如园林、建筑、书画和饮食被大量移植进北方地区,成为满洲帝王更新其生活方式的重要资源;另一方面,像扬州这样的典型江南城市为了迎合南巡皇帝的欣赏品味,也极力吸纳北方地区的艺术风格,以至于改变了原来较为纯粹的城市布局景观。在瘦西湖周围引入白塔式北方建筑造型即可看作两种文化妥协互渗的结果①。

宫廷绘画的变迁也是个突出的例子。雍正曾经要求宫廷画师为自己绘制了不少各类着装画像。在画像中,雍正分别乔装成突厥王子、道教法师、蒙古贵族,甚至有西装假发的服饰扮相。不过出现最多的形象却仍是汉族文人,分别有倚石观瀑、悬崖题刻、静听涛声、竹林操琴等各式画面。有论者已指出,通过绘画清朝皇帝得以表现出其多元君主的统治形象,他既是汉人的皇帝,也是蒙古、满洲甚至是更边远地区"蛮夷"的君王,其多元身份是通过绘画中服饰的不断更换,以"隐喻"的途径表达出来的②。

绘画隐喻与历史进程之间具有对应关联的复杂性还表现在宫廷绘画中存在着一个内外有别的构造系统。在公开展示的宫廷画像中,清代皇帝对肖像画中的服饰都有相当严格的定制,特别是乾隆皇帝对宫廷画家的控制非常严格,皇室成员的肖像一律身着满族服装,即"朝服",称为"容",整体风格突出的是一种仪式感,没有任何个性可言。容像中对正式礼服的着重强调显示清朝皇帝对满洲身份的刻意认同,通过固守民族服装的特殊性,拒绝接受汉服以表达满族的优越感和统治地位。而一些宫廷中皇帝的私人藏画,笔触和风格则要灵活得多。比如,雍正《十二美人屏风》中的美人均着汉人服装,环境布置则选择江南园林景色,其实喻示的是皇室对"江南"美景文化的收藏,在这里,"女性空间"被想象为江南精致而又柔弱文化的象征,是激起征服和性幻想的对象。作为不同于满洲文化的汉族文

---

① 梅尔清:《清初扬州文化》,复旦大学出版社 2004 年版,第 200~223 页。
② 巫鸿:《清帝的假面舞会:雍正和乾隆的"变装肖像"》,载《时空中的美术:巫鸿中国美术史文编二集》,三联书店 2009 年版,第 357~378 页。

中国艺术表达中的『隐喻』传统与历史写作——兼谈开拓『隐喻史』研究的重要性

化的精致、优雅和微妙华丽的特质被浓缩在美女和相关的景致之中加以收藏与鉴赏。皇帝爱慕美人也征服美人,美人成为"江南"乃至汉族文化的隐喻,她是一个"他者",一个被禁锢的宝物。正如巫鸿所说:"她的被动性、从属性和忍受着相思煎熬都具有了明显的政治意义。创造她们,拥有她们和对她们的空间占有不仅满足了一种私密的幻想,而且满足了一种对被征服的文化与国家炫耀权力的欲望。"①

乾隆登基后,其宫廷画作中继续表现汉族美女的形象,只不过他与其父的区别在于,雍正帝还只是把汉族美女视为一种观赏和收藏的对象,自己并不置身其中,而乾隆皇帝则亲自显形于各种画作之中。比如,在一幅《乾隆行乐图》中,乾隆身着传统汉族文人的服装倚坐于山中凉亭之内,注视着眼前列队从桥上走过的娇媚美人。整个山水构图颇类似于标准的文人画,似乎表现的是一种文人隐居的场景,实则人物的关系隐喻的却是皇家的另一种生活姿态。在一首题诗中,乾隆帝把这些汉族女子比作王昭君,以喻意自己异族统治的身份,同时其汉服形象又喻示其已经融入了汉人的生活,并实现了真正的控制,这种控制已超越了雍正仍视汉人为"他者"形象的束缚②。

这里仍涉及艺术表现中的"隐喻"与历史现实发生的事件和场景如何发生对应的问题。我们可以看到,《平安春信图》中身着汉服的雍正递给乾隆一枝梅花,在汉人语境中喻示着传递春天的消息,但艺术史家则把它解读成传递着"天命"继承和对汉人文化占有和挪用的合法化。特别是周围围绕着松与竹,以及乾隆握有竹子这一动作都昭示了以上含义,如果把这种艺术"隐喻"的解释置于思想史的脉络中寻找其依据,我们就会发现,清朝皇帝对"道统"与"治统"的同时占有达到了前所未有的巅峰,艺术绘画表现的正是这一"道统"转移的主题③。因为身着汉服昭示着作为异族

---

① 巫鸿:《重屏:中国绘画中的媒材与再现》,第189~195页。
② 巫鸿:《重屏:中国绘画中的媒材与再现》,第295~296页。
③ 参见黄进兴《清初政权意识形态之探究:政治化的"道统观"》,台湾《中央研究院历史语言研究所集刊》第58本第1分,1987年。

统治者的雍正、乾隆皇帝对汉人统治的合法性，也挣脱了总被汉人视为"蛮夷"的尴尬处境，也就是说，颠覆了宋明以来在汉人传统中早已根深蒂固的"夷夏之辨"的历史观。这些现象的发生过程非常复杂，除了以学理化的方式加以探讨之外，还可以从中国艺术所表现出的"隐喻"风格中加以感知。

四、"隐喻"解读对于历史书写的意义

在以往的中国历史研究中，由于研究者大多关注公开发表的文本中所昭示出的信息，比如较为注重各类官修史书、学者文集和地方文献载存的史料，对其他类型的文本，如私密性日记、诗词、书法、碑刻、绘画中所表达出的各类人物之心态和情绪有所忽略，因此，对整体历史演进过程中发生于表面状态之下的微妙变化难以进行有效的分析。本文试图阐明，对各类艺术作品中所包含的"隐喻"意义的解析，有助于加深我们对历史事件发生的语境以及历史人物深藏不露心态的理解。这类艺术文本不但在形式上有别于传统史料的类型，而且在内容上也需要通过不同的阅读诠释手段以揭示其意义。

综上所述，我们可以大致归纳出"隐喻"解读如何彰显出历史书写中的另一层涵义。首先，历史中所发生的非常规变化容易促成书写者使用隐晦委婉的手法表达自己的心绪，特别是在易代鼎革之际，这种情况的出现会更加频繁和明显。例如，明清易代时期，大量的遗民文字和绘画以及表现出的相关行为就充满了晦涩难辨的隐喻符号，此"隐语系统"包括各种复杂的典故和象征，读取它们显然不能按照常规的路径进行，必须透过其字面或形式的表达寻究背后的真义，还要注意其以隐喻表达心态的真正动机是什么。因为，一个易代之际的历史书写者与常态下的历史记录者之间肯定有着不小的差别，探析文本差异的同时，对其为何选取此一姿态的人生遭际也应加以认知。故"隐喻史"研究实乃是补充常规历史写作的利器。

其次,在历史的"常态"境况下,"隐喻"对历史书写也会发生微妙的干预作用,只不过这种作用与易代之际遗民对"隐喻"的使用在性质上完全不同。本文对士人隐逸诗词中自身境况曲折表达的分析,就是在没有发生历史剧变状况下的常态书写。透过对这些书写中隐喻象征涵义的解读,我们至少可以知悉,所谓田园诗话语本身所蕴藏的虚幻性,以及士人与政治变化之间复杂的心理纠葛关系。

再次,即使在所谓的"盛世"时期,例如,清朝的康雍乾时期,艺术作品中的隐喻也在不断频繁地被加以使用。艺术作品中的许多象征性要素,比如服饰、花草、器具、山水、建筑都有可能成为满洲帝王建构其统治合法性的工具。比如,雍正通过自画像中不断变换的各种不同的族类服饰,昭示其多民族共主身份的重要,而《十二美人图》中汉族女子形象的界定,可以验证满族皇帝对征服"江南"文化的渴望。乾隆帝则以多幅身着汉服的画像,暗示自己对汉人士大夫"道统"的据有。可以由此间接地验证清朝皇帝持续不断地希图把"道统"与"治统"合二为一的政治企图与规划效果。

其实,就某种具体带有"象征"意味的行动而言,貌似同一类的行为却包含着不同的历史意图,即以"访碑"而言,"碑"作为一种历史象征,不同历史时期与不同人群对其解读的动机和目的是颇有差异的。明末访碑是园林生活空间中赏玩拓片的怀古行为,清初访碑则多是遗民怀念故国的凭吊举动。从碑碣分布的情况而论,汉唐古碑多分布于北方地区,而印刷文化多发达于南方,故怀古踏勘的活动多发生在北方地区。但明末以后南方宗族和庙宇的兴盛却使得南方地区的碑碣出现的频度增高,故当代历史人类学把访碑作为主要的研究手段,亦可间接证明访碑作为象征行为的变化轨迹。

(本文作者:杨念群 中国人民大学清史研究所教授 本文发表于2011年第6期)

辩证法理论的思想移居

王庆丰

摘 要 从柏拉图主义到海德格尔,哲学确实发生了一个思想的移居,与思想革命相比,"移居"意味着思想本身没有发生改变,发生改变的仅仅是思想的"居所"。这种新的思想视域是建构当代形态辩证法的理论前提。辩证法理论的思想移居具有三重内涵:(1)存在论主题从本质到实存的转换;(2)哲学视域从彼岸世界到此岸世界的转向;(3)理论功能从绝对真理到现实真理的转变。辩证法理论的思想移居,实际上所表征的是哲学理性信念的变化,即由绝对的无限理性信念转向对相对有限的理性追求。

毋庸置疑,辩证法与哲学的发展紧密联系在一起。自苏格拉底、柏拉图起,中经康德、黑格尔与马克思,一至延续到阿多诺、伽达默尔等当代哲学家,辩证法总能获得全新的语境和内涵而重新出现在哲学的中心。因此,反思和展望当代辩证法的得失与未来,有一个最根本的前提,就是澄清当代哲学所发生的深刻变化。只有在这一哲学视域中,才能建构辩证法理论的当代形态。

海德格尔把当代哲学发生的转向称为"思想的移居"。在其"晚期的讨论班纪要"中,海德格尔谈到了这一问题:"那么从意识转向此在,就其本源而言,难道不就是康德所谓'思想方式的革命',或者如荷尔德林所说的'一切表象方式与一切形式的回转'吗?海德格尔纠正说,也许更好的说法是思想之居所(Ortshaft)的革命。也许,将之简单地理解为那原初意义上的'移居'（Ortsverlegung），便比理解为'革命'要好一些；也是在这个意义上，那借《存在与时间》而行的思便将哲学曾经置于意识之中的东西从一处迁移到了另一处。"①这和海德格尔在《哲学的终结和思的任务》一文中关于"终结"的理解保持着一致。海德格尔指出："我们太容易在消极意义上把某物的终结了解为单纯的中止，理解为没有继续发展，甚或理解为颓败和无能。相反地，关于哲学之终结的谈论却意味着形而上学的完成。"紧接着海德格尔又指出："'终结'一词的古老意义与'位置'相同：'从此一终结到彼一终结'，意思即是从此一位置到彼一位置。哲学之终结是这样一个位置，在那里哲学历史之整体把自身聚集到它的最极端的可能性中去了。作为完成的终结意味着这种聚集。"②如果把海德格尔的这两处论述联系起来理解，"哲学的终结"就意味着"思想的移居"。

"思想的革命"与"思想的移居"虽然都意指哲学的转向和改变，但这两者之间却存在着本质性的差别。思想的"革命"强调的是思想本身的"断裂"，亦即思想本身的改变。思想"移居"的称谓则更富有深意，"移居"意味着思想本身没有发生改变，发生改变的仅仅是思想的"居所"。正是因为思想的"居所"发生了变化，才引发了思想的主题、视域、功能等一系列的改变。建构辩证法理论的当代形态必须以这一新的思想居所、新的思想方向、新的思想视域为前提。

（一）辩证法思想主题的转换

海德格尔把思想的移居看作从"意识"向"此在"的转向。在西方哲学史上，从近代哲学到现代哲学确实是一个根本性的转变。因为整个现代西方哲学已经不再停留于抽象的思辨之上，追求一种知识形态的形而上学，而是关注人的存在和生存问题。因此，传统本体论哲学的最大问题归根结底就在于失落了人和人的主体性这一根本点上。这并不是说传统形而上学不关心"主体性"问题，相反传统形而上学被海德格尔称之为"主体形而

---

① 费迪耶等辑录：《晚期海德格尔的三天讨论班纪要》，丁耘摘译，《哲学译丛》2001年第3期。

② 海德格尔：《面向思的事情》，陈小文、孙周兴译，商务印书馆1999年版，第69～70页。

上学"。之所以如此,是因为传统形而上学把所有问题最终都归结为主体的"内在意识",而从不关心人的现实"生存"的问题。转向"此在"就是关涉人的"实际生命",所以海德格尔才会认为哲学是对实际生命的明确解释而已,并指出哲学如果不想错失自己的使命,必须守护好这一责任。但是,海德格尔从"意识"转向"此在"只是一个非常笼统的说法,这一问题必须在存在论的意义上得到最彻底的阐明。近代哲学与现代哲学有诸多差别,但其最根本的差别还是存在论意义上的差别,集中体现为"存在论论题"的转换。

我们知道,海德格尔关于存在论有一个著名的区分:存在者与存在的区分,即存在论差异。但是,海德格尔在《现象学之基本问题》一书中还提出了另外一个更加重要的区分: essentia[本质] 与 existentia[实存] ① 的区分,即"存在论分说"。"存在论分说"与海德格尔的"存在论差异"并不重合。存在论差异指的是存在与存在者之间的差别,而存在论分说指的是存在本身的差别。"它属于存在论差异环节的方面,也就是说,无论实在性还是实有性都不是存在者,它们两者正好造就了存在结构。实在性与实有之间(即本质与实存——引者注) 的区别在存在之本质性的建制中更切近地分说了存在"②。"存在论分说"是以"存在论差异"为前提的,存在论分说所讨论的"本质与实存"都属于存在的层面而非存在者的层面,是对存在本身的分说。

海德格尔认为,"essentia"(本质) 回答的是"什么存在"这个问题,什么是一个存在者,即存在者何以存在的根据?"existentia"(实存) 说的是一个存在者的如此存在,即它存在这一如此。这个区分命名的是两个不同的存在,其中昭示出在某种差异中的存在。海德格尔指出:"对什么—存在与如此—存在的区分不仅包含着形而上学思想的一个教本。它指示着

---

① essentia(英文为 essence) 有实在、实质、本质等译法, existentia(英文为 existence) 有实存、实有、存在等译法,本文分别将其译为"本质"与"实存"。

② 海德格尔:《现象学之基本问题》,丁耘译,上海译文出版社 2008 年版,第 95~96 页。

存在历史中的一个事件。"①这一区分表面上看来是"什么存在"与"如此存在"的问题,其实这两个"不同的存在"意味着存在论论题的转换,这实际上蕴含着两种不同的致思取向。在存在论的意义上,传统哲学向现代哲学的转换就是从"本质"转向"实存"。从根本上而言,辩证法自开端起就是关于"存在"的科学。柏拉图被称为古代世界的辩证法大师,是辩证哲学的创始人。黑格尔指出:"在古代,柏拉图被称为辩证法的发明者。就其指在柏拉图哲学中,辩证法第一次以自由的科学的形式,亦即以客观的形式出现而言,这话的确是对的。"②柏拉图在《理想国》第七卷中,对辩证法的研究方法、理论使命、教育地位等进行了详细的分析。柏拉图指出:"辩证法是唯一的这种研究方法,能够不用假设而一直上升到第一原理本身,以便在那里找到可靠根据的。"③这就是说,辩证法所要把握的就是"第一原理"和"纯粹实在",辩证法就是"能不用眼睛和其它的感官,跟随着真理达到纯实在本身"④。正因如此,柏拉图特别强调辩证法的重要地位。"辩证法像墙头石一样,被放在我们教育体制的最上头,再不能有任何别的学习科目放在它的上面是正确的了,而我们的学习课程到辩证法也就完成了"⑤。只有辩证法能让人看到实在,别的途径是没有的。在柏拉图看来能正确论证每一事物真实存在的人就是辩证法家。辩证法在实质上就是关于"存在"的科学。在柏拉图那里,作为"存在"的"纯实在"就是理念。因此,辩证法就是认识理念的科学进程,辩证法就是理念论。

可见,哲学的认识论和存在论自古希腊起就是统一的。我们把近代哲学称之为"认识论转向",从笛卡尔的"我思故我在"所引发的先验主体构成了这种哲学的起始点和根基点。但是,我们不能基于此就把近代哲学的辩证法称之为"认识论的辩证法",从而把辩证法从近代哲学到现代哲学的变化,称之为"认识论辩证法"向"存在论辩证法"的转换。实际上,辩证

①　海德格尔:《尼采》下卷,孙周兴译,商务印书馆 2002 年版,第 1037 页。
②　黑格尔:《小逻辑》,贺麟译,商务印书馆 1980 年版,第 178 页。
③　柏拉图:《理想国》,郭斌和、张竹明译,商务印书馆 1986 年版,第 300 页。
④　柏拉图:《理想国》,第 306 页。
⑤　柏拉图:《理想国》,第 301～302 页。

法从近代哲学向现代哲学的转换绝不是从"认识论辩证法"向"存在论辩证法"的转换,而是辩证法存在论论题的转换。

辩证法理论形态的转变不是一种辩证法简单地代替另一种辩证法,也不是辩证法理论对象简单地从自然转到认识或者转到实践或人类社会。辩证法理论形态的转变是辩证法理论研究的深化,是辩证法理论研究主题的转换。因此,只有在"本质"与"实存"的比较中,才能明确辩证法理论的当代主题。"本质"与"实存"的区分表面上看来是"什么存在"与"如此存在"的问题,其实这两个"不同的存在"实际上是两种不同的哲学范式,蕴含着两种不同的理论旨趣。以"本质"为主题的存在论,实际上是研究"何以存在",存在者之为存在的根据。"实存存在论"则关心人的实际生命,是对"如何存在"的研究,这是一种关于人的"生活世界"的存在论。如果说"本质存在论"寻求"物之理"的话,那么"实存存在论"澄明的则是"事之理"或"人之理"。两种存在论对应的是两个世界:物的世界(world of things)与事的世界(world of facts)。"本质"昭示的是对"物"的追问,而"实存"则是对"人"的追问。

"哲学的首要问题是事而不是物,哲学不能'向物而思'(to the things)而只能'因事而思'(from the facts)。如果说科学是关于物的世界的解释,那么哲学是关于事的世界的思想"①。简而言之,"寻求'本质'需要科学的研究方式,反思'存在'则需要哲学的研究方式"②。传统形而上学寻求"物之理",因此把成为"科学"作为哲学的目标,在这个意义上传统哲学都是"本质主义"。海德格尔指出:"'物理学'从一开始就规定了形而上学的历史和本质。即使在把存在视为 actus purus(托马斯·阿奎那);视为绝对概念(黑格尔);视为同一意志向着强力的永恒回归(尼采)的种种学说中,形而上学也还仍旧是'物理学'。"③传统哲学不可避免地会走向科学化的道路,并且以"严格科学"作为自己努力的目标。科学最终终结了哲学,

---

① 赵汀阳:《每个人的政治》,社会科学文献出版社 2010 年版,第 163 页。

② 孙正聿:《哲学通论》,辽宁人民出版社 1998 年版,第 371 页。

③ 海德格尔:《形而上学导论》,熊伟、王庆节译,商务印书馆 1996 年版,第 19 页。

辩证法理论的思想移居

"哲学之发展为独立的诸科学——而诸科学之间却又愈来愈显著地相互沟通起来——乃是哲学的合法的完成。哲学在现时代正在走向终结"①。因此,20世纪西方哲学中拒斥形而上学的科学主义思潮所表征的正是哲学的完成和终结。存在论论题从"本质"转向"实存"之后,哲学便有了完全不同的思想任务。关于"实存"的追问是无论如何也成不了科学的。这是因为作为本质"物之理"是单一的,而作为"实存"的"事之理"则是多元的、存在差异的。

因此,辩证法已不再是与人无关的冷漠的客观知识,不再是客观的中性的认识构架和概念工具,而是内在地包含着生存焦虑、渴望和价值关怀的人生态度和理想。换言之,辩证法已经不再是把握物的逻辑,而只能是把握人的逻辑。所谓当代形态的辩证法,就其存在论主题而言表征的主要是人、人的存在及其活动的本性,只有自觉地运用辩证法的观点去理解人与自然、人与人、人自身,才会使作为此在的我们激荡起来,才会彰显人的"神性",亦即人的形上本性。这就启示我们,当代形态的辩证法必然是生存论意义上的存在论辩证法。这种存在论论题的转换,也同时意味着哲学关注的视域或者研究的视域发生了转向。

(二)辩证法哲学视域的转向

"思想的移居"最形象、最直接的表现就是哲学的理论视域的转向。包括哲学在内的人类所有知识无非都是关于世界的把握,这种认识既包括对那个被假设独立于我们而存在的外部世界的认识,也包括对人类活动所形成和所塑造的人类世界的认识。在这种意义上,哲学就是一种世界观理论。因此,哲学视域的转向集中体现在对"世界"概念的理解上。但是,传统哲学的世界观是一种"颠倒的世界观"。传统哲学把世界区分为现象界和本质界,变动不居的现象界或经验世界是不真实的、是假象或摹本,而本质界或理念世界则被看作真实的、不变的。这样对事物的认识就转换为对事物本质的认识,对世界的把握就成为对理念世界的把握。整个西方哲学

---

① 《海德格尔选集》下卷,孙周兴选编,上海三联书店1996年版,第1245页。

就是这种柏拉图主义,柏拉图对辩证法的理解规定了整个传统形而上学时代辩证法的理论空间。

辩证法哲学视域的转向就是把辩证法的目光从这种超时空的、绝对的本质世界转向他处。在《黑格尔法哲学批判导言》中,马克思清楚地表明了这一转向:"真理的彼岸世界消失以后,历史的任务就是确立此岸世界的真理"①。在马克思看来,传统哲学寻求的是"彼岸世界的真理",所谓"彼岸世界"就是本质世界、理念世界。而马克思转换了这一理论视域:传统哲学主张"世界是受观念支配的,思想和概念是决定性的本原,一定的思想是只有哲学家们才能理解的物质世界的奥秘"②。在马克思看来,以黑格尔为代表的传统哲学包括青年黑格尔派都相信现实世界是观念世界的产物,德国的哲学家们在他们的"黑格尔的思想世界中迷失了方向"。马克思把理念世界视之为"种种虚假观念",这些"幻想、观念、教条和臆想的存在物"构成了人们的"真正的枷锁",并且人们在这种枷锁下日渐萎靡消沉。马克思认为,不仅作为自然的自然界、与这些抽象概念分割开来并与这些抽象概念不同的自然界是无,而且"被抽象地理解的,自为的,被确定为与人分割开来的自然界,对人来说也是无"③。正是在这个意义上,马克思强调,"德国哲学从天国降到人间,和它完全相反,这里我们是从人间升到天国"④。

毫无疑问,马克思所强调的"此岸世界"是指现实的生活世界。与胡塞尔、海德格尔不同,马克思强调"世界"概念的"社会性"内涵。历史唯物主义的前提是一个"现实的前提","它的前提是人,但不是处在某种虚幻的离群索居和固定不变状态中的人,而是处在现实的、可以通过经验观察到的、在一定条件下进行的发展过程中的人"⑤。在马克思看来,人们的存在就是他们的现实生活过程,历史唯物主义所要描述的就是"人们的实践

---

① 《马克思恩格斯文集》第 1 卷,人民出版社 2009 年版,第 4 页。
② 《马克思恩格斯文集》第 1 卷,第 510 页。
③ 马克思:《1844 年经济学哲学手稿》,人民出版社 2000 年版,第 116 页。
④ 《马克思恩格斯文集》第 1 卷,第 525 页。
⑤ 《马克思恩格斯文集》第 1 卷,第 525 页。

活动和实际发展过程"。马克思在这里所谓的"现实生活"和"实际发展"指的就是人的社会性。"人的本质不是单个人所固有的抽象物,在其现实性上,它是一切社会关系的总和"①。人就是人的世界,人的社会性决定了人的世界是一个由社会关系所构成的世界。因此,马克思还有一个更为明确的、至关重要的判断:"人不是抽象的蛰居于世界之外的存在物。人就是人的世界,就是国家,社会"②。马克思所理解的"世界"就是国家、社会,就是生产关系意义上的此岸世界。

在与胡塞尔先验哲学相区分的意义上,海德格尔的世界概念也实现了这一转向。我们知道胡塞尔也特别强调生活世界,但是胡塞尔的生活世界依旧是在彼岸世界的意义上使用的。胡塞尔把生活世界看作是一个"原初的自明性的领域",其目的是为科学进行奠基。"关于客观的—科学的世界的知识是'奠立'在生活世界的自明性之上的。生活世界对于从事科学研究的人来说,或对于研究集体来说,是作为'基础'而预先给定的"③。可见,胡塞尔的生活世界是一个彼岸世界意义上的"先验生活世界"。海德格尔则认为,人首先是"在世之中"的,他拒绝接受一个与世界相脱离的主体,也拒绝接受一个与人无关的世界。在《存在与时间》一书中,海德格尔把人的存在方式称之为"此在",就是为了说明这个问题。海德格尔指出:"我们用'此在'这个术语既指世界的存在也指人生的存在"④。此在表明了"人"和"世界"的同一与共在。

正是在此岸世界的意义上,海德格尔把世界看作是一个有意蕴的世界。世界表现为一种因缘整体性,即一种指引性关联。海德格尔把"这些指引关联的关联性质把握为赋予含义",他说:"我们把这种含义的关联整体称为意蕴。它就是构成了世界的结构的东西,是构成了此在之为此在向来已在其中的所在的结构的东西。处于对意蕴的熟悉状态中的此在乃是存在者之所

① 《马克思恩格斯文集》第1卷,第501页。
② 《马克思恩格斯选集》第1卷,人民出版社1995年版,第1页。
③ 胡塞尔:《欧洲科学的危机与超越论的现象学》,王炳文译,商务印书馆2001年版,第158页。
④ 海德格尔:《存在论:实际性的解释学》,何卫平译,人民出版社2009年版,第87页。

以能得到揭示的存在者层次上的条件——这种存在者以因缘（上手状态）的存在方式在一个世界中来照面，并从而能以其自在宣布出来。"①世界的因缘整体性关联决定了世界是一个有"意蕴"的世界，这表明海德格尔的世界概念是一个现实的生活世界的概念。海德格尔详细地分析了世界概念，指明了世界概念的四重内涵："一、世界所指的与其说是存在者本身，还不如说是存在者之存在的如何（Wie）。二、这种如何规定着存在者整体。它根本上乃是作为界限和尺度的任何一种一般如何的可能性。三、这一如何整体在一定程度上是先行的。四、这一先行的如何整体本身相关于人之存在。因此，世界恰恰归属于人之此在，虽然世界涵括一切存在者，也一并整个地涵括着此在。"②概述海德格尔的"世界概念"，其最根本的一点就是世界"归属于人之存在"。用海德格尔的话来表述就是："在这里，世界被带入与人之此在的实际生存的基本方式的关系之中了。"③

　　这样一来，哲学的视域就从传统哲学抽象的、超验的彼岸世界转移到了现代哲学活生生的现实生活世界。但是哲学视域的转换远没有这么简单。因为彼岸世界不仅仅代表着一种哲学视域，在某种意义上更代表着一种研究方式。我们不能说传统哲学的思想家们不关注"现实生活世界"。柏拉图的"理想国"、康德的"永久和平论"、黑格尔的"伦理国家"等也是对现实生活世界的关注。早在古希腊时期，苏格拉底就已经实现了从自然哲学到道德哲学的转变。西塞罗指出，苏格拉底"把哲学从天上带到了地上"，使人们意识到"未经审视的生活是无价值的生活"。但是西方传统哲学用思维规定存在，进而宰制和控制存在，换言之就是用彼岸世界来宰制此岸世界。因此，如果一种哲学关注此岸世界，但依旧认为现实世界是观念世界的产物，是理念世界的摹本，理念世界是现实世界何以可能的根据，那么，这种哲学的视域就依旧停留在彼岸世界，依旧是柏拉图主义的延伸或变形。

---

① 　海德格尔：《存在与时间》，陈嘉映、王庆节译，三联书店 1999 年版，第 102 页。
② 　《海德格尔选集》上卷，孙周兴选编，上海三联书店 1996 年版，第 174 ~ 175 页。
③ 　《海德格尔选集》上卷，第 174 页。

辩证法理论的思想移居

　　哲学视域转向之后,关注现实生活世界的辩证法又是何种形态?现实的生活世界总是一个有缺陷的定在,完满的生活世界只能属于彼岸世界的天国,但是我们绝不能因此就放弃对美好生活的追求。如果辩证法的哲学视域转向此岸世界,如果我们追求完美的、理想的生活世界,否定的辩证法就只能是一种对现存的一切进行无情的批判。对于马克思而言,我们所处的现实的生活世界就是资本主义社会。因此,辩证法就是对现存事物——资本主义世界——的批判。"辩证法,在其合理形态上,引起资产阶级及其夸夸其谈的代言人的恼怒和恐怖,因为辩证法在对现存事物的肯定的理解中同时包含对现存事物的否定的理解,即对现存事物的必然灭亡的理解;辩证法对每一种既成的形式都是从不断的运动中,因而也是从它的暂时性方面去理解;辩证法不崇拜任何东西,按其本质来说,它是批判的和革命的"①。如果站在海德格尔世界概念的立场上,辩证法就是对常人的生活世界(沉沦于世)的批判。在这个意义上,海德格尔反省了胡塞尔的现象学。他说:"实际上在现象学中存在着一个认识或对于认识的一种可能性的限度,它并不总是把握一切,而且也许今天根本就没把握一切。但问题在于这样一个限度从哲学的基本任务的意义上看是否就是一个缺点。"②我们知道,海德格尔在《那托普报告》中对哲学的基本任务作出了明确的规定:"哲学研究的对象乃是人类此在——哲学研究就人类此在的存在特征来追问人类此在","它必须被理解为对实际生命的一种基本运动的明确把握"③。胡塞尔曾经对现象学进行了严格的限制,认为现象学必须局限在认识论的范围内,而不能越界。在哲学基本任务的意义上,海德格尔认为现象学的这一限度是一个缺陷,即它没有对人的生存做出关照,"由于这个缺点,现象学远远滞后于辩证法的更高尚的深度透视的工作"④。就哲学的基本任务而言,辩证法哲学视域的转向必然引起辩证法

---

① 《马克思恩格斯选集》第2卷,人民出版社1995年版,第112页。
② 海德格尔:《存在论:实际性的解释学》,第51页。
③ 海德格尔:《形式显示的现象学:海德格尔早期弗莱堡文选》,孙周兴译,同济大学出版社2004年版,第78页。
④ 海德格尔:《存在论:实际性的解释学》,第51页。

理论功能的转变。

　　(三)辩证法理论功能的转变

　　追求真理一直是哲学的天职和使命,因此,黑格尔把"追求真理的勇气"看作哲学研究的首要条件之一。在黑格尔看来,"真理的王国是哲学所最熟悉的领域,也是哲学所缔造的,通过哲学的研究,我们是可以分享的"①。因此,"哲学的目的就在于掌握理念的普遍性和真形相"。哲学的本性就是对真理的认识。整个传统哲学把一个超感性的、永恒在场的、先验的理性概念世界作为自己的理论根据,并奉为永恒的、绝对的真理。在传统哲学语境中,辩证法与形而上学并不对立,辩证法就是形而上学的思维方式与思想工具。例如,"在黑格尔那里,辩证方法之所以是神秘的,还因为他把它当作建立一个囊括一切的整体的逻辑结构的工具"②。因此,黑格尔的辩证法就是达到绝对精神(亦即绝对真理)的辩证运动过程。随着时间或历史意识引入形而上学,真理观也随之发生了重大变化。由于真理的内涵发生了变化,辩证法的理论功能也必将随之发生转变。

　　海德格尔在西方哲学语境下专门探讨了真理的本质。海德格尔所追求的真理是"那种在今天给予我们以尺度和标准的现实真理","我们要寻求那个应当在人的历史中并为这种历史而给人设立起来的目标。我们要现实的'真理'"③。在海德格尔看来,流俗的真理概念认为:真实的东西,无论是真实的事情还是真实的命题,就是相符、一致的东西。在这里,真实和真理就意味着符合,而且是双重意义上的符合:一方面是事情(Sache)与关于事情的先行意谓的符合;另一方面则是陈述的意思与事情的符合。传统的真理概念表明了符合的这一双重特性。可见,真理的符合性包括两个方面:命题的真理和事情的真理。命题的真理只有建立在事情的真理的基础上才是可能的。

　　海德格尔指出:"真理原始地并非寓居于命题之中","真理的本质乃

---

① 　黑格尔:《小逻辑》,第35页。
② 　悉尼·胡克:《对卡尔·马克思的理解》,徐崇温译,重庆出版社1993年版,第315页。
③ 　《海德格尔选集》上卷,第214页。

辩证法理论的思想移居

103

是自由"①。自由之所以是正确性之内在可能性的根据,只是因为它是从独一无二的根本性的真理之源始本质那里获得其本己本质的。一个正确的表象性陈述与之相称的那个可敞开者,乃是始终在开放行为中敞开的存在者。向着敞开域的可敞开者的自由让存在者成其所是。于是,自由便自行揭示为让存在者存在。让存在,亦即自由,本身就是展开着的,是绽出的。着眼于真理的本质,自由的本质显示自身为进入存在者之被解蔽状态的展开。因此,对于海德格尔来说,"'真理'并不是正确命题的标志,并不是由某个人类'主体'对'客体'所说的、并且在某个地方——我们不知道在哪个领域中——'有效'的命题的标志;不如说,'真理'乃是存在者之解蔽,通过这种解蔽,一种敞开状态才成其本质。一切人类行为和姿态都在它的敞开之境中展开。因此,人乃以绽出之生存方式的方式存在"②。所谓人绽出地生存就意味着:一个历史性人类本质的可能性的历史对人来说被保存于存在者整体之解蔽中了。历史的罕见而质朴的决断就源于真理之源始本质的现身方式中。因此,在海德格尔看来,真理的本质揭示自身为自由。自由乃是绽出的、解蔽着的让存在者存在。所以,真理就是存在者之解蔽,一种解蔽状态或敞开状态。海德格尔的真理观已经突破了意识哲学的理解,是一种生存论意义上的存在论真理。

马克思在反思和批判的意义上把黑格尔哲学为代表的绝对真理观的"瓦解"过程称之为"绝对精神的瓦解过程"。马克思转换了真理观的哲学视野,把真理从天国拉回了尘世。正是在这个意义上,马克思把真理区分为"彼岸世界的真理"和"此岸世界的真理"。马克思指出:"真理的彼岸世界消逝以后,历史的任务就是确立此岸世界的真理。人的自我异化的神圣形象被揭穿以后,揭露具有非神圣形象的自我异化,就成了为历史服务的哲学的迫切任务。于是,对天国的批判变成对尘世的批判,对宗教的批判变成对法的批判,对神学的批判变成对政治的批判。"③在马克思看来,宗教和传统形

---

① 《海德格尔选集》上卷,第220、221页。
② 《海德格尔选集》上卷,第225页。
③ 《马克思恩格斯文集》第1卷,第4页。

而上学所追求的超感性世界的真理实际上是一个"彼岸世界的真理"。而现在哲学的迫切任务是确立"此岸世界的真理",这就要求揭露具有非神圣形象的自我异化,具体表现为对尘世、法、政治和国家的批判。

此岸世界的真理相对于彼岸世界的真理,不再是超验的、永恒的真理。因此其真理性的标准也不再是严格的普遍性和必然性,而是思维的现实性和力量。马克思明确指出:"人的思维是否具有客观的真理性,这不是一个理论的问题,而是一个实践的问题。人应该在实践中证明自己思维的真理性,即自己思维的现实性和力量,自己思维的此岸性。关于思维——离开实践的思维——的现实性或非现实性的争论,是一个纯粹经院哲学的问题。"①在马克思看来,真理的问题不再是一个单纯的意识哲学的思想客观性问题,而变成了一个"实践"问题。

哈贝马斯也指出:"无论是从皮尔斯到米德和杜威的实用主义,皮亚杰的成长心理学或维果斯基的语言理论,还是舍勒的知识社会学和胡塞尔对生活世界的分析,都充分证明了我们的认识能力深深地扎根在前科学的实践以及我们与人和物的交往中。"②如果我们的认识能力植根于实践的话,那么由认识所形成的理论也就必然是植根于实践的,而不是脱离实践的、超验的、彼岸世界的真理。因此,以改变世界为根本任务的马克思主义哲学不再是关于绝对真理、世界终极真理的遐想,它不再是企求在某种意识的明证性、绝对的确定性基础上构造永恒真理的学说。在马克思的实践观点看来,事物和世界就是人的历史实践活动不断生成的结果,自然是人化的自然,世界是人的历史世界;不仅如此,作为科学认识的主体人本身也是历史性的存在:人既是历史的经常的前提,也是历史的经常的结果。因此,这就决定了包括哲学认识在内的全部人类知识都是特定历史阶段人类自身历史形态的精神表现。绝对的、永恒的真理只是理性的幻想或将统治阶级思想作为意识形态的假冒和欺骗。但是,否认真理的永恒性、绝对性

---

① 《马克思恩格斯文集》第1卷,第500页。
② 哈贝马斯:《后形而上学思想》,曹卫东、付德根译,译林出版社2001年版,第7页。

并不意味着否认真理的客观性。对于马克思来说,作为感性物质活动的实践既是能动的,又是客观的;作为理解方式和思维方式的实践观点既是历史主义的,又是客观主义的。

海德格尔反对传统符合论的真理,转而寻求"现实的真理",指出真理的本质乃是自由。马克思主张确立此岸世界的真理,将真理的客观性理解为"现实性和力量",去寻求和实现人类自由解放的道路。两者有一个共同的特点,就是所理解的真理都是现实的真理,都是以人的"自由"为目标的此岸世界的真理。这就意味着,辩证法对真理的认识,已经不再是对传统哲学知识论意义上的绝对真理的把握,而是对现实世界人的生活观念的反省和批判。

辩证法理论的思想移居在其直接性的意义上表现为肯定的辩证法向否定的辩证法的转变。由于消解了传统形而上学的绝对真理观,这就为辩证法理论敞开了批判的空间。否定的辩证法其实质就是对人类无限理性信念的怀疑和否定。但是,辩证法绝对不是一种"相对主义"。相对主义是无根基的思维的罪过。"辩证法是同相对主义严格对立的,同时也是同绝对主义严格对立的"①。未被束缚的辩证法(即否定的辩证法)"并非没有任何稳固的东西。但它不再赋予这种东西以第一性"②。简言之,这种辩证法就是"相对的绝对"。辩证法理论就其本性来说,它既要寻求和建构无限理性的原则和理论形态,又要不断地消解这种绝对理性的僵死性。辩证法理论的思想移居,实际上所表征的是哲学理性信念的变化,即由绝对的无限理性信念转向对相对有限的理性追求。辩证法所要达到的不再是人类永恒的绝对精神,而是属于我们时代的人类自我意识。

(本文作者:王庆丰 吉林大学哲学基础理论研究中心教授 本文发表于2012年第4期)

---

① 阿多诺:《否定的辩证法》,张峰译,重庆出版社1993年版,第34页。

② 阿多诺:《否定的辩证法》,第37页。

哲学如何回应"祛魅"的现代世界

——理解现当代哲学的重要视角

贺 来

摘 要 考察哲学如何回应"祛魅"的现代世界,是理解现当代哲学的重要视角。"世界的祛魅"是现代社会的根本特点和必然趋势,它在很大程度上塑造了现代社会的基本面貌,支配着现代人的生存品性和生存处境。究竟如何理解并面对"祛魅"的现代世界?我们是否能够承受这样一个世界?这无论对于现当代西方哲学还是当代中国哲学,都是一个无法逃避的核心课题,现当代哲学的主题、思维方式、价值观念等都在对此课题的回应中得以充分显现,它对于我们理解现当代哲学的精神品格具有十分特殊的意义。

如何深入理解包括当代中国哲学在内的现当代哲学及其发展历程,这是一个可以从多视角予以展开的重大课题。马克斯·韦伯关于"世界祛魅"的思想为人们提供了其中一个十分重要的视野。如何面对和回应"祛魅"的现代世界,这是包括现当代中国哲学在内的现当代哲学的重大母题,从这一视野出发,现当代哲学许多重要思想所蕴含的时代内涵将获得彰显,哲学进一步发展所需要面对和解决的一系列重大矛盾也将以一种更加清晰的方式凸显出来。

一、世界的"祛魅"及其重大后果

从传统社会向现代社会的根本变迁以及由于这种变迁所带来的现代社会的本质特征及其对人的生存命运所产生的深刻影响,这是韦伯所关心的中心问题。"世界的祛魅"即是他在分析和回应这个问题的过程中所形成的最为核心的概念。在韦伯看来,"世界的祛魅"是现代社会的根本特点和必然趋势,它在很大程度上塑造了现代社会的基本面貌,支配着现代人的生存品性和生存处境。

"世界的祛魅"是现代社会的"理性化"过程的结果。这里所说的"理性",指的是"工具理性"。在韦伯看来,"现代性"是一个"工具理性"驱逐"价值理性"并逐渐取得主导地位的过程。在现代性发轫之初,"价值理性"与"工具理性"二者之间存在一种相互推动、相互支撑的亲和力,"宗教冲动力"(新教伦理所代表的价值理性)为"经济冲动力"(工具理性)提供"神圣意义"与"终极目的",二者相互依赖,共同为现代价值秩序提供合法性基础①。但随着时间的推移,二者的关系导向了一个充满悲剧意味的悖论。工具理性以价值理性为根据,大踏步地征服现世生活,于是,工具理性逐渐远离作为其源动力的价值理性,成为占据统治地位的力量:"当竭尽天职已不再与精神的和文化的最高价值发生直接联系的时候,或者,从另一方面说,当天职观念已转化为经济冲动,从而也就不再感受到了的时候,一般来讲,个人也就根本不会再试图找什么理由为之辩护了……财富的追求已被剥夺了其原有的宗教和伦理涵义,而趋于与纯粹世界的情欲相关联"②。

社会生活和社会制度的"理性化"所导致的重大后果就是"世界的祛魅"。在传统社会人们的意义和价值秩序中,"包含着'世界'作为一个'宇

---

① 参见贝尔《资本主义文化矛盾》导言,三联书店 1989 年版。
② 韦伯:《新教伦理与资本主义精神》,于晓等译,三联书店 1987 年版,第 142~143 页。

宙秩序'的重要的宗教构想,要求这个宇宙必须是一个在某种程度上安排得'有意义的'整体,它的各种现象要用这个要求来衡量和评价"[1],按照这种世界观,世界上各种事件都可以在一个"伟大的存在之链"中发现其内在的目的和理由,可以在某种神圣的秩序里确定其位置。在其中,"事实"与"价值"是内在统一的:在"目的论"宇宙中,每一个事物都由其"功能"和"目的"来界定,行使自己的"功能",完成自己的"目的",每一事物也就证实了其存在,实现了其价值,因此,事物的"存在"与它存在的"目的"和"价值"是不可分离的,在事物"存在"这一"事实"中,即已内在包含着其存在的"目的"和"本质"是什么,"是"与"应该""事实"与"价值"完全内在一致地联结在一起,二者之间浑然无间。然而,"世界的理性化"摧毁了这一"目的论式的世界秩序",消解了统一的宇宙秩序和通过这种宇宙秩序所设定的价值原则,驱逐了前现代社会人们可信奉的"唯一必然之神",把人的生活分裂为两个决然区分的领域,即"事实领域"与"价值领域"。

"事实领域"与"价值领域"是遵循着不同"游戏规则"的两个领域。前者遵循着"价值中立"的原则,拒斥价值信念的存在,所呈现的是一个由工具理性组建起来的世俗世界。它要求人们遵循理性的社会秩序,按照理性的法则和要求,在社会的分工体系中寻求自己的位置。"事实领域"要求排除私人性,"排除爱、恨和各种纯个人的感情,尤其是那些不合理的、难以预测的感情"[2],在此领域,人们只需接受法律和社会性规范的约束,"例行公事"地履行自己的职责,就可成为一个合格的"职业人"。在此领域,人们无需提出人生的"终极意义"是什么这类问题,也不可能从它出发推演出人"应该如何生活""什么样的人生是真正有意义的"等问题的答案。肇始于休谟的"事实"与"价值"两分的观点在这里得到了实践,并获得了完全的胜利。与事实领域相对,"价值领域"是个人的主观性领域,在这里,人的生命意义和价值不再依靠某种终极的、唯一的意义和价值之源

① 韦伯:《经济与社会》,林荣远译,商务印书馆 1997 年版,第 508 页。
② 转引自科瑟《社会学思想名家》,石人译,中国社会科学出版社 1990 年版,第 253 页。

哲学如何回应『祛魅』的现代世界
——理解现当代哲学的重要视角

来提供,而成为个人必须自己选择和确定并为之承担后果的"责任伦理",人生意义、人生目的和人生价值的问题完全属于私人的信仰,个人灵魂深处的事情应由个人自己来负责处理,人生的终极意义问题是个人生活的基本信仰,在此领域个人拥有完全的"治权",他是自己的"立法者",个人必须自行建构自己生命的目的,为自己做出关于生活意义和价值的阐释。没有任何外在权威为个体提供先定的价值知识,也没有任何外在的力量强制性地干涉个体对生命意义的阐释和选择。这就意味着,对于人的意义生活和价值秩序来说,产生了双重的后果,一是"价值的多神化","终极价值"的私人化,使得生命意义和价值变成个体的自我认证和良知决断,统一性的普遍价值原则消失了,"价值的多样性"变得不可避免;二是由"价值的多神化"所导致的"价值的争斗",每个人坚执自己选定的价值信念,必然就会排斥其他人的价值信念,你"侍奉这个神,如果你决定赞成这一立场,你必得罪所有其他的神",这里有"不同的神在相互争斗……那些古老的神,魔力已逝,于是以非人格力量的形式,又从坟墓中站了起来,既对我们的生活施威,同时他们之间也再度陷入了无休止的争斗之中"①。

"世界的祛魅"以及由此所导致的"事实领域"与"价值领域"的分离意味着人们的生活格局,尤其是意义生活和价值秩序发生了重大变化和根本位移。如果说尼采宣布"上帝已死",是以一种哲学的方式表达了这种意义生活和价值秩序的深刻变化的话,那么,韦伯则是以社会理论家的敏锐,对此做出了先知般的描述。

二、面对"祛魅的世界":接受还是拒斥

通过"理性化"与"祛魅"两个基本概念,韦伯描述了现代社会最为核心和关键的重大事实。在此,"核心"和"关键"所表明的是:现代人的生存状态和生存方式在很大程度上由它们所规定和塑造,甚至可以说,现代人

---

① 韦伯:《学术与政治》,冯克利译,三联书店 1998 年版,第 40~41 页。

的生存命运,他们的解放与奴役、进步与困境等都与此内在关联在一起。面对这一"核心"和"关键"事实,任何一个真正思考和关注现代人命运的思想家都难以回避。可以说,对韦伯所揭示的这一事实的深入理解、反思和评估,构成了现当代西方哲学的重大主题,现当代西方哲学的众多思潮,都是从不同视角对这一事实所做出的不同的理论回应。在此意义上,可以说,韦伯围绕着"理性化"和"祛魅"这两个基本范畴对现代社会特质和发展趋势所做的深刻分析和揭示,构成了现当代西方哲学无法绕过的巨大思想背景和资源,它提示人们:现代人生活在一个与传统社会生活有着重大不同的世界上,它构成了人们自我理解的基本语境,它迫使每一个关注现代人命运的哲学家回答:究竟如何理解并面对"祛魅"的现代世界?我们是否能够承受这样一个世界?

在现当代西方哲学中,无论是卢卡奇、马尔库塞、哈贝马斯等"西马"哲人对工具理性、技术统治、官僚政治及作为其"哲学表达"的现代实证主义的批判,还是海德格尔、福柯、德里达等对现代世界的批判性解构,抑或施特劳斯、施密特等对"现代性"的激烈批判,人们都能见到韦伯巨大的身影。对此,本文无法一一展开进行深入探讨,而只能围绕"世界的返魅"与"直面世界祛魅"这两种颇具代表性的立场,来阐明现当代哲学在此问题上的基本态度。

"世界的返魅"是现当代哲学面对"理性化"的、"祛魅"的世界所表现出的一种典型姿态。在它看来,"祛魅的世界"是一个"无神"的世界,无神的世界是一个"荒芜"的世界,因而是一个"堕落"的、价值虚无的世界。因此,必须超越"祛魅"的现实,在"返魅"中克服工具理性的肆虐,重建价值的"客观性"与"神圣性"。

在"世界的返魅"这一哲学姿态下面,汇聚着众多观点各异、方向不同的思想主张。其中最有代表性的是"科学的返魅""社群的返魅""宗教的返魅"等三种声音。

"科学的返魅"是对"世界的祛魅"的直接反映。大卫·格里芬在《后现代科学——科学魅力的再现》一开头就说道:"现代性及对现代性的不

哲学如何回应"祛魅"的现代世界
——理解现当代哲学的重要视角

满皆来源于马克斯·韦伯所称的'世界的祛魅'。这种祛魅的世界观既是现代科学的依据,又是现代科学产生的先决条件,并几乎被一致认为是科学本身的结果和前提"①。现代科学所关注的是一个纯粹"机械事实"的领域,这是一个价值和意义无关的由赤裸裸的机械因果性所统治的领域,在现代科学看来,知识只有建立在可观察的事实和逻辑推理的基础上才是合理的,除此之外,一切都是无意义的"胡说"。它要求的是"价值中立",关心的是"客观性",强调的是"事实"和"逻辑"。如果说在中世纪,人们相信能够在"解剖跳蚤中看到上帝的证明",那么,现代科学则彻底解除了一切"魔咒",消灭了一切不能用科学语言去言说的"神秘之域"(维特根斯坦意义上的),"科学不思想",它向人们呈现的是一个赤裸裸的机械化和数理化的宇宙。与此不同,以"后现代科学"为纲领的现当代哲学家们以相对论、量子物理学等"非机械主义物理学"成果为根据,要把被驱除出去的意义和价值重新赋予科学,从而实现"科学的返魅"。巴姆说道:"后现代科学不应将物质与意识割裂开来,因而也不应将事实、意义及价值割裂开来。因此,科学与一种内在的道德观密不可分,而真理和美德由于是科学的一部分,也是不可分割的。我们的现状之所以如此危急,部分是由于这种割裂造成的。"②

如果说"科学的返魅"直接针对的主要是科学的"价值中立"所导致的"事实"与"价值"的分裂,那么,"社群的返魅"和"宗教的返魅"所针对的则主要是韦伯揭示的"价值的私人化"所导致的"价值个体主义"。

现当代哲学中的"社群主义"无疑是主张"社群返魅"的代表。麦金泰尔把韦伯所体现的立场称为"情感主义",这是指这样一种价值立场:"所有的评价性判断,尤其是所有的道德判断,就其在本性上,它们是道德的或是评价性的而言,都不过是爱好、态度或情感的表达","人们把价值赋予各种事物的种种理由,归根到底(虽然未必是直接地)总是任意性的、非理

---

① 格里芬:《后现代科学——科学魅力的再现》,马季方译,中央编译出版社 1995 年版,第 1 页。
② 格里芬:《后现代科学——科学魅力的再现》,第 76 页。

性的"①。在现代社会,"道德言辞最突出的特征是如此地用来表述分歧,而表达分歧的争论的最显著特征是其无止境性"②。然而,一种没有道德共契的社会能够存在下去吗?价值上的"情感主义"岂不会导致社会的分崩离析?克服这种不安的根本途径是恢复社群的神圣性,以社群为基础,克服韦伯所代表的"价值情感主义"。对于这种诉求,贝尔概括道:"社群主义的本体论即是,我们首先是一种社会生物,汲汲于在俗世中实现某种生活形式……一个人的道德立场必须与其社群主义的本体论一致"③,一个人只有在"社群"中才可能界定自己,才能回答"你是谁"的问题,它为个人"提供了一个有意义的思考,行动和判断的背景性的框架","一个人割断与他置身于其中的社群的联系,其代价是,他陷入了严重迷失方向的状态,在许多重要问题上不能表示立场"④。

"宗教"被视为另一种抵制工具理性和价值个体主义的有效力量。以马克斯·舍勒为例,他认为,重释基督教的"爱的共同体理念"或"爱的集体理念"是克服价值个体主义的根本途径,这一理念要求遵循一条"伟大的道德和宗教原则,叫做道德－宗教相互关系原则,或曰道德的责任共负原则",这一原则认为,"我们应该真切地感到,我们在任何人的任何过失上都负有责任;它还指出,即使我们不能直观地看到我们实际参与的尺度和规模,我们天生地在活生生的上帝面前,作为自身内责任共负的统一的整个道德领域为道德和宗教状态的兴衰共同负责"⑤。当代普世伦理的阐发者们更把宗教视为建立世界伦理的途径:因为"宗教可以毫不含糊地解释,为什么道德、伦理价值和准则必须是无条件地(并且不仅在对于自己方便的时候)、因而普遍地(在所有的阶层、等级、种族)承担义务……只有绝对的东西本身才能无条件地使别人承担义务、只有绝对的东西才能绝对

① 宾克莱:《理想的冲突》,马元德译,商务印书馆1983年版,第10页。
② 麦金泰尔:《德性之后》,龚群、何怀宏译,中国社会科学出版社1995年版,第9页。
③ 贝尔:《社群主义及其批判者》,李琨译,三联书店2002年版,第84页。
④ 贝尔:《社群主义及其批判者》,第96页。
⑤ 舍勒:《爱的秩序》,林克等译,三联书店1995年版,第102~103页。

地约束别人"①。通过宗教的神性力量的彰显,对抗工具理性带来的极端世俗化倾向以及价值个体主义的"虚无主义"威胁,构成"宗教返魅"的深层旨趣。

如果说上述"科学的返魅""社群的返魅"与"宗教的返魅"在总体上对"世界的祛魅"所体现的是一种拒斥立场的话,那么,另一些哲学家则不同,他们把韦伯所揭示的"世界的祛魅"视为现代人必须面对和接受的"生活实情",认为明智的态度不是对之采取激烈的拒斥态度,而是承认、发现和挖掘其中所蕴含的对人的成长积极的、有意义的内容和因素,并在此前提下探求保护和推动人的有尊严的幸福生活的途径。

伯林、罗尔斯、哈贝马斯等哲学家即是这一立场的代表。他们一方面对"世界的理性化"所体现的"科学主义"和"工具理性"倾向不无批判,但另一方面对"世界的祛魅"倾向同样予以高度的肯定。在他们看来,"世界的祛魅"表明人们一劳永逸地摆脱了普遍性、一元化的价值权威的束缚和强制,意味着人的自由空间的扩展和选择权利的增加,因而是人的一次重大的解放。

虽然在对"价值多元主义"的具体理解上,伯林与韦伯有诸多不同,但与韦伯一样,他对于"价值多元"与"价值冲突"这一现代性的特性和趋向予以高度的重视与肯定,认为任何企图回到"价值一元论"的"返魅"状态的诉求都将带来灾难性的后果。韦伯把这种后果描述为"假先知"与"虚假偶像"的流行,以及由此造成的个人自由选择与责任伦理的遮蔽;而伯林则把这种后果描述为极权主义对个人"消极自由"的压制,以及由此所导致的人性的丧失。他们都把自觉地承认"价值多元论"视为一个人、一个社会摆脱野蛮、走向成熟的根本标志,韦伯把拒不承认"价值多神化"与"价值冲突"的政治称为"政治的未成熟的婴孩状态"(political infant),而伯林则强调:"认识到一个人的信念的相对有效性,却又能毫不妥协地坚

---

① 汉斯·昆:《世界伦理构想》,周艺译,三联书店 2002 年版,第 114 ~ 115 页。

持它们,正是文明人区别于野蛮人的地方"①。他们均相信:道德价值的多样、冲突与矛盾是不可调和的,这一点构成了现代人特殊的价值处境,现代人必须接受"多神主义"的命运,而不可违逆这一处境去徒劳追求所谓"普遍性""同质性"的"价值共识"。人寻求并服膺于自命"先知"者所兜售的普遍性、客观性的"价值乌托邦",以克服价值个体主义带来的心灵焦虑,这样做的结果将使一个人失去其人格和自由意志,从而给人的生存带来灾难性的后果。因此,在一个没有"先知"的世界上,我们必须对种种虚假的偶像保持高度的警觉。

　　罗尔斯、哈贝马斯等人并不像伯林一样把捍卫"价值多元主义"及以此为根据的"消极自由"作为其哲学的核心主题,但与伯林一样,他们把韦伯关于"世界祛魅"的信念作为其思想进一步推进和深化的基本出发点。罗尔斯在《政治自由主义》中把现代社会"理性多元论"的事实作为建构其社会正义原则的社会生活根据,把"社会正义"原则的建构视为在"理性多元论"成为不可逆转的现代社会生活基本事实的前提下寻求社会公共理性和重叠共识的努力。"世界的祛魅"使得由某种普遍的、唯一的"善"来维系整个社会生活统一性的做法已不合时宜,人们必须在承认并正视这一事实的前提下,寻求并确立不同文化和价值信念的人们和群体共同生活的制度框架与制度伦理。哈贝马斯虽然在具体理路上与罗尔斯并不相同,但他的"商谈伦理学"同样建立在"认真对待价值和文化多样性"这一前提之上,所谓"商谈伦理学"所要寻求的是"多元声音中的理性同一性"。他说道:"我通过思考所得出的结论是:只有在多元性的声音中,理性的同一性才是可以理解的。"②因此,问题的根本不在于让"祛魅的世界"实现"返魅",而在于在"祛魅"的条件下,在价值分化与冲突的语境中重释并重建"理性"。

　　以上简要分析已经足可以显示"世界祛魅"这一现代社会的特点和倾

---

① 伯林:《自由论》,胡传胜译,上海译文出版社 2003 年版,第 246 页。

② 哈贝马斯:《后形而上学思想》,曹卫东译,译林出版社 2001 年版,第 139 页。

向对现当代哲学具有的深远影响力。无论是主张"直面"还是主张"返魅",都是以不同的方式对此所做出的回应。每一个关注现代人类命运的当代哲人,都不得不面对韦伯深沉的提问:究竟如何面对"世界的祛魅"?

三、"世界的祛魅"与现当代中国哲学的思想历程

以上我们主要讨论了"世界的祛魅"在西方当代哲学中的深远影响力。事实上,随着中国市场经济的深入推进,以及从传统社会向现代社会的转型,"理性化"以及"世界的祛魅"同样成为中国社会曾经历和正在经历的历史进程。它以巨大的力量把中国人卷入其中,极大地改变了其生存面貌、存在方式。与此同时,当代中国哲学的思绪也无时无刻不被这一进程所深刻地影响和激荡,可以说,当代中国哲学的重大理论论争和基本的发展轨迹,与这一进程之间存在着彼此呼应的深层关联,都是自觉或不自觉地对"理性化"和"世界祛魅"的进程所做出的理论反思,都是以一种不同的方式在回应:究竟应该如何理解、评价和应对"世界的祛魅"这一现代性的基本趋向?

与现当代西方哲学相比,当代中国哲学对于中国社会现代性建构过程中"世界祛魅"的回应有其特殊的表现。本文拟以近三十年当代中国哲学发展进程中"乌托邦主义"与"回归现实生活世界"之争、"形而上学"与"后形而上学"之争、"神圣德性"与"社会正义"之争这三次有着重要意义的思想论争为个案对此进行分析。上述论争虽然并不能完全代表哲学争论的全部内容,但它们以一种特殊的方式,集中体现了当代中国哲学在面对"理性化"与"世界的祛魅"时所引发的思想困境与冲突,而这种思想困境和冲突在深层折射的正是现代化过程中中国人现实生活的精神困惑和生存选择。

"乌托邦主义"与"回归现实生活世界"是哲学世界观层面所体现的两种不同思想取向。众所周知,"回归现实生活世界",这是国内哲学界近三十年来最响亮的呼声之一。人们从马克思哲学的实践观点、从现当代西方

哲学的总体趋向、从哲学与人的生命存在之间的内在关系等不同的角度论证和阐发"哲学回归现实生活世界"的必然性和必要性。对此,一些学者常从一般的纯粹学理的角度来理解,而很少把它放到中国现代性建构过程中,尤其放到"世界祛魅"这一背景和框架中去理解这一呼声所表达的深层诉求。在笔者看来,这一深层诉求最核心的指向性就在于拒斥"乌托邦主义"对另一个"抽象世界"的迷恋,把哲学的眼光从"彼岸世界"的单向追求中转向对普通人此岸世俗生活的关注上来。这里的"乌托邦主义"指的正是对现代中国人的生活曾产生过重大影响的极端理想主义和浪漫主义思潮及其运动,它把人的生活的意义与某种绝对的道德价值目标相等同,要以纯而又纯的道德理想同"污浊"的现实世界相对抗,以极端超越的理想世界的崇高否定、贬低和拒斥世俗生活,并强制性地要求现实生活交出一个摆脱了所有物质欲望与世俗追求的理想王国。相对于这种"乌托邦主义","回归现实生活世界"所体现的正是对于"世界祛魅"的呼唤,它要求人们摆脱悬在自己头上的神圣世界的压迫,使人们从勒紧裤带享受"天堂"生活的憧憬中警醒过来,鼓励人们自由地追求此岸的幸福和尊严,这正是"回归现实生活世界"的哲学呼声所包含的深层的内涵与意义。这从"真理标准"的讨论(对"神圣的两个凡是"的破除)到"教科书体系"的变革(对非人的"神圣规律"和"神圣教条"的破除),从"主体性"和"实践唯物主义"的讨论(对非人的神圣形象的破除)到市场经济的哲学辩护(破除窒息人一切私欲的"神圣生活秩序")等 20 世纪 80 年代以来的"哲学事件"中,都得到了十分清楚的凸显。

"形而上学"与"后形而上学"更多地是从哲学思维方式的层面所体现的两种不同思想取向。"后形而上学"是从西方哲学引进的一个概念,如同"回归现实生活世界"的主张一样,人们更多地从纯粹学理的角度阐发和理解其理论内涵。实际上,如果把它放到中国现代性建构过程中,尤其放到"世界的祛魅"这一背景和框架中去理解"后形而上学"的思想旨趣,就能领会到:对传统形而上学及其核心即形而上学本体论思维方式的反思批判,既是"世界祛魅"的体现,同时又是对它的肯定与支持,高清海先生曾这样概括道:"传统本体论的思维方式,也就是从抽象原则出发的思维方式,走向空幻理想的思维方式,使人缅怀过去的思维方式,追寻彼岸世界的思维方式,远离现实存在的思维方式,否定真实生活的思维方式,从云端讨论世俗事物的思维方式,依赖外在权威的思维方式",因此,"要回到我们的现实世界中来就必须破除本体论思维方式。只有破除本体化思维模式才能做到确立实践观点的哲学思维方式,从而做到立足我国现实,面向世界,面向未来"①,这一概括十分鲜明和深刻地揭示了在对形而上学本体论思维方式的反思和批判中所展现的对"世界祛魅"的诉求。

与上述论争相比,"神圣德性"与"社会正义"之争更多地是在价值论的层面所体现的两种不同思想倾向。这二者要回答的根本课题是社会生活的统一性究竟依靠何种力量来予以维系,究竟是靠某种普遍性的、对所有人都有效的道德价值,还是靠社会制度层面的正义建构? 这是两种有重大不同的思路和方案。二者都看到了中国社会变迁中,尤其是市场经济的进展所导致的同质化社会的终结以及社会的分化与异质化(包括人们生活方式、价值认同、人生态度等的分化和异质化),很显然,这一进程正是韦伯所说的"世界祛魅"进程的必然体现和后果。面对这一现实,"神圣德性"的主张者们认为只有寻求、恢复和确立某种对所有人都有约束力的道德价值,才能避免社会生活的瓦解并实现社会生活的统一。而"社会正义"的主张者则认为,首要的问题不在于寻求对所有社会成员具有约束力的普遍性的道德价值,而是在承认社会分化与异质化的前提下,建构正义的社会制度,既保护人们自由的、多样性的生活方式,鼓励人们追求和创造自己的幸福生活,同时又维系和保障社会生活的稳定与长治久安。如果把这两种不同的思路和方案置于韦伯关于现代性的论述中,我们不难理解,它们的分歧正体现了对于"世界祛魅"的不同态度和立场。

以上只是就三个侧面,从世界观、思维方式、价值观等三个角度简要讨论了当代中国哲学与"世界祛魅"这二者之间的深层关联。这种关联给人

---

① 《高清海哲学文存》第1卷,吉林出版社1996年版,第150、151页。

们的启示是多方面的。首先,"世界的祛魅"这一现代性的根本特点与趋向为理解当代中国哲学的发展脉络与深层逻辑提供了一个十分重要而深刻的视角和参照,从此出发,许多重大的哲学争论将获得其丰富的历史内涵与时代意义。这一点,从前述讨论中已经得到了显示。其次,它向我们展示了现当代中西哲学在时代内涵与思想主题上的一致性和差异性,二者都是在以自己的方式回应"世界的祛魅"这一现代性现象,它表明了无论中国人的生活,还是中国哲学的思想课题,与现当代西方人和西方哲学面临着共同的挑战,这是其一致之处。但中西方具体历史条件与发展阶段的差异性,使得这种回应又呈现出不尽相同的特点和取向,这是其不同之处。再次,它为进一步从哲学的角度思考中国社会发展的一系列重大课题提供了重要的参照。上述三个侧面的讨论实际上已经表明:如何理解和处理世俗与神圣、现实态度与乌托邦精神、形而上学思维方式与形上精神的彰显、德性与正义等矛盾关系,是中国人的生命存在和社会发展中所面临的重大课题,对这些课题的创造性回应,是当代中国哲学实现自身发展、并以哲学的方式影响中国社会发展的重要途径。

(本文作者:贺 来 吉林大学哲学社会学院暨哲学基础理论研究中心教授 本文发表于 2012 年第 5 期)

哲学如何回应『祛魅』的现代世界
——理解现当代哲学的重要视角

特色文化城市与中国城市化的战略转型

刘士林

摘　要　特色文化城市是文化城市的一个基本类型,也是我国当下文化城市建设的重点形态。在"特色文化城市研究"的框架和视域下,把原本主要属于城市规划学的"城市特色"和属于城市文化学的"文化城市"结合起来,一方面,对"城市特色"和"城市文化功能"的深入研究,有助于我们正确认识和把握影响我国城市化进程的主要矛盾与关键问题,另一方面,城市特色重建是修复中国城市文化功能的重要抓手,而城市文化功能的健康成长则有助于从根本上推动中国城市发展方式转型,以城市文化功能修复和城市特色重建为现实切入点,还有助于探索和发现一条真正有中国特色的文化型城市化新路。

"城市病"的治理和修复,是人类在城市时代之后面临的最复杂的系统工程,其中不仅有政治、经济、社会与文化等多元因素的综合作用,同时也包括了自然、资源、历史、现实等多重矛盾的相互影响。在我国当下的城市发展中,无论是硬件方面的"城市病",还是软实力方面的"城市文化病"①,集中体现在城市文化功能衰落和城市特色消失两个方面。具体来说,城市经济功能无节制的扩张是"城市病"形成和不断加剧的深层根源,而当代城市文化的同质化和"去本土化"则是我国城市特色消失、"千城一

---

① 姜泓冰:《规划过度化　营销低俗化　市民离心化——中国城市患上三种文化病》,《人民日报》2011 年 8 月 5 日。

面"的"文化病因与病理"。就此而言,以"特色文化城市研究"为中心,一方面,在学理上将中国城市文化功能衰落和城市特色消失这两个相关度很高的问题密切结合起来予以统筹考虑,另一方面,在实践中为现实中相互缠绕的"城市病"与"城市文化病"的综合治理提供了框架与路径,本文拟就此问题进行初步的探索。

一、特色文化城市理论的现实背景与内涵阐释

首先,在全球步入城市时代的世界背景下,特色文化城市研究主要基于文化城市正成为当下全球城市的发展趋势与战略目标。

在全球人口爆炸、能源危机、生态环境急剧恶化的当下,人类面临的资源与环境挑战越来越严峻,许多有识之士提出的共同对策是走文化发展之路。在当今世界,无论是文化产业直接带来的富可敌国的巨大经济效益,还是文化事业对社会建设、文化生态与心理健康的深层作用,都表明文化发展在人类可持续发展中占有越来越重要的地位。从城市可持续发展的角度看也是如此。在人类进入城市时代和中国快速城市化的背景下,一方面,被现代工业恶性损耗的自然环境与资源已无力支持当代城市的可持续发展,另一方面,一直不受重视的文化资源与文化产业在消费社会中正成为推动城市发展的重要生产要素与先进生产力代表。由此可知,在人类发展的文化自觉和当代城市走出现实困境的双重推动下,以城市文化功能为核心的文化城市正成为全球城市的主流发展趋势与重点战略目标。

20 世纪中后期以来,以伦敦、巴塞罗那、新加坡、中国香港为代表的文化城市迅速崛起,引发了全球城市对文化战略的高度关注,并使越来越多的城市开始加入建设"文化城市"的行列中。改革开放以来的中国城市,同样走过了一条从沉溺于主要以 GDP 增长作为衡量指标的"国际大都市",到以"宜居城市"(北京,2005)、"文化大都市"(上海,2007)等为独特发展目标的文化转型之路。其中,具有时间节点意义的是 2005 年 7 月 21 日召开的城市总体规划修编工作座谈会,时任建设部部长的汪光焘以全国

183 个城市提出建立"现代化国际大都市"为例,严厉批评了这些城市在定位上的不切实际以及盲目追求高速度和高标准等问题。在转变经济发展方式和探索城市科学规划的巨大压力下,大多数以"国际大都市"为发展目标的城市已改弦更张,如北京率先提出建设"宜居城市"、上海率先提出建设"文化大都市",也包括更多的城市纷纷提出"生态城市""旅游城市""文化城市""创新城市"等发展目标,都可以看作对全球城市发展主流和先进城市化模式的殊途同归。

在我们看来,文化城市是一种不同于"政治城市""经济城市"的新型城市发展模式,核心是一种以文化资源和文化资本为主要生产资料,以服务经济和文化产业为主要生产方式,以人的知识、智慧、想象力、创造力等为主体条件,以提升人的生活质量和推动个体全面发展为社会发展目标的城市理念、形态与模式。一言以蔽之,它最突出的本质特征是城市的文化形态与精神功能成为推动城市发展的主要力量与核心机制①。进一步说,文化城市理念的产生及其在人类实践中的展开,既符合当今世界城市化进程的内在逻辑,也是出于人类可持续发展的历史必然。就前者而言,在后工业社会的大背景下,当今城市不仅远远超越了城市原始的防卫、商业等实用功能,也在很大程度上突破了古代以"政治"为中心、现代以"经济"为中心的城市发展模式;就后者而言,人类有限的环境与资源已无法支撑以"工业化"为中心的现代城市化模式,转变经济增长方式不仅是中国也是世界多数国家的必然选择,传统的以现代工业起家、在后工业社会中又成为文化产业和各种新型经济大本营的城市,则必然面临着首当其冲的现实挑战,必须承担率先转型的先锋使命。

其次,特色文化城市是文化城市的一个基本类型,也是我国当下文化城市建设的重点形态。在这个新的研究对象与领域中,主要包含了"城市病""城市文化病"、文化城市、城市特色四个相互关联的要素,对它们之间客观存在的内在关系原理与相互作用机制加以梳理和辨析,有助于我们发

---

① 刘士林:《建设文化城市急需解决三大问题》,《中国文化报》2007 年 7 月 17 日。

现并确立特色文化城市研究的基本问题与框架结构,为我国特色文化城市的研究和建设提供科学的理论基础和可行的发展路径。

第一,在"城市病""城市文化病"和文化城市之间,一方面,"城市病"是城市经济功能过度扩张的必然结果,城市经济功能的片面发展直接导致了城市文化功能的急剧萎缩,因而可以说,近年来一些城市"国际大都市"的定位与战略,直接导致了我国城市文化功能的集体退化,并成为越来越严重的"城市文化病"的深层根源。另一方面,在我国城市发展中越来越严重的"城市文化病",则在很多方面直接加剧了"城市病"的症状与程度,由此进一步影响和干扰了城市发展的质量①。在"城市病"和"城市文化病"的恶性循环中,一方面,城市的文化功能不断受到摧残和破坏,另一方面,中国城市发展的文化需要现实地被生产出来,逼迫中国城市集体反思其经济型城市化模式,并提出文化城市的发展战略。在这个意义上,正如罗马帝国在精神上的衰败直接催生了基督教文化一样,中国快速城市化进程中的"城市病"和"城市文化病",也是推动我国城市提出文化城市这一更高发展理想的现实土壤。

第二,在"城市病""城市文化病"和城市特色之间,一方面,城市的客观本质是"容器",城市人口在短时间内的爆炸式增长是引发"城市病"的主要原因,其影响不仅表现在房价飙升、交通拥堵、就业困难、公共服务短缺等方面,而且也是城市空间大拆大建、传统文脉遭到破坏、城市特色迅速消失的现实原因。另一方面,城市的最高本质在于"提供有价值、有意义的生活",这是城市的文化功能高于城市的其他实用功能的根源。当城市的文化功能被城市的经济功能绑架之后,城市发展就不再服从"城市让生活更美好"的最高本质,这是我国城市化进程中以"城市规划的同质化"与"崇洋媚外""城市品牌的粗制滥造"与"低俗化"为代表的"城市文化病"泛滥成灾,也是我国城市特色消失、千城一面、同质发展的深层原因。由此可知,城市特色既是城市文化健康与否最直观的表现形式,同时也从一个

---

① 刘士林:《城市化潮流的检讨与都市人的生活世界》,《河南大学学报》2008 年第 4 期。

侧面反映出城市发展的质量与真实困境。因而,探索和研究我国城市的特色问题,就不能仅仅停留在建筑、规划、设计等硬件和技术层面,而是应该与我国城市文化功能的衰落、治理"城市病"和"城市文化病"的现实需要以及建设文化城市的发展战略紧密结合起来,以城市特色的研究与重建为切入点,寻求对我国城市化进程面临的主要矛盾与关键问题的综合解决。

第三,在文化城市和城市特色之间,以城市文化功能为中介,两者具有一体两面、"一荣俱荣,一损俱损"的密切关系。一方面,文化城市作为以城市文化功能为核心而再生产的城市形态,其最本质的特征即建立在不同自然环境、历史空间文脉、传统生活方式、文化审美心态等之上的城市特色,每个健康的城市都应有独特的形象、性格、精神与气质。另一方面,城市特色是城市文化生产与精神创造的直观表现形态,作为历史财富与文化资本的城市特色资源(如城市特有的历史空间、社会生态、文化风俗等)在城市规模和经济扩张中传承和保护得越好,就说明城市的文化机能越健康、在城市发展中的制衡和协调作用越大。相反,城市特色的消失,则直接彰显了一个国家或地区正患上"城市文化病"和"城市病",表明其城市化进程本身出现了严重的问题。由此可知,特色文化城市本身就是城市发展的一个晴雨表,直接显示出我国城市化进程的深层矛盾和发展质量。

由此可知,在"特色文化城市研究"的框架和视域下,把原本主要属于城市规划学的"城市特色"和属于城市文化学的"文化城市"结合起来,一方面,对"城市特色"和"城市文化功能"的深入研究,有助于我们正确认识和把握影响我国城市化进程的主要矛盾与关键问题,另一方面,城市特色重建是修复中国城市文化功能的重要抓手,而城市文化功能的健康成长则有助于从根本上推动中国城市发展方式转型,以城市文化功能修复和城市特色重建为现实切入点,还有助于探索和发现一条真正有中国特色的文化型城市化新路。

二、特色文化城市与我国城市化进程的挑战与机遇

在中国快速城市化的背景下,特色文化城市战略主要基于我国城市发展和文化城市建设在当下同时面临巨大的现实挑战与重要的发展机遇。

首先,我国城市发展和文化城市建设在当下面临的挑战,集中表现在日益凸显和不断加剧的"城市病"和"城市文化病"上。

一是"城市病"正成为影响和制约我国城市发展的主要矛盾。改革开放以来,中国城市的快速与超常规发展导致了严重的"城市化过度",中国城市发展正在进入矛盾多发期。如果说,快速的城市化进程是我国"城市病"产生和集中爆发的直接原因,那么也可以说,城市发展定位的"雷同"与发展战略的"惊人相似"是引发各种"城市病"的重要根源之一。在城市发展定位上,从 1995 年到 2004 年,我国共有 183 个城市提出建设"国际化大都市",其中既包括特大城市上海、北京和所有的直辖市及省会城市,也包括次一级的深圳、厦门、大连、珠海、苏州、无锡、青岛、连云港、南通、汕头、九江等城市,甚至还有三亚、惠州、丹东、珲春、黑河、满洲里等中小城市。在城市发展战略上,中国城市不约而同地选择了以 GDP 为中心、一切服从于生产力发展的"经济型城市化模式"。这直接导致了以"产业同质竞争、项目重复建设、空间批量生产、功能华而不实"为特征的"城市大跃进"。城市定位与发展战略的"同质化",是我国城市普遍出现规模失控、结构失衡与功能失调的直接原因,不仅导致了人口密集、交通拥挤、房价飙升、卫生与教育资源紧缺、就业与发展机遇竞争加剧及都市精神生态恶化等"城市病"集中爆发,也成为我国历史悠久、形态丰富、特色鲜明、区域差别很大的传统城市生活方式资产迅速消失的主要原因①。近年来,我国很多城市开始重视文化建设,正是基于我国城市经济功能与文化功能严重失衡的普遍现状及其对城市发展本身带来的严峻挑战。

---

① 刘士林:《现代上海都市文化的早期经验与深层结构》,《上海师范大学学报》2011 年第 2 期。

二是"城市文化病"使我国当代城市越来越缺乏个性和特色。在"城市病"直接威胁到城市经济社会发展的同时,"城市文化病"也构成了影响我国文化城市建设的主要矛盾。这主要表现在城市规划的"同质化"与"崇洋媚外"以及城市品牌建设的"粗制滥造"和"低俗化"等方面。前者主要属于硬件上的问题,以常见的城市新区、主题公园、文化产业园区、市民广场、商业一条街、名胜风景旅游区、城市标志性建筑等为代表。我国城市在规划、设计与建筑上的相互抄袭和克隆现象十分普遍。以城市标志性建筑为例,很多城市都把标志性建筑等同于雇一个外国设计师以及建一个"洋气十足"的建筑物,以为这就是国际化大都市的标志或者说可以展示、提升一个城市的现代化水平。但由于在意识形态、文化传统、艺术观念等方面的巨大差异,遍地开花的"洋标志性建筑"不仅日益"妖化"着中国城市已然十分珍贵的空间和形象,同时也是加速我国城市文脉、建筑遗产消失和传统文化心理、审美趣味解构的主要推手之一。据第三次全国文物普查的统计,在原来已登记过的文物中,目前已消失的为44073件,城市建设是主要原因之一①。其中,很大一部分与"崇洋媚外"的城市规划与设计直接相关。后者属于软件上的问题。在"注意力经济"勃兴的消费社会中,城市文化品牌作为重要的城市资本,是拓展城市营销空间和提升城市综合竞争力的主要手段之一。我国"国际经济大都市"固有的"产业同质竞争、项目重复建设、空间批量生产"等问题,同样也渗透在城市文化品牌建设中,其中最突出的是在城市营销上相互因袭,缺乏创意。如以"东方日内瓦"自居的就有石家庄、秦皇岛、肇庆、昆明、大理、巢湖、无锡、上海崇明等。如果说,城市规划的"同质化"与"崇洋媚外"直接破坏了我国城市的传统特色,那么城市品牌的"粗制滥造"和"相互因袭"则使我国当代城市越来越缺乏个性②。

其次,如同我国当前所处的改革深水区、矛盾多发期同时也是重大机

---

① 《踏寻遗珍——第三次全国文物普查工作全面完成》,《光明日报》2012 年 2 月 2 日。
② 刘士林:《中国都市化进程的病象研究与文化阐释》,《学术研究》2011 年第 12 期。

遇期一样,我国的文化城市建设和特色文化城市建设同样也面临重大的战略发展机遇。

一是现实的倒逼机制正在发挥越来越大的作用,使我国城市战略发展重心逐渐由经济转向文化、由同质竞争转而探索特色发展。经过改革开放30 余年的摸索和实验,在付出了巨大的成本和学费之后,越来越多的城市开始有意识地挣脱和走出"国际经济大都市"的误区,在制定发展目标和战略规划时越来越重视个性和特色。如 2007 年杭州市提出建设"国内最清洁城市"、呼和浩特市提出建设"世界乳都";2008 年北京提出建设宜居城市、天津提出建设生态城市;2009 年常熟提出建设"中国品牌城市"、长春提出建设"健康城市"、深圳提出建设"发明之都"。此外,文化在城市发展评估中的地位也在迅速上升。以 2010 年的城市排行榜为例,一个重要的变化是对城市生活成本和生活质量的关注取代了"竞争力""GDP 排名""总部经济""投资潜力""百强"等硬实力的比拼[1]。尽管这主要是中国转变经济发展方式"倒逼"的结果,但对疗救在经济发展中被恶性损耗的"城市文化机能"来说无疑是一剂治病良方。此外,经济型城市化进程尽管问题很多,但也为文化城市建设积累下较为雄厚的物质基础。

二是党的十七届六中全会确立的"文化强国"战略,为文化城市发展和城市特色重建提供了顶层设计和政治保障。《中共中央关于深化文化体制改革 推动社会主义文化大发展大繁荣若干重大问题的决定》指出我国文化领域面临不少的突出矛盾和问题,如"一些领域道德失范、诚信缺失""公共文化服务体系不健全""文化产业规模不大、结构不合理"等。我们看到,这些"必须抓紧解决"的矛盾和问题,本就是我国城市近年来"重经济、轻文化"的必然结果,集中反映了我国经济型城市化的后遗症和产生的疑难问题。同时,我们还要看到,作为文化人才、文化资本、文化产业部门、文化管理机构及文化消费市场主要集聚空间的城市,对外可以抵御西方后现代文化的传播和侵蚀,对内则有助于集聚和提升我国的文化软实

---

① 刘士林主编:《2011 中国都市化进程报告》,上海交通大学出版社 2011 年版,第 292~295 页。

力,必然要成为我国文化强国战略体系的主导力量与核心机制。十七届六中全会提出的"文化强国"战略,将极大地推进人们更深刻地领会文化建设与城市发展的本质联系,努力修复在经济高速增长中受到严重损害的城市文化功能和城市特色,从根本上解决日益严重的"城市病"和"城市文化病",改变城市发展方式,提升城市发展质量,向着"城市让生活更美好"的伟大理想不断迈进。

三、特色文化城市与我国文化型城市化战略转型

新中国城市化的历史进程大体上经历了政治型城市化(1949—1978)、经济型城市化(1978—2005)与文化型城市化(2005 年以来,以"宜居指数""生态指数""幸福指数"等城市发展观为标志)三种模式。客观上讲,政治型城市化和经济型城市化既有其历史必然性,也有难以超越的历史局限性并遗留下各种各样的后遗症。如果说,政治型城市化的主要问题在于直接导致了城市经济的萎缩与城市人口的下降,干扰甚至在局部中断了中国的现代城市化进程,那么,以 GDP 为中心的经济型城市化则对城市生活方式和城市文化生态带来了诸多严重的负面影响,是我国当下愈演愈烈的"城市病"和"城市文化病"的深层根源[1]。同时,也正是在这样的背景下,文化城市才在理论和现实两方面走向前台。早在 20 世纪 90 年代初,社会学家费孝通先生就寄希望于我国能够在"科技兴国"之后实现更伟大的"文艺复兴"[2]。21 世纪以来,在我国很多城市发展思路中不约而同地出现了"文化自觉",以文化产业、现代服务业和城市软实力为中心的"文化城市"发展思路与举措,在我国城市中已成为具有普遍共识的发展理念与战略目标。

特色文化城市是中国城市发展的一面镜子,也是中国城市发展的一个

---

[1] 刘士林:《文化城市与中国城市发展方式转型及创新》,《上海交通大学学报》2010 年第 3 期。
[2] 费孝通:《更高层次的文化走向》,《民族艺术》1999 年第 4 期。

重要路向。一段时期以来，在转变经济发展方式的巨大压力下，尽管不少城市逐渐认识到文化建设在当今世界具有核心战略地位，但长期以来缺乏抓手和着力点，特色文化城市就提供了一个借文化建设修复城市文化功能，治理经济型城市化的后遗症具有"纲举目张"性质的抓手。从原理的角度，这可以从以下几方面来理解。

首先，特色文化城市是以城市特色为直观形式、以城市文化功能的良好生态为土壤的理想城市形态，城市特色的消失，不仅意味着城市文化功能的受损，而且在深层还意味着城市本身的解体和衰落。

现实中"城市病"和"城市文化病"的相互缠绕和恶性循环，在表面上尽管只是加剧了城市文化的萎缩和城市特色的消失，但在根本上却直接威胁到城市的本质与存在的意义。城市的本质在于，不仅要使人生活得安全、富裕、健康，还要使人感到生活得愉快、自由与有意义。如果说，前者是城市必须发展经济的原因与动力，那么，后者才是城市文化功能被视为城市本质的重要意义所在。目前我国城市在表面上遭遇的是城市特色消失，但由于这在深层意味着城市文化功能的严重受损，同时也意味着我们的城市生活丧失了愉快、自由与有意义，因而其结果就是我国近年来舆论上的"大城市伪幸福"和现实中的"逃离北京、上海、广州"。这两方面结合起来，使以城市特色为代表的我国城市文化问题成为影响中国城市发展的关键和深层矛盾。

其次，以城市特色消失为切入点深入到城市文化功能重建，明确文化城市作为我国城市发展的理念与战略方向，符合我国转变经济发展方式的总体要求，对我国城市转变发展方式具有很好的引领与示范作用。

如果说，快速的城市化进程是导致城市环境恶化、城市问题大量涌现、城市危机不断加重的客观原因，那么，城市文脉的消失、居住环境的同质化、机械而单调的城市生活则是人们对城市发展产生怀疑、不满、厌恶甚至怨恨的内在根源。在转变经济发展方式的时代要求下，相对于粗放的、片面的、低质量的、不符合中国国情与世界潮流的"经济型城市化"而言，文化城市不仅对转变经济发展方式的落实具有重要意义，也为中国城市在发展方式上实现结构性转型与创新提供了机遇。中国国情一方面是农业人口巨大、资源相对紧张,另一方面则是文化历史悠久,文化资源丰富,文化城市在这个意义上直接影响着中国经济发展方式转变是否可以实现。

再次,特色文化城市可以为我国文化城市建设找到现实的切入点,有助于我们把握城市化进程中的现实作用机制,为推动城市从经济型城市化到文化型城市化的飞跃找到现实的战略目标。

城市是一个复杂的有机体,中国城市由于人口多、发展速度快和面临的发展环境复杂,因而最需要的是抓主要矛盾和关键问题。城市特色和城市文化是重要的抓手之一。城市特色是一个城市最重要的文化资源,也是一个城市文化功能最直接的感性表现。从硬件上看,城市特色是以城市历史空间、传统建筑形态及其形成的城市文脉为代表的城市物质遗产;从软件上看,城市特色则集中体现在以生活方式资产、市民精神性格、语言文化风俗、审美趣味和审美气质等为代表的城市非物质文化遗产上,两方面结合起来,既构成了一个城市与其他城市区别的物质形式,也内在地构建了一个城市特有的内部认同体系。在经济全球化与中国快速城市化背景下,以解决"城市病"和"城市文化病"为战略目标,以城市文化功能修复和城市特色重建为战略重点和突破口,有望探索和走出一条真正有中国特色的文化型城市化新路。

(本文作者:刘士林　上海交通大学媒体与设计学院副院长、教授、上海高校都市文化 E-研究院特聘研究员　本文发表于 2013 年第 1 期)

当代中国价值问题及价值重建的
社会历史哲学辨析

张曙光

摘　要　当代中国的价值问题是发生在社会转型过程中的问题，因而以社会转型的概念框架加以分析是合理的。但是，中国作为有着悠久而博大的文化传统的文明体的转型，有自身特殊的问题和方式，这种特殊性既植根于其社会历史传统及其矛盾中，又只能在现代世界的交往关系中获得理解并生发出普遍意义。中国现代的价值问题特别是国人的心灵和精神问题，不是狭义的道德问题，而是原来的社会关系体系及其秩序——包括经济、政治和文化各方面——的解体在人们思想和行为上的投射和表现。因而，当代中国大陆价值的重建，也只能诉诸以经济政治制度为关键所在的整个社会的现代化建设和文明秩序的建构。

在当代中国，价值观的物化、低俗和价值秩序的颠倒错乱，及由此导致的一定程度的社会溃败，已是一个不争的事实。当我们将严重的价值问题置于"社会转型"的概念框架中加以考察，也就为价值问题的产生和解决给出了基本方向。但是，社会转型是所有从前现代走向现代的民族的共同命运，而中国作为一个有着悠久而博大的文化传统的文明体，并且属于后发的超大国家的转型，必定有自身特殊的问题和方式，其特殊性既植根于自身的社会历史传统及其矛盾，又只能在现代世界的交往关系中获得理解并生发出普遍的意义。中国的社会转型与一向由西方所主导的现代世界，也将构成颇为复杂的互动关系，乃至关联着人类新的价值的形成。因而，对当代中国价值问题的思考,需要我们采取宏观而又具体的分析与综合相结合的研究方式,涉及文化、政治和经济等多个领域,因此本文只能是一个论纲式的研究和分析。

一

让我们首先辨析一个前提性的问题,这就是社会转型本身的"价值"问题。我们知道,把当代中国早就发生并仍在持续进行的社会结构性变化,指认为"社会转型",这在理论界是有异议的。由于这种异议多半基于某种价值观而非理性认知,所以,它并未引起理论界普遍的重视。一般说来,无论何种价值现象,一旦发生,它就成了社会事实,承认它作为事实的存在,并不意味着对这种现象的肯定。以此类推,我们说承认中国正在进行的社会转型,并不影响人们对其中所蕴含的价值向度给予不同的评价。然而,问题在于,"社会转型"这个概念本身的确不是一个中性的描述,就像"社会发展"或"社会进步"属于褒义词一样,它指认了社会从一种形态向另一种形态转变的正当性、必要性,而不像"社会变化"或"社会运动"这类概念,看不出变化的方向性和人的态度。但是,一方面,社会变化不同于自然的变化,它由人的活动所引发,不能不体现人们特定的目的和意志,即使这些目的和意志有相互冲突的一面,由此形成的社会合力也必定蕴含着某种价值属性,给予社会成员生存发展以不同的作用和影响;另一方面,人们也不可能对自己生存于其中的社会变化取无所谓的态度,因为社会变化既是社会风气的变化,更是人们的社会关系及其规则制度的变化,后者直接决定着人们活动取向的调整及利益的获取方式,涉及效率、自由和公正的得失增减,不能不引起人们高度的重视,并按照自己的需要及价值观念加以回应。而对"社会转型"持有异议乃至反对的学者,无非认为中国不应当搞现代化,不应当从农耕文明主导转向工商文明主导,因为据说这背离或打断了中国自身运行的逻辑和千年一系的文明传统,使得由家国伦理、典章礼仪、经史子集、琴棋书画所表征的华夏文化,遭遇横祸,致使花果飘零、斯文扫地、意义尽失。而中国努力追赶西方发达国家的结果,不过是对它们的"复制"或"克隆",让中华大地也变成机器轰鸣和遍布钢筋水泥的世界,而中国人的心灵则变得自卑和扭曲,传统的"礼义廉耻、四维八德"丢掉了,西方人在理性和宗教文化的长期熏陶下形成的自由平等意识和伦理精神,我们却未能学到;由官方推动的 GDP 主导更是让国人变得急功近利甚至唯利是图……那么,我们为什么一定要肯定中国的"社会转型"呢?

这种质问,不能说没有道理,面对许多人为了个人和小团体的利益而不惜违法乱纪,甚至丢掉良知,面对今天严重的环境污染和大面积的生态破坏,我们更会质问,付出如此惨重"代价"的现代化,是否值得? 毋庸讳言,这里面有政策和决策失误造成的损失,也涉及路径选择,许多问题并非不可避免或减缓其严重程度。但从根本上而言,的确与我们所认可的从传统到现代的"社会转型"大有关联,这就不是一个简单的方式方法或工具理性的问题,而属于价值哲学和历史哲学的思考范畴了。于是需要我们思考的问题变成,其一,中国的现代化或社会转型是否完全是"被迫"的,它对我们中国人来说是"祸"还是"福"? 其二,这又涉及更基本层次的问题,即究竟应该如何看待人类社会的"发展"或"进步"?

我们先来看后一个基本问题。从一定意义上说,自从人类在自然选择的压力下走出动物界,逐渐脱离浑然不知的蒙昧状态,就生发出善恶的二重性,陷入各种利益和价值之争,因为人类为了自己的生存,开始有意识地猎杀其他生命,还互相争夺生存资料和生存空间,甚至为此进行殊死的战斗,不能不使人类在"进步"中伴随"退步":人类由蒙昧变得聪明了,同时也会伪装和说谎了;人的生存本领和效率提高了,杀人的技术也随之提高;人们有了个体的自我意识,原来共享的资源也逐渐分裂为排他性的私有财产;一部分人从体力劳动中脱离出来有了自由和闲暇,另一部分人的劳动却变得更加繁重,等等。这就是人类从自然状态走向社会和文明状态的"代价",如果完全拒绝付出这些代价,人就不能成其为人,更谈不上文化的发展;而如果认为这些代价的付出理所应当,甚至安之若素,又将造成人类内部的严重不公,导致人在道德和人格上的低下。这就是人类进步特别是文明的基本矛盾。我们过去认识上的一大问题,是把人在社会生产和技术上的提高与革新,把生产关系和生产方式的变革,等同于包括思想道德等社会所有方面的进步,并以此为标准来区分"先进"与"落后"。如过去认为春秋战国的"社会转型"——从分权的"分封制"到集权的"郡县制"——是进步的,法家推动了这一社会转型,所以法家是进步的,而儒家基于"仁爱"的道德观念和对"礼乐"文明的推崇,反对上凌下僭、诸侯征战,要求"克己复礼",恢复社会的价值秩序,所以是"退步"甚至"没落"的,完全没有重视当时社会巨变的内在矛盾性和某种程度的非人道性,不理解儒家出于捍卫人文价值和普通人的生命的价值立场的合理性。今天,有一些强调市场经济发展和制度变革的学者,也很轻视社会道德和人的精神方面的问题,甚至认为"腐败"是改革的润滑剂,这显然把商品价值或经济价值当成了社会最高的价值,其他都是为之服务的手段。从社会历史哲学的角度看,这是简单地认同一元论进步主义的必然结果,而一元论进步主义必定包含形而上学的同质性思维,似乎坚持"生产力标准",就不能承认人文和道德的独立品格,或者必须以后者的牺牲为代价,孰不知这种观点和主张,不仅会加重世人价值的迷失和粗鄙化,还将助长社会的不公和溃败,甚至从根本上颠倒文明的价值秩序。

不能不承认,包括善恶在内的矛盾不仅是人类生存的基本境遇,还能构成人类社会及文明发展的张力和动力。这虽然意味着人类的生活注定与恶脱不了干系,却并不表明人们对善恶只能等量齐观。一方面,善恶的区分是相对的,善恶的概念本身就意味着人们褒善贬恶的价值态度与选择;另一方面,人的意识尤其是自我意识和语言符号的形成,使人类在"无事生非""制造事端"的同时,也能够自我反省、自我改造,不断地促使诸恶向善的转化,为自己建立起一个人文价值的世界。的确,在社会有了剩余产品和私有财产之后,人们为了自身的生存和发展,甚至有意识地损人利己、巧取豪夺,致使人类内部的分化变成了分裂和对抗,但这种分裂和对抗,尤其是处于社会最底层的民众的反抗,也将反作用于社会上层的统治者和那些思想与文化的精神生产者,引起他们对现存的社会关系体系及其问题的重视和反思。的确,人类生产能力的提高和科学技术的进步,可以改善人的生存条件,却未必能够直接改善人的道德意识和人性,甚至还会激发一些人的占有欲和贪欲,但是整个社会的生产和技术的进步,毕竟是人的潜能得以发挥的重要体现,也为全体社会成员提高生活质量和扩大自由度,为文化和文明的发展与普及提供了可能。人类以往的历史和今天的现实,固然一再说明人永远也不可能成为"尽善尽美"的存在物,人与人之间也总是存在着各种竞争,但人类与大自然的相互作用和人类内部的交往与互动,人类超越自身有限性和狭隘性的理想与努力,总是能够使人不断地解决由自己造成的各种问题,使人类内部的关系越来越趋于理性和公正,使人性不断地趋向个体化和社会化、自然化和文明化的统一,虽然这是一个充满矛盾和曲折的过程。

那么,由此能否得出中国近代以来的社会转型,也一定符合中华民族的生存与发展的要求呢? 如果一般完全可以涵盖和解释个别,那么任何具体的分析研究也就没有必要了。问题显然不是这么简单。

二 如果说人是在大自然的选择压力和人类内部的矛盾冲突中生成为人的,那么,中国人的近代命运与西方文明的世界性扩张和辐射显然分不开,这构成了我们讨论中国现代转型的时代语境。

不过,这里要先指出一个客观的历史事实,这就是中国传统的农耕文明和帝制,早在宋朝特别是南宋之后就开始走下坡路,汉唐的气势、豪迈和国力都呈现下降趋势,作为社会主体的汉民族抵御游牧民族的能力大大降低,甚至越来越难以招架他们的骚扰和入侵了。由于入主中原的少数民族特别是后来的清朝统治集团,还处在部落社会末期奴隶制社会的初期,因此,即使清廷努力学习并接受了华夏文化,在政治上也不过是把自己的"主奴"关系与经学的"三纲五常"结合起来,其社会控制更加严格,思想也更加封闭,这从清朝的文化专制政策和多达80余起的文字狱中不难看出。由此导致中国传统社会一直存在的两大矛盾,越来越尖锐且无法得到根本解决。

这两大矛盾,一是国内统治集团与被统治的广大民众的矛盾,即所谓"舟与水"的政治经济关系,只能更趋紧张,即使民众揭竿而起推翻清王朝,只要小农经济和家庭本位的传统文明一仍其旧,换来的也不过是由另一姓氏"坐天下"的新王朝而已,社会结构不可能发生根本改变;二是华夏民族与其他民族的矛盾,即所谓"夏与夷"的矛盾,最初主要不是主权问题,而是文化和文明问题,在这方面,华夏民族不仅优越于所谓夷狄,也呈现出显著的生存优势。但从宋朝以降,以汉人为主体的华夏民族虽然还保持着文化上的优越感,但创造能力和军事实力都呈下降趋势,在金元两朝更是沦为低等民族。清朝接受元朝的教训,"师夏之长技以制夏",夏夷之间文化上的对立大大缓解,清朝统治集团成为华夏文化传统的继承者,但他们在此基础上实行的文化专制和思想控制的政策,却使得汉人和其他民族进一步被奴化。结果,到了鸦片战争爆发前后,一方面,"夏夷"关系已历史地变成清帝国及其臣民与西方国家的矛盾关系,而西方的"夷"却大不同于过去的夷,他们不仅器物先进,其文明也彰显出开放性和理性的优越性,这充分地体现在他们创造的自然科学与社会科学中,也体现在其内部的个人权利和民主体制中。这让许多"睁眼看世界"的中国人也心向往之,认为这是儒家理想一定程度的实现。因而,当清帝国面临西方民族国家的挑战时,"夏夷之防"更加防不胜防,"夏"更不可能胜过"夷"了。另一方面,这一新的夏夷之间的关系,又反转来激化了中华帝国自身的矛盾,使得所谓"舟与水"即清朝统治者与广大被统治者的矛盾进一步加剧,越来越多的人对清朝统治集团的专制、颟顸和无能表现出强烈不满。因而,在许多士人、新型知识人和开明官员的大脑中,一种解决"舟水"和"夏夷"的矛盾关系的新思想逐渐形成:如果西方的现代文明能够被我们所接受,那么,这将不仅有利于结束清朝的皇权专制,还将从根本上促使整个民族改变传统的生存方式和社会结构,走出在小农基础上王朝更替的循环,在国内真正实现变"家天下"为"公天下"的理想,在国际上则自立于世界民族之林,推动世界文明向着越来越公平合理的方向发展。而在维新派和革命派看来,中国自身的思想文化资源就包含着解决上述两大矛盾的原则和智慧,这就是"天下为公"或"公天下"的理念。

中华民族有源远流长的"天下主义"观念。在中国人特别是士人的心目中，"天下"不是单纯的自然意义上地理条件，而是关乎天时、地利和人心的历史文化性存在，是大地、江河、民众和作为其表征的"大道"（或"天道"），而"大道之行也，天下为公"。"天下"不仅不是一家一姓可以据为私有的，甚至并非只是属于华夏族。春秋战国时期的思想家们，都不是立足于大夫之"家"、诸侯之"国"，而是立足"天下"的立场看待社会的矛盾与出路的，得道者得天下，孟子认为，得道就是得民心，就是己所不欲、勿施于人，就是与民同乐、爱民如己，如其所言"得天下有道：得其民，斯得天下矣。得其民有道：得其心，斯得民矣。得其心有道：所欲与之聚之，所恶勿施尔也"①。如果只是从自己所属的"家"或"国"的利益出发，则必定相互对立，甚至如孟子所批评的"以邻为壑"，——这的确就是当时天下纷争的事实，儒家的抨击并不能遏制其持续发生，但它却为当时和后世的历史提供了一种正面的价值评价标准，并发挥了人文教化和政治批评的重要作用。明末清初的顾炎武更明确地区分了"国"和"天下"，他指出："有亡国，有亡天下。亡国与亡天下奚辨？曰：易姓改号，谓之亡国；仁义充塞，而至于率兽食人，人将相食，谓之亡天下。""知保天下然后知保其国。保国者，其君其臣，肉食者谋之；保天下者，匹夫之贱，与有责焉耳矣。"②"保天下"之所以"匹夫之贱，与有责焉"，就在于天下"是所有天下人的天下"，人人有份，因而人人有责。这一"天下主义"即"公天下"的世界观和价值观，体现了古代中国人美好的理想与胸怀，但是在中国传统社会却无法从制度上加以体现，充其量只能由贤明的君主即所谓"王者"按照孟子所倡导的"推恩"来实施"仁政"。然而，这不仅会因人而异、人亡政息，更重要的，基于血亲情感的推恩，必定由于"爱有等差"，而造成亲疏有别、厚此薄彼，到头来化公为私，并一定是排他性的少数人之私，理当每个人所有的变成部分人所有。中国传统社会的最大事实，就是天下之"公"其实是皇家之"私"，是压制和剥夺万民之私的一家一姓之私的招牌，而不是天下人众私之集

---

① 《孟子·离娄上》。
② 顾炎武：《日知录》卷十三。

当代中国价值问题及价值重建的社会历史哲学辨析

合。这一点,明清不少思想家如顾炎武、黄宗羲、王夫之和戴震等都曾指出并严加鞭笞。

历史表明,只有进入现代社会,与"家天下"相对立的"公天下"的理想,才能通过建立平等交换的市场经济,通过从政治和法律上保障每个人的自由权利、实行民主而最大限度地实现。事实上,近代以来中国的许多先进分子,正是有见于此,才一方面重视从传统中汲取思想营养,另一方面努力向西方世界寻找真理,认同并传播"自由""平等"与"民主"等现代意识,并在外争国权的过程中形成了新的"公理""公例"的普遍价值原则。视野广阔、思想开放的梁启超,明确地肯定这些价值,就在于他认为清乾隆之后,中国已由"亚洲之中国"向着"世界之中国"转变,并将与西方国家展开竞争合作的关系。总而言之,在"夏与夷"的矛盾的现代表现形态与现代解读中,就蕴含着中国内部"舟和水"的矛盾的现代解决方式,这也正是中华民族之所以终于能够自觉主动地实行现代化、推动社会转型的内在因素。

历史研究表明,商品经济在宋明时期就有了较大发展,人口增长所导致的"人(多)地(少)"的矛盾是迫使许多农民弃农经商的重要原因,而经商带来的优厚利润和财富,以及士人获得功名的机会越来越小,也促使"弃儒就贾"成为许多士子的选择。虽然商人及其经营活动面临着传统道德的质疑,但是,士商的相通和互动特别是儒商的形成,也慢慢地改变着人们的思想观念,甚至开拓出新的社会和文化空间。然而,商品经济始终受着皇权专制的束缚,商人及其财产得不到法律的保障,官府的敲诈勒索甚至成为常态①。这样,商品经济在中国传统社会根本无力发展成为配置资源的主要方式,也很难在此基础上产生西方那样基于财产和契约关系的"市民阶层"(citizen stratum),而包括商人在内的广大民众,只能是以血缘为纽带且不得不依附于皇权及官僚体系的"小民""草民"。因而,如果没有西方把中国拖入现代世界历史,没有西方现代社会及文明对中国人的挑

---

① 参见余英时《儒家伦理与商人精神》,广西师范大学出版社 2004 年版,第 162~192 页。

战、逼迫和示范,上述传统的两大矛盾都不可能以有益于中华民族尤其是人民大众的方式得到解决。马克思在评论印度及整个亚洲的现代命运时曾说:"如果亚洲的社会状态没有一个根本的革命,人类能不能实现自己的命运? 如果不能,那么,英国不管干了多少罪行,它造成这个革命毕竟是充当了历史的不自觉的工具"①。这决非马克思站在西方立场上所说的话,马克思不仅是一个国际主义者,也是严厉地谴责了英法列强在东方犯下罪行的伟大的人道主义者,但是,对历史辩证法和现代人类命运的深刻把握,使马克思不能不说出这种似乎"无情"的历史真理。

那么,这种历史真理在价值上与中华民族的利益和生存发展的要求天然一致吗? 历史的真理是躲藏在人们社会活动背后的逻辑,不是任何人都能认识到的,即使认识到人们也无法将其取消,因为构成这种逻辑的往往是人们围绕利益进行的生存竞争,其欲望和意志的力量发挥着主导作用,甚至使理性处于从属地位,仅仅发挥计算的工具作用。当西方列强用坚船利炮强行打开中华帝国的国门,给中华民族造成生存的灾难和精神的屈辱时,反抗和御侮当然是中华民族的首要选择,也完全是正义之举。中国的统治者也似乎和广大民众拥有了同样的命运,成为激于"道义"的"爱国"共同体。因而,本来以"反清复明"为目的的"义和团",后来转为"扶清灭洋"并被清统治者所利用,最终惨遭列强和清王朝的双重镇压,也就不奇怪了。由此也促使中国的先进分子更坚决地启蒙民众、发动民众推翻清王朝,终结帝制,走向民主共和。而这就必须在反抗西方欺凌的同时,努力学习西方现代文明,所以,中国人面对西方不能不处于两难选择之中。而由国外势力所激化的中国社会自身的矛盾,发展到相当广泛的分裂和对抗,政治及军事斗争成为主导性的活动方式,这势必促使一切当事人把传统的"实用理性"包括明争暗斗的谋略发挥到极致。如果说公开的政治斗争和意识形态宣传还不乏真实性、理想性和批判性,因而有助于国民现代政治意识的形成和分辨是非的话,那么,各种不公开的、言论背后或桌子下面的

---

① 《马克思恩格斯选集》第 1 卷,人民出版社 1995 年版,第 766 页。

较量,就不可能讲什么仁义道德和规则程序,而必定为达目的不择手段,使意志与情感的力量远胜过理性的思考。凡此种种,使中国近现代历史充斥着各种背反现象,甚至形成怪圈,出现大的反复。中国应当向何处去、能够向何处去?中国社会变化的逻辑究竟是什么?一系列关乎中国人命运的问题,变得更加扑朔迷离,不能不造成国人精神上普遍的焦虑、浮躁和近视,甚至陷入听凭本能的盲动状态。

揆诸世界现代史,我们不难发现,包括德国、日本和俄国在内的后发国家,其现代化进程都不是一帆风顺的,不是倒向"右"的方面,就是倒向"左"的方面,并引发了民族意识和精神方面相当严重的危机。我国同样走了很大的弯路,留下很深的创伤,包括道德的失范、精神的迷惘和信仰的坍塌。其共同的原因都是因为后发国家既面临自身与列强之间的双重矛盾关系,又面临与此密切相关的国内矛盾,尤其是加强民族统一和国家权威与个人争取自由的社会权利的矛盾、尽快提升国家实力与改善民生的矛盾等。而同样是在有着深厚的农民意识和专制传统基础上建立的苏联,似乎成功地解决了这些矛盾,足以成为我们效法的榜样,这就使我国一度走上苏联的道路,因而也出现了同样的问题,甚至更加严重。我们知道,包括按照英国政治实行民主制的印度,在经济上也长期推行计划经济,就是为了利用国家的权威和力量迅速实现工业化。然而,脱离了世界性的市场经济,广大社会成员不能从自己的需要和能力出发,自主地从事生产和交换,结果经济发展和民众生活都受到严重制约。就东方和中国传统思想文化的性质和特点来说,支持集权的家长式传统非常深厚,而支持个人自主和民主的资源则相当有限;平等主义和大同理想源远流长,理性的分析与批判精神却相当薄弱;表面的平和谦让与勾心斗角从来并行不悖,公开的程序化的竞争却只能见于个别场合。这种文化土壤,加上东方国家所面对的国际环境,经济上的高度集中甚至政治上的集权,意识形态上则重新把"公""私"对立起来并倡导"大公无私",就必定是最具现实可能性的选项了。

正是由于上述原因,中国从原来的"家国"体制很难直接变成人民民主体制,而是变成了"党国"体制。就中国乃至整个东方社会的性质和历史处境而言,由原来的家国一步走到人民民主共和是不可能的,它需要一种形态和一定阶段来过渡,党国就是这种历史形式。但是以党代政和轻视法治,又必定造成政治对整个社会的主宰和侵权,使社会各领域无法确立符合自己性质和发展要求的准则与尺度,包括做人做事的基本道德规范也就很难确立起来。"世界之中国"的形成同样曲折艰难,列强入侵迫使我们众志成城、共同御敌,在"冷战"到来时,出于巩固新政权、获得外援和意识形态的多重原因,我们全面倒向苏联;时隔数年,由于党和国家的最高领导走上了一条越来越左即所谓"无产阶级专政下继续革命"的道路,与苏联决裂,并试图在西方主导的现代世界之外,建立起一个没有等级差别,也没有商品交换的自给自足的"国家社会主义",结果不仅重新把自己封闭起来,而且陷入频繁的政治运动之中,陷入乌托邦的空想和虚妄之中,直到"文化大革命"后期,极"左"路线彻底破产,这才迎来改革开放。

可见,中国现代的价值问题特别是国人的心灵和精神问题,不是狭义的道德问题,而是原来的社会关系体系及其秩序——包括经济、政治和文化各方面——的解体在人们思想和行为上的投射和表现。因而,当代中国大陆价值的重建,也只能诉诸以经济政治制度为关键所在的整个社会的现代化建设和文明秩序的建构。

三 那么,在改革开放已经进行了三十多年的今天(至本文发表时——编者注),我们又如何看待似乎愈演愈烈的价值问题?价值重建的可能性与途径究竟何在?

笔者认为,改革开放是中国社会转型的自觉展开,具有全面性和系统性,因而也就从经济、文化和政治各方面,重新塑造着中国人的生活方式、思维方式和价值观念,尤其是市场经济的发展、互联网的普及和各种民间的文化和公益活动的频繁,更是为民众的普遍交往、信息交流、知识学习、时事评论和政治参与提供了动力和公共平台,促使人们思想解放和视野的扩大,推动着人们形成以共同信念、利益或兴趣为纽带的各种共同体,乃至自律和自治的公民社会的形成。所以,不难发现,中国人特别是青年人的主体能力、权利观念和公民意识,已得到前所未有的提升,这当然极其有利于社会风气的好转和价值秩序的重建。然而,在市场经济体制已经确立的同时,必须有与之匹配的文化、政治和法律条件,但由于这些条件的所谓"敏感"性,官方过去并没有真正给予重视并努力创建,结果导致社会转型中各子系统之间的矛盾激化和对立。

就文化而言,它既要有能力支持市场经济的健康运行,又要超越市场完全由利润或利益主导的原则,对其构成一定的超越性和批判性。

如所周知,马克斯·韦伯认为资本主义市场经济的发展,并不是由于人们都希望"发财""享乐"且会"精明"地盘算,因为这种愿望和能力是"世间再普遍不过的事"。市场经济只是从西欧发展起来,与新教伦理所主张的"天职"观念和"节俭"意识及其伦理原则是分不开的,它构成了资本主义发展的文化基础和精神动力。如同韦伯所说:"资本主义精神和前资本主义精神之间的区别并不在赚钱欲望的发展程度上。""集中精神的能力,以及绝对重要的忠于职守的责任感,这里与严格计算高收入可能性的经济观,与极大地提高了效率的自制力和节俭心最经常地结合在一起。这就为对资本主义来说是必不可少的那种以劳动为自身目的和视劳动为天职的观念提供了最有利的基础:在宗教教育的背景下最有可能战胜传统主义。"①

那么,中国传统文化中有这种观念和精神吗?韦伯对此是否定的,但我们从儒家文化及其孕育下形成的家训乡规,特别是儒商的经营理念中,其实可以发现与新教伦理的相通之处。但遗憾的是,这种文化因子在中国近现代的外敌入侵、动乱、革命,特别是后来长期开展的"割资本主义尾巴""狠斗私字一闪念"的运动中,几乎被消除殆尽了。我们以"大公无私"这一似乎最高的价值观念——这里的"公"即"一大二公"的国家或集体所有制,不仅同样排除了每个人的个人所有,而且否定了世人在日常生产生活中所形成的做人做事的基本要求和道德规范,而这些平实的要求和规

---

① 马克斯·韦伯:《新教伦理与资本主义精神》,于晓等译,三联书店1992年版,第45页。

范,本来包含着诚敬谨慎、仁爱守信、勤劳节俭、公平合理、义利兼取、功成身退等原则,结果,这些日常生活的伦理道德一旦被假大空的体制及其高调所颠覆和取代,人们的思想和行为只能凌空蹈虚。而随着原来精神虚妄的破产,是无数个体满足物质需要的急迫要求与私欲的急剧膨胀,这固然不乏历史的正当性与合理性,但如果不择手段,则必定导致人们竞争的恶性化和对正常的经济秩序的破坏。当代中国经济发展的动力,的确不是韦伯所称许的宗教伦理,而是中国人长期被压抑的世俗的发家致富的愿望。显然,这种愿望之所以推动了经济的迅速发展,是因为我们利用了国际上现成的商业和贸易体系,吸引了大量的外资。然而,这种愿望固然能够在经济发展中发挥很大的正面作用,但它本身却不包含多少伦理规范的内容,孔子当年提出的"君子爱财,取之有道"的"道",或者我们提倡的"劳动致富"的"诚实劳动",对当代中国人的规范作用都非常有限。相反,由于传统信念的坍塌、社会的庸俗化、权力不受约束、政策本身的偏差和漏洞等等,在面临各种不劳而获、一本万利的机会时,就必然会诱发人们的投机心理和贪婪的欲望,出现权力寻租、行贿受贿、贪污腐败,以及坑蒙拐骗、假冒伪劣的严重问题。而宪法赋予民众的各种社会权利并未得到充分落实,个人财产更未得到法律切实的保障,政治民主对他们来说,还是难以直接参与的少数人的事情,加之从原来的熟人社会走向半熟人或陌生人社会,传统道德失去原来的作用环境和对象,这样一来,人们普遍出现行为的非道德化,也就不难理解了。这是社会严重缺乏诚信和道德的制度与社会文化原因。

一切社会问题都是人自己造成的,因而,问题的出现和问题的解决,也必定有着内在的因果关联。其实,国际化的市场和企业的发展本身,一直要求、规训并锻炼着一切参与者,它的正常运行所必需的基本规范和规则,已被许多人自觉遵守;市场经济的健康运行,也强烈要求与之构成良性互动作用的政治和法律体系,这就是韦伯所称道的"理性主义"。只不过我们根据当代世界经济危机和人类面临的生态问题,更应当强调价值理性对工具理性的主导,发展超出旨在赢利的"文化工业"范畴、体现人类自我超越和人性光辉的文化创作;负有为市场和社会制订游戏规则和提供秩序保障的政府,则更应当秉持公平正义的原则,并使之体现在社会生活的各领域各方面,让更有价值和意义即更具普遍性和恒久性的价值和意义的社会活动,改变或替代人们狭隘的利己主义价值取向。

在当今中国,一方面社会的各种贪腐、溃败的现象仍然呈现弥漫态势,潜规则仍然很有市场,但另一方面,从上到下都已认识到价值或价值观问题的极端严重性,强烈地要求消除不公、铲除腐败、建立信任,并由此要求加强法治、约束权力、规范政府和公务人员的行为。而一切有识之士,越来越重视从中国传统文化和宗教中,从包括自由主义和社群主义在内的现代西方价值观念中,也从马克思主义的时代化、中国化和大众化的实践经验中,广泛地汲取思想文化资源,提炼出真正来自于时代并且与民众的生活和发展要求相适应的价值理念,并付诸实践。照此去做,中国的文化建设就会大有希望,社会转型也将会越来越顺利地进行并展示出光明的前景。

近年来,围绕现行政治体制的问题与变革,人们已经说了许多,从本文的角度看,发展并提升现代政治理念,以开放的和人类社会的视域重新理解政治,对于我们来说也许更有根本意义。从政治的产生来看,固然是因为人类共同体内部发生了利益的分化和竞争,然而,这并不意味着政治只是为利益服务的,充当的是分配利益、调节利益的工具,为自己带来各种社会资源的权力、满足自己做"人上人"的虚荣心理的地位。在中外历史上以及当下现实中,政治的确充当了经济发展和资源分配的角色,政治等级成为主导性的等级,政治待遇成为最高的待遇,政治权力也成为最大的权力,造成并不断地强化着"官本位"。这就是为什么许多人热衷于从政做官的原因,也是导致政治教育和意识形态严重的虚假和低效的原因。我们不能不说,这种政治在相当程度上还停留在传统政治的范畴里,其价值观也是落后和低级的。一些人所津津乐道的德国法学家施米特的政治观,不管有多么"深刻",本质上并未超出中国的韩非子和意大利的马基雅维利的见解,只是对政治的一个历史面相——即一部分人对另一部分人乃至整个社会的重要资源的垄断、操控和支配——的洞察,但是,把这个历史面相作为政治永恒的本质,是片面的也是有很大误导或煽动作用的。现代中国社会所发生的道德价值问题,往往是这种狭隘的落后的政治观念与实践所造成和加重的。我们今天必须对这种政治观说"不",并坚决地加以批判、破除和超越。

政治就其本质和价值目的而言,并非少数人的专利,而是关乎每个人的生存与发展的公共事务,是对社会的公平正义的追求。换言之,政治是以优良的社会生活和文明秩序为目的的,并非为自己及其小团体谋私利的工具,因而是所有人的事情,也是高尚人的志业。这样的政治必定体现在社会生活的方方面面,我们每个人也都将生活在这种政治之中,这从现代民主、从公民自治、从各种公益和慈善活动、从维护生态的绿色和平组织的运动中,都可以清楚地看出。在世界普遍交往和经济一体化的现时代,国内政治与国际政治也在原则的高度关联起来、统一起来。如民族国家之间固然存在着利益的竞争和博弈,每个民族都要维护并尽可能地争取自己利益的最大化,发展中国家更应如此,但这种竞争和博弈也必须体现"公平正义"的要求,虽然这与民族国家内部公平正义的具体内容和实现的程度可能不同,但原则一致。所以,在人类越来越一体化、越来越需要有共存信念和共享价值的情势下,价值的双重标准已变成一种落后的标准,其不合理性已大于其合理性。这也是康德以来的许多大学者思考并提出世界和平、提出万民法的理论依据和语境。

事实上,即使作为权力,代表善与正义的思想和精神的权力也高于现实的政治权力,除非后者充分地体现前者,才能最大限度地造福于民族和人类。这就是历史上伟大的思想家,如苏格拉底、柏拉图、亚里士多德,以及中国的老子、孔子、孟子,等等,总是高于那些单纯的政治领袖的原因。正是基于上述政治理念,马克思才将共产党人的奋斗目标确定为"人类解放",而孙中山先生才倡导并力行"天下为公";而现代的政治家,才会将个人的梦想、民族的梦想与人类的梦想统一起来,通过制度和文化的作用,让全体公民自主地创造属于公民自己的美好家园。显然,在今天,只有确立这种政治理念,才能为政治体制的变革规划出正确的方向和目标。这样的政治理念与政治实践,无疑会极大地净化当代中国人的心灵和精神世界,引领整个社会的价值取向、道德风气,并推动优良的现代价值秩序的确立。

就此而言,当代中国的价值问题虽然发生于中国,其产生原因和影响却是世界的;同样,中国的价值秩序的重建,作为在全球化运动中开展并具有中国特点的社会转型的内容和要求,也只能在向世界开放、与世界互动的过程中才能得到充实、丰富和有力地推进。因而,当代中国的价值重建,不仅与现代世界文明密不可分,还将与人类的一种新的价值观念和文明形态——人类共生共荣的观念、生态和谐观念及相应的生产和经营理念——的生成相关联,从而具有世界意义。由此也决定了中国的价值重建的复杂性、开放性和长期性,需要我们必须有持之以恒的决心与韧性。

（本文作者:张曙光 北京师范大学价值与文化研究中心暨哲学与社会学学院教授 本文发表于2013年第4期）

面对新社会形态的当代社会学

刘少杰

摘　要　在信息技术革命的推动下,在工业社会基础之上崛起了信息社会。信息社会是人类社会的新形态,社会学对其认识逐步深化。后现代社会学关于后工业社会、网络社会、风险社会和反思性社会等概念,是从不同角度对信息社会发展变化的理解与概括。对信息社会的分析研究,深化了对信息社会崛起引起各种深刻变迁的认识。信息社会与工业社会和农业社会是并存关系,在工业化进程中诞生的现代社会学,仍然有存在和发展的现实基础。现代社会学与后现代社会学是当代社会学的两种基本形式,是在信息社会崛起背景下发生的社会学学科分化。

现代社会学是工业社会的产物,经过一百七十多年的发展,现代社会学形成了关于工业社会发展变迁研究的丰富成果。然而,自 20 世纪 70 年代以来,在信息技术革命的推动下,在工业社会基础之上逐渐形成了一种新社会形态——信息社会。面对社会形态的创新与分化,社会学不仅形成了许多新的思想理论和方法原则,而且也发生了复杂的学科分化。如何认识呈现为现代社会学与后现代社会学对立的当代社会学学科分化,是在新的历史条件下认识社会学的展开状况和演化趋势,进行更深入社会学研究的思想前提。

(一)后工业社会还是信息社会

丹尼尔·贝尔于 1973 年发表的《后工业社会的来临》,揭示了工业社会在产业结构、就业结构、阶级关系、社会主要矛盾等方面的深刻变化,被认为是西方社会学中首先明确论述工业社会转型或新社会形态诞生的专著。贝尔确实为人们展现了一个崭新的社会,他称之为后工业社会。然而后工业社会却是一个具有很大模糊性的概念,不仅就字面意思而言它似乎是一个时间概念,指的是工业社会之后的社会,而且从贝尔对这个名词的实际使用上看,它也被赋予了多种含义。

不过,贝尔自己却认为后工业社会是一个得到了明确界定的概念。他指出:"我之采用'后工业'的词,有两个理由:第一,在于强调这些变迁的同质性和过渡性;第二,在于着重知识技术这个主要的中轴原理。"①可见,贝尔试图用这个概念强调后工业社会的变化具有整体性,即不是仅指社会生活哪一个方面的变化,而是指社会发生了总体性变化,并且还强调了后工业社会的变化根源在于知识进步和技术革命。在这个意义上,贝尔坚定地主张:"我反对把出现的这些特征试图标定为'服务业社会'、或'信息社会'、或'知识社会',即使这些要素都存在,因为这种名称是片面的,也许是为了追求时尚而加以曲解。"②

贝尔的反对并没有阻止越来越多的学者从不同角度称谓后工业社会,吉登斯的全球化社会,乌尔里希·贝克的风险社会,鲍德里亚的消费社会,卡斯特的信息社会和网络社会,还有断裂社会、符号化社会、新媒体社会等,凡此种种,不胜枚举。何以至此?事实上不能简单归结为贝尔所指责的对后工业社会观察的片面性,更重要的是,随着时间的推移,后工业社会的这些特点日益明显地呈现出来,学者们提出的不同概念,真实地反映了后工业社会的不同层面所呈现出的深刻变化,而这些概念是从不同角度对已经发生了总体变迁的当代社会不同侧面的一种概括。

贝尔关于后工业社会来临的一系列论述,受到了马克思社会形态理论的很大影响,他实质上已经像马克思论述工业社会是人类社会一种新形态

---

① 丹尼尔·贝尔:《后工业社会的来临》1976 年版前言,高铦等译,新华出版社 1997 年版,第 6 页。
② 丹尼尔·贝尔:《后工业社会的来临》1976 年版前言,第 5 页。

那样去论述后工业社会。马克思说："手推磨产生的是封建主的社会，蒸汽磨产生的是工业资本家的社会。"①这句被广为引用的名言表明，马克思正是从技术革命的角度出发来把握社会形态的变迁。这句名言的进一步展开就是，生产工具的变革决定了生产力的发展水平，而生产力的发展必然决定生产关系的变化，占统治地位的生产关系作为经济基础又决定了政治的和思想文化的上层建筑的性质，而经济基础和上层建筑的统一就是社会的整体形态。因此，从生产工具开始的变革，一定会引起整个社会形态的变化。

贝尔论述的后工业社会，正是以计算机为核心的新技术革命快速展开的时代。虽然贝尔将其研究称为对未来社会的一种预测，但实际上他已清楚地看到，20世纪60年代后期，在计算机、影视通信和遗传工程等新技术的推动下，以美国为代表的西方发达国家在经济、政治、文化和社会生活等方面都已发生了广泛而深刻的变化，并且相互之间具有紧密的联系，贝尔称之为由知识和技术中轴决定的整体性变化。贝尔关于后工业社会变化的论述，同马克思论述农业社会向工业社会变迁的逻辑是相似的。

马克思认为，正是机器作为最先进的生产工具决定了工业社会生产力的变革，并进而决定了生产方式和上层建筑的整个社会形态的变革。20世纪60年代以后，机器作为最先进生产工具的地位已经逐步被计算机为核心的新技术所替代，这正是后工业社会即将来临的最根本的决定性因素。在以计算机为核心的新技术革命的背景下，贝尔认为主要凭借机器的力量而运行的制造业的地位下降，依靠计算机等新技术的信息产业地位迅速上升，产业结构发生了空前规模的调整，进而引起就业结构、阶级结构、权力结构、生活方式和思维方式的调整，于是，社会结构发生了整体性变迁。也正是在这个意义上，贝尔反对仅从社会生活的某个方面来概括社会的变化。

然而，虽然后工业社会概念也表示一个新社会已经来临，但它毕竟没

---

① 《马克思恩格斯文集》第1卷，人民出版社2009年版，第602页。

有像工业社会概念那样,明确地揭示出新社会的主要内容和本质特征。后工业社会概念就其含义而言,不过明确了这是一个工业社会之后的社会,至于是什么内容、什么性质的社会并不明确。因此,贝尔留下了一个值得进一步追问的问题:后工业社会究竟是一个以什么为主要活动内容的社会?农业社会的主要活动内容是农业生产,工业社会的主要活动内容是工业生产,而后工业社会的主要活动内容是什么?应当说,既不是农业生产也不是工业生产,而是信息生产。如果根据农业社会和工业社会的命名逻辑,是否可以称后工业社会为信息社会呢?

信息社会已经是当代学术中出现频率很高的一个名词,但经常使用这个名词的人们未必赞成可以用它来表示后工业社会或当代社会的主要内容和本质特征。譬如当人们从全球社会、风险社会、消费社会、符号社会、网络社会和断裂社会等角度讨论所面对的当代社会变迁时,未必认为从这些角度所观察到的当代社会的各种变迁,不过是信息社会变迁的不同侧面,是当代社会或后工业社会信息化的不同表现。事实上,无论人们给他们所面对的当代社会变迁冠以何种称谓,那些令人眼花缭乱的社会变迁都不过源于社会生活的信息化。社会生活信息化是工业社会之后最基本的社会变迁,也是社会生活各种形式变化的主要内容和产生根据,因此,"信息社会"是对当代社会最恰当的称谓,这一概念最清楚地概括了一个崭新的社会形态。

根据马克思的观点,一种新社会形态的诞生必然以生产工具的革命为前提,而计算机正是作为一种新技术实现了生产工具的革命。作为工业社会生产力标志的机器,无论其发展到何种程度,即便是当代还在创新提高的结构更加复杂、功能更加强大的机器,它的本质都是对物质产品的加工或制造。也有很多人把计算机看作一种机器,20世纪六七十年代苏联学者批判资本主义世界机器控制人,其时所指的机器主要就是计算机。然而,计算机同制造物质产品的传统机器已经有了本质的区别。计算机不能直接加工制造物质产品,它直接加工制造的是信息产品,是通过信息的运行、重组和创造来支配物质生产乃至人类的全部社会生活。

在当代,互联网和移动通信等新媒体、遗传工程和空间技术等,都可以看作一种信息技术或与信息技术高度相关。以计算机为核心的信息技术是当代人类社会最先进的生产工具,这点似乎无人能够质疑,但进一步的推论却未必能够得到普遍赞同。如果承认计算机为核心的信息技术是最先进的生产工具,并且信息技术在作用对象、展开形式和运行方式上都同制造物质产品的机器有了根本的变化,那么就应当承认信息技术已经引起了生产工具的革命,它必然引起生产力、生产关系和上层建筑的变革,一个新的社会形态必然诞生。而对这个新社会形态应称之为信息社会。

(二)面对整体变迁的分析研究

美国哲学家 M. 怀特曾指出:20 世纪是一个从构造理论体系的时代走向理论分析的时代①。20 世纪思想家们一致采取的反体系行动,是欧洲学术走向现代的一种发展形式,正是因为放弃理论体系的构造,20 世纪的人文社会科学开始进入社会生活各种层面。然而,这种从体系构造转向问题分析的学术转向却陷入了另一种片面性:轻视对社会发展变迁的整体把握。

20 世纪的社会学也顺应了欧洲学术走向分析的潮流,特别是当 20 世纪中期社会学的中心从欧洲移至美国之后,放弃宏大叙事而专注具体问题的研究方式更是蔚然成风。从宏观层面对社会整体变迁的研究,不仅被视为非科学的形而上学的玄思,而且被看成是落后时代的陈腐学风。注重建设性和整合性的法国实证社会学传统,在美国演化成单纯强调客观描述和具体考察的技术分析。虽然 20 世纪 70 年代兴起的后现代社会学坚决反对把社会学归结为对客观现象的技术分析,但他们也顺应了超越理论体系的建构而直面社会问题的学术潮流,而以批判的方式坚持了对社会问题的理论分析。

利奥塔就是一个十分明显的例证。作为后现代社会学的重要代表,他一方面反对单纯客观地描述现实,认为无批判地描述现实无法清楚揭示信

---

① M. 怀特:《分析的时代》,杜任之等译,商务印书馆 1981 年版,第 5 页。

息化的后现代社会的复杂性;另一方面他又宣布,由德国古典哲学代表的思辨叙事和法国政治哲学代表的政治叙事,都是资产阶级为了动员社会统一意志推翻封建贵族统治,实现资本主义工业化和市场化的理论表达,但随着以计算机为核心的技术革命的长足发展,工业社会的统治地位已经被后工业社会取代,人类社会的理想目标、思维方式和知识图景已从宏大叙事转向具体叙事,试图从整体上把握社会发展变迁的各种"元话语"或"元叙事"已经失去了存在的根基,即失去了合法性。正是在这种基本判断的基础上,利奥塔以批判的方式开展了对知识的话语和图形的分析①。

在马尔库塞、福柯、鲍德里亚等人那里,我们也能看到利奥塔这种反对单纯客观描述分析,但坚持了批判分析的学术转变。也就是说,自20世纪初开启的从体系构造转向事实分析的学术潮流席卷了20世纪所有学术流派,以反传统自居的后现代社会学也没有脱离这一学术潮流。只不过后现代社会学坚持的是批判的建构性分析,而同他们对立的流派则坚持科学的客观性分析。并且,后现代社会学也坚持了不再从整体上建构理论体系的原则。因此后现代社会学家们没有从整体上对当代人类社会的深刻变革做出系统的理论概括。

马尔库塞在20世纪50年代就已经预言人类社会将发生空前深刻的变化。在《爱欲与文明》中,马尔库塞指出,随着科学技术的发展和社会生产力水平的提高,物质生活资料匮乏的状态将被改变,压抑文明也将随之被非压抑文明替代,一个人性得到彻底解放的新时代将会到来②。虽然马尔库塞率先提出了新文明、新社会和新生活必将实现的观点,但他的主要注意力还是对资本主义世界异化现象的批判分析,而对新社会的产生根据、展开形式和基本结构等都没有做出论述。

20世纪60年代后期,随着以计算机为核心的技术革命迅速展开,社会生产力水平空前提高,物质财富大幅增长,匮乏时代基本结束,马尔库塞

---

① 利奥塔:《后现代状态——关于知识的报告》,车槿山译,三联书店1997年版,第80~86页。
② 马尔库塞:《爱欲与文明》,黄勇、薛民译,上海译文出版社1987年版,第6~8页。

的预言已经成为事实。丹尼尔·贝尔在《后工业社会的来临》中清楚地描述了这些重要变化，并且宣布了作为一种新社会形态的后工业社会已经来临。贝尔关于后工业社会来临的论断在西方学术界产生了广泛影响，但人们关注的，不是后工业社会是一种新社会形态的论断，而是其关于产业结构、就业结构、阶级结构、社会中心任务和生活方式等方面的变化的分析。在贝尔的观点的基础上，关于后工业社会不同层面变化的各种学说不断涌现，但从总体上把握后工业社会的性质、形式和趋势的论述却不多见。

法国社会学家虽然也认识到后工业社会来临是人类社会的一次飞跃，但受到后结构主义思潮的影响，福柯、德里达和鲍德里亚等人都没有从总体上论述后工业社会形态的转变，而是分别从知识权力、话语实践、消费社会和社会生活符号化等方面探讨当代人类社会的变迁。他们尖锐地批判了工业社会的压抑原则、科学理性的片面独断和控制权力的人性扭曲，阐述了很多令世人振聋发聩的崭新观点，对于推进当代学术繁荣和理论创新做出了重大贡献。但是，由于坚持反结构、反体系的后结构主义立场，这些法国社会学家没有从整体上对当代人类社会变迁做出明确的理论概括。

德国社会学家不仅没有像法国社会学家那样坚决地批判结构主义，反而注重对社会变迁的一些元理论层面的问题的深入研究。哈贝马斯承接马克思没有来得及充分研究的交往行为问题，论述了交往行为展开的公共领域在社会系统中的重要地位与作用，揭示了公共领域被政治、经济体制吞噬导致生活世界殖民化而形成的危害，并论述了通过坚持交往理性来促进社会沟通、协调人际关系的交谈伦理学。哈贝马斯的这些研究正是直面了信息社会最重要的问题——信息沟通，他的研究涉及语言符号、自我认同、表达理解、行为模式、道德规范等一系列信息沟通中不可回避的问题，试图为保证人们社会交往的协调运行提供一套理性原则。

利奥塔斥责哈贝马斯在不合时宜地重复德国古典哲学的宏大叙事，德里达批判哈贝马斯不顾当代社会走向分化的基本事实，试图用抽象教条来重建一去不复返的一统社会。其实，利奥塔和德里达对哈贝马斯的批评未必符合实际，哈贝马斯不过是系统地论述了交往行为及与其相关的社会问题,对新社会形态变迁的论述也十分有限。

相比之下,英国社会学家吉登斯的理论视野要比法国和德国社会学家更开阔一些。吉登斯不仅从社会行动、社会信任、制度关系、时空变迁等方面系统论述了社会结构问题,而且还从全球化时代的基本事实出发,提出社会生活的信息化不仅加快了社会变迁的速度,也增加了大量不确定性和社会风险,应当重新审视当代人类社会的巨大变化观点。显然吉登斯已开始尝试从总体上把握当代社会变迁,但由于他未能系统阐明所论述的全球化时代、晚期资本主义、风险社会、反思性社会、脱域社会或时空抽离的社会等概念之间的关系,以致其论述令人不知究竟哪个概念是对当代社会最恰当的概括。

总之,上述这些引领了当代社会学学术潮流的社会学家们,都已真切感受到并深入阐释了当代社会生活信息化产生的一系列重大问题,他们对所关注问题的深入分析,为清楚地认识信息社会的到来而产生的深刻变化做出了杰出贡献。然而,令人遗憾的是,在 20 世纪走向分析的学术潮流的推动下,社会学家们淡化了从社会形态更迭的角度对当代社会变迁做出总体性的概括。这难免令人有只见树木不见森林的困惑。

(三)面对新社会形态的社会学分化

在当代社会学中,卡斯特较充分地论述了信息社会是一种有别于工业社会的新社会形态的观点。在其代表作"信息时代三部曲"的第一部《网络社会的崛起》中,他开篇就宣布:"公元两千年将届之际,一些具有历史意义的事件转化了人类生活的社会图景。以信息技术为中心的技术革命,正在加速重造社会的物质基础。全世界的经济已然成为全球互赖,在易变不定的几何形势系统中,引入了经济、国家与社会之间关系的新形式。"①卡斯特认为,信息技术革命同工业革命一样重要,它从总体上促使社会结构重构,社会的经济、政治和文化,以及社会生活的各种组织形式都发生了空前深刻的变化。他明确地宣布:

①　卡斯特:《网络社会的崛起》,曹荣湘译,社会科学文献出版社 2006 年版,第 1 页。

我们对横越人类诸活动与经验领域而浮现之社会结构的考察,得出一个综合性的结论:作为一种历史趋势,信息时代的支配性功能与过程日益以网络组织起来。网络构建了我们社会的新社会形态,而网络化逻辑的扩散实质性地改变了生产、经验、权力与文化过程的操作和结果。①

卡斯特像丹尼尔·贝尔一样接受了马克思的观点,也是从生产技术的变革出发来研判社会结构的变迁,但卡斯特更明确地断定信息技术革命已经催生了一种新社会形态。虽然卡斯特常常把新社会形态称为网络社会,但他也不断地论及网络社会的实质是信息社会的组织形式或表现形式。因为,网络不过是信息传递的技术或空间,网络社会不过是人们为了交流信息而利用网络技术展开的交往方式,所以无论是从网络社会存在的根据,还是从其展开的过程看,它都是信息社会的表现形式。

不过,也不能把信息社会与网络社会完全等同起来。是否可以做这样一个类比:在工业社会,人们在工厂中利用机器制造物质产品,而在信息社会,人们在网络中利用计算机和移动通信工具传递信息。也就是说,网络相当于工厂,计算机和移动通信工具相当于机器,而信息则相当于物质产品。这种似有简单化之嫌的类比,可以相对清楚地说明信息社会与网络社会两个概念之间的关系:信息社会侧重说明新社会形态的运行内容,而网络社会则侧重说明新社会形态的存在形式。简言之,二者是内容和形式的关系。

全球化社会就是信息社会的另一种表现形式。事实上,没有以计算机为核心的信息技术革命,全球化时代的到来是不可能的。正是因为信息技术革命,不仅世界各国的实体经济被大规模地卷入世界经济体系之中,而且实体经济也在各种新媒体技术的支持下通过金融市场实现了信息化、符号化甚至虚拟化,各种经济体都争先恐后地融入全球经济一体化,并且谁也摆脱不了这个以信息化为根基的经济全球化过程。经济全球化也必然

---

① 卡斯特:《网络社会的崛起》,第 434 页。

引起各民族政治生活、文化生活和社会生活的全球化,而经济全球化又以信息化为根基,就此而言,人类社会生活各种层面的全球化,都不过是信息化的展开或结果。

至于利奥塔论述的知识图景网络化,吉登斯论述的当代社会不确定性和反思性,贝克论述的风险社会,鲍德里亚论述的消费行为符号化和拟像秩序等,都不过是社会生活信息化的表现或结果。可以说,引领学术新潮的后现代社会学论述的主题,都是源于信息技术革命引发的各种重大社会问题。后现代社会学面对的是后工业社会以及信息社会,后现代社会学阐述的种种超越了现代社会学的思想理论,都是对信息社会新现象、新问题和新趋势的分析和理解。尽管后现代社会学家在专注自己提出的问题时,通常淡化了从总体上对信息社会这个新社会形态的理论概括,但正是前述一些研究使社会学的触角能够深入到新社会形态的各种构成部分,清楚而细致地审视了信息社会的深刻变迁,为在总体上把握新社会形态做了不可或缺的充分准备。

然而,并不是所有当代社会学家都直面了信息社会呈现的新问题,仍然有大量社会学研究在承续现代社会学的研究主题和研究方式。诸如人口流动、社会分层、城乡社区、贫困群体、福利保障等传统社会学话题,一般很少涉及社会生活信息化方面的内容。这些用传统社会学研究方式、延续传统概念框架开展的研究,虽然没有聚焦信息社会的前沿问题,但不能就此认为他们已经落后于时代。因为他们所提出或研究的问题在现实生活中并没有消除,而且诸如贫困和社会保障等问题仍然很严重,因此他们的研究不仅有存在的根据,而且也是现实社会的需要。

这里存在一个如何看待后现代社会学与同时代的现代社会学之间的关系问题。现代社会学和后现代社会学都已意识到了这个问题:坚持现代社会学立场的学者或派别认为,自己是社会学的正统,而那些改变了现代社会学思维方式和价值追求的各种后现代社会学,已经离开了社会学传统,成为返回哲学怀抱的社会理论;而超越了现代社会学的后现代社会学,似乎也赞成这种划分,认为自己是同以实证社会学为代表的现代社会学分道扬镳了的社会理论。对于这个问题的回答,吉登斯的观点最有代表性,他认为,现代社会学是以民族国家的现代社会为研究对象的学科,而他本人和一些社会学家在全球化时代面对信息社会及其不确定性而阐述的思想理论,则是与现代社会学不同的当代社会理论①。

从很多西方社会学家的思想观点可以看出,现代社会学与后现代社会学的关系不仅仅是先后的时间顺序关系,更重要的是在现实基础、基本立场、思维方式、概念框架和价值取向等方面都有明确区别的两种学术传统的关系。虽然现代社会学与后现代社会学的对立具有学科分化的性质,但现代社会学与超越了它的后现代社会学一样,都有其存在的基础,其原因在于:尽管信息社会已经成为不可否认的新社会形态,但是工业社会甚至农业社会并没有因为信息社会的生成而结束。不仅像18—19世纪工业社会在西方各国先后诞生而农业社会仍然持续地存在一样,信息社会在当代世界各国诞生也不意味着工业社会甚至农业社会即将结束,而且更重要的是,工业社会和农业社会都是以物质生产活动为主要任务的社会,而信息社会则是以信息传播为主要任务的社会,二者不是相互取代的关系,而是互为基础且相互支持的关系。因此,信息社会的发展不仅不能替代工业社会甚至农业社会,反而会促进工业社会和农业社会的发展。

如果承认信息社会与工业社会甚至农业社会并存,又面临一个如何理解多种社会形态并存的问题。对社会形态的划分通常有两种方法:一种是历史唯物主义以生产关系的性质为标准划分社会形态,即经济社会形态;一种是以托夫勒为代表的以生产力和技术发展水平以及与之相适应的产业结构为标准划分,即技术社会形态②。依据占统治地位的生产关系的变迁,马克思划分了原始社会、奴隶社会、封建社会、资本主义社会和社会主义社会。由于某个时代在一个民族占统治地位的生产关系只能是一个,所以根据占统治地位生产关系性质做出的这五种社会形态的划分是界限清

---

① 吉登斯:《社会的构成》,李康、李猛译,三联书店1998年版,第35页。
② 阿尔温·托夫勒:《第三次浪潮》,朱志焱等译,三联书店1984年版,第44页。

楚的替代关系。但根据产业结构划分出的技术社会形态却不是一种替代关系,虽然可以依据何种产业占主体地位而称这个社会是工业社会还是信息社会,但却不能说不占主体地位的其他社会被替代了,更不能说整个社会都变成了工业社会或信息社会。

正像图海纳所论述的那样,当代社会是断裂性发展,一部分进入信息化过程的社会生活以网络化或全球化的形式展开或发展,而与此同时还有一部分被甩在信息化进程之外或拒绝进入信息化社会,由此形成了网络化与非网络化、全球化与地方化、缺场空间与在场空间的对立①。也正是在这个意义上,当后现代社会学把目光移向信息社会或与信息社会交叉、互动和冲突的领域时,现代社会学也可以把自己的目光聚集在尚未进入信息化、网络化的传统工业社会甚至农业社会的领域。这或许就是当代社会学中后现代社会学和现代社会学得以并存的现实基础。

(本文作者:刘少杰　安徽大学讲席教授、中国人民大学社会学理论与方法研究中心教授　本文发表于 2013 年第 5 期)

---

① 　刘少杰:《网络化时代的社会空间分化与冲突》,《社会学评论》2013 年第 1 期。

漫长的革命:西学的中国化与
中国学术原创的未来

朱国华

摘　要　西学的中国化是实现真正意义上中国学术原创的基本条件之一。西学的疲软不振,可以从拒阻西学的三个维度获得某种解释。这三个维度分别为中国民族文化无意识、当代西方人文学科的政治转向以及前辈大师接受西学的历史经验。中国强调实践致用的传统认识型仍然在阻隔着我们对西学如其所是的认识;当代西方人文学科的政治转向倾向于让国人以政治知识化的想象去化约西人知识政治化的视角;而前辈大师绕过西学核心即认识论而取道传统学术的做法,则充分说明我们曾经获得过的西学成就极其有限。回顾佛教中国化的历史记忆,我们必须意识到,这是一场漫长的学术革命,不可急于求成,另一方面,全球化时代的到来与网络技术的发明为我们带来了美好的愿景。

从开始认真从事西方当代美学或文论研究以来,我常常会遭遇到诸多师友这样的诘问:你花费如此多的时间和精力,投入到异域的理论学习之中,意欲何为? 这样或隐或显的质疑甚或挑战其实还常以各类话语形式呈现出来,例如诸如此类的疑问:从晚清到今天,我们学习西方也为时不短了,我们一直这样学下去,何时是个尽头? 成天唯西方马首是瞻,我们还能指望中国学术原创的未来吗? 中国人难道失去了文化自信力了吗? 与其拾人牙慧,不如另起炉灶! 中国的问题,西方理论能解决吗? 隔靴搔痒罢了! 我们研究西方的理论,显然达不到西方人的研究水平,等我们好不容易弄懂一点康德黑格尔,他们早在大谈现象学或结构主义了,等我们稍微搞明白一点这些新学,他们的思想又早进入后现代了,这是一场令人绝望的龟兔赛跑，我们似乎永远追不上。既然如此，还不如研究我们本土的理论。事实上，我曾经在一些场合对此做出了回应①，但对具有普遍性和根本性的学术疑虑，采取相对随意草率的回应，不足以解决问题，也并非对学术共同体展现尊重的一种方式。可是，要较为系统地讨论如此宏大的问题，我们又该从何说起呢？

陈寅恪对中国学术未来的宏观预判有过这样一段名言："窃疑中国自今日以后，即使能忠实输入北美或东欧之思想，其结局当亦等于玄奘唯识之学，在吾国思想史上，既不能居最高之地位，且亦终归于歇绝者。其真能于思想上自成系统，有所创获者，必须一方面吸收输入外来之学说，一方面不忘本来民族之地位。此二种相反而适相成之态度，乃道教之真精神，新儒家之旧途径，而二千年吾民族与他民族思想接触史之所昭示者也"②。尽管我并不完全认同这样的远见卓识，但其中一项基本预设我是非常赞同的，即西学的中国化乃是中国学术原创未来的基本前提。但显然，如果西学达不到相当程度的忠实输入，则无法构成对本土文化有效的智性资源，也就是说对它的中国化无从谈起。自晚清海通以来，如果以魏源《海国图志》倡导"师夷长技以制夷"为起点，我们引入西学迄今已经有一百七十多年的历史，然而，我们对西学——在本文中尤其指人文学科——的学习和研究实际上并没有取得骄人的成绩，之所以如此，在我看来是因为在此过程中遇到了多重因素的拒阻。因而对这些拒阻因素加以客观化理解是必要的，从中国民族文化无意识、当代西方人文学科的政治转向以及前辈大师接受西学的历史经验这三个维度对这些拒阻因素进行批判性分析，构成了本文的基本叙事任务。最后，我将结合网络技术与全球化时代的契机，对未来中国学术原创的可能性进行谨慎而乐观的展望，并吁求知识界继续奉行鲁迅所提倡的"拿来主义"。

---

① 参见朱国华《权力的文化逻辑》，上海三联书店 2004 年版，第 201～203 页；《彼山之玉与此山之石——批判美学之中国效应的研究论纲》，《中文自学指导》2004 年第 4 期。
② 陈寅恪：《冯友兰中国哲学史下册审查报告》，载陈寅恪《金明馆丛稿二编》，三联书店 2001 年版，第 284～285 页。

一、东洋的反抗与民族文化无意识

中国对西方人文学科的欲迎还拒、爱恨交加的矛盾心态,为时已久。在某种意义上,一个多世纪前张之洞定下的"中学为体,西学为用"的应对战略,对许多中国知识分子而言依然具有文化实践的有效性。新文化运动中我们所热切欢迎的德先生(民主)和赛先生(科学),后者已经大获全胜:我们不仅不再将科学技术目之为役心损德的奇技淫巧或异端邪术,而且我们甚至不再意识到它原本是西学的一部分,我们已经将它自然化为我们自己的文化、教育的有机组成部分,以至于把科学发展观定为国策。然而,西方人文学科却始终没有获得同等待遇。这一指涉人类社会的知识系统,与价值、传统、经验、历史和社会形态等相关,作为某种借以奠基民族认同的核心精神内容,在对它的取舍上我们始终逡巡迟疑,心存疑虑。毛泽东在其"七二一指示"中明白无误地告诫人们:"大学还是要办的,我这里主要说的是理工科大学还要办"。这当然反映了在特殊时期具有代表性的某种未加掩饰的极端看法。改革开放以来,情况虽然大有好转,但对西学的抵触情绪并未销声匿迹。这既表现在"全盘西化"的口号在主流话语中始终沦为一种激进、边缘甚至简单浅薄的呐喊,表现在学界对于"食洋不化""西学教条主义""民族虚无主义"的排击上,也表现为诸如"马克思主义普遍真理与中国具体实践相结合"之类的思维定势。

我们不妨把这样的情势视为一种与西方刻意保持距离的民族无意识。日本学者竹内好将这样的集体文化无意识具体化为"东洋的反抗",这是他通过熟读鲁迅而敏锐地体悟出的。竹内好如是说:"奴才拒绝自己成为奴才,同时拒绝解放的幻想,自觉到自己身为奴才的事实却无法改变它,这是从'人生最痛苦的'梦中醒来之后的状态。即无路可走而必须前行,或者说正因为无路可走才必须前行这样一种状态。他拒绝自己成为自己,同时也拒绝成为自己以外的任何东西。这就是鲁迅所具有的、而且使鲁迅得以成立的、'绝望'的意味。绝望,在行进于无路之路的抵抗中显现,抵抗,作为绝望的行动化而显现。把它作为状态来看就是绝望,作为运动来看就是抵抗。"①竹内好认为,这样的态度与日本文化的性质是迥然有异的。日本人在近代化过程中,对欧洲产生了劣等意识,其反应是竭力追赶。这反而体现了其内在的奴才意识:"它认定自己只有变成欧洲、更漂亮地变成欧洲才是摆脱劣等意识的出路。就是说,试图通过变成奴才的主人而脱离奴才状态。所有解放的幻想都是在这个运动的方向上产生的。于是,使得今天的解放运动本身浸透了奴性,以至于这个运动无法完全摆脱奴才性格"②。

竹内好将主张不读中国古书、实行拿来主义的文化激进主义者鲁迅视为"东洋的反抗"的杰出代表,乍看起来颇为吊诡,但其实,鲁迅逝世后被披上"民族魂"的旗帜,则说明了他的双重拒绝立场赢得了国人的广泛理解和尊重。学习西方,并不是要让我们自己变成黄皮肤的西方人,而是建构自身民族文化的一种途径。假如能够接受有价值的西方文化成就,我们不仅不会丧失文化创造的民族自信力,反而还会由于汲取了良好的精神营养得以更为茁壮地成长。关于这一点,并不是我想要讨论的重点。我想要指出的是,无论是鲁迅的绝望的反抗,还是国人对西学的踌躇难决,虽然采取的具体策略不尽相同,但其背后的精神实质是我们都拒绝成为欧美人。在我看来,竹内好所发现的所谓"东洋的反抗",其根本性质是政治学的,而不是知识论的。从另一方面看,与鲁迅相反,我们大多数国人对西学的抵触情绪,源于丧失民族赖以实现自我确认的文化身份认同危机。这样的政治焦虑在"夷夏之大防"的观念中最为凸显。明清之际的顾炎武曾经写道:"有亡国,有亡天下。亡国与亡天下奚辨?曰:易姓改号谓之亡国。仁义充塞,而至于率兽食人,人将相食,谓之亡天下。"③改朝换代的亡国仅仅事关一家一姓的衰荣,与此迥然有异,文化的沦亡则是全局性的、不可逆的溃败和劫难。以往夷狄进入华夏,他们想要得到的是国家政权,而在文化上却被华夏所同化,神州大地并不会改变颜色;如今,比历代夷狄都更强大的西人对获取政

---

① 竹内好:《近代的超克》,孙歌编,三联书店 2005 年版,第 206 页。
② 竹内好:《近代的超克》,第 207～208 页。
③ 顾炎武:《日知录》,黄汝成集释,秦克诚点校,岳麓书社 1994 年版,第 471 页。

权没有太大兴趣,其威胁恰恰来自他们的强大文化。此李鸿章之所谓"数千年未有之变局"。我们的困境是:假如我们奋力学习西学,尤其是与价值观难脱干系的人文学科,那么我们就有可能变成另一种我们陌生的、丧失我们民族特性的、列祖列宗必不乐见的新人类;假如我们因循守旧,拒绝西化,那么我们又可能无法摆脱降为劣等民族的悲惨命运。这样的两难困境,也就是民族国家的政治焦虑,显然是"东洋的反抗"的内在条件。

二、作为求真意志的"知"与作为述行性的"知"

问题的复杂性还在于,西学之被质疑,也与我们民族的认识型(épistémè)的性质相关。与西方民族强调求真意志不同,那奠基了我们民族感知、经验、信念的笃识(doxa)即深层心智秩序①,乃是实践智慧、伦理态度这样的基本向度②。西方的知识系统致力于寻求事物表象背后的本质存在,中国思想者关心的则是构建社会内部的和谐关系。在韦伯看来,对于中国人来说,知识仅仅意味着"通过经典的研读所获得有关传统和古典规范的知识",获得这些知识本身不是目的,其意义只是由此才能够获得对合理行为的指引③。中国思想史上曾经出现过诸多学术论争,但这些论争很少离事而言理,很少脱离开效用关系,以某种客观的视角进行抽象分析。无论是尊德性还是道问学,是重视义理还是强调考据,都无一例外。因为道问学不过是尊德性的功夫,而重考据无非是为了理解经义。我们对知识的判分,也是把德性之知的价值放在高于见闻之知之上,认为不假闻见的德性之知是具有普遍性的,老子之所谓"不出户,知天下;不窥牖,见天道",其实与其说是一种知识,倒不如说是一种内心澄明的境界。至于诉诸眼、耳、鼻、舌、身、意的闻见之知则是局部的、外部的,拥有很多闻见之

①　对笃识一词的解释,参见皮埃尔·布迪厄《海德格尔的政治存在论》,朱国华译,学林出版社2009年版,第61页注2。
②　关于对中西方认识型的讨论,参见拙著《乌合的思想》,上海文艺出版社2012年版,第144~149页。
③　马克斯·韦伯:《儒教与道教》,洪天富译,江苏人民出版社1993年版,第195页。

知的人充其量不过是博物多能、见多识广的那类人而已。

事实上,"知"这个中文词与西方类似的词"知识"(knowledge)并不具有完全对等的含义。郝大维、安乐哲在其合著的《通过孔子而思》中,通过对董仲舒《春秋繁露》一段话的分析而指出:"首先,通常译为'to know'的'知',与通常译为'wise'或'wisdom'的'智',是可以通用的。该传统中没有事实/价值或者理论/实践这样将知识与智慧分离的模式。其次(要强调的一点),'知'有预知或推测由预知者本人参与的一系列连续发生的状况结果的倾向。古代文献中'知'的一个普遍定义就是基于已知情况预测未来的能力"①。他们认为,致知实际上意味着去实现,"知"的范畴具有述行性的含义,它是阐明和限定这个世界的过程,而非静止、被动地认识一个既定的实在,进而言之,致知实际上意味着去影响存在的一个过程。

从这样的观点来看,西学东渐显然也意味着西学被中国特有的认识型所过滤、甚至重新形塑的一个过程。对此过程加以详尽描述分析,并非本文为自己所设定的任务,但我们至少可以注意这样的现象:即在现实生活中,具有显著有效性的科学技术很快就征服了国人,但是在人文学科中,具有纯粹知识论倾向的那些理论系统并未受到足够重视,而强调社会实践的马克思主义,则一跃成为我们的官方哲学。实际上,今天的马克思主义哲学之于当代中国,在一定程度上发挥着当初儒学之于古代社会的那种功能:它从根本上来说,并未将知识的确定性放在首位,并不在乎那些需要繁琐论证的冬烘学究问题。它关注的是行动,是人的培育生成;只不过以前强调的是内圣外王之道,而今天则是要求树立共产主义理想。尽管自新文化运动以来,我们的主流倾向似乎是奉行"拿来主义",是虚心地做西哲的学生,但西学赖以发生、发展的引擎即爱智或求真意志或"为知识而知识"的冲动,我们并未打算照单全收。我们依然感兴趣的是与中国的社会实践发生互动的、能够经世致用的、最好挪用后能马上立竿见影的那一种理论。对事实性的独特发现并不能引燃我们的激情,理论自身并无独立存在的价

---

① 郝大维、安乐哲:《通过孔子而思》,何金俐译,北京大学出版社 2005 年版,第 55 页。

值,除非它可以作为工具之用。庄禅传统固然赞美"无用之用",但与功用无关的认识上的好奇心并不在其列。西学种种分析的、演绎的复杂思想系统,在中土并无丰厚肥沃的接受土壤。

实际上,此种情形在历史上并非首次出现。根据释印顺的看法,印度佛教传入中国本有两种倾向:其一为重知识、理论、逻辑、条理的客观倾向,北朝盛行的毗昙、摄大乘论、十地论、唯识论即为显例;其二为重经验、重行果、重视佛教的适应性与实效性、重视感发力量和艺术效果的主观倾向,禅宗为其代表。但中国佛学的发展结果,是知识论倾向的佛学宗派中道衰落。以名僧玄奘为例,宋明以来,他所阐扬的唯识思想已经没落到无人知晓的地步,世人只能通过《西游记》才对他有所认识。印顺指出:"中国佛教的衰落,不仅是空疏简陋,懒于思维,而且是高谈玄理,漠视事实(宋代以来,中国佛教界,就没有像样的高僧传,直到现在);轻视知识,厌恶论理(因明在中国,早已被人遗忘),陷于笼统混沌的境界。"①中国佛学界不愿认认真真地进行分析、考辨、批判和研究,其实与中国人重实践、轻理论的集体无意识或笃识相关。这种认识型在以前阻止了中国佛学知识论方向的发展,在今天,它并没有受到太大的冲击,依然阻止着我们对西学的如其所是的接受。

三、知识政治化与政治知识化

马克思的如下论述是大家熟知的:"哲学家们只是用不同的方式解释世界,问题在于改变世界"②。这段论述在西方哲学史上之所以具有重要的甚至革命的意义,是因为它强调了从实践的、效用的尤其是政治的维度来审视哲学。但在中国,这段话不过是常识的形式化,因为中国传统的学术归根到底历来都是从这一角度进行思考的。

但我们这里需要特别指出的是,20世纪下半叶以来,西方人文学科发

---

① 释印顺:《印顺全集》第八卷《无诤之辩》,中华书局2009年版,第152页。
② 《马克思恩格斯选集》第1卷,人民出版社1995年版,第57页。

生了一次方兴未艾、影响深远的政治转向。米勒认为："事实上,自 1979 年以来,文学研究的重心有了一个重大转移,由文学'内在的'修辞学研究转向了'外在的'关系研究,并且开始研究文学在心理学、历史或社会学语境中的位置。"①但实际上,按照伊格尔顿的看法,早在 1965 到 1980 年间,欧洲已经产生了诸多意义深远的文化理论,它们与政治运动紧密相连:"新的文化观念,在民权运动、学生运动、民族解放阵线、反战、反核运动、妇女运动的兴起以及文化解放的鼎盛时期就深深地扎下了根。这正是一个消费社会蓬勃发展,传媒、大众文化、亚文化、青年崇拜作为社会力量出现,必须认真对待的时代,而且还是一个社会各等级制度、传统的道德观念正受到嘲讽攻击的时代"②。当然,这些充满着政治批判性的文化理论横渡大西洋,传到新大陆并生根发芽有一个时间上的滞后。从"批评的年代"转向"理论的年代",从新批评到结构主义、解构主义理论,由拉康、德里达、福柯等法国理论家的美国追随者们所引发的各种指向解放的社会思潮汹涌而来,一浪高过一浪:女性主义、后殖民主义、新历史主义、文化研究,等等。激进的人文学科的学者们不再像他们的先辈一样,将自己的任务局限于寻求文学内部的结构规则,相反,他们认为新批评作为培养阅读能力的理论工具,不过是对源于"死去的欧洲白种男人"(dead white european males)的所谓经典的霸权地位的不断再确认和再生产,也同时隐藏着对统治阶级统治地位的合法化和自然化,因为一般说来,统治阶级比被统治阶级有更多的机会拥有对这些经典的解码能力。新一代的人文学者们不再画地为牢,不再甘心在文学的狭小疆域内作茧自缚。在对象上,他们不再将自己的兴趣集中在文学话语的形式上,而是指向所有的文本即所谓社会文本,从而将文学的特权予以废除或祛魅;在方法上,他们将人文学科与社会科学归并为所谓人的科学,这样,一种不再有状语的单独被称为"理论"(意即非政治理论、法学理论、文学理论、美学理论、史学理论、人类学理

---

① 希利斯·米勒:《重申结构主义》,郭英剑等译,中国社会科学出版社 1996 年版,第 216 页。

② 特里·伊格尔顿:《理论之后》,商正译,商务印书馆 2009 年版,第 25 页。

论)的学科,横跨诸多学科,统辖了一切。克里格如是说:"我得说,难以置信的是,由于在今天的文学与人文学科之中,理论——它区别于历史,如果不是对立于历史的话——不仅仅变成了一个体制,而且还变成了一个潜在的支配性体制,因而,它将不可避免地重新塑形所有学科,尤其是塑形我们认为是人文学科自身的那些东西的性质,只不过付出的代价或其特殊目的本来就是(如同我们知道的那样):将文学本身扫地出门。"①他们不再关心文学价值,而是关心文学或文化生产或赋值的社会过程。他们现在的事业叫作文化政治,但文化其表政治其里,他们其实关心的乃是政治。显然,只有具有相对可通约性的政治才能够实现跨学科的整合,才能够将所有人文社会科学置于同一个价值平面上予以审视。本雅明在描述艺术的社会功能时曾经写道:"艺术的根基不再是礼仪,而是另一种实践:政治。"②同样,广义的批判理论的获胜似乎表明,对西方智识共同体的主流而言,人文学科的根基也不再是认识,而是政治。

　　西方人文学科的政治转向与中国固有的政治文化传统当然有重叠之处,——附带说一句,如此倾向也有助于中国学术走向世界舞台——然而我想要指出的是,两者的政治关怀就其理论的结构形态而言,依然存在着依稀可辨的分野:从某种意义上来说,中国是政治的知识化,从先秦诸子到宋明理学甚至到今天,无不如此。知识不过是为某种政治理念进行正当化辩护的工具,它并无特别值得重视的独立价值,因此可能只有在中国,才会有所谓思想与学术的二元区分,才会有所谓"思想家淡出,学问家凸显"之类的说法,因为前者更强调价值,后者更强调事实,而这两者的区隔极为明显。西方的所谓文化政治,则为知识的政治化:其区分于传统学术研究不过在于,知识之为事实的描述依旧具有首要的重要性,只不过理论家们现在殚精竭虑地盘算的是,这些事实如何碰巧论证了他们所倾向于揭示的价值关联性,换言之,也就是这些经验事实在何种意义上为他们的社会批判奠定了学理基础。

---

① M. Krieger, *The Institution of Theory*, Baltimore and London: The Hohns Hopkins University Press, 1994, p. 3.

② 瓦尔特·本雅明:《经验与贫乏》,王炳钧等译,百花文艺出版社1999年版,第268页。

指出这一区隔，其意义在于防范我们学人容易产生的一种误识，即容易以自己的政治知识化的想象去化约西人知识政治化的视角，从而取消了知识本身的独立品格，丧失了对客观性与确定性的追求热忱，废除了逻辑论证的必要环节，最后仅仅将事实的罗列与价值立场简单地撮合在一起，使得知识重新沦为工具，回到传统旧学的窠臼之中。

四、回归传统：民国大师们绕道后的必然选择

青年陈寅恪曾经预言，中国人注重实用的态度或可靠实业或经商得以致富，但是纯粹的学术研究或文学艺术，则与西人相比不会有太大胜算："中国之哲学、美术，远不如希腊，不特科学为逊泰西也。但中国古人，素擅长政治及实践伦理学，与罗马人最相似。其言道德，惟重实用，不究虚理，其长处短处均在此。长处，即修齐治平之旨。短处，即实事之利害得失，观察过明，而乏精深远大之思。故昔则士子群习八股，以得功名富贵；而学德之士，终属极少数。今则凡留学生，皆学工程、实业，其希慕富贵、不肯用力学问之意则一。而不知实业以科学为根本。不揣其本，而治其末，充其极，只成下等之工匠。境遇学理，略有变迁，则其技不复能用，所谓最实用者，乃适成为最不实用。至若天理人事之学，精深博奥者，亘万古，横九垓，而不变。凡时凡地，均可用之。而救国经世，尤必以精神之学问（谓形而上之学）为根基。而吾国留学生不知研究，且鄙弃之，不自伤其愚陋，皆由偏重实用积习未改之故。此后若中国之实业发达，生计优裕，财源浚辟，则中国人经商营业之长技，可得其用；而中国人，当可为世界之富商。然若冀中国人以学问、美术等之造诣胜人，则决难必也"①。今天（至本文发表时——编者注）距离陈寅恪预言时的 1919 年也接近一个世纪了，中国虽然并未成为世界首富，但是 2013 年胡润研究院世界富豪榜上，10 亿美

---

① 此为吴宓所记载陈寅恪的言论。参见《吴宓日记》第二册（1917—1925），三联书店 1998 年版，第 103 页。

元以上的中国人已经跃居亚军席位了。不幸的是，我们的人文社会科学领域并未获得类似的光荣。看起来一切皆如陈寅恪所预料。当代中国固然有许多优秀的学者，但并没有公认的学术大师，而文怀沙之徒被某些人尤其是媒体界人士称为大师，不过是学界的一个笑柄。谈起学术研究，我们今天每每言必称民国，推尊王国维、朱光潜、陈寅恪等大师，但其实，民国的学术成就果然达到了世界一流水平了吗？

对民国的怀旧情绪，很可能更多地是出于对那个时代学术环境的浪漫化想象，或者更直白地说，是出于对当下恶劣学术状况的强烈不满。民国学术获得的总体成就究竟如何呢？不妨继续征引陈寅恪对他自己那个时代学术状况的评价："吾国大学之职责，在求本国学术之独立，此今日之公论也。若将此意以观全国学术现状，则……西洋文学哲学艺术历史等，苟输入传达，不失其真，即为难能可贵，遑问其有所创获。社会科学则本国政治社会财政经济之情况，非乞灵于外人之所谓调查统计，几无以为研求讨论之资。教育学则与政治相通，子夏曰：'仕而优则学，学而优则仕'，今日中国多数教育学者庶几近之。至于本国史学文学思想艺术史等，疑若可以几于独立者，察其实际，亦复不然。近年中国古代及近代史料发现虽多，而具有统系与不涉傅会之整理，犹待今后之努力"①。可以说，在他看来，中国的学术水平乏善可陈，远未摆脱蹒跚学步的幼稚状态。不用说学术独立无从谈起，即使是原汁原味地输入西方的文化产品，也已经并非易事了。

实际情况也正是如此。我们所推尊的民国大师们，与欧美的人文学科的文化伟人相比，总体上来说，其学术影响范围还局限于国内，并没有哪怕一位高踞于国际学术界的金字塔之巅，获得广泛的深度认可。而且，尽管这些大师们几乎无一不强调指出，吸收外来学术与保守本土文化两者同为创造未来民族文化之根本，但令人遗憾的是，虽然他们的中学底子相当出色，但在吸收外来文化方面，总体上来看，很难说完成得非常出色。以王国维、朱光潜为例，他们分别对叔本华、克罗齐的接受，都对构成其理论核心

① 陈寅恪：《吾国学术之现状及清华之职责》，载陈寅恪《金明馆丛稿二编》，第361页。

的认识论、本体论的论述未能给予足够重视,他们的理论演练实际上绕过了与我们文化深层结构迥然有异的那些知识构型,并在寻找相似性法则的引导之下,以本土经验摄取了能够与传统架构相融通的西学要素。从根本意义上来说,他们对西学并没有真正遵循澄怀观道、虚己以听的原则,或者说阿多诺所倡导的"客体性优先"的基本立场,相反,他们无论是否在意识层面有所觉察,客观上他们在更大程度上依然采取了"六经注我"的接受态度,起作用的仍然是传统文化本位的文化主体性取向。这就可以理解他们为什么后来在一定程度上重新转向了传统。朱光潜基本上将自己的研究范围限制在美学领域,而他最看重的著作《诗论》,实际上乃是用西方美学来重新理解中国古典诗歌,虽然其中不乏真知灼见,在方法论上也不是简单地对西方美学进行格义连类,但毋庸置疑,就整体格局气象而言,他依然偏安于中国诗学之一隅,不能做到如陈寅恪所言,参预当代世界学术之潮流。王国维甚至走得更远,他早年极口称道西学,指摘中国古书"大率繁散而无纪,残缺而不完,虽有真理,不易寻绎,以视西洋哲学之系统灿然,步伐严整者,其形式上之孰优孰劣,固自不可掩也"①。然而晚年王国维不再萦心于西学,甚至在向宣统帝上的奏章《论政学疏》里,对西学进行了极为严厉然而明显浅薄的指控:"原西说之所以风靡一世者,以其国家之富强也。然自欧战以后,欧洲诸强国情见势绌,道德堕落,本业衰微,货币低降,物价腾涌,工资之争斗日烈,危险之思想日多……臣尝求其故,盖有二焉。西人以权利为天赋,以富强为国是,以竞争为当然,以进取为能事,是故挟其奇技淫巧,以肆其豪强兼并,更无知止知足之心,浸成不夺不餍之势。于是国与国相争,上与下相争,贫与富相争,凡昔之所以致富强者,今适为其自毙之具。此皆由贪之一字误之也。此西说之害,根于心术者一也。"②

---

① 王国维:《哲学辨惑》,载《王国维论学集》,傅杰编校,中国社会科学出版社1997年版,第218页。
② 王国维:《论政学疏》,载《王国维论学集》,第416~417页。按:关于对王国维之接受叔本华、朱光潜之接受克罗齐的研究,参见王攸欣《选择、接受与疏离——王国维接受叔本华、朱光潜接受克罗齐美学比较研究》,三联书店1999年版。

时至今日,中国的学术研究虽然较之一个世纪之前,已经有不少值得肯定的进步,但是总体状况并不令人满意。保守本土文化成绩很差不说①,西学方面尽管在若干有限领域(例如现象学或维特根斯坦研究)获得切实的进展,但就全局而言情况并未好到哪里去。西方任何一位大师的作品可能都得到了译介,但是权威研究者却屈指可数,在国际相关领域里也很少看到中国人的身影。实际上,不少西学研究者竟然很少征引或参考西文文献,不得不依赖中文译著,可惜我们对西方经典著作的翻译,其不信不达(更不必说雅了),其水平普遍之低,令人难以置信。而且,西学与中学之间横亘着一道看不见的壁垒,彼此之间难以对话、沟通。许多西学研究者划地自限,将自己的研究对象视为一个孤立的、漂浮的、不接地气、自娱自乐的学科,并不积极推进它的本土化过程,也就是意识不到运用其方法来解决中国语境的问题,并以此寻求研究的突破;另一方面,本土文化的研究者们往往满足于就事论事,缺乏真正的问题意识和理论视角,侧重于材料的堆砌,以考据发现为能事,无心于通过绵密的论证在事实数据与意义阐释之间建立联系,每每将本是学术研究中最低层次的材料准备工作——例如版本、系年之类考证——视为学术研究的目的。今天,中国学术界获得盛誉的往往是某种规模宏大的通史的撰写,全集的整理修订,或对某种新材料的独特发现以及对旧材料的颠覆性重新考证。在许多传统学科,例如中国古典文学研究领域,对一些走极端的学者而言,对海外汉学相关研究的轻慢鄙视乃是自抬学术身价的一个机会。从根本上来说,西学获得压倒性胜利只是表面现

① 罗志田写道:"在中国,部分因为强势文化采取了打压和劝诱相结合的策略(不一定是预谋的),尊西趋新及与此相关联的反传统观念在思想界长期居于(或隐居)正统地位,其流风不散,以至于今。故中国传统的崩散远甚于日、韩等国,到今天恐怕只剩那些居于'深层结构'之安身立命的基本价值观念尚部分存留,余者多已进入博物馆,要经专家鉴定并释读后始能供游人观览(也仅仅是观览而已)。同时,今日'国学'与'后学'的异曲同调,特别是其既不'国'也不'后'的层面,更揭示了'专家'不专的隐忧。这就产生了一种颇不乐观的可能性:当中国真正能够以西方的方式做西人曾经做到的事甚而做得更好(几十年来不断重复的'某事西方人用了多长时间做成、而中国人却只用了多短时间就做成'的流行'话语',最能揭示赶超西人并驾而上之这种心态的持续存在),因而出现亨廷顿所推论的本土传统文化复兴之需求时,包括'专家'在内的国人对传统文化实已甚感隔膜。结果,本土文化的复兴恐怕将类无源之水,虽得一时之盛雨而成横潦,却难以长流。"(罗志田、葛小佳:《东风与西风》,三联书店1998年版,第8~9页)

象,中国的学术研究的根柢还是在乾嘉学派的余风流韵笼罩之下。

五、漫长的革命

真正的学术原创有赖于对伟大传统的批判性继承。在如今中学、西学都不振的情势下,无法从中汲取充足学术养分的学人谋求学术原创,其结果要么是只能获得相当有限的、也就是无法达到较大普遍性的原创性,要么就是自弹自唱、自产自销、无法获得跨文化语境普遍认同的伪原创性。众所周知,唐诗的繁荣有赖于整个大唐王朝对诗歌的集体性持久热忱和写作实践。同样的道理,中国学术是否能够向世界奉献较具独创性的人文成果,能否向人类贡献若干真正的学术大师,取决于中国知识界的整体学术水准的大幅提升。没有广阔肥沃的学术土壤,没有健康、有活力的学术生态,奢谈学术原创不过是自欺欺人,而学术大师们也不会如璀璨群星那样骤然布满中国的学术夜空。在这里,开弓没有回头箭,历史的演进不允许我们回到乾嘉旧学的老路上去。因而,西学依然是决定性的因素,它构成了确保我们的未来能够走向正确学术道路的前提条件。即便是中学,即便是传统,也需依靠走在我们前头的西学来激活它与当代语境的回应性,来灌注生命力。我们也完全不必担心,对西学的大力引进,最后会丧失华夏民族文化的主体地位。很简单,作为一个拥有辽阔疆域、亿万人民和悠久历史的国家,中国绝不可能轻易被任何一种文化帝国主义所同化,相反,中国佛教史倒是可以说明,一种异质文化之于中国的意义,不过是在它与中国的互动过程中适者生存,一方面它补充了中国本土所匮乏的某些新的文化质素,另一方面,它也为适应中国而获得了它的新身份。

改革开放三十多年来(至本文发表时——编者注),中国经济飞速发展,国人从上到下,也期待着与经济奇迹相称的文化奇迹在神州大地同时绽现。学术原创的焦虑体现在诸如构建文化软实力的口号、斥资鼓励翻译输出、学者们大呼中国文化失语、高校和科研机构关注国内学者在国际知名刊物刊发论文数以及被引用率等情状中。这当然是可以理解的,并不可以简单地斥之为民族文化虚荣心。但是，一种古老文化谋求脱胎换骨、凤凰涅槃，其成长发育并无速成的道理，它是一场漫长的革命。它依赖于知识阶层的观念渐变，依赖于教育体制的深度改革，或者毋宁更彻底地说，依赖于整个国民文化心理结构的转型，因为一国之学术文化无非是一国国民的智慧结晶。它需要时间川流让一种异质文化浸润流淌到一个古老民族的心田，并激活华夏民族已经沉睡的文化想象力和创造力。佛教从公元纪元前后传入中国，到慧能的时候，才产生了伟大的完全中国化的佛教即禅宗，可以说，中国人用六七百年才在某种意义上彻底消化了佛教文化。而西学东渐至今，方才一个半世纪有余，而且我们今天所学习的内容，其广度和深度都远远超越了单一宗教文化。我们必须对西学怀抱更耐心、更虚心的学习态度，绝对不能以学术大跃进的方式来想象对异质文化的吸收。随着互联网的广泛普及，以及全球化时代的到来，世界各国的政治、经济、文化、教育的一体化程度越来越高，彼此之间越来越相互依存。

行文至此，回到本文开头的那个问题，即在一场学术龟兔赛跑的过程中，我们该何去何从？笔者主张必须首先摆脱各种抱残守缺的心态，超越各种民族虚荣心和文化自卑（包括以自大形式表现出的自卑），批判性反思我们人文学科的不足，对于西学，我们应该继续聆听八十多年前（至本文发表时——编者注）鲁迅斩钉截铁地呼喊："运用脑髓，放出眼光，自己来拿！"在未来漫长的岁月中，龟兔也许角色易位，也许并肩奔跑，也许在比赛的进程之中，奔跑的意义已经得到实现，孰先孰后已经变得不再重要。有必要重复王国维在《论近年之学术界》中精彩的论断："宇宙人生之问题，人人之所不得解也。其有能解释此问题之一部分者，无论其出于本国，或出于外国，其偿我知识上之要求，而慰我怀疑之苦痛者，则一也。同此宇宙，同此人生，而其观宇宙人生也，则各不同。以其不同之故，而遂生彼此之见，此大不然者也。学术之所争，只有是非真伪之别耳。"

（本文作者：朱国华　华东师范大学中文系教授　本文发表于 2014 年第 3 期）

地理学想象力和空间生产的知识

——空间转向之理论和政治意味

胡大平

摘　要　在 20 世纪社会理论的"空间转向"语境中,"地理学想象"和建立在马克思主义立场之上的"空间生产的知识"或"历史地理唯物主义",既是这一转向得以形成的重要力量,又是这一转向形成的最重要成果。它们的目标是建立摆脱欧洲中心主义束缚的空间生产的知识,并由此推动替代资本主义现代性的地方实践,从而为全新的文明打开可能性空间。"中国梦"便是当代全球化背景下具有这一意义的地理学想象和地方实践。

空间转向,在社会理论的演进中,并非只是增加了一个分析维度。在更严格的意义上,空间之维刷新了社会理论的知识学基础,亦因此在不同理论层次上提出了新的理论要求,既包括元理论层次的历史叙事问题,又包括各种对当代社会历史发展动态进行分析的中层理论(如资本积累、城市化、社会运动等)以及旨在实现更好生活追求的新型政治学。随着我国工业化、城市化的飞速发展,在全球化背景下,这些也都成为中华民族复兴和繁荣大业所直接面对的现实和理论问题,需要当代中国人文社会科学研究做出恰当的回应。本文旨在阐明空间转向——地理学想象形成以及在其中历史唯物主义话语的重大变迁——的历史语境和逻辑,揭示其历史叙事以及建立在其上的政治学从现代化向地方之生产的转移。更具体地说,当代以空间为基础的社会理论,无论在目标上还是逻辑上,都从在启蒙时代确立的线型历史观中以欧洲命运为中轴的文明提升，转向地方不同可能性的探索。也正是因为这一点，在寻求对新自由主义话语主宰的全球化以及更深层的资本主义现代性之替代的思想和社会运动中，空间视角成为各种话语的中心。

一、地理学想象力：空间转向之理论意味

空间转向问题已经得到了国内外学术界的广泛重视，与之相应的则是空间视角在各学科和论域中的增生扩散，从地理学到经济学、社会学和哲学，甚至文学，都在谈论空间，都发展出各自的空间理论，以空间作为切入建构多学科或跨学科联盟的呼声也不小①。因此至少从表象上看，被称为"空间转向"的是一种宏大理论趋势。空间转向，作为一种思想事件，它的形成体现了辩证的特征：一方面，英语世界的地理学家们，如哈维等人把"时间"概念以及"干预"观念引入地理学；另一方面，以列斐伏尔、福柯等为代表的法国哲学家们，把分析的视野从时间转向空间。没有这两个方面的融合以及由此产生的极具吸引力的"地理学想象"，不可能形成今天多学科的"空间转向"。空间转向的最重要成果是重新定义了空间，从而重新定义了地理学知识和人类通过空间营造体现出来的生存实践。

本文聚焦的历史唯物主义在这一趋势的形成中起着十分特殊的作用——那些对空间转向产生过实质性贡献的多数理论，不是直接受历史唯物主义激励，就是出于对其回应。或许，也正是因为这个原因，多数激进学者仅仅限于政治学想象来审视空间转向。不过，在这种宏大趋势中，历史唯物主义显然是一个局部的论题，如果不考虑到更广泛的各种理论动态，反而在某种意义上会限制理论和政治的潜能。特别是国内相关领域的研究，较多地关注列斐伏尔、哈维和卡斯特等处在聚光灯下的理论家提出的大观念及其政治学后果，而缺乏对那些理论所推动的历史叙事逻辑变化以

---

① 在一些学者看来，空间是一种跨越学术劳动分工边界的工具。Barney Warf and Santa Arias（eds.），*The Spatial Turn*：*Interdisciplinary Perspectives*，New York：Routledge，2009，p. 2.

及更大范围内形成的各种有说服力的对当代资本主义发展进行分析的中层理论的研究。

在本文中,我们以人文地理学中的某些变化(特别是激进思潮的兴起)为例来解读空间转向的形成及其代表的社会理论在基本方法论上的变化。地理学作为处理空间问题的专门学科,当然不能说它内部会出现向空间研究的转向。不过,它对空间理解的视角变迁,以及借助于这一变迁而逐步占据当代人文社会科学研究的焦点,在直接意义上见证了空间问题在当代的特殊性以及围绕其产生的各种理论叙事之意义:从必然性和决定论走向偶然性和情境论。这正是社会理论之时间偏好转向空间偏好(即空间转向)的基本含义。这涉及人文社会科学研究中的实证主义方法论的评价问题。

20世纪50年代,与其他社会科学门类一样,地理学也经历了一个实证化的阶段。不过,这一路向隐含着一个极大的问题:拘泥于对象的事实性质,而忽视它们的历史形成。这源自实证主义方法论的基本特点。20世纪50年代初,以卢卡奇为代表,西方马克思主义便指认过这个问题。因此,在人文地理走向实证的过程中,批判理论家便从其外部提出了城市地理学批判,例如德波在《城市地理学批判导论》(1955)一书中,曾要求回应由资本主义城市化带来的社会问题,以及由汽车、可口可乐等现代事物堆积而成的景观所带来的对人类感觉的影响,从而打开了新的社会想象①。在地理学内部,真正沿着这一方向的突破,是在20世纪70年代初,这一时期地理学的突破产生了多种动态。

首先是批判地理学或激进地理学的诞生。《对立面》(*Antipode*)杂志在1969年的创办是其诞生的标志性事件。激进地理学是一个具有内部张力的批判理论运动,在其中,无政府主义是主流②。就马克思主义研究来

---

① Guy Debord, "Introduction to a Critique of Urban Geography", in Harald Bauder and Salvatore Engel-Di Mauro (eds.), *Critical Geographies: A Collection of Readings*, Kelowna: Praxis Press, 2008.

② 20世纪70年代末这一运动中的代表人物便对相关问题做过历史概述,如 James M. Blaut, "The Dissenting Tradition", *Annals of the Association of American Geographers*, 1979(1).

说,J. 布劳特是其中杰出代表,他曾在《帝国主义地理模型》(1970)一文中对西方中心主义的地理知识进行了批判①,而布劳特后来的《殖民者的世界模式》(1993)则是地理学领域对西方中心主义思维方式最深刻的批评著作之一②。

其次是马克思主义城市社会学的形成。列斐伏尔的《空间生产》、卡斯特的《城市问题》、哈维的《社会正义与城市》在 20 世纪 70 年代同时出版是其重要标志。尽管在一般研究中,城市社会学并不被简单地纳入地理学,但城市问题是当代地理学研究的焦点,这三位学者的理论也都成为当代地理学的重要资源,尤其是有关后现代地理学的核心思想,特别是哈维本人是作为地理学家转向马克思主义研究的,因此,我们亦可将之作为地理学内部的事件。

再次是 70 年代中期人文主义地理学的"复苏"。作为研究人与环境之间关系的学科,地理学具有很深的人文主义传统,这里的"复苏"便是针对主流实证化而言的。段义孚(Yi-Fu Tuan)、巴铁摩(Anne Buttimer)以及拉尔夫(Edward Relph)等人是这一动向的重要代表,他们基于人类经验所推动的地理学的深化产生了很大的影响,例如,拉尔夫的《地方与无地方性》(1973 年完成的博士论文,1976 年公开发表)、段义孚的《恋地情结》(1977)等都成为相关领域的经典。

最后,受"后结构主义"的影响,英语世界出现了非常庞杂的地理或空间理论的"爆发",奠定了 90 年代批判地理学的总貌。"后结构主义"主要是指福柯、德里达等学者代表的 20 世纪 60 年代产生的法国理论,他们在英语世界产生了复杂的影响③。就人文地理学来说,20 世纪 70 年代之后,它实质性地摆脱了德国哲学的影响,而沿着法国 20 世纪哲学的路线并由美国的政治学论题牵引着发展。(后)结构主义地理学、后现代地理学、女

① James M. Blaut, "Geographic Models of Imperialism", *Antipode*, 1970(1).
② 布劳特:《殖民主义的世界模式》,谭荣根译,社会科学文献出版社 2002 年版。
③ Francois Cusset, *French Theory: How Foucault, Derrida, Deleuze & Co. Transformed the Intellectual Life of the United States*, Minneapolis: University of Minnesota Press, 2008.

性主义地理学等不同的名目便是在此背景中获得自己地位的。在这一动态中,因为对权力与话语关系的分析,福柯始终是最显著的思想资源①。因此,我们可以清晰地看出近年来批判地理学的主要旨趣,即从空间建构入手对传统权力话语进行批判。

从 20 世纪 70 年代以来地理学的突进来看,"空间转向"很难被视为某种单一性质的理论动态。实际上,从更广泛的人文社会研究来看,人们对空间的普遍兴趣只是表达了一种理论态度:告别传统以实证主义为特点的方法论以及历史叙事上的决定论。如某些学者所言,"无论牛顿或后牛顿时代的物理学家可能会告诉我们有关自然界是什么,却无人体验到那种不是由特殊社会文化形式所中介或构造的时空决定作用"②。这正是列斐伏尔有关空间是一种社会产物这个思想的基本含义,也是今天各种空间理论的共识。对空间的广泛兴趣表征的是,理论界试图基于这个共识克服资本主义生产方式的物化,从而打开创造多样性生活的可能性。反本质主义、后主体哲学、反决定论(包括目的论和宿命论)之批判视角,以及多元、差异、公正、少数等正面主张,在有关空间理论中的流行,只是其后果或征兆。

本文不展开对这些主张的详细评论。在这些主张之间也存在着争论,由此亦引发了更大的地理思想的论争,比如 20 世纪资本主义发展塑造的环境和社会形式,在今天迫使人们对作为社会理论重要组成部分的地理学想象之意义、使命及其哲学基础做出有说服力的解释。20 世纪 90 年代以来的不少地理学著作便是围绕此中心而展开的,在其中,索亚的《后现代地理学》(1989)、格里高利的《地理学想象》(1994)、哈维的《正义、自然和差异地理学》(1996)、皮特的《现代地理学思想》(1996)、马赛(主编)的《今日人文地理学》(1999)③等处于显著的位置。有关 20 世纪后半叶人文

---

① 胡大平:《测绘现代性权力的基础:福柯空间分析视角及其对激进社会理论的贡献》,《学海》2012年第 5 期。

② Justin Rosenberg, *The Follies of Globalisation Theory*, London: Verso, 2000, p. 6.

③ Doreen Massey, John Allen and Philip Sarre(eds.), *Human Geography Today*, London: Polity Press, 1999.

地理学进展的读本也反映了这种趋势①。当然,这一趋势更重要地体现在大量有关空间、地理、城市、全球化、现代性论题的研究中,例如,泰勒的《现代性之地理历史学解释》②。

　　总的说来,"空间转向"代表着 20 世纪 70 年代以来西方知识学的宏大变迁,而非某种狭义的思潮,它涉及人文社会科学研究各个领域,不仅产生了许多中层社会理论,而且也拓展了知识学前提。这一总体动向的成果,可以用"地理学想象"(geographical imagination)来描述。imagination 可以译为"想象"或"想象力",前者指通过研究和教育传统而形成的知识,后者则侧重于由于特定背景所支撑的知识实践能力。"地理学想象"包括上述双重含义,它具有历史诗学和政治想象等多重抱负。"地理学想象"这一提法的流行应归功于哈维,他在 20 世纪 70 年代初便通过参照米尔斯的"社会学想象"③一语而发展出有关地理学想象的思想④。后来,格里高利曾经以此为题发表论著提出更宏大的知识构想,为其传播做出了重要贡献⑤。值得强调的是,用 imagination 来指称或替代"知识",本身就表明了一种知识学立场的转换,从客观知识(即近代认识论传统所确立的真理符合论)和代表全能理性的科学向主观知识和局部经验的转换。这是由结构主义推动形成的后主体哲学之知识氛围的一般特征。在这一氛围中,空间转向使"地理学想象"替代了"空间科学"。地理学想象,体现了"联接、跨界和越轨"(connections,crossings,and transgressions)等特征,即把当代创造性的和进步的政治学之中不同观念接合起来推动伦理和批判的实践⑥。把不同知识领域、不同立场,以及理论和实践联接起来,打破学科、

① Phil Hubbard, Rob Kitchin and Gill Valentine(eds.), *Key Texts in Human Geography*, London: SAGE, 2007.

② Peter J. Taylor, *Modernities: Geohistorical Interpretation*, Minneapolis: The University of Minnesota Press, 1999.

③ C. 赖特·米尔斯:《社会学的想像力》,陈强、张永强译,三联书店 2012 年版。

④ D. Harvey, *Social Just and the City*, London: Edward Arnold Ltd.,1973,p.24.

⑤ Derek Gregroy, *Geographical Imaginations*, Cambridge: Blackwell Publisher,1994.

⑥ Derek Gregory, "Reflection: A Geographical Unconscious: Spaces for Dialogue and Difference", *Annals of the Association of American Geographers*, 1995 (1).

话语的藩篱以及它们与权力的联系,从而创造全新的人类生存和发展实践。

这一知识旨趣,从左翼激进主义来看,无疑反映了马克思主义对资本主义的批判和寻求社会主义替代方案的失败,它是后 1968 年代激进左派通过知识学在政治上突围的另一种思路,对应于各种后现代马克思主义版本和后马克思主义思潮。当然,在这一知识路径中,同样包含了许多非马克思主义的知识路线,这些路线无论是来自更远的传统(如莱布尼茨的时空观),还是新近的产物(如被称为"后结构主义"的法国理论),都在资本主义替代方案失败之后成为资本主义批判的理论资源。正是因为这一点,地理学想象异常复杂。

不过,无论地理学想象在渊源和构成上多么复杂,有一点仍然是清晰的,这便是其对启蒙运动以来由资本主义生产方式所支配的人类发展模式(话语和实践)的批判。与其他知识领域一样,这一批判因为对上述进程的不同定义,采取了资本主义批判、现代性批判、发展主义批判等不同表述。又因为这些对象都是欧洲的产物,在更深层的知识学层次上,地理学想象又包含着对欧洲(或西方)中心主义,对这种话语和权力之理性崇拜和主体的自我陶醉的批判。这些批判,最初并非源自地理学传统,而是马克思主义、结构主义、各种后现代主义理论的事业,地理学想象综合它们形成新的知识和政治实践。这也说明了在地理学对发展主义的批判中为什么会存在着显著的马克思主义、结构主义、女性主义的合流①,为什么地理学想象也热衷于后现代化②。

简言之,"空间转向"以及"地理学想象",是 20 世纪 60 年代西方文化革命失败之后形成的激进知识实践的一个部分,它试图通过"空间"和"地方"视角再度打开资本主义话语和权力所封闭的历史和物化了的日常生

---

① Richard Peet and Elaine Hartwick , *Theories of Development*:*Contentions* , *Arguments* , *Alternatives* , New York:The Guilford Press, 2009,Chapter 8.

② 爱德华·W. 苏贾:《后现代地理学》,王文斌译,商务印书馆 2004 年版;Michael J. Dear:《后现代都市状况》,李小科等译,上海教育出版社 2004 年版。

活实践。由此得到的基本教训是,在资本主义主宰了人类历史实践和想象的背景下,如果不在话语上清理资本主义以及支撑它的西方中心主义话语,我们就不能开创更好的未来。因此,从历史诗学和政治学角度来说,地理学想象的最重要意义同样可以表述为打开地方性实践的地理学想象力。这正是贯穿于人类文明历史的最深刻的逻辑和难题。

二、"空间生产的知识":历史地理唯物主义之性质

在地理学想象的演进过程中,历史唯物主义是最重要的支持性资源之一。当然,它亦受益于这一过程,向"历史地理唯物主义"的升级是其主要成果之一。在狭义上,"历史地理唯物主义"是由哈维定义的马克思主义理论动态,它强调从资本积累和阶级斗争两个维度分析资本主义(即现代性)城市化过程从而揭示开放未来的可能性。在广义上,"历史地理唯物主义"代表着由列斐伏尔提出的更广泛的马克思主义社会理论动态。

向空间、城市、地方的转向,带来了许多问题。众所周知,马克思主义的抱负不在于理论本身(解释世界),而在于改造社会。城市以及更广泛的空间问题,成为实现这一旨趣的抓手是否可能? 更进一步,这种理论上的转向,提出了哪些问题,且具有何种启示? 虽然这些问题是我们对其分析后提出的,但它们却始终贯穿于上述两层含义的"历史地理唯物主义"理论的发展历程中。更精确地说,"历史地理唯物主义"的兴起及其能够在整个地理学想象发展中占据核心地位,在直接的意义上,都得益于某些马克思主义理论家的卓越工作。在 20 世纪 60 年代西方主要发达资本主义国家丧失革命——19 世纪末至第二次世界大战结束这一时期以起义和议会斗争为代表的无产阶级解放形式——机会背景下,这些理论家以城市为落点重新思考新的革命可能性。在他们的理论进路中,无论是以直接的方式还是间接的方式,都包含了对这些问题的思考。

这里我们用列斐伏尔和哈维的学术经历进行分析。因为,在某种意义上,他们见证了 20 世纪马克思主义理论在西方主要发达资本主义国家的

变迁,也见证了空间转向面临的难题。我们以城市权(right to city)和差异权(right to difference)作为线索将两位马克思主义理论家联系起来。2012年,哈维出版了《反叛的城市:从城市权到都市革命》向列斐伏尔致敬,后者于1967年撰写《城市的权利》、1970年出版《城市革命》,为马克思主义城市理论奠定了政治学之维①。列斐伏尔强调,在追求解放的过程中,斗争的领域和形式发生了重要的转移,城市成为中心问题。在他看来,新的斗争应用的不是"空间的科学"(生态学、地理政治学、发展规划等等),而是"空间生产的知识"。他做了一个类比,如果说马克思的政治经济学批判把古典政治经济学对资本主义生产方式的分析拓展到一个新的水平,那么,在今天,有必要把"空间的科学"升级为空间生产的知识②。正是因为这一原因,他完成了《空间生产》,为后来全部的地理学想象提供了基本思想:空间是一种社会产物③。也由于这一点,马克思主义在全部空间转向中处在核心的位置:它不仅定义了城市和空间在当代寻求更好生活的历史实践中的重要地位,而且直接把"空间生产的知识"作为理论研究和"科学"的目标。尽管哈维对城市权的理解在形式和内容上都与列斐伏尔有所不同,但有关这一基本思想的讨论,两者是一致的:主张城市权,就是主张对城市化过程的控制权,对我们城市形成和再造方式的控制权,以及我们以根本的和彻底的方式对城市进行再造的权力④。这个观点,既是马克思主义改造世界思想在当代社会历史进程中的具体化,亦反映了人类的一般历史诉求:成为自身的主人。

通过这一立场,我们不仅能够理解西方马克思主义空间转向的原委,而且还可理解其内含的问题。安德森称西方马克思主义从政治领域转向了文化领域,他对此持批评立场。然而,这个事实与另一个更深层的事实

① Henri Lefebvre, *Writings on Cities*, Oxford: Blackwell Publisher Ltd. , 1996, pp. 147 – 159; Henri Lefebvre, *The Urban Revolution*, Minneapolis: The University of Minnesota Press, 2003.

② Henri Lefebvre, *Writings on Cities*, Oxford: Blackwell Publisher Ltd. , 1996, pp. 195 – 196.

③ Henri Lefebvre, *The Production of Space*, Oxford: Blackwell Publisher Ltd. , 1991.

④ David Harvey, *Rebel Cities : From the Right to the City to the Urban Revolution*, London: Verso, 2012, p. 5.

联系在一起,即 20 世纪形成了与马克思时代具有明显差别的社会结构,这使得他设想的以无产阶级斗争为主要形式的解放成为问题。列斐伏尔正是西方马克思主义的重要代表之一,其早期著述便试图通过日常生活以及现代性的结构分析来寻求政治的潜能。

值得注意的是,迟至 20 世纪 60 年代中期,在脱离以工人阶级斗争为主要形式的解放实践背景下,欧洲马克思主义的知识分子以及更广泛的激进知识分子,大多采取了意识形态批判或文化批判的思路,即便像霍克海默将政治经济学批判定义为批判理论的内核、列斐伏尔以日常生活作为落点来揭示现代社会结构的矛盾,他们的批判都呈现出后来所定义的话语批判特征。这一点可以从国内关注较少的意大利学者塔夫里那里得到进一步的证明。

受西方马克思主义影响,塔夫里在 1968 年出版的《建筑学的理论和历史》一书中,创造性地在建筑学领域引入了马克思的意识形态理论。在塔夫里看来,意识形态批判的特殊任务之一就是推翻永恒性和"价值"比较历史学的有效性,以及制度的神话①。尽管这种批评主要表现为对职业、专家话语的批评,但批评本身恰恰并非如流行做法那样以一种虚假的意识反对另一种虚假的意识,从而表现为价值上的口水战,而是一种对社会历史进程的深刻理解。就此而言,意识形态批判恰恰就是政治经济学批判。

在这一点上,塔夫里远比其他领域的多数马克思主义者更接近马克思。一般研究偏爱列斐伏尔的"空间实践、空间再现和再现的空间"三元辩证法理论。在这三元结构中,空间的再现即专家的和职业的,亦即意识形态的话语。不过,对话语的批判,是否能通过语言学的分析和他者(如阶级、种族、性别、生态等)立场的主张就能够实现,这个问题始终没有得到多数后现代社会理论或义化理论的回答。与之相伴的倒是政治经济学批判的缺失。就建筑领域来讲,塔夫里强调建筑的这一特征:类型学、技术

---

① 曼弗雷多·塔夫里:《建筑学的理论和历史》,郑时龄译,中国建筑工业出版社 2010 年版,第 VIII 页。

和生产关系、与自然以及与城市的关系在建筑关联域中有可能体现符号性,蕴含意义,并且强化其范畴,在这个范畴中每一种因素都在历史的制约关系中起到各自的作用①。由此可以肯定,其讨论中已充分体现了多种要素之间的"过度决定"的辩证结构观,这是后来阿尔都塞在理论上所阐明的主题②。

在整个空间转向浪潮中,马克思主义或历史唯物主义研究的各种更新或升级,其重要的成就便在于对资本主义城市历史进程及其当代趋势的政治经济学批判。列斐伏尔在这一点上是有重要贡献的,但又恰恰被他的统一性空间元理论诉求所压抑了,这又是多数后继者和研究者所忽视的。列斐伏尔在 20 世纪 60 年代末至 70 年代初将城市发展提升为马克思主义理论的中心问题,从策略上看,同时具有退守和进攻两个维度:在丧失了改造资本主义制度机会的背景下,他试图以城市作为突破口,一方面从空间角度解释了革命条件(亦即资本主义生产方式)的变化,另一方面则试图在总体革命想象中以城市权为落点完成他的日常生活革命设想。

在出版《空间生产》的同时,1973 年列斐伏尔还出版了一本较早在英语世界产生广泛影响的论文集《资本主义的残存》(该著作 1976 年便译成英文,而前者则迟至 1991 年)。在该著中,他坚持马克思主义生产方式分析视角,强调了生产关系再生产的意义,并分析了资本主义残存的原因及革命方向。在其分析中,空间不是生产关系的一个方面,而是它的具体的表现。也就是说,资本主义生产关系的再生产正是通过空间生产实现的。基于上述原因,列斐伏尔仍然强调"总体革命"而贬低在既有资本主义空间(即生产关系)中的改良意义③。资本主义从空间中的商品转向了空间本身的生产,这一思想正是列斐伏尔对马克思主义政治经济学批判的最重要的贡献。稍后他在《空间:社会生产和使用价值》(1979)一文中具体地

---

① 曼弗雷多·塔夫里:《建筑学的理论和历史》,第 177 页。

② 阿尔都塞:《保卫马克思》,顾良等译,商务印书馆 1984 年版。

③ Henri Lefebvre, *The Survival of Capitalism*: *Reproduction of the Relation of Production*, New York: ST Martin's Press, 1976, pp. 120 – 127.

分析了这一观点①。这个观点,尽管在后来哈维的研究中得到深化,但其意义与价值并没有得到马克思主义理论的充分重视。它实际上指认,资本主义生产关系的再生产已经转移到狭义的商品生产(即劳动)过程之外。这一点正是我们时代与马克思时代不同的核心方面。在列斐伏尔之前,法兰克福学派通过"家庭和权威"以及文化产业研究已经在某种意义上触及这个问题,但其文化批判带给人们的印象是始终走不出意识形态圈子。后来阿尔都塞借助于结构主义的主体理论,从劳动力再生产入手清晰地强调了资本主义生产关系的再生产已经转移到生产过程(即劳动过程)之外②。

以《空间生产》《社会正义与城市》和《城市问题》为代表,马克思主义城市社会学理论的兴起,为摆脱意识形态批判怪圈打开了空间。除了列斐伏尔具有元理论性质的宏大建构,哈维实际上试图把意识形态问题移到城市化过程之中,而卡斯特则在生产过程之外以城市消费为落点思考阶级斗争重组的可能性③。这一进展为对资本主义生产方式之物质过程分析拓展了思路。尽管卡斯特后来告别了马克思主义,但哈维及其学生在这一方面取得了丰硕的成果④。借助于列斐伏尔的"空间生产"理论,哈维强调,空间形式并不是社会过程在其中展开的无生命对象,而是这样一种物,它以"社会过程就是空间"这种方式"包含"了社会过程。也就是说,城市生活并非一种"物自体",而是一面镜子,它反映了人、社会、自然、思想、意识形态和生产等各个方面。基于此,他套用米尔斯"社会学想象力"概念提出"地理学想象力"。在哈维看来,地理学想象也即是空间意识(spatial consciousness),这种意识使得个体能够认识空间和地点在他的一生中的作

① Henri Lefebvre, *State, Space, World : Selected Essays*, Minneapolis: The University of Minnesota Press, 2009, p.186.
② 路易·阿尔都塞:《意识形态和意识形态国家机器(札记)》,载《哲学与政治:阿尔都塞读本》,陈越译,吉林人民出版社2010年版。
③ Manuel Castells, *The Urban Question*, London: Edward Arnold Ltd., 1977.
④ 例如,史密斯在"自然的生产"和"不平衡的地理发展"等相关研究中产生了广泛影响,梅斯菲尔德对马克思主义城市思想史的叙述,斯温格多夫基于人与自然关系对当代城市的政治批评等。哈维及其学生,以及柯亨、阿尔都塞等人的实践表明,理论的事业,特别是马克思主义的思想和政治事业,具有集体的性质。

地理学想象力和空间生产的知识
——空间转向之理论和政治意味

用,关心围绕着他的空间,以及认识到个人之间和组织之间的交流被分开他们的空间所影响着。哈维强调:"唯一充分地理解城市的概念框架便是同时包含并建立在社会学和地理学想象上的那种框架。我们必须把社会行为与城市呈现为某种地理和空间形式的那种方式联系起来。我们必须认识到,一旦某种特殊的空间形式被建立,它便趋向制度化,并且在某种意义上,决定社会进程发展的未来。"[①]所以,哈维非常明确地将社会过程和空间形式要素之间的关系置于理解城市的中轴位置,并且试图从使用价值角度重构马克思的《资本论》,创造他所称的"人民地理学"。

20 世纪 80 年代以来,哈维持续地推动着对资本主义的地理学分析,在这一过程中,无论是"时空压缩""弹性积累""不平衡的地理发展""剥夺性积累"这些中层理论,还是其以"历史地理唯物主义"主张为标志的鲜明的马克思主义立场,都产生了很大的理论和政治影响。当然,在这一方向上做出杰出贡献的并不只有哈维。例如,已经成为相关领域经典的《劳动的空间分工:社会结构与生产地理学》一书,可以说是 80 年代从劳动分工出发对资本主义生产进行分析取得的重要理论成果[②]。

以哈维为代表来观察"历史地理唯物主义"的进路,能够反过来更好地促进我们对马克思主义理论特别是政治经济学批判理解的深化。我们看到,哈维及其学生们一方面聚焦于资本积累和阶级斗争动态,并通过对这一进程的理解发现实际干预现实发展的政治空间,另一方面则深入批判流行科学和价值所代表的意识形态,从而推动历史叙事和知识学的进展,并因此打开新的革命实践所需要的历史诗学。把这两者结合起来,政治经济学批判是不可回避的前提。马克思的政治经济学批判在知识学上具有极大的特殊性:它既是对资本主义生产方式物质过程的分析,又是这种生产方式所产生的拜物教批判,从而还具备意识形态批判的特点。这个特点说明了哈维四十年如一日坚持在教学过程中阅读《资本论》的基本原因。

---

① D. Harvey, *Social Just and the City*, London : Edward Arnold Ltd., 1973, p. 27.

② 多琳·马西:《劳动的空间分工:社会结构与生产地理学》,梁光严译,北京师范大学出版社 2010 年版。

从其学术生涯看,探寻隐含在物背后的人与人之间的关系,从而促进社会进步,这是哈维转向马克思主义的思想冲动,而他能够在上述两个方面都做出杰出的理论贡献,原因也在于他对政治经济学批判的深刻理解。他自己曾断言,尽管从空间角度重构马克思《资本论》的《资本的界限》是其最少受人关注的著作,但却是他全部研究的基础,也因此是他自己最喜爱的著作①。由于这一忽略仍然是一个基本事实,在此,我们以另一个例子来说明政治经济学批判对于这个主题的意义。1989 年,哈维出版了在学术界具有极大反响的《后现代的状况:对文化变迁之缘起的探究》②一书,这部著作与詹姆逊的《晚期资本主义的文化逻辑》(1984)具有相同的立场,即后现代主义是晚期资本主义的文化逻辑,但他并非仅仅从形式角度揭示后现代主义的特征,从而仅仅停留在意识形态批判上,而是从政治经济发展的过程阐明了这种文化经验的形成、性质和内在机制,因此具有更大的说服力。

对于历史地理唯物主义来说,"空间生产的知识"始终包含两个维度:以资本积累为焦点的社会历史条件分析,以及对流行话语的意识形态批判。两者是由政治经济学批判联接和维系的,这也正是它在形式上与更宏大地理学想象的不同之处。就后者来说,由于受福柯代表的结构主义理论的影响,话语批判始终是显著的趋势,多数亲马克思主义的理论家亦不例外。例如格里高利,他较早地推动了福柯理论在地理学中的应用。他曾论证地理学知识通过四种话语策略塑造了殖民想象的产物:把时间和空间绝对化,展示世界,使主题(和主体)规范化,以及使文化和自然抽象化③。在直接的意义上,这种研究从地理学角度深化了对殖民主义世界观和欧洲中心主义科学观的批判。不过,这一方向不恰当地过度发展,亦产生了明显的问题:大量的分析实际上都是如何看待问题的立场争论,而非对问题本

---

① D. Harvey, *The Limits to Capital*, Basil Blackwell, 1982.

② D. Harvey, *The Condition of Postmodernity :An Inquiry into the Origins of Cultural Change*, Oxford: Basil Blackwell,1989. 戴维·哈维:《后现代的状况:对文化变迁之缘起的探究》,阎嘉译,商务印书馆 2003 年版。这是哈维被引用最多的文献。

③ Derek Gregory, "Power, Knowledge and Geography", *Geographische Zeitschrift*, 1998(2).

身的分析。福柯的权力和话语关系理论实际上成为不同的或替代的知识诉求的前提,"空间生产的知识"被置换成凭借不同知识进行空间生产的权利诉求。由此,权力话语的批判替代了对权力的实际运行过程的分析。如果仅仅在这一层次上来理解"空间生产的知识",问题将会被扭曲。

实际上,只有通过历史地理的实际形成过程(即权力的过程),才能更深刻地理解欧洲中心主义知识的问题所在。在这一点上,与历史地理唯物主义相关的直接成果,以及更广泛的其他历史和社会理论成果,亦是处在理论进展的最前沿的,做出了巨大的贡献。一方面,对欧洲中心主义的世界观批判在 20 世纪 80 年代中期同时达到高潮,其中,与马克思主义相关的一些激进学者占据了显著的位置。例如,布劳特关于殖民主义的世界模式研究,弗兰克关于长时段世界贸易体系研究,在直接意义上,都深化了由沃勒斯坦开辟的世界体系和布罗代尔主张的长时段视角。基于这些研究,我们能更清晰地看到对以制图学、地理学为代表的西方理解和定义世界的知识传统和世界观的局限,从而亦能更深入地理解福柯关于话语与权力关系理论的特殊意义。另一方面,史密斯等人对"自然的生产"的研究,从人与自然之间的代谢过程出发论证了当代生态学的主题:人类沉醉在虚幻的对自然的胜利之中。与一般生态学不同的是,他们并不认为重新弥合社会与自然之间的关系是当代首要问题,而是通过政治经济的分析揭示了资产阶级意识形态的确立,从而在话语上为寻求资本主义的替代方案打开了空间①。也就是说,历史地理唯物主义不仅与法兰克福学派推动建立的启蒙批判具有相同的旨趣,而且还试图在对欧洲中心主义话语的历史批判中打开新的实践空间。

在上述两个以地理作为落点揭示当代世界模式之欧洲中心主义实质的历史地理唯物主义的理论动态中,不仅始终包含着为别样想象扫除意识障碍的话语批判,而且始终试图通过历史矛盾运动分析为当代斗争找到落

---

① Neil Smith, "Foreword", in Nik Heynen, Maria Kaika and Erik Swyngedouw (eds.), *In the Nature of Cities: Urban Political Ecology and the Politics of Urban Metabolism*, New York: Routledge, 2006.

点和规划道路。哈维的《正义、自然和差异地理学》无疑集中代表了这一特征①。在此，我们不能完整地叙述全部历史地理唯物主义的成果，只是以列斐伏尔和哈维为线索简要地描述了其整体性质。这一理论进展，对于马克思主义具有特殊的意义。卡兹尼尔森是美国著名的政治学家和历史学家，他在1992年撰写了《马克思主义与城市》一书，在该著的前言中，他强调马克思主义仍然是理解现代性的至关重要的工具，重要原因便是一大批马克思主义地理学家、社会学家在城市问题上的良好理论表现②。在此，我们进一步强调的是，如果这一理论动态不只是在理论上拓展了传统马克思主义的视野，而且为寻求解放斗争的认同基础和斗争提供了积极的思路，那么，由他们提出然而尚有待完成的有关当代全球资本主义以及地方发展的中层理论也正是我们工作的入口。

三、"中国梦"：从历史地理唯物主义视角理解当代中国的境遇

历史地理唯物主义，就其理论性质来说，是在当代发达资本主义情境中由马克思主义生发出来的社会批判理论，其着力点并不在中国，但这并不意味着它们与当代中国是无关的。实际上，在流行的"全球化"语境中③，较之过去，中国今天更需要列斐伏尔所称的"空间生产的知识"，或者哈维等人所称的"地理学想象力"，并借助于这种知识建构实现中华民族的复兴和繁荣并对世界文明做出更大的贡献。

"空间生产的知识"的有效性有赖于回应当代社会历史发展各种问题的具体理论。在这里，笔者强调一个宏观主题：理解作为中国本土地理想象的"中国梦"及其"全球化"背景。

---

① 戴维·哈维：《正义、自然和差异地理学》，胡大平译，上海人民出版社2010年版。

② Ira Katznelson, *Marxism and the City*, Oxford：Clarendon Press, 1992, pp. Vii – Viii.

③ 正是由于全球化，也由于我国经济社会发展的突出表现，中国已经成为历史地理唯物主义分析的一个重要案例，尽管许多学者对这个案例持谨慎的批判态度。例如，在哈维看来，中国的改革开放是20世纪70年代全球新自由主义思路的一种类型（大卫·哈维：《新自由主义简史》，王钦译，上海译文出版社2010年版）。

地理学想象力和空间生产的知识——空间转向之理论和政治意味

20 世纪 80 年代以来,伴随着经济的高速发展,我国亦面临一系列由发展带来的问题,并引发了激烈的理论争论。例如,道德是在滑坡还是在爬坡、市场是否意味着资本主义、公平还是效率优先,等等,这些问题一直困扰着国人。在今天,无论是民间还是官方,都承认这一基本事实:当中国的 GDP 位列世界前列时,不仅我们面临着各种严重的生态和社会压力,而且国人似乎在价值上也不同程度地陷入了迷失之中。例如,我国汽车的产销量已成为世界第一,钢材水泥的产销量也是如此,当下中国成为世界上最大最红火的建筑工地,几乎没有哪一个城市例外,与此同时,中国也成为世界上碳排放量最大的国家之一,不少城市遭受持续雾霾之困。目前中国超过 50% 的人口生活在城市,然而城乡之间、地区之间以及人群之间的贫富差距已成为普遍的社会问题。上述这些现象说明:当代中国的转型,已不只是 GDP 所代表的经济问题,而是涉及国人生存方式的现代性转换;同时我们的发展方式并没有超出西方现代性的范围。

近年来,许多国外学者批评中国的发展重复了新自由主义道路。当然,说中国的发展方式并没有超出西方道路,这并非是说中国在制度上重复了资本主义,而是指对工业和市场的过分倚重,从而陷入了波兰尼所称的政府/市场二元结构①,且进一步产生了与西方发达国家高度一致的发展主义意识形态。这一问题的产生具有多方面的原因,其中值得深究的是 20 世纪 80 年代末以来日益凸显的"接轨"或"国际化"话语,非反思性地将西方主要发达国家的许多做法设定成现代化的标准。在这些标准的支配下,现代化变成了缺乏历史和地理想象力的社会机械进化。在今天,全球化话语便是最大的征兆。

全球化是一个严谨的科学分析概念,还是一种历史叙事的修辞,这并不重要。重要的是作为话语,在意识形态上,它是现代化的变体。从国际领域看,随着对现代化神话和欧洲中心主义的批判,特别是 20 世纪 90 年

---

① 卡尔·波兰尼:《大转型:我们时代的政治与经济起源》,冯钢、刘阳译,浙江人民出版社 2007 年版。

代之后,"现代化"逐步退出话语领域,而全球化则成为"人人爱唱的歌"。在人类文明发展过程中,世界各地之间的相互联系不断增强从而形成全球文明,这是无须在今天用"全球化"来陈述的事实。"全球化"作为话语的流行,其核心在于消解了"现代化"之中具有明显目的论痕迹的由欧洲定义的"现代"之时间意识,代之平面化的"全球"空间意识。这是今天资本主义生产的最大秘密,即仍然在全球占据主导地位的资本主义已经从空间中的商品生产转向同质性的资本化的全球空间的生产。马克思早就指出了资本发展的趋势:(1)不断扩大流通范围;(2)在一切地点把生产变成由资本推动的生产。基于上述论断,当代大部分全球化理论都将马克思视为自己的先驱。值得注意的是,如果以马克思作为证据来证明资本生产在全球的扩散是一种合理现象,那么这恰恰歪曲了他的理论。马克思始终反对把一切地点都变成资本生产以及万物商品化的那种现代性规划。不过,正如前面已经指出的,我们所处的这个时代许多地方已超出了马克思基于自己生活的时代条件的分析,其中之一便是生产制度已经从空间中的生产转向空间本身的生产,即万物商品化的直接结果便是空间的资本化。这实际上正是当代"全球化"话语所致力于辩护的东西。

对于这一话语,并非没有人警觉。无论是"华盛顿共识",还是各种新自由主义政策,一直遭到理论界的批评和各种社会运动的抵抗。与之并行,作为更加有力的力量则是各个地区,包括主要发达资本主义国家,也都在重塑本土想象,推动地方的生产。也就是说,从全球的现实来看,全球化亦表现为一个充满矛盾的进程:无论是基于现实的压力,还是地理学想象的呼唤,全球化背景下的本土建构几乎成为不同国家和地区的追求。在上述背景中,"中国梦"并不仅仅代表近一百七十多年来在西方现代化压力下民族复兴和繁荣的历史要求,而且代表在当代全球转型中创造新文明的现实追求。在此意义上,它亦是一种面向未来可能性的地理想象,一种与流行的资本生产不一样的空间生产,一种与西方现代化不一样的文明模式的创造。

因此,从实践角度来说,"中国梦"代表着地理学想象所揭示的那种历史诗学。话语的深处是诗学,历史的深处是未来,是否能够通过梦想的诗学打开未来,取决于这种诗学所触及的历史深度以及由此获得的力量。显然,这有赖于我们对诸多社会矛盾的分析。这不仅是历史唯物主义的基本要求,也是在历史地理唯物主义生长过程中一再触及的问题。在批判欧洲中心主义的世界观和地理学知识的过程中,早在 20 世纪 70 年代,皮特便强调社会形式及其社会科学主流之间的关系在根本上是功能性,并由此出发主张把马克思主义地理学建立在社会矛盾分析上①。这也是塔夫里在建筑学领域中所主张的。在塔夫里看来,意识形态的批判带来了历史分析要求,但这一批判也面临着一个逻辑上的困境,即"历史不会提供答案"。因此,在他看来,"目前的任务并非来自历史的制约关系,历史学家不应将作为一门学科的历史的延续性奉若神明。更确切地说,对历史的剖析必须密切结合现实的论争,认识其模糊性、价值及其迷惑性,向建筑师提出大量尚未解决的问题,可以自觉选择并且不受观念所左右的问题。换句话,历史学家强调历史的矛盾性并且在这种矛盾的现实中严格地赋予历史一种创造新的形式世界的使命"②。这也正是哈维等历史地理唯物主义理论家致力于推动的。因此,全球化的矛盾构成他们近期分析的焦点。在此,值得一提的是德里克关于"全球现代性"的看法。在他看来,全球化对现代化的替代产生了复杂的意识形态和理论问题,我们并不能通过采用别的术语把问题取消。他主张用"全球现代性"来描述当代全球状况:一方面,通过承认西方现代性在全球扩散的事实充分警惕全球化话语的目的论;另一方面,则必须认识到"统一和分散、同质性与异质性、历史遗留与当今现实,这些结构性矛盾不仅仅是一种殖民遗产的残余,同时也打开了一种新的空间,使得人们能够将全球化转化为一种有利条件,有利于地方共同体为生存和正义而进行的日常斗争"③。

---

① Richard Peet, "Societal Contradiction and Marxist Geography", *Annals of the Association of American Geographers*, 1979(1).
② 曼弗雷多·塔夫里:《建筑学的理论和历史》,第 179 页。
③ 阿里夫·德里克:《全球现代性:全球资本主义时代的现代性》,胡大平等译,南京大学出版社 2012 年版,第 134~135 页。

"中国梦"在今天的表述,体现了由历史理解产生的话语深度。我们有理由予以更多的期待,把地理置入社会历史进程中①,从中国与世界历史的相互建构过程中丰富这一地理想象和地方空间生产实践。

(本文作者:胡大平 南京大学哲学系暨马克思主义学院教授 本文发表于 2014 年第 4 期)

---

① Derek Gregory, "Interventions in the Historical Geography of Modernity: Social Theory, Spatiality and the Politics of Representation", *Geografiska Annaler*, *Series B*, *Human Geography*, 1991 (1).

地理学想象力和空间生产的知识
——空间转向之理论和政治意味

伦理，到底如何关切生命？

樊 浩

摘 要 "生命伦理"如何才不是伪命题？必须完成一个基础性的哲学论证：生命，如何与伦理同在？或者，伦理，如何关切生命？生命伦理的要义，是生命在伦理实体、伦理制度、伦理力量和伦理规律中安"生"立"命"。如果将生命当作生老病死的现象和进程，那么"生"之"理"，"伦"之"命"，便是生命与伦理同在的两大结构。"生"之"理"是"生"与"活"的伦理重奏，包括"生"（诞生）与"病"（治疗）两个环节，是生命出场和在场的伦理律，基因、堕胎、疾病、医患关系等是其问题谱系；"伦"之"命"是"死"与"亡"的伦理商谈，包括"老"与"死"两个进程，是生命退场与永恒的伦理律，孝道、自杀、安乐死、葬礼等是其问题谱系。生命是生理与伦理的同一，生命伦理是生理律与伦理律的统一，生命的伦理律归根到底是精神律。生命伦理的真谛是"以伦理看待生命"，主题是"学会伦理地思考"。由此，生命伦理才成为人的世界的生生不息之理。

一、"生命伦理"，如何才是真命题？

生命伦理学诞生半个世纪，一个追问指向这一学科：繁荣与荣光之际，我们是否忽略了一个必须完成的基本哲学问题：生命，与伦理是否关联？如何关联？

显然，如果不能完成这一哲学课题，"生命伦理学"便可能遭遇概念上的根本颠覆，"生命伦理"就是一个伪命题。于是，必须进行关于生命与伦理关系的哲学诠释：生命，到底如何与伦理"在一起"？确切地说：伦理，到底如何关切生命？

宇宙万物中，没有比生命更充满魅惑和挑战的。生命是生灵在场的时空透迤，更是"人"这一独特宇宙现象的剧场演绎，于是"人"将生命对象化，严峻而不懈地反思；生命短促有限，最残酷莫过于人是所有生灵中唯一意识到自己必定死亡的动物，只能向死而生，大巧若拙地放逐生命的进程；人之生是一次偶然甚至荒诞的事件，却基因性地复制留待人们永远抗争的不平等的大千世界，人之死是必然归宿，最后一息才让所有生命复归终极平等。也许，人类的最大痛苦和最大智慧，是对生的偶然与死的必然的自觉自知，于是，才有"生"与"命"的纠结，"病"与"康"的抗争，"死"与"亡"的事实与意义的二元分殊，诞生对生命永续的期待，对无限与永恒的渴望。雅思贝斯早就发现，在人类的童年即轴心时代，环绕不同文明轴心旋转的诸多相互陌生的民族，如希腊、中国、印度，产生了一个共同的信念或意识形态，相信人类可以在精神上将自己提升到与宇宙同一的高度，进而与世界共永恒。从此，生命便成为生理延展与意义追求一体的文化存在，生命不再是尘埃般与浩瀚宇宙对峙的唯一，也不再孤冷，不再恐惧，因为指向无限与永恒的意义关切成为生命的守望者和守护神。意义，成为"生"的确证和"命"的归宿。"有的人活着，他已经死了；有的人死了，他还活着。"臧克家的名言其实只是"人"之"生"与"死"的诗意演绎。

"轴心觉悟"之后，文化虽风情万种，生命的守护神却永远只是两位：宗教与伦理。在西方，生命与上帝同在；在中国，生命与伦理同在。沧海桑田，物转星移，飘逝的是"生"，历史全景中主宰的是"命"。伦理与宗教，分别成为中西方人不息生命的两个永远的文化伴侣，大千世界，中西文明，共有的是"生"，一切的生动都来自作为"生"之文化伴侣的伦理与宗教的万种风情。文化人类学智慧而宽容地将轴心时代以来的世界文明诠释为宗教型文化与伦理型文化。不幸的是，携带"轴心思维"基因的世人习惯于夸大二者之间的殊异，多有"因其大者而大之"的好奇与诧疑，少有"因其小者而小之"的气势与胸怀。于是,宗教与伦理之于生命的意义,犹如一对失散的双胞胎,因成长中沐浴的不同风霜而相互陌生,甚至相互挤对。其实,溯源追踪,无论宗教还是伦理,天职都只是一个,就是守望和守护生命,诚如丹尼尔·贝尔所说,"文化本身是为人类生命过程提供解释系统,帮助他们对付生存困境的一种努力"①。"生"是人的终极追求,"死"是人的终极归宿,宗教与伦理是"命"的最高智慧,作为生命的守望者与守护神,它们不只是终极守护,而且是终生守护,即对生命从诞生到死亡,从偶然到永恒的永远守护,因而是生命的终身伴侣。这种守望和守护,对具有异域风情的宗教型文化来说,也许容易演绎和理解,但对入世即在现世中将生命引向无限与永恒的中国伦理型文化来说,乃是一个有待追问和有待自觉的问题。

对伦理型的中国文化来说,生命与伦理的哲学关系的澄明,具有特殊的意义:如果不能完成这样辩证,中国的生命伦理学永远像恩格尔哈特所指出的那样,是从西方"进口"的,而不是本土的和"中国的"。在中西方,生命都是世界的主体,不同的是,在中国,伦理是文化的核心,不仅在传统上而且在现代,中国文化都是一种伦理型文化,"生命"与"伦理"在文化上一体相通,合而为一。"生命伦理"的真义,无疑不只是对待生命的伦理态度或生命的伦理立法,而是生命的伦理形态,是生命的伦理规律、伦理真理、伦理天理。中国文化中的生命,与英语世界的 life、live 等具有不同的哲学意义。life、live 的要义是生活,即"生"而"活";而在"生命"的话语重心,相当程度上不在世俗性的"生",而在超越性的"命"。"命"不仅是相对于"生"的世俗存在的越超性,更是"生"的最后决定性和"生"的目的性。"命"的意味在 life、live 中并非直接内在,而是融摄和呈现在与生命终极相关的宗教的文化构造之中。"命"是伦理型中国文化的特殊理念,何谓"命"?"命"常与作为本体性存在的另一个超越性概念——"天"一体,所谓"天命"。《孟子·万章上》:"莫之为而为者,天也,莫之致而至者,命

---

① 丹尼尔·贝尔:《资本主义文化矛盾》,赵一凡等译,三联书店 1992 年版,第 24 页。

也。"孟子以伦理话语的句式告诉世界。"生命"之中，内在两个构造，"生"是存在，"命"是意义，"生命"是存在与意义、世俗与超越的同一。同样，"伦理"之中，也存在两个构造，"伦"是实体，是存在，"理"是"伦"的真理与天理。"生命"之中，内在"生"与"命"的张力；"伦理"之中，内在"伦"与"理"的辩证。"伦"，既是"生"的实体，也是"命"的显现，"生命伦理"，就是生命的伦理真理、伦理天理或伦理天命，因而既是生命的伦理存在形态，也是生命的伦理关切。然而，生命既是空间上的呈现，即现实的生活，"生"并且"活"着，"生"统摄"活"，"活"确证"生"；更是时间上的延展，绵延为俗语所说的"生老病死"的过程。生命，既是一种现象，是"人"所"现"的"象"，又是一个进程，即"人"的"出场—在场—退场"的生理和文化进程。在生命进程的意义上，"生命伦理"是人"出场—在场—退场"的伦理。在伦理型的文化，甚至在任何文化中，"伦"的实体都是人及其生命最重要和最基本的"场"，人总是在"伦"中"安生"并且"立命"。由于"理"是"伦"的真理、天理与规律，"生命伦理"相当意义上是人"明伦—安伦—归伦"之"理"。因此，"生命伦理"既是时间意义上"生命全程"的伦理，也是空间意义上"生命全息"的伦理。"生命伦理"，必须是对人的"出场—在场—退场"的全程生命和生老病死的全部生活具有解释力和呈现力的伦理，是生命的伦理精神的现象学。"生命伦理"不是问题的碎片，也不是基于各种道德哲学传统的伦理私见的汇集，只有在全程生命和全部生活中考察和把握生命与伦理的关系，才能建构起真正的"生命伦理学"。

要言之，"生命伦理"不是"生命"与"伦理"的嫁接，它内蕴一个哲学认知和文化信念：生命是生理与伦理的二重存在，伦理是生命的意义构造与文化形态，人只有在伦理中，才能安"生"，才能立"命"。在这个意义上，生命伦理学的基本哲学任务是：面对生命，如何学会伦理地思考。因"命"而"生"，由"伦"而"理"，一言以蔽之，"生"之"理"，"伦"之"命"，这就是"生命"的"伦理"关切的真谛与真理。

二、"生命伦理",还是"生命道德"?

"生命伦理"首先遭遇一个语义哲学问题:"生命"的谓语为何是"伦理"而不是"道德"? 或者说,"生命"的文化密码与文化期待为何是"伦理"而不是"道德"?

问题的真实性不证自明。在英语世界,"生命伦理"有专用术语"Bioethics";在汉语世界,从一开始就是"生命伦理"而非"生命道德"。这一现象也许可以这样辩护:在现代话语中,伦理与道德已无区分,"生命伦理"只是一种话语习惯或约定俗成。然而,另一个事实质疑这一辩护:在任何严谨的关于生命伦理的学术讨论中,伦理与道德几乎总是同时在场,并且具有显然不同的指谓,人们总是揭示生命伦理所遭遇的许多道德问题,无论在专业性学术讨论还是日常话语中,"生命道德"的话语都十分罕见。由此可以假定,"生命伦理"作为某种具有世界性的话语表达,表征和传递着一种社会的潜意识,或文化直觉与集体知识:生命的价值关切,是伦理至少首先是伦理。虽然康德以来的西方理性主义传统粗糙而粗暴地以道德取代伦理,虽然这种"学术流感"在全球化飓风的裹挟下已经在伦理故乡的中国传染,使中国道德哲学不再有足够的耐心,甚至丧失往昔那种对伦理与道德进行审慎区分的学术上"尽精微"的功力,但"生命伦理"的话语还是以直觉和潜意识的方式不经意间在伦理与道德之间做出了文化选择。这种表达不是话语偏好,而是传递了某种最为深层的文化信息。于是,"生命伦理"逻辑地必须完成的学术辩证是:伦理与道德,在关于生命的价值关切中,到底具有何种不同的意义?

"生命伦理"的哲学精髓是什么? 顾名思义,生命伦理是关于生命的"伦"真理与"伦"天理。这一诠释关涉伦理与道德的哲学区分。虽然中西方道德哲学传统存在深刻殊异,但关于伦理与道德的概念在哲学层面却基本相通。伦理与道德之间,"伦"是实体,"道"是本体;"理"是天理,"德"是主体。"生命伦理"的深刻意蕴和最大秘密在"伦"。"伦"是什么?

"伦"是人的共体、家园和本质。在抽象意义上,它是人的公共本质;在现实性上,它是人所赖以生存的共同体。作为人的类生命和人的个体生命的第一个意识形态的古神话与童话都已经表明,人的存在的"无知之幕"或本真样态是实体或"在一起",个体生命在母体中孕育和分娩的诞生史也不断提醒和强化这种意识,实体是生命的本质和家园。于是,实体或"在一起"便成为"伦"的第一哲学真义。但是,人类生活的现实是"分",无论人的类生命还是个体生命,在诞生的那一刹那,就开始了"分"或"别"的进程。亚当、夏娃在伊甸园中偷吃智慧果之所以是"原罪",就是因为极具哲学表达力的"智慧果"的第一次启蒙导致伊甸园完美实体的"别"——不仅是亚当与夏娃之间的"性别",更是上帝与自己的创造物之间的"别",从此,人类走上通过"伦"的拯救重回伊甸园的文化长征。个体生命同样如此,"青梅竹马,两小无猜"所有的美好,就在于在自我意识中还没有个体最自然也是最重要的"别"即"性别"。人与自己实体的"别",性之"别",导致了生活世界中诸多伦理关系的"别",所以,"伦"的第二要义是"分"或"别",这是人类所处于其中的伦理世界的真实或现实。但是,"别"只是"伦"的教化或异化,"伦"的真谛与真理,是由"别"走向"不别",于是,伦理世界的家园,无论在出世的宗教型文化还是在入世的伦理型文化中,都只是一个出发点:"爱"!因为,正如黑格尔所说,"爱"的本质就是不独立,不孤立,其文化功能和文化魅力就是由"别"复归于"在一起"。于是,"爱"便成为最基本也是最高的"伦"之"理"。由此,"伦"的第三个本性,便是由"别"向实体,或由"分"向"不分"的复归,以孔子为代表的中国文化将这种境界称之为"大同",即透过"别"的中介而重新"在一起"。以上三方面,构成"伦"及其"理"的基本内涵,它们的辩证运动,构成人类和个体的精神史。"伦理"之"理",归根到底是"伦"之"理",是在相互分别的世界中"在一起",简言之,使"我"成为"我们"的智慧。

于是,在伦理中,便存在黑格尔所说的两个最基本要素,即伦理制度和伦理力量。前者即伦理秩序,其要义是孔子所说的"正名";后者是形成伦理的实体性力量,或伦理必然性,其要义是孔子所说的"和"。"代替抽象的善的那客观伦理,通过作为无限形式的主观性而成为具体的实体。具体的实体因而在自己内部设定了差别,从而这些差别都是自由的观念规定的,并且由于这些差别,伦理就有了固定的内容。……这些差别就是自在自为地存在的规章制度。"但是,伦理的本性不是由伦理制度所规定的差别,而是这些差别所形成的"体系",这个有差别的体系是伦理性东西的合理性,它是伦理必然性的圆圈,即伦理力量。"这个必然性的圆圈的各个环节,就是调整个人生活的那些伦理力量"①。这个有差别的"体系",被孔子表述为"君君臣臣,父父子子";这种伦理必然性和伦理力量,被孔子表述为"和";而对伦理制度的尊奉与坚守,被孔子表述为"正名"。中西方道德哲学的差异,在相当程度上是话语方式的差异,在哲学智慧的深处总是异曲同工。"伦"的本性是实体,"理"的天性是经过个体与实体分离的异化之后,透过向"伦"的复归而重新"在一起",回到"伦"的家园。"在一起"的回到家园的全部魅力和全部动力,在于"我们"原本在一起那种不证自明和不可反思的原初状态和价值信念,因而伦理之理,就是个体性的"人"与实体性的"伦"的关系之理,是"人伦"之理。不同的是,在宗教性文化中,人作为实体性存在的价值的根源是上帝造人的"创世纪";在入世的伦理型文化中,是现世生命诞生的那种慎终追远的自然情感。二者都具有神圣性,前者是宗教的神圣性,后者是基于家族血缘的自然的或世俗的神圣性;前者是信仰,后者是信念。不过,共同共通的是,中西方道德哲学都认为,存在两种基本的"伦"或"伦"之"理",中国道德哲学表达为"天伦"与"人伦",西方道德哲学表达为"神的规律"与"人的规律";前者是家庭即自然生命的共同体,后者是社会即社会生命的共同体,家庭、社会、国家是三种基本的伦理性实体。同样共同共通的是,中西方道德哲学都在天伦与人伦之上预设或悬置了一个作为最后根源的超越性的"伦",在西方是上帝,在中国是所谓"天"。正如一位哲学家所揭示的,中国文化中的"天",实际上是没有人格化的上帝,重大区别在于,"天"在中国文化中只

---

① 黑格尔:《法哲学原理》,范扬、张企泰译,商务印书馆1996年版,第164、165页。

是一种悬置，"天道远，人道迩"。伦理即天理。伦理与生命的哲学同一性表明，"生命伦理"既是生命的"伦"天理，也是生命的"伦"真理。

对于生命，伦理与道德究竟具有何种不同的文化意义？在哲学意义上，道德只有在伦理中才有现实性。伦理是"伦"之"理"，是人从实体中走出，通过生活世界最后回归于"伦"的家园的文化历程；道德是"道"之"德"，是在伦理的具体历史情境中获得"道"的智慧，成为"德"的主体性存在的文化历程。伦理与道德深切相关甚至深度交集，但却有不同意义功能，二者关系的要义，是"理"向"道"的转化。"伦"是存在，"理"是天理，也是对"伦"的良知，而"理"向"道"的转化，是由存在向智慧，由认知形态的"伦"向冲动形态的"伦"的转化，或由知向行的转化。人的存在的真谛是实体，"伦"的实体状态即"道"的原初状态，"大道废，有仁义，智慧出，有大伪"①。老子提出但没有回答的问题是：为什么"大道废"，就有了"仁义"？或者说，为什么"大道废"了之后，就有了"仁义"的诉求和智慧，二者之间到底存在何种因果关联和历史必然性？在中国文化中，仁义是道德的代名词，至少是道德的核心。"大道废，有仁义"隐含一种历史悖论与哲学判断：仁义既是大道的异化，也是对大道的修复，因而仁义的道德包含着回归大道的某种终极性的意义功能。于是，就必须从对仁义的道德哲学解读中寻找答案。从先秦到宋明，仁义具有两个相反相成的文化功能，"仁以合同，义以别异"。"仁"的功能在"合同"，所谓"仁者爱人"，"仁者无不爱也"，通过不孤立、不独立的"爱"回到"合同"的实体状态；"义"是别异，其要义是在现实的也是以差别为原则的伦理制度中安伦尽份，做伦理分位所规定的事，克尽伦理本务，从而形成"惟齐非齐"的"和"的伦理必然性和伦理力量。于是，仁义不仅联结着原初的实体世界和异化了的差别性的生活世界，更重要的是回到"伦"的家园的创造性的道德力量。所以，道德逻辑历史地期待伦理的前提，道德是客观伦理的主体性呈现方式。"伦理性的东西，如果在本性所规定的个人性格中得到反映，那便是德"。"德毋宁应

---

① 《老子·十八章》。

该说是一种伦理上的造诣"①。

由以上关于伦理与道德的哲学辩证,可以引出两个假设或结论。其一,中西方生命伦理具有相通性,因而可以在哲学层面深度对话;其二,据此可以在理论上诠释甚至超越现代生命伦理学的某些前沿性的难题。

"生命伦理"是中西方道德哲学的共同话语,但却有不同的问题域。共同话语体现生命的智慧真谛,不同问题域体现道德哲学的不同传统。美国生命伦理学家恩格尔哈特在《生命伦理学基础》中提出了一个问题:一种"能够超越由不同的传统、意识形态、俗世的理解和宗教所形成的具体道德形态来得到辩护"的"一般的俗世的生命伦理学"是否可能?② 他发现一个严峻的事实,"当代的生命伦理学问题是建立在道德观破碎的背景上产生,这种破碎紧密联系着一系列的信仰丧失和伦理的、本体论的信念改变"③。于是,论者提出两种生命伦理学:"朋友之间及异乡人之间的道德和生命伦理学",亦即现代西方道德哲学中广泛讨论的道德本乡人和异乡人的问题④。这里我们不得不说,恩格尔哈特敏锐而深刻地发现了问题,他的《生命伦理学基础》一书所讨论的问题远远超出了生命伦理学本身,已经是一部道德哲学著作。然而,这里也不能不承认,恩格尔哈特所提出的问题,是典型的西方道德哲学问题,至少是西方道德哲学传统所遭遇的问题,并不是一个中国道德哲学问题,虽然它可能在现实中成为或演变为中国道德问题。因为,西方道德哲学的传统,是将伦理与道德相分离,离开伦理的前提和具体的伦理情境,试图寻找普遍有效的道德准则,即恩格尔哈特所说的"一般俗世的生命伦理学"。西方道德哲学经亚里士多德开辟的古希腊的"伦理"传统,在古罗马断裂性地型变为"道德",到德国古典哲学,这一历史轨迹同源分流为康德与黑格尔两大谱系,前者是寻找道德的"绝对命令"道德哲学谱系,后者是融伦理与道德于一体的精神哲学谱系。

---

① 黑格尔:《法哲学原理》,第 168、170 页。
② H. T. 恩格尔哈特:《生命伦理学基础》,范瑞平译,北京大学出版社 2006 年版,第 25 页。
③ H. T. 恩格尔哈特:《生命伦理学基础》,第 19 页。
④ H. T. 恩格尔哈特:《生命伦理学基础》,第 77 页。

前者是"真空中飞翔的鸽子",不仅追逐且只是"实践理性",而且务求"纯粹";后者是"黄昏起飞的猫头鹰",即背负着伦理经验的道德。遗憾的是，现代西方道德哲学选择了康德而故意冷落黑格尔,于是,陷入伦理认同与道德自由之间不可调和的矛盾,演绎至今,形成了处于如美国哲学家黑尔所说的那种在伦理与道德之摇摆的"临界状态"。恩格尔哈特的问题及其纠结就是这一道德哲学传统的折射。然而,中国道德哲学传统从一开始就是伦理与道德共生,不仅老子的《道德经》与孔子的《论语》共生,而且主流的道德哲学体系从一开始就以孔子的"克己复礼为仁"为范型,"礼"的伦理是"仁"的道德的现实内容和价值目标,开辟并形成伦理与道德一体、伦理优先的道德哲学传统。在这种传统中,道德异乡人与道德本乡人或同乡人其实是一个伪命题,因为,任何道德都只能在具体甚至共同的伦理具体性中才有现实内容和合理性。诚然,现代中国社会由于文化开放和价值多元,伦理存在和伦理实体也出现多元化走向,事实上也存在道德的同乡人和异乡人问题;但是,至少在伦理道德一体、伦理优先的道德哲学传统中,道德的同乡人和异乡人问题在理论上不是或不成为一真问题,或者说,如果依循和坚守这一传统,它就不是一个真问题。因而,在中国道德哲学传统中或中国道德体系中,生命伦理学不存在"恩格尔哈特烦恼",至少在理论上不存在或没有这么强烈,西方生命伦理学的诸多难题,在中西道德哲学传统的互镜互释中有望得到诠释和解决,而对中国生命伦理学而言,必须直面的是一些具体的"中国问题"。

三、"生"之"理"："生"与"活"的伦理重奏

"生"以什么确证自己？"活"！"生命"的在场方式是："生",并且"活"着。

"生命伦理"是"生"之"理",或"生生"之"理"！

生命伦理首先是"生"之"理",即生命进程中人的诞生与存续之理。用世俗话语表述,是人的"生"与"活"之"理";用哲学话语表述,是人的生

命的出场与在场之理。"生之理"是何种"理"？显然不是至少不只是生理之"理"，在现实形态上应当甚至必须是伦理之"理"，简言之，"生之理"即"伦之理"。"生"与"活"、生理之"理"与伦理之"理"的二重奏，才使生命伦理的"生之理"成为人及其生命的生生不息之理，即"生生之理"。

如果将生命当作"生"与"命"的二元构造，将生命分解为"生—老—病—死"的现象学进程，那么，"生"（狭义）与"病"是"生"的结构，"老"与"死"是"命"的结构。在生命现象和生命进程中，"生"有两种含义和两种词性，作为非连续动词的"生"即诞生，是生命的出场或出世；作为连续动词的"生"即所谓"活"，抑或"生活"或"生存"，是生命的在场或在世；"生"与"活"、出场与在场，构成广义的"生"。正因为如此，"生活"成为"生命"的自在自为形态，包含"生"与"活"两个结构或过程，其基本语词意义是"生"并且"活"着。在生命现象与生命伦理中，"生"展现为人的诞生、健康、疾病和治疗的诸环节及其进程，它几乎是人的俗世生活即"在世"的全过程。"生之理"即"伦之理"，因为，一方面，生命诞生和持存于现实的伦理实体和伦理关系中，伦理或伦之理是"生"及其进程的最重要的文化支持；另一方面，在生命的现实形态即"生活"之中，不仅存在"生"与"活"的进程，而且内在"生"与"活"的紧张，"生"一定"活"，而"活"却不一定"生"，否则就不会有"活着却死了，死了却活着"的那种生命悖论，伦之理，是"生"的意义结构。可解释的是事实，不可解释的是生活，问题在于，无论对生活还是广义的生命来说，不可解释而又必须解释，这便是生命伦理的大智慧，也是人文科学的价值真理所在。

"生"起始于"诞生"。生命自"诞生"便开始了生理与伦理的二重奏，确切地说，是以生理为台词，伦理为旋律的二重奏，深藏并演绎着伦理的音符和密码。在现代文明背景下，诞生作为生命序曲的第一个难题便是基因伦理。迄今为止的人类社会的全部基础，都建立在生命诞生的不可选择、不可控制的基础上。虽然人类在早期就开始了人种"优生"的设计，古神话中所谓英雄配美人，以及日后形成的中西方传统，其实根本上都是人类的优生谋划，对现代中国仍有重要影响的"郎才女貌"实际上是"英雄美人"优生谋划的文化版或文明版。其实,这种基于自然条件的优生选择是人类从动物进化中携带的基因。自第一把石斧创造以来,文明史相当程度上是人类选择能力不断扩张的历史,现代高技术使人类选择能力达到空前甚至狂妄的程度,基因技术尤其是克隆技术将人类文明和人类的选择能力推到底线。基因技术对人类文明的最大挑战,在于存在一种前所未有却可能根本改变人类前途的文明风险,它使人种的再生产由自然的"诞生"成为工业化的"制造",从而在根本颠覆人种再生产的形态的同时,根本颠覆人类文明的形态。一旦克隆成为人种再生产的主流形态,那么迄今为止的一切人类文明将成为史前文明,包括今天"在场"的所有地球人都将成为"原始人"。基因治疗与器官移植同样如此,因为它们达到一定程度,量变会引起质变,将消解人的自然实体性,虽然生物学意义上的"人"依然存在,但已经不是自然意义上的"这个人",而是"人"的零部件的杂交组装,就像流水线上的机器组装一样。所以,高技术对生命伦理的第一个也是最大的挑战,是基因技术对人的"诞生"形态的颠覆,它根本改变人"类"的伦理,从"自然的伦理"蜕变为"不自然的伦理"①。基因技术对世俗生命伦理的最大挑战,在于根本改变甚至颠覆世俗伦理关系的"起跑线"或自然基础。因为,迄今为止人类社会及其组织的基本原理和文化是:人的诞生或出世的第一个伦理实体即家庭背景是不可以选择的,由此,人所赖以生存的第一个自然环境也是不可选择的,于是产生了具有准宗教意义的所谓"缘"即"血缘"和"地缘"的观念。在这个意义上,人睁开眼睛后所看到并遭遇的第一个伦理事实是不平等,不仅家庭出身和地域状况因诸多"差别"而不平等,而且最自然的还有"性别"的不平等。也许,生命的所有魅力都源于这种原初状态或无知之幕的不平等或不可选择性,正因为如此,人类才以生命的根源动力发展了诉求和追求平等的选择与奋斗能力。自人类历史开启以来,生命及其以此为基础的人类文明,都建立在这种自然

---

① 关于基因技术的伦理挑战,参见樊浩《基因技术的道德哲学革命》,《中国社会科学》2006年第1期;樊浩《自然的伦理与不自然的道德哲学》,《学术月刊》2007年第3期。

史的基础上,"诞生"的生命伦理意义,在于生命出场的自然伦理实体的不可选择性。

自生命诞生逻辑引出的便是生命的诞生权利问题。在生命伦理学研究和中西方传统中产生广泛分歧的堕胎问题聚讼的哲学焦点,其实是伦理与道德两大哲学传统及其文化立场的分殊。恩格尔哈特认为,俗世道德看不到堕胎的不道德性,"这在很大程度上是由于人类生物学生命的开端并不是作为道德主体的人的生命的开端所造成的"。但另一方面,他又认为,"人所生产的精子、卵子、胚胎和胎儿,仅次于自己的身体,用俗世的道德语言来说,完全是自己的。它们是一个人自己的身体的延伸和果实。它们服从于人自己的处置,直到它们作为有意识的实体而自己掌握了自己、直到在其同体中给予它们一个特殊的地位、直到一人把对它们的权利转让给了另一个人、或直到它们成为人"①。不难发现,恩格尔哈特上述论述的立场是矛盾的,前者是基于胎儿生命的道德立场,后者是基于胎儿与母体关系的伦理立场。显然,堕胎的权利的论争根本上不在于胎儿是否是生命,而是对待这个可能的生命的伦理与道德的两种不同态度。基于伦理的态度,胎儿是父母身体的实体性延伸和果实,因而父母对它有意志自由;基于道德的立场,胎儿是可能的生命,因而堕胎是不道德的。但最后的事实正如恩格尔哈特所说的那样,胎儿作为私有财产的地位和国家的有限权威,使得限制堕胎的强制行为在一般世俗道德中成为不适当的,而胎儿作为私有财产的道德合法性相当程度上来源于他们与父母的伦理一体性与伦理实体性。在这个意义上,堕胎根本上是一个伦理问题,而不是道德问题。

自诞生之后,生命便是一个从成长到终结的自然进程,健康是生命自然进程的常态,疾病则是生命进程中的脱轨、失序和加速,最严重的后果是导致自然进程的中断,所谓"寿"与"夭",即生命的自然进程与非自然进程。恩格尔哈特提出了"作为人的病人"的概念,它所隐含的命题是:"病

---

① H.T.恩格尔哈特:《生命伦理学基础》,第253、255页。

人"不是至少不仅仅是与"健康人"相对应的概念,应当在与"人"的伦理实体的关系上考察关于"病人"或"疾病"的生命伦理。在伦理的意义上,"病人"是从"人"的伦理实体中离析出来的一个子集,内在三种伦理关系:"病人"在"人"的伦理实体中的权利;"人"的伦理实体对待"病人"的态度;治疗过程中的伦理关系尤其是医患关系。病人作为"人"的伦理共同体的成员,享有治疗的权利或福利,家庭之所以具有治疗和关怀病人的自然义务,不仅出于爱或血缘亲情,也是这个自然的伦理实体所规定的义务,到目前为止,这个义务几乎是所有文化背景下人们的自然良知或共同良知。作为这种义务的延伸,"病人"享有源自社会与国家的治疗福利的权利,这种权利不仅在他们为社会做出贡献即推进社会福利的积累之后,而且即便对还没有能力或没有机会为"人"的共同体做出贡献之前,如婴儿与儿童应享受的医疗福利,移民的医疗福利等。"病人"在"人"的实体中的医疗福利是人的最基本的伦理安全,也是人的实体的伦理关怀的最突出的体现。在这里,无论公共医疗政策还是社会风尚,在背后起决定作用的是"人"对"病人"的伦理态度,是社会的伦理自觉的程度。总之,生命进程中的疾病与健康,是一个具有很强伦理意蕴的道德哲学概念,关于疾病与健康的理念,期待一次深刻的伦理觉悟;伦理觉悟的核心是:不只是在医学意义上将"病人"与"健康人"相对应,而应当在生命伦理,在道德哲学意义上将"病人"与"人"相对应,在"人"的伦理实体意义上,确立对于"病人"的伦理理念和伦理态度,这是"生之理"作为"伦之理"的根本。

医患关系同样如此。长期以来,医患关系成为中国社会最严峻也是最深刻的社会问题之一,根据我们持续近十年的社会大调查的信息,在当今中国社会,医生已经成为继政府官员、演艺界、企业家与商人之后第四大在伦理道德上最不被信任的群体,而医生不被信任,在社会后果上可能比任何一个社会群体不被信任要严重得多,因为,它预示着人的自然生命处于可能的危机之中。医患关系的危机,本质上是一场伦理危机,是伦理认同、伦理觉悟和伦理关系的危机。在人类生命进程中,医生往往充当或被期待充当"病人"和"健康人"之间的"上帝之手",然而,在市场化和祛魅了的

伦理,到底如何关切生命?

缺乏伦理追求的职业认同下,医生往往只拥有充当"上帝之手"的威势或特权,却没有上帝所要求的那种情怀和精神,甚至根本上不具备这样的技术能力和伦理抱负。治疗中的诸多生命伦理问题,如医生的语言形态即医学语言与伦理语言、知情同意、病人权利等,大多发生在技术和知识的层面,其实更深刻的问题是医务人员的伦理认同与伦理理念。正如恩格尔哈特所说,对医务人员来说,病人是"一个异乡土地上的异乡人",但是,恩格尔哈特仅仅在知识与技术层面理解"异乡人",其实,病人在治疗的特殊境遇中还是一个伦理上的异乡人,他们已经从"健康人"的实体中被离析出来,成为一个伦理上的异乡人,不得不适应一些新的外在的伦理关系模式和伦理期待,在医患关系这个社会群体中,他们可能没有任何成员地位。医生不仅成为病人眼中的上帝,也常常以上帝自居,不幸的是,却少有上帝的品质。现代医患关系的生命伦理症结在于:医生成为也把自己当作"病人—健康人—人"之外的特殊存在,进行去伦理化的自我身份认同,即市场化的职业认同。其实,正如西方生命伦理学家所发现的那样,医生与病人的关系应当是朋友,而不是异乡人。根据我们的调查,在现代中国社会,朋友关系传统上是现在依然是包括家庭血缘关系在内五种最重要伦理关系之一①,因而同样需要一种伦理上的觉悟和伦理上的建构。我们不能期望医患关系成为朋友关系就能解决一切问题,但这种职业关系向伦理关系转换与提升,无疑对化解日趋紧张的医患关系具有重要意义。

要言之,生命之理即"生"之"理","生之理"是伦理之理或"伦之理",而不只是生理之理,也不只是医疗技术之理或职业之理。"生"的生命伦理的建构,期待一种将生命回归伦理和伦理实体的彻底的伦理精神,这种彻底的伦理精神,本质上是一种彻底的人文精神,由此,"生"之"理"才能成为"人"的"生生之理"即生生不息之理。

---

① 参见樊浩等《中国伦理道德报告》,中国社会科学出版社 2011 年版。

四、"伦"之"命"："死"与"亡"的伦理商谈

"生"为何与"命"联姻？原因很直白,生命的最大奥秘是:"生",并且由"命"!

"生命"之"命"是何种"命"？"伦"之"命"!

"生"与"死",是生命的在场与退场的两个过程,宗教与伦理对待这两个截然不同的生命过程的共同智慧,是将它们当作生命存在的两种状态,即此岸和彼岸;并且,无论宗教型文化还是伦理型文化,都倾向于认为,"生"与"死"的背后内在一个最后的决定性或必然性,这就是"命",所谓"死生由命",也许,这就是"生"—"命"相连所生成的"生命"理念的哲学奥秘所在。"生命"之中,"生"是世俗结构,"命"是超越结构;"生"是偶然性,"命"是必然性。"生"—"命"合一的哲学大智慧,赋予人之"生"以终极目的性,也赋予人之"活"以终极的合理性,使宗教的因果报应与伦理的善恶报应,总而言之使所谓德福一致具有逻辑与历史的现实性,这是从远古神话到作为人文精神最高智慧形态的宗教与伦理的共同智慧密码。在"生"与"命"的二元构造中,"生"也许具有一定的可解释性或可解读性,"命"却是所有宇宙现象中最"不可道""不可言",而人类又总是不懈地追求对它的"道"与"言",所谓"莫之致而至者,命也"。也许正因为如此,生命才具有无穷的魅惑,"由命""立命""正命"才成为人"生"的态度、境界和追求,因为它使人的生命成为存在与价值,或生理与伦理统一的区别于其他任何动物的文化存在。不可解释又必须解释,这才是"生命伦理学"的最大哲学诱惑。

"生命"从根本上说是一个反义词,因为"生"是一个向"死"而"生"的自然进程,也许,如果没有"死"即"生"的终结,人类永远也不会思考"生"的问题,也不会诞生"生命"的理念,正因为如此,人生观的问题发生及其真谛是"人死观"——因为死是人的必然归宿,所以才必须严肃而执着地探寻生的真谛。"生命"既是"生"之"命",更是"死"之"命",只是"生之命"是世俗的,展现为多样性,而"死之命"是必然的,人人平等。因为"死之命"是必然,

不可逃脱,于是,人类将智慧投向一种生命超越性的在场方式,诞生与"死"相对的另一个理念:"亡"。"死"与"亡"都表征生命的退场,但"死"是肉体生命的退场,"亡"是精神生命或所谓灵魂的退场,于是便存在一种可能:肉体退场,灵魂在场。不同的是,在宗教型文化中是在另一个时空即所谓"天国"在场;在伦理型文化中只是转换了在场的形态,由物理时空的在场,转换为精神时空中的在场。无论如何,只是改变了"活"的方式:前者"永远活在天国",后者"永远活在人们心中",宗教与伦理,只是出世与入世的区别。作为"死亡"的书面表述的所谓"逝世",只是表明人与现世生命链的一次告别,或与"在世"的一次告别,转而以另一种生命形态在场或"活"着,告别现世,报到来世。至此,"生"之"命"便表现为"死"与"亡"的商谈,"死而不亡者寿",老子揭示的这个真理,意味着人不仅可以永恒,而且真正的永恒不是"不死",而是"不亡",即"死"后如何不从世界中彻底地退场。但是,正如"生"之"理"是"伦"之"理"一样,"死"之"理"也是"伦"之"理"。"生"之"命"与"死"之"命",归根到底都是"伦"之"命",是由"伦"即"伦"的实体所决定的"命",因而必须也只能从与"伦"的关系中理解和诠释"死"与"亡"的商谈,对伦理型的中国文化来说,尤其如此。

"自杀"是现代中西方生命伦理学聚讼焦点之一,其实,关于自杀的论争,本质上是一个伦理纠结。在一般意义上,自杀意味着生命自然进程的自我终结,因而关涉主体对于生命的权利问题,于是,不同文化和不同时代便表现出巨大差异,然而在学术讨论中却存在基本的共识,这就是在与"伦"的关系中进行探讨。关于自杀的经典论述最容易引起误读的是黑格尔。在《法哲学原理》中,他曾在同一个论域下三次讨论自杀问题,但结论却非常不同甚至截然相反。在导论中,他明确指出:"意志这个要素所含有的是:我能摆脱一切东西,放弃一切目的,从一切东西中抽象出来。惟有人才能抛弃一切,甚至包括他的生命在内,因为人能自杀。"①从意志及其自由的意义上考察自杀问题,这是他立论的形而上学基础。在黑格尔看来,法的基地是精

---

① 黑格尔:《法哲学原理》,第15页。

神,精神的出发点是意志,意志的本性是自由,自由与意志的关系,就像物体与重量的关系一样。于是便有所谓"意志的理想主义",即人能摆脱与放弃一切东西,包括自己的生命。然而绝对的意志自由只是抽象,在现实意义上,生命的自主权必须服从于伦理,由伦理主导。于是,在"抽象法"的"所有权"部分的开始和最后,他提出两个相反的立论。(1)"只有在我愿意要的时候,我才具有这四肢和生命,动物不能使自己成为残废,也不能自杀,只有人才能这样做。"①这是意志的理想主义。(2)在最后一节,他的立论却是:"不言而喻,单个的人是次要的,他必须献身于伦理整体。所以当国家要求献出生命的时候,他就得献出生命。但是人是否可以自杀呢? 人们最初可能把自杀看作一种勇敢行为,但这只是裁缝师和侍女的卑贱勇气。其次它又可能被看作一种不幸,因为由于心碎意灰,遂致自寻短见。但是主要问题在于,我是否有自杀的权利。答案将是:我作为这一个人不是我生命的主人……所以人不具有这种权利"②。"我是生命的主人,拥有自杀权——我不是生命的主人,没有自杀权",如何看待这个关于自杀的"黑格尔悖论"? 其关键之处在于,其一,这些相互矛盾的立论应了关于黑格尔理论的解读方法的一句名言:对黑格尔的理论,要么全部接受,要么一个都不接受。他在关于意志自由的辩证运动中讨论自杀问题,在抽象意义上,人有自杀的自由;在具体意义上,人又没有自杀的自由,这是因为人的具体的伦理存在。其二,更重要的是,必须在伦理实体而不是抽象主体的意义上讨论人的自杀权利问题。在伦理的意义上,黑格尔的最后结论是:"我没有任何权利可以放弃生命,享有这种权利的只有伦理的理念,因为这种理念自在地吞没这个直接的单一人格,而且是对人格的现实权力"③。所以,自杀归根到底是一种彻底的生命懦弱和伦理逃逸。因为人必须也只能献身于"伦理整体",只有伦理整体才有使人放弃生命的权利,如为国家民族献身等。如果黑格尔的论述还不够直白或"木土",那么,两千多年前孔子的教诲已经简洁地道出这

---

① 黑格尔:《法哲学原理》,第56页。
② 黑格尔:《法哲学原理》,第79页。
③ 黑格尔:《法哲学原理》,第79页。

伦理,到底如何关切生命?

个天理。孔子的名言是:"身体发肤,受之父母,不敢毁伤,孝之始也。"①为何"身体发肤,不敢毁伤"? 因为"受之父母"! 自己的生命不仅来自父母,是父母生命的一部分,而且承载着使父母生命永恒的文化使命。在这个意义上,自毁即是毁父母,自伤即是伤父母,对待自己生命的态度,根本上不是权利问题,而是伦理问题,是伦理良知和对待伦理实体的态度问题。因此,关于自杀问题的追究,关键在于"学会伦理地思考"。

如果说自杀是个体对伦理实体的生命意志,那么安乐死便更多涉及伦理实体对待个体的生命意志,它是生命伦理学聚讼的另一个焦点,争论的核心是关于安乐死的合法性问题,合法性的核心问题是:安乐,到底是生命主体的"安乐",还是"生者"的安乐? 安乐死的权利,到底是生命主体的权利,还是"生者"的权利? 归根到底,还是个体与实体或主体与实体的关系问题。如果安乐死是生命主体的选择,那便与上文所讨论的自杀问题相交切,是一种"安乐自杀",关涉主体的伦理合法性;如果安乐死是"生者"的选择,便关涉伦理实体对待生命主体的态度问题。无论如何,纠结点都是伦理。安乐死的最大风险是伦理风险,无论自主还是他人实施的安乐死,它都可能使人们放弃生命的伦理责任,尤其他人实施的安乐死,潜在的风险是由主体的"生命伦理"蜕变的"生者的伦理",即在生命进程中处于强势地位的群体放弃对个体的伦理关切和伦理责任,生命伦理学中关于濒危病人医治的家庭能力和社会代价的争论,已经潜在包含这个风险,它很可能使个体与社会责任的逃避获得一种伦理合法性甚至伦理上的自我安慰与社会辩护。西方生命伦理将安乐死的最后决定权交给个体,已经发现一些出乎意料的选择,它启示人们,在"生命"与"安乐"的选择之间,对待生命至少需要足够的"美丽的优柔"。一般情况下,在现代生命伦理学意义上,安乐死的决定者往往有两大权利主体:生命主体或者家庭成员。家庭成员为何具有实施安乐死的权利? 归根到底,只是因为他们与生命主体是一个自然的伦理实体。无论如何,伦理,还是伦理,才是最后决定性的因

---

① 《孝经·开宗明义》。

素。生命之"命",归根到底是"伦"之"命"。

与死亡密切相关的另一问题是葬礼。在出世的宗教型文化中,葬礼是现世与来世漫漫人生征途上的华丽驿站;在入世的伦理型文化中,葬礼是"送君千里,终有一别"的关塞长亭。各种葬礼,虽千万风情,然而主题却永远只是一个:如何"死"而不"亡"。仔细考察便会发现,葬礼的语言,是伦理语言。宗教葬礼上牧师对死者的祈祷,既是向上帝的推荐信,也是生命在世的鉴定书;中国葬礼上的哭泣诉说,既是依依惜别的陈情表,也是以悲痛和泪珠打造的功德林和死者"永远活在我们心中"的宣言书。"死"之悲痛和"亡"之忧患,构成葬礼的二重奏,将人生推向伦理的巅峰。黑格尔曾说过,"存在者的运动本身也在伦理的范围之内,并且以此伦理共体为目的;死亡是个体的完成,是个体作为个体所能为共体(或社会)进行的最高劳动。"家庭的使命,是使死亡成为一个伦理事件,它"把亲属嫁给永不消逝的基本的或天然的个体性,安排到大地的怀抱;家庭就是这样使死了的亲属成为一个共体的一名成员"①。家庭的重要功能,不仅作为自然的伦理实体给予正在消逝的生命以临终关怀,而且使已经消逝了的生命回到家庭自然伦理实体的怀抱,慎终追远,使之成为家庭共体的永恒生命链的一个伦理性环节。

如果说"死"是生命的终结,那么"老"便是终结的前奏。在生老病死的生命进程中,生与病是自然进程,老与死则是自然进程的失序与中断。"老"是生命的伦理谢幕的起始,本质上是一个伦理性的进程,因而对待老人的态度,对待"老"的态度,最能考量社会的伦理精神和人生的境界。所谓"五十而知天命","知"何种"天命"? 在自然生命的意义上,就是知"老之将至"。"老"作为一种生命伦理现象,核心是所谓"孝"的德行。因为"孝"包含了对生命真谛的禅悟,对生命的伦理态度和伦理追求。在中文中,"孝"在造字上即是"子"背负"老"的会意,而所谓"教"或教化、教育的本意,就是"教子行孝",可见"孝"在文明和文化体系中的特殊地位。在生

---

① 黑格尔:《精神现象学》下卷,贺麟、王玖兴译,商务印书馆 1996 年版,第 10、12 页。

伦理,到底如何关切生命?

命伦理中,必须完成关于"孝"的两个伦理上的澄清或觉悟:到底为什么要"孝"?"孝"的终极意义是什么?两大问题,都围绕一个主题词展开:伦理。为什么要"孝"?"孝"本质上是对待生命的一种伦理态度和伦理体验。黑格尔曾说,在家庭中,父母与子女之间爱的情感具有迥然不同的性质。父母对子女的爱是慈爱,子女对父母的爱是孝敬。慈爱是这样一种情感,父母意识到"他们是以他物(子女)为其现实,眼见着他物成为自为存在而不到他们(父母)这里来;他物反而永远成了一种异己的现实,一种独自的现实"。子女是父母的作品,是婚姻之中两种人格的共同人格即所谓"爱情的结晶",所以,父母对子女的爱本质上是对自己,即自己的作品和婚姻共同人格的爱,因而具有某种本能性质,正是在这个意义上,恩格斯才说,爱自己的子女是老母鸡都会的事。然而,子女对父母的孝敬则是一种教化和文化觉悟。"但子女对父母的孝敬,则出于相反的情感:他们看到他们自己是在一个他物(父母)的消逝中成长起来,并且他们之所以能达到自为存在和他们自己的自我意识,完全是由于他们与根源(父母)分离,而根源经此分离就趋于枯萎。"①"孝"基于这样一种生命体认:父母是子女的生命根源,子女是在父母生命的枯萎之中成长起来的。孔子关于"孝"的"返本回报"的诠释,道出了"孝"的生命伦理真谛。因此,"孝"本质上是一种伦理觉悟和伦理上的教养,"孝"的全部根据在于生命伦理。关于"孝"的另一个生命伦理难题是:为何"不孝有三,无后为大"?到底是孟子迂腐,还是现代人缺乏必要的伦理洞察力。"无后为大"指向"死而不亡"的生命永恒。如何"死而不亡"?入世的中国文化有所谓"三不朽"说,然而"三不朽"中,立德、立言都是精英的专利,芸芸众生如何不朽?能否不朽?这个问题不解决,入世的文化终将难以自立。于是,伦理型的中国文化给予每个中国人以不朽的能力和机会。对普通大众来说,只要"有后"即有儿子,血脉相传,香火相续,便可不朽,因为在生生不息的自然生命之流中,每一个生命都将永存。相反,如果"无后",生命的自然之流中断,那

---

① 黑格尔:《精神现象学》下卷,第14页。

便既"死"且"亡"了,所以"无后为大",因为"无后"便彻底中断了不朽的希望,因而是最大的不孝。至于"无后"为何是无儿子,那纯属父系文明遗产的偏见。由此,"孝"便从道德问题转换为伦理问题,毋宁说它从开始或者从根源上就是一个伦理问题。

要言之,死与老的生命节律,自杀、安乐死、葬礼、养老送终等生命难题,本质上是一个伦理问题。"生"之"命",就是"伦"之"命",是伦理之"命"。

五、"精神律":以伦理看待生命

生老病死的生命现象和生命过程展现生命的伦理本色。关于"生"与"命"的伦理解读,演绎生命伦理学的方法论理念:以伦理看待生命;也提供生命伦理学的哲学前提:学会伦理地思考。惟有如此,"生命伦理"才是真问题,"生命伦理学"才有可能。

"以伦理看待生命",可能使中国的生命伦理学免于一种风险:不是西方"进口"的,而是中国"本土"的,是基于中国现实的伦理情境、以中国特殊的伦理传统理解和建构生命的伦理学。由于中国文化是一种伦理型文化,在狭义上,"以伦理看待生命"或"学会伦理地思考",与中国文化的直接契合,这个意义上生命伦理学最应当也最有条件是"中国的"。不过,对于生命的伦理解读和伦理演绎更内在甚至追求另一种可能:生命伦理学既不是中国的,也不是西方的,而是世界的。因为,"以伦理看待生命""学会伦理地思考",为生命伦理学提供了一种具有形而上学意义的理念和方法,将生命伦理学提升到哲学或者说广义的道德哲学的层面,之所以说是广义的道德哲学,是因为这种道德哲学的核心概念是"伦理"而不是"道德"。"以伦理看待生命",无论西方宗教型文化背景下的生命伦理,还是中国伦理型文化背景下的生命伦理,都具有一种共同形态:"精神"形态。

在伦理的意义上,"精神"对应"理性",在关于伦理的观念方面,根据黑格尔哲学,"精神"与"理性"的根本区分,是"从实体出发"与"集合并列"的对立。无论宗教还是伦理,本质上都是实体取向,区别在于,宗教是彼岸的终极实体或最高存在,伦理是"伦"的此岸的实体,二者共通之处在于,它们都必须也只有通过精神才能达到。正如黑格尔所说,伦理是一种本性上普遍的东西,普遍物有多种存在形态,也可以通过多种形态建构,如制度安排、利益博弈等等,只有通过精神达到的"单一物与普遍物的统一"才是伦理。精神与伦理实为一体之两面,所谓"伦理精神"。在这个意义上,"以伦理看待生命"即"精神地看待生命","学会伦理地思考"即"学会精神地思考",其哲学内核一言概之,即"从实体出发"。因此黑格尔才说,"从实体出发"才是伦理,也才"有精神"。

"生之理""伦之命"已经显示,人的生命遵循两个基本规律,即自然律与伦理律,用西方哲学的话语表述,自然律是"神的规律",伦理律是"人的规律",它们彰显的是两种不同的实体性伦理关系,前者是"天伦",后者是"人伦"。自然律与伦理律,归根到底是精神律,精神出于自然而超越自然,达到"单一物与普遍物的统一"。生命伦理的规律,准确地说是伦理精神规律。或许,哲学演绎过于抽象,但是,"伦理地思考"的"精神律"可以破解生命现象和生命伦理中的诸多难题。

出世的宗教文化与入世的伦理文化,都遭遇一个关于人的诞生的共同难题:人为何以一声啼哭向世界报到?迄今为止的文化想象展现的多样性是:悲观主义者认为人生是苦,所以哭;乐观主义者认为乐极生悲,所以依然是哭。来到世界,人人都曾哭,但人人都无法解释甚至没有记忆。其实,生命诞生的自然史已经解开这个密码。为何只有母亲的怀抱可以平息生命的啼哭?原来,十月怀胎,一朝分娩,生命的诞生无论对母体还是婴儿,都是实体的一次浪漫而痛苦的分离,这种分离既是"生",也是"命",于是,迎接这个世界的只能是啼哭。回到母亲怀抱的生命本质,是回到实体。婴儿通过十个月漫长生命长成的嗅觉本能辨识母体,通过母乳建立与母体之间的自然生命关联。于是,生命之爱,便由以"怀胎"为呈现方式的前诞生的生理史,走向以"怀抱"为表达方式的诞生初期的心理史,生命进一步成长,便发展成以"关怀"、"关心"的伦理史或伦理教化与伦理成长史。无论如何,"爱"的本质是不独立,是"在一起","怀胎—怀抱—关怀",就是生命诞生和成长的生理史、心理史和伦理史的精神运动，其发展轨迹是人出于自然而超越自然的精神史。可解释的是自然，不可解释的是生命，神秘的生命现象，只有在精神准确地说伦理精神的解读下才能现出它的本真。

日常生命中一些司空见惯但未能把握真谛的生命伦理现象同样如此，最典型的案例是关于残疾人与流行病人的生命伦理。一般情况下，人们似乎对残疾人不乏同情心，在此基础上社会也都推出某些有关残疾人的政策。同情心的本质是"同情感"，即对残疾人作为"人"的实体的子集的那种共同共通的情感，即建立与"残疾人"在"人"终极性上"同体"的直觉基础上的那种"同体大悲"的情感。但无论这种情感，还是建立在这种情感基础上的公共医疗政策都是脆弱的。因为，相对于"人"而言，"病人"总是弱势群体，残疾人更是如此，因而需要一种把"病人"还原到"人"的共同体或人的实体中的彻底的伦理精神。对待残疾人，尤其是对待那些先天残疾的人来说，作为"人"的实体应有的伦理觉悟是：无论概率多大，"人"或个体的"诞生"都内在成为残疾人的风险与可能，残疾人与其说是"人"中的失能者，所谓disable，不如说他们承担了其他每个正常人全部的风险，因此，社会对待他们的伦理态度，不应当止于"同情"，而应当"感恩"。可以想见，基于"同情"与基于"感恩"所体现的伦理态度以及在此基础上建立的公共医疗政策，将有多么巨大而深刻的差异。对待流行病人的态度同样如此。流行病是一种与人类共存的历史现象，全球化将流行病的传播提高到空前的速度与广度，因而任何一个负责任的国家与社会对此都会采取果决措施。但是，对流行病的控制与对待流行病人的态度是两个完全不同的问题域。可以发现，到目前为止，无论国家还是社会大众，对流行病的控制与治疗，相当程度上是基于"恐惧"，即对疾病甚至死亡"流行"的恐惧，个体的自觉也是基于"流行"就在身边的那种"人人自危"的切身体验，而对流行病人，则缺少必要的伦理体验与伦理关切，社会所给予的一切，仅限于治疗，远没有提升到伦理的高度。其实，即便在医学知识的层面，流行病毒往往随着流行的扩展而不断变异与衰退，所以，流行病人不仅是可恶病毒的不幸感染者，也是伦理共同体中"人"的挡箭牌和殉难者，社会应对他们表现出必要的伦理关切和伦理敬意。脱离人的实体性,关于生命现象的任何理解,都将没有伦理,也没有精神。

生命的真理是伦理,伦理的本性是精神。生命伦理,本质上是一种伦理精神;生命伦理律,根本上是伦理精神律。"以伦理看待生命","学会伦理地思考",生命才有伦理,也才有精神。生命伦理学,就是关于生命的伦理精神体系。

（本文作者:樊　浩　江苏省社会科学院副院长、东南大学人文社会科学学部主任、教授　本文发表于 2015 年第 6 期）

释"听"

——关于"我听故我在"与"我被听故我在"

傅修延

摘　要　"听"是唯一与人的生命相始终的感觉,汉语中的"听"有时候也指涉听觉之外的其他感知。声音的发生与生命繁衍有密切联系,国人在涉及两性关系时常用声音譬喻。声音的转瞬即逝要求接受者集中注意力,人类听觉的相对"迟钝"反而有利于增强思维的专注和想象的活跃。听觉往往比视觉更能触动情感,人类沟通之所以会从视觉符号(手势)向听觉符号(语言)演化,原因在于后者更有利于较大范围内的全天候沟通。说话者的声音被别人和自己同时听见,这种"不求助于任何外在性"的内部传导使得能指与所指完全不隔,声音因此成为一种最为"接近"自我意识的透明存在。声音传递的"点对面"格局,赋予"被听"之人某种特殊地位,听觉沟通对人类社会架构的"塑形"作用体现于此。母系社会转型为父系社会之后,以往处于"被听"位置的女性开始转向"被看",这是她们顺应男权社会的一种生存策略。

"听觉转向"的提出,为叙事研究打开了一个新的研究维度。从最初意义上说,叙事本是一种诉诸听觉的"讲"故事行为,然而视觉文化兴盛之后,"你讲我听"逐渐受到"你写我看"之类的排挤。到了今天的"读图时代","听"在许多人心目中已然是一种可以被忽略甚至是可以被替代的信息接收方式。然而,"听"和"看"相比真是那么无足轻重的吗?"听"作为一种感觉方式在人类生存与发展中有何意义?"被听"这一概念是否属于被忽略了的叙事研究对象?男性和女性究竟为什么那么在意自己的"被听"与"被看"? 在对这些问题做出初步回答之前,让我们走进声音的世界,从宇宙和生命的开端说起。

一、太初有声

科学家对宇宙形成有过许多猜测,当前影响最大的一种理论为大爆炸宇宙学,这一理论得到了当今科学研究和观测最广泛且最精确的支持。大爆炸宇宙学的英文为"big‐bang cosmology","bang"是撞门之类声响的象声,"big‐bang"的本义为"一声巨响",因此大爆炸宇宙学可理解为"太初有声"——"一声巨响"导致了我们这个宇宙的诞生,有人甚至称大爆炸为宇宙婴儿的"第一声啼哭"。科学家说宇宙目前仍然处于大爆炸之后的膨胀状态,也就是说地球周围还有着"big‐bang"的袅袅余音,什么时候这一余音消失殆尽,那就是宇宙终结之时的到来。

像宇宙一样,人类生命的历程也是由一声响亮的啼哭开启。国人用"呱呱坠地"形容人生之始,婴儿的第一声啼哭就像是运动场上发布起跑命令的枪声,只有听到这声枪响,裁判员和教练员手中的计时器才开始计数。当然,生命的孕育是一个渐进的过程,怀孕的母亲一般都能察觉到腹中胎儿与自己的互动,而此时胎儿什么也看不见,其听觉与触觉还处于一体无分的状态,国人所说的"胎教"便是通过这种"听触一体"的渠道进行。听觉不仅在生命孕育阶段最先形成,它还在生命结束阶段最后离开我们。人在弥留之际其他感官都已关闭,唯有耳朵还能依稀听到声音。这是因为声音信号的接收无需肌肉运动便能完成,消耗的物理能量相当有限,相形之下视觉信号的接收不但需要张开眼睑,而且还要通过睫状肌的收缩来调节眼球晶体的对焦,垂危者此时渐趋停止的血液循环根本无法提供完成这一系列肌肉动作所需的能量。据此而言,"听"是唯一与人的生命相始终的感觉,用"我听故我在"来概括不为过之。

对于"太初有声"这一提法,或许有人会举出《圣经·旧约·创世记》第1章第一段话来予以驳斥:

> 起初,神创造天地。地是空虚混沌,渊面黑暗;神的灵运行在水面上。神说:"要有光",就有了光。神看光是好的,就把光暗分开了。神称光为昼,称暗为夜。有晚上,有早晨,这是头一日。

这则叙事似乎旨在说明,诉诸视觉的"光"最为重要,所以耶和华把"要有光"作为照亮天地的第一项任务。与此相关,《创世记》第3章中亚当与夏娃偷吃禁果之后,最显著的变化为"眼睛就明亮了"。然而,这些恰恰证明《创世记》的叙述者认为视觉在听觉之后发生,不像听觉那样是先在的和固有的。仔细阅读《创世记》便会发现,耶和华造人之后,无论是亚当还是夏娃,他们都立刻能听会说,要不然耶和华无法向他们下达这样那样的指令,他们也无法回答神的种种询问,与之相比,视觉则是后天(偷吃禁果之后)的产物。就连耶和华本人也是先用声音发出"要有光"这一指令,然后才执行"看"这一动作。"光"固然能照亮人类所处的世界,但没有"要有光"这个声音发出,宇宙万物无从显形。那么,为什么耶和华不说"要有听"呢?因为已有的无须再有,已在的毋庸提及,显然叙述者在这里认为"听"是与生俱来的。

《圣经》中可以与《创世记》对读的是《新约·约翰福音》,后者第一句话是与"太初有声"相联系的"太初有道"。"太初有道"的英文原文为"In the beginning was the Word",所以有人又将其译作"太初有言",但我认为"太初有道"这种译法更为高明——汉语中的"道"既可以表示抽象性质的万物本原(《易经》有"道生一,一生二,二生三,三生万物"之说),又有与"word"对应的"道说"之义,而这两层意思在《约翰福音》第1章中兼而有之:

> 太初有道,道与神同在,道就是神。这道太初与神同在。万物是藉着他造的;凡被造的,没有一样不是藉着他造的。生命在他里头,这生命就是人的光。

有一个人，是从神那里差来的，名叫约翰。这人来，为要作见证，就是为光作见证，叫众因他可以信。他不是那光，乃是要为光作见证。

所谓"为光作见证"，实际上就是叙述者安排使徒约翰来为基督作"道说"，如果没有"道说"或者"说出"，人们眼中所见是没有意义的，而一旦用语言来为事物赋予意义，事物便获得了存在的形式与位置。雅克·德里达对逻各斯主义即语音中心主义有过批判，然而他主要还是针对"言在意先"这一传统观点，其论述并未颠覆"太初有声"这一事实（详后）。《道德经》早就指出"道说"并不等于事物的本质，"道可道，非常道；名可名，非常名"开门见山指出符号的局限性，与此同时，这一表述也显示出对"道说"的高度重视。海德格尔也用"道说"（Sage）来命名他的"寂静之音"，但他的"道说"我理解是一种借喻，主要针对人类的心灵而非耳朵。

不过海德格尔的"寂静之音"或无声的"道说"，倒是与我们古人对声音和听觉的理解有某种契合。汉语中"听"的繁体为"聽"，除了左旁有"耳"表示信号由耳朵接收之外，其右旁尚有"目"有"心"：一个单字内居然纳入了耳、目、心三种人体重要器官，说明造字者认为"听"近乎为一种全方位的感知方式。不仅如此，"聽"与"德"的右旁完全相同，这也不是没有缘故的——古代的"德"不仅指"道德"之"德"，还有与天地万物相感应的内涵（所以《道德经》原文《德经》排在《道经》之前）。《左传·宣公三年》记载，周定王使者王孙满告诉前来"问鼎"的楚庄王，拥有"德"比拥有"鼎"更为重要，这个"德"便有应天顺民、天命所归的意蕴。《庄子·人间世》说耳听只是诸"听"之一：

> 回曰：敢问心斋？仲尼曰：若一志；无听之以耳，而听之以心；无听之以心，而听之以气；听止于耳，心止于符。气也者，虚而待物者也，唯道集虚，虚者，心斋也。

引文中"听之以心""听之以气"之类，显示古人心目中的"听"非耳朵所能专美，"心斋"可以理解为像母腹中的胎儿一样用整个身体去感应身外的动静，这种全身心的感应可以说是中国传统文化的一大重要特质。

"心止于符"这一表述，与海德格尔所说的"应合"（Entsprechen）庶几相似①，波德莱尔的十四行诗《应和》亦可为此作注，在这方面西方一些人与我们古人的心是相通的。庄子的"听"分别对应"耳""心""气"，而《文子·道德》中的"听"则对应"耳""心""神"：

> 学问不精，听道不深。凡听者，将以达智也，将以成行也，将以致功名也，不精不明，不深不达。故上学以神听，中学以心听，下学以耳听。以耳听者，学在皮肤，以心听者，学在肌肉，以神听者，学在骨髓。故听之不深，即知之不明；知之不明，即不能尽其精；不能尽其精，即行之不成。凡听之理，虚心清静，损气无盛，无思无虑，目无妄视，耳无苟听，专精积畜，内意盈并，既以得之，必固守之，必长久之。

古人类似论述甚多，以"听"来囊括各种渠道的信息接收，在视觉文化崛起之前颇为多见。君王处理政务称"听政"，官员审案断狱为"听讼"，人们上戏园也说去"听戏"，这些活动其实都不只是诉诸耳根。将"聽"简化为"听"后，"听"便失去了感知的综合性，只要想到汉字的"聽"中并不是只有耳朵，我们对旧时这类表达方式便不会感到奇怪。汉字"意"为"音"与"心"的组合，这也是强调了"心""音"相合方能生"意"。

二、声之所起

迄今为止，人类之间的沟通还是以声音模式为主。对于语言的起源，学界众说纷纭、莫衷一是，1866 年巴黎语言学协会曾经通过一个著名的决议，禁止接受任何探讨语言起源问题的论文，因为这方面的探讨缺乏想象之外的过硬证据，就像钱锺书所说的那样——"上古既无录音之具，又乏

---

① "终有一死的人说，因为他们听。他们关注那区一分之寂静的有所令的召唤，即使他们并不认识这种召唤。听从区一分之指令那里获取它带入发声的词语之中的东西。这种既听又取的说就是应合（Entsprechen）。但由于人之说是从区一分之指令那里获取其所说，人说便已经以其方式跟随召唤了。作为有所听的获取，应合同时也是有所承认的回答（Entgegnen）。终有一死的人说，因为他们以一种双重的方式，即既获取又回答的方式，应合于语言。人之词语说，因为它在某种多样意义上应合。"海德格尔：《在通向语言的途中》，孙周兴译，商务印书馆 1997 年版，第 21 页。

速记之方",后人的种种论说统统都属"生无旁证,死无对证"的假说①。

然而,没有假说的研究又是不可想象的,对于语言的起源与功用,还是有许多人发表过自己的见解。国人最熟悉的可能是鲁迅的"杭育杭育"说:

> 我们的祖先的原始人,原是连话也不会说的,为了共同劳作,必需发表意见,才渐渐的练出复杂的声音来,假如那时大家抬木头,都觉得吃力了,却想不到发表,其中有一人叫道'杭育杭育',那么,这就是创作。②

"杭育杭育"只是协调发力节律的劳动号子,并未携带任何有实质内容的信息,与真正的语言还相差很远。达尔文在《人类的由来》中提出了另一种假设:

> 在当初,会不会有过某一只类似猿猴的动物,特别的腹智心灵,对某一种猛兽的叫声,如狮吼、虎啸、狼嗥之类,第一次作了一番模拟,为的是好让同类的猿猴知道,这种声音是怎么一回事,代表着可能发生的什么一种危险? 如果有过这种情况,那么这就是语言所由形成的第一步了。③

这种对狮吼、虎啸和狼嗥的声音模拟,属于列维 – 布留尔所说的"声音图画"④,在语言初起未起之时,也就是说狮子、老虎等动物尚未获得约定俗成的名称之前,最简便的办法莫过于模拟它们的叫声作为代名。《山海经》中屡屡出现的"有兽(鸟)焉……其名自叫(呼)",遵循的就是这样的命名逻辑。爱德华·泰勒如此概括:"世界各种语言中,表示动物的词

---

① 钱锺书:《管锥编》第 1 册,中华书局 1979 年版,第 164 页。
② 《鲁迅全集》第 6 卷,人民文学出版社 1981 年版,第 94 页。
③ 达尔文:《人类的由来》上册,潘光旦、胡寿文译,商务印书馆 1997 年版,第 130 页。
④ "土人可以通过德国研究者所说的 Lautbilder(声音图画),亦即通过那些可以借助声音而提供出来的对他们所希望表现的东西的描写或再现而达到对描写的需要的满足。魏斯脱曼(D. Westermann)说,埃维人(Ewe)各部族的语言非常富有借助直接的声音说明所获得的印象的手段。这种丰富性来源于土人们的这样一种几乎是不可克制的倾向,即摹仿他们所闻所见的一切,总之,摹仿他们所感知的一切,借助一个或一些来描写这一切,首先是描写动作。但是,对于声音、气味、味觉和触觉印象,也有这样的声音图画的摹仿或声音再现。"列维 – 布留尔:《原始思维》,丁由译,商务印书馆 1985 年版,第 157~158 页。

和表示乐器的词,听起来常常是动物叫声和乐器音调的简单模仿。"[1]我们身边的猫、鸡、鸭等动物,其名称的发音显然与它们特有的叫声("喵呜""唧唧""嘎嘎")有关。

"声音图画"虽然是一种原始的沟通手段,其传递的信息却并不那么简单,因为以声音为"画笔"不但能"画"出发声的对象,还可以描摹其动作或状态,后来的名词、动词与形容词中,有许多就是这样由"声音图画"衍变而来,古希腊斯多葛派哲学家甚至认为"拟声"(onomatopoeia)是语言的形成基础。为了说明"声音图画"对动作与状态的传达,列维 – 布留尔引述了埃维语中与"走"(Zo)相关的 32 种表达方式[2]:

> Zo bafo bafo —— 小个子人的步态,走时四肢剧烈摇动。
>
> Zo behe behe —— 像身体虚弱的人那样拖拉着腿走。
>
> Zo bia bia —— 向前甩腿的长腿人的步态。
>
> Zo boho boho —— 步履艰难的胖子的步态。
>
> Zo bula bula —— 茫然若失的往前行,眼前的什么也不看。
>
> Zo dze dze —— 刚毅而坚定的步伐。
>
> Zo dabo dabo —— 踌躇的、衰弱的、摇晃的步伐。
>
> Zo goe goe —— 摇着脑袋扭着屁股地说。
>
> Zo gowu gowu —— 稍微有点儿瘸,头向前歪着走。

列维 – 布留尔特别指出,跟在"Zo"之后的"bafo bafo"之类并非都是拟声,主要还是说话人对步态、步伐留下的声音印象,就表现力的生动传神与细致入微而言,现代人使用的"比较拘束的语言"难以望其项背:"土人们借助这些词来表现由某种景象、声音或观念使他们引起的突然的直接印象,或者描写什么动作、幻影、闹声。只要听到几次黑人们的那种完全自由的、无拘无束的谈话,就可以发现他们拥有的这一类的词多得多么惊人。也许有人会说,这只不过是儿童的说话方式,不值得注意。然而,事实恰恰

---

① 爱德华·泰勒:《原始文化——神话、哲学、宗教、语言、艺术和习俗发展之研究》,连树声译,广西师范大学出版社 2005 年版,第 164 页。

② 列维 – 布留尔:《原始思维》,第 158 页。

相反,正是在这种绘声绘色的语言中反映了种族的天性灵活而机敏的智慧。这个智慧能够借助这些词来表现种种细微的意义差别,这是比较拘束的语言所不能表现的"①。

在一定意义上说,语言的文野之分也就是表现力的"拘束"与强大之分,即便是在今天,我们仍然能在方言文化区的民众那里,听到列维－布留尔高度肯定的富于感性魅力的声音。民间表达方式之所以能做到绘声绘色与惟妙惟肖,将"种种细微的意义差别"表现得淋漓尽致,关键在于底层社会中有一个世代相传、储藏量极为丰富的"声库",说话者可以根据需要随时调用其中的"声音图画"。我所在的南昌地区有这样一首极富草根韵味的儿歌:

xi xi sa sa tiao dan gu
窸 窸 飒 飒 挑   担   谷,

qi qi ca ca ca jin wu
跂 跂 蹉 蹉 挿 进   屋,

qin qin kon kon zon cen mi
磬   磬   鞚   鞚   舂   成   米,

qi qi kua kua zu cen zu
喊 喊 咵   咵   煮 成   粥。②

"窸窸飒飒"为农夫挑谷行进时稻粒在箩筐中发出的碰撞与磨擦声,"跂跂蹉蹉"形容挑担者双脚在地面上用劲而疾速的、但不一定每下都踏到实处的蹬动,"磬磬鞚鞚"模拟木椎舂米时的轰响与回声,"喊喊咵咵"为煮粥至沸腾时粥汤在锅中的翻滚状态。只有真正懂得南昌方言的人,才能充分领略这首民谣的听觉魅力。通过一系列"声音图画"的运用,挑谷进屋、舂米煮粥的过程获得近乎"原汁原味"的再现,听者能从中感觉到扁担在农夫肩上的晃动,还有挑着重物好不容易"挿"进屋子的艰难,以及舂米

---

① 列维－布留尔:《原始思维》,第 160 页。
② 提供者为我的中学语文老师兼班主任程光茜女士,特此致谢。

的喧闹和粥滚的节律。书面语言要创造同样的效果,不知道要花费比这长多少倍的文字篇幅。

“声音图画”的生动形象源于其直接与自然。以描写细小颗粒相互碰撞、磨擦的“窸窸飒飒”为例,这一拟声激活了人们脑海中贮存的声音记忆,因而能立即唤起装稻谷的箩筐因挑担者行进而悠悠晃动这一印象,南昌人还以此描写雨声,李商隐的“飒飒东风细雨来”保留了这一拟声的遗痕。然而“声音图画”还有间接表意的微妙功能,也就是说可以通过引申、隐喻来创造新的意义,在这方面它和普通语言并无二致。泰勒说奇努克人用“嘿嘿”(hee-hee)称“旅店兼饭馆”,因为“嘿嘿”既是笑的拟声,又可引申为娱乐消遣的场所,与此同时他提到“苍蝇”一词在巴苏陀语中的转义:

> 声音经过一个隐喻化(也就是转移)的过程,转变成与最初的意思稍远的新意义。……似乎很难找到某一种摹声语来表示官臣,但是南非的巴苏陀人(Basuto)能够非常成功地做到这一点。他们有ntsi-ntsi这个词,这个词的意思是苍蝇,实际上是对它的营营声的摹拟。他们单纯地赋予这个词以阿谀奉承的寄生虫的意义,这种寄生虫在首领的周围发出营营之声,就像苍蝇在肉周围一样。这些取自不文明民族的语言中的例子,跟在最文明的民族的语言中所遇到的例子相似,例如,英国人采用专门表示“吹”的摹声动词to puff来表示关于对某种事或某个人的空洞、欺骗的赞颂的概念。①

东海西海文理攸同,用苍蝇和跳蚤来影射权贵身边的趋炎附势之徒,用“吹”和“捧”来形容口不应心的阿谀奉承行为,诸如此类的表达方式在汉语中俯拾皆是。南昌方言中“跂跂蹅蹅”又可指代为达到某种目的而做的种种有效的或是无效的挣扎努力,“嘁嘁咵咵”有时也被用来形容人的心潮起伏难平,这些都属泰勒所说的“隐喻化”转义。“声音图画”起初只是代名,一旦成为符号,它们就有可能由名词而向动词或形容词等转化,如

① 爱德华·泰勒:《人类学——人及其文化研究》,连树声译,广西师范大学出版社2004年版,第105~106页。

引文中"ntsi-ntsi"就由"苍蝇"变为"苍蝇般的",不言而喻,这种词性转变为鲜活叙事的发育提供了最初的胚胎。

达尔文说狮吼虎啸之类拟声"代表着可能发生的什么一种危险",这是从安全需要角度探讨语言的发生,鲁迅的"杭育杭育"论则可以归纳为劳动需要。然而除了安全需要与劳动需要之外,人和动物还有性爱或曰繁衍的需要,霭理士认为声之所起更多不是由于劳动而是为了繁衍:"我们虽不能接受比埃歇(Buecher)和冯德(Wund)的见解,认为人类的诗歌音乐只有一个来源,就是在我们做有系统的工作的时间,我们总有一些押着拍子的喉音的陪衬,例如建筑工人打桩时的喊号或搬运工人的'杭育'。我们总得承认,节拍这样东西,无论是简单的呼喊或复杂的音乐,对于肌肉的活动确乎是有强大的兴奋的力量。瑞典语音学家斯泼勃(Sperber)认为性的现象是语言所由发展的主要的源泉。这一层我们倒觉得很有理由可以接受。斯氏的理论是这样的:原始生活里有两种情形,每一种里总是一方面有呼的,另一方面有应的;一是新生的动物在饥饿时的呱呱的哭和母亲的应答;二是雄性在性欲发作时候的叫唤和雌性的应答。两种局面之中,大概第二种的发展在先,所以说语言大概是渊源于性的现象了。这种一呼一应的发展,大概在脊椎动物进化的初期就有了"①。这种由荷尔蒙催生的呼唤与应答,属于大自然赋予动物的一种本能,如果没有这种本能,发情时期的雌雄双方就无法在莽原林海中找到对方,完成传宗接代的古老使命。

也许有人会觉得作为地球上最文明的动物,人类如今已经彻底告别了有伤大雅的"叫春"行为,然而事实并非如此,一到求偶时期,人类身体内的基因就会莫名其妙地作用于人的发声系统,导致种种改头换面的"雄呼雌应":"还有一点值得留意的,就是春机发陈的年龄来到以后,青年人对于音乐及其他艺术总会表示一些特别的爱好,知识阶层的子女,尤其是女的,在这时期里,对于艺术总有一阵冲动,有的只维持几个月,有的维持到

①　霭理士:《性心理学》,潘光旦译注,三联书店1987年版,第59页。

一两年。有一家的研究说,六个青年里,差不多有五个在这时候对于音乐的兴趣表见得特别热烈,假如用一条曲线来描写的话,这兴趣的最高点是在十五岁的时候,一过十六岁,也就很快地降落了"①。明乎此,便不难理解为什么《诗经》开篇会用"关关雎鸠,在河之洲"引出"窈窕淑女,君子好逑"——对于声音与性爱之间的隐秘关系,我们的古人似乎早就了然于心。潘光旦在为霭理士的《性心理学》作译注时,特别举出《诗经》中的例子来说明:"中国人以前说到婚姻生活的健全,最喜欢用音乐的和谐来比喻,可见是很有根据的,并且事实上也不止是一个比喻。《诗·郑风·女曰鸡鸣》篇第二章说:弋言加之,与子宜之,宜言饮酒,与子偕老,琴瑟在御,莫不静好。又《小雅·常棣》第七章有句:妻子好合,如鼓琴瑟。后世又每称美满婚姻为得倡和之乐或倡随之乐,也有同样的根据"②。我们还可以从反面举出例子,如果一个家庭中不是常态的"夫唱妇随",那么人们便会用"牝鸡司晨"乃至"河东狮吼"之类来形容,国人在两性孰为主导的问题上总是倾向于运用声音譬喻,这一点颇为耐人寻思③。

以上列举的三种假说,安全需要和繁衍需要似较合乎情理,但劳动需要也不是全然无据,这三者都与人类生存进化密切相关,因此不如说是它们的共同作用导致了人类的开口说话。

---

① 霭理士:《性心理学》,第 64 页。

② 霭理士:《性心理学》,第 91 页。潘光旦在该页第 79 条译注中还有一段有趣的附识:"译者记得美国心理学家霍尔(O. Stanley Hall)的《青年》(*Adolescence*)一书里有一句最有趣的话,大意说:一只不会唱歌的小鸟,到了春机发陈及求爱的年龄,也总要唱几声! 当时同学中有一位朋友又正好做了这句话的一人证明。他并不是一个爱好文学的人,但因为正当求爱的年龄,而同时也确乎追求着一个对象,他忽然做起白话诗来。后来这位朋友学的是商科,目前在商界上也已有相当的地位,这白话诗的调门却久已不弹了。"达尔文也有同样的论述:"我们在这里所更为特别注意的哺乳类这一纲中间,几乎所有物种的公的,一到繁育的季节,总要使劲地运用他们的嗓音,用得比任何别的时候多得多,而有几种动物的公的,一过这个季节,便绝对不发声。"(达尔文:《人类的由来》下册,潘光旦、胡寿文译,商务印书馆 1997 年版,第 855 页)与这些相似,我们中国人也把男女约会称为"谈恋爱",可见"谈"(发声)是爱情交往中的标志性行动。

③ 惧内在当下被称为"气管炎"(谐"媳管严"),川渝一带则有更形象的表述——"趴耳朵",这些都离不开听觉。

三、听之为用

人类的听觉不像猫狗那样灵敏,与视觉相比,对信息的把握也不是那么直接和准确——"耳听为虚,眼见为实"反映的正是这方面的视听差距,因此"听"似乎并不是人类感觉中的强项。然而这种简单理解未免辜负了造物的神奇,人类之所以需要听觉,更准确地说之所以拥有目前这样的听觉,绝对不是无缘无故的,否则千万年的进化(包括感官间的相互调适)就是虚掷光阴。我们不妨先从听觉的功能说起。

人是时间中的生命,如果说白天和黑夜各占时间的一半,那么视觉和听觉分别在这两个一半中各擅胜场:阳光普照之下视觉可以大显身手,然而到了伸手不见五指的黑夜,占据上风的则是听觉。《创世记》中耶和华说"要有光",是因为"看"要在有光的情况下才能"看到",相比之下,"听"却是无条件的和全天候的——即便是在其他感觉都已"下班"休息的黑夜之中,"听"仍然保持着相对清醒的"值班"状态。许多叙事作品在描写人物从梦中醒来这一时段的意识时,都会首先提到声音。毫不夸大地说,倘若没有听觉的昼夜守护,或者说假使耳朵也效仿眼睛长出可以关闭的"耳睑",那么人类的历史也许早已终结。

令人遗憾的是,对于主导生命中这一半时间的听觉活动,迄今为止的学术关注远远不足。当然可以说这是因为人的活动主要发生在白天,晚上作为人的休息时段,与生产劳动相关的活动趋于停顿和静止,因此"重视轻听"似乎是必然的。然而我们现在讨论的是叙事,叙事的最初形式是讲故事,这一活动更适宜在休息时段进行,讲故事在过去主要诉诸夜色朦胧中的"听"。爱·摩·福斯特为原始人的夜生活描绘了这样一幅栩栩如生的画面:"故事在远古时代就已经出现,可以追溯到新石器时代,以至旧石器时代。从当时尼安得塔尔人的头骨形状,便可判断他已听讲故事了。当时的听众是一群围着篝火在听得入神、连打呵欠的原始人。这些被大毛象或犀牛弄得精疲力竭的人,只有故事的悬宕才能使他们不致入睡。因为讲故事者老在用深沉的声调提出:以后又发生了什么事呢?"①

鲁迅也认为口头叙事起源于劳动之后的休息:"人在劳动时,既用歌吟以自娱,借它忘却劳苦了,则到休息时,亦必要寻一种事情消遣闲暇。这种事情,就是彼此谈论故事,而这谈论故事,正就是小说的起源"。根据这一规律,他认为中国早期叙事欠发育的原因在于先民居住的黄河流域"颇乏天惠",古人劳作太勤休息甚少,"眠食尚且不暇,更不必提什么文艺了"②。所谓"姑妄言之姑听之,瓜棚豆架雨如丝",说的便是人们在"瓜棚豆架"之下用讲故事活动来消磨时光。一直到晚近,这类活动仍在神州大地上延续。

按照诺思罗普·弗莱的意见,明亮的阳光让人的意识保持清醒,而昏暗的夜色则容易使人陷入梦幻状态:

> 与太阳的白昼光明、夜间黑暗的循环密切对应的,是清醒生活与梦幻生活这一富于想象力的循环。这一循环构成了上文已论及的经验的想象与天真的想象之间那种对立关系的基础。因为人类的节奏与太阳的节奏恰好相反:当夕阳西沉后,人内心的"力比多"却似巨人般醒来,而白昼时光天化日,常常是人们欲望的黑暗。③

引文的关键为"人类的节奏与太阳的节奏恰好相反",我理解弗莱的意思是人的欲望在光天化日之下受到种种压抑,夜幕拉开之后体力活动告一段落,"似巨人般醒来"的"力比多"开始发生作用,于是就有了讲故事和做梦等释放欲望压力的"梦幻生活"。这番话还包含了另外一层更为重要的意思——想象力在视觉信息"干扰"较少的情况下表现得更为活跃。我在研究太阳神话时发现,先民对日出到日落的叙述,远远不及夜太阳的故事那样丰富多彩④,究其原因,乃是由于红日的东升西坠是"一览无余"的,而太阳落山后到重新升起之前的运行则是看不见的——看不见的一大好

---

① 爱·摩·福斯特:《小说面面观》,苏炳文译,花城出版社1984年版,第23页。

② 《鲁迅全集》第9卷,人民文学出版社1981年版,第302、303页。

③ 诺思罗普·弗莱:《批评的解剖》,陈慧等译,百花文艺出版社2006年版,第227页。

④ 傅修延:《元叙事与太阳神话》,《江西社会科学》2010年第4期。

释「听」
——关于「我听故我在」与「我被听故我在」

处是可以自由发挥想象。在许多民族的日没神话中,太阳的夜间运行被说成是英雄在冥界(或恶魔体内)经历种种匪夷所思的危险,最后于黎明时分从黑暗的包裹中挣脱出来。弗莱认为这一想象构成后世一切复杂叙事的"原型":"在许多关于太阳的神话中,英雄从夕阳西沉到旭日东升这段时间里,危险地穿越一个到处布满怪兽的迷宫般的冥界。这一主题可以构成具有任何复杂情节的虚构作品的结构原理"①。

神话的时代已然远去,但是人类还未"进步"到可以抹去白天和黑夜的界限,因此到了该休息的时候,人们主要还是按鲁迅所说用"彼此谈论故事"来"消遣闲暇",当然这一活动目前更多是通过现代传媒进行。无论是侃大山、打电话、听广播、看电视、读小说、上影院、传邮件还是发微博微信之类,其内容或多或少都离不开叙事。或许有人会说这些活动有不少与"看"的关系更为密切,但请注意,现代传媒到晚近才开始崛起,电灯的使用也不过只有一百多年的光景。而在照明革命之前的数千年中,夜间的听觉想象往往是庸常生活中的诗意来源。中国古代有大量与"夜听"有关的诗句,脍炙人口的有孟浩然的"夜来风雨声,花落知多少",陆游的"夜阑卧听风吹雨,铁马冰河入梦来"以及郑板桥的"衙斋卧听萧萧竹,疑是民间疾苦声"等。传奇初兴的唐代,作者为强调所叙述的内容并非虚妄,往往会在文中披露自己的故事是从何处"听"来,这不啻掀开历史帷幕的一角,让后人窥见当时文人交流见闻的"叙事之夜":

> 建中二年,既济自左拾遗于金吾。将军裴冀、京兆少尹孙成、户部郎中崔需、右拾遗陆淳,皆谪居东南,自秦徂吴,水陆同道。时前拾遗朱放因旅游而随焉。浮颍涉淮,方舟沿流,昼宴夜话,各征其异说。众君子闻任氏之事,共深叹骇,因请既济传之,以志异云。(沈既济《任氏传》)

> 元和六年夏五月,江淮从事李公佐使至京,回次汉南,与渤海高钺、天水赵攒、河南宇文鼎会于传舍。宵话征异,各尽见闻。钺具道其

---

① 诺思罗普·弗莱:《批评的解剖》,第 274 页。

事,公佐因为之传。(李公佐《庐江妪传》)

> 贞元丁丑岁,陇西李公佐泛潇湘、苍梧。偶遇征南从事弘农杨衡,泊舟古岸,淹留佛寺,江空月浮,征异话奇。(李公佐《古〈岳渎经〉》)

引文中的"夜话""宵话"与"江空月浮,征异话奇"等表述,有力地印证了这种"彼此谈论故事"发生在夜晚。即便是在科技发达的今天,仍然有许多人在入夜之后遵循"夜听"的模式,广播电台的夜话类节目便是应"夜听"之需而设。美国电影《西雅图夜未眠》(1993年)讲述的故事堪称现代"夜听"的典型:一名男子无意间对电台节目主持人讲述了自己对亡妻的思念,没想到感动了夜幕之下侧耳聆听的无数女性听众,她们的信件在后来几天中像雪片一般朝这位鳏夫飞来。

"听"既然如此重要,那么为什么人类的听觉没有进化得更为灵敏一些呢?这个问题其实也适用于人类的所有感觉,在视、听、触、嗅、味等方面,许多动物都远远胜过了我们。然而从总体上看,这些各有所长的动物在进化上都落到了人类后面,因为人类的进化策略表现为将大脑置于首位,身体其他部分的进化必须服从大脑的扩容,这一策略使人类凭借智慧的力量成为万物的灵长。大脑与五官同居头部,大脑中负责与五官联系的区域不能占据太多空间,否则大脑中更为重要部分的发育无法实现。英国牛津大学罗宾·邓巴率领的研究小组注意到,尽管尼安德特人的大脑不比与其同时的现代智人小,但由于视觉系统过于发达,大脑需要分配更多部分来负责视觉处理,结果其额叶(大脑前部控制社会思考和文化传输的部分)未能像现代智人那样自由扩大,这可能是尼安德特人灭绝的主要原因①。美国宾州大学汉塞尔·斯特德的研究团队则认为,古人类颌肌生长速度在某一时期因基因突变而放缓,这一放缓极大地减轻了颅骨所受的束

---

① 该研究报告发表于2013年3月12日出版的英国《皇家学会生物学分会学报》。罗宾·邓巴的团队对距今7.5万年至2.5万年的尼安德特人(远古欧洲人类的近亲)的颅骨化石进行了研究,发现其眼窝要比现代人大得多,进化出这样的大眼睛是为了适应在高纬度地区低亮度的环境中生存,但其负面效应为视觉工作区所占的体积过大,影响了额叶的发育空间。对比之下现代智人是从光线明亮的非洲进化而来,相对较小的眼窝使其能自由地进化出更大的额叶。

缚,从而使现代人进化出比古人类大三倍的大脑①。这两项近期发现似在说明,为了生长出更为聪明的大脑,人类在进化过程中不惜付出大眼睛与宽下颚的美学代价。

或许有人会提出质疑:人类的进化难道不可以朝着扩大脑袋的方向发展——头颅一大不是什么空间都有了吗?进化论学者斯蒂芬·杰·古尔德对此给出了自己的回答:人类的头颅尺寸已经达到上限,再大的话就会影响到产妇的分娩:"人类的脑太大了,若要成功出生的话必须有另外的策略——相对于整个发育,孕期缩短,当脑只占胎儿体积的 1/4 时,就要分娩。我们的脑大概已经达到体积增长的极限。我们进化的最优越特性的进一步发展终于受到了限制。除非女性的盆腔在构造和功能上有根本的改变,否则我们要出生的话就不得不保持这样的脑"。有鉴于"人类婴儿的脑在出生时仅为最终体积的四分之一",古尔德提出了一个惊世骇俗的观点——人类婴儿出生时实际上还是未发育成熟的胚胎!"假如妇女在婴儿'应该'出生时再生产,孕期要达一年半"②。如果此说无误,那么较之于那些生下来便能奔跑的四蹄动物,人类为了维持自己的智力优势,又竟然不惜承受哺育婴儿胚胎的风险。

"大脑优先"的进化原则,让我们认识到人类五官功能均不十分发达的奥妙所在,如果没有这条原则,人类可能已沦为莽莽丛林中某种"一觉独大"的动物。然而又不能简单地将这些"不十分发达"当作为大脑让路付出的代价,上面讲过的进化史故事中还存在着更为复杂的因果纠缠:人类直系祖先的视力不如尼安德特人那么敏锐,因此他们更不能缺少火光的照耀;颌肌变弱后咬嚼能力的下降,必然强化对熟食和切割食物工具的需求。如此看来,先天方面的某些不足对大脑的发育来说又是幸事,从某种意义上说,为弥补自身不足而做出的种种探索与发现充当了人类智慧的磨

① 该研究发表于 2004 年 3 月 25 日出版的英国《自然》杂志。汉塞尔·斯特德与其合作者(费城儿童医院的外科医生)认为,大约在 240 万年前,人类体内一个名为 MYH16 的基因发生突变,使得头部与咬嚼有关的颌肌放慢了生长速度,颅骨因此不再像以前那样受到颌肌紧绷的压迫。2004 年 3 月 26 日的《解放日报》用"高智商缘于短下巴"为题报道了这一发现。
② 斯蒂芬·杰·古尔德:《自达尔文以来》,田洺译,海南出版社 2008 年版,第 48 页。

刀石。人类在视听触嗅等方面比某些动物"迟钝"固然是种不幸，但这种"损失"已经由大脑的发育得到了补偿，人类后来能够驱役视听发达的猎鹰和猎犬为狩猎活动服务，凭借的就是比它们更为聪明的大脑。

听觉在帮助大脑进化方面贡献甚大。声音除了看不见、摸不着、闻不到、尝不出的特性之外，它与其他感觉对象的区别还在于其独特的瞬间性质。沃尔夫冈·韦尔施说："人们环顾四周意味着去感知相对持久的空间和形体资料，但是人们倾听，则意味着去感知瞬时便消失无踪的声音。这一差异具有意味深长的结果。不妨想一想，假如口说的话不是消失远去，而是像可见的事物一样，存留下来，说话便将不复成为可能。因为下面所有的言辞，都会被先时持久存有的言语吸收进去。这表明视觉和听觉现象的差异，是多么举足轻重。可见和可闻，其存在的模式有根本不同。可见的东西在时间中持续存在，可闻的声音却在时间中消失。视觉关注持续的、持久的存在，相反听觉关注飞掠的、转瞬即逝的、偶然事件式的存在。"①转瞬即逝的声音要求听者集中注意力，看不清楚时可以再看，听不清楚时却无法再来一遍。不仅如此，听到声音只是间接地感知发出声音的对象，大脑处理声音信息主要靠推测、想象和判断，由于我们的听力不像别的动物那样灵敏，大脑只有用更有效率的工作来弥补这一不足。似此听觉信息的不确定性，反而成了增强思维专注性和想象活跃性的有利因素。

对于声音的瞬间性及其与思维的联系，黑格尔曾经有过哲学意义上的思辨。他提出"听觉比视觉更是观念性的"，因为视觉让"所观照的对象静止地如其本然地存在着"，而听觉则"无须取实践的方式去应付对象，就可以听到物体的内部震颤的结果，所听到的不再是静止的物质的形状，而是观念性的心情活动"。黑格尔的思想总是在"否定之否定"的辩证轨道上运行，他的意思是说，声音的传递是一种双重否定：一重是物体发声导致的"震颤"构成对其空间状态的否定，另一重是声音的旋生即灭构成对其持久存在的否定，这样一来声音本身"并不能独立持久存在，而只能寄托在

---

① 沃尔夫冈·韦尔施：《重构美学》，陆扬、张岩冰译，上海译文出版社2002年版，第221页。

主体的内心生活上,而且也只能为主体的内心生活而存在":"所以声音固然是一种表现和外在现象,但是它这种表现正因为它是外在现象而随生随灭。耳朵一听到它,它就消失了;所产生的印象就马上刻在心上了;声音的余韵只在灵魂最深处荡漾,灵魂在它的观念性的主体地位被乐声掌握住,也转入运动的状态"①。引文中"所产生的印象就马上刻在心上",这一描述与我们古人对"听"的认识不谋而合,说明东贤西哲在用"心"倾听这一点上存在共识。不过声音并不能真正"刻"在心上,"观念性的心情活动"本身也是变动不居的,佛典《优婆塞戒经》的"示修忍法"教人别把恶骂当作一回事——骂詈之声就像耳边刮过的"风声"一样转瞬即逝,因此不能构成对被骂者的真正伤害:"有智之人,若遇恶骂,当作是念:是骂詈字,不一时生;初字出时,后字未生,后字生已,初字复灭。若不一时,云何时骂?直是风声,我云何瞋!"②这里的"初字出时,后字未生,后字生已,初字复灭",与黑格尔的声音"随生随灭"殊途同归。正是由于声音"不能独立持久存在",人们才需要发明诉诸视觉的文字。不过如韦尔施所言,声音假如不具瞬间性,"先时持久存有的言语"便会成为后来人说话的障碍。蒲松龄《聊斋志异·骂鸭》写某人偷鸭烹食后肤痒生毛,"触之则痛",无奈之下向邻人坦白求骂,挨骂之后"其病良已",这个故事从另一个侧面指出声音与心灵的联系。

四、视听之辨

以上所举黑格尔与韦尔施的论述,均已涉及听觉与视觉的本质区别,由于后现代社会的视觉依赖以及视听关系的密不可分,我们对听觉的探讨已不可能脱离视觉。

视听之辨的始作者是卢梭。在《论语言的起源——兼论旋律与音乐

---

① 黑格尔:《美学》,朱光潜译,商务印书馆2012年版,第331、333页。
② 钱锺书:《管锥编》第2卷,三联书店2007年版,第685页。

的摹仿》这本小册子中,卢梭指出人类之间的沟通无非只有两种途径,一种是诉诸视觉的肢体动作(手势以及表情),一种是诉诸听觉的声音。虽然世界各民族都毫无例外地将听觉沟通作为人际交流的主要途径,但卢梭认为"我们眼睛看到的事物多于我们耳朵听到的":"古人的最生动最充满活力的表达方式不是言辞,而是符号。他们不是去说,而是去展示。古老的史书中记载的用符号而不是话语之类的事物去更加有效地表达自己意图的事例比比皆是。……大流士带着他的军队进攻斯奇提亚时,他收到了斯奇提亚国王派人送来的一只青蛙、一只鸟、一只老鼠和五支箭。来人呈上这些物品,一言不发就回去了。大流士从来人送来的这些物品中感受到了深深的恐惧,他旋即放弃了对斯奇提亚的进攻而罢兵回国。……因此,诉诸视觉比诉诸听觉更有效"①。卢梭是人类自然天性的崇拜者,他觉得"诉诸视觉比诉诸听觉更有效",是因为手势比语言更为本能,人的肢体动作包括表情发自天性,无须从后天生活中习得,也更少依赖于人际间的约定(符号学认为规约性是任何符号都必须要有的品质)②。如果斯奇提亚国王派去的使臣不是"一言不发"地呈上物品后转身离去,而是滔滔不绝地表达斯奇提亚的抗战决心,那么大流士也许会把这番言辞看作虚张声势的恫吓。

然而这主要是就"表达自己意图"而言,在"涉及激发心灵、触动情感的问题时",卢梭认为情况就完全不同了:没有声音的哑剧很难使人动容,而没有动作的言说却能够感人至深;看到一个悲恸欲绝的人,我们不可能为之落泪,但当此人陈述自己的悲伤时,我们很可能会跟着他一道放声大哭。卢梭还如此阐述声音对情感的催化作用:"那些打动我们的语调,那些令我们不可能充耳不闻的语调,那些渗入我们心灵最深处的语调,它们带动了我们全部的情感,让我们忘我地感受我们自己所听到的东西。我们

---

① 卢梭:《论语言的起源——兼论旋律与音乐的摹仿》,吴克峰、胡涛译,北京出版社 2010 年版,第 3~5 页。
② 卢梭此论不无道理,有些民族以摇头表示同意,点头表示反对,但我们仍能从其表情中判断这些肢体动作的真正含义。

断定,可视的符号能让我们更加精确地模仿,而声音却能更加有效地激发我们的意愿"①。引文中"渗入我们心灵最深处"这一论述,与黑格尔的"声音的余韵只在灵魂最深处荡漾"异曲同工。文学艺术作用于人的心灵和情感,卢梭断定听觉比视觉更能"激发心灵"和"触动情感",不啻说听觉与文学艺术更有缘分,后世文艺大家如华兹华斯、叶芝与 T. S. 艾略特等也对听觉有类似推崇,卢梭此论可谓开其先河。

唐传奇中有一个例子颇能说明卢梭的观点。白行简《李娃传》中,荥阳生为李娃倾尽资财后被鸨母设计赶走,李娃在这场欺骗中无疑扮演了配角,但当荥阳生沦落为丐行乞至其大门外时,她在阁中听出了荥阳生"饥冻之甚"的乞食声,急忙"连步而出","前抱其颈,以绣襦拥而归于西厢","失声长恸曰:'令子一朝及此,我之罪也'"②。此前荥阳生曾在代办丧事的凶肆中练就了"哀歌"的本领,其"乞食之声甚苦,闻见者莫不悽恻",这样的声音在雪夜传入天良未泯的李娃耳中,无怪乎能激活其"心灵最深处"潜藏的悔恨与爱怜,于是乎故事情节为之一转,凄惨的乞食声令男主人公的命运获得改善。

讨论卢梭《论语言的起源》不能不提到德里达最重要的著作《论文字学》,因为后者用了十几万字的篇幅来引述和讨论只有寥寥数万字的前者(借他人酒杯浇自己胸中块垒的做法在法兰西文论中屡见不鲜,罗兰·巴特的《S/Z》也属此类),但这也反过来说明了卢梭之作在德里达心目中的地位。德里达《论文字学》的重点并不在视听之辨,不过德里达还是指出了卢梭论述中存在的矛盾,我们不能不佩服德里达目光的犀利:"《语言起源论》一开始赞扬,最终又谴责无声的符号。第1章赞扬无声的语言,赞扬眼神和手势(卢梭把它与说话时手舞足蹈区分开来):'因此,向眼睛说话比向耳朵说话更为有效。'最后一章描述了在历史源头内,无声符号的循

---

① 卢梭:《论语言的起源——兼论旋律与音乐的摹仿》,第6页。
② 荥阳生被驱逐过程中李娃是否完全知情,学界有不同议论。参见马幼垣《扫落叶、话版本——李娃有没有参加驱逐李生的金蝉脱壳计?》,载马幼垣《实事与构想——中国小说史论释》,台北,联经出版事业股份有限公司,2007年,第309~313页。

环所构成的社会的最终的奴役。"①除此之外,《论文字学》的主体部分(第二部分)还用了《爱弥儿》中的一段话作为题记。只有把卢梭的意思弄清楚,才能懂得为什么德里达会把这段话放在如此重要的地位:"我们有对听觉作出反应的器官,即处理声音的器官,但我们没有对视觉作出反应的器官,我们不能像发出声音那样发出颜色。通过主动器官和被动器官的交替使用,这便成了培养第一种感觉的辅助手段"②。从引文中"主动器官"和"被动器官"这样的提法可知,卢梭认为人身上有两个器官涉及听觉:一个是被动地接受声音的耳朵,一个是主动发出声音的嘴巴;相比之下人身上只有一个被动的器官即眼睛来接受视觉信息,也就是说我们缺少一个"像发出声音那样发出颜色"的主动器官。按此逻辑推论,人类的听觉系统作为唯一的主动器官,除了"对听觉作出反应"之外,还要承担"对视觉作出反应"的功能,用卢梭的话来说就是用声音代表颜色。如此一来,不但视觉信息需要转换成听觉信息才能发出,能指与所指之间更隔了一层。《论文字学》的主要任务是扫荡逻各斯中心主义(又称语音中心主义),如果说有人对逻各斯中心主义感到困惑,那么阅读这段引文(在此它已经成为《论文字学》的 paratext——副文本)可能有助于他们理解这一表述的涵义——德里达以此表示对声音的越俎代庖及其霸权地位的不满,虽然他承认听觉比视觉在生理结构上更具先天的优势。

那么,为什么上天如此厚爱听觉? 或者说,为什么分布在世界各地的人类最后都选择了听觉沟通? 卢梭引发我们思考的这些问题,在德里达之后仍有必要给出更为明确的回答。《人类沟通的起源》一书的作者迈克尔·托马塞洛说:"人类开始以声音渠道作为主要的沟通模式,是演化史上非常后期的事。"③在此之前人类的祖先主要是靠视觉符号来彼此沟通,即用以手指物、比划示意等来为合作活动提供信息,这些肢体动作为声音

---

① 雅克·德里达:《论文字学》,汪堂家译,上海译文出版社 2005 年版,第 341 页。
② 雅克·德里达:《论文字学》,第 143 页。
③ 迈克尔·托马塞洛:《人类沟通的起源》,蔡雅菁译,商务印书馆 2012 年版,第 165 页。

符号提供了最初的演化平台①。然而,为什么视觉符号一定要向听觉符号演化呢? 这是因为相对于前者,后者更有利于较大范围内的全天候沟通——体型偏小,视听触嗅偏弱而又不具爪牙角翼之利的人类祖先,只有靠相互合作才能在弱肉强食的黑暗丛林中生存下来。

达尔文说:"在高等动物里,最普通的一种互助是通过大家的感官知觉的联合为彼此提供对危险的警告。"为此他讲述了两个灵长类动物靠呼救逃脱魔爪的故事②。不仅是高等动物,许多智力较低的动物也会发出表示危险的声音信号,即便没有救援者闻声而来,至少听到声音的同类可以及时逃脱。可以反过来设想一下,如果求救或警告信号只能通过视觉渠道发出,那么在光线昏暗(夜晚和密林中)、物体遮挡和沟通对象麻木不仁(睡眠或昏聩)的情况下,这种信号被及时接收到的可能性是很低的。《红楼梦》第二十三回贾宝玉"大受笞挞"前被贾政关在厅上,这时正好有一位老姆妈迎面走过来,宝玉便一迭连声地对她说:"快进去告诉:老爷要打我呢! 快去,快去! 要紧,要紧",没想到这位老姆妈"偏生又聋,竟不曾听见是什么话",不管宝玉如何"跺脚"和"着急",这些诉诸视觉的肢体动作和表情都没能让她明白过来,由于救兵未及时赶到,宝玉最后结结实实挨了父亲一顿毒打。

托马塞洛关心的是诉诸视觉的手势,但他对听觉沟通的优势也有深入研究,以下不避繁冗,照引其颇耐咀嚼的一大段总结:"声音模式之所以优越,是因为,它让人可以在较远的距离沟通;它让人在浓密的森林里也能沟

---

① 迈克尔·托马塞洛:《人类沟通的起源》,第 120 ~ 169 页。

② "在阿比西尼亚,勃瑞姆碰上一大队狒狒……受到猎犬的袭击,在山坡上的老成一些的雄狒狒便立刻从石丛中赶下来,张开大嘴,吼声震耳,使猎犬吓得急剧地向后撤退。在猎人的激励下,猎犬再一次进攻,但这时候全队的狒狒已经登上高坡,谷里只留下一只大约六个月大的小狒狒,正大声呼救,同时爬上一块大石的顶上,受到了猎犬的包围。在这当儿,山坡上最大的一只雄狒狒,一位真正的英雄,再一次赶下坡来,很镇定地跑到小狒狒身边,抚慰了一番,把它胜利地带走了——猎犬们一时惊得发了呆,没有能进行攻击。到此,我情不自禁地要介绍这同一位自然学家所曾目击的另一个场面:一只老鹰抓住了一只幼小的长尾猴,由于小猴缠住树枝不放,老鹰没有能把它立刻带走,小猴大声呼救,猴队的其他成员闻声赶到,一时叫声大起,包围了老鹰,拔下了它的大量的羽毛,老鹰情急,只想逃命,再也顾不到所要捕食的小猴了。"达尔文:《人类的由来》上册,第152页。

通;它让手可以空下来,于是人类可以一边沟通一边做事情;它通过听觉渠道沟通,让眼睛可以四处搜寻掠食者和其他重要讯息,诸如此类。这些原因或多或少都起过一定的作用。在此我们还想提出另一个可能性,它跟我们这一章里所提供的解释是一致的,就是声音模式的沟通,比起手势沟通来得更公开。第二章探讨灵长类沟通时,我们谈过它们的声音可以一视同仁地传播到附近每个个体的耳朵里,但手势就只能比给几个人看。在历经以手势对着几个人沟通的阶段后,逐渐转变成声音模式的沟通可能意味着,沟通行为还是只针对少数几个人。因此沟通意图本身,可视为一种后设的符号(metasignal),告诉你这是'给你'的讯息——但与此同时,声音的媒介让旁边所有人都能意外听见谈话内容(要避免这种情况发生,只能采取特殊手段,如低声私语)。这表示,口说的行为本质上是公开的,因此才会关乎名声一类的事"①。托马塞洛的总结,似可归纳为"远可闻""暗可听""解放手""解放眼""听者众"和"声可控"等六条。"远可闻"和"暗可听"指声音在空间中的弥漫及其对幽暗介质的穿透,旧时值夜巡防多用人声加响器发出信号,传声最远的响器或为《黄帝内经》中提到的夔牛皮鼓:"黄帝伐蚩尤,玄女为帝制夔牛皮鼓八十面,一震五百里,连震三千八百里。""解放手"的意义在恩格斯笔下有精辟阐述:"手的专门化意味着工具的出现,而工具意味着人所特有的活动,意味着人对自然界进行改造的反作用,意味着生产。"②前面提到"杭育杭育"之声或为因劳动而发,这里我们可以进一步领悟到,人类如果无法发出"杭育杭育"的声音来相互沟通,也许就不会进化到能够腾出手来开展合作劳动。"解放眼"显示人类内部的沟通转为以听觉为主是多么重要,耳朵接管了这项重要的职能之后,眼睛可以更加专注地观察外部世界。这当然不应理解为绝对意义上的"耳不听外,眼不看内",但各有侧重的视听分工正好可以解释人类对外部世界的倾听为什么不那么灵敏,而对自己同类的声音却又能分辨得那么精

① 迈克尔·托马塞洛:《人类沟通的起源》,第 162 页。
② 《马克思恩格斯选集》第 3 卷,人民出版社 1972 年版,第 456~457 页。

细。这里同样要对前面所说作一点修正，即人类听觉的不够发达只是就"外听"而言，就群体内部的声音沟通而言，没有哪种动物的"内听"能胜过人类①。"听者众"是说相对于视觉沟通的"点对点"形式——手势只能比划给少数人看，听觉沟通是一种更为公开的"点对面"传播——声音可以"一视同仁"地传递到周围竖起的耳朵里。不难想象，早期人类社会中的诸多信息发布（号令下达、舆论引导、故事讲述、技艺传授）就是在这样的沟通基础上形成。"声可控"指出听觉沟通虽有被人"意外听见"的危险，但说话人可以通过"低声私语"控制传播范围，这种压低嗓门作为一种"后设的符号"也在传递信息：听到的人在接受信息的同时也获悉自己被纳入了一个相对较小的群体，而听不到或听不清楚的人则明白自己被排除在这个范围之外。中外叙事经典中有太多内容证明这一点。

托马塞洛的总结似乎漏掉了声音的冲击力。人类和许多动物一样，也会以声音为武器来遏止或威胁对手，我们姑且称此为"声可威"。前述达尔文的故事中，狒狒以吼声吓退猎犬，群猴"叫声大起"令老鹰落荒而逃，这些都证明巨大的声音可以造成对手的心理恐慌。拳击运动员会用挑衅性的肢体动作和凶恶的面部表情来向对手施加压力，但这种作用于眼睛的恫吓不如作用于耳朵的声波来得直接。《三国演义》第四十二回张飞在长坂桥接连三声怒喝，将"曹操身边夏侯杰惊得肝胆碎裂，倒撞于马下"，曹操本人也"惧张飞之威，骤马望西而走，冠簪尽落，披发奔逃"，这样的叙述固然带有文学艺术的夸张性质，但至少声音的杀伤力从中可见一斑。马歇尔·麦克卢汉在《理解媒介：论人的延伸》中谈到服装、住宅和城市是人类肌肤之类的延伸②。据此意义而言，声音的冲击也是人体力量的对外"延

---

① 人类对口头语言的精细敏感，主要表现为能识别音素间与语义相联系的关键差异，米歇尔·希翁称这种识别为"语义聆听"："这种以极其复杂的方式运作的聆听模式，一直是语言学的研究对象，而且被研究得最广泛。一个重要的发现就是，它纯粹是基于差异性的。一个音素（phoneme）被听到并不是严格地因为它的声学属性，而是作为整个的对比与差异体系的一部分。因此，如果发音中（由此也就是声音中）相当大的差异不是所论及的语言中的关键差异的话，语义聆听通常会忽略它们。例如，在法语和英语的语言聆听中，对于音素 a 的某些变化很大的发音并不敏感。"米歇尔·希翁：《视听：幻觉的构建》，黄英侠译，北京联合出版公司 2014 年版，第 25 页。

② 马歇尔·麦克卢汉：《理解媒介——论人的延伸》，何道宽译，译林出版社 2011 年版，第 140～152 页。

伸"，由于听觉在某种程度上与触觉相似（即前述"听触一体"），这种"延伸"对外部世界的"扰动"乃是其他感觉所不能达到的。

五、"听"与"被听"

以上对视听之辨的讨论，特别是"听者众"这一条中包含的"点对面"沟通，已隐约涉及听觉沟通对人类社会架构的塑形。不难想见，一人发声而众人侧耳，这种格局本身就赋予"被听"之人某种特殊地位。声音的传播固然是"一视同仁"的，人人都大声喧哗又是不可能的，因为众说纷纭必然导致莫衷一是，无所适从可以说是群体生存和发展的大忌。如前所述，人类沟通的根本目的在于合作，只有合作才能让集体变得强大，而合作意味着众人要将自己"被听"的权利让渡出一大部分，交给在政治、军事、宗教、生产乃至休闲等方面更有"发言权"的某人。这种"听于一人"的结果，便是"听"的群体中涌现出"被听"的领袖式人物（包括能手）。从"听"与"被听"的角度，可以解释为什么雄辩术在古希腊罗马的公共生活中那么盛行，即便是在传播手段多元化的今天，用慷慨激昂的演说攫获听众，仍然是西方政治家施展影响的本色当行。

中国古代虽然没有雄辩术这样的提法，但我在研究先秦叙事时注意到，中国最早的历史文献《尚书》中充满了政治人物的声音，其中不乏"威风凛凛"的演说与"滔滔不绝"的训诫。刘知几在《史通·六家》中这样总结："《书》之所主，本于号令，所以宣王道之正义，发话言于臣下，故其所载，皆典、谟、训、诰、誓、命之文。"也就是说，《尚书》的功能为具载政治号令，由于古代的号令发之于"口"，形之于"言"，故《尚书》的篇名多从"口"从"言"。不仅如此，由于这部记言之作在用文字写定之前经历了长期的口耳相传，后人在阅读时仍能近乎"原汁原味"地感受到上古时期"听"与"被听"的具体情境。

声音传播的"一视同仁"，还体现为说话者在被别人听见的同时也听见了自己。我们不可能不借他物看见自己，水面或镜中的映像和真正的自我总是隔了一层,然而听见自己无须通过其他媒介,我们的声音传递的正是我们自己的意识。德里达在这种"被听见—说话"中,发现"声音是在普遍形式下靠近自我的作为意识的存在":

　　向某人说话,这可能就是听见自己说话,被自我听见,但同时,如果人们被别人听见,也就是使得别人在我造成了"被听见—说话"的形式下在自我中直接地重复。直接重复"被听见—说话",就是不求助于任何外在性而再产生纯粹的自我影响。这种再生产的可能性,它的结构是绝对独一无二的,它表现控制力的现象或一种对能指的无限的权力,因为能指具有非外在性的形式本身。从理想意义上讲,在言语目的的本质中,能指很可能与直观追求的并导引"意谓"的所指绝对相近。能指会变得完全透明,因为它与所指绝对相近。①

　　引文中某些表达由于语言障碍而显得有些晦涩,但若将其与前引卢梭之说(人类缺乏对视觉信息作出主动反应的器官)联系起来,德里达的意思就变得比较清晰了:说话者的声音被别人和自己同时听见,这种"不求助于任何外在性"的内部传导使得能指与所指完全不隔,声音因此成为一种最为"接近"自我意识的透明存在。可以印证我们这种理解的是德里达接下来说的一句话:"当我看见自己在写或用手势表达意义而不是听见自己说话的时候,这种接近被打断了"②。

　　引文中较为费解的还有"对能指的无限的权力"这一表述,我理解这是"说话—被听见"的题中应有之义。声音在德里达那里既已与意识同义,那么声音便是意识赖以证明和显示自己存在的能指③,在此意义上说话者当然对这种"纯粹的自我影响"拥有"无限的权力"。德里达这里已经

---

① 雅克·德里达:《声音与现象》,杜小真译,商务印书馆 2010 年版,第 101～102 页。按:德里达此说乃极而言之,能指与所指不可能"绝对相近"。"符号的载体与表意对象必须有所不同,符号表现绝对不会等同于对象自身,不然就不成其为'再现',符号就自我取消了。"赵毅衡:《符号学》,南京大学出版社 2012 年版,第 61 页。
② 雅克·德里达:《声音与现象》,第 102 页。
③ 索绪尔认为能指是"声音－形象",即"声音留下的印迹"。Ferninand de Saussure, *Course in General Linguistics*, New York: McGraw－Hill, 1969, p. 66. 索绪尔此说与陈澧的"文字者,所以为意与声之迹也"不谋而合。陈澧:《陈澧集》,上海古籍出版社 2008 年版,第 224 页。

涉及"说"的深层动机:由于声音总是一言既出驷马难追,因此为了维持生命中的存在感(胡塞尔说"生活世界"中的存在是纯粹意识的意向性存在),人们需要不断发出声音,让别人听见就是让自己听见。"太初有声"一节曾用"我听故我在"表达人的一生与"听"偕行,本节讨论的则是另一种意义的"我听故我在",这里的"我听"指听见自己(这同时意味着听见自己的"被听"),强调的是"说话—被听见"对自我存在的提示,因此也可表达为"我被听故我在"。

与一般讲故事的人相比,作为故事讲述者的文人在"我被听故我在"方面更具自觉意识。前面提到唐代文人喜欢"彼此谈论故事",如果我们进一步考察产生这些故事的具体语境,就会发现当时一些传奇简直就是为了"听"与"被听"之永在而被付诸书写。陈鸿《长恨传》如此记述:"元和元年冬十二月,太原白乐天自校书郎尉于盩厔。鸿与琅琊王质夫家于是邑,暇日相携游仙游寺,话及此事,相与感叹。质夫举酒于乐天前曰:'夫希代之事,非遇出世之才润色之,则与时消没,不闻于世。乐天深于诗,多于情者也。试为歌之,如何?'乐天因为《长恨歌》。意者不但感其事,亦欲惩尤物,窒乱阶,垂于将来者也。歌既成,使鸿传焉。"①这段文字最令人印象深刻的地方,在于王质夫郑重其事地举酒于白居易之前,告诉他口传故事再精彩也无法留存于世,具有"出世之才"的文人应当用自己的生花妙笔将其记录下来。

比王质夫更具鼓动能力的是李公佐,小说史家注意到,李公佐本人不仅是四五部口传故事的记录整理者,他的名字还多次在别人所作传奇的头尾部分出现②。白行简《李娃传》最后如此介绍故事的书写缘由:"贞元中,予与陇西李公佐话妇人操烈之品格,因遂述汧国之事。公佐拊掌竦听,命予为传。乃握管濡翰,疏而存之。时乙亥岁秋八月。"按照这一介绍,没有李公佐热情如火的"拊掌竦听"与"命予为传",就不会有白行简

① 《全唐诗》第七册,中华书局 2013 年版,第 4828 页。
② 石昌渝:《中国小说源流论》,三联书店 1994 年版,第 146～150 页。

释『听』
——关于『我听故我在』与『我被听故我在』

的"握管濡翰,疏而存之",联系王质夫在白居易前的"举酒"劝书,白居易、白行简二人的濡染彩笔看来都离不开别人的大力怂恿。众所周知,儿童在"被听"和"被看"的情况下会产生难以抑止的表演性冲动,一些家长对此以"人来疯"作形容,同样的道理,文人聚谈造成的"被听"也会对作家的创作欲构成良性刺激,所以白行简等人会将"被听"的情境也一并写入传奇。

鲁迅曾惋惜李公佐的叙事贡献与其名声不甚相符①,这是因为一直以来人们都忽略了传奇写定之前的听觉传播,更具体地说,过去的研究只注意传奇的书面形态,而不关心其口传过程中的切磋与反馈。李公佐、王质夫等人的细心聆听与热情鼓励,从某种意义上说也使他们成为相关文本的"共同作者"。"夫希代之事,非遇出世之才润色之,则与时消没,不闻于世"这样的观念,值得用金字镂铭于中华叙事史册,李公佐、王质夫等人应该被追授"最佳聆听者"称号!"与时消没"这一用语,显示出当时人对"听"与"被听"之不能永在已有非常深刻的自觉认识,正是基于这种认识和遗憾,小说这种专属于文人的笔头叙事才会在李公佐、王质夫那个时代开始崛起。陈澧《东塾读书记》如此总结:"声不能传于异地,留于异时,于是乎书之为文字。文字者,所以为意与声之迹也。"②顺便说说,"书之为文字"的更深意图是为了对抗肉身的易朽,曹丕《典论·论文》的"未若文章之无穷",道出了古今中外一切搦管为文者对斯文永在的向往。

六、"被听"与"被看"

听觉沟通对于人类社会架构的塑形,可以一直上溯到母系社会时期。众所周知,人类的父系社会大约只有四五千年的历史,在此之前人类社会的领导角色一直是由女性担任,这种"先来后到"不可能不对男女两性的

---

① "然传奇诸作者中,有特有关系者二人:其一,所作不多而影响甚大,名亦甚盛者曰元稹;其二,多所著作,影响亦甚大而名不甚彰者曰李公佐。"《鲁迅全集》第9卷,第80页。

② 陈澧:《陈澧集》,第224页。

生理进化产生影响。众所周知,两性除了生殖系统的构造不同,在第二性特征上还存在种种差异,其中之一为青春期后男声较为低沉粗犷,女声趋于高亢尖细。人们注意到,女性在排卵期间嗓音最高,而男性如果在发育之前切除睾丸(中国的太监便是如此),那么这种人会一辈子保持尖声尖气的嗓音。这两种现象告诉我们,较之于与生俱来的生理构造,嗓音高低是更为显性更能反映本质的性别判识依据。那么,为什么会形成"女高男低"这种嗓音配置? 如果仅仅是为了两性区别,那么"男高女低"也不失为一种选择,甚至可能是一种更好的选择:摇篮曲用低音哼唱更能令婴儿感到安稳,哺育后代在任何时候都是女性的天职;而对一贯承担外向性任务的男性来说,高音似乎更有利于空旷地域的沟通。因此,大自然赋予女性较高嗓音一定有更为特别的原因,回答这个问题不能不考虑女性在绝大部分时间内是"被听"对象这一重要事实。

物理学中的韦伯-费希纳定律告诉我们,在能量消耗相同的情况下,高音比低音更具传播或曰穿透效率。这一定律经常自觉不自觉地被人类运用于实际生活中:为了确保自己说话能被别人听清,我们会情不自禁地将自己的声音提高八度。乔奇姆-恩斯特·贝伦特认为,母系社会时期处于领导地位的女性总是提高声音说话,久而久之其嗓音频率便在高音阶段固定下来。在《第三只耳朵——论听世界》中,贝伦特用了整整一章的篇幅讨论"为什么女性的嗓音更高"这个话题,他给出的理由和证据包括:(1)"女高男低"是漫长的进化所致,如果把人类的历史看作一把 2 米长的尺子,那么女性统治的时长为 1.999 米,而男性统治的时长不过 0.001 米;(2)"女高男低"这一现象置之四海而皆准,世界各大洲居住的人类无不遵循这一规律,但由于听觉文化在现代社会中不受重视,这一现象从未纳入生物学家、人类学家、心理学家和进化论学家的视野;(3)女性的"被听"导致人类对高频率的声音更为敏感和警觉,所以提示人们注意的警笛、门铃、口哨之类皆为高音;(4)女性语言能力普遍高于男性,这也和她们长期处于统治地位有关;(5)男童嗓音较高,缘于他们是受女性庇护的对象,因此需要用同样的频率发声①。

在谈到两性之间的"听"与"被听"时,贝伦特还饶富兴致地插入了一段他写作这段文字时的"窗前即景":"我是在山间的河流边写作这段文字。一对年轻人正顺着溪谷往上走,由于路上还有积雪,他们需要走到河床上面。他们跳着走——男子带路——从这块浮冰跳到那块浮冰,从这块岩石跳到那块岩石。有时候事情不大顺利,或是由于没看准岩石的距离,或是由于脚下的冰块开裂,他们的脚下溅起水花,身体也被弄湿。男子和姑娘都发生过这种情况。但男子只是继续往前,而姑娘每一次遇到滑跌,不管是在冰块之间,还是踩在不稳的石头上,她都会发出一声尖叫。在我看来,这种尖叫行为带有较为典型的女性特征"②。这幅司空见惯的场景反映了两性在"听"与"被听"上的原始格局:年轻的男子虽然走在前面,但他的沉默显示自己正处于"听"的状态,而"被听"的姑娘则不时发出尖叫以提示存在着的危险。两性和谐的基础在于明确谁是"被听",夫妻之间吵架往往因"你不听我的"而爆发,按照贝伦特的意见,菲律宾的卡林加人之所以很少发生这种争吵,是因为他们的鱼水之欢是从亲吻和抚摸耳朵(尤其是男性的耳朵)开始,但他们从不亲吻嘴唇③。可以想见,耳朵里一旦灌满了甜言蜜语,对方的思想便在不知不觉之间进入了自己的意识。前面我们提到"夫唱妇随"为家庭常态,"牝鸡司晨"为反常,这些当然是进入父系社会后男权思想的流露,但我们能由此进一步体悟"唱随之乐""琴瑟之好"与"鸾凤和鸣"之类表述的真谛。枕边风力量之大在《圣经》中已有叙述,《旧约·创世记》第3章耶和华明令亚当不得偷食禁果,但亚当最后还是唯老婆之言是听,所以耶和华在将亚当逐出伊甸园时,特别指出对他的惩罚是由于

① Joachim – Ernst Berendt, *The Third Ear*, *On Listening to the World*, tran. by Tim Nevill, New York: Element Books Ltd. , 1988, pp. 129 – 153.

② Joachim – Ernst Berendt, *The Third Ear*, *On Listening to the World*, tran. by Tim Nevill, New York: Element Books Ltd. , 1988, pp. 148 – 149.

③ Joachim – Ernst Berendt, *The Third Ear*, *On Listening to the World*, tran. by Tim Nevill, New York: Element Books Ltd. , 1988, pp. 19 – 20. 贝伦特还谈到西方人抵达日本之初,惊讶地发现当地女性竟然没有接吻概念,后来是美国电影教会了她们这一习惯。笔者所在的南昌地区,方言中没有与接吻完全对应的词语。

这一罪过："你既听从妻子的话,吃了我所吩咐你不可吃的那树上的果子,地必为你的缘故受咒诅。你必终身劳苦,才能从地里得吃的。"

贝伦特《第三只耳朵》中的许多论述严格地说只是一种推论或猜想,今天的我们也无法回到母系社会去验证其真伪,但从传世叙事作品中那些涉及女性声音的片断来看,贝伦特的观点似乎不无道理。说唱体话本《快嘴李翠莲》(《清平山堂话本》卷二)中,女主人公的伶牙俐齿与出口成章达到登峰造极的程度,虽然故事中的其他人物对其无法容忍,但我们从叙述中觉察不出作者对这一人物的态度是褒是贬,相比之下,我们在中外文学中很少看到这类以男性语言能力为对象的叙事。《红楼梦》第三回写王熙凤人未到而笑语先闻,引起初进贾府的林黛玉纳罕——"这些人个个皆敛声屏气,恭肃严整如此,这来者系谁,这样放诞无礼",接下来又写王熙凤上场之后的说话:

> 这熙凤携着黛玉的手,上下细细打量了一回,仍送至贾母身边坐下,因笑道:"天下真有这样标致的人物,我今儿才算见了!况且这通身的气派,竟不像老祖宗的外孙女儿,竟是个嫡亲的孙女,怨不得老祖宗天天口头心头一时不忘。只可怜我这妹妹这样命苦,怎么姑妈偏就去世了!"说着,便用手帕拭泪。贾母笑道:"我才好了,你倒来招我。你妹妹远路才来,身子又弱,也才劝住了,快再休提前话。"这熙凤听了,忙转悲为喜道:"正是呢!我一见了妹妹,一心都在他身上了,又是喜欢,又是伤心,竟忘记了老祖宗。该打,该打!"又忙携黛玉之手,问:"妹妹几岁了?可也上过学?现吃什么药?在这里不要想家,想要什么吃的、什么玩的,只管告诉我;丫头老婆们不好了,也只管告诉我。"一面又问婆子们:"林姑娘的行李东西可搬进来了?带了几个人来?你们赶早打扫两间下房,让他们去歇歇。"

从引文中可知,除了贾母之外,其他人在王熙凤开口时几乎都插不上话,这番滴水不漏的言谈配上见风使舵的表演(忽而"用手帕拭泪",忽而"转悲为喜"),一个工于辞令、八面玲珑的管家婆形象跃然纸上。必须指出,这一形象给人的印象主要是听觉的而不是视觉的,因为作者对王熙凤外貌只给了"一双丹凤三角眼,两弯柳叶吊梢眉"这样的简略介绍。王熙凤的大声说笑让林黛玉觉得"放诞无礼",是因为贾府其他人都是"敛声屏气",而王熙凤敢于如此是由于她在贾府中属于"被听"的对象,发号施令者的音量不能不达到一定的分贝。

这样我们就能理解,为什么王熙凤会在第二十七回中称赞林之孝的女儿红玉"说话虽不多,听那口声就简断":"好孩子,难为你说的齐全。别像他们扭扭捏捏的蚊子似的。嫂子你不知道,如今除了我随手使的几个丫头老婆之外,我就怕和他们说话。他们必定把一句话拉长了作两三截儿,咬文咬字,拿着腔儿,哼哼唧唧的,急的我冒火,他们那里知道!先时我们平儿也是这么着,我就问着他:难道必定装蚊子哼哼就是美人了?说了几遭,才好些儿了"。母系社会虽已远去,但母系社会以"老祖母"为核心的文化习俗似乎还在《红楼梦》的故事世界中延续——贾母在整个贾府处于至高无上的地位,王熙凤的威风八面源于"老祖宗"自上而下(经过王夫人)的授权,第八十五回中贾母干脆就称王熙凤为自己的"给事中"。"贾母—王夫人—王熙凤"这种统治格局,使得贾府中各年龄段的男性都处于"失语"状态,旁观者在评论王熙凤时几乎都将其与男性相比较——第二回冷子兴说她"模样又极标致,言谈又极爽利,心机又极深细,竟是一个男人万万不及的",第六回周瑞家的说她"少说些有一万个心眼子。再要赌口齿,十个会说话的男人也说他不过"。书中男子偶尔也有按捺不住的时候,但他们说出的话多半会被身旁的女性堵了回去,贾宝玉、贾琏、贾环等人自不必说,贾赦和贾政这样的"老爷"辈人物也多次遭遇贾母发出的"呛声"。

王熙凤称赞红玉的话中还有一点颇耐咀嚼,这就是她批评平儿等人说话老是"把一句话拉长了作两三截儿,咬文咬字,拿着腔儿,哼哼唧唧的"。王熙凤肯定意识到自己说话有违温柔娴静的古训,因此她会用"难道必定装蚊子哼哼就是美人了"的反诘来作挑战。平儿等人说话"装蚊子哼哼",在王熙凤看来无异于刻意遮蔽自己本来就强于男性的语言能力,"美人"这一表述则暗示她们被迫从"被听"转向"被看"。王熙凤也是女性,也有爱美的自然追求,但其争强好胜的本性决定了她对转向"被看"的不屑——对贾瑞过于残酷的惩罚说明了这一点。旧时对女性有"德言容工"

四方面的要求,其中"妇言"的要义为贞静,说白了就是少说话甚至不说话。文康《儿女英雄传》第二十七回对此有一针见血的归纳:"'妇言'不是花言巧语,嘴快舌长,须是不苟言,不苟笑,内言不出,外言不入,总说一句,便是'贞静'两个字。"《快嘴李翠莲》与《齚𩈡书》(敦煌出土文献)中的女主人公①,则被许多人认为是有违"贞静"的反面典型。男权社会的话语体系中,"妇言"一词经常处于被污名化的状态:周武王在牧野之战前历数商纣王的种种罪状,第一条便是"惟妇言是用";明太祖向郑濂咨询治家之道,得到的回答竟然也是"不听妇言"②。

无独有偶,西方对"妇言"的厌恶与中国相比亦不遑多让。英语中有这样两条谚语,一条是劝诫型的——"最好的女人保持沉默"(The best woman remains silent),另一条是警告型的——"吹口哨的女孩和打鸣的母鸡都该被拧断脖子"(One should wring the necks of the girls who whistle and hens which crow)。蒂利·奥尔森在《沉默》一文中愤怒抗议:"男人不是为女人创造的,女人却为男人而生。让妇女们学会默不作声和俯首帖耳。与生物学的生育事实相反,上帝取亚当的肋骨做成其妻夏娃。犹太男人的祷告:感谢上帝我不是女人。在圣堂不许说话,要坐在一边,或者根本就不让进去。"③由于存在着"被拧断脖子"这样的威胁,不但生活中的女性需要保持沉默,女作家小说中的叙述者也经常三缄其口(有些女作家为掩饰自己的性别甚至使用男性名字)。苏珊·S.兰瑟《虚构的权威》有一章专门讨论女作家里柯博尼小说《蜜蜂》中的"自我缄默":"蜜蜂既然无法获得西苏式的(Cixouian)'自我书写'(S'écrire)的能力,于是只好应用她能够随意采用的反面权利,那就是:'自我中止'(S'arrêter)。正如露丝·伊里盖蕾论拟态表演时所说的那样:这样的行为对'女子气'的叙事行为(即无写作

① 王重民等编:《敦煌变文集》下集,人民文学出版社 1984 年版,第 858~864 页。
② "王曰:'古人有言曰:牝鸡无晨;牝鸡之晨,惟家之索。今商王受,惟妇言是用。'"(《尚书·周书·牧誓》);"濂受知于太祖,昆弟由是显。濂以赋长诣京师,太祖问治家长久之道。对曰:'谨守祖训,不听妇言。'帝称善"(《明史·孝义传一·郑濂》)。
③ 蒂利·奥尔森:《沉默》,载玛丽·伊格尔顿编《女权主义文学理论》,胡敏等译,湖南文艺出版社 1989 年版,第 94 页。

释"听"——关于"我听故我在"与"我被听故我在"

能力)进行夸张,使之成为对既定的文学规约的抨击,这种文学规约要求那些为名利写作的女性服从主流写作模式。"①这里,"蜜蜂"嗡嗡之声的骤然停歇与平儿的"装蚊子哼哼"相映成趣。还应指出,女性的"自我缄默"看似一种主动退让,实际上却是以退为进,兰瑟看出了这一点,她在上引那段话之后紧接着又说:"具有讽刺意味的是,正是这种自我沉默的行为赋予《蜜蜂》独创性和权威性"。

与此有几分相似的是,《红楼梦》中王熙凤一味与男性争胜,结果在众叛亲离中撒手人寰,而平儿的委曲忍让与顾全大局,反而使贾琏做出将其"扶正"的决定②。母系社会转型为父系社会,意味着男性占据了"被听"地位,女性在此形势下只有转向"被看",这是她们顺应男权社会的一种生存策略。诉诸视觉的美貌也是一种武器,它可以使被美貌吸引的男性变得困惑乃至失去主见,历史上许多美女都是这样通过"被看"又重新赢回了"被听"的地位。古往今来的史家异口同声地谴责那些谗言惑主的"狐狸精",殊不知男女在视听上的各有侧重源于两性"共谋":社会既然已经发展到由男性来发号施令,那么处于弱势地位的女性只能用自己的身体来做交换的资本,这是一种两厢情愿彼此有利的安排。

过去人们常用"郎才女貌"来衡量一对男女是否般配,言下之意是男方长得如何并不构成障碍,但我们知道大自然中的标准恰恰相反,那些体格更为强健(例如雄狮)、犄角更为发达(例如雄鹿)、毛羽更为靓丽(例如雄孔雀)的雄性往往被认为更具基因优势,因而更能赢得雌性青睐,据此而言对女性美貌的强调实际上是一种专属于人类社会的文化现象。西蒙·波娃《第二性——女人》开篇第一句话为:"一个人之为女人,与其说是'天生'的,不如说是'形成'的。没有任何生理上、心理上或经济上的定命,能决断女人在社会中的地位,而是人类文化之整体,产生出这居间于男

---

① 苏珊·S.兰瑟:《虚构的权威——女性作家与叙述声音》,黄必康译,北京大学出版社2002年版,第61页。该书第三章标题为:"独处阶级之中:里柯博尼小说《蜜蜂》中的自我缄默"。
② 《红楼梦》第一一九回:"贾琏见平儿,外面不好说别的,心里感激,眼中流泪。自此贾琏心里愈敬平儿,打算等贾赦等回来要扶平儿为正。此是后话,暂且不题。"

性与无性中的所谓'女性'。"①由于处在"被看"的位置,女性很早就开始关注自己的容貌与身体,而男性出于"共谋"的目的也愿意为之提供条件。前面已提到人类不能像直接听到自己那样直接看到自己,因此女性只能通过镜子再现自己的"被看"。《第二性——女人》如此描述女性对镜中影像的迷恋:"特别对女人来说,镜中的影像就证实了她的自我。一个有英俊外表的男人,他会感觉他自己超然的存在,女人要看到镜中她的影像后才会确实证明她的存在。只有女人才会企图去捕捉她的影像而成为银色镜子的俘虏。男人不会强烈地需要他自己的身体。男人希望主动进取,不会由一个影像去看自己,影像不会对他有任何吸引力,女人,她了解自己所处的地位于是把自己造成被动的,相信在镜中可以真正看到她自己,因为镜中反射出的像她自己一样也是被动的。她爱她自己的身体,通过爱慕和欲望,她赋予生命于她看到的影像"②。波娃没有进一步阐述这种迷恋的原因,女性热衷于来到镜前是因为她想看到别人眼中的自己,与前述"我被听故我在"不同,这里表现出来的是一种"我被看故我在"的心理,即看见自己的"被看"后更为真实地感觉到自己的存在。所以男性读者要理解女性对自己外表的在意,以及对能提升自己被注视度的衣物的热心。《木兰辞》中女主人公从战场回家做的第一件事,便是"开我东阁门,坐我西阁床。脱我战时袍,著我旧时裳。当窗理云鬓,对镜贴花黄"。

时下热门话题之一是外形邋遢的中国男性配不上衣着打扮追赶国际潮流的中国女性,许多人对此提出了自己的见解,我觉得唯有用男女在"被听"与"被看"上各有侧重,才能圆满阐述为什么两性对个人仪表的在意程度有如此巨大的不同。

（本文作者:傅修延　江西师范大学资深教授、叙事学研究中心首席专家　本文发表于 2015 年第 6 期）

---

①　西蒙·波娃:《第二性——女人》,桑竹影等译,湖南文艺出版社 1986 年版,第 23 页。

②　西蒙·波娃:《第二性——女人》,第 419 页。

欧洲文艺复兴的引介
与近代中国民族复兴思想

俞祖华

摘　要　欧洲文艺复兴的传播,对近代中国民族复兴思想的形成产生了深刻的影响。清末,文艺复兴思想与民族主义同步传播,促使民族复兴观念萌生;民初,文艺复兴的先导作用,示范"五四一代"从思想文化入手寻求复兴之路;三四十年代,以欧洲文艺复兴为参照探讨"中国的文艺复兴",成为民族复兴思潮的重要内容。欧洲文艺复兴对民族复兴思想的影响,主要包括促进民族复兴概念定型、促使民族复兴思想聚焦文化复兴、催发白话文运动及推动传统观念的现代转换等。近代先哲提出了"清学文艺复兴"说、"五四文艺复兴"说、"宋学文艺复兴"说等观点,以表达自己对中国文化走向的期许与愿景。民族复兴是以文艺复兴为先导的全方位的社会变革,是传承与创新、守护与开放的统一。

西方思想观念与西方思想文化运动,对近代中国的思想观念、社会思潮与文化变迁产生了深刻的影响。欧洲资本主义萌生与上升时期的三大思想文化运动即文艺复兴、宗教改革与启蒙运动,均不同程度地推动了近代中国的思想文化变迁。本文着重考察欧洲文艺复兴的引介,对近代中国民族复兴观念生成、民族复兴思潮兴起所产生的示范作用与外部刺激效应。

一、"文艺复兴"引介与民族复兴思想同步并行

近代中国民族复兴思想萌发于清末,发展于民国前期即五四时期、国民革命时期,并在九一八事变后流衍为一种具有广泛影响力的社会思潮。在这一过程中,欧洲"文艺复兴"思想对民族复兴观念的影响,其脉络清晰可见。

清末,欧洲文艺复兴开始作为一个文化整体、一场文化运动被介绍到中国[①]之后,文艺复兴思想与民族主义同步传播、相互结合,促使民族复兴观念萌生。"文艺复兴"一词最早出现在第一份近代报刊《东西洋考每月统记传》上,其刊出的《经书》一文在介绍西方"经书"时提到:"未能印书之际,匈奴、土耳其、蒙古各蛮族侵欧罗巴诸国,以后文书消亡磨灭。又千有余年,文艺复兴掇拾之。于本经之奥蕴,才学之儒,讲解而补辑之。"[②]之后,又出现了"文学复兴""文学复古""古学复兴""艺文振耀"等用以指称欧洲文艺复兴运动的新词。

康有为是较早从文化运动的角度介绍"文艺复兴"的思想家,他使用的说法是"文学复兴":"意大利文学复兴后,新教出而旧教殆,于是培根、笛卡儿创新学讲物质,自是新艺新器大出矣"[③]。

清末,最为流行的当属"古学复兴"一词。据有关资料所知,该词在1879年已出现[④];到20世纪初年先由梁启超、马君武提及,后被国粹派广

---

① 李长林先生认为,早在明末清初,欧洲文艺复兴就由西方传教士带到中国,并对中国的文化发展起到了促进作用;到清末,文艺复兴作为一个文化整体,开始被介绍到中国,并有了文艺复兴这一概念,而国人对文艺复兴文化的理性认识要到五四运动以后。参见李长林《明末清初欧洲文艺复兴文化在中国的流传》(《湖南师范大学社会科学学报》2002年第5期)、《中国对欧洲文艺复兴的了解与研究(五四时期及二三十年代)》(《世界史研究动态》1993年第7期)等。

② 《东西洋考每月统记传》第14卷,丁酉二月,中华书局1997年版,第204页。黄时鉴先生在《导言》中提到,《经书》"文中用了'文艺复兴'四字,似乎是这个词语见于中文文献的最早记录"。另参见罗志田《中国的文艺复兴之梦:从清季的"古学复兴"到民国的"新潮"》,(台北)《汉学研究》20卷1期,2002年6月。

③ 康有为:《进呈突厥削弱记序》,载《康有为政论集》上册,中华书局1981年版,第298页。

④ 郑师渠注意到,1879年出版的沈毅和《西史汇函续编·欧洲史略》在介绍欧洲文艺复兴时使用了"古学复兴"的译法(参见郑师渠《晚清国粹派——文化思想研究》,北京师范大学出版社1993年版)。

泛使用。1902 年梁启超发表《论学术之势力左右世界》一文,指出:"凡稍治史学者,度无不知近世文明先导之两原因,即十字军之东征与希腊古学复兴是也。"①其后在《论中国学术思想变迁之大势》中又提到:"夫泰西古学复兴,遂开近世之治。"②不久,他又强调:"欧洲之所以有今日,皆由十四、五世纪时,古学复兴,脱教会之樊篱,一洗思想界之奴性,其进步乃沛乎莫之能御。"③1903 年马君武在《新学术与群治之关系》一文中指出:"西方新学兴盛之第一关键,曰古学复兴 Renaissance;古学复兴之字义,即人种复生时期 a second birth time of the race 之谓也。"④清末国粹派倡导中国"古学复兴",明显受到了西方文艺复兴思想的影响。《国粹学报》是国粹派团体国学保存会的机关刊物,马叙伦回忆称,同人们很卖力气地鼓吹民族主义的革命,"这个刊物有文艺复兴的意义"⑤。在国粹派的相关文章中,西方文艺复兴不断被提及。如邓实的《古学复兴论》详细地介绍了欧洲古学复兴。许守微强调"欧洲以复古学,科学遂兴","今日欧洲文明,由中世纪倡古学之复兴"⑥。

民国前期,欧洲文艺复兴被全面介绍到中国思想界,文艺复兴的先导作用引领"五四一代"着重从思想文化入手寻求民族复兴之路。如果说清末最流行的说法还是"古学复兴",到了民国初年以后,"文艺复兴"的译法就完全定型了。被胡适称为"预言中国文学革命"的著名记者黄远庸,是民国初年较早传播文艺复兴知识、主张借鉴文艺复兴推动新文学运动的先驱。1914 年黄远庸在《庸言》第 1、2 号刊发《本报之新生命》,指出中国今日乃文艺复兴时期。1915 年他在《致〈甲寅〉记者》的书信中建议效仿西方文艺复兴发起新文学运动:"至根本救济,远意当从提倡新文学入

---

① 《梁启超选集》,上海人民出版社 1984 年版,第 269 页。
② 《饮冰室合集·文集》之七,中华书局 1989 年版,第 97 页。该文还使用过"文学复兴"的说法,第 86 页。
③ 梁启超:《保教非所以尊孔论》,载《饮冰室合集·文集》之九,第 55 页。
④ 莫世祥编:《马君武集(1900—1919)》,华中师范大学出版社 1991 年版,第 187 页。
⑤ 马叙伦:《我在六十岁以前》,三联书店 1983 年版,第 21 页。
⑥ 许守微:《国粹无阻于欧化论》,《国粹学报》1905 年第 7 期。

手……史家以文艺复兴为中世改革之根本,足下当能语其消息盈虚之理也"①。他在《新旧思想之冲突》一文中将文艺复兴所继承的"希腊艺术科学精神"与基督教宗教精神,并称为现代西方文化的两大源头。新文化运动兴起后,文艺复兴受到新文化运动领导人不同程度的关注。1917 年 6 月,胡适读了《文艺复兴》(Renaissance)一书,他在日记中记述了此事:"车上读薛谢儿女士(Edith Sichel)之《再生时代》(Renaissance)。'再生时代'者,欧史十五、十六两世纪之总称,旧译'文艺复兴时代'。吾谓文艺复兴不足以尽之,不如直译原意也"②。此后,他常以欧洲文艺复兴为参照,思考中国的学术思潮与文化运动,热衷于以新文化运动比附文艺复兴。陈独秀在 1917 年 2 月发表的《文学革命论》中提到,欧洲"自文艺复兴以来,政治界有革命,宗教界亦有革命,伦理道德亦有革命,文学艺术亦莫不有革命,莫不因革命而兴而进化"③。早在清末就提及过"文艺复兴"的周作人,在 1918 年出版的《欧洲文学史》中较全面地介绍了文艺复兴时期意大利、英国、法国、西班牙和德国的作家作品。他积极倡导"人的文学","希望从文学上起首,提倡一点人道主义思想",并把"人的发现"追溯到文艺复兴,指出:"欧洲关于'人'的真理的发现,第一次是 15 世纪,于是出现了宗教改革和文艺复兴两个结果"④。蒋方震于 1921 年出版了我国第一部专门研究文艺复兴的著作——《欧洲文艺复兴史》;同年他还在《改造》第 3 卷第 11 号发表《欧洲文艺复兴时代翻译事业之先例》一文。1926 年陈衡哲出版了《文艺复兴小史》,他在书中提出了颇有见地的观点:"文艺复兴的意义有两个,一是复生(re‐birth),一是新生(new‐birth),这两个意义是都不错的。因为从一方面看来,文艺复兴是希腊罗马的古文艺和人生观的复活,是一种复生的运动;从其他方面看来,文艺复兴却是欧洲近代文化的先锋,是一种文化的新诞生。大抵在文艺复兴初期,他的倾向是偏于复古

---

① 黄远庸:《致章士钊》,载《远生遗著》卷二,上海书店 1990 年版,第 360 页。
② 胡适:《留学日记》卷十七,载《胡适全集》第 28 卷,安徽教育出版社 2003 年版,第 568 页。
③ 《陈独秀文章选编》上册,三联书店 1984 年版,第 172 页。
④ 周作人:《人的文学》,《新青年》5 卷 6 号,1918 年 12 月。

的;后来到了盛极将衰的时期,却见老树根上到处产生新芽了。这是伟大新文化产生时的一个普遍现象"①。

　　20世纪三四十年代,民族复兴发展为具有广泛影响力的社会思潮,强调文艺在民族复兴中的作用、以欧洲文艺复兴为参照探索"中国文艺复兴",成为民族复兴思潮的重要内容。二三十年代后,文艺复兴时期的名著,如但丁的《神曲》、培根的《新工具》、马基雅维利的《君主论》等,陆续翻译出版,且往往有多个译本。对文艺复兴进行介绍与研究的论著纷纷问世,如陈衡哲《欧洲文艺复兴小史》(商务印书馆1930年版)、常乃惪的《文艺复兴小史》(中华书局1934年版)、傅东华的《欧洲文艺复兴史》(上海开明书店1934年版)等。随着民族复兴思潮兴起,对如何实现"中国的文艺复兴"、文艺复兴与民族复兴之关系等问题的探讨,成为这一思潮的重要内容。郑宏述在《复兴月刊》刊文,强调了文艺对实现民族复兴的巨大作用与中国文艺工作者在民族复兴中的重要使命。他指出:"新的文艺创造着新的时代,力的文艺复兴起力的民族;伟大的文艺创造着伟大的时代,健全的文艺复兴成健全的民族。钻到时代的核心,站在民族的前面,把握着时代的动向,探索到民族的出路。这是现阶段中国文艺者的伟大的使命。"②三四十年代,借鉴欧洲文艺复兴讨论"中国文艺复兴"、中华文化复兴的论著不断刊行,如周作人的《文艺复兴之梦》(《求是月刊》1卷3号,1944年5月15日)、李长之的《迎中国的文艺复兴》(商务印书馆1946年)、顾毓秀的《中国的文艺复兴》(《新中华》第6卷第1期;中华书局1948年),等等。1946年1月10日由郑振铎、李健吾主编的《文艺复兴》月刊在上海创刊,至1947年11月1日出版第4卷第2期后停刊,共出版20期。郑振铎在《发刊词》中说:"本刊愿意尽自己的一部分的力量,为新的中国而工作,为中国的文艺复兴而工作,为民主的实现而工作。"

---

① 陈衡哲:《文艺复兴小史》,商务印书馆中华民国十五年(1926)版。
② 郑宏述:《文艺之民族复兴的使命》,《复兴月刊》第2卷第4期,1933年12月1日。

二、欧洲文艺复兴对近代民族复兴观的影响

欧洲文艺复兴对清末与民国时期民族复兴思想的发展，尤其是对近代文化复兴思想，产生了广泛而深刻的影响。

(一)对民族复兴概念定型的启发

文艺复兴对"民族复兴""中华民族复兴"这些概念的形成有着重要的影响。"民族复兴""中华民族复兴"可以说是 19 世纪末 20 世纪初传入和出现的"民族""中华民族"，与随着文艺复兴传入而流行起来的"复兴"观念相碰撞而形成的一个复合词、复合概念。Renaissance(文艺复兴)一词，曾不止一次被用于民族复兴思潮中重要刊物的命名，颇能说明文艺复兴对民族复兴概念形成的影响。据吴宓的日记记载，他曾计划创办一份以文艺复兴为名的报纸："拟他日所办之报，其英文名当定为 Renaissance，国粹复光之义，而西史上时代之名词也"①。新文化运动中，傅斯年、罗家伦等学生领袖所创办《新潮》杂志直接使用了"*The Renaissance*"(文艺复兴)的英文刊名。傅斯年回忆道："子俊要把英文的名字定做 *The Renaissance*，同时志希要定他的中文名字做《新潮》，两个名词恰好可以互译。"②罗家伦后来在《话五四当年》一文中指出，《新潮》的英文名称是"*The Renaissance*"(文艺复兴)，乃是表示我们的新文化运动很像欧洲的文艺复兴运动。1931 年九一八事变后，民族复兴思潮迅速兴起，次年 5 月国社党党刊、首份明确以民族复兴为宗旨的《再生》杂志创刊。该刊命名同样可见文艺复兴影响的痕迹，创刊"启事"称：本杂志愿代表民族"复生"之精神，"以具体方案，谋真正建设，指出新途径，与国人共商榷，因定名曰再生(*The National Renaissance*)……兹拟一方面根据历史之教训，他方面博征世界之通例，提出另一新方案，以为惟循此途可致中华民族于复生"③。胡适在《口述自传》中

① 《吴宓日记》，三联书店 1998 年版，第 504 页。
② 傅斯年：《〈新潮〉之回顾与前瞻》，载《傅斯年全集》第 1 卷，湖南教育出版社 2003 年版，第 291 页。
③ 《启示一》，《再生》1 卷 1 期，1932 年 5 月。

称,《新潮》杂志采用"The Renaissance"("文艺复兴")可能也是受自己的影响;而且他又主张将 renaissance 直译为"再生",《再生》的命名当更符合胡适的心愿。

民族复兴这一概念中的"复兴",是恢复与重建、复活与创造、继承与创新的有机统一,古典文化复活与新文化创造两者相得益彰,正如周作人在《欧洲文学史》中所概括的"竞于古文明中,各求其新生命"。《复兴月刊》发刊词称"复有重新之义,兴待建设而成……盖中国之能否复兴,实在乎新中国之能否建成"①。梁漱溟在《精神陶炼要旨》一文中称"一个民族的复兴,都要从老根上发新芽"②。近代思想家对民族复兴内涵的这种把握,正是对文艺复兴精神的继承。文艺复兴是以复古、复活为名义,以振兴、开创新文化为实际内容,是在复兴传统文化基础上创造新文化的运动,与其说是"古典文化的再生",毋宁说近代文化的开创;与其说是"复兴",毋宁说"创新"。梁启超把清代学术与文艺复兴的相似点理解为"以复古为解放","复古"是形式,"解放"是实质,两者关系是通过"复古"求"解放"。胡适把文艺复兴理解为"再生",正如美国学者 J. 格里德所言,在胡适看来,"再生""不是通过任何实际意义上的古老文明的再生来实现的,而是通过创造一种新文明来实现的"③。

(二)促使民族复兴观聚焦于民族文化复兴

文艺复兴以思想解放为先导推动社会变革的历史经验,对近代中国致力于探索民族复兴道路的先驱者,具有深刻的启迪意义。清末国粹派倡导"古学复兴",他们从文艺复兴的历史经验中认识到,国学能否保存、古学能否复兴,攸关国家存亡、民族兴衰。"试观波尔尼国文湮灭,而洼肖为墟;婆罗门旧典式微,而恒都他属。学亡之国,其国必亡,欲谋保国,必先保学。昔西欧肇迹,兆于古学复兴之年,日本振兴,基于国粹保存之论,前辙非遥,彰彰可睹,且非惟强国为然也"。"是故国有学则虽亡而复兴,国无

---

① 黄郛:《发刊词》,《复兴月刊》1 卷 1 期,1932 年 9 月 1 日。
② 《梁漱溟全集》第 5 卷,山东人民出版社 1992 年版,第 504～505 页。
③ J. 格里德:《胡适与中国的文艺复兴》,鲁奇译,江苏人民出版社 1989 年版,第 336～337 页。

学则一亡而永亡"①。

民国初期,鉴于辛亥革命因缺乏必要的思想启蒙而导致失败的教训,也基于文艺复兴、宗教改革、启蒙运动引导社会变革的历史经验,"五四一代"选择了"借思想文化以解决问题"的路径,着重于从思想文化的角度思考、讨论民族复兴问题。在中国现代三大思潮中,以胡适为代表的自由主义学人和以新儒学为主体的文化保守主义者,都认为对救亡、对民族复兴而言,从思想文化入手,更具有基础性、根本性、优先性。不过两派的文化取向有所区别:胡适派学人"希望中国也可能像日本那样实现文化复兴",即"全盘接受""一心一意接受"西方文明,实现"再造文明"②;文化保守主义者则把民族危机归结为民族文化危机,把民族复兴归结为传统文化复兴、归结为儒学复兴。

胡适晚年谈到:"我曾向我的同事们建议,我们这个文化运动既然被称为'文艺复兴运动',它就应该撇开政治,有意识地为新中国打下一个非政治的(文化)基础。我们应致力于'研究和解决'我们所认为最基本的有关中国知识、文化和教育方面的问题。我并且特地指出我们要'二十年不谈政治,二十年不干政治'。"③但诚如胡适所称"我的政治兴趣甚浓的朋友们如陈独秀等人,对我这番建议并不太热心"。早期马克思主义者陈独秀等人觉得,谈政治是无法回避的④。

后来,国民革命、新民主主义革命风起云涌,而"中国文艺复兴"却迟迟未能出现,人们逐步认识到文艺复兴未必对民族复兴有那种举足轻重的决定性作用,政治救亡倒是更为关键且收效快速、明显,于是对文艺复兴与民族复兴的关系有了新的认知。起初人们格外关注的复兴内容是文学、文艺、古学、儒学,后来则关注中华民族整体的复兴。"自'古学'在译名中被摒弃,后来的趋势是越来越重'复兴'之名,而不甚重被'复兴'的具体内

① 《拟设国粹学堂启》,《国粹学报》1907 年第 26 期。
② 胡适:《文化的冲突》,载《胡适文集》第 11 册,北京大学出版社 1998 年版,第 172 页。
③ 《胡适全集》第 18 卷,第 356 页。
④ 陈独秀:《谈政治》,载《陈独秀文章选编》上册,第 1 页。

容,实际是希望'中国'或'中华民族'的整体'复兴'"①。从倡导中华民族文化复兴,到呼吁中华民族整体的复兴,渐成趋势。20世纪40年代周作人、顾毓秀等论及文艺复兴,强调谈复兴应该是一个整体,不应局限于文艺。周作人指出,欧洲文艺复兴时期,"在学术文艺各方面都有进展,此以欧洲的整个文化言故谓之'再生',若在各民族实乃是一种新生也","中国沿用日本的新名词,称这时期为文艺复兴,其实在文学艺术之外还有许多别的成就,所以这同时也是学问振兴,也是宗教改革的时代";"文艺复兴应是整个而不是局部的"②。顾毓秀强调:"民族复兴运动包括三大要素:政治革命、社会改造和文艺复兴。这三个运动同样重要,缺一不可。欧洲的民族复兴运动,从文艺复兴开始,经宗教改革而完成政治革命……中国的民族复兴运动,自孙中山先生倡导革命以来,早就从政治革命开始,改变了欧洲的先例。"③

(三)白话文运动的"西方灵感"

新文化运动倡导的"文学革命"、语文现代化,也体现了"文艺复兴"的精神,其以白话为工具建立"活的文学",乃是要复活已经发展了一千多年的白话文学,这受到了文艺复兴时期欧洲各国作家们使用国语进行文学创作的影响。

胡适在1916年4月5日的日记中谈到文学革命,记述了稍后发表的《文学改良刍议》(次年初刊于《新青年》第2卷第5号)的主要论点,涉及白话文时,提到了"但丁(Dante)之创意大利文,却叟(Chaucer)诸人之创英吉利文,马丁路得(Martin Luther)之创德意志文"④。他谈到"不避俗字俗语"时,以括号的形式介绍了欧洲各国国语运动的情况:"欧洲中古时,各国皆有俚语,而以拉丁文为文言,凡著作书籍皆用之,如吾国之以文言著书也。其后意大利有但丁(Dante)诸文豪,始以其国俚语著作。诸国踵兴,国

---

① 罗志田:《中国的文艺复兴之梦:从清季的"古学复兴"到民国的"新潮"》,(台北)《汉学研究》20卷1期,2002年6月。
② 周作人:《文艺复兴之梦》,《求是月刊》1卷3号,1944年5月15日。
③ 顾毓秀:《中国的文艺复兴》,科学出版社2011年版,第1页。
④ 胡适:《留学日记》卷十二,载《胡适全集》第28卷,第337页。

语亦代起。路得(Luther)创新教始以德文译《旧约》《新约》,遂开德文学之先。英法诸国亦复如是。今世通用之英文新旧约乃1611年译本,距今才三百年耳。故今日欧洲诸国之文学,在当日皆为俚语。迨诸文豪兴,始以'活文学'代拉丁之死文学。有活文学而后有言文合一之国语也"①。胡适在6月19日的日记中提到薛谢儿女士之《再生时代》:"书中述欧洲各国国语之兴起,皆足供吾人之参考,故略记之",俗语之入文学,从但丁开始,"其所著《神圣喜剧》(*Divine Comedy*)及《新生命》(*Vita Nuova*),皆以'俗语'为之。前者为韵文,后者为散文。从此开'俗语文学'之先,亦从此为意大利造文学的国语,亦从此为欧洲造新文学"②。他在1918年4月发表的《建设的文学革命论》一文中例举了意大利等国文艺复兴时期但丁所代表的、采用本国俗语的"活的文学"。后来,胡适在《口述自传》中将采用白话文的文学语言变革称为新文化运动与文艺复兴"极其相同之点的一环",称文学革命"实在是个彻头彻尾的文艺复兴运动,是一项对一千多年来所逐渐发展的白话故事、小说、戏剧、歌曲等等活文学之提倡和复兴的有意识的认可"③。

(四)以文艺复兴开创的现代观念"再造文明"

"文艺复兴"(Renaissance)的基本精神是提倡科学文化,反对蒙昧主义;提倡人权、人文主义,反对神权、禁欲主义。中国近代思想家也着重于从科学精神、人文主义两方面去诠释、解读传统思想的现代意义,并致力于再造现代文明。

梁启超以清学与文艺复兴进行类比,即着重从科学方法、人文主义的角度对两者进行融会贯通。他把清代考据学与文艺复兴的学术精神作了附会:"其实欧洲之科学,亦直至近代而始昌明,在彼之'文艺复兴'时,其学风亦偏于考古。盖学术进化必经之级,应如是矣"④。他还以戴震为例

---

① 胡适:《文学改良刍议》,载《胡适全集》第28卷,第15页。
② 胡适:《留学日记》卷十七,载《胡适全集》第28卷,第568~573页。
③ 《胡适全集》第18卷,第336页。
④ 梁启超:《清代学术概论》,载《饮冰室合集·专集》之三十四,第22页。

作了说明。戴震少时善疑好问，曾围绕"《大学》右经一章以下"一再发问塾师，"盖无论何人之言，决不肯漫然置信，必求其所以然之故"，"苟终无足以起其信者，虽圣哲父师之言不信也。此种研究精神，实近世科学所赖以成立"①。他还推崇戴震在《孟子字义疏证》中承认人的感情、人的欲望以及抨击程朱理学以理抑欲，认为这种思想类似于文艺复兴的人文主义。他称赞戴震的《孟子字义疏证》"字字精粹"，指出："综其内容，不外欲以'情感哲学'代'理性哲学'。就此点论之，乃与欧洲文艺复兴时代之思潮之本质绝相类。盖当时人心，为基督教绝对禁欲主义所束缚，痛苦无艺，既反乎人理而又不敢违，乃相与作伪，而道德反扫地以尽。文艺复兴之运动，乃采久阕室之'希腊的情感主义'以药之。一旦解放文化转一新方向以进行，则蓬勃而莫能御。戴震盖确有见于此，其志愿确欲为中国文化转一新方向。"②

1915 年 9 月，《青年杂志》在上海创刊。陈独秀在创刊号发表《敬告青年》，指出："近代欧洲之所以优越他族者，科学之兴，其功不在人权说下，若舟车之有两轮焉……国人而欲脱蒙昧时代，羞为浅化之民也，则急起直追，当以科学与人权并重。"③这是对新文化运动前进方向的昭示，也是新文化运动倡导者对文艺复兴所开创的近代西方文化基本精神的把握。傅斯年从近似西方实证科学的角度肯定清学，指出："宋明的学问是主观的，清代的学问是客观的；宋明的学问是演绎的，清代的学问是归纳的；宋明的学问是悟的，清代的学问是证的；宋明的学问是理想的，清代的学问是经验的；宋明的学问是独断的，清代的学问是怀疑的。""仔细看起来，清代的学问，很有点科学的意味，用的都是科学的方法。"④胡适认为，中西文艺复兴的相似之处除了文学革命，"还有一项极其相似之点，那便是一种对人类（男人和女人）一种解放的要求，把个人从传统的旧风俗、旧思想和旧行为

---

① 梁启超：《清代学术概论》，载《饮冰室合集·专集》之三十四，第 25～26 页。
② 梁启超：《清代学术概论》，载《饮冰室合集·专集》之三十四，第 30～31 页。
③ 《陈独秀文章选编》上册，第 77～78 页。
④ 傅斯年：《清代学问的门径书几种》，载《傅斯年全集》第 1 卷，第 228 页。

的束缚中解放出来。欧洲文艺复兴是个真正的大解放时代。个人开始抬起头来,主宰了他自己的独立自由的人格,维护了他自己的权利和自由"①。

三、比附与期许:追寻"中国的文艺复兴"

文艺复兴的先导作用,促使近代先哲探寻民族复兴之路时,聚焦于文化复兴。他们在阐发文化复兴愿景、建构中国现代文化时,常常援引欧洲文艺复兴的经验,表达自己的文化理想。他们以欧洲文艺复兴作为学习的样板、借鉴的模式,把中国发生的思想文化运动比附、定位为"中国的文艺复兴"。他们在作这种类比时,多少反映了其对中国文化走向的期许。"中国文艺复兴之梦",成为民族复兴"中国梦"的重要内涵。对何为"中国的文艺复兴",各家有着不同的说法。

其一,梁启超、丁文江、傅斯年等以清代学术比附欧洲文艺复兴——"清学文艺复兴"说。

梁启超先是在 1902 年提出二百余年之清学史"总可命为古学复兴时代"②。他在 1920 年写成的《清代学术概论》中提出:"纵观二百余年之学史,其影响及于全思想界者,一言蔽之曰:'以复古为解放'。第一步,复宋之古,对于王学而得解放。第二步,复汉唐之古,对于程朱而得解放。第三步,复西汉之古,对于许郑而得解放。第四步,复先秦之古,对于一切传注而得解放。""'清代思潮'果何物耶?简而言之,则对于宋明理学之一大反动,而以'复古'为其职志者也。其动机及其内容,皆与欧洲之'文艺复兴'绝相类。而欧洲当'文艺复兴期'经过以后所产生之新影响,则在我们今日正见端焉。"③

丁文江支持梁启超的"清学文艺复兴"说。据胡适日记记载,在一次

---

① 胡适:《口述自传》,载《胡适全集》第 18 卷,第 336 页。
② 梁启超:《论中国学术思想变迁之大势》,载《饮冰室合集·文集》之七,第 103 页。
③ 《饮冰室合集·专集》之三十四,第 6,3 页。

文友会上,某位外国人宣读了"Some Aspects of the Chinese Renaissance"
(《中国文艺复兴的若干问题》)的论文,丁文江表示"Chinese Renaissance"
一词应如梁启超所说,"只限于清代的汉学,不当包括近年的文学革命"①。
傅斯年也曾指出:"我以为清朝一代的学问,只是宋明学问的反动,很像西
洋 Renaissance 时代的学问,正对着中世的学问而发。虽说是个新生命,其
实复古的精神很大。所以我平日称它做'中国的文艺复兴时代'。"②

**其二,胡适、蔡元培等以五四新文化运动比附欧洲文艺复兴——"五
四文艺复兴"说。**

需要说明的是,胡适以"中国的文艺复兴"界定在中国发生的思想文
化运动,开始并非专指五四新文化运动。他曾经认同梁启超的"清学文艺
复兴"说,其 1919 年出版的《中国哲学史大纲》"导言"提到:"综观清代学
术变迁的大势,可称为古学昌明的时代。自从有了那些汉学家考据、校勘、
训诂的工夫,那些经书子书,方才勉强可以读得。这个时代,有点像欧洲的
'再生时代'(再生时代西名 Ronaissance,旧译文艺复兴时代)。欧洲到了
'再生时代',昌明古希腊的文学哲学,故能推翻中古'经院哲学'(旧译烦
琐哲学,极不通。原文为 Scholasticism,今译原义)的势力,产出近世的欧洲
文化。我们中国到了这个古学昌明的时代,不但有古书可读,又恰当西洋
学术思想输入的时代,有西洋的新旧学说可供我们的参考研究。"③1923
年,他发表了题为《中国的文艺复兴》(*The Chinese Renaissance*)的英文作
品,此文所谓"中国的文艺复兴"是指从宋代理学以来、近千年来的思想文
化运动,新文学运动仅是其中的一个阶段。他在日记中曾作过说明:用英
文作一文,"述'中国的文艺复兴时代'(The Chinese Renaissance)"。"我
以为中国'文艺复兴时期'当自宋起。宋人大胆的疑古,小心的求证,实在
是一种新的精神"。"王学之兴,是第二期";"清学之兴,是第三期";"近几

---

① 胡适:《日记》(1922),载《胡适全集》第 29 卷,第 518 页。
② 傅斯年:《清代学问的门径书几种》,载《傅斯年全集》第 1 卷,第 227～228 页。
③ 胡适:《中国古代哲学史》,载《胡适全集》第 5 卷,第 201 页。

年之新运动,才是第四期"①。1926 年 11 月 5 日、23 日和 25 日,胡适三次以"文艺复兴在中国"(The Renaissance in China)为内容发表讲演,这个讲演首次以"中国的文艺复兴"特指新文化运动、新文学运动。他在 11 月 5 日的日记中记载演说题目为"'The New Literary Movement in China'(新文学运动在中国)",后两次记载题为"'The Chinese Renaissance'(中国之文艺复兴)"②。他在演讲中表示:"中国文艺复兴运动代表我们国家和我们人民在现代化过程中的一个新的阶段。这个过程中可划分为三个显而易见的阶段。第一阶段可描述为机械化阶段——引入机器、战舰、枪炮和蒸汽船。第二阶段是政治改革。然后是第三阶段,就是我今晚要讲的运动。"③可见,此番讲演,胡适开始以"中国的文艺复兴"专指新文化运动了。1933 年,胡适应邀到美国芝加哥大学比较宗教学系"哈斯克讲座"作了一系列讲演,次年由芝加哥大学出版社结集出版,书名为《中国的文艺复兴》。在晚年的《口述自传》《中国文艺复兴运动》等言论中,胡适多次谈到自己"比较喜欢用'中国的文艺复兴'这一名词"指称五四时期的文化运动。

蔡元培也曾把新文化运动与文艺复兴相提并论。他在 1921 年的一次演说中谈到,欧洲文化经过中世纪一千余年的烦琐哲学时代,"直到十六世纪以后,文艺中兴(Renaissance)时代,文学、美术,上承希腊而加以新理想,科学亦随之而发展,始有今日之文明。我以为中国文化亦有此现象"。"欧洲文艺中兴之起点,归功于意大利诗人但丁之文学。今中国之新文化运动,亦先从文学革命入手。陈独秀、胡适、周作人、钱玄同诸氏所提倡之白话文学已震动一时。吾敢断言为中国文艺中兴之起点"④。1923 年 10 月,他发表了《中国的文艺中兴》的演说,指出:"'文艺的中兴'在欧洲已成

① 胡适:《日记》(1923),载《胡适全集》第 30 卷,第 5、6 页。
② 胡适:《日记》(1926),载《胡适全集》第 30 卷,第 406、420~421 页。
③ 转引自欧阳哲生《中国的文艺复兴——胡适以中国文化为题材的英文作品解析》,《近代史研究》2009 年第 4 期。
④ 蔡元培:《在旧金山中国国民党招待会上的演说词》,载《蔡元培全集》第 4 卷,浙江教育出版社1997 年版,第 365、367 页。

为过去事实",但"'文艺的中兴'在中国今日才开始发展","照我个人推想,再加四十年的功夫,则欧洲自16世纪至17世纪所得的进步当可实现于中国。那时候中国文化,必可以与欧洲文化齐等,同样的有贡献于世界"①。1934年,他谈到:"吾人一说到文化运动,就不能不联想到欧洲的文艺复兴,因为它实在是文化运动上最显著的一个例证……因而观察我国的文化运动,也可用欧洲的文艺复兴,作一种参证。"②次年,他又指出:"欧洲近代文化,都从复兴时代演出;而这时代所复兴的,为希腊、罗马的文化,是人人所公认的。我国周季文化,可与希腊、罗马相比,也经过一种烦琐哲学时期,与欧洲中古时代相埒,非有一种复兴运动,不能振发起衰;五四运动的新文学运动,就是复兴的开始"③。

其三,国粹派、梁漱溟、钱穆等将先秦古学、儒学、宋学等传统学术文化复兴称为"中国的文艺复兴"。

国粹派在《国粹学报》发表的多篇文章论及"古学复兴"说。邓实撰写的《古学复兴论》是最系统的一篇。该文指出:"十五世纪为欧洲古学复兴之世,而二十世纪为亚洲古学复兴之世。夫周秦诸子,则犹之希腊七贤也。土耳其毁灭罗马图籍,犹之嬴秦氏之焚书也。旧宗教之束缚,贵族封建之压制,犹之汉武之罢黜百家也。呜呼!西学入华,宿儒瞠目,而考其实际,多与诸子相符。于是而周秦学派遂兴,吹秦灰之已死,扬祖国之耿光。亚洲古学复兴,非其时邪?"邓实所谓"古学",主要指周秦之际的学术,包括儒学,也包括诸子之学,"如墨荀之名学、管商之法学、老庄之神学、计然、白圭之计学、扁鹊之医学、孙吴之兵学"。他明确指出:"孔子之学固国学,而诸子之学亦国学也",不能"保其一而遗其一"④。

梁漱溟在1922年出版的《东西方文化及其哲学》一书中,不同意梁启超等人把清代学术说成"中国的文艺复兴",不赞成胡适等人的"五四文艺

---

① 《蔡元培全集》第5卷,第86页。
② 蔡元培:《吾国文化运动之过去与将来》,载《蔡元培全集》第8卷,第592页。
③ 蔡元培:《吾国文化运动之过去与将来》,载《蔡元培全集》第8卷,第109页。
④ 邓实:《古学复兴论》,《国粹学报》1905年第9期。

复兴"说,也不赞成比较宽泛的"古学复兴"说,而认为文艺复兴应该是中国人人生态度的昭苏,尤其是孔子倡导的人生态度的复兴。他指出:"有人以清代学术比作中国的文艺复兴,其实文艺复兴的真意义在其人生态度的复兴,清学有什么中国人生态度复兴的可说?有人以五四而来的人生态度为中国的文艺复兴;其实这运动只是西洋化在中国的兴起,怎能算得中国的文艺复兴?若真中国的文艺复兴,应当是中国自己人生态度的复兴","只有昭苏了中国人的人生态度,才能把生机剥尽死气沉沉的中国人复活过来"。他指出,在中西印三大系文化中,西方化已过时,印度化还早,"最近未来第二态度复兴"即"中国化复兴","世界未来文化就是中国文化的复兴,有似希腊文化在近世的复兴那样",中国人"应当批评的把中国原来态度重新拿出来"①。

钱穆的学术取向是疏离于汉学而偏向宋学,他认为要谈"中国的文艺复兴"应当是宋学的复兴。他指出:"近人又说清代学术相似于西方之文艺复兴,此语绝不得清儒之真相。若强要我们以西方文艺复兴相比拟,则该是宋儒,非清儒。"②

其四,李长之、顾毓秀等认为,中国文艺复兴的任务已经开始,但还有待完成,"未来的中国文化是一个真正的文艺复兴"。

李长之不赞同"五四文艺复兴"说。他认为,文艺复兴是"古代文化的再生,尤其是古代思想方式、人生方式、艺术方式的再生","'五四'精神却无一于此","五四""不但对于中国自己的古典文化没有了解,对西洋的古典文化也没有认识",孔子代表了中国古典文化,"那时所喊得最起劲的,却是打倒孔家店";"即便把文艺复兴看作是新世界与新人类的觉醒,'五四'运动也说不上文艺复兴"。"假若要用一个名称以确切说明'五四'精神的话,我觉得应该用启蒙运动"。他认为,"中国的文艺复兴"是有待大家努力的任务,"我们现在业已走上民族的解放之途了,随着应该是文化

---

① 《梁漱溟全集》第1卷,第539、525页。
② 钱穆:《中国知识分子》,《民主评论》第21、22期。

的解放。从偏枯的理智变而为情感理智同样发展,从清浅鄙近变而为深厚远大,从移植的变而为本土的,从截取的变而为根本的,从单单是自然科学的进步变而为各方面的进步,尤其是思想和精神上的,这应该是新的文化运动的姿态。这不是启蒙运动了。这是真正的中国的文艺复兴!"①

顾毓秀赞同李长之的观点,他指出:"照欧洲文艺复兴的解释,Renaissance 是再生或新生的意思。所以,文艺复兴就是精神思想的苏醒和解放。中国自清末的启蒙运动,至五四新文化运动,实际上一直都是走着文艺复兴的道路。只是这任务到今天还没有完成,虽则我们已经接连走上抗战和建国的途程。"②

结　语

欧洲文艺复兴所引发的近代思想家有关民族复兴的思考,时至今日,仍值得我们深思。

欧洲文艺复兴以文艺复兴为先导,推动了欧洲各国资本主义产生、民族国家建立的全面社会变革,促使近代中国先哲对思想文化引领社会变革、民族文化关乎民族命运有了比较深刻的认识,对当下的中华民族复兴伟业来说,实现文化复兴、文艺复兴也具有重要意义。但近代先哲也已逐步认识到民族复兴是包括了政治革命、社会改造和文艺复兴等内容的全方位的社会工程,文艺复兴是民族复兴不可或缺的一个部分、一个环节,却又不能替代、包办其他环节。而文化保守主义者认为民族复兴本质是民族文化的复兴、儒学的复兴,忽视、轻视政治变革、经济建设、社会改造等方面的作用,未免有失偏颇。

近代先哲还认识到复兴不是复古,而是复生与新生、传承古典文明与开创现代文明的有机统一。欧洲文艺复兴正是在复兴希腊古典文明的基

---

① 李长之:《迎中国的文艺复兴》,商务印书馆 2013 年版,第 30~47 页。

② 顾毓秀:《中国的文艺复兴》,第 29 页。

础上,开创了全新的西方近代文明。实现中华民族复兴也是如此,"新中国新文化仍当从旧中国旧文化中翻新,此始得谓之是复兴。若必彻底毁灭了旧中国旧文化,赤地重建,异军特起,此乌得谓之中国与中国文化之复兴";然而,言及复兴与文化,"又必申言其决非复古"①,如果不激发新的生机、不进行新的创造,民族生命不可能生生不息,民族文化不可能源远流长。陈衡哲、梁漱溟等都曾以"老树新芽"比喻文化复兴、民族复兴,如果没有"新芽"的复生,就表明那颗大树已然完全枯死、腐朽了,就表明民族的生命力已彻底丧失,民族的衰而复振自然就根本无从谈起。实现中华民族伟大复兴,是在全面推进现代化的基础上,使中华文明再现新的辉煌;是中华文化通过创造性转化、创新性发展,再次对人类社会作出新的贡献。

文艺复兴、民族复兴都是在近代中西文化交流的背景之下形成的"新名词""新概念"。欧洲文艺复兴对近代中国思想文化变迁包括民族复兴观念的形成,对中国近代社会变革包括民族复兴道路的探索,产生了深刻的影响。这就足以说明实现民族复兴,固然离不开对本国固有文化的传承,也必须继承人类优秀文化成果。文艺复兴的一项重要遗产是促进现代民族意识的形成,"促使现代欧洲民族国家之形成"②,促成欧洲各国国语运动与各国文艺的产生。民族意识是民族复兴道路探索的"基点",没有民族意识的觉醒,民族复兴观念就无所凭藉、无处依存。"复兴之路"的设计必须符合本国的历史文化底蕴,植根于本国的历史文化遗产,以提振民族自豪感、民族自信心为重要内容。

(本文作者:俞祖华　鲁东大学历史文化学院教授　本文发表于2015年第6期)

---

① 钱穆:《中国学术通义》序,台湾,学生书局,1975年,第3页。
② 胡适:《口述自传》,载《胡适全集》第18卷,第335页。

欧洲文艺复兴的引介与近代中国民族复兴思想

马克思主义辩证法的重复性、回忆性与修复性

刘怀玉

摘 要 按照利奥塔"重写现代性"的说法,思想史有重复性、回忆性与修复性三种模式。马克思主义辩证法在其经典叙述中有一个不断的既是重复又是差异的自我突破过程,在20世纪语境中的苏联马克思主义与西方马克思主义辩证法则经历了一个不断回忆马克思主义之前思想资源重建其当代形态的多元化展开过程。新世纪面对新自由主义与后现代主义的挑战,马克思主义及其在当代的命运、价值与可能的视野,是需要从已有的历史强制记忆中走出来,不断修复与激活其固有辩证法思想中的韧性的激进的能量,直面当代资本主义与世界历史发展这个"自在之物"本身。

一、思想史的重复性、回忆性与修复性

利奥塔,这位法国新尼采主义者,作为后现代主义叙事最有名的倡导者,曾经提出过"重写现代性"①这个著名口号。为此,他借用弗洛伊德《记忆、重复与修通》(1914)一文中的措辞,提出有三种书写现代性的方式。第一种是重复,它出现于被压抑的想法重新返回并萦绕着主体时,是某种不受主体意识模式所控制的结构,它让他或她强制性地重复一个动

---

① 参见让–弗朗索瓦·利奥塔《非人——时间漫谈》,罗国祥译,商务印书馆2000年版,第25～38页;西蒙·莫尔帕斯《导读利奥塔》,孔锐才译,重庆大学出版社2014年版;周慧《利奥塔的差异哲学:法则、事件、形式》,重庆大学出版社2012年版。

作。如俄狄甫斯便逃脱不了自己的命运。第二种是回忆,即现代主义记忆的模式。主人公开始意识到不能受制于匿名的结构,于是试图去寻找令他遭受痛苦的原因,起源与结果成为他最关心的问题。利奥塔采纳的是第三种"修通"(durch arbeitung/working through)(亦译"透析"),以此方法来重写现代性。这种重写并非从头开始找一个绝对真实的零度状态的史前史起点,也不是弗洛伊德式的回忆那被压抑的无意识的过去,而是"既是回归又是想象未来"的双重性过程。"重写"并不像我们最初期待的那样,能够还原或再现最初的场景,与其说它是在回忆,不如说是在忘却;与其说它是在提供关于过去的知识,不如说它是一种突破规则、创造现在与未来的艺术活动。

作为马克思思想史的书写者,我们有重写思想史的义务与能力,而没有必要简单挪用利奥塔的方式。但他对自己历史的无意识的强制重复的批判,对寻找原初历史真相神话的批判,和对通过回复与展望的双重努力的渴望,是有借鉴作用的。利奥塔重写现代性的努力与初衷并非是一笔勾销启蒙与现代性的历史合法性,而是指出现代性宏观叙事的粗暴性,试图展现被压制的那些沉默的环节与声音。重写马克思主义思想史的学者们自然不能回避与否认的传统专业思想史中曾经被压制的某些不在场的沉默声音。恢复这些场面与声音,不足以颠覆或危及马克思主义思想史的整体合法性或崇高感,倒是有助于实践性地阐释这部崇高历史的复杂性与开放性的内涵。

在列宁著名的《谈谈辩证法》一文(1915)写作整整一百年之际,写一篇从当代视野整体反思马克思主义辩证法的历史与经验教训,追问其未来走向的文章,无疑是必要的且有充分理由的。问题是从何种角度入手来写这一百年、甚至远推至马克思主义辩证法从创立至今的 170 年的历史?一种惯常的写法是认为这部历史是不断处于发展过程中的历史,一部多元化的发展的历史,一部始终受到挑战因而需要明确的立场方法的历史①。

---

① 参见拙文《马克思主义思想史三题》,《理论视野》2014 年第 12 期。

作为对利奥塔以上所述的"重写现代性"方法的回应与借鉴,本文旨在从另外角度思考这部历史。这就是思想史有着"发展性"之中的"重复性",有着表面"多样性"之下的相互冲突着的"回忆性",有着坚守立场与拒绝历史之对立之外的"修复性"。

首先要强调,马克思主义辩证法的历史在表面的发展特征背后实际上是有其"重复性"的无意识结构的。马克思主义经典作家并没有给我们留下一个"标准的"唯物辩证法的经典形态、经典设想,而是通过"反复的"、多次的从反思自己哲学的思想与现实前提过程中,在反复地克服与超越古典哲学与古典经济学的思维方式、思维前提的过程中,给我们留下了不同的辩证法理解与想象的视野及叙述形式。"不断重复着的"与"修正着的"经典叙述形式,是马克思主义辩证法中的最重要的"活东西",而把经典马克思主义某种辩证叙述形式固定化教条化,这则是马克思主义辩证法最僵化的"死东西"。所以"重复性"既反映了马克思主义辩证法的"活的"生命力或者"韧性"的一面,也存在着被僵化的"死东西"的一面①。

所谓"思想史重复性"之说,是针对曾经最为强势的进步积累性之范式而言的,既有褒义也有贬义。所谓褒义的重复性,是说思想史上总有一些最基本的问题与范式,会不时地间断性反复性地被讨论,而不像单线性进步论所假设的总是在一个问题上"走到黑",或者在一个问题上不断积累,也不像断裂论所说的那样总是新问题不断。例如俄国思想史上的民粹派与合法派之争,这种现象其实早在 19 世纪 40 年代就出现过,如日耳曼浪漫主义与法兰西主义之争。而今天的普世价值论与后殖民主义之争何尝不是这种合法派与民粹派之争的又一次改头换面的再生产?

所谓贬义的重复性,是指思想史上经常出现的一种病症,即当一个时代与社会出现危机而人们没有新的思想灵感之时,就会重新陷入他们可能遗忘的传统的集体无意识的思维定势与强制之中。如民族主义、虚无主义

---

① 参见弗雷德里克·詹姆逊《辩证法的韧性:三个方面》,载詹姆逊《辩证法的效价》,余莉译,中国社会科学出版社 2014 年版。

或者如马克思主义内部经常出现的修正主义现象,都是当社会出现了人们无所适从的危机,包括经济政治危机,特别是文化认同危机时,思想史上那些病症就会不请自来。就像弗洛伊德讲的精神病人,间歇性地无意识地做同一个动作,以此掩盖病人自己无法想起的那种焦虑恐惧。一旦发生周期性经济危机,人们就会习惯性地想到通过货币流通控制来解决一切问题,而没有想到,货币诞生之最初原因就是经济生活中遇到了危机与矛盾,而不得不发明的一种转移方式。再如,在出现周期性动荡与政治危机时,人们就会想到民族、国家、爱国主义、政治强人,仿佛它们能够解决一切问题,而忘记了国家本身恰恰就是社会陷入不可解决矛盾的一种征候①。虚无主义或价值多元主义似乎是现代历史的思想病态,其实这也是历史上一再出现的文化认同危机的社会文化病症。春秋战国之于五四新文化运动,希腊化怀疑主义之于青年黑格尔派,青年黑格尔派之于今天的后现代主义……凡此种种,不一而足。

其次,所谓思想史的"回忆性",就是试图走出这种强制的失忆的自我重复的病症,并试图在记忆中发现所谓"曾经的本来的我与历史",对掩盖历史真相与弥天大谎的历史进行复仇。通常的说法就是"从前的历史是错的,而我现在要告诉你历史本来是这个样子"。只有对过去一再统治着我们的假历史进行摧毁与报复,回到原来历史,我们才能获得解放。照此来看,20世纪马克思主义辩证法史的表面多元化发展,实际上就是由于第二国际马克思主义"集体遗忘"辩证法与经典马克思主义范式危机或者历史断裂所造成的"回忆焦虑症"。今天我们面临着另外类似的范式危机与历史断裂。在此情势下,20世纪以苏联马克思主义、中国马克思主义与西方马克思主义为主要成果标志的马克思主义辩证法,其多元发展背后有一个重新回顾与回忆马克思主义辩证法的来源的焦虑与期待,即不是完全在已有的基础上的进一步发展的辩证法,而是由范式危机引起的"回忆式"地寻找所谓辩证法的"本真"形态与意义的问题。在此意义上,多元化辩

① 有关观点参见柄谷行人《历史与反复》,王成译,中央编译出版社2007年版。

证法发展其实是对第二国际辩证法无意识的失范的一种报复。

再次,所谓"修复性"历史,其表现就是试图从第二种"报复性的"、彻底否定性的历史情结中走出来,指出历史的不可呈现性与不可重复性,认为思想历史正是在超越重复式思维与报复性思维过程中慢慢健全与丰富起来。今天马克思主义辩证法面临的主要挑战有 20 世纪以来的后形而上学的分析哲学与实证主义,特别是以普世主义自居与历史终结论为特征的自由主义,但更大的挑战或启示来自以原来从西方马克思主义流派中分化或变形的后结构主义为代表的后现代主义。它们对马克思主义的挑战在于,拒绝与否定一切形态的总体性的思想史的言说方式的合法性。后结构主义式的总体思想史终结论或宏大思想史终结论与差异性微观思想史的兴起,对马克思主义辩证法的挑战与启示,即它在当代的命运、价值与可能的视野,是需要从已有的历史强制记忆中走出来,修复马克思主义辩证法思想中的潜在的激进的能量,面对当代资本主义与世界历史发展这个"自在之物"本身。

二、马克思经典辩证叙事之"重复与差异"的游戏

关于思想史的叙述方法问题,马克思本人专门着墨之处并不甚多,但至少有两个经典案例值得我们回味,这都与他的政治经济学批判方法有关。第一个案例是马克思在评价重农学派的历史贡献时说,一个思想家的思想体系有表面与内在之分,必须把他表面上的叙述形式与其真正想要叙述的形式区分开来。比如重农学派就是披着封建主义外衣的资产阶级政治经济学,斯宾诺莎是位穿着神学外套的资产阶级无神论唯物主义哲学家①。第二个案例仍然与重农学派有关。在《政治经济学批判》第一分册中马克思这样形容重农学派与古典经济学的关系:

> 对于重农学派来说,也像对他们的反对者来说一样,争论的焦点

---

① 参见《马克思恩格斯文集》第 10 卷,人民出版社 2009 年版,第 429～430 页。

倒不是哪一种劳动创造价值,而是哪一种劳动创造剩余价值。因此,他们还没有把问题在初级形式上解决,就先在复杂了的形式上进行探讨。正如一切科学的历史进程一样,总爱经过许多曲折,才能达到它们真正出发点。科学与其他建筑师不同,它不仅画出空中楼阁,而且在打下地基之前就造起大厦的各层住室。①

笔者认为,这两个方法论案例用在马克思的辩证法叙述问题上也是合适的。也就是说,我们必须把马克思本人想让同时代人明白的叙述形式与其本人想表达的叙述形式区分开来,必须把德国古典哲学辩证法的叙述形式与马克思本人的辩证法叙述形式设想为科学思想发展中的上层与基础的关系。如此来说,德国古典哲学辩证法之于马克思的辩证法就有些像重农学派的价值学说之于古典经济学。就其复杂程度与精细程度而言,古典哲学辩证法比马克思的辩证法要精细复杂,但却是没有打好自己的现实基础,是在工业社会真正到来与真正被理解之前,便把对工业社会的神秘憧憬与理想化的批判预先说出来了,而最基础的最核心的现实逻辑研究工作却交给马克思他们了。在某种意义上,问题并不在于马克思一生是否逃离了黑格尔,而在于为什么黑格尔在很多问题(比如在异化、国家与市民社会)的研究上反倒比马克思的辩证法精神"更彻底":"黑格尔曾经一度与马克思一样想要在实际中消灭异化,而在后来鉴于某些历史事件而不得不推翻这种想法,他看到的是一种永无止境的辩证运动过程,理念在其中熠熠发光,而马克思则预见到了历史的一种终结。"②马克思为了完成其关于辩证法的最基础与核心的问题的探讨,只是在某些个案(比如价值形式问题上)"小试牛刀",但并没有阐发出像黑格尔与康德那样丰富而全面的辩证法体系。所以辩证法的历史并不是从抽象到具体的、从简单到复杂的目的论历史,而是倒过来的,从发达的具体的系统的辩证法到解构的与局部的基础的,甚至是抽象的辩证法的"倒转"。

---

① 《马克思恩格斯全集》第31卷,人民出版社1998年版,第451页。

② 参见让·依波利特《马克思与黑格尔研究》,载张世英主编《新黑格尔主义论著选辑》下卷,商务印书馆2000年版,第469~470页。

关于马克思辩证法的叙述方式,最著名的说法就是对德国古典唯心主义辩证法的唯物主义"颠倒"。这是马克思本人想让其同时代人明白的一种通俗形象的说法。但这个说法与其说把问题简单化了,倒不如说让问题复杂化了。对此"颠倒论",阿尔都塞诟病甚多,认为这个说法不如把马克思哲学革命理解为一种哲学总问题结构的根本转换①。笔者这里想说的是,马克思对自己唯物辩证法的创立过程,既非一个简单的颠倒过程,也并不是阿尔都塞意义上的认识论断裂,而是一个带有重复性的解构与重构的过程。马克思并没有实现他自己所说的"用几个印张"把黑格尔神秘的唯心主义形式的辩证法,改造成人们能够明白的"合理形式"这种设想②。后来苏联马克思主义者对这个构想论的近乎执著的探索与复原工作,其实是不着事情根本的。马克思的辩证法的真正有价值的"活东西"就是数次反复地对自己的哲学前提的批判与反思过程中所形成了几种辩证的叙述方式。

马克思的辩证法是一个不断地反思哲学这种"无自己单独历史的意识形态"之思想前提的历史认识过程,主要是批判、怀疑和否定近代哲学的思想前提,不断地反复追问其思想前提或来源是什么,从而达到对以往哲学思想前提的重构,并生成新的思想前提。作为对哲学思想前提的反思与重构的思想活动,马克思辩证法,一方面是针对德国古典哲学中黑格尔唯心主义(观念论)前提的反思和改造,另一方面是不断地对自己哲学思想前提的反思和改造,这确实是一个"在批判旧世界中发现新世界"的双重性的反思过程。

马克思关于辩证法问题的探索、研究与叙述,主要经历了这样三次重要的异质性理论努力:人本唯物主义辩证法;物质生产实践的历史辩证法;以批判资本逻辑统治为对象的严格意义上的现代性批判辩证法,即历史认识论的辩证法。在这其中,每一步的理论深入都是对前一次思想前提的反

① 参见阿尔都塞《矛盾与多元决定》一文,载阿尔都塞《保卫马克思》,顾良译,商务印书馆 2006 年版。

② 《马克思恩格斯文集》第 10 卷,人民出版社 2009 年版,第 143 页。

思和突破。

马克思在创作《1844 年经济学哲学手稿》时期，其辩证法是以人的主体性为前提的人本唯物主义辩证法，这是马克思辩证法探索的第一个阶段。其主要任务与内容是对以黑格尔为代表的德国观念论的哲学思想前提的反思和批判。马克思在费尔巴哈人本唯物主义的启发下，把黑格尔所神秘化的从而抽象化发展起来的观念主体转换成感性的、现实的、实践的人的主体性。当然，马克思也含蓄地指出了费尔巴哈由于"过分崇拜自然"而简单地抛弃黑格尔辩证法合理内核的理论缺陷，从而肯定了黑格尔辩证法"作为推动与创造事物原则"的"否定性辩证法"①的伟大意义。这里须强调，虽然在《1844 年经济学哲学手稿》中，马克思看到了人类历史是通过人的物质劳动创造的过程，但当时他的辩证法终极归宿或无意识的叙述逻辑前设仍然是"人的本质的复归"，即照例是一个自我封闭的目的论体系，仍然是循环论证，具有很强的泛逻辑主义的思辨色彩。这是因为，马克思此时还没有研究真正意义上的现实的历史的活动、现实社会关系中的人，而是把人的本质看成是所有人共同具有的类本质，从而没有找到真正意义上的哲学现实前提。

1845 年之后，马克思实现了实践观和人学观上的革命，走向了广义历史唯物主义的创立，这是马克思辩证法探索的第二个阶段。该阶段的辩证法是以物质生产实践为理论地平线的社会历史生产的辩证法，这一基于社会历史生产逻辑的辩证法虽然是客体向度的，但不同于后来苏联教科书所揭示的所谓"客观物质世界所固有的"、因而缺乏主体性的（即"无人的"客观规律世界）辩证法。此时，马克思所说的辩证法是以人的实践活动为根基，历史的规律性是建立在人的活动的基础之上。因此，这种历史辩证法既体现主体的活动，又表现为客观的规律，是主观与客观的统一，是广义历史唯物主义与历史辩证法的统一，是基于生产实践活动视野之中的反思性的客观历史辩证法。黑格尔的问题是把现实的人的活动变成了神秘的精

---

① 《马克思恩格斯文集》第 1 卷，人民出版社 2009 年版，第 205 页。

神活动。对于黑格尔的这个"颠倒着的"客观精神世界,马克思不是将其重新颠倒为同样无限的客观物质世界,而是颠倒为人的现实主体的生产实践活动过程,也就是把无限的绝对精神逻辑变成现实的、有限的、人的能动活动及其关系形式。如果说黑格尔是通过绝对观念来创造万物与历史,那么马克思则是通过对工业实践的政治经济学研究发现,现代历史转变为世界历史是由工业和世界交往引起的,这一世界历史不是局部的,而是普遍的;不是观念的世界历史,而是现实的、活生生的物质过程。正是通过对国民经济学和人的劳动过程的研究,马克思把黑格尔以绝对精神所统摄的历史改造为一部人类劳动创造人类生活的历史。

随着政治经济学研究的不断深入,马克思进一步发现,对德国古典哲学的改造,既不是把它还原成感性的人的现实活动就能将其克服掉,也不是把它简单地还原成一部人类生产发展的广义历史就能摒弃掉,而必须把它限定在其所赖以产生的现代资本主义社会存在范围内的前提下。也就是说,马克思辩证法历史观要想与黑格尔辩证法实现真正的决裂,是不可能仅仅用一种同样的形而上学的超越历史的人的实践活动辩证法,或借助于一种普遍的客观的生产实践为基础的历史辩证法,就可以实现的。马克思此前的这两种辩证法探索的尝试,固然要比那种把绝对精神主体重新颠倒为物质世界本体论的传统唯物辩证法要深刻得多,但仍然无法从根本上克服黑格尔辩证法的非历史的泛逻辑主义思维定势。

只有对资本主义历史颠倒性客观社会存在这个特殊的哲学前提和历史本质加以批判,古典唯心主义的秘密才能得以解释:思辨的颠倒的唯心主义逻辑,其现实前提是资本主义社会主客体颠倒的物化统治。所以,马克思在《资本论》及其手稿中开始了对德国古典唯心主义辩证法进行第三次改造和重建,创立了历史认识论的辩证法,这是马克思辩证法的第三个理论形态。

马克思在《资本论》中使用黑格尔《逻辑学》式的"从抽象到具体"的叙述方式,从某种意义上说,这正是他所能找到的在理论上再现资本主义生产逻辑发生、发展过程的最好方法。在马克思看来,资本主义的生产不是为了眼前的直接的物质生活需要,而是为了追逐剩余价值,是一种抽象的价值驱动和支配下的现实的生产与再生产。

这种资本主义社会结构化的历史,作为一个现实的本质的物,仿佛是自动生成和统治世界的,它和黑格尔所说的绝对观念生成万物的逻辑是"同构的",或者说具有"家族相似性"。也就是说,要想洞悉这个由抽象物所构成资本逻辑世界的真相,任何感性的唯物主义反映论都是无济于事的,而是需要同样的抽象思维和反思思维才能把握。资本主义社会追求剩余价值现实的历史活动过程与黑格尔绝对观念自我外化、自我扬弃的过程恰是高度一致的,正像绝对观念是遮蔽了历史起源、社会起源和意识起源的形而上学怪影一样,资本主义也总是想尽一切办法遮蔽自己作为以往历史结果的前提,将资本生产的前提当成永恒的自我运动。在马克思那里,从抽象到具体当然不是观念生成万物并在万物中认识自身、实现自身的唯心主义的神秘过程,也不只是科学再现事物的研究方法,而是揭示资本主义特殊的必然的历史特征的科学方法。所以,在这里马克思把对黑格尔的绝对观念论的形而上学批判和对资本主义拜物教、资本主义主客体颠倒、资本逻辑的批判放在一起。在此意义上,马克思把辩证法、认识论、逻辑学三者统一起来了。真正意义上的马克思主义辩证法,当然是有限的社会历史生产本体论,以及同样有限的社会历史认识论和作为再现与把握这种独立现实的批判性思维逻辑三者之间的异质性矛盾与统一。

进而言之,马克思经典辩证叙事体现为三重性世界或视野及其相互间的移动:(1)对现实的资本主义社会存在这个颠倒着的客观的前提的历史批判;(2)把资本主义这个主客体、现象与本质颠倒着的现实加以重新颠倒与本质再现的历史认识论;(3)对掩盖着资本主义现实的形而上学逻辑范畴本身的现实前提的反思与批判,从而把意识形态批判转变为现代性社会批判。它们共同构成了马克思经典的历史辩证法认识论或狭义历史唯物主义的三重异质性、矛盾性与总体性的视野。这三种视野并不是一种先验的统一性共存性关系,而是相互揭露着对方的虚假性、片面性,同时又相互依赖着的、不断生成着的移动着的矛盾着的历史结构。马克思主义认识论就是将现实理解为并不现成在场而是充满着矛盾的历史过程,是从特定历史主体角度出发,有层次地、有界限地再现某个暂时性在场的过程。

三、20世纪马克思主义辩证法的回忆性焦虑与多样性发展

马克思逝世之后,他的辩证法思想变成了一份充满着歧义而沉重的遗产。作为其第一批继承者,第二国际理论家们普遍对马克思主义哲学持消极厌倦态度(普列汉诺夫倒是个例外,但也并非真正懂得辩证法!)。以伯恩斯坦为首的右翼理论家们甚至认为马克思没有哲学而只有政治经济学,马克思与达尔文的密切关系远胜过他与黑格尔的关系;甚至连梅林都认为,社会民主党可以从尼采那里学习到自己需要的哲学,由此导致了第二国际马克思主义者在辩证法问题上的集体失语与短视。

列宁先是经过一段类似于第二国际的哲学失语期,试图通过马克思与达尔文的结合来理解历史唯物主义,通过费尔巴哈与马克思的结合来理解辩证唯物主义认识论。但第一次世界大战的爆发与第二国际的破产使他彻底明白,并非费尔巴哈式"庸俗的"唯物主义,而是黑格尔式"聪明的"唯心主义才是理解马克思主义哲学精髓之正道。列宁在20世纪初,最早意识到"辩证法是马克思主义的活的灵魂",是贯穿于整个马克思思想体系的中心线索!列宁发现,马克思辩证法思想之最高成就或最后形态就是《资本论》这部"大逻辑"!列宁指出,自从马克思逝世以来,包括普列汉诺夫在内的第二国际理论家根本不知道,如果不通过黑格尔的辩证法就不可能理解《资本论》、特别是其第一章关于一般价值形式的辩证法①;反之亦然,如果不借助于《资本论》这部深刻揭示资本主义内在矛盾与危机的历史辩证法著作,我们就不可能唯物主义地理解与改造黑格尔的唯心主义辩证法。

由此,列宁点明了马克思主义的辩证法、历史唯物主义及其政治经济

---

① 参见《列宁全集》第55卷,人民出版社1990年版,第149~151页。

学批判之间的高度统一性。对于列宁而言，辩证法既是关于客观世界本质与发展规律的本体论，又是历史地批判资本主义社会的科学认识论，也是科学地研究与叙述的思维逻辑。这就为我们今天理解马克思主义哲学当代形态廓清了思路，指明了正确的思想方向。但令人遗憾的是，由于时间和精力的局限，特别是出于对俄国党内的复杂政治斗争形势的顾虑，列宁并没有沿着已经形成的基本思想逻辑作进一步系统的思考，也没有来得及对十月革命丰富的斗争实践所包含的辩证法经验进行系统的理论提升。所以，列宁关于辩证法、认识论、逻辑学三者统一的思想仍然没有超越近代唯物主义本体论的隐性思维定势以及唯物主义反映论的思想束缚，乃至于整个近代认识论枷锁之束缚。简言之，列宁的辩证法思想留下的最大分歧就是他没有明确所谓的"三统一"归根到底"统一于什么"？至少就其自觉层面而论，列宁仍然固守着恩格斯所假设的自然界固有的客观本体论或辩证法这个天条或戒律。他一方面看到了辩证法与认识论的高度统一，但另一方面却没有勇气彻底地打通认识论与社会历史批判的内在关系。再加上斯大林坚持把马克思主义哲学视为近代唯物主义的高度发展，这一决定性结论直接误导了后来的苏联教科书体系把认识论非历史地当作从本体论意义上的辩证法过渡到历史观的最后一个环节。从马克思哲学革命已经达到的高度水平来看，辩证唯物主义教科书体系把认识论置于历史观"之前""之外"来加以单独地阐述的逻辑思路，显然是"前马克思主义"的做法。

西方马克思主义者的思路方向是从恢复马克思辩证法的德国古典哲学传统记忆与历史开始的，可以说是在哲学史内部的批判回忆想象中批判资本主义的，而不是在现实的政治经济学批判语境与革命实践过程中思考与探索辩证法问题，由此走向了与苏联马克思主义不同的道路。他们倚重人的主体性，强调对资本主义拜物教批判的辩证法维度，但是或多或少，或自觉或不自觉，程度不同地回避、忽略乃至于最终取消了马克思主义辩证法的社会历史前提和社会历史基础，缺少对社会历史现实前提的反思，而置辩证法于越来越缺少现实社会历史特征与内涵的抽象主体基础之上，使历史唯物主义向着"前马克思主义"阶段的人学辩证法形态倒退。

强调人的主体性的西方马克思主义人学辩证法,其根本的理论误区之一就是,把社会生产的客观历史决定作用这种永恒前提混同于资本主义条件下占主导地位的主客体颠倒的物化统治现象,用一种异化批判的主体辩证法逻辑取代了生产方式理论的核心地位。这实际上就是把马克思的广义历史唯物主义束之高阁,忽视了社会历史客观发展的矛盾本身的革命性辩证法。他们不约而同地把社会客观现实看成应当加以否定和摧毁的"惰性的"、绝望的、消极的压迫力量,断然地舍弃了经典马克思主义在资本主义社会的经济制度与政治制度的内在矛盾与危机、同工人阶级的革命觉悟的结合中介上寻找革命道路的辩证法思想,而舍本求末地在文化、意识形态、无意识、欲望等等这些表面上越来越重要,而实际上仍然是次生的边缘的领域,寻找克服现代性顽症的济世良方。在一种悲观主义与精英主义的虚幻信仰驱使下,西方马克思主义不是把主要精力用于进一步探索资本主义社会内在基本矛盾及其历史必然发展趋势的深层理论逻辑,而把无产阶级所代表的人类历史解放目标"聚像化"或"伪具体化"为一种"瞬间性在场的"或"情境式"的都市生活艺术想象。

而以阿尔都塞为代表的结构主义学派则反对人本主义辩证法思潮,相应地也就回避了辩证法的主体性维度。历史唯物主义的核心逻辑是物质生产实践与社会关系生产的历史辩证法,而阿尔都塞则将其"结构主义化",变成一种非历史的(共时性)的社会关系、社会结构的多元决定论,从而把客观的历史决定论转换成为无主体的、非历史的结构决定论。用无主体的、无历史的结构取消了人的主体地位,相对于法兰克福学派的物化统治批判,成了另一种悲观主义。作为对人学辩证法的反动,结构主义辩证法是以否定马克思辩证法之历史原则和主体原则的方式出场的。这里的关键问题是,取消了马克思主义哲学的主体性和历史性,强调马克思主义历史性和人本主义的根本断裂,这还有辩证法吗?答案是有的,阿尔都塞继承了德国古典哲学和法国反实证主义的理性主义的认识逻辑,这是辩证法的一个内在特征;其优点是批判了实证主义,超越了人本主义马克思主义的抽象的主体性幻觉,但是,这并不意味着完全取消主体,而是以一种隐蔽的方式思考了主体问题。阿尔都塞把主体看成是构成的,而不是先验自明的。他一方面瞒天过海、韬光养晦,以批判根深蒂固的经验主义与实证主义为名,而实际上对苏联教科书的物质本体论做了釜底抽薪式的瓦解;另一方面,以反对人本主义马克思主义为名,而把更为隐蔽且顽强、一脉相承的资产阶级意识形态与政治哲学基础——基督教神学论、逻格斯中心论一网打尽,也就是对自笛卡尔以来以追求自我意识统一性为己任的"在场的"形而上学主体论进行了彻底的颠覆。阿尔都塞是想通过"斩断"马克思与黑格尔的思想联系,决意以"矫枉过正"的方式,使马克思主义辩证法与黑格尔辩证法的历史逻辑关系或者重叠而暧昧的关系发生一次"根本断裂",以此来再现马克思主义辩证法真正的变革性面目。这也在一定意义上算是对马克思一生都没有完成的"对从前哲学信仰的清算",或者对哲学理论的非哲学前提反思的继续,然而这项工作仍然没有完成,却有可能引向歧途。

阿尔都塞的那些"后马克思主义"的继承者们之所作所为便是明证。可以说,从结构主义马克思主义到后马克思主义,在马克思主义辩证法问题上的最大失误就是由于解构了历史主体,进而回避了历史的"自在之物"本身,把对资本主义社会的意识形态批判当成了对资本主义现实本身的批判,最终走进深度的不可知论荒野,甚至自拘于一座座充满着迷惘抑郁气氛的语言牢笼之中。后马克思主义断然解构了历史唯物主义生产方式理论核心话语,把马克思主义关于资本主义必然灭亡之逻辑的批判思想以及阿尔都塞的意识形态国家机器理论,用一种更加远离现实的、神秘的话语批判、权力批判、符号批判等微观批判幻觉取而代之。西方马克思主义仅剩余下的那一点反抗物化统治的崇高意识形态追求,被更为颓废的消极的犬儒主义所取代。

综观整个西方马克思主义流派林林总总,在辩证法当代形态的探索上尽管形态各异,但其症结归结到一点还是佩里·安德森所说的:"随着欧洲马克思主义越来越不把经济或政治结构作为其理论上关注的中心问题,它的整个重心从根本上转向了哲学"。"由于丧失了同工人阶级实践的任何有力联系,反过来又使马克思主义理论滑向当代的非马克思主义的和唯心主义的思想体系……同时因为理论家们都是从事专业性哲学研究,加上马克思早期著作的发现,导致了一场普遍的追溯探讨,要在以往的欧洲哲学思想中寻找马克思主义的思想渊源,并据此对历史唯物主义本身重新解释"①。这可以说是陷入哲学历史回忆焦虑症的表现。马克思主义辩证法的现实性意义的当代视野不仅渐行渐远,且越来越迷惘、混乱。

四、在修复马克思"最困难问题"过程中回到当代历史"自在之物"

要理解马克思主义辩证法的当代视野与命运,必须面对两个问题:一是马克思主义辩证法所面对的挑战是什么? 二是马克思经典辩证法思想中最深刻的,至今仍然值得我们重复追问与继续思考的问题是什么? 只有这两个问题我们弄清楚了,才可能讨论马克思主义辩证法如何面对当代世界历史这个"自在之物"的问题。在今天,马克思主义辩证法面临的最严峻挑战来自各个方面对其自身思想历史合法性的解构与怀疑。首当其冲的并不是马克思主义辩证法本身的危机,而是后现代主义对一切宏观思想史的整体性合法性的瓦解,由此造成了实证主义与历史虚无主义的迷局。马克思主义辩证法所面临的"对手",首先反倒不是那些从明确政治立场角度批评与动摇马克思主义在西方思想史上的合法性的公开批判者,比如哈耶克或者阿伦特等人。其当代言说面临的真正"威胁",是那些对所有宏观思想史逻辑合法性与可能性采取一笔勾销策略的后现代主义。后现代主义思想史学方法论所针对与反对的并不是马克思主义一家,而是包括马克思主义在内的所有现代性思想的合法性。

要回答马克思的辩证法当代意义究竟是什么,显然要回应后现代主义对辩证法的解构,且必须重新追问与回答马克思"最有水平""最困难的",

---

① 佩里·安德森:《西方马克思主义探讨》,高铦等译,人民出版社 1981 年版,第 65、118 页。

因而仍然需要解决的总问题式是什么？这个问题通常被压缩在《政治经济学批判导言》甚至是其中的第三节方法，通常也被压缩在《资本论》第一章甚至第三节与第四节。"从抽象上升到具体"或者拜物教批判，就成了马克思哲学的全部口诀，但我想说的，这是禁锢他的弟子徒孙们不想、不敢再思想的一种咒语！实际上，离开三卷《资本论》及其"重复书写"的几部手稿的马克思思想语言实践，我们无法品得其中的精微与神韵。

还是从马克思的话开始，商品形式作为这个资本主义世界最原始的细胞，这种"可感觉而又超感觉的神秘的特殊的物"，是隐喻性地压缩了全部欧洲宗教、神学、文明与形而上学，乃至于政治等等秘密的一个载体或者细胞或者个案。这个问题从表面上看，是被马克思惜墨如金地用了一章甚至是一节就打发了。但其折磨了马克思一辈子，也因此折磨了一代又一代那些想成为最聪明的智商最高的马克思主义者们的神经，这个名单上最杰出的头脑自然包括卢卡奇、阿多诺、本雅明、阿尔都塞、科西克、列斐伏尔、伊利延科夫、索恩－雷特尔等等，也包括现在还活着的几个学者：齐泽克、巴迪乌、朗西埃等人。

问题并不在于，是马克思"聪明地"提出了这个最困难的问题，而在于这正是欧洲文明的现代命运，也因此变成了全人类的命运。这个命运被尼采与海德格尔很恶毒地称作是上帝之死后人类的虚无主义的命运。这就是神不在了，它被变成了必须出场的属性化的物象，它不再是"无限的绝对的自因的自识的实体"（斯宾诺莎语），而是必须抽象地科学地知性地经验地加以把握的样子、属性。

传统马克思主义辩证法的解释是，马克思所说的商品，并不是根据抽象同一的原则规定的，而是根据"互为前提、互相对立的规定的两极之同一"这一辩证原则来规定的。价值范畴的内容是通过商品与商品交换形式，是通过这种简单价值形式的内部矛盾而揭示出来的。"这就是问题的核心。不仅是价值问题，而且是相互对立而同时互为前提的两种规定的统一这一具体概念的逻辑问题，都要取决于对这一点的理解"。马克思的价值概念的最明显的特点就在于：它是通过相互对立的理论规定的同一而揭示出来的。价值只有在这一对立面的相互交换中才能够表现出来。"交换是每一个商品的价值本质在现象中表现出来与反映出来所采取的唯一的可能的形式"①。

但马克思最真实的深刻的想法是,商品的价值形式、货币、形而上学、神、资产阶级的法律、平等、自由等意识形态观念,它们是世界上不可能解决的矛盾的一种表面上的统一性,或者空洞无物性的虚假存在。人们之所以崇拜这种抽象的神,是想把它固定在某种物的形式之中,使其成为操纵一切的神。这种价值形式,其实是对如下两种价值之间矛盾的掩盖与"表面解决",即一方面是资本主义社会市民社会"私人"劳动价值,另一方面则是并不现成的即想象中的"社会劳动"一般价值。换而言之,货币或一般价值形式,并不是静止的本质的实体,或者形式逻辑意义上位于个别事物之上规定个别事物的那种"普遍"与"一般",而是商品在无限的交换过程中永远无法解决的各种矛盾的一种虚假的社会性的解决。也就是说,货币化了的一般价值形式,只是诸多使用价值形式之间被同等化、数量化的交换价值的辩证的观念想象。这种想象被现实生活中的个人主观地理解为,是在他们之外的可以信赖的那个观念中物质化的现实化的社会存在。所以马克思认为,问题并不在于商品交换这种物的形式掩盖了它背后的人与人的社会关系,而是在于为何人与人不能够直接发生社会关系,而必须采用这种一般等价物的抽象物的关系形式。也就是说,困难在于,并不是把人与人之间的物的关系形式还原成为人与人之间直接的主观意志关系就万事大吉了,问题在于为何人们把自己的关系通过这种观念化的一般抽象物来表现。

正是受到马克思巨大的富有历史冲击力的商品拜物教批判范式的决定性影响,后现代主义思想才对那个作为形而上学、神、资本等等替代性的名称的太一、总体性表示出那样的恐怖与愤怒。他们认为,这个"太一"或

---

① 参见埃·瓦·伊利延科夫《马克思〈资本论〉中抽象和具体的辩证法》,郭铁民等译,福建人民出版社1986年版,第245~247页。

者宏观叙事是"暴君"。瓦解这个物神走向多样性差异性的自我肯定与经验，走向分裂，甚至走向"非人"，我们就自由了。这仍然是一场德意志意识形态内部的战争。问题在于这仍然在用一种知性的方式来想象与解决这个只有辩证法才能想象与解决的多样性的矛盾所构成的那个统一性问题。只要矛盾的现实或现实矛盾解决不了，这个幽灵般的抽象物神或者形而上学替代品便不可能驱散，它会反复经常地"复活""变着法儿"折磨我们。

马克思的问题的深刻与难度就在于，他要求我们必须不断地处于对资本主义社会的矛盾无限展开与表现的现象研究与把握之中，而不能奢望找到一个新的概念或者实践形式就可以解决问题。这是让人似乎绝望的或者考验人的毅力的无穷无尽的批判思想活动过程。正像马克思并不满意于费尔巴哈把人的自我异化问题通过诉诸天国与尘世之间的二重化矛盾来解决问题一样，正像他也并不满足于黑格尔通过国家形式来解决市民社会内部的矛盾问题一样，马克思也不满足于古典经济学家的解决问题方式，他们认为，只要把私人劳动与社会劳动的矛盾，或者工人劳动价值与资本的交换价值的矛盾反映为"第三方"，即作为公平自由象征的一般价值形式，这样就可以高枕无忧了。马克思认为，宗教天国与市民社会尘世之间的矛盾，并不能通过简单地消灭天国而把神学还原为人的问题就可以解决；他同样认为，一般价值形式这种观念物的神秘存在，并不能通过把它直接理解为自然物的关系，或者理解为人与人之间透明的社会关系，就可以解决与消除，而应当从资本主义生产过程交换过程内在的永恒的矛盾产生与转化过程来看，才能得到辩证理解与解决。当然，这种解决并不像李嘉图等社会主义者想得那样简单，通过消灭货币，通过共同占有社会财富，形成新的共同体就可以解决。这个过程也并不可能通过聚焦于一场总体性革命就可以完成。这个拜物教难题的解决，需要非常细致的日常意识形态与文化等等的研究批判，需要无数次微观具体的生活实践，特别是通过不断地"去资本化"的新的实践惯习的形成培养。这是一个需要漫长而反复的修复才能逐渐克服的痛苦的自然历史过程。所以，马克思意味深长地说,"只有当社会生活过程的即物质生产过程的形态,作为自由联合的人的产物,处于人的有意识有计划的控制之下的时候,它才会把自己的神秘的纱幕揭掉,但是,这需要有一定的社会物质基础或一系列物质生存条件,而这些条件本身又是长期的、痛苦的发展史的自然产物"①。因此,马克思的问题之难在于,它并不仅仅是一个认识论问题或意识形态批判、心理学、教育学问题,而是漫长细致地反复地"修复""纠正"人类历史生活误区的实践问题。

如果说20世纪初马克思主义辩证法是通过走出马克思主义政治经济学批判而回到马克思之前的哲学形态与哲学来源而开始,或者说是用"前马克思主义的"哲学资源想象力与历史记忆力而激活起来的②,而当代辩证法的问题与出路则是要重新回到当代"历史性"现实,回到全球化资本主义的"当下"客观现实,重新理解马克思主义。这就是回到经典历史唯物主义形态,回到当代资本主义社会发展现实土壤中重建历史辩证法。詹姆逊在一篇纪念与反省20世纪60年代辉煌历史及其失败命运的文章中,曾经意味深长地说,20世纪80年代之后,全球资本主义在经历了长期危机之后,似乎时来运转、"返老还童"了。在此后革命的语境下,"传统的"生产方式决定论的历史唯物主义反倒"再度变得真实起来了"③。这正是"处于危机"之中的马克思主义之出路所在!

总之,新世纪马克思主义辩证法的根本立足点仍然在于对当代资本主义与社会主义现实这个历史前提的反思与认识。因为资本主义是一个不断地超越自身固有的界限、矛盾、危机而盲目扩张的自然历史过程,相应地,对资本主义的批判也需要一个不断地自我更新哲学方法论与历史观的认识过程;在此意义上,任何基于静止孤立的事实现象分析的实证的科学认识,它们都无法回答与解决资本主义所导致的瞬息万变、扑朔迷离的复

---

① 《马克思恩格斯文集》第5卷,人民出版社2009年版,第97页。

② 参见佩里·安德森《西方马克思主义探讨》,第65页。

③ 弗里德里克·詹明信:《晚期资本主义的文化逻辑》,张东旭等译,三联书店1998年版,第394~395页。

杂现实矛盾问题。唯有辩证法才能担此重任,这就是在现象与本质、形式与内容、总体与局部、主体与客体、结构与功能、中心与边缘、高层与低层、宏观与微观、历时与共时等等多维而动态的联系中来把握、认识与想象当下的人类世界。换而言之,马克思主义的科学生命力仅仅在于它有一种辩证的总体的历史科学理论视野。我们如果要全面地把握今天复杂多变的全球化资本主义与社会主义现实,就必须坚持从总体联系出发的辩证与历史的唯物主义方法来把握我们所面临着的这个处于"二律背反"之中的当代世界或"自在之物"。正如列宁在一百年前所指出的,辩证法的首要原则是坚持实事求是的客观性。但它不是"从个别经验事实出发","从日常生活的常识出发"或"从专业知识出发"的实证主义、经验主义的"个别事例",而是"自在之物本身"①。所以,社会主义要想超越资本主义的盲目扩张的历史局限性,要想变成自觉的历史过渡过程,就必须做到一方面在客观认识上能动地与不断变革着的资本主义全球化现实相适应,另一方面在主观认识上不断自我超越与反思社会主义历史理解局限性,这是一个反复的、漫长的艰难的概念劳作与实践探索过程。真理不只是实体,而且更是主体的活动过程。这正是活生生的、不断发展的历史辩证法精神的体现。

(本文作者:刘怀玉　南京大学哲学系、马克思主义社会理论研究中心教授　本文发表于 2016 年第 1 期)

---

① 参见《列宁全集》第 55 卷,人民出版社 1990 年版,第 190 页。

马克思主义辩证法的重复性、回忆性与修复性

中国文学传统的创造性转化

——重建现代中国文学研究的古今维度

李遇春

摘　要　在现代中国文学研究领域,中西维度长期受到推崇,古今维度则有所偏废。新时期以来,林毓生、李泽厚、陈平原等海内外学人明确倡导中国文学传统的创造性转化研究,这是重建现代中国文学研究的古今维度的必由之路。以百年来现代中国各体文学创作而言,小说和散文在创造性地转化中国文学传统方面所取得的成就更高,而新诗因与古典诗词时相对抗而成就有所不足,话剧因与中国戏曲传统断裂而尚未真正地民族化。现代中国小说在第一个三十年里主要致力于对中国古代文学的抒情传统或言志传统以及中国文言小说或文人小说传统的创造性转化,及至第二个三十年转而主要致力于对中国古代文学的载道传统和中国古代白话通俗小说传统的创造性转化,而到了第三个三十年里,在回归言志传统的前提下,小说文体创化愈益复杂。如果说在20世纪80年代主要致力于中国古代文言短篇小说传统的创造性转化,那么90年代以后则集中出现了转向明清文人世情写实长篇小说叙事传统的倾向,由此成就了贾平凹的沉郁型、莫言的狂放型、刘震云的拧巴型、王安忆的分析型等四种闲聊体叙事形态。现代中国白话散文在第一个三十年里偏重于对中国古代言志派"古文"传统的转化,而在第二个三十年里偏重于对中国古代载道派"辞赋"传统的吸纳,到了第三个三十年里出现了多元趋势:除了言志派美文和言志派杂文相继复兴之外，又涌现了言志派辞赋体"大散文"新形态。中国新诗在第一个三十年里主要是创造性地转化了中国古典诗词的言志传统、自由体传统和高雅文人传统，而在第二个三十年里转向了对中国古典诗词的载道传统、格律体传统和通俗民间传统的转化，及至第三个三十年里，中国新诗主潮又重新返回了言志传统、自由体传统和高雅文人传统，所谓"知识分子写作"与"民间写作"两大诗潮其实貌离神合。

一、问题提出的理论基础与学术源流

毋庸讳言，中国学界长期以来习惯于从中西维度研究现代中国文学如何受到外国文学（主要是西方文学）的显在影响而发生所谓文学现代化转型，而相应地忽视了从古今维度探究中国古代文学传统在这场百年中国文学现代化转型中所发生的潜在影响①。然而，进入改革开放的新时期以后，随着全球化进程日益加剧，当代中国文学在现代化转型中遭遇到了越来越强烈的民族化危机。中国作家已经越来越不满足于做西方作家的中国替身，即令被封为"中国的卡夫卡""中国的马尔克斯""中国的福克纳""中国的博尔赫斯"……也依然掩盖不住他们在全球化的西方中心主义语境中的尴尬身影。正是在这种新的历史背景下，人们格外注意到，包括汪曾祺、王蒙、韩少功、阿城、贾平凹、莫言、王安忆、张炜、史铁生、李锐、苏童、格非、毕飞宇、红柯等人在内的中国新时期文坛翘楚纷纷先后表达他们对于中国古典文学传统的敬意。2012 年诺贝尔文学奖得主莫言近年来也已多次向《聊斋志异》和《封神演义》等中国古典文学名著致敬，他在瑞典学院的讲演中声称"《檀香刑》和之后的小说，是继承了中国古典小说传统又

---

① 这种单向度的研究状况在 21 世纪以来有所改观，章培恒先生晚年力倡中国文学的古今演变研究，陆续与同仁联合主编《中国文学古今演变研究论集》(2002) 及《中国文学古今演变研究论集二编》(2005)、《中国文学古今演变研究论集三编》(2010)，以上文本均由上海古籍出版社出版。

借鉴了西方小说技术的混合文本"①,这种表述很能代表那些戮力于中国文学传统创造性转化的作家们的群体心声。对于他们而言,一味模仿西洋文学的西化派或先锋派并非最佳选择,盲目固守中国文学传统的守旧派或复古派也不高明,而他们要做的就是在两派之间另辟一条中间道路,即融合古今、会通中西的中国文学传统创造性转化之路。

中国文学传统的创造性转化来自中国文化传统创造性转化这个宏大命题。早在 1964—1974 年间,当中国大陆学者正在红色反传统浪潮中被裹挟逐流的时候,美籍华裔青年学者林毓生正在芝加哥大学师从哈耶克教授攻读博士学位,他在博士论文《中国意识的危机——"五四"时期激烈的反传统主义》中经过系统而深入地清算以陈独秀、胡适、鲁迅为代表的五四一代知识分子的全盘性反传统主义思维模式,进而明确地提出了中国文化传统的创造性转化命题。在林毓生看来,"五四式的全盘性反传统主义——以及由此衍生的全盘西化论——实际上正是未能从儒家传统一元论、有机观的'思想模式'的桎梏中解放出来的结果。那是受传统'思想模式'的影响所产生的形式主义的谬误。"②而现代中国知识分子之所以热衷于"借思想文化作为解决问题的途径,是被根基深厚的中国传统的倾向,即一元论和唯智论的思想模式所塑造的,而且是决定性的。当这种具有一元论性质的借思想文化以解决问题的途径,在辛亥革命后中国社会政治现实的压力下被推向极端的时候,它便演变成了一种以思想为根本的整体观思想模式。五四时期的反传统主义者,根据这种思想模式把中国传统视为一个有机整体而予以全部否定。既然传统的整体性被认为是由它的根本思想有机地形成的,因此五四时期反传统主义的形式,便是全盘性的思想上的反传统主义"③。虽然当年林氏援引现代西方知识社会学和科技哲学的方法在进行论证时并非没有可商榷之处,但他的结论无疑还是令人信服

①　莫言:《讲故事的人》,《盛典——诺奖之行》,长江文艺出版社 2013 年版,第 81 页。
②　林毓生:《中国意识的危机——"五四"时期激烈的反传统主义》增订再版前言,穆善培译,贵州人民出版社 1988 年版,第 3 页。
③　林毓生:《中国意识的危机——"五四"时期激烈的反传统主义》,第 85 页。

的,而且他也注意到了五四一代知识分子特别是鲁迅在全盘性反传统的同时也存在着显的现代化立场与隐示的传统文化内核之间的冲突现象,这就为中国文化传统创造性转化埋下了历史伏笔。需要补充的是,无论是胡适、陈独秀,还是鲁迅、周作人,他们的全盘性反传统主义更多地还是停留在理论宣言或文化姿态上,至于他们在立身行事、学术研究和文艺创作层面,则无不体现出了现代与传统的文化纠结。在五四一代中国现代知识分子的人生实践中其实恰恰隐含了林氏所明确提出的中国文化传统创造性转化的命题。

毫无疑问,五四一代激进的反传统思想模式是一元独断论的,这正好与中国传统文化的二元对立思维模式一脉相承。事实上,中国文化传统并非固化的整体一潭死水,而是经过漫长的文化变迁不断地融合异质文化而生成的动态文化传统,虽然它在晚清以来陷入了僵化困局,但并非要全盘摒弃而不能再度创生。林毓生十分推崇怀特海、博兰尼、哈耶克等西方现代学者的理念,即"有生机的传统"有助于维护自由和促导进步。他们认为:"自由、理性、法治与民主不能经由打倒传统而获得,只能在旧传统经由创造的转化而逐渐建立起一个新的、有生机的传统的时候才能逐渐获得。"①这意味着传统的创造性转化是现代化的必由之路。欧洲现代文明的崛起离不开近代文艺复兴和宗教改革,离不开古希腊和罗马文化传统,离不开希伯来文化和基督教文明传统,正是对多重传统的创造性转化,才成就了现代欧美文明神话。关于传统的性质,美国学者希尔斯在其名著《论传统》中专门论证了"作为指导范型的传统"在保持文化稳定性的同时必须随着内部和外部因素的变化而发生传统变迁的必然规律。传统的变迁不以个人的意志为转移,它必须接受异质文化的挑战和冲突进而产生交融,否则将面临解体或消亡。有人据此提炼出了新的"传统"概念,认为传统是"指一条世代相传的事物之变体链,也就是说,围绕一个或几个被接受和延传的主题而形成的不同变体的一条时间链。这样,一种宗教信仰、

① 林毓生:《中国意识的危机——"五四"时期激烈的反传统主义》增订再版前言,第3页。

一种哲学思想、一种艺术风格、一种社会制度,在其代代相传的过程中既发生了种种变异,又保持了某些共同主题,共同的渊源,相近的表现方式和出发点,从而它们的各种变体之间仍有一条共同的链锁联结其间"①。在现代视域中,传统不再是固化的正体,而是流动的变体。传统的变体与正体之间并非简单的二元对立断裂关系,而是既对立又互补,既断裂又融合,隐含着共通的时间链和文化链。在这个意义上,中国文化传统的创造性转化不仅合理而且可行,用林毓生的话来说,就是"把一些中国文化传统中的符号与价值系统加以改造,使经过创造地转化的符号与价值系统,变成有利于变迁的种子,同时在变迁的过程中,继续保持文化认同。这里所说的改造,当然是指传统中有东西可以改造,值得改造,这种改造可以受外国文化的影响,却不是硬把外国东西移植过来"②。为了证明中国文化传统中确实有值得创造性转化或变迁的种子,他举例说,虽然中国传统语汇中的"自由"一词并不能代表西方自由主义的观念,但中国儒家的"仁的哲学"中确实蕴含了西方自由主义的"人的道德自主性"(道德自律)观念,所以他认为儒家的"仁的哲学"传统可以成为现代中国自由主义与西方康德哲学"接枝"继而进行创造性转化的基础③。

这让人想起20世纪80年代初,汪曾祺在大陆复出文坛后说过的一番话:"我是一个中国人。""中国人必须会接受中国传统思想和文化的影响。""比较起来,我还是接受儒家的思想多一些。""我不是从道理上,而是从情感上接受儒家思想的。我认为儒家是讲人情的,是一种富于人情味的思想。""有人让我用一句话概括出我的思想,我想了想说:我大概是一个中国式的抒情的人道主义者"④。显然,在作家汪曾祺那里,中国传统儒家的伦理思想成了他创造性地转化西方人道主义思想的中国基础。惟其如此,汪曾祺的小说和散文才能写出中国味儿,他不仅在文学创作中实现了

① 傅铿:《译序》,载希尔斯《论传统》,傅铿、吕乐译,上海人民出版社1991年版,第3页。
② 林毓生:《中国传统的创造性转化》,三联书店1988年版,第291页。
③ 参见林毓生《中国传统的创造性转化》,第287～288页。
④ 《汪曾祺全集》第3卷,北京师范大学出版社1998年版,第300～301页。

中国文化传统的创造性转化,而且还同时实现了中国文学传统的创造性转化。谈到西方现代派文学的引入时,汪曾祺说:"我的意见很简单:在民族传统的基础上接受外来影响,在现实主义的基础上吸收现代派的某些表现手法。""但是我不赞成把现代派作为一个思想体系原封不动地搬到中国来"。又说:"外来影响和民族风格不是对立的矛盾。民族风格的决定因素是语言。'五四'以后不少着力学习西方文学的格律和方法的作家,同时也在着力地运用中国味儿的语言。""用一种不合语法,不符合中国的语言习惯的,不中不西、不伦不类的语言写作,以为这可以造成一种特殊的风格,恐怕是不行的。"①汪曾祺是新时期中国文坛上最早的文学创化派代表之一。他明确标举以中化西、西为中用,而坚决反对食洋不化乃至食古不化,是因为他确信中国文化传统和中国文学传统中确实存在着林毓生所谓的值得做创造性转化的民族种子,用随后兴起的大陆"寻根派"文学家韩少功等人的话来说,就是要追寻民族的文学之根!② 1985 年前后出现的寻根派是新时期中国大陆文坛上最早的群体性文学创化派思潮,此派作家纷纷在文学创作中致力于中国文化和文学传统的创造性转化,这与海外学者林毓生的传统创化观念如出一辙。他们明确反对全盘照搬西洋文学样板,而力主在中国文学民族传统基础上吸纳外国文学养分而自创民族文学新形态。尽管他们对中国文化和文学传统的价值判断和理性分析并不相同,但在追求中国文化和文学传统的创造性转化这一点上却显示了惊人的一致。这也为近三十年来中国文学研究界致力于重建现代中国文学研究的古今维度打下了现实基础,中国文学理论批评界有责任和义务去总结当前中国文学创化派的经验和实绩。

在中国大陆最早回应林毓生有关传统创化观的学者是李泽厚。1986—1988 年间,林毓生的《中国意识的危机》和《中国传统的创造性转

---

① 《汪曾祺全集》第 3 卷,第 302 ~ 303 页。
② 韩少功:《文学的"根"》,《作家》1985 年第 4 期;阿城:《文化制约着人类》,《文艺报》1985 年 7 月 6 日;郑万隆:《我的"根"》,《上海文学》1985 年第 5 期;李杭育:《理一理我们的"根"》,《作家》1985 年第 9 期。

化》相继在中国大陆翻译出版,作者在前一本书的《著者弁言》中还专门感谢了李泽厚为出版奔走的隆情高谊。而李泽厚则在 1987 年出版的《中国现代思想史论》中明确回应了"转换性的创造"问题。他说:"我们今天的确要继承五四,但不能重复五四或停留在五四的水平上。对待传统的态度也是如此。不是像五四那样,扔弃传统,而是要使传统作某种转换性的创造。""传统既然是活的现实存在,而不只是某种表层的思想衣装,它便不是你想扔掉就能扔掉、想保存就能保存的身外之物。所以只有从传统中去发现自己、认识自己从而改换自己。""只有将集优劣一身和强弱为一体的传统本身加以多方面的解剖和了解,取得一种'清醒的自我觉识',以图进行某种创造性的转换,才真正是当务之急。"①相对于百年中国其他领域所进行的中国传统的创造性转换而言,李泽厚认为"五四以来到今天,以文学在这方面做得最好",比如中国新文学中的爱国主义精神和批判现实主义精神就是对中国古典士大夫关心国事民瘼、以天下为己任的士人精神传统的创造性转换,而且"它又确乎是在对传统中封建主义内容的否定和批判中,来承接这传统心理,这就正是对传统进行转换的创造"②。但李泽厚毕竟以治中国思想史为主,于现代中国文学研究则着力不甚深,继之而起的是陈平原,他主动接过李泽厚的中国文学传统创造性转化的命题进行深度开掘,希望自己能够在林毓生和李泽厚等思想史家为五四先驱者"未能很好实现传统的创造性转化而叹息不已的时候",特意"从中国小说叙事模式的转变这一特殊的角度,勾勒传统文学形式的创造性转化在其中发挥的积极作用"③。这就是他 1987 年在北京大学提交的博士论文《中国小说叙事模式的转变》的主要创获。陈平原从西方小说的启迪和传统的创造性转化两个方面展开论述,据说一开始主要是考察前者,可后来后者的作用凸显出来,"以至成了全书的另一个论述中心,甚至是更有理论活力的

---

① 李泽厚:《中国现代思想史论》,安徽文艺出版社 1994 年版,第 45 ~ 46 页。
② 李泽厚:《中国现代思想史论》,第 50 页。
③ 陈平原:《中国小说叙事模式的转变》,北京大学出版社 2003 年版,第 138 页。

中心"①。诚然,中国文学传统在中国现代小说叙事模式转变中发生的创造性转化确实是陈平原博士论文中剖析得最透彻和最精彩的部分,因为论者摒弃了现代中国文学研究界长期以来重视中西维度、忽视古今维度的研究模式,转而认为中国小说叙事模式的现代转型中"接受新知与转化传统并重",由此他否认中国现代文学与中国古代文学之间是一种简单的断裂关系,也不认为中国现代文学是对西方欧美文学的简单移植式再生形态,而是主张前者是一种似断实连、形断神连的"脐带式的断裂",而后者则是一种汇集中外古今众香木而自焚的"凤凰式的再生"②。

当然,陈平原的文学传统创化观并非仅仅来自林毓生和李泽厚那里,实际上他的导师王瑶先生的学术理念对其有着举足轻重的影响。作为中国现代文学研究这门学科的重要缔造者和奠基者,由中国古代文学研究转入中国现代文学研究的王瑶先生晚年曾对现代文学教师进修班的学员们说:"过去讲新文学源流的人,有各种不同的说法,最有代表性的是周作人。他不承认'五四'以来的中国现代文学主要是受外国文学影响产生的。他认为新文学是从明朝末年的公安派、竟陵派发展而来的。胡风的看法和他相反,他认为中国现代文学是西方文艺复兴运动在中国产生的一个支流"③。王瑶超越了周作人和胡风两派的极端观点,他既不支持中国现代文学起源的"本土观"也反对单向的"西方观",而是认为中国现代文学的起源和发展是中国文学传统和西方文学资源二者合力的产物。不仅如此,他还尤为强调中国现代文学与中国古代文学的内在渊源,强调要大力开展中国现代文学的民族传统研究。他说:"我们要讲历史继承性,不能把现代文学与古典文学对立起来。这也是'五四'精神的一个方面。实际上,凡是'五四'以来有成就的作家,和过去的文学传统都是有联系的。我们可以研究他的作品受到的传统文学的影响,包括民间文学在内。完全和传统文学没有联系,是创作不出好作品的。"又说:"中国古典文学在它的

① 陈平原:《中国小说叙事模式的转变》自序,第 2 页。
② 陈平原:《中国小说叙事模式的转变》,第 138 页。
③ 王瑶:《现代文学讲演集》,北京师范大学出版社 1984 年版,第 26 页。

发展过程中也受到过外国文学的影响,例如佛教翻译文学就对唐代有影响。不过,我们有个好传统,就是把外国的东西融化成为自己的东西。"①王瑶先生在注重中国现代文学与外国文学关系的同时格外注重中国现代文学与中国古代文学的关系,他甚至还在中国古代文学与外国文学关系的基础上提出了中西融合、熔铸现代中国文学新形态的构想。他的这种文学构想和学术理念与林毓生和李泽厚等人明确提出的中国文化和文学传统的创造性转化命题如出一辙。

实际上,在王瑶之外,捷克汉学家普实克的中国现代文学研究观念和方法也对陈平原的中国文学传统创化论有着显著影响。普实克十分注重探究中国现代文学与中国古代文学之间的历史渊源,他极富洞见地发现了中国古代文学中的"抒情"传统对中国现代文学的潜在影响,这在陈平原的著作中被置换为"诗骚"传统;与此同时,普实克还通过对茅盾小说的重点分析提出了影响中国文学现代转型的另一种"史诗"传统,这种传统表面上来自西方 19 世纪的现实主义和自然主义小说美学,而骨子里则与《儒林外史》《红楼梦》等中国古典长篇小说叙事传统一脉相承,而为了避免中西概念的误读,陈平原著作中将这一"史诗"传统置换成了"史传"传统,显然置换后的概念更准确,更中国化,也更符合中国文学史的历史实际。不仅如此,普实克还通过考察鲁迅、郁达夫、叶绍钧等五四一代作家的创作实践表明:"尽管我们指出了欧洲文学作品与新文学作品的相通之处,我还是认为更重要的一点是中国旧文学,特别是文言文对新文学的影响。只需把新的文学观念浇灌在旧文学之上,它就会变成新创造的沃壤"②。他还特别指出:"五四运动以后兴起的新文学更主要的是与'文言'传统而不是通俗文学传统发生过联系,尽管当时存在着猛烈抨击旧文人的文言作品的斗争。"③普实克这种尤其注重考察中国文言精英文学而不是白话通俗文学对现代中国文学影响的思路和观点,也被陈平原加以吸纳和改造,所以

---

① 王瑶:《现代文学讲演集》,第 48~49 页。
② 普实克:《普实克中国现代文学论文集》,李燕乔等译,湖南文艺出版社 1987 年版,第 210 页。
③ 普实克:《普实克中国现代文学论文集》,第 100 页。

陈平原说自己"在论述传统的创造性转化时""着重强调'新小说家'和'五四'作家主要不是接受中国古代小说、而是接受以诗文为正宗的整个传统文学的影响"①，由此他在书中不厌其烦地分析中国古典诗词文赋包括游记、书信、日记、笔记等在内的传统文人文体对中国现代小说文体的渗透和影响，以此从深层次上揭示中国文学传统创造性转化的内在肌理。在借鉴普实克的基础上，陈平原得出了这样的结论："完成叙事模式转变后的现代小说，不是比古典小说更大众化，而是更文人化"。"作家主体意识的强化，小说形式感的加强和小说人物的心理化倾向，全都指向文人文学传统而不是民间文学传统；更容易为有较高文化修养的知识分子而不是粗通文墨的工农大众所接受"②。这与中国现代小说在发生期和奠基期主要是反对中国古典通俗文学叙事传统（鸳鸯蝴蝶派小说是其余脉）而暗中接续中国古典文人文学传统是一致的，尤其是对唐宋文人传奇的艺术接受，给中国现代小说打下了深沉的民族文学底色。

二、现代中国小说的传统创化之理路

从中国文化传统的创造性转化到中国文学传统的创造性转化，这是摆在现代中国文学研究者面前的一道难题。在现代中国文学研究领域里，偏重中西维度的西化派研究模式长期占据主导地位，而固执于中国古典文学传统的本土派研究者则不屑于研究"新文学"，他们继续株守着现代中国的旧体文学（主要是旧体诗词）而不逾雷池；剩下的就是中西维度与古今维度并重的创化派研究模式了，这派研究尚属少数，但近些年来已有升温之势。从惯常的现代文体分类来看，创化派的现代中国文学研究主要集中在小说和诗歌两个领域里，相对而言，散文和戏剧领域的创化研究比较沉寂。这主要是因为在百年现代中国文学历史演化进程中，小说文体在传统

---

① 陈平原：《中国小说叙事模式的转变》，第14页。
② 陈平原：《中国小说叙事模式的转变》，第247页。

创造性转化方面做得最好,而诗歌长期陷入新旧对立的争议漩涡中承受了最多的压力。当年王瑶先生曾回忆说:"一九三八年,毛泽东同志提出中国作风和中国气派,要求建立为群众所喜闻乐见的民族形式,这之后,讨论民族化、民族形式的文章就更多了。当时讨论最多的是诗歌和戏剧,讨论小说和散文的很少,说明小说和散文在民族化方面取得的成就要大得多,不觉得是重要的问题;但诗和戏剧,大家觉得问题很多。例如话剧,它的民族风格不显著是有原因的,主要是因为它从外国传入以后和中国人民结合的程度不够。"①这虽然说的是抗战时期民族形式大讨论的中国文坛现状,但即使是放在整个现代中国文学的百年发展进程中来看,也是大抵符合历史实际情形的。百年来,中国诗歌一直分裂为"新诗"和"旧诗"两个诗界,中国戏剧也一直分裂为"话剧"和"戏曲"两个剧坛,民族化与西方化、或者说传统化与现代化之间的文体冲突始终无法得到化解,由此带来了这两种文体在传统创造性转化上的不力。至于小说和散文,则如陈平原所说的那样:"如果说在 20 世纪初期的中国文学形式变革中,散文基本上是继承传统,话剧基本上是学习西方,那么小说则是另一套路:接受新知与转化传统并重。不是同化,也不是背离,而是更为艰难而隐蔽的'转化',使传统中国文学在小说叙事模式的转变中起了不容忽视的作用。"②

回顾百年现代中国文学史,学界近年来习惯于将其分为三个大的时段加以考察,一是民国时期的第一个三十年(一般以 1917 年为开端),二是新中国的第一个三十年(以 1949 年为开端),三是新中国的第二个三十年(一般以 1977 年为开端)。我们也可以从这三个文学时段来考索百年现代中国小说的文学传统创造性转化过程。相对而言,如普实克和陈平原所说的那样,在现代中国小说发展的第一个三十年里,中国小说家在接受西方启蒙现实主义小说美学形态影响的同时,主要是将其与中国古代文人文学传统,尤其是文言文学传统相结合,从而对中国文学传统成功地进行了

---

① 王瑶:《现代文学讲演集》,第 41～42 页。
② 陈平原:《中国小说叙事模式的转变》,第 138 页。

创造性的转化,因此成就了鲁迅、郁达夫、叶绍钧、茅盾、废名、沈从文、巴金、老舍、萧红、张爱玲、钱钟书、师陀等小说名家巨匠。我们从其传世的现代文学经典作品中不难窥见中国古典文学中的"史传"传统和"抒情"传统的双重印痕。中国现代小说中向来主观主义和个人主义思想和情绪比较浓厚,甚至还形成了特殊的抒情小说或诗化小说形态,这诚然是受到了西方近现代人文主义文化和文学传统的外来影响所致,但却又实实在在地与中国古代文人文学传统有关,尤其是与中国古典诗歌抒情传统有关,因为中国古代精英文人向来视文学尤其是诗词和小说为"余事",不像正经的古文那样登大雅之堂,故而笔下多有个人情怀和主观情绪流溢满纸,如所谓情趣、逸趣、谑趣之类,与正统的道统迥异其趣。中国古典文学中的这种抒情传统也可以转化为广义上的"言志"传统,与之相对应的则是"载道"传统,前一种催生了中国古典文学中的"言志派"文学,后一种形成了中国古典文学中的"载道派"文学①,正是前一种"言志派"文学传统在现代中国小说第一个三十年中发生了积极的创造性转化,与西方现代人道主义或个人主义文学传统互补融合,遂成就了现代中国小说的第一个艺术高峰。

除了"抒情"或"言志"传统之外,"史传"传统也在现代中国小说第一个三十年中明显得到了创造性转化,"史传"传统发轫于先秦诸子史传散文,此后迭经变异,一变为六朝志怪志人小说,二变为唐宋传奇小说,三变为明清章回小说,然万变不离其宗,历史性(野史性)、传记性(杂传性)和传奇性(奇异性)一直贯穿其中。鲁迅的《阿 Q 正传》和《孔乙己》、沈从文的"湘西小说"系列、茅盾的"丰收三部曲"和《子夜》、巴金的"激流三部曲"、老舍的《骆驼祥子》和《四世同堂》、萧红的《呼兰河传》、张爱玲的《传奇》小说集、钱钟书的《围城》、师陀的《果园城记》,大抵属于叙写现代中国平民人物(与英雄人物相对)的生平行状和性格风采的野史杂传小说,或直接传承六朝志人小说和唐宋传奇小说的文体风范,或延续明清世情写实小说如《红楼梦》(原名《石头记》)、《儒林外史》的史传叙事传统,后者的

---

① 周作人:《中国新文学的源流》,华东师范大学出版社 1995 年版,第 17 页。

精英文人姿态有别于明清讲史系列的通俗小说叙事传统,这再一次印证了普实克和陈平原所言不虚,即民国时期的中国现代小说主要是对中国古代文人文学或文言文学传统的创造性转化,而有意地放逐了中国古代白话通俗小说的大众化叙事传统。

进入1949年以后现代中国文学的第二个三十年里,当代中国小说家对中国文学传统进行创造性转化的古典文学资源选择发生了显著变化。新中国成立以后毛泽东所倡导的"工农兵文学"新方向在中国大陆得以全面确立,他在《在延安文艺座谈会上的讲话》中所重点阐述的中国文学民族化和大众化道路进一步在整个文坛加以推广,当代中国作家渴望写出为革命领袖所期盼的那种具有"中国作风"和"中国气派"的作品,小说家当然也不例外。由于革命领袖所倡导的这种民族化的文学形态同时也是大众化的,文学服务的对象也从知识分子和小资产阶级转向了"工农兵"或"老百姓",也即由知识精英转向了普罗大众,这就注定了新中国成立后的中国当代小说必须要走通俗文学的道路,由此也就与民国时期现代小说所走的精英文学道路相分野。正是这种文学道路的分野,决定了大多数新中国小说家不可能向中国古代文言文学和文人文学传统寻找创造性转化的文学资源,而只能选择向中国古代白话通俗小说和民间文学传统借鉴和效仿,由此在新中国文坛形成了蔚为大观的"革命通俗小说"或"革命英雄传奇"创作潮流。虽然这个时期也有少数作家如孙犁那样延续鲁迅式的诗化小说或散文化小说传统,坚持在革命文学形态内部向中国古代文人文学和文言文学传统学习,但这种选择的文学风险也是不言而喻的,几乎注定了在革命文坛内部处于相对边缘化的地位。而对于大多数主流革命文学家而言,他们的小说此时不约而同地转向了师法明清历史演义或古典英雄传奇,如《三国演义》《水浒传》《岳飞传》《杨家将》《说唐全传》《儿女英雄传》等中国古典通俗小说名著,它们分明有别于《红楼梦》和《儒林外史》等中国古典文人化和精英化的白话章回小说,前者大约是用来说书的底本,属于评书体,后者虽有外在的话本形态,其实内里已经是案牍之文,主要是供于阅读而不是供于视听,也就是说它已经是书面形态的精英文学而不属于口传形态的通俗或民间文学形态了。但这种明清文人小说和精英小说遭到了新中国小说家的普遍拒绝，他们不仅摒弃了明清文人小说的批判传统和精英趣味，而且也抛弃了明清文人化长篇小说的世情写实主义叙事传统，转而向明清通俗章回长篇小说学习，不仅效仿其忠君爱国的主流意识形态诉求，而且化用其英雄主义叙事模式，通过为主要英雄人物或英雄人物群像树碑立传的方式展开情节化或故事化的叙事，通常表现为英雄人物性格比较单一，而反面人物性格比较复杂，构成了明清通俗历史演义小说中常见的忠奸对照人物设置模式。毫无疑问，新中国的革命英雄传奇小说的文体形成，既有对苏联革命现实主义或社会主义现实主义小说叙事模式的模仿和借鉴，同时它更是对中国古代英雄传奇文体传统创造性转化的产物。当然，它还是对中国古代文学中"载道"传统的沿袭和化用，由此导致了现代中国小说第二个三十年内明显告别了第一个三十年时期的个人化"抒情"或"言志"传统，而走上了集体化的"载道"文学道路，尽管这种"载道"文学常常以集体化的"抒情"或"言志"形象存在。我们从《红旗谱》《红日》《红岩》《保卫延安》《林海雪原》《铁道游击队》《敌后武工队》《野火春风斗古城》等等红色经典长篇小说中不难辨析其单一政治主题中隐含的强大载道传统。

改革开放以来的三十年是现代中国文学的第三个三十年。这个时期的中国文学先是再度重启西方人道主义文学传统，同时也是对现代中国文学第一个三十年中业已转换成功的中国五四式启蒙现实主义文学传统的接续，然后当代中国新潮作家很快便在 1985 年前后进入了对西方现代主义和后现代主义文学的崇拜和模仿时期，这就是 20 世纪 80 年代所谓"新时期文学"的主潮。然而，就是在这个追逐新潮的 80 年代里，中国小说同时也在进行传统的创造性转化，而且这次转化的传统文学资源也再度发生了变化。20 世纪 80 年代的中国小说家与他们的民国先贤一样把转化的视野投向了中国古代文人文学和文言小说传统，无论是以晚年孙犁、汪曾祺、林斤澜、邓友梅、陆文夫、刘绍棠等为代表的老一代小说家，还是以韩少功、贾平凹、莫言、阿城、张承志、王安忆、李杭育、郑万隆、何立伟等为代表的新进小说家,他们都在"寻根文学"或"泛寻根文学"的视域中积极地谋求着对中国六朝志怪志人小说和唐宋传奇小说文体传统的创造性转化。"史传"传统赋予了这批作家的小说代表作品以野史杂传的艺术品格,如《云斋小说》《受戒》《大淖记事》《陈小手》《那五》《烟壶》《小贩世家》《美食家》《爸爸爸》《女女女》《太白山记》《天狗》《浮躁》《红高粱家族》《棋王》《树王》《孩子王》《黑骏马》《小鲍庄》《最后一个渔佬儿》《沙灶遗风》《老棒子酒馆》《白色鸟》等小说都显示了为民间异人轶事写史做传的艺术取向,小说中的人往往独具性格风神,小说中的事往往可以弥补正史之不足,它们的整体艺术风貌是中国文学传统形态的,而不是西洋文学的简单复制品。同时这批中国小说还显示了中国古典文学"抒情"传统的美学趣味,它们普遍带有散文化小说或诗化小说的文体特征,文本中蕴含着浓郁的诗情、朦胧的诗思和精巧的诗艺。这种客观的"史传"传统与主观的"抒情"或"言志"传统的艺术融合,显示了当代寻根派小说家借鉴西方现代派文学精神而创造性地转化中国古典文人文学或文言文学传统的努力。

　　值得注意的是,20 世纪 80 年代的这种文人文学传统创造性转化的趋势一直持续到了 90 年代中后期开始发生分化:一是以韩少功、格非等为代表的小说家继续坚持原先的中国古典文人文学或文言文学传统创造性转化的路径而不懈求索,比如韩少功相继推出了《马桥词典》《暗示》《山南水北》《日夜书》等长篇作品,格非则在新世纪推出了《江南三部曲》(《人面桃花》《山河如梦》《春尽江南》),实现了对 20 世纪 80 年代的艺术跨越;二是在新世纪之交及其后十年来,以都梁的《亮剑》、石钟山的《激情燃烧的岁月》、徐贵祥的《历史的天空》、邓一光的《我是太阳》、龙一的《潜伏》、高满堂和孙建业的《闯关东》等为代表的一批"新革命英雄传奇"的强势崛起,这批小说借助影视传媒的力量而再度复兴了新中国文学第一个三十年中大行其道的"革命英雄传奇"小说传统。"新革命英雄传奇"和"革命英雄传奇"一样,都是对明清通俗历史演义小说叙事传统的创造性转化,都着力渲染革命英雄人物的传奇经历和英雄品格,但"新革命英雄传奇"还传承了中国古代文人文学的"言志"或"抒情"传统,故而作品中常常饱含历史的悲怆和人生的悲凉情绪,属于个人化的艺术表达,这与"革命英雄传奇"传承的中国古典文学"载道"传统判然有别。

20世纪90年代以来中国小说所发生的第三种传统创造性转化趋向是,以贾平凹、莫言、王安忆、刘震云等为代表的实力派作家转而向《红楼梦》《金瓶梅》《儒林外史》等明清文人世情写实长篇小说叙事传统学习。相对于20世纪80年代中国精英作家主要向明清以前的文人文学和文言文学传统借鉴而言,90年代以来的这种传统创造性转化的转向或新变更多地是对新世纪之交中国长篇小说美学形态发生影响,而明显有别于80年代对文言文学传统的借鉴主要是催生出了一系列中短篇小说经典作品。如果说《三国演义》《水浒传》《封神演义》代表了明清民间通俗长篇小说的"评书"传统,那么《金瓶梅》《儒林外史》《红楼梦》就昭示了明清文人精英长篇小说的"闲聊"传统。评书体和闲聊体,都属于中国宋元以来的话本小说传统,但同样是"说话",评书式说话与闲聊式说话明显有着不同的话语风格。由于面对的受众不同,评书式说话面对着现场听众,故而说话偏重于故事的抑扬顿挫,追求情节的紧张曲折和扣人心弦,塑造人物性格也是通过外在的语言和行为来加以凸显,所以常常疏于日常生活的精细写实和描摹,因为那样会影响说书人说话的故事情节节奏,导致听众的沉闷和退场;而闲聊式说话由于面对的是居家读者,《红楼梦》一类长篇明显是不适宜说书而适宜阅读的,所以这类说话就不再以情节性或故事性为主要叙事追求,叙事结构也由评书式说话注重时间化结构而转变为注重空间化结构,由此说话人有更多的余闲或闲笔去客观精细地描摹日常生活和社会生活,所以闲聊式说话的长篇小说的节奏都比较缓慢,明显不适宜热闹的书场但适宜静夜的书房。这种闲聊式的长篇小说同样继承了中国古典文人文学的"史传"和"抒情"或"言志"传统,它们在很大程度上代表了中国古典小说的最高水平,同时也开启了中国古代长篇小说向现代中国长篇小说转换的艺术关捩。20世纪90年代以来,贾平凹大约是最早向明清文人世情写实长篇小说叙事传统取径的作家。从《废都》开始,贾平凹就不断地在各种创作谈中向《红楼梦》《金瓶梅》致敬,他要创造性转化的当然不是所谓《金瓶梅》的性描写,而是古人那种精细绵密的日常生活写实艺术。《高老庄》是一个艺术转折点,贾平凹终于触摸到了明清世情写实叙事的现实脉搏,不像《废都》那样终究和底层民众的日常生活相疏离,因过于文人化而尚未脱离仿古的影子。但真正标志着贾平凹创造性转化传统成功的作品还是《秦腔》,这部长篇小说真正实现了"密实的流年式的叙写",用农民拉家常一样絮絮叨叨的口吻,闲聊式地讲述着或描摹着清风街"一堆鸡零狗碎的泼烦日子"①。这是一种生活流或日常生活细节流的写实叙事形态,它与西方现代自然主义和写实主义有关,但无疑更是对《红楼梦》和《金瓶梅》的世情写实叙事传统的创造性转化。《秦腔》之后,贾平凹又推出了《高兴》《古炉》《带灯》《老生》等长篇,继续将日常生活细节流式的世情写实传统推向极致,而且小说中的言志或抒情传统进一步强化,这与世情写实所代表的史传传统相融合或映衬,体现了贾平凹创造性转化传统的卓越才情。

相对于贾平凹而言,莫言的传统创化之路是另一番光景。《檀香刑》是莫言20世纪90年代的一部公认的转型之作,莫言在这部书的后记中说自己"有意识地大踏步撤退",他着力向中国传统"民间说唱艺术"学习,尤其是向山东的地方戏曲——"猫腔"学习,所以小说中专门出现了"眉娘浪语""赵甲狂言""小甲傻话""钱丁恨声""孙丙说戏"等戏曲化的叙写。莫言还说"这部小说更适合在广场上由一个嗓音嘶哑的人来高声朗诵,在他的周围围绕着听众,这是一种用耳朵的阅读,是一种全身心的参与"②,由此莫言似乎依旧继承的是中国传统通俗说书人的评书体,而不是精英文人的闲聊体叙事模式。但这一切只是外部文本假象而已。对于《檀香刑》的内部文本结构而言,莫言对各色人物日常生活细节包括内心生活细节的叙写和描摹无不是精细入微的,这和贾平凹所追求的密实叙写并无本质不同,而且《檀香刑》显然是不适宜说书而适宜阅读的,它打破了传统通俗评

---

① 贾平凹:《秦腔》后记,作家出版社2005年版,第565页。
② 莫言:《檀香刑》后记,作家出版社2001年版,第517~518页。

书体小说的时间线性结构,而借用了西方现代派小说中常见的多人物第一人称叙事空间组合结构。凡此种种,意味着莫言其实骨子里继承的还是明清精英文人的闲聊式说话传统。这在随后的长篇小说《四十一炮》和《生死疲劳》中得到了更明显的印证。在《四十一炮》中,莫言通过"炮孩子"罗小通"试图用喋喋不休地诉说来挽留逝去的少年时光"①,而就在罗小通喋喋不休的第一人称回忆性叙述中,我们似乎并未感受到普鲁斯特《追忆逝水年华》那样的西洋小说风味,而是体会到了中国明清文人长篇"闲聊"式说话传统的叙述做派。发展到《生死疲劳》中,莫言这种狂放型"闲聊"式说话叙事得到了近乎登峰造极的艺术表演,作者反复借用不同的生命轮回体(诸如驴、牛、猪、狗)来自我叙说抑或絮说,把大半个世纪的民间历史生活形态用细节流和语言流相结合的方式加以逼真而自由地敞开。莫言由此形成了不同于贾平凹沉郁型风格的另一种闲聊式说话叙事形态。与莫言和贾平凹不同但却形成了独特说话风格的北方作家是刘震云。自从20世纪90年代中后期写多卷本长篇《故乡面和花朵》进行先锋文体试验而反响不佳之后,刘震云便在新世纪转向了中国明清长篇小说的"说话"传统寻求叙事资源转化。以《我叫刘跃进》《一句顶一万句》《我不是潘金莲》等长篇小说系列为代表,刘震云不再简单地玩弄西方现代派或后现代时空交错叙事技巧,而是耐心地回到早期新写实小说的生活流或细节流写法,用一种北方人"拧巴"型的闲聊式说话进行长篇小说叙事。北方人所谓的"拧巴"本意是说话作文使人感到别扭,有意制造说话困局而乐在其中。刘震云新世纪长篇试验中的"拧巴"型说话确有此风,看上去行云流水如同流水账般的密实流年叙写,实际上却在处处制造阅读上的横生枝节,仿佛水银泻地难分主次一片混沌,叙述人的说话如同一个啰唆的饶舌人在千方百计地弯弯绕,读者也就被叙述人的饶舌牵着鼻子绕来绕去,直至真相大白哑然失笑。这就是刘震云几乎独创的"拧巴"型或"缠绕"型的闲聊式说话叙事形态,这无疑是对明清文人长篇小说"闲聊"传统别具一

---

① 莫言:《四十一炮》"诉说就是一切——后记",春风文艺出版社2003年版,第444页。

中国文学传统的创造性转化——重建现代中国文学研究的古今维度

格的创造性转化。

海派作家王安忆 20 世纪 90 年代以来的长篇小说,如《长恨歌》《妹头》《上种红菱下种藕》《天香》之类同样体现出了她创造性地转化明清精英文人长篇小说"闲聊"叙事传统的倾向。明清文人"闲聊"式说话传统注定了它必须采取精细的日常生活细节流的"写实主义"形态,而不同于"评书"式说话传统习惯于采用的宏大故事情节流的所谓"现实主义"形态。王安忆谈到《红楼梦》时指出:"曹雪芹并没有彻底依赖时间的顺序来联络繁复的情节,所有貌似闲适的细节其实全都严格地经过了组织和筛选,附在时间的漫长的锁链上。"①这说明王安忆清醒地意识到了《红楼梦》并不是一部时间化的明清通俗长篇小说,而是一部空间化的明清文人长篇小说,它靠的不是繁复的情节流而是繁密的貌似闲适的日常生活细节流来建构文本的内部肌理。而她自己以《长恨歌》为代表的长篇正是遵循的如此艺术路径,《长恨歌》用絮语闲聊的口吻讲述了上海女子王绮瑶的传奇一生,但作者并未将主要笔力放在传奇性的情节营构上,而是主要落墨于女主人公一生的日常生活细节形态的描摹上,那种上海女人优雅精致却繁缛琐碎的私密日常生活,被王安忆描绘得丝丝入扣严丝合缝。她甚至还花费了大量笔墨对女主人公生活的城市环境如弄堂、闺阁之类给予精细描摹,简直是不厌其烦,这进一步放缓了小说的叙述速度,同时也就强化了小说的空间化倾向。在创造性地转化明清文人长篇小说"闲聊"叙事传统的同时,王安忆也吸纳了昆德拉式的"分析性叙述"或"思考性叙事"②策略,用她自己的话来说就是,"小说的思想和物质部分似乎没有距离",小说的物质"材料就是文字和语言","小说不仅是思想的生产物,也是物质的生产物,具有科学的意义"③。与王安忆追求叙述文字的分析性和思想性不同,同是海派作家的金宇澄却走的是贾平凹式的近乎纯叙述性和描述性路径。

---

① 王安忆:《故事和讲故事》,复旦大学出版社 2011 年版,第 93 页。

② 弗朗索瓦·里卡尔:《阿涅丝的最后一个下午》,袁筱一译,上海译文出版社 2011 年版,第 140、171 页。

③ 王安忆:《故事和讲故事》,第 9 页。

金宇澄因长篇小说《繁花》这两年声名鹊起,主要就是因为他致力于中国文学传统创造性转化且取得了惊艳的艺术实绩。他在跋文中说这部长篇取的"话本的样式","口语铺陈,意气渐平",他不认同所谓"摆脱说书人的叙事方式"的做法,而且他想做的是一顿圆台无中心的中国饭,"人多且杂",而不是那种狭长桌面的中心聚焦西餐模式,虽则《繁花》这桌菜"已经免不了西式调味"①。在我看来,《繁花》并非借鉴的明清通俗长篇小说的评书体话本传统,而是取镜于明清文人长篇小说的闲聊式话本传统,这与王安忆和贾平凹等人一脉相承。金宇澄在《繁花》中用吴侬软语(沪语)絮絮叨叨地讲述和呈现着当代上海市井生活形态的点点滴滴、枝枝叶叶,众多的人物、无数的故事和繁密的细节构成了《繁花》的"繁花"结构,真可谓繁花似锦、花团锦簇、富丽丰赡。虽然金宇澄并未走王安忆的分析型闲聊式话本叙事路径,但王安忆也并不乏追随者,比较出色的是河南女作家乔叶,她的中长篇小说代表作《最慢的是活着》《认罪书》就是如此。乔叶的小说致力于昆德拉式的分析型叙事与中国明清文人长篇小说的闲聊体"说话"叙事传统的融合,从中我们可以看到中国未来文学的希望。

三、现代中国散文的传统创化之理路

和小说一样,现代中国散文也在中国文学传统创造性转化上取得了极高成就,这是鲁迅、胡适、周作人、郁达夫、朱自清,甚至晚清文坛耆宿曾朴也都明确承认的事实,他们中甚至还有人认为现代散文比现代小说更早地确立了新文学文体的合法性②。一般来说,现代意义上的散文概念依然比较宽泛,除了周作人等着意倡导的"美文",即文艺性的叙事或抒情散文——小品散文或散文小品之外,以鲁迅为代表的杂文和以胡适为代表的政论文也应纳入其中。现代散文之所以能取得如此成就,按照周作人在

---

① 金宇澄:《繁花》跋,上海文艺出版社 2014 年版,第 443 页。
② 曹聚仁:《文坛五十年》,东方出版中心 2006 年版,第 161 页。

《现代散文导论》中的说法，他"相信新散文的发达成功有两重的因缘，一是外援，一是内应。外援即是西洋的科学哲学与文学上的新思想之影响，内应即是历史的言志派文艺运动之复兴。假如没有历史的基础这成功不会这样容易，但假如没有外来思想的加入，即使成功了也没有新生命，不会站得住"①。周作人注意到现代散文发生的双重动因，外因是西洋思想的引入，内因是中国古代（主要是晚明）言志派散文传统的复兴，关于后者他在《中国新文学的源流》中做了透彻的清理和阐说。不过周作人在《现代散文导论》里关于外援的说法并不全面，他只点明了现代散文发生的西洋新思想触媒，而忽视了西洋散文新文体对现代散文发生的点化之功。这容易给人带来错觉，似乎中国现代散文的文体发生主要是传统散文发生现代变革的结果，由此也就容易忽视现代中国散文作家在文体上立体性地融合中西、打通古今所做出的传统创造性转化。实际上，周作人当年在倡导"美文"之初就明确地指出了新散文文体建设的两条路径：一是借鉴英美作家的美文，如爱默生、兰姆、欧文、霍桑等人的美文，其实还应该包括法国的蒙田、德国的尼采、俄国的屠格涅夫、印度的泰戈尔、日本的厨川白村等人的随笔或小品；二是借鉴中国古代的美文传统，他认为"中国古文里的序，记与说等，也可以说是美文的一类"②，他后来在《中国新文学的源流》里大力倡扬的晚明公安派言志散文，尤其是他极力推崇的明末清初张岱小品文无疑正是中国古文中美文的典范。周作人向来都拿明季与民初类比，不仅历史情形相似，而且文运也相同，所以他才断言"中国新散文的源流我看是公安派与英国的小品文两者所合成"③。换句话说，中国新散文其实是在吸纳外国散文随笔小品精华的基础上对中国古文传统的创造性转化。朱自清其实也作如是观，他注意到中国现代散文既有"中国名士风"又有"外国绅士风"的复杂风貌，同时他还指出"现代散文所受的直接的影

---

① 周作人：《现代散文导论（上）》，载《中国新文学大系导论集》，上海良友复兴图书印刷公司 1940 年印行，第 192 页。

② 《周作人自选集·谈虎集》，北京十月文艺出版社 2011 年版，第 31 页。

③ 《周作人自选集·永日集》，北京十月文艺出版社 2011 年版，第 85 页。

响,还是外国的影响","而小品散文的体制,旧来的散文学里也尽有;只有精神面目颇不相同罢了。试以姚鼐的十三类为准,如序跋,书牍,赠序,传状,碑志,杂记,哀祭七类中,都有许多小品文字;陈天定选的《古今小品》,甚至还将诏令,箴铭列入,那就未免太广泛了"①。

在现代中国散文百年发展的三个三十年中,虽然总体上都属于中国古代散文传统创造性转化的新散文形态,但在不同的历史时期里还是显现出或隐含着对中国古代散文传统不同的艺术选择。对于民国时期的白话散文作家来说,他们在吸纳西方散文新潮的同时,也面临着中国古代文言散文传统巨大的"影响的焦虑",所以他们在暗中进行传统创造性转化的同时,也明确地表达对中国古代散文传统的反抗甚至鄙弃。五四文学革命的急先锋胡适、陈独秀、钱玄同等人都是如此,钱玄同甚至直接把白话散文的对立面视为"选学妖孽、桐城谬种"②。"选学"代表六朝诗赋传统,"桐城"是指清代古文传统,推而广之,前者代表中国古代散文中的辞赋传统,这种传统滥觞于先秦,经两汉至六朝乃至唐宋,逐步形成了一种骈文传统,其中的骈赋和律赋可视为中国古代散文的文体极端,清代八股文亦可视为变体;而后者则代表中国古代散文中的古文传统,古文传统文风素朴简约,往往散句当行,骈文或辞赋传统文风华丽,讲究清词俪句。骈文(辞赋)传统发展到清代一度格外繁荣,但正如钱基博所言,"民国更元,文章多途;特以俪体缛藻,儒林不贵"③,仅刘师培、黄侃、李审言、黄孝纾寥寥几人聊充殿军。与之相比,古文传统在清末民初更为强势,桐城派传人马其昶、吴闿生、姚永朴、姚永概、严复、林纾等人在民国文坛声望卓著,各门下弟子不可胜数。由此我们也就不难想见,陈独秀在《文学革命论》里为何要集中火力攻击强大的古文传统了。除了视辞赋乃至骈文为"文学之末运"不屑一顾之外,陈独秀将"明之前后七子及八家文派之归、方、刘、姚"统统视为

① 朱自清:《论现代中国的小品散文》,载朱金顺编《朱自清研究资料》,北京师范大学出版社 1981 年版,第 343~344 页。
② 钱玄同:《致陈独秀》,《新青年》第 2 卷第 6 号,1917 年 2 月 1 日。
③ 钱基博:《现代中国文学史》,中国人民大学出版社 2004 年版,第 125 页。

"称霸文坛"的"十八妖魔辈"①。陈独秀等人之所以如此将桐城派为代表的古文传统加以妖魔化,正是因为他们自幼受中国古文传统熏染甚深而不易摆脱其牵绊,所以,在他们严正声讨古文传统的情绪中,其实恰恰隐含着摆不脱的强大深厚的古文功底,后者是作为深层文体结构或集体无意识而存在的。姑且不说陈独秀和胡适两个皖籍文苑后裔深受桐城文章作法影响,即令向来推崇魏晋文而贬低桐城文的鲁迅先生,其散文创作中也遗有扬弃桐城文法的痕迹②。唯有周作人敢于在《中国新文学的源流》里公开为桐城派辩护,他不仅肯定了桐城派对于五四新文学运动的桥梁过渡之功,而且由此将新文学的源头上溯至晚明公安派和竟陵派的言志派文艺。按照周作人勾画的中国文学史流变图,如果稍加变通,可以发现他赞赏的言志派文学依次出现在"晚周""晚汉"(魏晋六朝)、"晚唐"(五代)、"晚宋"(南宋至元)、"晚明""晚清"(民国)这些历史时期③,这些乱离时期的散文往往以言志派的小品文居多,文体上重古文而轻骈文,整体文风趋于古朴厚重、沉郁悲凉。

虽然从晚清至民国,中国散文发生了语体文革命,但外在的语言变革掩盖不住内在的文体血脉。民国三十年的白话散文虽然接受了外国小品散文的巨大影响,但中国古代散文中的古文传统和言志传统依旧发生着潜在的艺术功能。不难发现,民国白话散文是明确拒绝中国古代散文中的辞赋(骈文)传统的,除了早期的朱自清乃至徐志摩等少数人的散文尚有华美富丽的辞赋风范之外,大多数民国白话散文家的写作都走的是朴素为宗的古文路径。换句话说,他们大多接受的是古文传统并进行创造性转化,而有意地摒弃了骈文或辞赋传统。与此同时,民国白话散文家又大都放弃了古文传统中的载道传统,而选择了言志传统。正如陈独秀在《文学革命论》里批评韩愈"误于'文以载道'之谬见"时所言,"文学本非为载道而设,而自昌黎以迄曾国藩所谓载道之文,不过抄袭孔孟以来极肤浅、极空泛

① 陈独秀:《文学革命论》,《新青年》第 2 卷第 6 号,1917 年 2 月 1 日。
② 卢坡:《理解的批判:鲁迅与桐城文章》,《中国现代文学研究丛刊》2014 年第 9 期。
③ 周作人:《中国新文学的源流》,第 18 页。

之门面语而已。余常谓唐宋八家文之所谓'文以载道',直与八股家之所谓'代圣贤立言',同一鼻孔出气"①。故自陈独秀和《新青年》伊始,民国白话散文家纷纷弃古道而言今志。然而由于在言志的内涵上存在分歧,故而民国散文又体现出不同的艺术风貌。比如在中国现代散文史上,以周作人为代表的闲适型小品文与以鲁迅为代表的战斗型小品文(杂文)在艺术风貌上形成了鲜明对比,原因就在于前者所言之志属于偏向于个人日常生活的闲适之志,而后者所言之志则属于偏向于公共社会生活的讽喻之志。然而关于这一点却存在着误解,有人认为现代散文中的杂文一脉并非言志派而属于载道派文艺。曹聚仁就曾说:"五四时期的新文学,原是对'文以载道'的桐城古文的解放;一转眼间,却又撇开了表现个人的言志倾向,转入为社会政治而宣传的载道路上去。于是,从'语丝社'走出的作家,一边成为载道派的《太白》《芒种》的杂文,一边成为言志派的《人间世》《宇宙风》的小品文了。也正如周氏所说的,始终是两种互相反对的力量起伏着的。"②曹氏认为现代散文史上存在着言志派的小品文与载道派的杂文之争,此说未免皮相。如果用周作人的话来回敬他,即"言他人之志即是载道,载自己之道亦是言志"③。以鲁迅为代表的现代杂文分明属于"载自己之道"的言志之作,当然那些纯粹做政治宣传的文字是谈不上杂文的,因为杂文既不是"小摆设",也不是宣传品,而是"生存的小品文"④,如匕首如投枪,确实有别于那种鼓吹"闲适""性灵""幽默"的小品文。鲁迅推崇晚唐罗隐、皮日休、陆龟蒙的小品文,因为他们隐士的外表下隐含着战士或斗士的锋芒,而晚明小品文在鲁迅眼中也并非全都是闲适性灵文字,其中也有讽喻力量。可见在鲁迅的视界里,小品文既包括"美文"也包括"杂文"。实际上周氏兄弟都是美文和杂文的好手,周作人早期也写过浮躁凌厉的杂文,并非独擅冲淡平和的美文,而鲁迅在犀利的杂文之外也写过清

---

① 陈独秀:《文学革命论》,《新青年》第 2 卷第 6 号,1917 年 2 月 1 日。
② 曹聚仁:《文坛五十年》,第 266 页。
③ 周作人:《现代散文导论(上)》,载《中国新文学大系导论集》,第 193 页。
④ 《鲁迅全集》第 4 卷,人民文学出版社 1981 年版,第 576 页。

新隽永的美文,甚至还写过《野草》那样的散文诗。其实,五四新文学草创时期的散文本以杂文为主,随后美文代替杂文成为主潮,但杂文并未衰歇,即使是在抗战时期,杂文依旧在国统区、沦陷区和解放区流行,各种"鲁迅风"几乎无处不至。当然以周作人、林语堂、梁实秋为代表的美文风潮同样风行天下。在很大程度上,周氏兄弟所代表的"美文"和"杂文"风范构成了民国白话散文三十年二水并流的主潮。周作人曾将胡适、徐志摩、冰心等人的散文比作公安派小品,清新流丽但不深厚,而视俞平伯、废名等人为竟陵派,以晦涩奇僻纠正公安派的偏向①。进而言之,我们可以大体上将周作人所代表的美文风范视为公安派小品,而将鲁迅所代表的杂文风范视为竟陵派小品,后者正是以奇僻晦涩来纠正前者的清新流丽。由此我们可以在更长远的文学史视界中看清民国白话散文与中国古文传统之间的深厚渊源。

在新中国成立以后的第一个三十年里,现代中国白话散文创作发生了明显的艺术转型。如果从中国古代散文传统创造性转化的角度而言,这种艺术转型主要表现为由民国白话散文偏重于对中国古代言志派"古文"传统的转化,转变为新中国前三十年的散文偏重于对中国古代载道派"辞赋"传统的吸纳。说到新中国前三十年的散文主要属于载道派文艺,这难免会遭到误解,因为毕竟那个年代的散文大都以抒情见长,对祖国、人民和党的歌颂,对劳动、战争与和平的礼赞流贯于革命年代散文主潮之中。但这种抒情显然属于集体的大我的抒情,而非个体的小我的抒情,正如周作人所言"言他人之志即是载道",一个时代的集体抒情与其说是言集体之志,毋宁说是载集体之道。于是我们发现新中国成立后的前三十年里很难再觅周作人式的美文和鲁迅式的杂文了,只因文坛风向已转向载道而不是言志的缘故,偶尔有"三家村"杂文传承民国言志派小品文余绪,但已然难以蔚为大观。值得注意的是,新中国成立后的散文不仅由言志派转向了载道派,而且还由古文传统转向了辞赋传统。如果借用汉赋分类,我们可以

---

① 周作人:《中国新文学的源流》,第27~28页。

发现新中国前三十年的散文主要传承了"大赋"和"小赋"文体传统。就大赋传统转化而言，像刘白羽、魏巍、秦牧、碧野等人的散文不仅体制恢宏、格局盛大，而且辞藻华丽斑斓，铺陈排比、隐喻夸饰无不运用到极致，如《长江三日》《日出》《谁是最可爱的人》《依依惜别的深情》《社稷坛抒情》《古战场春晓》《花城》《土地》《天山景物记》等名噪一时之作，皆可归入此类。秦牧散文虽然较之他人多了几分随笔小品的雅致和从容，但骨子里依然更近于大赋中的博物体而非古文中的小品文。再就小赋传统转化而言，像杨朔、冰心、吴伯箫等人新中国成立后的散文，如《香山红叶》《荔枝蜜》《茶花赋》《雪浪花》《樱花赞》《小桔灯》《菜园小记》《记一辆纺车》等耳熟能详之作，无不既具有辞赋体常见的铺彩摛文的一般特征，而且又具有小赋所独有的托物言志、借物抒情的诗化特点。然而只因此类小赋型白话散文所言之志乃集体意志而非个人襟抱，故而与民国白话散文中的言志小品迥异其趣。

一直到"文革"结束以后的新时期散文创作中，民国散文中的言志派传统才得以重新接续或回归。新时期三十年的散文传播史中，以周作人、林语堂、梁实秋等人为代表的民国言志小品文集被大量重印，可以说直接促成了新时期三十年大陆言志派散文的极大繁荣。如孙犁、汪曾祺、张中行、杨绛、萧乾、季羡林、黄永玉、黄裳、章诒和、周素子等人的晚年散文，就明显主要传承了民国言志派散文中的美文传统，无论忆人记事状物，抑或抒情感怀议论，无不清新流丽、冲淡平和、婉而成章，即使寄沉痛于悠闲，也可俱见作者性灵怀抱。继之而起的年轻一代作家贾平凹、张承志、史铁生、张炜、毕淑敏等同样接续了民国白话散文的言志美文传统，虽然他们的艺术风貌各异，或闲适冲淡，或清刚劲拔，或诚朴隽永，但在"独抒性灵、不拘格套"这点上却显示了惊人的一致。与言志派美文的复兴相比，新时期言志派杂文则相对沉寂。巴金的《随想录》在整体艺术性上明显不及鲁迅的杂文风范，倒是英年早逝的王小波的杂文在"鲁迅风"之外别辟了艺术新境。至于韩少功和周国平的哲理散文则各擅胜场，皆属新时期言志派杂文的中坚力量。值得关注的是新时期散文中出现了辞赋体言志派散文的新形态。民国白话散文是有意放逐辞赋体乃至骈体文的,新中国成立的前三十年出现了辞赋体散文传统的创造性转化,惜乎是载道派辞赋体散文而不是言志派辞赋体散文,直至新时期之初,以徐迟华美丰赡的散文或报告文学为标志,宣告了当代言志派辞赋体散文的诞生。此后在文化散文热潮中,以余秋雨、周涛、马丽华的"大散文"为标志,当代言志派辞赋体大散文横空出世,追随者甚众。有论者早就指出过,"余秋雨的散文创作也融合了庄子的哲学散文天马行空、汪洋恣肆的思维理路和两汉赋体散文铺叙夸饰、华美凝重的修辞方式"①,周涛和马丽华写西部边疆的文化大散文也可作如是观。如周涛的《游牧长城》《兀立荒原》,马丽华的《藏北游历》《西行阿里》《灵魂像风》,和余秋雨的《千年庭院》《抱愧山西》《十万进士》《苏东坡突围》《遥远的绝响》《一个王朝的背影》一样,无不是"思接千载、视通万里"的铺彩华章,颇有汉代大赋吞吐万象、铺排万物的豪情。但较之秦牧建国后写的辞赋体散文的博物,明显多了个人化的历史文化思考,辞赋体散文由此从集体载道转向了个体言志。在某种程度上,贾平凹的长篇散文《商州三录》和张承志的西部散文,乃至张炜的部分散文如《融入野地》《绿色遥思》之类,也可视为当代辞赋体言志派散文,这意味着中国当代散文作家不再简单地拒绝中国古代散文中的辞赋或骈文传统,转而积极地在中国古代散文中的古文和辞赋双重传统中寻求传统的创造性转化。

四、百年中国新诗的传统创化之理路

如前所述,在现代中国文学的文体演进过程中,如果从中国文学传统的创造性转化角度看,散文和小说无疑取得了成功,而诗歌和戏剧则任重道远。迄今为止,新诗与旧诗、话剧与戏曲之间依然处于近乎二元对立的文体状态。众所周知,话剧在现代中国依旧未能摆脱"舶来品"的尴尬身份,除了曹禺的《雷雨》和老舍的《茶馆》之外,百年来具有中国特色的话剧

---

① 於可训:《近十年"文化散文"创作评述》,《文艺评论》2003 年第 2 期。

经典作品十分鲜见,而传统戏曲直到今天还拥趸甚众,这说明西洋话剧并未真正地完成它的中国化进程,它与中国戏曲文体传统之间还缺乏深入的艺术对接或创造性转化,这就导致了它与中国民众之间的艺术隔膜。与话剧相比,中国新诗在发展了近百年后,虽然其艺术身份的合法性依旧遭到质疑,比如百年来中国诗界不断发生着大大小小的新旧诗之争就是明证,但毫无疑问,百年中国新诗毕竟能够在现代中国诗坛占据主潮,旧体诗词也许可以与之分庭抗礼,但它究竟还是无法剥夺新诗的合法地位。这意味着百年来中国新诗在中西诗学融合或者创造性地转化中国古典诗歌传统的层面上还是取得了不菲的实绩,其中的经验和教训都值得后人认真汲取并反思。

百年中国新诗与古典诗歌传统渊源深厚。早在中国新诗草创和初建时期,闻一多就表达过对欧化的不满,他说:"现在的一般新诗人——新是作时髦解的新——似乎有一种欧化的狂癖,他们的创造中国新诗底鹄的,原来就是要把新诗作成完全的西文诗"。"我总以为新诗径直是'新'的,不但新于中国固有的诗,而且新于西方固有的诗;换言之,它不要作纯粹的本地诗,但还要保存本地的色彩,它不要作纯粹的外洋诗,但又要尽量地吸收外洋诗的长处;它要作中西艺术结婚后产生的宁馨儿"。由此闻一多提出"恢复我们对于旧文学底信仰,因为我们不能开天辟地(事实与理论上是万不可能的),我们只能够并且应当在旧的基础上建设新的房屋"①。显然,闻一多的新诗发展观是比较辩证的,是中国早期新诗发展阶段中很有代表性的传统创化观,既反对单纯移植的西化或欧化派,也反对一味守旧的本土派,而主张中西诗学交融或通过借鉴西方诗学来创造性地转化中国古代诗歌传统。应该说,在中国现代新诗史上,持有与闻一多相近的新诗发展观的诗人或诗论家不在少数,除了新月派诸君外,包括沈尹默、周作人、俞平伯、刘大白、废名、梁宗岱、叶公超、朱光潜、何其芳、卞之琳、林庚、朱英诞、吴兴华等不同流派的现代诗家都属于中国诗歌传统的创化派,其

① 《闻一多诗全编》,浙江文艺出版社 1995 年版,第 405、411 页。

至那些明确标举中国新诗走西洋化或散文化路径的诗家,如胡适、陈独秀、鲁迅、刘半农、郭沫若、冯至、戴望舒、胡风等人也在不同的历史时期或在实际的诗歌写作中或隐或显地表达过他们对中国古典诗歌传统的尊重和创化。正如有论者指出的那样,"中国现代新诗与古典诗歌传统的关系时隐时现,时而自觉,时而不自觉,时而是直接的历史继承,时而又是现实实践的间接契合"①。其实不止于此,如果回顾中国当代新诗史同样可以发现新诗与中国古代诗歌传统之间若显若隐、若即若离的艺术渊源。从革命政治抒情诗人郭小川、贺敬之到朦胧诗和后朦胧诗人食指、舒婷、顾城、海子、欧阳江河、王家新,再到晚年的唐湜、郑敏、牛汉、流沙河等老诗人,在他们的诗论和诗作中无不体现着中国当代新诗转化古代诗歌传统的艺术印迹。

在中国新诗发展的第一个三十年中,尽管其起点是以激进地反传统古典诗词的姿态出现的,比如胡适、陈独秀等人的文论中就充满了对明清诗坛复古派的激烈批判,但这一切还是掩盖不住中国新诗无论在发轫阶段还是发展时期都与中国古代诗歌传统之间藕断丝连的现实。

首先,从言志与载道两种诗歌精神传统来看,中国新诗第一个三十年的主潮显然继承了中国古代诗歌的言志传统。也许有人会说现代新诗中一直有载道传统发生潜在影响,理由是包括胡适在内的早期新诗人以及后来的左翼诗人,还有抗战时期的七月派诗人和九叶派诗人,在他们的创作中都有宋诗式的"道统"观念在起潜在作用,其中隐含了中国文人源远流长的"复古明道"心理②。这里面其实存在着误解,因为左翼诗歌确有载道使命,且载集体之道或言公共之志,但就早期新诗人或现代大多数新诗流派而言,毕竟还是以个体化的抒情和说理为主,按照周作人的说法,依旧属于言志派范畴。胡适早年倡导文学改良"八事",涉及"精神上之革命"者有三端,即"六曰,不做无病之呻吟。七曰,不模仿古人,语语须有个我在。八曰,须言之有物"③。对于"须言之有物",胡适指出:"吾所谓'物',非古

---

① 李怡:《中国现代新诗与古典诗歌传统》,西南师范大学出版社1994年版,第11页。
② 李怡:《中国现代新诗与古典诗歌传统》,第93~96页。
③ 胡适:《寄陈独秀》,《新青年》第2卷第2号,1916年10月1日。

人所谓'文以载道'之说也。吾所谓'物',约有二事:(一)情感……(二)思想……文学无此二物,便如无灵魂无脑筋之美人,虽有秾丽富厚之外观,抑亦末矣"①。显然,胡适明确反对"文以载道"传统,他强调文学创作中的个体意识和自我意志,无论情感抑或思想,只要立足于个体生活经验和生命体验基础之上,均属于言个体之志或载个体之道,这与周作人的文学观如出一辙。因此我们不能把言志传统狭隘地理解为单纯的抒情传统,且将说理拒之于言志之外,而应将言志理解为一种包孕情与理的生命主体精神的艺术表达。胡适作诗虽不拒绝说理,但他反对抽象地说理,即反对离情之理或离相之理。他说:"诗须要用具体的做法,不可用抽象的说法。凡是好诗,都是具体的;越偏向具体的,越有诗意诗味。"②应该说,在现代白话新诗中虽然也有片面的抽象说理之作,但这并非主潮,真正的新诗主潮是个体化的抒情之作或融会情理的言志之作。早期白话新诗各流派都是如此,如新青年社和新潮社同仁的诗,小诗派、湖畔诗社以及早期创造社诗人的诗,大都属于个体本位的言志之作。此后,无论是主张"理性节制情感"的新月派,还是苦心追寻"纯诗"理想的象征派和沉醉于"智慧诗"写作的现代派,抑或倡导"主观战斗精神"的七月派,乃至标举"玄学"融入诗学的九叶派,这些诗人的现代诗都属于言志诗派的不同表现形态。这些不同流派的现代新诗或主情或主理,但都以现代生命个体价值为本位,它们既是中国新诗人广泛吸纳西洋近现代诗歌经验的艺术结晶,同时也是中国古代言志派诗歌传统的现代转化形态。

其次,从自由与格律两种诗体传统来看,中国新诗第一个三十年的主潮其实传承的是中国古代诗歌的自由传统。胡适后来在《逼上梁山》中回忆文学革命起始时说:"我认定了中国诗史上的趋势,由唐诗变到宋诗,无甚玄妙,只是作诗更近于作文!更近于说话。近世诗人欢喜作宋诗,其实他们不曾明白宋诗的长处在哪儿。宋朝的大诗人的绝大贡献,只在打破了

---

① 胡适:《文学改良刍议》,《新青年》第2卷第5号,1917年1月1日。
② 欧阳哲生编:《胡适文集》第2卷,北京大学出版社1998年版,第145页。

六朝以来的声律的束缚,努力造成一种近于说话的诗体。我那时的主张颇受了读宋诗的影响,所以说'要须作诗如作文',又反对'琢镂粉饰'的诗"①。胡适认为晚清宋诗派同光体诗人并不懂宋诗"以文为诗"的精髓,反而一味地做那种诘屈聱牙的古文化或文言化的宋诗,而不是古白话的宋诗,这是与宋诗反抗唐诗格律化的自由精神背道而驰的。其实宋诗的以文为诗包括两种路径:以文言文或古文为诗;以古白话或俗语为诗。后者较前者更能体现中国古典诗歌中的自由文体精神。胡适之所以从宋诗传统中吸纳新诗建设的资源,看重的正是宋诗在诗体上的自由传统。不仅如此,胡适还很看重宋词对新诗文体的建设意义,他在《谈新诗》中认为词的出现是中国诗歌史上第三次诗体的解放。以《诗经》的四言诗为起点,在词的出现之前还有两次诗体解放,分别是楚辞体或骚赋的出现——第一次诗体解放,以及五七言古体诗的出现——第二次诗体解放,而新诗的出现则是"第四次的诗体大解放"②。它"不拘格律,不拘平仄,不拘长短",彻底颠覆了中国古典诗词的格律传统,进而将中国古代诗歌中的自由传统推向极致。尽管胡适在《谈新诗》里专门谈到了新诗的音节形式问题,但他也只能总结出"语气的自然节奏"和"用字的自然和谐"③这类松散而宽泛的艺术规范,毕竟现代新诗的主体就是自由诗! 此后朱自清在《新诗杂话》、废名在《谈新诗》、艾青在《诗论》里都坚持从新诗的自由文体精神方面立论,而且都重点论析了新诗散文化的问题,这与胡适所论新诗继承了宋诗以文为诗的自由诗体传统一脉相承。废名甚至干脆为新诗下了这样的断语:"新诗要别于旧诗而能成立,一定要这个内容是诗的,其文字是散文的"④。然而,在民国新诗发展阶段中,尽管以胡适为代表的自由体诗学明显占据主导地位,但新格律体诗学也已顺势兴起,以闻一多为代表的前

---

① 姜义华主编:《胡适学术文集·新文学运动》,中华书局 1993 年版,第 198 页。北京大学出版社 1998 年版《胡适文集》第 1 卷第 145 页中同一段文字里作"我那时的主张颇受了读宋词的影响",有误。此文原载《东方杂志》第 31 卷第 1 期,1934 年 1 月 1 日。
② 欧阳哲生编:《胡适文集》第 2 卷,第 134~138 页。
③ 欧阳哲生编:《胡适文集》第 2 卷,第 141 页。
④ 冯文炳:《谈新诗》,人民文学出版社 1984 年版,第 232 页。

期新月派诗人率先要为新诗诗体立法,闻氏所标举的"三美说"①(音乐美、建筑美和绘画美)明确为格律体新诗张目,同时也为中国古典律诗辩护。此后朱光潜在《诗论》、王力在《现代诗律学》里进一步从事新诗格律体的系统化诗学建设,但都局限在学术领域中,而未能对现代新诗创作产生更大的影响。朱光潜《诗论》虽有现代新诗发展作为参照,但主要建构的是中国古典诗歌的形式美学体系;王力《现代诗律学》仅第一章分析自由诗的形式美学,余下各章主要用来探讨中国现代诗人如冯至、卞之琳、戴望舒、梁宗岱等人的西式十四行体诗歌美学。王力最后指出:"近二十年来,中国一部分的诗人确有趋重格律的倾向,而最方便的道路就是模仿西洋的格律。纯粹模仿也不是个办法;咱们应该吸收西洋诗律的优点,结合汉语的特点,建立咱们自己的新诗律。"②然而建构中国新诗格律学谈何容易,更何况民国时期的中国新诗主潮本身就是自由体而非新格律体,自由体传承着中国古代诗歌文体的自由传统,它在整体上抑制了中国古代诗歌格律传统的发扬。

再次,从文学的雅俗关系来看,中国新诗第一个三十年的主潮传承的是中国古代诗歌的高雅传统或文人诗歌传统,而非通俗传统或民间诗歌传统。正如前文所引普实克所言,"五四"以后的新文学发生虽然是以传统的文言旧文学为对立面,但新文学其实暗中主要传承了中国古典文学的文人文学或文言文学传统而不是民间通俗文学传统。这一点在民国时期的现代新诗领域里表现得十分明显。尽管早期白话新诗也曾写过人力车夫之类的平民生活来回应五四平民文学口号,但从总体上来看,民国新诗潮流无论是早期白话诗潮还是继起的新月派、象征派、现代派诗潮,抑或七月派、九叶派思潮,这些民国新诗史上最有成就的诗潮基本上都属于现代知识精英的高雅文学范畴。这些不同流派的民国新诗人虽然一致标举白话写作,但他们的诗歌语言其实主要并非平民大众的口头语,而是现代知识

---

① 《闻一多诗全编》,第 355 页。
② 王力:《王力别集·现代诗律学》,中国人民大学出版社 2004 年版,第 142 页。

精英的书面化的白话,它在本质上既有别于传统文人的书面化的文言,也有别于现代平民大众的口语化的白话。瞿秋白当年曾把这种夹杂着文言残余和欧化语词文法的"五四式的白话"称作"非驴非马的'骡子话'",甚至说这种现代白话是一种"新式文言"①,因为它和普罗大众的语言之间严重隔膜。因此在 20 世纪 30 年代的左翼文艺大众化运动中,革命文学理论家们纷纷主张革除这种"新式文言"传统,力主普罗大众的大众语写作。陈子展还明确区分了"文言——白话——大众语"②三者之间的界限,其实也就是传统文言——现代知识精英白话("新式文言")——民间底层大众口语三者之间的差异。但在民国年间的新诗界,民间通俗形态的大众口语诗歌终究未能取得主导地位,从早期新诗人刘半农到中国诗歌会的左翼新诗人,再到延安解放区的李季等人,虽然他们也一直在延续中国新诗的歌谣化传统,但这种大众口语化的歌谣体新诗实验的影响主要局限在少数人或者政治性和地域性的文学群体之内,始终未能撼动民国新诗的知识精英"新式文言"写作主潮。由于民国新诗主潮主要延续的是中国古代文人诗歌或文言诗歌传统,所以这一时期的新诗在意象的捕捉和意境的营造上主要体现出知识精英的陌生化写作取向,民国新诗精英们广泛地借鉴和吸纳欧美浪漫主义和现代主义诗歌的艺术资源,刻意雕琢和构筑中国古典诗歌传统中所匮乏的现代意象或意境,或者融汇中西诗歌意象和意境资源,而使中国传统诗词意象和意境再现生机和新意,比如创造性地将西典与中典、古典与今典融入中国新诗意象和意境的建构中,由此使得民国新诗主潮在意象和意境上给人陌生新奇,甚至怪诞奇崛的印象。在各种民国新诗浪潮中,各派苦吟式的诗人不在少数,他们作诗既取法于西方浪漫主义和现代主义的精英诗歌传统,也得益于中国古代文人或文言诗歌传统的滋养,特别是得益于韩愈、李贺等为代表的中晚唐诗歌,乃至由宋至清的宋诗派诗歌传统的滋养,这一流脉的文人诗歌或硬语盘空、或清苍孤峭、或生涩

① 瞿秋白:《普罗大众文艺的现实问题》,《文学》第 1 卷第 1 期,1932 年 4 月 25 日。
② 陈子展:《文言——白话——大众语》,《申报·自由谈》1934 年 6 月 18 日。

奥衍,追求诗歌语言和意象的陌生化,给民国新诗带来了潜在的艺术活力。当然,这也是中国新诗在第一个三十年中始终未能全面走向大众化的深层原因。

及至新中国成立以后,中国新诗开始步入第二个三十年,即 20 世纪50 至 70 年代。这个三十年的新诗主潮与民国三十年的新诗主潮相比,无论是在诗歌语言、诗歌体式还是诗歌精神上都发生了显著的变化,从中我们可以发现两个三十年间中国新诗在创造性地转化中国古代诗歌传统的问题上存在着不同的艺术选择。首先,从文学的雅俗关系上看,与民国三十年间新诗主潮主要发扬了中国古代诗歌的高雅传统或文人诗歌传统不同,新中国第一个三十年间的新诗主潮主要继承的是中国古代诗歌的通俗传统或民间诗歌传统。新中国成立后由于毛泽东的革命大众化文艺思想在全国范围内被确立为创作指南,包括中国新诗在内的全部文艺创作迅速地全面走向大众化和民族化,曾经在新中国成立前风行一时的知识精英诗歌写作浪潮,如七月派和九叶派诗歌潮流等很快陷入沉寂,或者被政治运动强行中断,或者因不合时宜而悄然解散,而作为革命大众化诗歌潮流重要表征的政治抒情诗和新民歌开始逐渐占据了新中国新诗主潮位置。新中国的主流诗人主动运用民间大众化的口语进行写作,而尽量刷洗五四式的新式文言腔调,他们以人民大众的语言作为"新诗的基本用语",即使在"改造、锻炼和创造新语"时也自觉地"坚持以中国人民的习惯语法和朴素风格为基础"①。少数民国精英诗人进入新中国后则因诗歌语言风格不够大众化和民族化而受到批评,如 1951 年《文艺报》3 卷 8 期就曾发表了两篇以《对卞之琳的诗〈天安门四重奏〉的商榷》为总题的文章。承伟等人在《我们首先要求看得懂》中指出:"这首诗的主题是歌颂天安门歌颂新中国,但是整个诗篇所给予读者的,只是一些支离破碎的印象,以及一种迷离恍惚的感觉,这首先就表现在这首诗的语言方面。""这些诗行都是一些似

① 冯雪峰:《我对于新诗的意见》,载杨匡汉、刘福春编《中国现代诗论》(下编),花城出版社 1986 年版,第 6 页。

通非通,似懂非懂的句子。""我们希望诗人们更好地去注意自己的诗的语言。"面对这种指责,卞之琳很快在《文艺报》上作了自我检讨,他表态说:"我接受'首先看得懂'的要求"。"我应该——而没有——加深我对读者负责的精神"。"我又一次体会到了普及基础上提高的意义"①。卞之琳的新诗曾经受过晚唐五代乃至南宋诗词幽峭清空风格的熏染,又吸纳了西方后期象征主义诗歌的艺术营养,其诗歌语言风格的晦涩朦胧必然与新中国成立后新诗朴实通俗的民族大众化风格相违背,这不仅是卞之琳的艺术苦恼,而且也是冯至、艾青、何其芳、穆旦等民国精英诗人共同的艺术苦恼。而新中国的主流诗人李季、贺敬之、郭小川、闻捷等人则顺应时代政治文化潮流,将苏联传入的革命政治抒情诗风与中国古代诗歌的民间通俗传统相结合,既继承古代文人的白话诗风,又借鉴通俗流畅的民间歌谣,从而形成了民族大众化的革命通俗诗歌潮流。

如果从自由与格律两种诗体传统来考察,与民国新诗主潮主要借鉴中国古代诗歌的自由传统不同,新中国第一个三十年间的新诗主潮主要传承的是中国古代诗歌的格律传统。毛泽东在 1958 年曾明确提出中国新诗的出路在于学习民歌和古典诗词,二者"结婚"产生的"第三个东西"就是未来的新诗②。由此新中国诗坛在郭沫若和周扬等人的推动下掀起了轰轰烈烈的新民歌运动,直至"文革"时期依旧余韵不衰。一般说来,中国文人的古典格律诗体起源于民间大众的民歌或歌谣体,二者诗体同源,毛泽东之所以首先强调新诗向通俗的民歌学习,主要是为了祛除向古典诗词学习所可能带来的精英化或雅化的流弊,而实际上对二者的同步学习能够进一步强化新中国新诗的格律化趋势。毛泽东的这种诗学主张并非为他所独有,早在新中国成立之初就已经有很多诗人或诗论家开始纷纷主张新中国的新诗诗体建设应该走格律化道路了。冯雪峰、卞之琳、臧克家、林庚、何其芳、张光年、公木、郭沫若、朱光潜、王力等人纷纷撰文从不同的角度阐述

---

① 卞之琳:《关于〈天安门四重奏〉的检讨》,《文艺报》1951 年 3 卷 12 期。
② 《建国以来毛泽东文稿》第七册,中央文献出版社 1993 年版,第 124 页。

自己的新格律化诗学主张，但他们之间也并非没有分歧，比如张光年就积极响应毛泽东的诗学号召，强调新诗首先要向民歌学习，走新民歌道路，为中国新诗回归民族本位和民间本位的本土格律化诗学辩护，因此他批评了何其芳和卞之琳的所谓新格律诗或"现代格律诗"主张，因为何、卞两人的新格律化诗学对直接继承本民族的民歌体或古典诗词格律传统颇有微词，而强调要继承并发扬"五四"以来中国新诗的格律化传统，其实主要是对早期新月派的新格律诗传统的扬弃①。何其芳明确认为"五七言体与现代口语的矛盾很大，不赞成以其来作现代的格律诗体；民歌体虽然在节奏上属于五七言体的系统，但在字数上却常常突破了五七言，因此表现能力比严格的五七言体强一些，它可以作为格律诗的一种体裁；但民歌体每句的收尾基本上是三个字，仍和两个字的词最多的现代口语有些矛盾，因此在民歌体之外，还需要建立一种每行基本上以两个字收尾的新的格律诗"②。卞之琳则将"以两字顿收尾占统治地位或者占优势地位"的诗歌的调子视为"说话式"，或旧说的"诵调"，而将"以三字顿收尾占统治地位或者占优势地位"的诗歌的调子视为"歌唱式"，或旧说的"吟调"③。二者都具有音乐性，他称前者为"口语格律体"，而后者为民歌体。和何其芳一样，卞之琳尽管也不绝对化地反对新诗走民歌化的格律道路，但他显然更倾向于跳出三字顿收尾的民歌体或五七言体的古典诗词格律，而另创以两字顿收尾为主的口语格律体。换句话说，新诗的格律化要走说话式的诵调路径，而不是重复古老的歌唱式吟调。此外还有林庚，其新诗格律化理论与何其芳、卞之琳如出一辙，他在建国后陆续发表《新诗的"建行"问题》《九言诗的"五四体"》《五七言和它的三字尾》等诗论参与新中国新诗格律化问题的大讨论，他的经验是要"警惕'五字节奏音组'的三字尾"，"尽量只采用'三·二'而不采用其'二·三'的组合"，只有这样才能"尽量地口语化"，

---

① 张光年：《在新事物面前——就新民歌和新诗问题和何其芳、卞之琳同志商榷》，《人民日报》1959年1月29日。

② 何其芳：《再谈诗歌形式问题》，《文学评论》1959年第2期。

③ 卞之琳：《哼唱型节奏（吟调）和说话型节奏（诵调）》，《作家通讯》1954年第9期。

中国文学传统的创造性转化——重建现代中国文学研究的古今维度

反之就难以避免新诗"无形中文言化的影响"①。由此可见林庚、卞之琳、何其芳等人与毛泽东等人的新诗格律化主张是不一致的,前者主张在新诗格律化传统上继续探索,后者主张复活民间歌谣体传统,但两者在致力于中国诗歌格律传统的创造性转化上有着共同的诗学诉求。不仅在诗歌理论界如此,在当时的新诗创作界,以郭小川、贺敬之等为代表的主流诗人也都在致力于新诗格律化探索,他们大都实验过民歌体新诗,郭小川甚至还独创了将民歌与古典诗赋词曲相融合的"新辞赋体"诗歌②,甚至连"文革"地下诗歌先行者食指也写过新月派风味的新格律体,所以完全可以认为,新中国第一个三十年的新诗主潮传承了中国古代诗歌的格律化传统,而与民国年间的新诗自由体主潮区分开来。

如果从言志与载道两种诗歌精神传统来考察,我们将不难发现,与民国新诗主潮属于言志派文学范畴不同,新中国前三十年的新诗主潮属于典型的言集体之志或载公共之道的载道派文学形态。这与同时期的散文创作和小说创作的主流意识形态性质完全相同,前面已做过分析,兹不赘述。虽然在当时的主流政治抒情诗人的笔下也曾出现过另类的诗篇,如郭小川的叙事诗集《雪与山谷》里就有个人精神探索性质的作品,但这并不是那个时代的新诗精神主流。同样,虽然在那个时代也曾出现过个人精神探索性质的地下诗歌潮流,如食指、多多、芒克等人为代表的"白洋淀诗群"之类,但同样无法构成新中国前三十年间的主导诗歌精神。只有到了"文革"结束之后的新中国第二个三十年里,中国新诗主潮才重新回到了个体本位的言志传统的轨道上。在新时期之初的中国诗坛,归来派诗人与朦胧诗人最为引人注目,前者以劫后重生的牛汉、绿原、曾卓、郑敏、陈敬容、唐湜等七月派和九叶派诗人为代表,后者以北岛、舒婷、顾城、江河、杨炼等年轻一代诗人为旗手,共同将新中国新诗主潮由前三十年的集体化载道模式扭转到了后三十年的个体化言志模式,他们的诗歌创作中充满了人性人道

---

① 林庚:《新诗格律与语言的诗化》,经济日报出版社 2000 年版,第 32~33 页。
② 於可训:《新诗文体二十二讲》,武汉大学出版社 2012 年版,第 126 页。

主义的呼声和对生命异化问题的体验和反思,虽然有时也不免遗留有上一个三十年充当集体代言人的思维印痕,但毕竟主导诗歌精神已然是生命个体本位的价值形态了。

大约从 20 世纪 80 年代中期开始,新时期中国新诗开始发生分流,以韩东、于坚、伊沙等为代表的"民间写作"作为潜在的诗歌潮流开始崛起并蔓延,他们要反对的就是作为朦胧诗和后朦胧诗一脉精神延续的"知识分子写作"潮流,如海子、西川、多多、王家新、欧阳江河等人为代表的主流新诗潮。这种分流乃至对抗日趋激烈,到 20 世纪 90 年代末终于酿成了中国诗坛的一场大规模论战。其实论战的双方在个人化写作立场上是一致的,无论知识分子写作还是民间写作都属于个人化写作范畴,他们从不同角度发扬了中国诗歌的言志传统。比如欧阳江河就认为知识分子写作具有二重性:"一方面,它把写作看作偏离终极事物和笼统的真理、返回具体的和相对的知识的过程,因为笼统的真理是以一种被置于中心话语地位的方式设想出来的;另一方面,它又保留对任何形式的真理的终生热爱。这是典型的知识分子诗歌写作"①。这意味着知识分子诗歌写作追求的是个人化、具体化、相对化的真理,而拒绝那种集体化、抽象化、绝对化的真理,这种诗歌写作姿态既是解构性的,也是建构性的,它立足于诗人的个体生命体验和思索,而排斥抽象逻各斯式的外在真理植入。所以当"民间"诗人攻击"知识分子"诗人是"买办诗人"或"殖民诗人"的时候,王家新站出来为自己所属的群体辩护,他说陈东东经过欧洲超现实主义的洗礼后转向了"本地的抽象",肖开愚从奥哈拉的欢呼中沉潜下来写出了《向杜甫致敬》,翟永明从普拉斯崇拜中醒来,转向在本土文化经验和个人家族史中重构叙事,欧阳江河看上去在写西方经历,实则书写的是中国诗人的异国经验,至于他自己也在不断以"回头看"的方式对深受西方影响的一代中国人的文化矛盾和危机进行沉痛的反讽性揭示②。凡此种种,无不表明知识分子诗

---

① 欧阳江河:《如此博学的饥饿:欧阳江河集 1983—2012》,作家出版社 2013 年版,第 292～293 页。
② 王家新:《从一场濛濛细雨开始(代序)》,载王家新、孙文波编《中国诗歌:九十年代备忘录》,人民文学出版社 2000 年版,第 5 页。

中国文学传统的创造性转化
——重建现代中国文学研究的古今维度

歌写作具有中国性、本土性和个体性,而不是纯粹的贩卖西方知识共同体理论的"后殖民写作"。至于以于坚等为代表的"民间写作"诗人,其实他们并非传统意义上的民间诗人,他们的诗更不是传统意义上的民间歌谣,在精神本质上他们与所谓知识分子诗人同源而异趣。相对而言,"知识分子写作"偏重于现代主义诗歌传统,而"民间写作"偏重于后现代主义诗歌传统,后现代主义就是现代主义的解构的再解构,它将解构进行到底,于是出现了"民间写作"的反崇高、反文化、反诗歌倾向。于坚甚至主张"拒绝隐喻",他还"拒绝垂直性,拒绝价值,拒绝深度,拒绝获得深度的所谓'直觉''灵感''激情'等等。拒绝'自我',拒绝'我们'"。但在拒绝的同时于坚又宣称"诗是为了让世界在语言的意义上重返真实(存在)的努力"①。其实在他所有的拒绝背后,依旧隐含着重新发现或者书写个体生命存在体验的精神诉求,这与他所反对的知识分子写作的精神旨趣并无二致,可见二者殊途同归,在言个体之志上一脉相承。其实"知识分子写作"中还应包括以翟永明、唐亚萍、伊蕾、海男等为代表的"女性写作",作为现代中国知识分子女性的个人化或私人性的生命经验书写,它无疑是对中国古代闺秀诗词的精神超越。而"民间写作"在新世纪滋生出"下半身写作"末流,以身体沉沦来表现精神超越,多少已经变味乃至变调。好在从"民间写作"中派生的"底层写作"或"草根写作"势不可挡,以郑小琼为代表的"打工诗人"的崛起给新世纪诗坛带来了被压抑的底层声音。

再回到文学的雅俗关系角度,我们将会发现,与新中国第一个三十年新诗主潮转向民间通俗诗歌传统不同的是,新中国第二个三十年的新诗主潮又回归到了民国三十年间的知识精英高雅诗歌传统。新时期的中国新诗人群体,无论是晚年的七月派和九叶派诗人,还是新崛起的朦胧诗人或后朦胧诗人,一直到所谓"知识分子写作"诗人,他们纷纷抛弃了此前三十年间流行的大众化诗歌语言和政治化抒情模式,重新接续上了民国新诗主潮的知识精英语言("新文言")和意象化抒情模式。这也就是朦胧诗初兴

① 《于坚集卷5·拒绝隐喻》,云南人民出版社2004年版,第132~133页。

时期遭到"古怪""晦涩""朦胧""看不懂"等讥评的主要原因。由此还引来了谢冕、孙绍振、徐敬亚的"三个崛起"论为其辩护①。根据老一代诗人郑敏的总结，革命年代的新诗语言是一种高度透明的语言，而且严重地被意识形态所"制服化"，而变革后的新诗语言则追求凝炼、含蓄、模糊和暗喻，高度地个人化②。换言之，前三十年的新诗语言是公共化和透明化的，后三十年的新诗语言转向个人化和隐喻化。前一种诗歌适合通俗大众传播和革命政治传播，后一种诗歌属于知识精英小众化范畴，适宜个人化的文人诗歌沙龙活动。徐敬亚在谈到朦胧诗群的崛起时指出："在艺术主张、表现手法上，新倾向主张写自我、强调心理；手法上反铺陈、重暗示，具备较强的现代主义文学特色。"③应该说这种重暗示、重隐喻、重意象、反透明的现代主义精英诗风在新时期诗坛十分具有代表性，从朦胧诗到"知识分子写作"几乎一以贯之。一路走过来的王家新借用女诗人翟永明的话说，所谓知识分子写作就是"献给无限的少数人"，他特别强调这种精英化写作是一种"互文性写作"，它超越了日常生活经验，必然与中外文学文化传统相指涉，因此他高度推崇"读书破万卷、下笔如有神"的杜甫，反对所谓的"天才""巨星""原创力"④。与王家新的书卷式精英写作理念相映成趣的是欧阳江河的"中年写作"理念。他说："中年写作的迷人之处在于，我们只写已经写过的东西，正如我们所爱的是已经爱过的：直到它们最终变成我们从未爱过的、从未写下的。我们可以把一首诗写得好象没有人在写，中年的写作是缺席写作。我们还可以把一首诗写得好象是别人在写，中年的写作使我们发现了另一个人、另一种说话方式。"于是在欧阳江河眼里就有了两个西川，两个万夏，两个翟永明，也有两个欧阳江河；而且柏

① 谢冕：《在新的崛起面前》，《光明日报》1980 年 5 月 7 日；孙绍振：《新的美学原则在崛起》，《诗刊》1981 年 3 月号；徐敬亚：《崛起的诗群》，《当代文艺思潮》1983 年第 1 期。
② 郑敏：《世纪末的回顾：汉语语言变革与中国新诗创作》，《文学评论》1993 年第 3 期。
③ 徐敬亚：《崛起的诗群》，《当代文艺思潮》1983 年第 1 期。
④ 王家新：《知识分子写作，或曰"献给无限的少数人"》，载王家新、孙文波编《中国诗歌：九十年代备忘录》，第 162～163 页。

中国文学传统的创造性转化——重建现代中国文学研究的古今维度

桦、钟鸣和陈东东在他眼中也都是双重性的人①。这就是中年写作的深邃与厚度,它比青春写作更加瘦硬与荒寒。

而在"民间写作"的诗歌旗手于坚看来,从朦胧诗到"知识分子写作"其实都是延续的中国当代"普通话诗歌"传统。这种"普通话把汉语的某一部分变硬了,而汉语的柔软的一面却通过口语得以保持",所以于坚提倡以柔软的"口语写作"来与坚硬的"普通话写作"对抗②。于坚不仅认为革命年代的政治抒情诗人属于"普通话写作"体系,而且他还指责朦胧诗人以至"知识分子写作"诗人都未摆脱"普通话写作"模式,因为这不同代际的诗人在诗歌意象、象征体系和抒情结构上却存在着雷同和相似性。而且这种"普通话写作"的诗歌大都受到欧化的译文的影响,大体而言,革命诗人明显受到苏俄翻译诗歌的影响,而朦胧诗人以降则普遍受到晚期苏联和欧美诗歌译文的影响。他还进一步指责以西川为代表的"普通话高度发达的首都诗人"拒绝口语化,而是固执于"由书面语到书面语继而转向翻译语体"。正是在这个意义上,于坚强调朦胧诗的"普通话诗歌"性质,以此否定这场"诗歌美学的现代革命"性质,因为"这场美学革命所暗接的却是古代贵族文学的写作传统"。由此他在整体上认为"普通话诗歌""趋向形而上脱离具体时空的语式,暗接的乃是中国文学中贵族化的'小品抒情诗'传统,并把这一传统意识形态化了"。应该说,于坚指责朦胧诗乃至"知识分子写作"诗人写作上的贵族化和文人化倾向是有道理的,因为新中国第二个三十年的新诗主潮确实存在着知识精英的雅化和书面化倾向,但于坚将"普通话写作"与"口语写作"二元对立起来确实存在着偏颇,而且也抹杀了朦胧诗以至"知识分子写作"与革命年代的政治抒情诗写作之间的艺术界限。事实上,革命年代的"普通话写作"并非贵族化而是大众化,改革年代的"口语写作"也并非真正的大众化,而是另一种意义上的精英化或小众化。于坚明确表示他继承的是胡适在五四时期所倡导的白话

---

① 欧阳江河:《如此博学的饥饿:欧阳江河集 1983—2012》,第297~299页。
② 《于坚集卷5·拒绝隐喻》,第137页。

诗传统,他对胡适肯定过"吴语文学的传统"十分欣赏,这激发了他的口语诗和方言诗的激进写作理念。他反对首都诗人的"公开话本"写作,而肯定南方诗人的"私人话本"写作,因为前者是坚硬的、抒情的、隐喻的"普通话写作",而后者是柔软的、反抒情的、非意识形态的、拒绝隐喻的"口语写作"或"方言写作"。不仅如此,他还认为"口语写作""也复苏了与宋词、明清小说中那种以表现饮食男女的常规生活为乐事的肉感语言的联系",也就是重建了中国诗歌语言与母语的深层血肉联系①。如此看来,提倡"口语写作"和"民间写作"的于坚其实一直在清醒地、有选择地继承着中国古代白话文学传统和早期五四白话诗歌传统,他并未真正地传承中国古代民间通俗诗歌传统,他传承的只不过是中国文人诗歌传统中相对另类或边缘的白话传统,而不是文言传统或者"新文言"传统,后者正是朦胧诗或"知识分子写作"诗人所暗中接续的中国正统文人诗歌传统。不仅于坚如此,几乎所有倡导"民间写作"或"口语写作"的诗人如韩东、朱文、伊沙等都是如此,他们坚定不移地延续和捍卫着中国文人诗歌中的白话传统,他们的诗歌在语言表层上是白话的、口语化的,但在语言的深层却具有解构性和多义性的先锋品质,因此要阅读和理解这一脉的当代白话诗或口语诗并不容易,如果没有对西方现象学、存在主义、结构主义、解构主义或后现代主义的深入了解,其实是很难进入这些口语诗文本的,这再一次证明了于坚为代表的民间口语诗写作的知识精英本质,它与中国新诗史上的歌谣体或民歌体诗歌写作的通俗大众本质是暗相反对的。但新世纪以来,民间口语诗写作也出现了泛滥化趋势,所谓"梨花体""羊羔体""废话体"诗风的流行,正折射了民间口语诗沦落为网络口水诗的危机。口语诗与口水诗的最大区别其实在于前者属于中国文人诗歌或精英诗歌范畴,而后者则是对前者的异化,它与中国古代的打油诗传统有关,但又带有我们这个新媒体时代特有的草根性、狂欢性和戏谑性。

最后,如果从自由与格律两种诗体传统来考察新时期三十年的中国新

---

① 《于坚集卷5·拒绝隐喻》,第138~148页。

诗,一个显而易见的事实是,我们已经很少见到新诗人探讨新诗格律化问题了。虽然在民国三十年间自由诗体占据主导地位,但那个时代的新格律体诗歌也占有一席之地,而到了新中国第一个三十年,新格律体(含民歌体)已经跃居中国新诗的诗体主位,而纯粹的自由体悄然边缘化,就连大诗人艾青在新中国成立初也曾在新诗格律化浪潮下遭遇尴尬,他不得不站出来为自由体新诗和新诗散文化辩护①,但这依旧难以抵挡当时新诗格律化全面推进的步伐。而到了新中国第二个三十年里,新格律诗体的命运陡转直下,自由诗体重新回到了新诗的主导体位,这次轮到老诗人卞之琳为新格律体焦虑了,虽然他只是呼吁在保持自由体主位的同时也能"恰如其分地"让新格律体与之共存②,但就连这点要求也几乎成了奢望。而朦胧诗的鼓吹者徐敬亚则总结道:"在几十年的新诗史上,一直存在着自由化与格律化的斗争与竞争,完全开放式的新诗形态从郭沫若起就表示出了自由抒发的优势。新中国成立后,由于我们强调了学习民歌,由民歌的传统节奏、韵律带来的四行一节的形式越来越泛滥(包括一些变体,如二、三、五、六行一节),造就了千百首四平八稳诗,在一定程度上对诗形成了一种束缚。新的创作倾向对此作了相当猛烈的冲击,基本冲开了一个大缺口,现代人的情感流动起来了,出现了一批不拘格式,不讲严谨排列的新型诗。"又说:"传统的诗的韵律正在被打破。三十年代艾青等人单枪匹马做的事,今天已随处可见。戴望舒说过的,诗的韵律不在字上,而在情绪和诗情上,今天才有了更广泛的实践。"③徐敬亚所归纳和描述的这种新诗诗体自由化和散文化的倾向不仅适合于当时的朦胧诗创作实情,即使对于朦胧诗之后的整个中国新诗创作实践而言也是大体适用的,自由体确实已经占据了中国新诗的主体位置。王家新甚至还尝试一种介于诗与散文之间的新诗文体实验,他称之为"诗片断系列",如《词语》《游动悬崖》等。但不容回避的是,新时期中国新诗三十年的自由体主潮中也隐含着诗体危机,

---

① 艾青:《诗的形式问题——反对诗的形式主义倾向》,《人民文学》1954 年 3 月号。
② 卞之琳:《今日新诗面临的艺术问题》,《诗探索》1981 年第 3 期。
③ 徐敬亚:《崛起的诗群》,《当代文艺思潮》1983 年第 1 期。

过度的散文化和口水化导致中国新诗越来越不像诗而走向了"反诗",由此中国新诗越来越被边缘化,越来越远离了中国读者的诗歌需求,这大约也是新时期以来伴随着新诗的喧嚣与沉寂,旧体诗词越来越受到中国读者关注和欢迎的重要原因。旧体诗词在世纪之交中国诗坛的强势崛起,已经并将继续预示着中国新诗的发展必须走对中国诗歌传统乃至整个中国文学传统的创造性转化之路,一味地模仿西洋的欧化诗或翻译体是不会有好前途的。

（本文作者:李遇春　华中师范大学文学院教授、湖北文学理论批评研究中心研究员　本文发表于 2016 年第 1 期）

中国文学传统的创造性转化
——重建现代中国文学研究的古今维度

现代民族—国家结构与中国民族—国家的现代形成

韩水法

摘　要　民族—国家及其民族—国家主义是现代世界之中极其复杂而又关系重大的现象,而中国作为民族—国家的现实更是这类现象的盘根错节的典型。但是,当代主流的民族—国家理论不仅以西方的社会和历史为模板,而且也缺乏有效的方法和共同的基础,从而导致它们的内在矛盾,并且只具有区域性的意义。事实上,任何民族—国家都是通过共同的政治核心因素和基本结构的构建并且同时以特定的族类属性得以普遍化而形成的。这种政治核心因素和基本结构为分析和判断中国传统的中央集权—郡县制国家的传统民族—国家的性质提供了衡量的标准,而中国现代民族—国家的形成其实就是这个传统的民族—国家的沉重转型,而非构成。

一、民族　族—国　民族—国家

毫无疑问,在直觉上,民族—国家①原本是一个与现实颇有距离的理想概念,而在理论上,民族—国家(nation)一直就是一个比国家(state)远为复杂而难以清晰地分析和梳理的难题。一个国家存在的理由虽然关涉认同、历史、语言、文化和正当性,但是它可以通过政府的强力和法律将其

---

① 此处列出相关概念中英文对照。民族(nation)、民族—国家(nation,nation-state)、传统的民族—国家(traditional nation,traditional nation-state)、政治—法律资籍(political-legal entitlement)、基本结构(basic structure)、现代民族—国家(modern nation,modern nation-state)。

成员的某种身份如公民等予以普遍化,无论这个国家的某些群体或个人的实际认同如何。但是,民族—国家就无法单单通过政治力量和法律来实现,民族—国家所覆盖的群体包含共同的聚居地、语言、资籍、主观认同、人伦规范、历史与记忆、宗教与信仰和种族等等,这些都是其构成的重要因素。民族—国家之中的任何一个群体或多个群体在上述任何一种因素上的差异,在现实中都可能潜在地或实际地削弱这个共同体的亲和力,松懈其纽带;而在理论上,它们也使得有关民族—国家的一般规定困难无比,因为在一般定义之余,任何一个民族—国家必定会赋有其他同类所不具有的特别的情形。因此,一般的国家的规定是可能的,譬如韦伯的经典定义迄今为止一直被广为援引,尽管在具体的引用者那里它常常受到修正、补充或重构。而一般的民族—国家定义的构造则要困难得多,因为,实际上人们很难找到两个一样的以某个族类为主体的政治共同体:它们不仅都具备上述诸项因素,而且这些因素的性质都是相同的——这里主要指外在方面的性质,比如它们内部都使用一种共同语言,而不是指它们彼此享有同一种语言。比如,日本并没有统一的宗教信仰,而印度则没有一种全民的共同语言。倘若这些因素的数目增多,那么民族—国家之间的相似性就更小。人们通常所论及的国家之间的差异多数就源于民族—国家之民族这个层面上的特殊性。就此而论,我们可以说,国家是一般的,而民族—国家是特殊的。因此,迄今为止,人们提出了许多民族—国家的定义,但它们看起来都难以普遍地适用于每一个民族—国家,某一个民族—国家总会拥有其他民族—国家所无的这种或那种独特性。

在汉语里,民族—国家(nation)这个概念是外来的,我在本文中以汉语的复合词民族—国家来表达 nation 这一做法表明,在汉语里它甚至是难以翻译的,因为它既非单单指一个狭义的民族,即具有相同的语言、主观认同、人伦规范、历史与记忆、宗教与信仰的一个族类,亦非指一个单单作为政治共同体的国家,而是指以某个上述那种狭义的民族为主体而构成的国家。按照流行的理解和解释,所谓民族—国家,就是指那个作为民族的族类与那个作为政治共同体的国家是合二而一的。因此,在 19、20 世纪之交的那段时间里,它在汉语中被译为国族。不过,这个汉语词依然没有传达它的完全的意义,因为,联合国英文名称 the United Nations 中的 nation 在字面上不能译为国族,也不能简单地理解为国族。另外一个汉语译法是国族的颠倒,即族国,从意义的明确和应用的便捷上来看,族国在一定的程度上胜于国族。比如,纳粹(Nationalsozialismus)的全称通常译为国家社会主义,少数人译为民族社会主义,但是,相形之下,"族国社会主义"这样的译法就更能清楚——至少在字面上——地传达纳粹的政治目的和社会意义。

国族与族国这两种可能的译法表明,在日常语言里面,这两层意思并没有那么清楚的界限。在今天,人们更倾向于强调民族—国家的国家这个层面。在汉语境域中,由于迻译的困难,人们通常无法区分联合国(the United Nations)之国与美国(the United States)之国这两者之间的差异,而对使用英语等西方语言的多数人来说,至少它们字面的差异是清楚的。同样,国际关系在汉语里基本上是被理解为国家际(inter-state)的关系,而不是民族—国家(inter-nation)际的关系。因此,联合国也就是被理解为诸多国家的联合组织,而不是诸多族国的联合组织。依照上述不同的概念,人们可以明白,现代国际关系是民族—国家出现之后的现象,而联合国是民族—国家的组织,而非单纯国家的组织;美国在建国伊始就是一种现代的而非民族的国家,所谓美国的民族—国家是后来的事情。

民族—国家及民族—国家主义的研究主力集中在西方学术界,主要成果也出自那里。西方的主流观点认为,民族—国家是现代的产物,相应地,民族—国家主义是在民族—国家的构成过程之中被构造出来的一种学说和思潮。虽然两者都是构成的,但民族—国家主义是继民族—国家的现象而后起的。而关于民族—国家和民族主义的理论研究则在 20 世纪 80 年代才成为学术热点。当时,西方涌起一股研究现代民族—国家和民族—国家主义的潮流,许多理论家脱颖而出。导致这股研究潮流出现的一个直接原因就是,由于若干民族—国家之间的原本被认为不可能的冲突和战争的爆发,而使得一些学者领会到这种关系在现实世界中的极端复杂性。有人无法理解那些意识形态相同的国家之间的战争,试图从意识形态和国家之外的角度来解释这种现象。他们发现,民族—国家是高度含混的概念,民族—国家主义是一种极其含糊的理论和思潮,而在现实的政治和社会生活中却又是现代社会之中的人彼此认同、相互凝聚并且因此造成族群之间冲突和战争的主要理由①。

　　但是,中国的社会和历史与这些主流理论之中的若干重要而一般性的判断之间存在相当大的距离,在这些理论及其作者看来,中国的社会和历史仅仅具有经验对象的意义,只是偶尔作为例子被提及。在多数情况下,这些理论并不顾及中国的社会和历史,而只是要求这种社会和历史符合它们的判断。而在中国学术界,关于民族—国家和民族—国家主义的研究就如人们通常可以想见的情况一样,不仅稀少而且浅薄,尤其是颇受上述那些主流理论的左右。诚然,中国社会和历史的实在确实位于这些理论的有效性之外,这并非因为中国是特殊的,亦因为相对于中国来说,欧洲的民族—国家在一定的时期也是特殊的。因此,那些以欧洲经验为根据而无法合理地解释中国社会和历史的实在的理论,尤其它们的若干重要判断就显得只具有地域性的意义,且缺乏一般性,那些理论之中一些原本似乎内在一致的基本判断之间就出现了难以化解的内在矛盾。然而,这些理论却又常常为中国学者用来分析中国的民族—国家问题,不仅得出一些削足适履的结论,而且也导致了现实的严重困难。由此为了获得有关民族—国家和民族—国家主义的内在一致的一般观点和理论,那么人们不仅需要全面考察和研究各类民族—国家的事例,而且尤其需要深入和系统地考察和研究在中国的历史和现实存在过的民族—国家现象。本文就是在与欧洲的民族—国家的历史和理论对照之下从事这样的研究。

---

① 安德森认为,"民族(nation),民族归属(nationality),民族主义(nationalism)——这几个名词涵义之难以界定,早已众所周知,遑论对之加以分析了。民族主义已经对现代世界产生巨大的影响,然而,与此事实形成明显对比的是,具有说服力的民族主义理论却屈指可数。"(本尼迪克特·安德森:《想象的共同体》,吴叡人译,上海人民出版社 2011 年版,第 2 页)

二、安德森与霍布斯鲍姆的学说

为了匹配本文的研究目的和篇幅,我这里先概要介绍这些理论中最具代表性的两种,即本尼迪克特·安德森(Benedict Anderson)和霍布斯鲍姆(E. J. Hobsbawn)的学说①。虽然霍布斯鲍姆的理论受到了安德森的影响,但他所强调的现代民族—国家和民族—国家主义兴起的条件与安德森的理论有着不同的侧重。安德森的想象的共同体理论的中心在于从文明观念的变迁和社会物质生活条件的变化来说明民族—国家作为一个想象共同体的形成、发展及其原因。

安德森所谓民族—国家是一种想象的共同体的说法,乃是在于强调,想象这种现实的社会联想活动对于现代—民族国家构成的重要性。"它是一种想象的政治共同体——并且,它是被想象为本质上有限的,同时也享有主权的共同体"②。在安德森那里,这是一个非常紧凑的定义,它包含了想象的、有限的、有主权的和共同体这四个要点。那么,想象是什么意思呢?"它是想象的,因为即使是最小的民族的成员,也不可能认识他们大多数的同胞,和他们相遇,或者甚至听说过他们,然而,他们相互联结的意象却活在每一位成员的心中"③。据此可以推论,在逻辑上,民族—国家是其成员对他们生活其中的政治共同体的观念重构,这种观念不仅帮助他们理解这个共同体,也使得他们能够在其中通过与其他成员的同质关系而确定自己的地位,或者通过承认其他成员而来获得自己的地位:"一个美国人终其一生至多不过能碰上或认识他 2.4 亿多美国同胞中的一小部分人罢了。他也不知道在任何特定的时点上这些同胞究竟在干什么。然而对

---

① 本尼迪克特·安德森,代表作是《想象的共同体》(1983);埃里克·J. 霍布斯鲍姆,代表作是《1780 年以来的民族与民族主义》(1990),中文版译名为《民族与民族主义》,上海人民出版社 2000 年版。

② 本尼迪克特·安德森:《想象的共同体》,第 6 页。

③ 本尼迪克特·安德森:《想象的共同体》,第 6 页。

于他们稳定的、匿名的和同时进行的活动,他却抱有完全的信心"①。诚然,想象的现实性和可靠性的程度则依赖于它的每一次落实。

这种共同体被这样的想象赋予了一个时间结构,它对每个成员的自我认同、定位及其意义具有社会的和心理的重要性。安德森不无思辨地说,"一个社会学的有机体遵循时历规定的节奏,穿越同质而空洞的时间的想法,恰恰是民族这一理念的准确类比,因为民族也是被设想成一个在历史中稳定地向下(或向上)运动的坚实的共同体。"②然而,这样的想象结构及其时间结构看来可适用于任何其他的共同体,从帮会组织、宗教团体一直到国家:只要超出熟人范围以外的具有某种同质性关联的群体,都属于想象的共同体的范围。于是,安德森不得不做出进一步的推论:一切共同体都是想象的③。这样一来,他虽然照顾了他的理论逻辑与社会事实之间的一致性,但想象的这个规定却失去了解释民族—国家的独特性。不过,它依然具有理论上的新颖性和实用性——这正是它受到人们重视的重要理由。民族和民族—国家确实不是唯一的想象的共同体,但却是最具实用性和现实性的认同依据:它为日常生活提供了一种简易而实用的身份和团结的标准。

因为想象的这种独特性的丧失,安德森也就需要找出民族—国家的另外的特殊性,以将它与其他的共同体区别开来,否则,它就缺乏受到特殊对待的理由。人类向来是以共同体的方式存在的,但民族—国家的独特的必要性从何而来?

与其他主流的民族—国家理论家一样,安德森认为,民族—国家乃是现代社会的现象。这种现象形成的主要原因,在他看来可归结为两个层面:首先,三个古老的文明概念丧失其支配地位;其次,三个与现代资本主义相关的条件形成。在欧洲历史上形成的这两个层面的现象使得现代民族—国家成为无可避免的趋势。

① 本尼迪克特·安德森:《想象的共同体》,第24页。
② 本尼迪克特·安德森:《想象的共同体》,第24页。
③ 本尼迪克特·安德森:《想象的共同体》,第6页。

安德森认为,在历史上,三个根本而古老的文化概念不再以公理一样的力量支配人的心灵之时,并且只有在这种情况发生的地区,民族的想象才最终出现。"第一个概念认为特定的手抄本(经典)语言之所以提供了通往本体论真理的特权途径,恰恰因为它本身就是那个真理的一部分"。"第二个概念则相信社会是自然而然地在至高的中心——和其他人类隔绝,并依某种宇宙论的(神意的)律则施行统治的君王——的四周与下方组织起来的"。"第三是一个时间性的概念,在这个概念中,宇宙论与历史无法区分,而世界和人类的起源在本质上是相同的"①。安德森所选择的这三个文明概念可以在从中世纪到近代欧洲历史中找到大致相似的对应物,但是,它们是否曾经遍及整个欧洲——或者至少西欧——则是大可质疑的,因为这些观念太过精英化和思辨化,只属于极少数人。如果追溯到古希腊罗马时代,那么这个说法就相当勉强。

不过,安德森的说法具有如下几个特点,而它们是左派学者营造的理论中常常可以见到的:第一,直接或潜在地把世界历史描述为内在一致的线性发展,并且倾向于借助某种异化的模式来解释历史的发展;第二,为了追求理论的普遍性,忽略和无视社会历史之中的多样性、偶然性和不规则性,比如安德森的理论包含一个巨大的历史断裂,从所谓三个古老文明概念丧失对人的心灵的控制到他所谓的民族—国家的第一波中间有太长且并不连续的过渡;第三,在地理上的跳跃,在他的阐述中,民族—国家的现代条件首先在欧洲形成,而民族—国家的第一波却在拉丁美洲首先出现。人们在这个颇为思辨、抽象因而晦涩不清的说法中还可以拎出许多其他问题,比如,难道在现代民族—国家出现之前,这个世界的所有文明都是由这样的三个支配性的概念来规范的吗? 倘若不是,至少有些地区并不存在这样清楚明白的三个概念,那么这是否意谓民族—国家在那里就可以先行存在,或者根本无法发展出来?

相对而言,他所提出的三个社会条件则比较切近历史现实而更有说服

① 本尼迪克特·安德森:《想象的共同体》,第32页。

力,即资本主义印刷术、宗教改革、语言多元的宿命。安德森认为:"我们可以从截至目前为止的论证中扼要地总结说,资本主义、印刷科技与人类语言宿命的多样性这三者的重合,使得一个新形式的想象的共同体成为可能,而自其基本形态观之,这种新的共同体实已为现代民族的登场预先搭好了舞台。这些共同体可能的延伸范围在本质上是有限的,并且这一可能的延伸范围和既有的政治疆界(大体上标志了王朝对外扩张的最高峰)之间的关系完全是偶然的。"①如果安德森关于上述三个条件的说法总体上是有说服力的和合理的话,那么,后面那句话却是一个失误的判断,因为没有政治上的疆界,前面那些因素,包括语言的多样化就失去了借以托身发展的根据地,亦就是说,它们无法成为现代民族—国家构成中关键的契机。希伯来语成为现代犹太民族通用语言的第一个前提和理由,就是它获得了得以散布的确定的政治疆界,而不是它广泛的通用性;而意第绪语言没有成为现代犹太民族的通用语言,其理由则刚好相反。

与政治疆界相比,安德森更重视印刷技术和语言多样化的发展,将它们置于相当重要的地位上。但是,他的判断难以切合当时欧洲十分复杂和多样化的语言发展的现实,因为他试图将其观点一般化。安德森认为:"资本主义的这种朝向方言化的革命性冲刺还受到了三个外部因素的进一步推动,而这其中的两个因素更直接导致了民族意识的兴起。第一个,也是最不重要的因素,是拉丁文自身的改变。""第二个因素,是其本身之成功同样受惠于印刷资本主义的宗教改革的影响。""第三个因素是,被若干居于有利地位并有志成为专制君王的统治者用作行政集权工具的特定方言缓慢地,地理上分布不均地扩散。"②安德森的这个判断大概适用于由拉丁语演化出来的罗曼语系地区,而对英格兰和其他日耳曼语系的地区以及其他语系的地区并不适用。

因此,我们就可以理解安德森如下的强调:"我们必须记得,在中世纪

①　本尼迪克特·安德森:《想象的共同体》,第45页。

②　本尼迪克特·安德森:《想象的共同体》,第39、41页。

现代民族—国家结构与中国民族—国家的现代形成

的西欧,拉丁文的普遍性从未与一个普遍的政治体系相重合。这点和帝制时期的中国那种文人官僚系统与汉字圈的延伸范围大致吻合的情形形成对比,而这个对比则颇富教育意义"①。这个说法其实是含糊而易致误解的,因为在中世纪的西欧,拉丁语的使用范围仅仅限于教会、大学和知识分子层面,在政治层面上,在现在罗曼语系地区之外,拉丁语从来就没有成为一种普遍的官方语言。即便在所谓罗曼语系地区,拉丁语也只限于上层人士使用,多数民众使用的是各种各样的方言和其他语言,而在识字率极低的情况下,这个现象就具有决定性的意义。安德森上述判断的不准确之处还在于,拉丁语作为官方语言的通用范围与罗马统治的地域基本上重合,而罗马帝国灭亡之后拉丁语的官方地位便开始逐渐消失,它此后还能够维持欧洲宗教的和学术的通用语的地位,主要就依赖于罗马天主教的宗教垄断的地位——大学在那个时代多数是属于教会的,而天主教会在欧洲现代之前向来同时就是一个极具政治力量特征的体系。正是在这个意义上,安德森自己所说的宗教改革促进语言多样化的论断才有其现实的政治基础,而不必单单归因于印刷术的发展。

安德森下面一段话很有道理,而不像想象的共同体这个说法的表面意义那样武断。他主张:"我们应该将民族主义和一些大的文化体系,而不是被有意识信奉的各种政治意识形态,联系在一起来加以理解。这些先于民族主义出现的文化体系,在日后既孕育了民族主义,同时也变成民族主义形成的背景。只有将民族主义和这些文化体系联系在一起,才能真正理解民族主义。"②

现代民族—国家的形成是建立在既有的文化体系的基础之上的,只有在这个基础之上,资本主义的因素,包括安德森所说的印刷术才能得到发挥作用的地基。诚然,并非所有曾经存在过的文明体系都演化和转变为现代民族—国家,而这些古老的文明体系得以在现代民族—国家中延续下来

---

① 本尼迪克特·安德森:《想象的共同体》,第41页。
② 本尼迪克特·安德森:《想象的共同体》,第11页。

或者消亡,其原因也是各色各样的。但是,如果那些族类要演化为现代民族—国家就需要经过资本主义这个范式,这就是说,资本主义包含了一些使得非民族—国家的族类成为民族—国家的一些基本因素。因此,在安德森看来,资本主义就是现代民族—国家的必由之路①。但是,另一方面,早有许多思想家提出,在欧洲,资本主义与现代民族—国家是同一个历史现象的不同层面,因此,安德森理论的新意主要在于想象的共同体这个概念,还包括他所总结的若干文明的和物质的条件。但是,这些条件又都导致某些基本结构或因素的形成。那么,这里浮现出的一个问题是,这些基本结构条件或因素是否可以从资本主义里面提炼出来?这无疑是可行的,许多学者在这个方向推进了民族—国家及其主义的研究。

霍布斯鲍姆接受了安德森学说的一些重要观点,他也承认,民族是一种想象出来的关系,与共同体相似。不过,他修正说,这种想象出来的关系只是一种"原型民族主义"(proto-nationalism)②。所谓的原型民族主义有两种:"第一,是超地域的普遍认同,人类超越自己的世居地而形成一种普遍的认同"。"第二,是少数特定团体的政治关系和词汇,这些团体都跟国家体制紧密结合,而且都具有普遍化、延展化和群众化的能力"。霍布斯鲍姆指出:"这些不同的'民族原型'跟近代的'民族'有诸多相同之处,不过,却没有一个能等同于近代的民族主义。因为这些普遍认同并没有或还没有和以特定领土为单位的政治组织建立必然关系,而这种关系却正是了解近代'民族'的最重要关键所在。"③

霍布斯鲍姆也承认印刷术与民族语言对形成民族—国家的重要性,但是,他认为,标准化的民族语言(standard national language)除了借助印刷术,还依赖于识字率的普及和普遍建立的公立教育系统④。但是,很显然,高识字率和公立教育体系,主要是初等和中等教育体系——这是高识字率

①　本尼迪克特·安德森:《想象的共同体》,第38页。
②　霍布斯鲍姆:《民族与民族主义》,李金梅译,上海人民出版社2000年版,第54页。
③　霍布斯鲍姆:《民族与民族主义》,第54、55页。
④　霍布斯鲍姆:《民族与民族主义》,第10页。

的直接原因——都是现代国家建立之后才实现的。他据此进一步断定：
"在国家推行小学教育之前，并没有口语化的'国语'（national language）存在，只有作为文字或行政谕令的书写文字，或为口语传播而产生的共通语。"①因此，我们看到，在安德森那里，仿佛单单凭借资本主义就能够自主地发挥作用的印刷术和民族—国家语言的形成，在霍布斯鲍姆看来都要依赖于政府权力。

霍布斯鲍姆的国家概念脱胎于韦伯的经典范式："近代国家的特征可以说是从法国大革命时代形成的，其中虽有不少是沿袭自16到17世纪欧洲的君主政权，但许多部分仍可说是前所未有的新现象。譬如说，近代国家的统辖范围（是一完整而不可分割的疆土）系根据受其统治之子民所居住的范围而定，近代国家皆具有明确疆界，与邻国的领土壁垒分明。在政治上，国家系对其子民进行直接统辖，中间不存在任何统治者。近代国家在其领土范围内，尽其所能地直接对子民行使宪法、行政或法律命令"②。除了上述一般特征之外，他还具体地概括了现代国家如下一些功能和特征：（1）定期户口普查（19世纪中叶之后更加普及），详细登记每一个国民的资料，实行义务教育与兵役制；（2）庞大的基层组织和警政组织，每一个居民受国家机关的直接管理；（3）在国家机关办理出生、结婚和死亡等登记；（4）19世纪发展起来的交通和通讯革命，将每个国民纳入中央政府管理的网络之下③。

根据霍布斯鲍姆的学说，在现代民族—国家的形成过程中，原型民族或民族主义和逐渐生成的现代国家制度乃是两个重要因素，相对而言，后者更为重要。因为，即使按照安德森的学说，没有成长中的现代国家制度，资本主义本身也是不可能迅速得到发展的，而以其为条件的印刷术、宗教改革和民族—国家语言同样也就难以形成和普遍化。霍布斯鲍姆分析说，在法国大革命时代和美国革命时代，民族最重要的内含，就是它的政治意

①　霍布斯鲍姆：《民族与民族主义》，第61页。
②　霍布斯鲍姆：《民族与民族主义》，第97页。
③　霍布斯鲍姆：《民族与民族主义》，第97页。

义。在法国大革命和美国革命时代,民族就是与人民(the people)和民族—国家(the nation-state)密切相关①。在他看来,在那个时代,民众对"民族—国家"的任何共识,与语言、族群或其他相似因素无关②。这就是说,民族—国家在那个时代首先依赖于政治的资籍。族群差异、共同的语言、宗教、领土以及共同的历史都是后起的,是 19 世纪民族—国家主义者的话语,用来为他们的运动做宣传。当然,这并不意味这些因素无任何作用③。

因此,霍布斯鲍姆的基本结论是,"由此观之,无论民族的组成是什么,公民权、大众的普遍参与或选择,都是民族不可或缺的要素"④。如果霍布斯鲍姆也承认民族—国家是一种想象共同体的话,那么,政治上的资籍就是想象中可以普遍化的基本因素,因为民族—国家主义的实质就在于民族—国家。

在上面介绍并分析了安德森和霍布斯鲍姆两人有关民族—国家和民族主义的理论之后,我在这里从比较的角度给出简单的总结。概言之,安德森重视现代民族—国家形成的物质—文化条件——无疑,这与他的左派背景相匹配,所以,资本主义与印刷术在他的想象共同体的形成过程中发挥了至关重要的作用。霍布斯鲍姆则相当重视政治观念和制度的作用,而后者主要就是西欧现代民主——代议制——国家和现代资本主义形成并且稳定下来的条件,如公民权与大众的普选。但是,他们各自所偏重的条件其实都是资本主义整个体系中的不同层面和体现,因此,资本主义对他们两人来说乃是支撑起理论大厦的支柱。不过,他们两人同样也受到欧洲尤其是西欧社会和历史的制约,既无法看到一般政治结构和行政框架的意义,也无法理解那些教育制度和技术的一般意义。在西方,一般的政治结构和行政系统,以及一般的教育制度和普遍的技术手段都属于现代资本主义的产物,与民族国家同时出现。这样,他们就把两种同时发生的现象视

---

① 霍布斯鲍姆:《民族与民族主义》,第 21 页;并参见 E. J. Hobsbawm, *Nations and Nationalism since 1780 Programme, Myth, Reality*, Cambridge: Cambridge University Press, 1990, p. 18.

② 霍布斯鲍姆:《民族与民族主义》,第 22 页。

③ 霍布斯鲍姆:《民族与民族主义》,第 23 页。

④ 霍布斯鲍姆:《民族与民族主义》,第 21 页。

为单一的因果关系了。但是,就如中国的历史所表明的那样,这样的论断是片面的。

三、民族—国家的基本结构与欧洲现代民族—国家的一般特征

（一）欧洲现代民族—国家的一般特征

安德森与霍布斯鲍姆的民族—国家与民族主义学说之所以成为经典,主要就在于他们各自提出了解释欧洲现代民族—国家兴起和形成的较成体系因而原创的理论。两人的学说各有侧重,但它们各自的主要内容如予以综合就可以形成一个相对全面的纲要。不过,这两种学说有一个共同特点,中国社会基本上在他们的视野之外,虽然他们也不时提到中国,甚至安德森将其研究的起因归之于中国边境战争。安德森的学说给人们的一个额外的深刻印象是,左派理论中的西方中心主义一如既往地以其理论的宏大结构来论证人类历史发展的主线位于欧洲,以及由此出发的西方世界。换言之,左派的西方中心主义者更倾向于将那些只适合于西方历史实在的民族—国家理论和判断拓展成普遍化的结论。

在这里,我将安德森和霍布斯鲍姆两人学说的主要内容予以综合,通过补充和增添他们所忽略或轻视的若干重要的因素,简要地概括出现代欧洲民族—国家兴起的主要条件和形成的核心因素,进而提出一般民族—国家的核心因素,从而获致如下结果,即这个概念如果有效,就具有超地域的普遍性。

第一,一切民族—国家的前提就是它们都有一个原型的族类——现代通称为民族即狭义的 nation,它具有共同的或通用的语言和文字、共同的祖先——源于传说的或神话——和血缘、由传说和经典文献保存的共同历史记忆、共同的习惯和伦理规范、信仰,以及共同的聚居区等。原型的族类可以形成一个集团,也可以是若干个集团,但最后形成民族—国家时,必定是其中一、二个发挥核心的作用。

第二,现代资本主义是欧洲民族—国家得以形成的必要条件和动力。

除了由它造就的物质条件之外，现代资本主义起先自发地然后有意识地要求的平等契约和平等身份，一方面极大地扩展了其成员彼此合作和交往的可能性，另一方面又导致一种普遍的同等资籍。想象的共同体之想象之所以可能就依赖于这样的同质性。

第三，一个为其大多数成员提供同等的政治和法律资籍的政治共同体。在欧洲，这样的政治共同体只是通过现代逐渐发展的自由民主制度才得以形成，其中最重要的一个方面是这种同等的成员资籍从起初的少数人逐渐扩展到多数人，而这与民族—国家的形成正是同步的。这种政治共同体拥有一个统一的行政管理系统，统一的国土，一种通用的——通常就是使用人数最多的——官方语言。只有在这样的政治共同体中，所谓的共通感（common sense）才有其必要，也才被人们用来表示某种共同的伦理的、情感的或一般而言的理解的心灵条件。这样的政治共同体在欧洲最早出现在英国，所以现代民族—国家及其理论也在英国首先出现。

第四，一种普及的教育体系。这种普及的教育制度是维持共同的资籍、认同、语言和文字的重要的制度保障，也是造就共同体的精英阶层的重要机构。霍布斯鲍姆认为，"在国家推行小学教育之前，并没有口语化的'国语'（national language）存在，只有作为文字或行政谕令的书写文字，或为口语传播而产生的共通语。"①在欧洲早期的民主体制里，受过良好教育的精英阶层是建立和维持民族—国家的中坚力量。

第五，除了政治、经济和社会等条件之外，从各种思想和理论中发展出来的主权观念、国际法、自然法等学说，以及相应地，自由、平等和社会契约论等思想为民族—国家及其主义提供了理论上的支持，直接或间接地导致了现代民族—国家观念和民族—国家主义思潮的出现。值得一提的是，在欧洲，现代族类——或民族——认同与国家是同时形成的。因此，诸如社会契约论一类理论在为现代国家的正当性提供论证的同时，也就为出于自主认同的现代族类提供了某种论证。

---

① 霍布斯鲍姆：《民族与民族主义》，第61页。

事实上,为其提供观念和理论支持的还有其他一些重要的学说,有些直接成为某些民族—国家理论的组成部分,如共通感社会契约论。黑格尔唯心主义的国家理论用绝对精神来解释现代民族—国家①的成因,它无疑受到英国现代国家历史的影响,但后来还反过来影响了英国的现代民族—国家理论。马克思的阶级和国家理论也是现代民族—国家理论的重要思想来源,它的影响所及是多方面的,既为现代民族—国家本身的形成和发展提供了论证,也为民族—国家的理论研究提供了概念手段和方法,而在当代民族—国家的若干主流理论之中依然活跃着上述两种理论的精神。由此,我们也就可以理解,为什么在西方民族—国家与民族—国家主义这些概念是在 19 世纪下半叶才出现的。霍布斯鲍姆认为,国家、民族和语言等词汇的现代意义要到 1884 年之后才会出现②。

第六,除了原初并持久的政治、经济、社会和心理的动力之外,欧洲和西方等地的民族—国家的建立,最终几乎难以例外地要通过革命这个最直接的也是最后的手段。英国如此,法国如此,美国的情况也是如此。其他国家如德国和日本起初虽然以变通的方式进行,但最终还是经过战争之后的革命性变革等特殊形式完成最后的转变。

在欧洲民族—国家的形成过程中,自主认同虽然是重要的观念前提和情感基础,但是,一方面,这种认同的最佳状况仅仅达到多数人的同意,而非所有人的同意;另一方面,这种认同,包括它的必要的政治、经济、法律和社会条件,在历史上总是通过某种形式的武力手段或战争得以凝聚、强化和拓展。而这些武力手段或战争可以概括为内部的冲突和外部的冲突。族类或政治共同体之间的冲突和斗争,始终是所谓原型民族和现代民族—国家凝聚内部认同的主要力量和环境。族类内部的冲突和斗争就其向着

---

① 黑格尔说:"作为国家的民族,其实体性的合理性和直接的现实性就是精神,因而是地上的绝对权力。由此可见,一个国家对其他国家来说就是拥有主权和独立的。它有权首先和绝对地对其他国家成为一种主权国家,即获得其他国家的承认。"(黑格尔:《法哲学原理》,张企泰译,商务印书馆 1961 年版,第 346 页)

② 参见霍布斯鲍姆《民族与民族主义》,第 17 页。

成员之间的更趋一致和同质的资籍而言,通常就是精英阶层教化其他民众①,优势群体同化弱势群体,以及在政治共同体的疆界内,多数族类征服乃至同化少数族类的斗争。因此,无论想象、认同还是平等的资籍,在现代欧洲以及其他地区的民族—国家演进史上,都始终贯穿着武力或战争的作用。这些武力或战争的手段主要采用了如下一些方式。

其一,征服和同化是最常用的手段和现象。勒南在他的那篇经典的论文中已经提到,屠杀和恐怖是法国北部和南部联盟的结果,法国国王就是通过这样的手段建立了在勒南看来最为完善的民族性的统一体②。今天的法国史著作出于不明的原因对这一段历史轻描淡写③,虽然勒南所叙述的那个事件发生的时候,在一些人看来,法国尚未进入现代民族—国家的阶段,但是,现代主要的民族—国家其实都是由这样的历史发展而来的,不过是到了现代这种残暴手段更多地用于同化新的异族。比如,英格兰通过对苏格兰等民族的同化和对爱尔兰的征服建立了英国;德国和作为其前身的各诸侯国对斯拉夫人和其他族类的同化,以及在 19 世纪对犹太人的同化使其完成统一;日本通过同化北海道的阿伊努人(虾夷人)和琉球人建立了统一的大和民族,都是典型的例子。澳大利亚直至 20 世纪下半叶还采取将土著儿童从其家庭夺走送往其他家庭或学校寄养等手段进行同化。

其二,隔离是为了保证优势族类或民族的纯粹性,这同样是凝聚认同和想象的一种手段。比如,欧洲许多国家长期隔离和排斥犹太人和吉卜赛人;美国长期采用种族隔离制度以保持其白人的优越性,如对黑人的隔离以及排华法案等;在现代,最臭名昭著的现象是南非的种族隔离制度。

最极端的手段就是消灭。美国早期移民对印第安人的集体消灭,以及纳粹对犹太人的大屠杀,都是人们熟知的事实。前面所引勒南提及的法国 13 世纪南部灭绝对方的战争也是这样的例子。

---

① 这也就是安德森强调资本主义印刷业对现代民族—国家形成的重要性的缘由。
② Ernest Renan,"What is a Nation", in Stuart Woolf, *Nationalism in Europe*, *1815 to the Present*, London and New York: Routledge, 1996, p. 50.
③ 杜比:《法国史》上卷,吕一民等译,商务印书馆 2010 年版,第 420~421 页。

现代民族—国家结构与中国民族—国家的现代形成

无疑,上述这些手段在第二次世界大战之后已经受到了普遍的谴责,但是在一些新兴国家,甚至在欧洲的若干国家,这些现象一直到20世纪末还时有发生。这种现象实际上是与所有关于民族—国家定义的主流范式相冲突的,如霍布斯鲍姆所强调的公民权和大众参与。这与本文下面所提出的有关规定似乎也相矛盾。不过,这个现象却正符合欧洲现代民族—国家兴起的内在逻辑。事实上,这个逻辑本身就是双重标准,它的另外一个表述就是歧视。所谓双重标准就是指某一民族—国家及其主体族类对待自己的成员时采取一套原则,而对待被视为异类的其他成员时采取另一套原则。这种同类与他者的区别就是民族—国家之所以形成的原始的根据。人们应当记住的一点是,民族—国家的一个原始的根据因此就包含对同类的保护,而这一理由会演化出许多现实的准则。

虽然族类之间的双重标准乃至多重标准早在民族—国家之前始终存在,但是,现代民族—国家出于法律的普遍性和一般化,一方面,要一视同仁地对待其成员——通常是公民,另一方面对那些非成员也予以一律的区别对待,从而使歧视也要得到普遍而有效的实施。这类种族—民族歧视可以粗略地分为一国之内的和国家与国家之间的两种。就前一种来说,纳粹对犹太人的种族灭绝、南非的种族隔离和美国的种族歧视就是现代的典型事例。前两个事件又构成了建立民族—国家的特别理由。虽然纳粹屠杀犹太人并不是犹太人建立自己的民族—国家的起因,但是,它无疑成了以色列立国并且强化其犹太人民族—国家特性的最有力的理由。在南非当时出现的是另一种情形,即作为统治族类的少数白人努力为黑人建立独立的国家从而将他们分离出去,以保持他们所向往的纯粹白人国家的性质。

另一方面,在现代民族—国家中,即使那些在政治上和法律上受到一视同仁对待的成员,也会遭受和感受到因不同的族类、族裔和其他差异而导致的歧视。人们由此来反省先前族类之间的差异和歧视发生的根本的原因,进而认识到,从个体、群体、族类一直到民族—国家之间这种同类与异类区分的客观事实和主观感受具有社会的连续性。社会认同和区别的这种演进也就揭示了,由民族—国家导致的同化和分离的趋向在相当大的程度上是难以消除的。欧洲现代民族—国家的形成过程产生了许多这样的事例。

即便那些今天以为自己属于同一个族类的民族—国家基本上也不是在清白的历史上建立起来的,而是在一系列混杂和复杂的因素的风云际会中构造出来的。安德森想象的共同体在这个意义上就具有了独特性,因为一个国家或其他政治共同体的构成无需假定其成员的多重同质性、共同的历史记忆,以及最后在这些条件基础上的共通感。然而,民族—国家就需要这些,倘若它们不那么完备,不那么充分和完善,就要被构造出来。另一方面,历史上内部冲突和恩怨就要尽可能地予以淡忘,使之落在民族—国家历史记忆的视野之外。

勒南早就意识到了历史淡忘在构建民族—国家中的重要作用。他说:“遗忘,我甚至要说,历史错误,乃是一个民族—国家创建中的决定性因素,因此,历史研究中的进步常常就是对民族性的威胁。历史学的考察事实上揭明了在每一个政治构造,甚至那些其后果是极为有益的政治构造的起源中发挥作用的暴力行为。”①几乎所有民族—国家研究的重要文献都重视勒南的这一观点。安德森在《想象的共同体》第十一章专门讨论勒南的记忆与遗忘的问题,在该书的其他部分也论及这个问题②,这表明,内部冲突是任何一个现代民族—国家在其历史进程中都无法避免的经历。而勒南的说法无非强调,它事实上就是民族—国家构建过程中难以避免的部分。这种历史创伤在一个现代民族—国家具有稳定和合理的各种基本结构,并且拥有足够强大的国内和国际力量而能够抵御国际势力的影响或介入的情况下,就容易被淡化而被束之高阁。而当其基本结构残缺不全,成员的认同瓦解和利益冲突,而整个国家又无力抵御国际势力的影响和介入

① “Forgetting, and, I would even say, historical error are an essential factor in the creation of a nation, and thus the advances of historical study are often threatening to a nationality. Historical investigation, in fact, brings to light the acts of violence that have taken place at the origin of every political formation, even those whose consequences have been the most beneficial.” Ernest Renan, “What is a Nation”, in Stuart Woolf, *Nationalism in Europe, 1815 to the Present*, London and New York: Routledge, p. 50.

② 本尼迪克特·安德森:《想象的共同体》,第 6 页。

时,那么,这些创伤就会被从记忆的深处翻出,或被渲染和强化,酝酿成仇恨的种子,成为新的冲突的借口和引子,从而又演变为新创伤的旧原因。

从另一个角度来看,一个民族—国家的主体的同化程度越高,历史上曾经冲突的不同族类越是融合在一个新的族类之中而无法分辨,那些在过去年代造成创伤的对立双方的传人越是渺不可寻,那么这种创伤被重新提及和翻出的可能性就越小。即使被提起,导致新的冲突和仇恨的可能性也很小,因为没有什么人能够有明确的身份和地位来继承这种受害者的历史的精神遗产。

由此可以得出结论,一个统一的民族—国家,无论是传统的还是现代的,从渊源上追溯最终都是若干或许多族类或原型民族同质化的结果。没有一个民族—国家发源于所谓的单一民族。萨丕尔关于语言在不同民族之中的流变的观点为此提出了有力的证据。他认为,现代居住在日耳曼地区的种族原先说的语言或一组语言,与印欧语系是不相干的。因此,他强调,"不只是现在说英语的人不是一个统一的种族,英语的原型对如今和英语特别有关的种族来说,还可能是外国语呢。我们大可不必认真地想,英语,或英语所属的语群,在任何可以了解的意义上是一个种族的表现,在它里面埋藏着可以反映人类的一个特殊种族的气质或者'天才'的特性。"[1]但是,这种同质化的有效与否,在现代主要取决于其内部的同等的政治和法律资籍的普遍性以及通用语的普及程度。

在这里有一个问题值得稍作澄清,以便人们更易理解民族—国家的现代特征。现代的民族—国家与传统的类型相比较,或与民族—国家之前的国家以及其他共同体相比较,究竟何者内部的族类多样性程度更高? 我们先看若干例子。原来散布东欧各国的德意志人在第二次世界大战之后几乎都被驱除出了居住地。比如,在战后划归波兰的原东普鲁士的德意志原住民和其他德意志人一并被驱逐出境,同样的事件也在匈牙利和罗马尼亚等国发生。如果说驱逐德意志人的行为是出于对纳粹侵略或占领行为的

---

① 萨丕尔:《语言论》,陆卓元译,商务印书馆 1985 年版,第 190 页。

报复,那么,土耳其将濒临爱琴海的小亚细亚地区的土著希腊人——相对于他们,土耳其人才是名副其实的后来移民——予以全部的驱除,就需要别的理由予以解释。就这些现象来看,现代民族—国家在族类的同质化方面似乎有更高的要求,而它们内部的族类多样性程度也就比以前的国家要低得多。日本明治维新之后也开始自称是单一民族的国家,大力同化其他族类,韩国在独立之后也有类似的举动。

从另一方面看,在第二次世界大战之后,由于自由和民主的深化以及人权运动的影响,现代民族—国家在宗教、种族和民族等方面至少在政治和法律上采取一视同仁的原则。因此,不同种族、不同宗教、不同生活方式和风格的族群越来越多,从而整个社会呈现越来越大的多元性。在 20 世纪 80 年代前后,多元文化主义的思潮在西方世界也一时兴盛起来。从这个意义上来说,现代民族—国家就比先前早期民族—国家以及先前的国家包容更丰富的多元性。不过,这种多元性是在许多方面同质化之后保留的样式,它与先前的多元性又有很大的差异。

(二)民族—国家的基本结构

倘若民族—国家是一个普遍的现象,那么,人们就可以从历史上和现存的各民族—国家之中发现某些共同的基本结构和核心因素,即一个民族—国家之所以能够得到这样的承认的若干主要根据。民族—国家乃是现代国家的主要类型,而在关于民族—国家的各种规定中确实也能够提炼出若干共同的观点。

人类向来聚族而居,依族类而共同生活,而所谓的族类通常指那些具有如下一些共性的群体:共同或通用的语言和文字、共同的祖先——包括神话传说——和血缘、包括传说和经典文献的共同文明记忆、共同习惯和规范、信仰以及共同的居住区域等等。但是,就所有这些特性以及其他特征而言,每个族类所具有的因素都会有所差异,而且尤其重要的一点,所有的族类都无可避免地是与其他族类杂居和交通的,尽管程度和范围各有差异。这样一来,所有的族类都会因此发生变易,包括十分重大的演化,如采用其他族类的语言、信仰和伦理规范,以及生物特征的某些变化。既有的记载表明,其文明和历史不曾中断的族类确实存在,如华夏族类和犹太族类,但是,这并不意味它们在历史上没有经历过重大的演化。

本文最初是以民族—国家各具独特性而难以得到一般的规定而展开讨论的,前面的讨论使我们更好地领会和把握了这些独特性,而这也意味,这些特殊性是可以分类的。我们认识到,这些特殊性位于社会空间的特定维度和层次,附着于若干普遍性的基本结构。

在民族—国家出现之前,民族或族类的发展呈现出极大的变易性,就如江河虽有支流(流派)和干流(趋势),但它们始终处于变动之中,流派或分流合流,而趋势或会转向;倘若以一个较长的时段作为考察的历史单位,那么人们亦可套用赫拉克利特的名言,人不能再次走进同一个"民族"。现代的研究虽然能够发现和揭示它们先前演进的轨迹,就如索绪尔关于语言的历时性研究能描述语言发展的路径,但并不能指出它们未来的发展方向。民族—国家改变了历史上民族和族类的这种演变方式,它选定了一个民族或族类为主体,虽然会包含并融合其他民族和族类的特性,但基本上排除了它们独立发展的可能性。同时,它也限定了作为主体民族或族类自由发展的空间,想象的作用会强化主体民族原来的若干特性,但也可能抑制另外一些特性和动力,而后者亦有可能正是那个民族或族类演化中的积极的或重要的力量。与此同时,民族—国家的领土也开始确定化,而这之前民族或族类的定居的边界始终是不明确的,只有大致的范围,人们在阅读18世纪及以前的欧洲历史时所看到的地图边界,按今天的规则都应当是虚线。因此,民族—国家规定的困难性乃在于某个民族或族类始终是独特的,每个民族或族类总是有其自身独特的文明与文化、历史与记忆、语言与习俗,尤其是独特的演变过程等等。但是,民族—国家又是现代的,其现代性为民族或族类的特殊性营造了一般性的结构,而这些特殊性就随着这样的结构而固定下来。

民族—国家的现代性核心就是使其成员资籍普遍地平等化或平等地普遍化的若干基本结构,它们在使得其成员的政治资籍普遍化的同时,也使那些民族或族类的特殊性的核心因素普遍化。综合安德森和霍布斯鲍姆的理论,人们可以概括出现代民族—国家形成的主要政治、经济和社会等条件。不过,他们的着重点在于解释现代民族—国家的形成,而非理解和揭示这些条件及其核心内容,即它们构成了民族—国家的基本结构,并且保证一个民族—国家存在和发展的稳定性。理解这一点,或许要以对一个持久的民族—国家的历史和社会的研究和考察为前提。但是,比较而言,所有欧洲、美洲和其他地区的民族—国家的历史都相对短暂。古代中国为此提供了一个合适的样板,但中国的历史现实和经验在他们的研究中只居于边缘的地位,这也使得他们的理论透着不小的裂隙。

我以为,从理论上理解和把握民族和民族—国家的要点,在于把握它们的核心因素和基本结构,而对民族—国家来说,政治的核心因素和基本结构乃属根本。任何一个民族—国家——无论传统的还是现代的——大都包含下面所列举的一些基本结构,或者换个角度说,它就是由这样一些基本结构营造而成的。这些结构在实际上是互为奥援和相互支持的。在仅仅作为族类存在的民族中,它们之中的体现为核心因素,并且这些核心因素因族类的不同而颇有差异。但是,对民族—国家来说,这些基本结构当是不可或缺的,诚然,有些民族—国家可能会有其他的结构——比如宗教结构,在下面它会被分解在其他各种基本结构之中——和核心因素。相对而言,观念结构在不同的民族—国家之间可以呈现较大的差异,但因为它最终需要与其他的基本结构相匹配,因此,现代民族—国家——只要它确实就是这样的共同体——之间观念的共同性要远远高于古代其他政治共同体之间的观念共同性。下面我们分别概述这些基本结构及其主要内容。

1. 政治结构。对民族—国家来说这是一个优先的条件,政治结构可以区分为两个层面:第一个层面事关政治—法律资籍,第二个层面乃是从中央贯通地方的行政管理系统,在历史上被称为文官制度。前者偏重——用现代的术语来说——权利,后者偏重技术和手段,但两者彼此倚赖,如果没有多数成员一定程度的同等资籍,那么统一的行政体系则无法运行。第一个层面赋予这个共同体的成员——在 19 世纪之前主要是男性成员——

以同等的政治资籍,而这主要体现为法律上一视同仁。这种平等的资籍乃是成员彼此认同的基础,亦即想象所有其他成员为其同类的条件。进而言之,想象的共同体的想象之所以有效,乃是因为想象的共同体的成员可以在这个共同体中方便地以同等资籍交往,并且这种想象的交往基本上能够付诸实现。政治和法律的资籍虽然不能严格地依照现代的权利观念来理解,但却也包含其主要的内容,它大体等于霍布斯鲍姆等人所说的公民权。不过,需要注意的是,这种公民权在不同的时期包含不同的内容,从总体上来说,越趋近于近代,公民权所覆盖的范围越大,其内容也更广泛,从法律上的一视同仁到平等的政治权利。

政治结构的第二个层面就是从中央到地方的统一的政治—行政治理系统。这种统一的政治—行政治理体系在结构不同的国家有其不同形式,如在单一制与联邦制国家,这种行政管理的权力的大小及其范围就有很大的差异。但是,即便在联邦制国家,也有若干政治的和行政的权力由联邦政府(中央政府)统一行使;而在单一制国家,地方也有自主行使的权力和一定程度的地方自治。无论联邦制还是单一制,都属于现代国家的形式。就民族—国家而言,统一的政治—行政治理体系存在与否是一个极其重要的标志和条件,因为,统一的政治—行政治理体系的直接体现就是官僚制,而后者包含了若干民族—国家赖以形成和存在的条件。就如韦伯所说,官僚制存在的条件之一就是社会差异的齐平化①,而这一点正与上述同等的政治—法律资籍这一点相符合。

到现在为止,虽然人们还没有为这种统一的政治—行政治理体系找一个合适的术语,但它却是民族—国家的实体框架,而其成员平等的政治和法律的资籍或者公民权,只有在这样的体系之中才能付诸实现。它为我们判别民族—国家提供了一个简单的标准:一个政治共同体如果不具备这个系统,那就无法成为民族—国家,但是仅仅具备这个系统,它也不一定就是民族—国家。

---

① 韦伯:《支配社会学》,康乐、简惠美译,广西师范大学出版社 2004 年版,第 58 页。

2. 公共教育和考试结构。它可以提供维护民族—国家及其认同的多方面功能：(1)维持和普及共同的书面语言和口头语言，保证一定比率的识字率——在现代初等和中等教育体系建立之前，这样的教育制度和结构的有无至关重要，因为印刷语言之所以能够造就共同体同质成员的想象和凝聚力就以一定的识字率为条件，而这种识字率还必须是均衡地分布于共同体的不同区域①。(2)遴选和培养共同体的精英成员，他们既构成统一的行政管理体系的官僚来源，也是维持民族—国家历史记忆、伦理习惯、礼仪节日等系统的中坚力量。想象的共同体之想象的观念和规范首先在他们这个群体里付诸实现②。

3. 经济结构。民族—国家的多数成员赋有自由地从事经济活动的身份，即拥有自由契约、自由劳动和自由财产的资籍。安德森和霍布斯鲍姆所强调的资本主义只是上述资籍的现代体现和展开，而这种身份对民族—国家的成员来说其实是更为基础的条件，因为只有它才使得成员的同等资籍在日常生活之中得以时时处处的落实。

4. 语言结构。虽然共同的语言是原型民族的特征，但共同的语言并不等于统一的标准语，即如普通话一样的通用语。比如，在欧洲，在现代初等和中等教育普之前，所有的语言都通过它的无数方言存在。统一的书面语和语音系统是一个民族—国家不可或缺的条件，但它们的推广和普及却又依赖于国家的力量，譬如前述的公共教育和考试制度。

5. 观念结构。民族—国家的成员虽然可以持有多种不同的观念，甚至每个成员也兼持多重观念，但一套共同的主流观念则是维系其认同的必不可少的精神纽带。这样一套观念的来源可以各不相同，比如由传统的习惯和人伦

---

① 安德森认为："通过印刷语言，他们确实逐渐能在心中大体想象出数以千计和他们自己一样的人。因为不识字的资产阶级是难以想象的。由此，从世界史的角度观之，资产阶级是最先在一个本质为想象的基础上建立内部连带的阶级。"(本尼迪克特·安德森：《想象的共同体》，第74~75页)就如下面的文字会揭示的那样，他在这里关于资产阶级的断定是片面的。

② 霍布斯鲍姆以欧洲的情况为例指出："虽然知识分子跟平民大众的世界并非完全没有交集可言，可是知识分子的影响力最多也仅及于读书识字阶层，难以穿透至社会大众的日常生活当中。比方说，赫德(Herder)就认为所谓'民族'的概念，在威斯特伐利亚(Westphalian)的农民当中是不存在的。"(霍布斯鲍姆：《民族与民族主义》，第56页)不过，在中国，这种情形与之有很大的不同。

现代民族—国家结构与中国民族—国家的现代形成

道德演进而来的社会规范、世俗的伦理学说、超世的宗教学说等,但是,就民族—国家的构成而言,系统的世俗观念和人伦规范则更具促进作用。

6. 文明结构。这里所说的是狭义的文明,它指这个民族—国家的共同的基本礼仪体系、节日体系、建筑风格和服饰形式等。同质性的想象不能仅仅悬置于观念里面,还必须落实于现实的社会生活之中。虽然这些因素也存在于原型民族之中,但是它们只有在民族—国家中才得以普遍化。

在上述这些基本结构之外,一个民族—国家得以稳定维持还需要其他一些重要的结构。如作为心理结构的共通感,但它们不如上述结构更根本;而且,共通感就依赖于同等的资籍和观念等结构以及共同的历史记忆。除了基础和主干的性质,基本结构亦具有普遍性,这就是说,它们应当覆盖整个民族—国家的所有领域。不过,这些基本结构乃是为一个民族—国家营造了主体结构,而并非充塞所有的层面和空间。

那些标志民族—国家特殊性的因素,亦即使得一个民族—国家成为民族的国家的那些因素,虽然可以使得一个族类成为一个民族,但单单它们本身并不一定构成民族—国家;有些族类具有极强韧性和持久的自身特性,如犹太族类,但直到以色列建国之前一直未能建立起民族—国家。反过来,一个民族—国家必须包含这样一些族类的特性才能成为民族—国家,而不是一般的国家,诚然,它事实上包含的族类特性要更多,并且各不相同。

四、作为民族—国家的古代中国

前文的阐述乃是为研究中国现代民族—国家的形成所做的预备性研究。这项研究分析和考察了安德森和霍布斯鲍姆的学说[①],强化了他们学说之中那些被轻描淡写然而却重要的观点,补充了为他们所忽略的重要因素,从而概括出了民族—国家的六个基本结构。在现代民族—国家研究领

---

① 霍布斯鲍姆认为:"'民族'以及相应的民族活动,都应该纳入国家体制、行政官僚、科技发展、经济状况、历史情境与社会背景下进行讨论。"(霍布斯鲍姆:《民族和民族主义》,第 11 页)

域里尤其值得注意的一点是,安德森和霍布斯鲍姆着意回避或忽略中国传统的民族—国家的事实,造成了他们理论的地域局限性,从而大大损害了他们各自学说意义的一般性。我提出六个基本结构的目的之一就是要纠正他们那种褊狭的视野,旨在刻画出民族—国家的一般性质。下面将进入本文的主题,中国民族—国家及其现代形成。

中国现代民族—国家的形成过程颇有异于欧洲民族—国家兴起的过程,无疑,亦不同于亚洲其他民族—国家形成的途径;同样,亚洲其他民族—国家的形成也经历了与西方道路相当不同的途径。正是中国和亚洲其他现代民族—国家之间形成的差异和独特性,使得安德森等人的理论在解释这些现象时经常捉襟见肘,其论证不得不削足适履以符合他们的判断。前文所概括的民族—国家的基本结构正好提供了理解中国作为民族—国家的合理的参照。在讨论中国现代民族—国家的形成之前,本文将首先考察中国传统族类与国家认同的独特性,其根本之点就是早在现代欧洲民族—国家出现之前中国就已经作为一个民族—国家而存在。下面的分析将为这个论断提供若干简要而关键的论证。

第一,中国是一个早熟的现代国家。早在欧洲出现现代民族—国家之前,现代国家的基本结构和特征在中国就已经形成,而这种结构建立之后稳定地运行了两千多年。按照韦伯的国家理论以及现代国家的一般特征,中国自从秦朝起就具备了如下一些现代国家的核心因素,即土地、人民、垄断暴力的中央政权,以及从中央贯通到地方的统一行政系统——这就是中央集权—郡县制①。

这种统一的政治—行政治理体系之所以可能在技术上——事实上,这也不仅仅是一个技术问题——依赖于中国古老的官僚制,是因为这种统治和治理方式建立在个人委托和信任的基础之上,缺乏一系列的规范要求,政治共同体的公共事务与统治者的私人事务混合在一起而没有区别。按照韦

---

① 关于这个系统,人们有各种不同说法。寺地遵认为:宋代已是"集权官僚支配体制"(寺地遵:《南宋初期政治史研究》,刘静贞、李今芸译,台北,稻禾出版社,1995 年,第 3 页),魏特夫将之称为"行政官僚集团"(魏特夫:《东方专制主义》,徐式谷等译,中国社会科学出版社 1989 年版,第 17 页)。

伯的理论,官僚制是一种现代的合理化的统治形式,与它对应的是私人式的统治,统治者通过个人亲信、食客和宫廷臣仆来执行和落实他们的治理①。韦伯是官僚制理论的奠基者,迄今为止,也是这个理论的最权威的阐述者。在韦伯的论述中,中国传统社会的官僚制往往就是一种典范。比如,韦伯认为,中国是一个最彻底地以科举考试作为身份特权的基础的国家,就此而论,中国在形式上可以说是现代特有的、和平化与官僚化社会的最佳代表②。在韦伯的理论中,官僚制有许多特征,但最重要的至少包含如下几个方面:(1)由通过规则安排、有明确权限和等级、经常性工作和固定分工组织起来的体系;(2)公私的区分,或官员公务与私务之间的明确区分③;(3)官僚制得以成立和取得统治权力的一个重要条件就是经济和社会差异的相对齐平化,这里韦伯提出了一个典型的例子:现代大众民主制必然要以官僚制为工具④;(4)货币经济的发展乃是官僚制的前提;(5)官僚制之所以是合理化的产物,关键就在于,纯粹的官僚制行政在其任何行动的背后,原则上都存在一套可以合理地争论的理由体系,这就是说,基于某种规范的目的与手段之间关系的合理考量⑤。诚然,韦伯在谈论中国科举考试及其内容时并没有把它与官僚制的这种需要联系起来,这与韦伯以及他的某些追随者无法理解这种圣人理论的内容有关,因为这些以儒家学说为主的思想正是为中国官僚制提供了韦伯这里所说的那种理由和规范。

在中国历史上,这种政治—行政治理体系与作为其基础的编户齐民制度同时从先秦的封建制中孕育,作为一种制度整体的两个不同层面相互促进、共同成型⑥。行文至此,有一点是非常清楚的,即现代国家结构是民

---

① 韦伯:《支配社会学》,第22页,若干术语的译法有改动。
② 韦伯:《支配社会学》,第162页,若干术语译法有改动。
③ 韦伯:《支配社会学》,第23页,若干术语译法有改动。
④ 韦伯:《支配社会学》,第58页,若干术语译法有改动。
⑤ 韦伯:《支配社会学》,第53页,若干术语译法有改动。
⑥ 钱穆称,中国自汉武帝起(公元前二世纪)就已经建立了"崇尚文治的政府",士人政府。官僚出身于士林阶层。从中央政府到地方政府的主官"三公、九卿、郡太守、县令"皆由皇帝和中央政府任命(参见钱穆《中国历代政治得失》,三联书店2001年版,第13页)。钱穆又谓,士人政府,又须由相应的教育制度、考试制度和选举制度支持(参见《钱宾四先生全集》第30册,台北,联经出版事业股份有限公司,1998年,第139页)。

族—国家得以建立和发展的依托。正是在这样的框架里面,所谓的原型民族或其他族类才有可能自我塑造和发展成为现代的民族—国家。说得更准确一点,基本的政治结构是在先的,而民族—国家是后起的,诚然,民族—国家在其成长过程中又进一步促进和完善了现代国家制度和结构。

第二,从秦汉起,齐民制度就开始逐渐孕育和发展起来,这一制度使得这个政治共同体中的大多数人——在现代之前主要是男性——在政治、法律和经济等领域具有基本上同等的资籍,它也可以简称为政治—法律资籍。诚然,这种资籍在性质上和程度上都不同于现代普遍而平等的政治权利和自由权,不过,它确实为中国最大多数的男性庶民提供了成为各级政府官员的政治资格。除了人伦的特殊规定之外在法律面前受到同等对待的法律身份,以及包括契约自由在内的从事各种经济行为的资格。这种资籍与中央集权—郡县制和官僚制相互支持。齐民制度是普遍税收的前提,而没有这种普遍的税收制度,传统中国这种覆盖广大地域因而规模庞大的中央集权—郡县制政权是无法维持的。齐民制度也为足够的兵源、社会精英的广泛来源以及社会基层的自治提供了条件和保证。

第三,汉语始终用作统一的官方语言,而汉语本身也具有惊人的稳定性。汉语的书面语言二千多年间虽经演变,但语法结构和书写方式大体维持不变,而汉语音韵系统虽然历经变迁,但很早起中央政府就不断指定通用的语音系统,而士林阶层、官僚体系和商贸体系,以及其重要性尚未得到充分揭示的一个重要的历史现象,即作为政治、文化和经济中心的城市的长期稳定的存在和发展,促进了适用于口语的通用的官话系统的形成和发展①。汉朝造纸术的发明和唐朝印刷术的发明不仅大大促进了汉语作为统一语言的稳定地位,而且使得中国的历史、伦理规范、经典思想、地理和

---

① 至少从唐朝起,政府通过科举等途径来指定通用的汉语语音标准(参见周祖谟《问学集》上册,中华书局 1981 年版,第 474 页;史存直《汉语语音史纲要》,商务印书馆 1981 年版,第 18 页)。到 14 世纪,汉语共同的语音系统及其标准已经建立(参见向熹《简明汉语史》上册,高等教育出版社 1998 年版,第 238 页)。

疆域的知识在理论上成为一种人人可得的普遍的资源①。官学体系、官方的和私人的图书馆同样为汉语作为统一的通用语言的地位做出了重要的贡献。值得指出的是,在那个时代,造纸术和印刷术对构成一个民族—国家的重要性要远远大于安德森等人所着意的资本主义印刷术对欧洲现代民族—国家构成的意义。

第四,中国很早就建立了统一的教育系统和考试制度,即人们所熟知的官学和科举制度,以及作为这两种制度的基础的私学体系②。反过来,私学体系之所以能够长盛不衰,也在于得到了科举制度和官学体系的扶持和促进。在现代资本主义形成之前,这些制度除了其他的卓越的功能之外,也从人才和观念这两个层面为语言和文字、道德规范、政治制度和思想的一致性提供了重要的保障。对在漫长的历史之中维持上述这些文明的体系和结构来说,它们的意义和作用是非凡的,尽管这并不意味,它们不包含或导致某些在现代观点之下的严重缺陷。

第五,在中国,自我认同与族类分别的观念和争论很早就出现了,这就是著名的夷夏之辨。从春秋时代,古代思想家就开始讨论夷夏之辨。中国古代主流的思想主张,人并无天生的高低贵贱的区别,人与人之间的差异主要来自后天的教育和环境。因此,在中国古代的主流观念里,族类认同主要基于共同的文明规范、教化和礼仪,与种族——事实上,中国古代也没有这个概念——和人的先天性质无甚干系,甚至与宗教也无关系。这一点与同时代的欧洲的主流观念,当有霄壤之别。从整体上来说,这样的观念一直到欧洲的种族主义进入中国之后,才开始发生较大的变化。

在中国历史上,非华夏族类归化为华夏族类乃是中国社会演进的一个主流,也是华夏族类壮大的重要来源和不断发展的主要原因。在中国最早的历史记载中,华夏的先民不仅与其他族类杂居共处,他们自身其实也是

---

① 霍布斯鲍姆如下的观点为本文的陈述提供了支持:"绝大多数的学者都会同意,标准化的民族语言,无论是口语或书写文字,若不借助印刷术的发明、识字率的普及,还有公立教育的广设,将不可能出现。"(霍布斯鲍姆:《民族与民族主义》,第10页)

② 钱穆说:"在中国历史上,自汉以下,历代皆有国立太学。第一地方行政单位,亦各设有学校。乡村亦到处有私塾小学。"(《钱宾四先生全集》第30册,第244页)

由不同的族类融合而成。一个得到大多数人承认的事实是,中国历史上的主要民族汉族向来就是一个文化的族类,并非一个种族的群体。从传说中的三皇五帝一直到中华民国的建立,所谓的汉族就是融合了许多其他民族而成其大的。而许多满族人改籍为汉族,就是这个传统最近一次的典型事例。当然,在历史上同样出现了另一个方向的身份改变,即许多华夏族类或汉人转变为非华夏族类,譬如,东汉时即有汉人归于乌醒,隋末战乱,许多中国人(汉人)归于突厥①。在清兵入关之前,大量的汉人自愿入籍汉军旗,变身为满族。而在近几十年间也有许多汉族人为谋得特殊的福利和待遇而改变身份为少数民族。

第六,与第五点相关,综观而言,中国主体民族的形成是文明向心力和文化教化的结果。传统中国的朝贡制度、藩属制度和土司制度,就是这类教化观念得以付诸实现的政治和社会制度。直到清朝末年,除了西藏和蒙古之外,在中国许多省区里,还保留有不少土司地区。虽然改土归流是一项长期的政策,但在教化难以一时实行的情况下,保持不同族类在政治、经济、文化乃至军事上的相对独立性,就是一种行之有效的政策②。这种现象的存在,为传统中国的认同保留了一种回旋的余地和过渡的方式,而不致造成过多的武力冲突和战争。但是,毫无疑问,无论是教化还是归化,武力和战争依然是最后的手段。在中国历史上,族类之间的战争甚至构成了中国历史上所有战争之中的主要部分,有些战争是相当惨烈的。不过,在这里要强调的一点是,中国这种在政治、经济和社会等方面行之有效,亦即成本最低的制度却也为中国的现代民族—国家转型遗留了巨大的困难,而在现实的国际政治关系中,它成了中国国家治理、秩序和认同的软肋。

---

① 参见宋蜀华等《中国民族概念》,中央民族大学出版社 2001 年版,第 2 页。

② 土司制度是中国传统国家对统一领土内的某些少数民族聚居区和杂居区采取的一项有别于汉族地区的治理制度,它是在唐宋时期羁縻州县制的基础上发展而来的。"其主要内容可以归结为两个方面:一方面是,中央王朝对归附的各少数民族或部族首领假以爵禄,宠之名号,使之仍按旧俗管理其原辖地区,即通过土著首领对民族地区实行间接统治,另一方面是,各民族或部族须服从中央王朝的领导和听从驱调,并须按期上交数量不等的贡纳,即承担一定的政治、经济、军事等义务。"(参见吴永章《中国土司制度渊源与发展史》,四川民族出版社 1988 年版,第 1 页)

中国传统的国家、族类和文明认同的另一个相当值得重视的特点,就是自上古以来一直维持到现代的氏、族传统。这个特点造就了中国与西方和东方任何其他民族或国家之间的一个重大差异,大概只有犹太民族是一个例外,犹太民族具有与中国这一坚忍不拔地保持自己血缘世系的精神某些相似的传统,但线索却很不一样。氏族传统使得有记载以来的许多氏族和家族集团在漫长的历史中保存了它们的谱系。譬如,春秋列国就来源于不同的氏和姓。而氏、姓和国又分别演变出新的姓氏。如果不考虑后来各种改换的情况,这些姓、氏及其家族的脉络一直延续到了当代。在今天,中国许多家族和个人通过姓氏、宗谱依然能够追溯至上古最早所属的氏族和祖先。这个传统无疑构成了中国民族—国家认同之中相当独特的延续性和韧性,以及其意义难以估量的凝聚力。

自秦汉之后,中国作为一个国家历经分裂,在若干时期,自视为或被视为华夏文明继承者的政权的领土收缩至十分狭小的范围。而在这个以今天的中国领土为核心的区域内同时出现几个不同政权的国家——其中或有一个以上的国家自视为或被视为华夏文明的继承者。不过,这些国家领土范围的总和常常扩展至遥远的其他地区。另外,在中国国家权力范围之内,还保留如西藏、蒙古等藩属和土司地区,但是,作为一个统一的中央集权—郡县制国家,它与罗马帝国不同,与以后欧洲出现过的其他帝国更是完全不同。罗马帝国仅仅是一个城邦国家与许多独立的殖民地或占领区之间的松散的联合体,它们彼此之间的关系是万民法,即国际法,而非国内法。

欧美不少学者曾经尝试以罗马帝国或其他帝国来比附中国。比如,白鲁恂(Lucian Pye)不仅将古代中国,甚至把当代中国都比作罗马帝国和查理曼的欧洲。白鲁恂说,理解中国的出发点是:"中国不仅仅是诸民族—国家中另一个民族—国家。中国是一个装成国家的文明。现代中国的进程能够被描述为中国人和外国人合力把一个文明挤进现代国家那个任意的、受束缚的框架——这个来自于西方自己的文明破碎的制度发明——之中。从另外一个视角来看,中国的奇迹在于它的令人惊讶的统一。用西方的说法,今天的中国仿佛是罗马帝国和查理曼的欧洲存续到今天,并且一直在努力像一个单一民族—国家(nationstate)一样运行"①。

这一段话无非是要表明,中国只是一个由许多国家组成的帝国,不是一个民族—国家。中国不可能成为一个民族—国家,只可能分裂成若干民族—国家。对白鲁恂的这个极其粗劣的判断,仅仅从学术上来分析,可以说,缺乏最起码的历史知识的支持,他既缺乏罗马帝国和查理曼国家的历史知识,又尤其缺乏中国国家的历史知识。如果我们从现实政治的角度来理解,它无疑包含着中国会分裂或将分裂的主张和断定。

不过,白鲁恂的这个类比并不是他的发明,但其中所包含的论断却是值得分析的。其一,就如白鲁恂自己所说的那样,中国具有高度的统一性,这是罗马帝国和查理曼国家根本缺乏的,尤其查理曼的欧洲具有比罗马帝国更松散的关系,几乎等于乌合之国的集合。前面的相关分析已经表明,中国国家的统一性由几个基本结构来构成,并且它们是普遍贯彻的。其二,无论罗马帝国和查理曼国家,都没有中国那样的周全和贯彻到底的行政系统和文官制度,更谈不上普遍的税收制度。准确地说,在它们那里,上述那些基本结构在严格的意义上都不存在。其三,查理曼国家不用说,罗马帝国也只是维持了几百年时间,与中国作为一个国家的历史久远不可同日而语。

白鲁恂说中国是古怪的国家,挫败的社会②,其说法假定了这样一个前提,即存在一般意义上的国家标准。但是,在实际的论述中,他根本不遵从多数人承认的国家的规定。因此,根据他的判断,所有的国家都可以被判定为古怪的国家。至于挫败的社会如果用来指传统中国,那么这也是一

---

① Lucian W. Pye,"China:Erratic State,Frustrated Society",*Foreign Affairs*,1990(4). (China is not just another nation-state in the family of nations. China is a civilization pretending to be a state. The story of modern China could be described as the effort by both Chinese and foreigners to squeeze a civilization into the arbitrary,constraining framework of the modern state,an institutional invention that came out of the fragmentation of the West's own civilization. Viewed from another perspective,the miracle of China has been its astonishing unity. In Western terms the China of today is as if the Europe of the Roman Empire and of Charlemagne had lasted until this day and were now trying to function as a single nationstate.)

② 他的文章标题就是《中国:古怪的国家,挫败的社会》(*China:Erratic State,Frustrated Society*)。

个出于许多误解和若干知识缺乏的判断。中国传统社会确实是一个受到许多限制的社会,但是,如果要与西方传统的社会比较,那么就要根据实际的时段来做具体的对比分析。相对于欧洲现代社会之前的农村,亦即封建领地,中国传统国家的社会要发达得多,两者完全不在一个层级上面。多样的宗教、乡绅制度、宗族及乡村半自治、民间教育,尤其是相当自由的经济和劳动等等,在当时欧洲的农村基本阙如。与欧洲现代社会之前的自由的城市相比,中国传统国家之中城市和乡村的社会化程度则在政治和法律等方面要落后许多,因为欧洲那时的城市大都是独立的或自治的,市政府是由市民选举等方式产生。但是,这并不意味欧洲城市的所有方面都比中国传统国家的城市更社会化。从一个历史长时段来考察,尽管中国城市并非独立和自治的,但城市成员的资籍平等在某些特定的历史阶段要比欧洲同时代的城市更加广泛,而宗教的多样化也是欧洲的城市所不及的。更何况,迄今为止,任何一种理论都无法清楚地解释,中国传统社会如何能够维持如此许多大型城市①,城市中的市民是以何种方式来从事生产等活动,他们如何组织起来,又是以何种资籍或身份生活于城市之中? 按照白鲁恂的论断,这些城市中十余万乃至几十万的民众千余年来都一直生活在挫败社会之中,显然这些粗糙的、部分抄自勒南的论断,难以有说服力。

白鲁恂试图从传统的中国国家与社会的关系来解释现实的中国国家与社会的关系。这种陈旧的套路完全否定了现代中国所经历的巨大转变,包括 20 世纪上半叶的革命和下半叶的改革。他也用这样的套路比较欧洲与中国的国家与社会关系的差异。因为欧洲历史上就有与国家分庭抗礼的社会——在白鲁恂眼里,这就是教会②——所以,现在它们依然还有这样的性质。无疑,这个简单的倒推也同样否定了欧洲现代的革命和进化给其社会带来的巨大改变:既然欧洲在现代之前就有如此合理的国家与社会之间的平衡关系,那么欧洲主要国家如英国、荷兰的革命在相当大的程度

---

① 《中国人口史》简单列举唐代超过十万户的城市就有十余座,参见冻国栋《中国人口史》第 2 卷,复旦大学出版社 2002 年版,第 505 页。

② Lucian W. Pye, "China: Erratic State, Frustrated Society", *Foreign Affairs*, 1990(4).

上就是多余的,更何况,法国大革命就彻底摧毁了教会的特权体系。

白鲁恂关于当代中国的政治分析确实揭示了中国社会现实的某些特征,但是,他完全忽略了,这些特征并非简单地从中国传统社会继承而来,作为一种新传统,某些核心因素来自西方。白鲁恂有关"中国是一个装成国家的文明"的断言被人们移译成"中国只是一个文化,却伪装成一个国家"而广泛流传。这个隐含多重意义的判断同样也包含了自我矛盾,因为查理曼的国家远远说不上是一种统一的文明,即便罗马帝国也是多种文明的混合体。不过,它倒给人们提供了若干积极的启发。就本文所讨论的民族—国家而言,文明的认同是至关重要的,没有文明的认同就无法成为现代的民族—国家。这一点不仅适用于中国,而且适用于世界上所有主要的国家,诚然,前提是文明需要予以精确的定义。事实上,许多国家包含多种文明却也能够成为——或者用白鲁恂的话来说,伪装成——一个国家,如美国,德国和法国的情况亦相似。不仅如此,现代许多国家原本就是由若干国家和若干种文明聚合而成的,如印度。白鲁恂所想象的不以文明为基础的单纯国家根本不存在,由单一制度和单一文明构成的国家仅仅是通过现代民族—国家的构成才造就的现象,并且通常也是想象的产物。因此,如果白鲁恂理解不了中国社会的特殊现象,那么这主要源于他过分缺乏历史和社会知识,而中国传统国家的特殊性就在于它是一个以国家形式存在的文明体系,非但如此,这个文明体系还扩展至东亚周边国家。考虑到朝鲜、越南、琉球和日本的情况,那么人们就可以领会,国家与文明体系在传统中国和周边国家那里也保持了分野的界限,尽管有时并不那么清楚。

关于印刷业、书面语言对共同体想象的作用,杜赞奇持一种不同的意见,并引用中国的例子来反驳安德森和霍布斯鲍姆等人的观点,从而肯定在现代社会之前一些媒体已经在中国出现,它们形成文化并使不同的族类能够融合为一种民族性。他指出,盖尔纳和安德森在民族—国家身份认同上所采取的现代与前现代僵硬对立的说法不能成立,他们所持的如下观点,即族类的政治自觉只是在现代社会才能出现,民族—国家的身份认同乃是现代的自我意识,并且只有现代人才会把自己的民族想象为一个统一的历史的主体,是缺乏根据的。杜赞奇认为:"在现代社会和农业社会中,个人与群体均同时认同于若干不同的想象的共同体,这些身份认同是历史地变化着的,而且相互之间常常有矛盾冲突。无论是在印度历史上还是在中国历史上,人们都曾认同于不同的群体表述。这些认同一旦政治化,就成为类似于现在称之为'民族身份认同'的东西。"①因此,在杜赞奇看来,民族—国家的身份认同不仅在现代之前就已经存在,而且其政治根据同样也是如此。杜赞奇的观点切中了安德森和霍布斯鲍姆学说的要害,这就是说,他们为了突出自己的观点,夸大了现代与前现代之间的差别,想象的共同体在他们那里成了一种完全现代的东西,而与前现代没有什么干系。就此而论,正如杜赞奇所分析的那样,盖尔纳、史密斯和霍布斯鲍姆的理论总体而言是相同的。我们这里不再赘述,现代与前现代或古代之间的界限并非那么分明,即使在欧洲它们也是一个逐渐深化的过程,而在世界范围内,现代性因素的出现和形成在时间次序上更是参差不齐。不过,杜赞奇也没有注意到,中国古代国家为民族—国家的认同提供了相当政治化的条件。当然,杜赞奇也没有明确地承认,中国就是一个早熟的民族—国家。

从盖尔纳、史密斯、安德森到霍布斯鲍姆,他们各自学说都关涉一个要点,即以一个特定的族类为中心的同质性以及这种同质性的普遍化。同质性无疑是一个重要的因素,正是由于同质性,才使得想象成为可能。不同性质的共同体围绕各自的核心因素凝聚在一起,形成了同质性。不过,他们虽然拟定了这种同质性的普遍化条件,却又没有把这些条件作为衡量现实的民族—国家的普遍标准。因此,中国即使具备了这些普遍化的条件,并符合他们所提出的同质性,却依然被排斥在民族—国家先行者的行列之外,他们不顾其理论的内在冲突而将民族—国家视为现代欧洲的独特产物。

在这里,我并没有给出中国作为早熟的民族—国家开始的时间。不过,就如人们所看到的那样,即便欧洲的现代民族—国家也有一个较长的

---

① 杜赞奇:《从民族国家拯救历史》,王宪明等译,社会科学文献出版社2003年版,第42页。

形成过程,而作为一个早熟的民族—国家,需要经历更加缓慢和漫长的演变的过程,也是相当自然的事情。倘若不以左派理论的一律论来矫拂,那么这种差异在现代社会之前不仅是一个现实,而且当代人也是完全可以理解的。不过,我以为,至少到北宋,中国就已经演变成为一个传统的民族—国家。

中国传统国家由于具备了上述这些基本结构,并出于历史的巨大惯性,除非出现一种更具普遍性的资籍以调整、改革和合理化上述那些基本结构,否则,它的传统认同就能够维持下去,继续作为一个传统的民族—国家而存在。因此,中国这个自发成长起来的民族—国家,就如其作为国家乃是一个早熟的现代国家一样,它在内在结构的许多方面确实缺乏现代合理性的洗礼,缺乏现代国际关系带来的那些必不可少的外部竞争、冲突、比较和承认等方面的经验,而这些外部的挤压对民族—国家的内在调整和改造在适当的程度上颇有益处。但是,合理化的过程、国际关系经验的积累和国际地位的获得,在现代就如欧洲的历史所表明的那样,最终都要通过革命和战争的途径才能实现。

五、中国现代民族—国家及其意识的形成

经上述考察和研究的准备,下面我们来分析现代中国民族—国家及其意识形成的特殊性,以及它所面临的困难和挑战。为了论述清楚,可分以下几个要点予以阐述。

第一点,中国之成为现代民族—国家的道路不是构成而是转型,即从传统的民族—国家演进为现代民族—国家。中国的这一转型起初是在西方国家——主要是欧洲早期的民族—国家——主动交通中国,尤其是在强行要求通商不成之后实行的侵略、干涉和胁迫之下才开始迅速进行的。鸦

片战争以及随之而来的诸如《南京条约》等各种条约①,从外部以强力促使中国向现代民族—国家转变。当时的英国以及稍后的欧洲其他国家在一定程度上试图把中国当作它们的同类来对待,并据此处理彼此之间的各种事务。这一方面迫使中国人,尤其那个以士大夫为主的精英阶层——其硬核就是官僚体系中的官员——在这样一种关系之中来重新认识、理解自己的国家和社会,并学习和效仿这种方式反过来对待西方列强以及后起的日本。诚然,这样的经验在中国人的历史记忆和政治经验中前所未有,其中有些经历造成了中国人的历史记忆和情感世界里难以愈合的屈辱之隅。但是,从现代民族—国家形成的整体视野着眼,中国的经验只是普遍现象之中的特例。这就是说,所有现代民族—国家最终都需要通过国际承认而获得其地位和身份,而获得这种承认的途径对多数国家来说,就是包括战争在内的国家实力之间的各种冲突、较量和平衡,即便那些最终通过国际谈判和国际条约的形式获得的地位和承认,也依然直接地或潜在地以这些武力手段为前提和依托。因此,就如前面提及的那样,在欧洲,现代民族—国家形成的国内主要途径就是革命,因而包括国内战争和其他武力手段,而其国际的途径就是国家或国家集团之间的战争和其他形式的实力较量。但是,这两个方面的力量和冲突在现实之中总是彼此交错和相互结合。

因此,从宏观上我们可以领会,中国现代民族—国家的转型也是欧洲、美洲以及亚洲现代民族国家形成的大潮流中一个环节,且无疑是一个重要的环节。欧洲和北美的现代民族—国家一开始就展现了强大的普遍化力量,将它们的模式和观念推广到世界其他地区。而作为亚洲核心国家的中国,当然不可能落在这个普遍化的运动之外,但是,它同样无法轻易就接受西方现成的套路。这里,我们应当认识和理解的一个事实是,现代各个民族—国家的形成以及彼此的关系,并非按照一个预先理想地设计好的规划按部就班地进行,而是在各自或强或弱的历史和文明的基础上依据现实的

---

① 中国与西方国家签订的第一份现代条约,是清朝和俄国签订的边界条约《尼布楚条约》,于1689年订立。

各种力量——主要是前面所提到的各种基本结构的多寡和强弱——以及国际境况而进行的那些以狭义的民族为主体的不同国家之间的竞争、冲突、战争、妥协和承认。因此，一般而言，直到第二次世界大战结束，即便欧洲主要民族—国家的构造，也是在这样一种至少从表面上看似国际无意识的混乱状况之中进行的，而第二次世界大战后民族—国家的构造也进入了一个似乎是有意识和有序的状态，但是，这也仅仅限于西欧，而美国在这里似乎又成了一个例外。

将中国民族—国家的现代转型置于这样一个国际环境之中来理解，人们就可以对现代中国的命运和历史持有更为客观和实际的态度和看法。这样一来，一方面可以避免过分强调只从中国人内在的感受来看待中国现代历史际遇的主观局限性，避免将中国与周边国家之间的关系仅仅视为双边的关系，另一方面，通过调整视野从现代世界变局的整体背景中来看待中国现代国家的形成，从而除了中国古代国家独特性之外，亦理解中国社会现代演进所要遵循或无法避免的一般途径。

在这个进程中，中国与周边国家之间关系的演变乃是促进现代民族—国家转型的重要因素。中国与周边国家的现代国际关系的最终形成，虽然相对于欧洲来说要和平得多，但最终也无法避免战争的手段，而日本侵华战争则极大地改变了中国与周边国家的关系。不过，中国与周边国家的关系不仅仅是地区间的国际关系，实际上，近代以来西方列强深深介入了这些关系之中，而且在某段时期某些事件上，中国与周边国家的冲突实际上就是与西方国家的冲突。中国与俄国之间的领土冲突，发生在中国土地上的日俄战争，都是最典型的事例。在中国走向现代民族—国家并且建立了基本框架之后，周边的苏—俄和日本甚至以不同的方式和手段决定性地影响了这个进程的进一步走向。蒙古的分离，中国与印度之间的边界冲突，甚至与缅甸之间的领土纠纷，都是西方国家直接介入或背后操纵的结果。这样的现象和复杂的关系迄今尚未结束。因此，与欧洲的主要民族—国家不一样，中国现代民族—国家的形成不是通过与周边国家之间的长期战争、领土争夺，与宗教势力集团的长期斗争，以获得其确定的领土、稳定的政权和人民——这些都是中国传统民族—国家现成具备的。但是,中国依然被卷入以西方国家为主导的现代民族—国家的形成过程中,其实际的意义无非就在于,中国要通过欧洲现代民族—国家形成过程中所创立的那一套程序和方式获得它们的重新承认,与此同时,中国也要通过自身的改变和力量来证明自己具备能够融入这个世界体系的现代性。

但是,问题的复杂性在于,中国向现代民族—国家转型的初期,亦即19世纪下半叶至20世纪中叶,也正是西方现代民族—国家形成的关键时期。按照霍布斯鲍姆的说法,欧洲的民族—国家主义是在19世纪后半叶,尤其是1870年前后,仿佛突然爆发的:"各地的民族主义运动简直就像平地一声雷一般,自先前全无民族主义渊源的地方乍然冒出"①。这个说法当然略显夸张,"不过,假使我们把讨论范围局限在欧洲,我们将可发现:活跃于1914年的无数种民族运动,在1870年之前,根本未见踪影"②。这个现象在他看来乃是当时政治和社会演变的自然产物,它的促进力量是当时在国际政坛上十分高涨的仇外情绪。霍布斯鲍姆认为,在那个时期,欧洲的民族—国家之所以纷纷诞生,主要原因在于那里发生了巨大的社会变迁,它们促使那种更多地以想象而非事实为依据构想出来的民族—国家共同体的建立③。他认为:"第一,在现代化的威胁下,传统势力开始起而反扑;第二,在已开发国家的大都会中,新兴社会阶级正不断壮大;第三,前所未有的大规模移民潮,将各色民族播迁到全球每一个角落,大量外国人和原住民以及其他移民混居一地,彼此之间有的只是各异的民情风俗,完全缺乏长久共居所凝造出的传统与习惯。"④最后,霍布斯鲍姆用族类认同与阶级认同的混合情感来解释那个时代的民族—国家主义走向政治化的契机,他认为:"自视为或被人视为同一族人的男男女女,已经深信:他们眼前的境况之所以这么令人不满,主要就是因为他们受到不平等待遇,而对

---

① 霍布斯鲍姆:《民族与民族主义》,第126页。
② 霍布斯鲍姆:《民族与民族主义》,第126页。
③ 霍布斯鲍姆:《民族与民族主义》,第129页。
④ 霍布斯鲍姆:《民族与民族主义》,第129~130页。

他们施与不平等待遇者,正是外族或非我族的统治阶级"①。霍布斯鲍姆曾提及种族—民族主义理论发挥的各种作用,并且否定了通用语言在这个过程中发挥了决定性的作用。

霍布斯鲍姆给人们描述了一场欧洲民族—国家主义浪潮兴起的动态图景,这段话想要表达的一层意思是:民族—国家主义乃是一种更现代的事件,甚至成了对抗帝国主义的手段。霍布斯鲍姆的描述固然令人印象深刻地看到了现代民族—国家主义爆发的突然性的特征;不过,民族—国家的兴起和发展是一个历史过程,欧洲主要的民族—国家如英国、法国等与当时的帝国和后来兴起的民族—国家之间的竞争和冲突,不仅会传播民族—国家的意识和理论,激发其他族类的民族—国家意识的兴起,更重要的是,它们会打破原来的政治共同体的统治、平衡或压制的关系,造成利益关系的变动,导致利益意识的觉醒。民族—国家主义固然是反帝国主义的理论,但是,现代兴起于欧洲的帝国主义的主体却主要是现代民族—国家,如英国、法国和后起的德国和俄国。这种源于现代民族—国家的帝国主义又进一步引进了新一波的民族—国家主义思潮,霍布斯鲍姆所说的从 19 世纪后半叶起一直到 20 世纪中叶这一时期的第二个阶段的民族—国家主义运动,就是这种相互作用的产物。民族—国家式的帝国主义也就在他所说的民族—国家运动的高潮时期即 20 世纪上半叶末崩溃了。民族—国家型的帝国主义彼此之间以及它们与其他民族—国家之间的关系,或宗主国与殖民地之间的关系,除了加剧利益冲突,即争夺领土、殖民地、市场和资源——更赤裸裸的表达是——争夺生存空间之外,无疑相当实际地加深了不同族类之间差异的认识,造成各自极度敏感的族类意识,而这样的族类意识无疑又会进一步强化自身遭遇不平等对待的感受。这种不平等待遇的意识不只是单边的,而是两造皆俱,各方均备。欧洲的情形是,后起的民族—国家式的帝国主义强烈地表现出遭受不平等对待的情绪,因此其争夺上述各种利益的要求更为急迫,冲动更为强烈,手段更不加选择。而这也

① 霍布斯鲍姆:《民族与民族主义》,第 130 页。

从另一方面说明,欧洲的主要民族—国家的形成过程一直到第二次世界大战之前尚未完成,因为它们即便在欧洲也未获得稳定的地位和共同的承认。

中国被动却必然地卷入了这样的国际竞争关系之中。一方面,它被迫重新来认识和规定自身民族—国家的性质;另一方面,亦是人们常常忽略的一点,在这个欧洲民族—国家形成的高潮时期,中国的现代转型也就直接成为这个潮流中的一个重要组成部分。虽然中国被动卷入,却也是一个必不可少的参与者,倘若自身具备一定的力量,自然也就会成为一个积极的行动者。因此,那种认为中国在这个过程中始终是受害者的观点,也就遮蔽了中国在其中所表现的积极意义,尤其是它能够发挥更大的积极作用的潜力。

第二点,中国向现代民族—国家的转型是在由上述政治结构、公共教育结构、经济结构、语言结构、观念结构、文明结构等维系下而拥有庞大人口和广阔领土的传统国家内进行的。这个现实既为现代转型提供了现成的国家结构和条件,因为若干结构只需改革、调整和合理化就能够演化为现代的类型,而无需从头构建,但是,这一现实本身也带来了巨大的困难和障碍,概言之,它们体现在如下几个方面。

首先,一个庞大国家的迅速转型必定造成旧制度的失效或瓦解,由于国家权力的薄弱和缺失等,从而导致国家控制和管理能力下降,社会生活失范,带来混乱的结果。国家能力下降的最主要表现就是中央政府权威的丧失或收缩,与其竞争的其他权力中心的兴起和地方独立倾向的增长,这两种力量的出现一定会带来整个国家内部的各种冲突:政治派别和军事集团之间的斗争,以及阶层的、地域的、经济的和文明体系的乃至不同族类之间的各种复杂的冲突。

其次,如前文所述,中国的现代转型也正值欧洲民族—国家形成的高峰时期,而后者的主要特征就是一系列国际性和世界性的战争,以及与此同时发生而由文明和种族优劣观念及其行为带来的冲突。在当时,所有先行的新兴民族—国家——包括日本——都极具扩张、侵略和殖民的性质,诚然,就如前文所分析的那样,这些行为本身也是现代民族—国家最后奠定和确立自身的不可避免的途径。欧洲列强挟其强大的军事、政治、经济和观念力量直接干涉和侵入中国,一方面,固然促进了中国的转型,但是,另一方面却导致中国被殖民、瓜分和分裂的危险和后果,而日本侵华的目的则根本就在于消灭中国本身。就这种现实的残酷性而论,现代民族—国家和民族—国家主义运动——就想象一词而言——乃是一种黑色的浪漫主义。这样,在西方的政治、军事、经济、科技和文化等力量居于绝对优势而又强行介入的环境之下,处于转型时期的中国就如大病之中的病人一样,无力抗拒这种介入和干涉,也缺乏维持自身内在力量、平衡和协调的足够能力。不过,正是现代民族—国家在国际事务上的竞争关系,也为中国的转型提供了回旋的余地。这里,我们先搁置这种国际关系的具体的描述,再回到一般的结构分析上来。

再次,在现代民族—国家的形成方式上,中国与欧洲列国和美国等国家之间存在重大的差别。欧洲现代民族—国家的形成需要几乎从头构建从中央到地方的统一的行政体系、普遍的资籍、统一的语言等,比如法语的普及就是法国大革命之后才开始并逐步完成的,而在这之前,只有不到一半的法国人操法语。不过,现代欧洲民族—国家的构建又是在一套现代观念指导之下的新型国家的重建,在这些观念里面,由原先少数人享有的特权演变而来的自由和权利的观念发挥了至关重要的作用。在欧洲早期的民族—国家里,占人口少数却拥有平等政治权利的特权群体具有选举权和被选举权,这就是说,这种政治权利构成了现代民族—国家的民主政体的基础。在欧洲现代史上通过各种革命和社会运动,那些原初为这类权利所设定的各种政治、社会、经济等方面的限制持续弱化和取消,这类权利不断扩展至社会不同阶层,直至最后普及到每一个成年公民。欧洲现代民族—国家的形成也就是这类政治权利普及化的过程。

因此,现代欧洲的民族—国家从其发端处就包含了民主的原初原则和观念,而从其最终的结果来看则建立在普遍和平等的政治权利之上。这种政治权利的共享也就造就了国家主权来源的新原则,这就是主权在民。这样的原则与欧洲启蒙时代前后所形成的诸多理性的观念相结合,使得从头构成的民族—国家比转型的中国更具活力。诚然,这样的理想描述当然并不否定欧洲社会在这个过程中所出现的各种革命、激进的运动、复辟和其他现象,但是,上述原则要得以落实,某种彻底的社会动员是必不可少的。

主权在民、平等的政治权利和其他权利以及民主的观念,对中国民族—国家的现代转型都产生了重大的影响,但是,与欧洲早期的民族—国家不同,这些原则和观念是要被移植和注入上述那些既有的基本结构之中,这样,事实上就产生了许多特殊的困难。比如,其中有些观念很容易为中国的精英阶层乃至一般民众所接受,如主权观念,因为它可以强化既有的中央集权制并赋予它以现代的正当性和相应的话语支持,尤其在列强直接侵入和干涉的境况下,能够突出中国作为一个独立的国家的地位,并且抵挡来自西方的文明和种族优越论的心理和精神攻击,但是,现代主权观念的底层即平等的政治权利则很容易被过滤掉。有些观念一开始就难以为人接受,更难以产生有效的影响,比如社会契约和民主的观念,因为它们从根本上颠覆了有关权力来源的传统观念,要求彻底改变政治权利和权力的分配原则。尽管事实上在理论和观念的脉络上,主权观念与社会契约论相比,于传统中国思想更为陌生。除了其他的原因之外,中国传统的从中央到地方的政治—行政官僚体系的巨大惯性造成了严重的障碍,倾向于以传统的方式维持从上至下的权力来源和方向。

孔飞力在研究中国现代国家的发生时,也注意到了这一现象,即政治权利之外的其他基本结构的改革和合理化仿佛成了现代转型的重点。他为此提出自己的解释,"清代中国的文人阶层不是法国革命前的'第三等级',后者长期受到专横跋扈的贵族阶层的欺压,因而希望按照权利的一般观念和历史的长期发展趋势,来争取掌握自身的历史命运。在魏源和冯桂芬看来,他们所面临的当务之急,是要加强那个孕育了他们的文化并造就了他们的地位的政治体系。然而,他们也知道,如果这个政治体系要生存下去,它就必须使自己适应于前所未有的时代条件的变化"①。其实在民国成立之后的进步精英分子中间具有这种观念的人也不在少数。

在这样一种背景之下,中国现代民族—国家的转型就关涉两个关键的契机,或曰根本的任务。第一,包含政治权利在内的平等政治资籍的普遍化,以及与其直接相关的政治权力来源的原则的改变。晚清的革命和中华民国的建立从方向上和原则上来说就是要实现这样一种变革。第二,依照上述原则建立起相应的法律体系,这个法律体系除了落实平等的政治权利和其他权利之外,还在于为现代民族—国家建立一种更加合理有效地凝聚国家认同的纽带或基本结构。此外,还有一项更为具体却同样必要的任务,这就是对前文所述的那些民族—国家的基本结构予以合理化,或曰现代化。不过,我更愿意用合理化这个概念,因为依照平等的政治权利和其他权利而合理化的结果必然是现代化。但是,在实际的进程中,这些较为具体的基本结构的合理化会优先得到落实,从而从相反的方向促使政治权利等权利付诸落实。

行文至此,我们遇到一个与现代资本主义能否在中国社会内部自发地发展起来这个问题相同的问题,即普遍的政治权利观念和原则能否从中国传统的民族—国家之中发展起来?或者更加具体地说,中国传统的平等的政治—法律资籍能否进一步演化为普遍的政治权利的观念和原则?这是一个相当复杂、困难而富有吸引力的问题,但是根据既有的历史文献——或者更谨慎地说,根据现在的研究——人们对此难以得出有说服力的结论,这与资料无关,而取决于方法、视野和范式的变换。

不过,我可以从另一个角度来分析和理解这个问题。平等的政治权利及其观念在欧洲的发展依赖于多重的历史因果关系和环境。第一,欧洲普遍而持久的封建社会和在这个期间出现的自由城市为少数人的特权和平等政治权利提供了必不可少的社会条件,1215 年在英国签署的《大宪章》最为清楚地表明了这一点。第二,这种权利以及相应的观念在欧洲起初也

① 孔飞力:《中国现代国家的起源》,陈兼等译,三联书店 2013 年版,第 108 页。

现代民族—国家结构与中国民族—国家的现代形成

不是普遍地出现的,而是在一些特定的政治共同体内首先发展出来——《大宪章》同样说明了这一点,然后再传播到其他的政治共同体和地区。由于欧洲常常被视为一个整体,并且其中不同时期和不同形式的政治共同体之间的巨大差异则常常被忽略,所以这种权利的出现和观念的形成就容易被视为欧洲的普遍现象。倘若这样的原则和观念从欧洲的一个国度传播到另一个国度这一件事情被视为历史发展的合理现象,那么,它们从欧洲到中国的传播也就符合历史的合理性。对此,我可以从欧洲历史之中举出反证。纳粹现象是欧洲所有国家或至少主要国家的一般现象,还是德国的特殊现象?如果是德国的特殊现象,那么据此逻辑人们也就无法简单地推断,普遍的政治权利是欧洲的普遍现象。在这个意义上,我们也可以说,欧洲多数的现代民族—国家事实上也是通过彼此的相互影响而发展起来和扩展开来的,而非作为一种普遍现象原生和自发地发展起来的。由此,进一步的结论就是,并且事实也同样表明:欧洲的封建制度以及欧洲中世纪自治的或独立的城市的发展,亦属于同样的情形,即它们是通过彼此的影响、效仿和移植而扩展开来的,在达到了一定的数量和规模之后,遂成为一种普遍的现象,并扩展为一种特殊的文明体系。在这样的理解之下,中国民族—国家的现代转型受到欧洲和其他西方国家的深刻影响,从长时段的历史来看,乃是相当自然的事情。

第三点,尽管存在前面所提及的各种困难和障碍,中国现代民族—国家最终通过革命的手段奠立了它的基本观念、原则和结构。辛亥革命造就了中华民国,这是一个在原则上采用共和国体制的民主国家——亦正是现代民族—国家普遍采取的国家形式。它同时宣告了一种全新的民族—国家的族类认同,这就是中华民族。但是,这场革命实际上只是肇始了这个转型的开端,而这个艰难的转型却需要更长的时间来完成。具体地分析,这场革命具有如下一些特征。

首先,它通过宪法的形式确立主权在民的原则,从根本上更改了国家最高权力来源的观念,奠定了民主共和国的基础。1911 年的《中华民国临时约法》、1914 年的《中华民国约法》和 1923 年的《中华民国宪法》都在第二条确认,中华民国主权属于国民全体。从帝制到共和国的演变,倘若政治权力的基本原则不同时发生根本的变化,那么它的作用就仅仅是废除了一个凌驾于所有人之上的专制君位及其享有这个位置的家族的特权地位,而其他人的资籍则并未发生任何重大的变化。从另一方面来看,共和国的国体除了确认主权在民的原则,亦无法承认任何其他的原则。主权在民的基础是人民,然而人民依据欧洲的传统承担了特定的资格限制,而根据中国的传统,除了皇帝家族之外,其余的臣民都属于民的范畴。因此,与这个传统相关,在上述的宪法中,中华民国的国民便具有最大的广泛性,所谓不分种族、阶级和宗教的区别,国民在法律面前一律平等,不仅使得平等的政治资籍和法律权利普及到每一个国民,而且创建了一种新的族类认同即中华民族。

从总体上来说,这三部宪法都简单而纯粹,不含意识形态的内容,仅仅规定了中国作为现代民族—国家的立国的基本原则和宪政框架,就如1923年的《中华民国宪法》第一条所宣告的那样:"中华民国永远为统一民主国"。这些原则和观念具有强大的现实力量,此后任何的帝制复辟都不再具有任何正当性,共和国的国体一直延续到当代。不过,这些原则,包括三权分立等宪政原则,在这些宪法之中并没有得到内在一致的贯彻。这三部宪法也不包含普选的原则,总统不是由普选产生的,议员也不是由普选产生。因此,除了一些最根本的原则和观念之外,宪政框架和国家权力的行政结构等方面的设计都还显得颇为粗糙,蕴涵了许多不足和罅隙。其原因不仅在于经验的不足,亦在于当时各种对立的政治势力和集团都试图将自己一时的政治利益和见解塞入这个根本大法之中。人们就此可以归咎于当时动乱的政局,各派政治力量的短视和缺乏责任,也可以归咎于当时国际势力持续的干涉和介入。

不过,还有一个相当重要的原因值得考虑。现代民主共和国的运行都依赖于一套程序性的规则,它要求一切政治运作乃至斗争合乎程序,而这些程序与中国传统的政治规则之间的差异实在太大。因此,这里可以撇开其他条件抽象地说,当时中国有能力决定和影响政治局面的精英人士之中的多数并不习惯于按照民主的程序和规则行事,或者在程序和规则不完善的情况下通过修改它们以适应这一现代的政治运作方式,而是以机会主义的态度,或在这个大变局的时代以群雄逐鹿的心态,对待和处理现实的政治,军事力量依然是最重要的政治资本,而战争就是决定性的政治手段。这种状况无疑在一定的时期内将现代民族—国家的转型引导至现实政治的道路,相应地,国家的国体和政体则也会发生激进的变化。

其次,现代民族—国家在任何一个大国的构成或转型中都需要经历一个较长的历史过程。主权在民的原则和普遍而平等的政治权利与其他权利及自由的落实,不可能单单通过原则和观念的确立,而且还有赖于宪政的合理设计,人民,尤其是政治人物对规则的认同和遵守。要达到这一种政治状况,中国就需要一场全面而深刻的自下而上的社会改革,从而使整个社会在结构上以现代的形式重新自主地组织起来。这个过程充满许多复杂的和不确定的因素。要完成这样一个过程,需要一个令改革和复辟都有回旋余地的长时段;此外,理想的国际环境也是不可或缺的条件。对于当时的中国来说,充分的转型时间和合适的国际环境都不存在。

美国通常被视为一个从肇始之初就建立了现代民族—国家的合理宪政结构的国家,从而保证它在此后的二百多年中无需大的改革,更不用说革命。但是,实际上,只是在废除了奴隶制度和各种种族歧视的制度和法律,如排华法案,并且经过20世纪的民权运动之后,美国才真正成为一个稳定和合理的现代民族—国家。而德国和日本就是因为没有经过自下而上的社会结构的彻底改革,最终不得不通过外国占领和被迫改造的方式完成现代民族—国家的最后工程。从这样一个角度来对照中国社会,那么就可以理解,以辛亥革命为标志的中国民族—国家的现代转型一直经历着持续的革命、改革和调整,迄今尚未完成。

自辛亥革命之后,中国民族—国家的现代转型由如下四个层面的根本任务组成。(1)就如民国的约法和宪法所载明的那样,民主共和国的宪政原则和结构的构造、调整与贯彻,包括国民基本政治权利和其他权利的落实,而这关涉整个法律和司法体系的构建,整个行政官僚体系的根本改造。

（2）整个社会从基层起的自主组织，与之并行的任务包括民主制度的建立，法治之下的市场经济秩序的建立。现代资本主义乃是一个政治、经济和法律的综合体系，人的普遍平等的政治权利和其他权利与市场经济乃是同一个社会体系的不同层面，当然也就是同一发展过程的不同层面。这种基础性的改革和合理化实际上一直呈现为中国民族—国家现代转型的最困难的任务。（3）中央政府与地方政府之间权力和管理职能的合理划分。（4）统一的中华民族及其认同的构成。

上述四项任务其实还需要三种基本态度。第一种态度乃是政治的，即主张最为普遍而平等的政治权利和其他权利，它是现代社会之中每个人可以得到一视同仁对待的制度条件。第二种态度乃是精神的，即充分的包容性和开放性。第三种态度乃是心态的，即以合理性的方式来对待和处理社会中的一切事情。这些态度也就构成了现代民族—国家意识的核心内容。

第四点，中国作为一个特殊文明体系的核心国家，一个大国，一个传统的民族—国家和早熟的现代国家，它的转型以及作为现代民族—国家的形式及其正当性一直受到外部世界的干涉、质疑和挑战。这种挑战广泛而持久，从国内政治、国际关系、经济贸易和领土争执一直到观念和理论层面。这种挑战可以分为两个阶段。第一阶段，中国处于被动状态，因受列强干涉、侵略等而被迫迅速转型，并在内忧外患的环境中向现代民族—国家过渡。第二阶段，中国变身为现代民族—国家之后主动影响和作用于世界体系，从内在方面来看，中国因自身的变化而改变自我意识以及与世界关系的看法；从外在方面来看，中国地位和身份的变化必定会影响到与周围地区和世界的关系，并且要求调整这种关系，而这就蕴涵了改变国际格局和秩序的要求，也就必然导致外部世界的反作用和挑战。这两个阶段之间难以画出一条清楚的分界线，但从长时段来看，人们可以清楚地分辨这样两个阶段的不同特征。清晰的分界线之所以难以确定，乃是因为两个阶段中间必定有一个过渡，而在这期间被动和主动的角色和作用同时发挥。从理论上来看，多数西方学者对中国作为民族—国家——无论是传统的还是现代的——持否定的或怀疑的态度，勒南大约就是他们最早的先驱。他认为,中国既不是民族—国家,也没有中国公民①。白鲁恂等人在后来的一百多年里多次重复了他的论断。这样的理论无疑影响了西方人对中国的理解、判断和承认,虽然在现实的国际关系和世界格局之中他们无法不将中国作为一个国家——无论是传统的还是现代的——来对待,但是,这样的论断必定会影响他们所制定的政策、采取的策略和做出的决定。白鲁恂的文章就是这样一个例子。

这些西方的理论和观念不仅会影响到西方人、中国周边其他国家的人以及世界上其他地区的人们的见解和判断,而且也会影响中国人对自己国家的理解和判断。在中国处于转型的不稳定时期,不仅由于国家实力的不足,而且也由于学术研究的薄弱,这种来自外在的片面的观念、理论和判断确实会产生重大的影响和后果,比如直接影响民众对政治制度、发展道路和国家统一等方面的判断和选择。从长远来看,这虽然难以阻止中国最终演变成为现代民族—国家,但确实会给中国带来分裂、倒退和内战等一系列的消极后果。

另一方面,亦如前文已经表明的那样,现代民族—国家无论大小,必定是在国际关系或曰世界体系之中兴起和发展,因此,当任何一个现代民族—国家完成了上述基本结构的构造、进入稳定的发展之时,也必定要对这个世界产生作用和影响,更何况中国这样一个大国。因此,中国民族—国家的现代转型对世界政治、经济、文明和军事力量的格局、秩序和平衡产生影响和挑战,乃是势所必然的事情。

孔飞力的中国中心主义虽然一反西方主流的观点而强调中国现代国家兴起的自发和自主的倾向,即没有西方国家的影响,中国内部亦积蓄了向现代国家转变的力量和观念;但是,他的观点并没有探讨如下更深一层的问题:中国民族—国家的现代转型是否影响欧洲、北美及亚洲现代民族—国家的形成和发展? 无疑,对日本的影响是存在的,而对欧洲和其他

---

① Ernest Renan, "What is a Nation", in Stuart Woolf, *Nationalism in Europe, 1815 to the Present*, London and New York: Routledge, 1996, p. 48.

地区的影响其实也确实发生过,不过,因为缺乏必要和充分的研究,许多事实并没有清楚地揭示出来,所以,相应地人们也就难以做出明确的判断。这里所说的影响乃是直接的作用,而不是单指观念和思想的影响,也不是通过丝绸之路这样的间接交通,而是与观念、理论和制度俱来的直接的政治、经济和军事力量的作用,比如马戛尔尼访华团、鸦片战争以及随后的一系列侵华战争和条约。因为倘若单单考虑观念和制度层面,那么,自耶稣会士 17 世纪来中国传教而将中国情形有系统地传回欧洲起,中国对欧洲的影响就发生了。至于日本由明治维新发端的现代民族—国家的构成,除了西方国家的直接影响,在观念和态度上也受到了中国尊王攘夷的思想以及中国败于英国等欧洲国家的现实的重大影响①。

事实上,当英国等欧洲国家无论用什么手段开始与中国发生直接的交通,譬如经济贸易,中国事实上就开始对它们产生反作用,既有的研究表明,无论鸦片战争的直接原因是什么,英国对中国的贸易逆差始终是其中的重要原因②。到了 20 世纪初,中国已经直接——尽管是被动地——介入了欧洲的战争。经过第二次世界大战,中国已经成为现代世界体系中极其重要的一个组成部分。因此,随着中国的现代民族—国家的转型成功和进一步发展,中国对整个世界造成更为直接和更大的影响和作用是自然而然的事情,更不必说,直接的国际合作和竞争乃是现代民族—国家必不可少的内在特征的外在规定。

在这里,我概括出如下几个一般的理由,以阐释中国影响世界现代民族—国家的发展以及整个世界秩序和格局的必然性。(1)中国几乎是唯一一个通过转型而非重新构造成为现代民族—国家的政治共同体。(2)中国以早熟的现代国家的形式承载了一种有别于西方的文明体系,并且带动和影响周边国家共同维持和发展了这个文明体系达两千多年。从整体上来看并且相对而言中国从其传统文明体系向现代形式的转型比较

---

① 中国在这些方面对欧洲和日本的影响很清楚,但是,中国学界就此而做的相关研究则极其薄弱。
② 沃勒斯坦:《现代世界体系》第三卷,郭方等译,社会科学文献出版社 2013 年版,第 187 页。

平和,从而保持了整个亚洲国际关系的基本稳定,使这个地区没有出现像欧洲那样直到第二次世界大战结束时才告终结的民族、国家和疆界的大规模的变更和调整。因此,虽然像英国、法国这样的国家基本保持稳定,但其他若干主要国家几乎通过再造而重生。(3)从大历史观来看,虽然几经挫折,中国作为东亚地区核心国家的地位从未发生根本变化,并开始作为世界主要国家崭露头角,如第二次世界大战之后成为联合国创始国和常任理事国。从这个意义上来说,并且根据所有现代民族—国家——更准确地说,主要民族—国家——形成的同时就是深入并且盘根错节地融入世界体系的过程这个一般趋势来看,中国民族—国家现代转型成功的一个重要标志就是以各种形式与现代世界不可分割地融合在一起,并且逐渐成为中坚力量。

中国现代民族—国家的转型还处于发展过程之中,其最终的完成不是中国作为单一民族—国家的构建,而是某种新的国际关系和世界体系的形成。这个观点乃是本文考察现代民族—国家的发展和前景的一个根本视野。就如欧洲历史所表明的那样,构成封建社会的某些基本因素如契约和特权成为后起的现代民主社会的核心因素,现代民族—国家的核心因素也同样构成了超民族—国家的政治共同体的核心因素,如普遍而平等的政治权利和其他权利。康德在他那篇极具洞见的《永久和平论》里已经就此提出了基础性的证明,即构成一个现代国家的基础与构建现代国家与国家之间关系的基础乃是一致的,这就是公民的公共权利①。康德由此提出世界公民的概念,因为现代基于普遍平等政治权利之上的资籍,具有超越国家的普遍性,对任何一个现代民族—国家来说,这种政治资籍和认同同等重要,并且一律适用。在这个原则的基础上,国家之间的政治结构差别变得越来越小,而其他基本结构之间的差异则反而突现出来,比如语言、历史记忆、文明、习俗、宗教等层面的基本结构,乃至生活方式等现代选择,就会愈益成为现代民族—国家的特征,因为单纯的语言、历史记忆、习俗、血缘和

---

① 康德:《历史理性批判文集》,何兆武译,商务印书馆 1996 年版,第 97～144 页。

宗教等方面的内容和认同无法像公共权利那样普遍化。

　　从现代世界的历史进程来看,若干民族—国家的构成本身就是构建超越民族—国家的政治共同体的历史。譬如,美国虽然一方面可以视为一个民族—国家,但是,它的历史或它的名称表明,它原本是诸国之国,实际上属于超越民族—国家的一个原型。作为联邦国家的德国的历史也相类似,在历史上,德意志国家的想象始终大于现实①,但经过纳粹时期和第二次世界大战之后的占领与改造、分裂和统一,尤其当它独自承担了屠杀犹太人的罪责之后,它的联邦性质变得薄弱,反倒更像一个单纯的民族—国家了。更早的例子还可以追溯到英国的构成,这个国家的全名就标明了作为国家联合体的特征,更不用说,在相当长的时期内,它还包括了许多殖民地。法国虽然通过大革命相对彻底地同化了所有的法国国民,但在它失去其主要的海外领地之前,它也不乏这样的色彩。

　　今天,在整个世界的范围内,民族—国家及其观念在逐渐受到消解的同时,民族—国家也在以不同的方式重新构造。因此,一些新的形成方式渐趋流行。多民族的国家经过民族融合而形成一个新型的也更大的民族—国家,比如,20 世纪 60 年代之后有人开始倡导美国民族的说法。迄今为止,欧盟似乎为人们树立了一个颇有成效的榜样,它体现了民族—国家形成的最新样式,一方面,既有的民族—国家分裂成更小的单位,另一方面,这些更小的民族—国家又一起加入一个更大的国家联盟。南斯拉夫分裂成若干独立的民族—国家,而这些相对而言小型的民族—国家先后加入欧盟或申请加入欧盟;捷克与斯洛伐克分裂成两个不同的民族—国家,又分别加入欧盟,都是典型的事例。这给人们提出了一个颇值得追问的认同的统一与分裂的问题:它们共同加入欧盟是出于什么样的认同? 而它们要求分裂为两个或多个不同的民族—国家,又是由认同中的哪些差异或哪些不认同导致的?

----

① 韦伯认为,在他那个时代上溯到 150 年之前,所谓的德意志的土地(德国)仅仅是一个语言共同体。参见韦伯《经济行动与社会团体》,康乐、简惠美译,广西师范大学出版社 2004 年版,第 313 页。

除了欧盟,可以想象的事情是,既有的各种各样的自由贸易区之中的某几个大约也就奠定了未来某些超民族—国家联盟的雏形。可以想见的是,在这个过程中,原来统一的民族—国家分裂为更小的民族—国家,但却又加入同一个超民族—国家的共同体这样的现象依然会出现。但是,无论如何,作为一个明显而看来难以抗拒的历史趋势,现代民族—国家的未来前景就是走向超民族—国家的政治共同体。就这一点而论,中国现代民族—国家转型完成的一个标志大概就是造就和参加这样一种超民族—国家的联盟,当然,距此目标它依然还有很漫长的道路要走。

（本文作者:韩水法　北京大学哲学系暨外国哲学研究所教授　本文发表于 2016 年第 5 期）

中国现代诗歌传播接受与经典化的三重向度

方长安

摘　要　现在公认的那些现代诗歌经典,是近百年来传播接受与经典化的结果。经典化是多重力量参与完成的动态过程,其中起决定作用的是批评、选本与文学史著。批评选择有意味的新诗文本予以解读、阐发,揭示其内在意义;选本在浩如烟海的文本中遴选出供读者阅读的新诗范本;文学史著以"史"的权力,确认重要诗人诗作在文学史上的位置。三者既以各自不同的方式、特点发生作用;又往往相互合作,形成结构性力量,推动着现代诗歌经典化进程。批评、选本和文学史著作为中国现代诗歌传播接受与经典化的三重向度,受传播接受场域制约,与现当代多重话语建构联系在一起,因而以它们为主导力量所遴选、塑造出来的那些现代诗歌"经典"是否可信,便成为一个值得反思的问题。

中国现代诗歌(1917－1949)诞生于中国遭遇三千年来未有之大变局的历史转型期,虽然从发生至今的百年间质疑声时隐时现不绝于耳,但一批诗作如《人力车夫》《教我如何不想他》《小河》《凤凰涅槃》《死水》《弃妇》《再别康桥》《雨巷》《断章》《大堰河——我的保姆》《诗八首》等,已成为人们谈论中国新诗绕不开的"经典"①。现在关于这些诗作的言说前提,是承认它们为经典,然后不断阐发其诗性与诗歌史价值,很少有人质疑它

---

① 笔者认为,现在公认的那些新诗经典,未必就是经典,它们还需要接受未来无数代读者的检验,所以需要打上引号。

们是否属于真正经典的问题,更没有人去反思性地审视它们成为经典的历史。成为经典,当然与文本自身的情感空间、审美特征分不开,即它们必须具有成为经典的诗美品格;但具备成为经典的品格,并不一定能够成为经典,经典是通过经典化而塑造出来的。经典化是一个文本走向经典的过程,这个过程其实就是文本传播接受历程,即那些现代诗歌"经典"是经由传播接受而构建起来的。中国现代诗歌接受与经典化的途径很多,但从作用和意义大小看,则主要是在三个向度上展开与完成的:一是批评,二是选本,三是文学史著。

一、百年现代诗歌批评与文本意义揭示

中国现代诗歌创作与批评几乎是同时发生、同步展开的,且一直没有间断,长期以来,学界关注的要么是批评文本的内容与特点,要么是其所体现的诗学追求,要么是它对于诗人创作的反馈作用,很少有人重视批评作为文学接受的一种主要方式,在新诗经典化过程中所起的重要作用。

研究批评与新诗经典化的关系,需要弄清谁在批评、为何批评特别是影响新诗批评走向的主要因素等问题。百年来,重要的批评者有胡适、郭沫若、宗白华、闻一多、茅盾、朱自清、臧克家、谢冕、洪子诚、陆耀东等,他们要么是诗人,要么是大学教授,要么是文艺界领导人,且大多集诗人、理论家和批评者于一身。这种身份构成与中国新诗发生发展特点密切相关。中国现代诗歌是一种完全不同于文言格律诗的新型诗歌,如何写,如何发展,一直困扰着诗人们,所以从发生的那天起,几乎所有写诗的人都在不断地言说新诗,自觉地思考新诗问题,新诗批评在很大程度上是为新诗创作与发展探路,是为新诗创作发现问题,探索规律,所以才有诗人、批评者和理论家多重身份合一的现象。

批评怎样的作品具有明确的目的性,换言之,选择批评言说对象,其实是在自觉思考新诗发展路径,是在帮助拟想的新诗爱好者、写作者遴选新诗精品,推介新诗阅读与创作范本。那些被批评的新诗文本,大都因此而

没有被浩如烟海的创作所埋没,才有幸走向前台被读者阅读,获得被检阅的机会,也就获得了最终成为经典的可能性。例如,20 世纪 20 年代周作人对《尝试集》的批评,鲁迅对《蕙的风》的维护,胡适对《草儿》的言说,闻一多对《女神》的论析等,就是向大众读者阐释白话新诗不同于旧诗的特征,张扬全新的诗歌美学,它们不仅引领创作走向,而且起到了遴选与推介新诗范本的作用。又如,1929 年朱湘逐一点评《雨巷》《我底记忆》《路上的小语》等诗①,其实就是通过揭示这些文本的诗性,向读者指出诗坛新的发展动向,帮读者遴选新诗阅读精品。叶圣陶称赞《雨巷》"替新诗底音节开了一个新的纪元"②,使一般读者知道了《雨巷》原来如此重要,使戴望舒因此赢得了"雨巷诗人"的美誉,开始走向经典。再如王佐良认为穆旦的《诗八首》使爱情从一种欲望转变为思想,"这样的情诗在中国的漫长诗史上也是从未见过"③,揭示出《诗八首》在诗史上的独特性及其对于新诗继续发展的意义。与古代诗歌批评不同,20 世纪诗歌批评与创作分不开,其重要目的是推进新诗创作,所以它感兴趣的往往是那些新兴的预示新诗继续发展方向的作品(不一定是精品),它的动机不是要遴选、确认艺术经典,但客观上却因不断发掘出批评对象的诗学价值与意义,使之获得了更多读者的认可,令人耳熟能详;不仅如此,这些作品因体现了某种新的创作风格,开启了新的创作方向,其新诗史地位也就得到相应的提升,其结果是一些作品也许因艺术上不够完美不能称为审美精品,但成了新诗发展史上的"经典"。

一般大众读者面对新诗文本,不一定能够理解其所言所指,无法真正领会其诗意,这就需要诗人或专业读者的批评解读。换言之,专业性新诗批评,可以敞开文本言语所遮蔽的内在情感,彰显其所包蕴的诗美,引导大众读者阅读接受。这既是为了使文本走向读者,也是引导读者走向文本,

———————————

① 朱湘关于《上元灯》《我底记忆》的通信,《新文艺》第 1 卷第 3 号,1929 年。

② 转引自杜衡《望舒草·序》,载戴望舒《望舒草》,现代书局 1933 年版,第 8 页。

③ 王佐良:《穆旦:由来与归宿》,载杜运燮等编《一个民族已经起来》,江苏人民出版社 1987 年版,第 4～5 页。

中国现代诗歌传播接受与经典化的三重向度

既是对读者审美趣味的培养,同时也使一些文本获得在大众读者中传播、认可的可能性,并逐渐沉积为新诗经典。例如《女神》出版后"颇有些人不大了解",读不懂,谢康就以批评解惑,认为郭沫若是"时代精神的讴歌者",其作品具有"打破因袭的力"①;李思纯曾极力推荐《凤凰涅槃》,认为它"命意和艺术,都威严伟大极了"②;闻一多刊文称《新诗年选(1919年)》不选《凤凰涅槃》"奇怪得很"③,向读者阐释出《女神》及其《凤凰涅槃》所具有的时代价值与诗意。正是这些专业性言说才最后敞开了《凤凰涅槃》的文本意义。换言之,它们是该诗经典化的起点。再如徐志摩的诗歌一开始就存在阅读分歧,鲁迅就不喜欢它们。朱湘曾专文解读《志摩的诗》,认为《雪花的快乐》是"全本诗中最完美的一首诗",《毒药》是"这几年来散文诗里面最好的一首";认为《卡尔佛里》"想象细密,艺术周到";《一条金色的光痕》写妇人"写得势利如画";《盖上几张油纸》"在现今的新诗里面确算一首罕见的诗了"④。朱湘以新月同人身份,从诗美角度向读者揭示出徐志摩诗歌的艺术价值,一定程度上,改变了它们的命运。1926年,陈西滢认为从《女神》到《志摩的诗》体现了新诗的变迁,"志摩的诗几乎全是体制的输入和试验","至少开辟了几条新路",认为徐志摩最大的贡献在于"把中国文字,西洋文字,融化在一个洪炉里,练成的一种特殊的而又曲折如意的工具"⑤;在陈西滢看来,徐志摩作品中"有一种中国文学里从来不曾有过的风格"⑥,从中国文学史角度发掘徐志摩诗歌独特的存在价值,为其走向经典开启通道。又如李金发的诗歌难懂,很多人望而却步,穆木天1926年就坦言:"不客气说,我读不懂李金发的诗"⑦。诗人都读不懂,何况一般人呢,这就要批评引导。1927年1月博董(赵景深)撰文指出"李

---

① 谢康:《读了〈女神〉以后》,《创造季刊》第1卷第2期,1922年。
② 《少年中国》"会员通讯",第2卷第3期,1920年9月15日。
③ 闻一多:《〈女神〉之时代精神》,《创造周报》第4号,1923年6月。
④ 朱湘:《评徐君〈志摩的诗〉》,《小说月报》第17卷第1号,1926年。
⑤ 陈西滢:《西滢闲话》,中国文联出版公司1993年版,第211页。
⑥ 陈西滢:《闲话》,《现代评论》1926年2月20日。
⑦ 穆木天:《无聊人的无聊话》,《A.11》1926年第4期。

金发的诗艺术上的修饰是很好的",认为"倘若把他的诗一节节分开来看,我们便可以看出他有一个特点:异国情调的描绘。这是近代我国新诗人不曾发展过的径路,我最喜爱着读它们",并指出"这就是他的诗引人的魅力"①。1928年,黄参岛抱怨"没有人作些批评或介绍的文字"去引导读者接受李金发的作品,认为这是"文艺界批评的惭愧及放弃"。在他看来,《微雨》"是流动的,多元的,易变的,神秘性的,个性化,天才化的,不是如普通的诗";《食客与凶年》"有紧切的辞句,新颖的章法,如神龙之笔,纵横驰骋,句法上化人所不敢化的欧化,说中国人所欲言而不能找到的法国化的诗句"②。李金发的诗歌能否成为经典是另外一个问题,但这些批评无疑是在揭示其独特的诗学价值,帮助读者欣赏接受它们。一般读者理解不了的作品,要么风格特别,要么文字晦涩,批评解惑无疑是敞开它们的诗意,希望它们能为读者接受;从客观效果来看,一些晦涩的"另类"作品,诸如李金发的《弃妇》、卞之琳的《鱼化石》、穆旦的《诗八首》等确实因为被反复批评言说,其诗意得以彰显,成为不少新诗爱好者津津乐道的精品,并逐渐化为"经典"。

诗歌批评必然受到批评者文化身份、知识结构、审美意识、文学趣味等影响;而现代诗歌批评已走过一个世纪的历程,不同年代有不同的文化诉求,有不同的审美趣味与诗歌理想,这样,一个世纪的新诗批评就与不同的文化话语表达结合在一起,与不同的诗歌美学主张联系在一起,遴选什么样的文本,如何阐发文本的思想意蕴,如何揭示其诗学意义,就与批评者的文化、文学背景分不开,这使得一个世纪的中国现代诗歌批评与经典化的关系变得更为复杂与重要。换言之,现在那些公认的"经典"相当程度上是不同话语借助于批评者而遴选、阐释出来的。例如,"五四"是启蒙主义与封建主义话语相争的时期,批评自然瞄准了《尝试集》《女神》和《蕙的风》等。胡先骕批评胡适的《尝试集》"其形式精神,皆无可取"③,周作人

---

① 赵景深:《新文学过眼录》,广西师范大学出版社2004年版,第139~142页。
② 黄参岛:《〈微雨〉及其作者》,《美育》1928年第2期。
③ 胡先骕:《评〈尝试集〉》,《学衡》创刊号,1922年1月1日。

则予以回击①;胡梦华发表《读了〈蕙的风〉以后》②,批评《蕙的风》"有公布自己兽性冲动和挑拨人们不道德行为的嫌疑",鲁迅写了《反对"含泪"的批评家》③加以批驳;张资平发表《致读〈女神〉者》④,郁达夫发表《〈女神〉之生日》⑤,闻一多发表《〈女神〉之时代精神》⑥《〈女神〉之地方色彩》⑦,阐释《女神》的新文化价值与诗学意义。这些批评与争论,也就是对新诗文本意义的不同理解与阐释,不仅体现了文言写作与白话写作话语权之争,体现了现代启蒙主义与封建主义之争,还张扬了一种新的白话自由诗歌的审美理想,《尝试集》《蕙的风》《女神》作为启蒙现代性话语的体现者,作为早期白话诗学的承载者,因批评而广为关注,成为人们谈论"五四"新诗时绕不开的"经典"。

20 世纪中国,不同的社会文化思潮、文学运动此起彼伏,各种话语渗透到新诗批评中,致使出现了各种不同性质的新诗批评;但由于 20 世纪中国在新的世界秩序中严峻的生存问题、新旧文明转化带来的现实文化信仰问题以及广大民众日常生活的现实问题等,一直困扰着现代中国读书人,而且中国读书人自古便有忧国忧民意识,所以现代诗歌批评与社会现实粘连得非常紧,现实主义的社会学批评成为"五四"至 20 世纪 80 年代中期主流的诗歌批评。于是,那些现实情怀相对深厚的作品,那些社会性、时代性强的作品,受到更多的青睐,诸如康白情的《草儿》、刘大白的《卖布谣》、郭沫若的《女神》、臧克家的《泥土的歌》、艾青的《大堰河——我的保姆》、袁水拍的《马凡陀的山歌》、李季的《王贵与李香香》等,便在反复批评中令人耳熟能详,成为新诗"经典"。20 世纪 80 年代中后期开始,特别是进入 90 年代后,总结一个世纪新诗成就的意识越来越强烈,现实主义的社会学批

① 周作人:《评〈尝试集〉匡谬》,《晨报副刊》1922 年 2 月 4 日。

② 胡梦华:《读了〈蕙的风〉以后》,《时事新报·学灯》1922 年 10 月 24 日。

③ 鲁迅:《反对"含泪"的批评家》,《晨报副刊》1922 年 11 月 17 日。

④ 张资平:《致读〈女神〉者》,《时事新报·文学旬刊》1922 年 4 月 11 日。

⑤ 郁达夫:《〈女神〉之生日》,《时事新报·学灯》1922 年 8 月 2 日。

⑥ 闻一多:《〈女神〉之时代精神》,《创造周刊》第 4 号,1923 年 6 月。

⑦ 闻一多:《〈女神〉之地方色彩》,《创造周刊》第 5 号,1923 年 6 月。

评失去了一枝独秀的地位,浪漫主义、现代主义受到重视,历史文化批评、心理分析批评、新形式批评等成为审视新诗的重要方法,于是在现实主义的社会学批评中被忽视的一些现代诗歌文本得以重新阐释,例如《小河》《弃妇》《雨巷》《断章》《十四行集》《鱼化石》《诗八首》等,它们的情感意蕴、表意方式、诗学价值被充分阐释与敞开,换言之,被重新阐述成为体现某种现代话语诉求的具有审美独特性和普遍性的现代新诗"经典"。

总之,一个世纪的新诗批评,深受外在语境制约与影响,常常与一些话语表达缠绕在一起,自觉张扬特定语境中流行的美学思想,于是对于诗歌文本的解读,对于诗歌现象的评说,对于读者阅读的引导,对于诗歌范本的遴选,往往随着语境的更替、话语的消长、美学趣味的变化而改变,致使不同时期各有其所推崇的新诗范本,短短的一百年中,新诗"经典"变动不居;现代话语参与遴选、塑造新诗"经典",新诗"经典"也因此参与且将继续作用于中国现代文化建设,这一特点使其具有一种内在的生命力,有助于其继续传播与诗意的彰显,那些审美性突出的作品也因此具有了沉淀为超越时空的真正经典的可能性。

二、百年选本与重要诗人诗作遴选

本文所论选本是指收录中国现代诗歌的各种选集,不包括《尝试集》《女神》这类诗人自选集。新诗诞生后不久,选本就出现了。1920 年上海新诗社出版了《新诗集(第一编)》,上海崇文书局出版了《分类白话诗选》;1922 年上海新华书局出版了《新诗三百首》,上海亚东图书馆出版了《新诗年选(1919 年)》,这些是新诗选本的滥觞。此后,每个年代都有大量收录新诗的选本,构成中国现代诗歌接受与经典化的重要向度。那么,不同年代是哪些人在编辑选本呢? 目的何在? 编辑了一些怎样的选本? 它们对新诗经典的形成起了怎样的作用?

百年新诗选本的编选者主要由两部分人构成,一部分是诗人、新诗批评者和理论家,如康白情、朱自清、闻一多、赵景深、吴奔星、臧克家等,他们主要是从有利于新诗自身发展角度编选作品,为同行和社会一般读者提供新诗阅读选集;另一部分则是学校教育工作者,特别是大学教授,如严家炎、钱谷融、谢冕、孙玉石等,他们主要是为学校教学需要编选作品,为师生提供诗歌教学用书。于是新诗选本便主要分为面向社会和面向学校两大类。

面向社会读者的选本,浩如烟海,其中一些属于新诗史上的经典选集,如《中国新文学大系·诗集(1917—1927)》《现代诗抄》等。它们体现了不同时代的选家对新诗独特的理解、认识与想象,经由所选诗作承认新诗坛既有的某种创作倾向,张扬某种诗歌理想,引领新诗发展方向。例如,《新诗集(第一编)》是新诗史上第一个选本,其序言回答了编印目的:"汇集几年来大家实验的成绩",给新诗爱好者提供"许多很有价值的新诗",使他们"翻阅便利",成为创作与批评的"范本"①。它首次从"写实""写景""写意"和"写情"四个方面选择诗歌,肯定并倡导描摹社会现象、自然景色、高尚思想和纯洁情感的作品,倡导以具体描写方法写诗,这类作品被视为"很有价值的新诗"大量选入,如胡适的《人力车夫》、刘半农的《相隔一层纸》、周作人的《两个扫雪的人》等。稍晚,许德邻的《分类白话诗选》问世,编选目的是"把白话诗的声浪竭力的提高来,竭力的推广来,使多数人的脑筋里多有这一个问题,都有引起要研究白话诗的感想,然后渐渐的有'推陈出新的希望'"。编选体例步武《新诗集(第一编)》的分类法,与之"同声相应",同样倡导以具体描写方法书写纯洁情感、高尚思想的新诗②,于是所选作品与《新诗集(第一编)》重复率大,如刘半农的《相隔一层纸》、周作人的《两个扫雪的人》等,这些作品作为"范本"引领新诗创作朝写实、写景、写意和写情方向发展。《新诗年选(1919年)》是早期选本中的佼佼者,阿英曾说:"中国新诗之有年选,迄今日为止,也可谓始于此,终于此"③。该诗集没有遵循此前选本分类选诗原则,也就是反对诗歌截然

---

① 《吾们为什么要印〈新诗集〉》,《新诗集(第一编)》,新诗社出版部1920年版。
② 许德邻:《分类白话诗选》,崇文书局1920年版,第4页。
③ 阿英:《中国新文学大系·史料索引》,良友图书印刷公司1936年版,第301页。

分类的观念,为无法归类的诗歌提供了收录与存在依据,有助于创作的多元发展。其《弁言》谈到编辑目的时,既承认"以饷同好"的诉求,同时又以孔子删诗自况,"今人要采风,后人要考古,都有赖乎征诗"①。不仅想引领新诗发展方向,还有一种为后世留存"经典"的意愿,所以在某些特别看重的作品后面以只言片语方式予以点评,如:认为沈尹默的《月夜》"在中国新诗史上,算是第一首散文诗"②,周作人的《画家》"可算首标准的好诗,其艺术在具体的描写"③,《小河》"在中国诗里也该是杰作"④等。该诗集收录作品89首,专门评点力推的还有胡适的《应该》《上山》,傅斯年的《老头子和小孩子》,俞平伯的《风的话》,沈尹默的《三弦》,郭沫若的《天狗》等等。在编评者眼中,它们是"中国新诗史"乃至"中国诗"里的"杰作",即经典。这些选本的主要目的是以"杰作"引领新诗创作,有一种继往开来的特点。它们既是过去创作实绩的反映,又引领诗坛创作走向,这就是一种"史"的地位;引领、开启创作潮流,使它们可能成为新潮流源头意义上的代表作,后来类似风格的写作又反过来不断彰显它们的重要性,它们所承载的诗学也随着后来者新的创作而不断获得认可与传播,使它们的地位在诗学层面上得以巩固,所以这类选本以引领创作的动机和特点在客观上使自己所收录作品的价值得以突显,开启了它们走向经典的大门。

不同时代面向社会的选本,体现不同时代的诗歌眼光、诗学观念以及对新诗经典的不同想象。例如《中国新文学大系·诗集(1917—1927)》就与20世纪20年代初的《新诗集(第一编)》《新诗年选(1919年)》等不同。朱自清曾回忆说:"民国十年和叶圣陶同在杭州教书。有一晚,谈起新诗之盛,觉得该有人出来选汰一下,印一本诗选,作一般年轻创作家的榜样。"编选目的同样是为年轻作者提供创作范本,但同时他对此前出版的《新诗集(第一编)》和《分类白话诗选》颇不满意:"这两种选本,大约只是

① 北社编:《新诗年选(1919年)》"弁言",亚东图书馆1922年版。
② 北社编:《新诗年选(1919年)》,第52页。
③ 北社编:《新诗年选(1919年)》,第86页。
④ 北社编:《新诗年选(1919年)》,第80页。

杂凑而成,说不上'选'字①。其实,作为最早的两个选集,不能说没有"选",当时诗歌作品数量那么多,怎么可能没有选呢? 分为四类不就是选择的结果吗? 朱自清的否定说明他对此前诗集的"选"诗原则和结果不满,对它们所体现的新诗观念不认可。他将新诗分为自由诗派、格律诗派、象征诗派,以此为标准编选作品,形成了自己的取舍个性。例如沈尹默的诗歌只选取《三弦》,而没有选《分类白话诗选》和《新诗年选(1919年)》均收录的《月夜》,因为朱自清自己"吟味不出"其诗意②;又如,特地选录了胡适的《一念》,原因是"虽然浅显,却清新可爱,旧诗里没这种,他虽删,我却选了"③。该选本以自由诗派作品为主体,重点选录了刘大白(14首)、汪静之(14首)、俞平伯(17首)、冰心(18首)、郭沫若(25首)等诗人的作品;格律派重点选录闻一多、徐志摩的作品,分别为29首、26首,可见他对该派的重视;李金发的诗歌争议颇大,然朱自清将其命名为象征诗派,选录19首。此后,自由诗派、格律诗派和象征诗派成为概括"五四"诗坛格局的基本框架,该选本成为后来许多选家和史家述史的重要参考,所收录的作品如《小河》《我是一条小河》《炉中煤》《天上的市街》《太阳吟》《雪花的快乐》《雨巷》《弃妇》等出镜率高,它们的诗歌史地位和诗性价值因此被反复阐释,不断彰显乃至增值,逐渐沉淀为新诗"经典"。

不同时期面向社会的选本,对新诗经典化的作用不同。20世纪20—40年代,重要的新诗选本有《新诗年选(1919年)》《分类白话诗选》、沈仲文的《现代诗杰作选》(上海青年书店1932年版)、赵景深的《现代诗选》(上海北新书局1934年版)、闻一多的《现代诗抄》(开明书店1948年版)等。由选本标题可见,这一时期的诗歌观念经历了"新诗""白话诗"到"现代诗"的演变,"现代诗"命名逐渐被普遍认可;然而,"现代"是一个内涵丰富的概念,何为"现代诗"尚未形成统一看法,以之审视、遴选诗歌致使各

① 朱自清:《选诗杂记》,《中国新文学大系·诗集(1917—1927)》,良友图书印刷公司1935年版,第15页。
② 朱自清:《选诗杂记》,《中国新文学大系·诗集(1917—1927)》,第16页。
③ 朱自清:《选诗杂记》,《中国新文学大系·诗集(1917—1927)》,第19页。

选本所选作品重复率低;当然重复率低还与新诗坛张扬个性、自由取舍的氛围有关,与满足不同趣味的读者群的审美期待有关。各选本之间重复率低,虽然表明这个时期遴选出的被公认的精品很少,但也意味着有更多的作品受到不同选家关注,被保存下来,获得了进入读者阅读视野的机会,使其中那些有生命力的作品没有随时间的流逝而消失,获得了成为经典的可能性。20世纪50—60年代的选本,为引导新的审美风尚,舍弃了民国时期选本的取舍原则,重新遴选新诗,臧克家编选的《中国新诗选(1919—1949)》(中国青年出版社1956年版),是一本以新中国青年读者为阅读对象的诗选,可以视为这一时期选本的代表。在代序《"五四"以来新诗发展的一个轮廓》中,臧克家站在社会主义现实主义立场上重构新诗发展史,将它阐释成为"战胜了各式各样的颓废主义、形式主义,克服着小资产阶级的个人主义情调,一步比一步紧密地结合了历史现实和人民的革命斗争"[1]的历史,并按这一逻辑重新编选诗人诗作,重点选录了郭沫若、康白情、闻一多、刘大白、蒋光慈、殷夫、臧克家、蒲风、田间、艾青等诗人那些具有"人民性"的作品,淘汰了民国选本推崇的胡适、周作人、李金发、朱湘等人那些体现资本主义启蒙现代性的诗作,开启了现代诗歌经典化的崭新路径,使民国时期选本淘汰掉的一批作品在新的话语逻辑中受到关注,获得了接受读者阅读检验的平等机会,使那些具有"人民性"的作品,如《凤凰涅槃》《天上的市街》《死水》《再别康桥》《雨巷》《大堰河——我的保姆》《雪落在中国的土地上》《别了,哥哥》《老马》等,在参与新中国文学话语建构中敞开了内在的经典性品格,获得了成为经典的可能性,所以站在百年现代诗歌传播接受的角度看,该选本张扬"人民性"文学逻辑具有历史的合理性。20世纪80年代至今,选本数量无以计数,代表性选本有艾青的《中国新文学大系·诗集(1927—1937)》(上海文艺出版社1985年版)、王一川和张同道的《二十世纪中国文学大师文库》(海南出版社1994年版)、谢冕和钱理群的《百年中国文学经典》(北京大学出版社1996年版)、

---

① 臧克家编选:《中国新诗选(1919 – 1949)》,中国青年出版社1956年版,第2页。

伊沙的《现代诗经》（漓江出版社 2004 年版）等。这些选本努力站在历史和审美的角度审视遴选现代诗歌，所选作品既有民国选本青睐的诗歌，也有 20 世纪 50—70 年代选本推崇的"人民性"文本，还有与上两个时期选本没有交集的作品，显示出独立地为一个世纪新诗遴选经典的气度与眼光。这个时期各选本所选作品重复率高，一些诗作被不同选本同时收录，例如《凤凰涅槃》《再别康桥》《雨巷》《断章》等，这意味着经过大半个世纪的探索，我们民族对于新诗的阅读感受、新诗观念和审美趣味等趋于一致了。然而还有一个颇有意味的现象，即这几个作品很少被民国时期的选本收录，20 世纪 20—40 年代的选本都没有收录《凤凰涅槃》，20 世纪 30—40 年代的选本只有陈梦家的《新月诗选》、闻一多的《现代诗抄》收录了《再别康桥》。这表明当代尤其是 20 世纪 80 年代中期以后，国人对新诗的审美取舍与民国时期有很大的不同，形成了对理想新诗范型的独立判断、想象与表达。

综上所述，近百年面向社会读者的选本所经历的三个时期，其选诗立场、原则与结果差异很大，却各有特点，从传播接受层面看，给予了不同题材、主题与审美风格的文本以平等机会，有利于遴选出真正的新诗经典。

面向社会读者的选本，多从诗歌自身发展角度选择作品，对作品的遴选多追求个人性、原创性，在新诗经典化过程中起着引领方向的作用。与此同时，还有大量面向学校教育特别是高校教学的选本，如：《初级中学国语文读本》（上海民智书局 1922 年版）、赵景深编的《现代诗选（中学国语补充读本之一）》（上海北新书局 1934 年版）、北京大学等编的《新诗选》（上海教育出版社 1979 年版）、九院校编选的《中国现代文学作品选》（1986 年版）、孙玉石主编的《中国现代诗导读（1917—1937）》（北京大学出版社 2008 年版），等等。从时间上看，这类选本出现于 20 世纪 20 年代初，与面向社会读者的选本出现时间相近；从量上看则无以计数，比社会性选本多得多。这类选本主要不是为了引导诗歌自身发展，而是将新诗作为一种新的语言文学读本，作为一种新的知识向学生普及，以培养学生的语言能力和新的诗歌趣味，所以这类选本多以面向社会读者的选本所选作品为参照,结合学校教学需要遴选作品,"选"的原创性往往不足。它们的个性体现在教学需要的取舍上,以郭沫若的《凤凰涅槃》《炉中煤》《天狗》《天上的市街》为例,它们在比较重要的 89 部选本(包括 1920 年以降的 38 部面向社会的选本、1977 年至今的 34 部普通高校选本和 17 部中小学教辅类选本)中的选录情况是:《凤凰涅槃》入选社会性选本、高校选本、中小学选本的情况分别是 9 次、33 次、1 次,《炉中煤》入选情况分别是 10 次、14 次、6 次,《天狗》的入选情况分别是 12 次、18 次、0 次,《天上的市街》分别是 6 次、10 次、9 次。显然,中小学选本从培养孩子爱国主义和想象性角度重点选取的是《天上的市街》和《炉中煤》,而完全放弃了难懂而不利于语文教学的《天狗》,《凤凰涅槃》也只有一个选本收录;高校选本则高度认可神话与现实相结合的《凤凰涅槃》;社会性选本则最青睐张扬自我的《天狗》。选者不同,接受对象不同,决定了选本对作品的取舍,使两类选本的面貌颇为不同。上述统计数据还显示,它们入选社会性选本和学校选本的总次数差异很大,《凤凰涅槃》入选社会性选本 9 次,入选学校选本 34 次;《炉中煤》入选社会性选本 10 次,入选学校选本 20 次;《天狗》入选社会性选本 12 次,入选学校选本 18 次;《天上的市街》入选社会性选本 6 次,入选学校选本 19 次。显然,学校选本是新诗传播的核心媒介,相比于社会性选本,在新诗传播过程中发挥了更大的作用。青少年是诗歌的主要读者,通过学校选本,他们获得了关于新诗的感性认识,构建了自己的新诗观念,那些作品也因此成为他们心中的新诗经典。

总之,两类选本特点、功能不同,社会性选本以其原创性的"选",在推动新诗创作潮流的同时,通过向不同时期的大众读者提供新诗阅读范本,开辟新诗经典化路径,引领经典化的方向;学校选本则以巨大的发行量,以向学生普及新诗知识的方式,讲授社会性选本所遴选出的那些新诗作品,传播那些作品所体现的诗学知识,培养学生的新诗鉴别能力与审美趣味,改造民族固有的诗歌经验,培养新诗读者。相当程度上讲,社会性选本所遴选出来的那些新诗范本,是通过学校选本而真正成为家喻户晓的"经典"。

中国现代诗歌传播接受与经典化的三重向度

三、百年文学史著与诗人诗作历史定位

文学史著的编撰目的是对文学史实进行记录、叙述与定位,文学史实主要包括文学创作潮流、作家作品等,所以不管编撰者述史立场、目的与框架有何不同,不管是否具有经典化意识,客观上都参与了对经典的塑造。百年来各个时期的文学史著,包括新诗史著作,通过对新诗发生发展过程的叙述,通过对现代诗人诗作的评说与定位,成为影响现代新诗经典化的重要力量。

为何述史,如何述史,是其中需面对的关键问题。它与述史者的历史观、文学观直接相关,与其所处的现实环境有关。现代诗歌是一种全新的诗歌形态,对它的叙述不是对成为过去式的"历史"的讲述,而是对诞生不久且正在延续的"历史"的言说,这样问题就变得更为复杂。从为何述史、如何述史角度看,百年来文学史著包括新诗史著,对新诗经典的塑造,其方式和特点主要有四:

一是以中国文学为视野,将现代新诗视为诗歌进化史的必然环节,阐述其发生、发展的依据与合法性,在大文学史框架内评说现代诗人诗作,揭示它们在"史"上的重要性、经典性。新诗发生后的第一个十年,就出现了一批文学史著作,主要有凌独见的《新著国语文学史(中等学校用)》(商务印书馆 1923 年版)、胡毓寰的《中国文学源流》(商务印书馆 1924 年版)、谭正璧的《中国文学史大纲》(泰东图书局 1925 年版)、赵祖抃的《中国文学沿革一瞥》(光华书局 1928 年版)、赵景深的《中国文学小史》(光华书局 1928 年版)、谭正璧的《中国文学进化史》(光明书局 1929 年版),等等。"进化史""大纲""小史"等,是它们述史的框架结构,"进化""源流"与"沿革"昭示了言说的话语逻辑,中国现代诗歌是这一逻辑结构的必然环节。编撰文学史相当程度上是以史著的逻辑力量与话语权力在新旧文学、新旧诗歌转型期为新文学尤其是新诗辩护,赋予它们以不可动摇的文学史位置,确认一些作品在文学沿革史、新诗进化史上的支点性价值,也就是指认

它们为文学发展史上的经典。

从这一目的出发,他们遴选并评说那些彰显进化思想、体现源与流关系、具有历史进步意义的作品。《中国文学源流》叙述了从歌谣、古诗、乐府、近体诗到词曲、新诗的源流史,认为胡适等创作不押韵的新诗,"中国文学至此诚发生空前之一大革变矣"①,遵循源与流的逻辑,将胡适的《老鸦》、沈尹默的《生机》、周作人的《两个扫雪的人》和《小河》等,解读为中国文学史上开启新思潮的经典作品。《新著国语文学史(中等学校用)》将几千年的中国文学史叙述为"国语文学史",认为"从民国六年到现在,为时虽然不久,然而可以供给做国语文学史的材料,已是不少"②。由此专门抄录了胡适的《朋友》《他》《江上》《鸽子》《老鸦》《上山》,沈尹默的《人力车夫》《落叶》《三弦》,刘半农的《学徒苦》,俞平伯的《春水》,周作人的《秋风》等诗歌,以"国语文学"为标准,在"国语文学"逻辑中赋予所录新诗作品以"经典"地位。《中国文学史大纲》编制出一个以太古至唐虞文学、夏商周秦文学、两汉文学、三国两晋文学、南北朝文学、隋唐五代文学、两宋文学、辽金元文学、明清文学、现代文学等为章目的文学史大纲,其中"现代文学"不是附骥的尾巴,而是文学新时代的开端;最后一章是"现代文学与将来的趋势",在过去、现在与将来的框架中阐述《繁星》《春水》《女神》《蕙的风》《冬夜》《湖畔》等诗集重要的诗学价值与经典地位③。赵祖抃的《中国文学沿革一瞥》,以朝代文学为单元阐释文学的历史沿革,新文学被称为"民国成立以来之文学",赋予其历史合法性,徐志摩、郭沫若被称为"新诗之健将"④,即经典诗人。

这些文学史著所述现代新诗正在热烈讨论与探索中展开,著者一方面意识到新诗作品的尝试性、探索性,意识到新诗史的开放性,所以在指认经典时相当谨慎,例如谭正璧的《中国文学进化史》最后一章"新时代的文

---

① 胡毓寰:《中国文学源流》,商务印书馆 1924 年版,第 330～331 页。
② 凌独见:《新著国语文学史(中等学校用)》,商务印书馆 1923 年版,第 332 页。
③ 谭正璧:《中国文学史大纲》,泰东图书局 1925 年版,第 152 页。
④ 赵祖抃:《中国文学沿革一瞥》,光华书局 1928 年版,第 125 页。

学"设有"作家与作品"栏,列举了大量作家作品,但并没有标识出经典文本;另一方面,又以进化的文学史观看待新诗创作,审视新诗作品,发掘其历史进步性,坚信其中有些作品具有成为经典的可能性,所以在无法判断它们是否为经典时,仍不厌其烦地罗列出来,使其不至于被创作洪流所淹没。

二是在"新文学"的框架与逻辑中叙述现代新诗,重点阐释那些具有"新文学"特征、体现新诗艺术发展方向的作品,揭示其在新文学史、新诗史上的意义,使之在"史"的场域中彰显经典品格。这类史著的代表作有朱自清的《中国新文学研究纲要》(1929 年)、周作人的《中国新文学的源流》(人文书店 1932 年版)、王哲甫的《中国新文学运动史》(杰成印书局1933 年版)、吴文祺的《新文学概要》(上海亚细亚书局 1936 年版)和李一鸣的《中国新文学史讲话》(世界书局 1943 年版)等等。著者的目的不再是为新诗的合法性辩护,因为新诗已经成为一种公认的主流诗歌形态,他们的目的是展示新诗创作实绩,呈现新诗发展轨迹,为新诗自身立传,于是在独立于古代文学史的"新文学"框架与逻辑中揭示新诗流变规律,找寻那些在诗艺流变中起过支撑作用的诗人诗作,阐发其意义,凸显其位置,客观上起到了将它们经典化的作用。

1929 年,朱自清开始在清华大学讲授新文学,其讲义《中国新文学研究纲要》的第四章标题为"诗",相当于一部新诗史纲目,由"小诗与哲理诗""长诗""李金发的诗""徐志摩与闻一多的诗"等十一节构成。节目上李金发、徐志摩、闻一多、冯乃超的名字赫然在列;节目上出现的主要作品有《尝试集》《女神》《草儿》《冬夜》《志摩的诗》《死水》《我的记忆》《忆》《烙印》等;节下又专门列举一些"名作",如俞平伯的《春水船》,康白情的《江南》,胡适的《应该》,沈尹默的《三弦》等,其中周作人的《小河》被称为"著名的象征的长诗"①。《中国新文学研究纲要》在叙述新诗流变史时醒目地推出那些"名作",将它们解读成新文学"经典"。周作人的《中国新文

---

① 《朱自清全集》第 8 卷,江苏教育出版社 1993 年版,第 85~98 页。

学的源流》,将新文学的源头追溯到公安派、竟陵派,在"言志"的诗歌史逻辑中推举出胡适、冰心、徐志摩、俞平伯、废名等诗人及其诗作,指认它们为言志派新诗的代表。王哲甫的《中国新文学运动史》认为新诗创作经历了讨论、尝试和演进三个时期,第九章为"新文学作家略传",其中诗人依次是郭沫若、周作人、冰心、徐志摩、朱湘、闻一多、汪静之、王独清、穆木天、白采、赵景深、胡适等,这是新文学史著第一次为诗人树碑立传,有一种刻意经典化意味。李一鸣的《中国新文学史讲话》将新诗史分为三个时期,认为胡适的《尝试集》、沈尹默的《三弦》、沈玄庐的《十五娘》"都是新诗运动初期的名篇"[①];认为第二个时期"诗坛的盟主,要推徐志摩"[②],朱湘、闻一多、郭沫若和徐志摩是"中国今代四大诗人"[③];认为第三个时期值得提起的诗人是"李金发、戴望舒、王独清、穆木天、冯乃超、姚篷子等"[④]。该著专门抄录了郭沫若的《太阳礼赞》、徐志摩的《我来扬子江边买一把莲蓬》、朱湘的《棹歌》、闻一多的《也许》、李金发的《里昂车中》、戴望舒的《雨巷》等诗歌,视之为新文学史上的名篇经典。

这类文学史著,强调的是"新",对新诗的择取、评述是以不同于古诗的现代白话自由诗的审美原则为尺度,从"新"的角度阐述其经典品格,突出其在诗学层面对于新诗建构的贡献。

三是为新中国编纂文学史,重新讲述新诗发生发展故事,遴选新的现代诗歌"经典"。进入 20 世纪 50 年代后,文学史写作进入一个全新时期,述史成为新型话语建构的重要环节。1950 年上半年,教育部通过了《高等学校文法两学院各系课程草案》(以下简称《草案》),要求"运用新观点,新方法,讲述自五四时代到现在的中国新文学的发展史,着重在各阶段的文艺思想斗争和其发展状况,以及散文,诗歌,戏剧,小说等著名作家和作品的评述"[⑤]。不久,又通过了《〈中国新文学史〉教学大纲(初稿)》(以下

---

① 李一鸣:《中国新文学史讲话》,世界书局 1943 年版,第 49 页。
② 李一鸣:《中国新文学史讲话》,第 62 页。
③ 李一鸣:《中国新文学史讲话》,第 64 页。
④ 李一鸣:《中国新文学史讲话》,第 73 页。
⑤ 王瑶:《中国新文学史稿》"初版自序",新文艺出版社 1954 年版,第 1 页。

简称《大纲》),强调新文学是新民主主义文学,要求以无产阶级、现实主义和大众化为立场,重新梳理、解读新文学史及其作品。《草案》和《大纲》实际上就是要求将一批作家作品解读成有助于新中国文化、文学建构的经典。

1951年9月开明书店出版了王瑶的《中国新文学史稿》(上),1953年8月新文艺出版社推出其下部。它努力以《草案》为"依据与方向",编撰新文学史①,一方面坚持胡适的《尝试集》是第一部新诗集的观点;另一方面又认为其内容多是消极的,并将新文学起点定于1919年。一方面高度评价李大钊的《山中即景》、陈独秀的《除夕歌》、刘半农的《相隔一层纸》等作品,认为朱自清的《毁灭》是"超过当时水平的力作"②,强调闻一多具有伟大诗人的灵魂,指出郭沫若《女神》之后的作品更优秀,推崇蒋光慈的《新梦》《哀中国》,肯定中国诗歌会和工农兵群众的诗歌创作;另一方面认为徐志摩的"文艺倾向是很坏的"③,批评新月派、现代派,认为李金发是以离奇的形式掩饰"颓废的反动内容",断定象征派是"新诗发展途中的一股逆流"④。全书没有设专门的章节叙述诗人、诗作,有意淡化个人及其作品的核心地位,叙述的诗人、诗作虽多,但用力较平均,并没有将它们经典化的倾向。

《中国新文学史稿》开创了一种新的述史思路与模式。此后出版的文学史著,主要有张毕来的《新文学史纲》(作家出版社1955年版)、丁易的《中国现代文学史略》(作家出版社1956年版)、刘绶松的《中国新文学史初稿》(作家出版社1956年版)、复旦大学学生编著的《中国现代文学史》(上海文艺出版社1959年版)等。相较于王瑶本,这批史著以更大的力度重写文学史。一方面批判新月派、现代派、象征派,视之为新诗史上的逆流;一方面遴选、突出一批新的作品,主要有:李大钊的《山中即景》,郭沫

---

① 王瑶:《中国新文学史稿》"初版自序",第1页。
② 王瑶:《中国新文学史稿》"初版自序",第64页。
③ 王瑶:《中国新文学史稿》"初版自序",第76页。
④ 王瑶:《中国新文学史稿》"初版自序",第80页。

若的《女神》《前茅》《恢复》，刘半农的《相隔一层纸》，康白情的《女工之歌》，刘大白的《卖布谣》，闻一多的《洗衣歌》，蒋光慈的《新梦》《哀中国》，殷夫的《孩儿塔》，艾青的《大堰河——我的保姆》《我爱这土地》，臧克家的《烙印》，蒲风的《茫茫夜》，田间的《给战斗者》，以及袁水拍的《马凡陀的山歌》等等，将它们解读为现代新诗"经典"。王瑶后来谈到 20 世纪 50 年代后期至"文革"期间的文学史写作时认为，由于极"左"思潮影响，文学史写作越来越偏离文学与史实，无产阶级与资产阶级的斗争成为现代文学史的基本发展线索，甚至否定其新民主主义性质，叙述的重点"由作家作品转向文艺运动，甚至政治运动"，"'现代文学史'变成了'无产阶级文学史'"，"最后就只剩下一个被歪曲了的鲁迅"[①]。这批文学史著所确认的"经典"诗人诗作，色彩较为单一，往往思想性大于文学性。

四是以尊重新诗发生发展客观史实为原则，以再现现代新诗历史、彰显新诗演进规律为目的，建立述史框架，重新遴选诗人诗作，阐发其在新诗艺术史上的价值与意义，使之经典化。20 世纪 70 年代后期至今，重新编写符合历史事实的中国现代文学史、新诗史，重新遴选文学意义上的新诗经典成为一种自觉，出现了两个系列的史著。第一，从唐弢主编的《中国现代文学史》（人民文学出版社 1979 年版）经黄修己的《中国现代文学简史》（中国青年出版社 1984 年版）、钱理群等的《中国现代文学三十年》（上海文艺出版社 1987 年版），到《中国现代文学三十年（修订本）》（北京大学出版社 1998 年版）、程光炜等的《中国现代文学史》（中国人民大学出版社 2000 年版）等，为一个系列；第二，专门的新诗史著，如金钦俊的《新诗三十年》（中山大学出版社 1991 年版）、孙玉石的《中国现代主义诗潮史论》（北京大学出版社 1999 年版）、陆耀东的《中国新诗史》（长江文艺出版社 2005 年版）等。前一个系列的文学史著，从唐弢主编《中国现代文学史》到 1987 年钱理群等的《中国现代文学三十年》，其特点是强调回归文学史真实，回归现实主义传统，重新辩证地评述胡适及其《尝试集》在新诗史上的地位，

---

① 《王瑶全集》第 8 卷，河北教育出版社 2000 年版，第 105～106 页。

中国现代诗歌传播接受与经典化的三重向度

重新阐释郭沫若《女神》的个性解放主题,重新评说被极"左"文学史著所排斥的诗人、诗作,突破了极"左"思潮影响下出现的那批文学史著的述史框架,重启了一些被边缘化的诗人、诗作入史和经典化的序幕。从《中国现代文学三十年》修订本开始,文学史叙述进一步强调还原历史真实,进一步突破既有的文学史叙述框架和逻辑,平等地对待不同思潮与流派的创作,在一个世纪新诗现代性建构的框架中,评述现实主义、浪漫主义和现代主义诗人及其诗作的诗歌史地位和诗学价值,李金发、戴望舒、冯至、穆旦等人获得了和郭沫若、闻一多、艾青、李季等平等的入史机会和经典化权利;高度评价了《凤凰涅槃》《死水》《再别康桥》《雨巷》《大堰河——我的保姆》《断章》《十四行集》《诗八首》等诗歌,也就是认为它们属于现代新诗"经典"。值得特别注意的是,其中《凤凰涅槃》《死水》《再别康桥》《雨巷》《大堰河——我的保姆》等也入选了臧克家20世纪50年代中期编选的《中国新诗选(1919—1949)》,这既表明臧克家眼光犀利,所选的某些作品具有穿越时空的品质,又意味着世纪转型期出现的那批文学史著确实是以自己独立的判断审视、遴选与评述现代诗人诗作。后一个系列的新诗史著,属个人著述,有的从流派角度述史,有的从探寻新诗自身流变规律述史,有的以诗美为核心以论说作品为主而述史,有的专述现代主义思潮发生发展史,角度不同,但对现代新诗史上支点意义的诗人诗作的指认、理解却大体一致,主要也是郭沫若、李金发、闻一多、徐志摩、戴望舒、卞之琳、艾青、冯至、穆旦及其代表作。相比于前一个系列,专门的新诗史著对新诗历史的梳理,对内在演变规律的探讨,对诗人诗作的评述,更为具体而深入,它们以新诗艺术自身发展为逻辑遴选诗人诗作,设专章加以论述,以充分的史料和理论思辨揭示那些重要的诗人及其诗作在"史"和"诗"两个层面上的价值,确认其经典品质。两个系列的编撰者以一个世纪的文学、诗歌为研究对象,以历史和审美的眼光打量、评说新诗,共同参与遴选出了中国现代新诗"经典"。

四、三重向度之关系

一百年来,批评、选本和文学史著以各自不同的方式、特征作用于现代诗歌的传播与接受,作用于诗人、诗作的汰选与经典化,形成了各自独立的展开史。但与此同时,它们又彼此关联,构成特定的合作关系,以推动现代诗歌的经典化过程。大体而言,三者之间存在着三重关系。

一是批评与选本相互合作,推进现代诗歌的经典化。每一个时期的政治倾向、文化思潮和审美取向往往借助于新诗批评发出声音,表达自己的愿望,开启新的诗歌风气,引领新的诗歌创作潮流,培养读者新的阅读趣味,批评具有披荆斩棘、破旧立新的功能;同时期的新诗选本,往往按照批评所彰显的时代风尚、审美趣味遴选作品。例如,20 世纪 20 年代初,围绕汪静之《蕙的风》展开了新诗批评,鲁迅、周作人、章衣萍、于守璐等撰文维护《蕙的风》,此后的新诗选本遴选"五四"情诗,几乎都将眼光转向湖畔诗歌,收录《蕙的风》中的诗作,选本与批评相呼应,实现乃至巩固了那些批评所引导、彰显的诗歌精神,将体现时代诗歌理想的作品推向大众,让其在读者传播中进一步接受检验。

如果说这是先"评"后"选"的情况,那么还有一种"选""评"一体的现象,这方面以《中国新文学大系·诗集(1917—1927)》为代表。它前面有一个"导言",对新诗史上的重要现象、诗人及其作品作了评说,"评"与"选"相互呼应,形成互文关系,"评"一定程度上回答了"选"的理由,"选"体现了"评"的诗学取向,共同将一些新诗作品推向阅读市场,接受读者的汰选,一些作品由此逐渐走向经典。

如果说《中国新文学大系·诗集(1917—1927)》的"选""评"一体还不够典型,"导言"作为一篇具有独立言说逻辑的梳理新诗发生发展历史的文章,与选本正文是分开的,与选本中的诗歌不构成直接的评说关系;那么,还有一种针对具体作品进行点评的选本,"选"与"评"真正融为一体,这方面以《新诗年选(1919 年)》为代表。它每首诗歌后面注明出处,诗后多有片语,对所选诗作最突出的特点进行点评,揭示其诗学价值所在。例如,认为周作人《小河》的出现标志了"新诗乃正式成立"①,点明了该诗在新诗史上的地位、价值与意义;认为大白的《应酬》"这首诗的好处端在不着力。不着力或者倒是真着力"②,彰显其艺术奥秘所在;认为傅斯年的《老头子和小孩子》"这首诗的好处在给我们一种实感,使我们仿佛身历其境;尤在写出一种动象。艺术上创造力所到的地方,更有前无古人之概"③。从阅读效果层面凸显其诗歌史地位。这种选本有"选"有"评","选""评"一体,有力地推动了新诗文本的经典化进程。

二是文学史著(包括新诗史著)与新诗批评相互支持,遴选新诗"经典"。20世纪20年代初,新文学、新诗尚处于萌动展开阶段,其合法性还处于争辩之中,几乎与此同时关于其历史的书写就开始了,如胡适的《五十年来中国之文学》、凌独见的《新著国语文学史》、胡毓寰的《中国文学源流》、草川未雨的《中国新诗坛的昨日今日和明日》等。它们仅晚于新文学批评、新诗批评几年,一方面吸纳批评的成果,以史书的权力将一些批评话语转换成"历史"话语,给了《尝试集》《女神》《草儿》等以"史"的地位,赋予它们合法性的同时开始将其经典化;另一方面,著史者出于对新文学、新诗的感情,往往忘记了自己是在述史,忘记了史的严肃性,以写批评的方式编撰史书,历史书写一定程度上变成了文学批评,或者说演变成为文学批评的一种方式。于是新诗史书写与新诗批评史似乎永远也没有真正拉开距离,有的时期二者对新诗作品的取舍、话语表达方式与言说逻辑惊人地相似,历史著述高度呼应新诗批评,甚至参与新诗批评,失去了史书的独立性、严肃性。于是文学史著与批评文章所遴选、置重的诗人及其诗作,往往高度一致,很难从一个时期的史著中找到不同于该时期主流批评的表达,这样二者相互支持推出了不同时期的"经典"。因为文学史著与新诗批评没有拉开距离,史著批评化,由此所遴选出的很多"经典"也只能是自己时

---

① 编者:《一九一九年诗坛略纪》,载北社编《新诗年选(1919年)》。
② 北社编:《新诗年选(1919年)》,第13页。
③ 北社编:《新诗年选(1919年)》,第187~188页。

代的"经典",伴随着语境、时代主题的变化,不少"经典"在此后的语境中也就销声匿迹了。

三是选本与文学史著或离或合,作用于现代诗歌经典化。有三种情况,第一种是有史无选,民国时期和20世纪50年代上半期的一些文学史著,一般都没有相应的选本。这些史著大都是个人著述,如何述史,如何评判诗人与文本,尚处于探索之中。它们的目的或是以史赋予新诗这种新型的诗歌样式以合法性;或是借史评说刚刚出现的诗人诗作,尚无为历史留存经典的明确意识;或是在新时代来临之际,试探性地按照新兴话语要求述史,对自己遴选的诗人及其诗作究竟有多杰出,并没有太大的自信,或者根本就没有从经典化意识层面思考问题,所以他们也没有自觉到要为读者编选相应的选本,没有意识到要向读者推介经典诗人诗作。这些史著具有一定的个人性、探索性,及时地以历史著作形式记下了大量诗人诗作的名字,使一些作品获得了经典化的可能性。但因为其探索性,加之没有相应的选本与之呼应,所以推动诗人及其作品走向经典的力量相对而言还是有限的。第二种情况是有选本而无相应的文学史、新诗史著。从20世纪20年代初的《新诗年选(1919年)》,到30年代的《中国新文学大系·诗集(1917—1927)》,再到40年代的《现代诗抄》等,都是诗人或学者编选的新诗选本,其特点是以文学审美眼光、诗美眼光选择诗人诗作,所选作品虽然有很强的个人性,但因为艺术眼光为主,所选作品的艺术水准往往较高;其中一些选本还具有以选代史的特点,试图以诗人诗作形象地展示新诗发生发展历程,每个重要诗人的代表作往往就是新诗发展史上某类风格作品的代表,它们是新诗史重要关节点上的代表作,虽然没有相应的史著呼应性地凸显其地位,但选本明显的以选代史的特点,让有心的读者很容易意识到其重要性;加之,选家往往是重要的诗人或者新诗专家,选本中的作品大都艺术水准较高,等于是优秀作品的大集结,所以这类选本相对而言经得起不同时期读者的阅读检验,发行量大,流传较广,所以它们所选作品经典化的概率较大。第三种情况是选、史配套,如北京大学等高校编写的《新诗选(1—3册)》(上海教育出版社1979年版)、钱谷融主编的《中国现代文学作品选读》(华东师范大学出版社 1985 年版)等,它们与相应的文学史著配套,一般是高校中文系教材,所选新诗作品是主编新诗史观与诗学理念的体现与展开;这些选本,大都是 20 世纪 80 年代中期以后编选的,所选作品或为新诗史意义上的重要作品,或为纯审美意义上的作品,与文学史教材相得益彰,传播面广,共同塑造着青年学生的新诗史观和诗学观,在新诗经典化过程中起了相当大的作用,现在公认的新诗经典作品大都是经由这类选本与史著而最终确认、传播与完成的。

百年新诗批评、选本和文学史著以各自的方式作用于新诗的经典化历程,总体看来,三者之间基本上是共振呼应,很少有冲突,很少有不一致,形成一种合作同构关系。

五、现代诗歌经典化历史反思

从浩如烟海的现代诗人、诗作中遴选出为数不多的"经典",无疑是与现当代多重话语建构与生产相关的文化事件。如果说众声喧哗的新诗创作发展史,是 20 世纪一道夺目的文学风景,那么,现代新诗"经典"的塑造史、生成史则因各种声音的参与,因与各种现实问题、文化关系纠缠在一起,则成为更为斑斓复杂的以新诗为语料的现代文化生产、建构史。新诗批评、选本和文学史著在作用于经典建构过程中,各自负载着浓厚的文学和非文学诉求,那么以它们为主导力量所遴选出来的现代诗歌"经典"完全可靠吗? 要回答这个问题,就必须对以它们为主体所推动的新诗经典化历史进行反思。

这是一个与被经典化对象的诗美资质有关的问题。现代诗歌指的是 1949 年之前的白话新诗,总共只有三十多年历史,且最初几年属于拓荒期,主要还是与各种反对声音论争,进行实验性写作,以回答白话是否可以为诗的问题。现代写诗的人虽然不少,诗歌数量也难以计数,但相对于古代诗歌而言其历史太短,相对于成熟的古代诗歌艺术,现代诗美理想还处在探索中,艺术上还处在起步阶段,真正的诗美之作并不多,提供给选家、史家来遴选的优秀作品有限。不仅如此，现代诗歌属于白话自由体诗歌，势必受到旧式读者的质疑，于是现代新诗批评多是论证新诗存在的合法性和诗美探索的合理性问题，缺失艺术鉴赏性，或者说不以玩味、鉴赏为目的，于是选取批评对象时看重的多不是其诗美价值，那些被反复批评的作品有些可能只具有白话为诗的实验性、探索性，并非一定是艺术上精致的作品。所以头脑清醒的选家往往会告诉读者哪些作品是真正诗美意义上的精品，哪些则是文学史、新诗史意义上的代表作，而那些"史学"意义上的重要作品，多不是艺术精品。也就是说，那些被经典化的现代新诗作品，不一定具有真正经典所需的内在诗美资质，所以其是否属于真正经典尚需打一个问号。

　　新诗接受与经典化的三向度——批评、选本和文学史著是由诗人、学者和理论工作者所承担完成的，专家的眼光，专业的审美趣味，理论上讲有助于遴选出真正的新诗经典，事实上也确实在遴选、阐释新诗经典过程中发挥了相当大的正面效应。但这只是问题的一个方面，我们还必须审慎地注意到另一方面。第一，新诗批评者和选家，尤其是民国时期，多是正在从事新诗倡导、实践的诗人，例如胡适、刘半农、俞平伯、康白情、周作人等，他们思考更多的还是白话如何为诗的问题，他们的诗学观念还在探索中，还想象不出理想的新诗范型，还无法与当时的文坛、诗坛拉开必要的审视距离，无法以冷静超然态度批评作品，只能以自己还不够成熟、不够完善的新诗观念批评新诗创作，编选新诗作品，他们所推举的作品只是符合他们当时的新诗理念，达到他们那时所想象的优秀新诗的水准，其中一些作品诗性平平，不具有经典品格，例如《人力车夫》《相隔一层纸》《学徒苦》等。第二，他们往往隶属于某个文学社团，认同某种创作潮流，在取舍作品时常常无法跳出文学小圈子，这不利于经典的遴选。草川未雨，实名张秀中，是海音社成员，1929 年该诗社所属海音书局出版了他的新诗史著《中国新诗坛的昨日今日和明日》。他完全站在拔高海音社诗歌的立场上，一方面批评否定《尝试集》《女神》《蕙的风》《繁星》《春水》等诗集；另一方面又不惜篇幅拔高海音社诗歌，设专节叙述、肯定名不见经传的谢采江的诗集《野火》和海音社的"短歌丛书",肯定他自己的诗集《动的宇宙》等,失去了史家应有的尊重历史、尊重艺术的起码立场。闻一多的《现代诗抄》也未逃出本位主义陷阱,收录了新月派徐志摩、闻一多、饶孟侃、朱湘、孙大雨、邵洵美、林徽因、陈梦家、方玮德、梁镇等一大批诗人的作品,且排在选本最前面,以示其重要性。其中徐志摩13首,是收录作品最多的诗人,排在前几位的还有陈梦家10首,闻一多9首,西南联大闻一多的学生穆旦11首;而郭沫若只有6首,戴望舒3首,早期诗人胡适、周作人、刘半农、康白情、李金发等一首也未收,个人诗学观念和本位立场影响了他对诗歌的取舍。闻一多的诗坛地位,无形的话语霸权,决定了其选本具有较大的影响力,而其选诗的偏至性则不利于新诗经典的呈现。第三,专家控制着批评话语权,按自己的好恶编辑选本,普通大众读者的权利无形中被剥夺。经典必须具有雅俗共赏的特点,经得起大众读者的阅读检验,符合大众审美意识与趣味,换言之,大众读者应参与经典的遴选。然而,现代新诗批评与选本是专家意识与口味的反映,他们按照自己的标准代替大众读者选诗,或者说强行向大众读者推荐作品,甚至以教学的方式规定哪些作品是新诗经典,规定哪些选本、哪些作品属于必读书,要求学生阅读乃至背诵,专家借助于外在力量控制着大众读者的阅读取向,相当程度上剥夺了大众读者选择的权利,他们所遴选出来的不少作品,诸如李金发的《弃妇》、卞之琳的《鱼化石》、穆旦的《诗八首》等,专业读者很难读懂它们,何况大众读者呢?所以它们是否能成为超越时空的经典,还需打一个问号。

百年新诗批评、选本和文学史著为主体所推动的经典化历程,是在由社会现实、历史文化、流行时尚、文学理想、审美趣味以及新诗创作潮流等多重因素所共同构成的场域中展开的。这个场域相当复杂,其呈现的浮躁、变动不居,影响着新诗的传播与接受。启蒙、救亡与革命是20世纪中国最大的主题,构成文学传播与接受场域中最核心的力量,其消长相当程度上决定着场域的变化,决定着对新诗的取舍与艺术价值评判。启蒙话语占主导地位的时期,表现个性解放、生命自由主题的作品受到青睐,如《小河》《天狗》《雪花的快乐》《教我如何不想他》等,被指认、阐释成为新诗经典;救亡话语压倒一切的年代,解放、救亡及相关主题的诗歌受到重视,如郭沫若的《抗战颂》、杨骚的《我们》、田间的《给战斗者》、艾青的《雪落在中国的土地上》、戴望舒的《我用残损的手掌》等受到重视,广为传播;革命话语凸显的时代,殷夫的《血字》、蒲风的《茫茫夜》、蒋光慈的《新梦》、郭沫若的《前茅》、闻一多的《洗衣歌》、李季的《王贵与李香香》等被确认为时代经典。总体而言,从20世纪20年代起,随着时代的交替、场域核心力量的消长,传播接受场域的基本风貌和性质也随之变化,致使不同时代遴选、阐释出了不同的经典诗人、诗作;一个时代所认可的经典往往与此前一个时代的经典有很大的不同,甚至在主题与诗美上都是对前一时代经典的否定。由此可见,现代诗歌经典化的历史不是沿着前一个时代逻辑、遵循相同的诗美原则以遴选塑造诗歌经典的过程,而是频繁中断既有的阐释思路,不断另起炉灶,不断推出新的经典,缺乏较长的相对稳定的沉积期,这无疑不利于新诗经典的沉淀。所以,一个世纪以来被不同年代共同认可的经典诗歌其实很少,例如《凤凰涅槃》《再别康桥》《雨巷》《断章》这些从20世纪80年代后期以来就被读者高度认可的新诗经典,在民国时期却并不受欢迎,那时的文学选本很少收录它们。

中国作为一个传统文化底蕴深厚的国度,作用于新诗传播接受与经典化的不只是现实层面的话语,如上述启蒙、救亡与革命,而且还有传统话语,且二者往往无形中结合在一起形成合力发生作用,这是一个重要特点。例如,中国古代民为邦本思想,进入20世纪后与启蒙和革命主题相结合,致使劳工神圣、大众化等成为一个世纪里绵延不绝的文学潮流,影响着新诗批评、选本与文学史叙述走向,使书写底层民众生活的现实主义诗作多被青睐。从理论上说,这没有问题,古今中外许多经典诗篇就是书写底层人民苦难的现实主义作品,然而事实上在一段时期存在着只看劳工题材和主题而不重视诗艺的倾向,或者说降低了对这类主题作品的艺术要求,使它们获得了更多的传播接受与经典化的机会。《人力车夫》是一首胡适自己并不满意的作品,在增订四版中被删除,从诗美层面看乃平庸之作,然而笔者统计从1920年至今的收录了胡适诗歌的218个诗歌选本,《人力车夫》竟然是入选率最高的诗作，共有 47 个选本收录该诗①，这无疑与该诗所表达的劳工主题有着直接关系；艾青的《大堰河——我的保姆》因其表现了对底层农妇的深情，长期以来被各类选本和文学史著高度认可②，推为经典，其实这首散文化的诗歌，由"在……之后""你的……""我……""她……""大堰河……""同着……""呈给……"等句式所构成的大量排比句叙事抒情，靠真情与主题打动人，但诗句过于口语散文化，一览无余，失去了汉语诗歌的含蓄与凝练，其诗意并不如一些专家所言那么浓烈，称得上中等资质的作品，但不属于诗美意义上的精品；刘半农的《相隔一层纸》、刘大白的《卖布谣》、臧克家的《泥土的歌》等亦属此类作品。又如，中国传统诗学中的功利主义观念，与 20 世纪"为人生"话语、社会革命话语结合在一起，致使那些书写现实革命主题的诗歌，受到更多眷顾，例如蒋光慈的《新梦》、殷夫的《别了，哥哥》、田间的《给战斗者》、袁水拍的《马凡陀的山歌》等被多个时期的选本收录，被不同版本的文学史著指认为新诗史上的重要作品，但事实上其中不少作品不属于艺术上乘之作。再如，中国是一个诗教传统深厚的国家，进入现代社会，诗教的实施途径主要被学校教育所取代，于是编写供学生使用的选本与文学史教材成为重要现象；但进入 20 世纪 50 年代，选本与文学史教材编撰被统一性大纲所规约，那些不符合"人民文学"创造要求的诗人诗作，如胡适、周作人、李金发、戴望舒、穆旦等诗人及其诗作就被删除或批判，郭沫若、刘半农、刘大白、殷夫、朱自清、蒋光慈、臧克家、蒲风等人那些有助于新中国文学话语建构的诗歌则受到重视，新诗史地位不断提升，成为一代又一代青年学生心中的经典。诚然，以统一性大纲取舍作品，向学生推介作品，这符合学校教书育人的特点，合情合理，以这种方式所遴选塑造出的经典有些确实是艺术精品，但以统一性大纲取舍作品也会抑制或抬高某些作品，所以那些选本和教材所推崇的新诗也不乏艺术平庸之作。进入 20 世纪 90 年代，不少编选者、编撰

---

① 方长安：《新诗传播与构建》，中国社会科学出版社 2012 年版，第 83 页。

② 方长安：《新诗传播与构建》，第 182～190 页。

者或因缺乏足够的鉴赏力,或因照抄他人选本与史著,向读者推介了一些艺术性不足的平庸作品,而一些大众读者正是阅读这类选本和史著而形成自己的审美趣味的,这样他们的审美境界往往不高,无法辨识诗之优劣,这对于新诗经典化是一种负面现象,不利于真正优秀诗作的传播与接受。

批评、选本和文学史著作为现代诗歌传播与接受的三重向度,确实有力地推进了新诗的经典化,为不同时代遴选出了新诗经典。但如上所言,专家视野,变动不居的传播接受场域,以及外在话语的参与,致使新诗的经典化历程中存在着一些问题,使所遴选阐释出的某些经典作品的经典性并不完全可靠。今天,我们应同情性地理解百年现代诗歌经典化历程,反思性地审视被批评、选本和文学史著所指认的那些新诗经典,并充分意识到现代诗歌经典化只是一个刚刚展开的开放性的历史过程。

(本文作者:方长安　武汉大学文学院教授　本文发表于 2017 年第 3 期)

马克思主义哲学与现代西方哲学
比较研究的回顾与前瞻

刘放桐

摘　要　马克思主义哲学与现代西方哲学的比较研究主要是指对马克思主义哲学本身的意义及与其同时代的西方哲学的现实关系加以考察。这种比较研究虽早已存在,但只有在中国共产党成为执政党以后,才可能由马克思主义者主导来从事这项事业。由于复杂的历史原因,真正自觉地进行这项工作是改革开放以后的事。20 世纪80—90 年代,学界在这方面做了大量工作。2000 年在上海举行的马哲西哲对话会在这方面取得了广泛共识,成了我国这种比较研究的转折点。但对这种比较研究的合法性仍有待进一步达成共识,在反对资产阶级自由化和西化倾向与研究现代西方哲学之间的关系问题还需进一步澄清,对理清西方各派哲学之间的联系和以马克思主义哲学为主导的现当代哲学发展趋势、特别是马克思在哲学上的革命变革和西方哲学从近代到现当代的转型之间的关系还需深化,由此进一步揭示马中西哲学的关系。

一、比较研究的含义和由来

马克思主义哲学与现代西方哲学的比较研究可以有不同含义。从维护马克思主义哲学的立场说,它主要是指对马克思主义哲学本身的意义及与其同时代的西方哲学,即现代西方哲学的现实关系加以考察。这种考察在一定意义上就是对这两种哲学理论上的是非对错、价值取向上的优劣、特别是二者在实践可行性上的高低等方面的评判。这种评判要在发展着的马克思主义指导下进行，从而防止左和右等方式的扭曲。

左的方式主要表现为在坚持马克思主义哲学立场的名义下笼统地对现代西方哲学全盘否定。由于它对马克思主义哲学往往做了教条主义的理解，背离了其与发展着的客观现实之间的内在联系、特别是抛弃了其与时俱进的特征，因此它对现代西方哲学的理解和批判与在本来意义上的马克思主义指导下的认识和批判必然南辕北辙。右的方式往往同样打着维护马克思主义哲学的招牌，但却忽视了马克思主义哲学与现代西方哲学之间的原则区别，不加批判地对现代西方哲学全盘肯定，实际上是把马克思主义哲学融入现代西方哲学之中。这两种方式对马克思主义哲学和西方现当代哲学都未能做客观的、具体的分析研究，都脱离了这两种哲学的实际所是，不可能对二者做出具有现实意义的比较研究，不符合我们从事对这两种哲学的比较研究的目标。

从事马克思主义哲学与西方现当代哲学的比较研究的主要目标，就是既坚定对马克思主义哲学的基本信念和立场、划清其与西方现当代哲学的界限；又对处于同时代的西方哲学采取求实态度，深入全面地揭示它们所存在的片面性以及可能存在的合理因素，从中吸取经验教训，由此促进马克思主义哲学的丰富和发展，使其能发挥更大的现实作用。因此，我们既要排除左的、把马克思主义哲学教条化的批判方式，又要排除右的、抹杀马克思主义哲学与现代西方哲学的原则界限的批判方式。

从马克思主义产生以来，马克思主义者一直面对着如何处理与同时代的西方哲学的关系的问题。作为革命无产阶级世界观的理论形态，马克思主义哲学的基本使命就是对以资产阶级意识形态为主的一切旧的意识形态进行批判，为建立革命的无产阶级意识形态开辟道路，并以此促进社会主义革命和建设事业的发展。马克思主义理论本质上就是一种批判的理论。马克思主义经典作家在严格尊重客观现实的基础上对资产阶级在意识形态上自始至终保持了坚定的批判立场。但随着现实的发展，他们的批判方式也会及时采取更为适应的形式。

在 19 世纪中期,由于资本主义制度固有矛盾空前激化及与之相应的经济危机的爆发,欧洲无产阶级和资产阶级之间的斗争处于激烈对抗状态,马克思和恩格斯号召无产阶级联合起来、通过暴力革命来推翻资产阶级统治和资本主义制度。这时他们在意识形态领域也对同时代的资产阶级思想家采取彻底决裂的立场。马克思对孔德等人和恩格斯对叔本华、朗格等人的批判都没有提及这些人的理论中是否存在合理因素的问题。后来列宁为了揭露俄国工人运动中一些人企图用马赫主义来取代马克思主义,对当时俄国无产阶级的斗争产生了极大的危害,于是对俄国马赫主义的批评也局限于纯粹否定性的批判。

马克思主义经典作家对同时代资产阶级哲学家的否定性批判是在特定的情况下做出的。此后当情况发生了变化,特别是 19 世纪晚期资本主义经过自我调整而在一定程度上缓和了危机、并使资本主义得到了新的发展,西方无产阶级与资产阶级的斗争在形式上也发生了某些变化。马克思和恩格斯都及时指出了武装起义不是唯一斗争形式,认为利用资产阶级所标榜的自由、民主等口号进行"合法"的议会斗争也是重要形式。在哲学等意识形态上的斗争也是如此,不仅要看到对立,也要在某些情况下承认统一。马克思对以资产阶级启蒙主义为理论基础的美国《独立宣言》和《解放黑人奴隶宣言》的高度肯定就是突出的例证①。列宁在《哲学笔记》中对唯心主义可能包含的现实内容也做了明确的肯定,并提出了聪明的唯心主义比愚蠢的唯物主义更接近聪明的唯物主义的论断②。

但是,马克思主义经典作家在无产阶级的政治斗争与意识形态斗争上的这种与时俱进的态度,长期以来遭到一些人的左或右的扭曲。在哲学上,右的扭曲主要表现为修正主义,无视马克思主义哲学与现代西方哲学的原则区别,放弃了反对同时代西方哲学的斗争,甚至把马克思主义哲学融入现代西方哲学之中。左的扭曲主要表现为教条主义,一些人无视 19

---

① 参见《马克思恩格斯全集》第 16 卷,人民出版社 1994 年版,第 17～19 页。
② 参见列宁《黑格尔〈哲学史讲演录〉一书摘要》,载《哲学笔记》,人民出版社 1956 年版,第 280～281 页。

世纪下半期以来西方资本主义的一些变更、特别是自然科学的革命性变更对同一时期西方哲学产生的影响中也可能存在积极性的因素，拒绝对这些哲学从事客观和具体的研究，笼统地将其归结为反马克思主义的反动哲学，由此将其全盘否定。这两种扭曲的共同特点是都背离了马克思主义的唯物史观，特别是不能从社会历史和人类认识（包括自然科学）的发展中来看待马克思主义哲学及与其同时代的现代西方哲学，因而对这两种哲学都没有客观和准确的认识。在这种情况下，自然也不可能对这两种哲学从事客观和准确的比较研究。

用马克思主义观点从事马克思主义哲学和现代西方哲学的比较研究是随着马克思主义者对这两种哲学的关系的反思而出现和发展的。国内外学界的情况大体上都是如此。我个人就是这样同我国哲学界一道开展这种研究的。

二、比较研究的准备历程

从清末民初开始、特别是五四新文化运动以来，马克思主义和同时代的各种西方哲学思潮都先后传入中国。如何处理二者之间的关系的问题从那时起就已经发生了。但是，只有在1949年中华人民共和国成立、中国共产党成为执政党以后，才可能由马克思主义者主导来从事马克思主义哲学与其同时代的西方哲学的比较研究。鉴于中华人民共和国成立以前几十年意识形态领域除了封建主义残余影响外，西方资产阶级的影响占据了支配地位；为了改变这种局面，在中华人民共和国成立之初，毛泽东领导中国共产党适时地发动了一系列批判资产阶级意识形态的运动，它们在较大程度上起到了预期的作用，特别是确立了马克思主义在中国的主导地位。但是，由于当时未能引导学者们严格坚持马克思主义的实事求是的原则，左的片面性愈演愈烈，以致产生了很大的负面作用。

正是由于受到左的片面性的影响，从中华人民共和国成立初期到改革开放近三十年的时期内，在正确强调确立马克思主义哲学主导地位的同时,对与其处于同时代的西方现当代哲学很少做客观求实的研究。由于笼统地把旧中国遗留下来的大学哲学系当作传播资产阶级反动哲学的温床,1952年撤销了北京大学以外的全国各大学哲学系。1955年发动的对胡适实用主义的批判运动在很大程度上起了全面简单否定西方现当代哲学的作用。1956年党的八大后一些大学的哲学系先后重建,西方哲学中的唯心主义一度被公认为应当研究。但不久又重新被归结为反动哲学而实际上成为研究禁区。除了当作供批判需要的反面材料而出版了少量有关论著和批判文章外,对现代西方哲学很少有真正客观求实的研究。在这种情况下,当然也不可能有马克思主义哲学与同时代的西方哲学的求实的比较研究。

一直到"文革"结束,随着关于真理标准问题的讨论的开展,更关键的是1978年12月党的十一届三中全会的拨乱反正以及1981年中共十一届六中全会通过的《关于建国以来党的若干历史问题的决议》的发表,长期流行的左的倾向受到了清算,用马克思主义观点从事马克思主义哲学与同时代西方哲学的比较研究也由此有了较好的条件,不仅得以正式启动,而且得到稳步发展。

就在1978年中期关于真理标准问题的讨论会后的10—11月,在安徽芜湖举行了大型的全国西方哲学史讨论会,学者们对长期流行的以马克思主义名义出现的对西方哲学的教条主义评价方式(特别是将其发展史简单地归结为唯物主义反对唯心主义、辩证法反对形而上学的斗争史的所谓日丹诺夫模式)明确地提出了质疑,一致认为必须纠正。这次会议被公认为是中华人民共和国成立以来我国西方哲学研究的转折点。对于中断研究近三十年的现代西方哲学,许多专家也建议恢复研究,但由于当时国内政治形势还较复杂,这次会议上未能展开讨论。1979年1—4月,中共中央召开了理论工作务虚会,确立了改革开放的方针,探讨现代西方哲学研究的政治条件已开始明晰可见,学界适时地于1979年11月在山西太原举行了更大规模的现代外国哲学讨论会。会议除了由一些专家介绍当前国外的现代哲学流派的研究状况外,讨论的主题就是现代西方哲学研究在我国是否应当以及怎样恢复,并在这方面取得了很大的共识。尽管当时学者们在会上对现代西方哲学评价还很谨慎,但毕竟宣示了这一学科的研究的合法性,还制定了一些较具体的研究计划。因此可以把这次会议看作是现代外国哲学在我国正式恢复并开始呈现发展的趋势的标志。尽管当时还没有人直接将马克思主义哲学与现代西方哲学做比较研究,但对现代西方哲学学习和研究的合法化的肯定必然会为这种比较研究创造条件。

太原会议以后,我国的现代西方哲学学习和研究可谓形成了热潮。卷入这一热潮的除了研究西方哲学的专家外,还有许多其他领域的专家以及大量的青年学生。他们虽然并未打算专事现代西方哲学的研究,但对以往几十年这方面的封闭状况大都不满;希望除了从传统的马克思主义哲学教科书了解哲学外,还能有机会对现代西方哲学等其他哲学有所了解;以便增进见识,拓宽眼界,促进他们所从事的其他领域的学习和研究。从这种意义上说,这股热潮有其积极作用。但是现代西方哲学的社会基础和理论形态与马克思主义哲学毕竟有原则的区别。如果不加批判地对其笼统肯定,就会造成冲淡、甚至放弃马克思主义哲学的结局。这显然不符合我国社会主义意识形态建设的要求。正因为如此,当时有关部门适时地提出了反对资产阶级自由化和西化的方针。这本来是维护马克思主义所必需的,但在执行中有些地方对其做了过分宽泛的解释,以致教条主义等过左的现象又乘机而起。为了在对待现代西方哲学上坚持真正的马克思主义的立场,克服左和右的偏向,必须在重新正确理解真正的马克思主义哲学的同时,对现代西方哲学进行深入具体的研究,揭示其实际所是,并在马克思主义的指导下对这两种哲学进行比较研究,正确揭示二者的现实关系。只有这样才能既坚持马克思主义,又能在马克思主义指导下正确对待现代西方哲学,从后者发展的成败得失中吸取经验教训,用以促进马克思主义哲学的丰富和发展。从 20 世纪 80 年代中期起至今,尽管有时还有曲折,我国哲学界整体上正是沿着这条道路开展研究的。

从马克思主义哲学产生以来出现的现代西方哲学纷繁复杂,要对其做出清晰的梳理和深刻的认识不是短期内所能做到的,只能先易后难,择其要者而为之。从在中国的影响之大以及在中国受到扭曲之广来说，莫过于实用主义了。因此我个人选择从重新认识实用主义开始，特别是关注如何恰当地将实用主义哲学家本人的学说与一些对实用主义做的片面解释以及野心家、庸人们所奉行的实用主义区分开来。尚在 20 世纪 70 年代末编写《现代西方哲学》教材时我就已如此关注了。这部教材由于是中华人民共和国成立以来国内本学科第一部教材，曾因受到广泛欢迎而大量发行，但也由此引起其是否导致资产阶级自由化的严重质疑。对实用主义未做以往那种激烈批判估计是引起人们质疑的焦点之一。这促使我拟撰写一篇既有关于实用主义的扎实的事实根据、又符合马克思主义的批判精神和求实态度、从而有较大说服力的"重新评价实用主义"的文章。这篇文章在 1986 年写成。它以分节小标题的形式对流传近百年的对实用主义的全盘否定性的评价提出了全面的质疑。我深知发表这样的文章要冒很大的政治风险，因此慎之又慎。写作虽只有几天，但准备了几年。写成后我先打印提交给中国现代外国哲学学会让少数专家传阅，他们反映很好。此后我试探性地在发行范围较窄的《现代外国哲学》（以书代刊）上发表，意外地获得了同行专家们的高度赞赏。现代外国哲学学会还决定专门召开一次会议来讨论如何评价实用主义，这次会议于 1988 年在成都举行，被公认为是我国学者如何用马克思主义观点评价实用主义等现代西方哲学的重要转折点。

在对如何用马克思主义求实的观点评价实用主义等现代西方哲学思潮取得较大共识后，下一步的工作是如何在对现代西方哲学的各种理论做出更为全面、具体、深刻的研究的基础上，开展将同时代的马克思主义哲学与这些哲学做比较研究，以便既划清二者之间的原则界限，又通过从现代西方哲学发展的成败得失中吸取经验教训，用以促进马克思主义哲学的丰富和发展，特别是帮助我们对发展着的马克思主义哲学能够有更为准确的认识。

用马克思主义哲学观点学习和研究同时代的西方哲学的过程实际上已蕴含着对这两种哲学的比较研究。不过这大体上还只是自发的，或者说未能从这两种哲学的社会历史背景和理论形态等各方面的问题作为直接研究的对象自觉地加以比较研究。只有在对现代西方哲学的各个流派有了较深入、具体和广泛的研究以后，只有在克服了长期存在的对马克思主义哲学的教条主义等片面的认识、对什么是真正的马克思主义哲学有了大体一致的认识以后，才有对这两种哲学做自觉的比较研究的条件。在20世纪80年代，我国马克思主义哲学界和西方哲学界虽然都开始在学习对方的理论，但就专门研究来说，双方大体上都局限于探讨本学科内部的一些重要问题。马哲界当时为马克思主义哲学的名称问题（例如是否可称为实践唯物主义或实践哲学）而争论不休。西哲界因为范围更广，如何协调和兼顾好欧陆哲学和英美哲学的研究已经为许多人所力不从心。加上当时一些人、特别是理论宣传部门的同志对加强有关现代西方哲学的研究与反对资产阶级自由化的关系还不善于处理。在这种情况下，正式启动对马克思主义哲学与现代西方哲学的比较研究仍是困难重重。其实，马哲界和西哲界的专家都有从事这种研究的意愿。我那时参加全国性的哲学会议的机会较多，除西哲的同行专家外，我与马哲界的一些最著名的专家也有较多交往。以我和当时在南京大学的夏基松教授为西哲一方同以萧前、陶德麟和黄枬森教授为马哲一方的朋友早在20世纪80年代后期就曾拟发起开一次全国性的马哲和西哲研究对话会，双方都做了认真的准备。开会的时间和地点都定了，最后却因举办地有关部门对现代西方哲学的疑虑而突然取消。

从改革开放伊始到20世纪80年代末的十多年中，自觉地用马克思主义观点对马克思主义哲学与现代西方哲学进行比较研究的工作虽然还没有正式启动，但已经为这方面的研究创造了非常有利的条件，一些专家实际上已经在考虑开始做这方面的工作。到了20世纪90年代，随着能将马哲和西哲研究打通的年轻一代学者的崛起，这方面的工作不仅得以兴起，而且取得了许多重要成果。

三、比较研究的兴起及其主要成就

马克思主义哲学与现代西方哲学比较研究在 1990 年代兴起并得到迅速发展的一个决定性因素,是改革开放以后成长起来的中青年哲学家这时已开始进入其哲学活动的旺盛期。他们的一个共同特点是较少有我们这一辈以及我们的前辈学者所无法避免的沉重的历史包袱。当他们尚是学生时,他们所学的马克思主义哲学已在很大程度上摆脱了教条主义扭曲,他们不仅系统地学了现代西方哲学,而且这已不再是被全盘否定的现代西方哲学。当他们开始工作时,虽有马哲、西哲的分工,但他们大都较为容易突破这种分工,并在很大程度上将二者打通。正因为如此,他们的许多研究成果均显示出他们能超越本专业的范围而有广阔的视角。

我们这一辈人的历史局限性最大。在我们最能长知识的青年时代,一个接一个的政治运动占去了很大部分的学习时间,而意识形态的"左倾"又使我们不得不花大量时间去接受许多不能增进智慧、反而导致头脑僵化的教条,我们的"学术研究"也往往被限制在某种特殊体制所允许的范围。这样就造成了我们在专业知识和马克思主义的掌握上都有很大局限性。我们研究西方哲学的人大都有一段学习马克思主义哲学的经历。按说应当善于用马克思主义哲学来指导西方哲学研究并取得较好的成效。但由于所接受的马克思主义往往是受到过扭曲的,这反而使我们对西方哲学、特别是与马克思主义哲学同时代的现代西方哲学不能采取实事求是的态度,从而往往未能掌握现代西方哲学的真谛。在从事马克思主义哲学与现代西方哲学的比较研究上,即使是改革开放以后,我们走的也是一条曲折的道路。

我在同辈人中算是幸运的。在现代西方哲学被简单归结为帝国主义反动哲学而被禁止在大学课堂开设的年代,复旦大学的全增嘏教授却以"现代外国资产阶级哲学批判"的名义获准开设。我 1961 年初来到复旦大学后不久,他就把这门课程的全部教学任务交给了我。系统讲授和编写相应教材的需要促使我对当时可能找得到的各个哲学派别的材料都有所涉猎,由此对现代西方哲学从整体上获得了较多了解,这使我在用马克思主义观点评价现代西方各派哲学以及将它们与马克思主义哲学做比较研究上能有一定信心。上面提到的《重新评价实用主义》一文之所以能有较大影响正是由于此文既坚持了马克思主义的批判态度,又在较大程度上尊重了实用主义的实际所是。如果这样做能得到认可,那也可以这样来重新评价其他现代西方哲学流派。

重新评价现代西方哲学的目的不是简单地为它们翻案,更不是用它们来削弱、甚至取代马克思主义,恰恰相反,而是为了更准确地来认识这两种哲学。既划清马克思主义哲学与现代西方哲学的原则界限,又揭示它们作为同一时代的哲学所必然具有的同一和差别的关系;通过揭示和总结现代西方哲学的成败得失,从中吸取经验教训,以便更好地丰富和发展马克思主义。正因为如此,在对马克思主义哲学的重新研究和对现代西方哲学的重新评价都取得了较大成果后,在马克思主义指导下对这两种哲学自觉地开展比较研究的任务就显得非常突出了。

我个人对这种比较研究思考较早。重新评价实用主义就是为做这种比较研究创造条件。1990年出版的《现代西方哲学》修订本抛弃了对现代西方哲学的僵化的批判模式,初步肯定了西方哲学从近代到现代转型的积极意义。这标志着已不把这种转型与马克思在哲学上的革命变更绝对对立起来、而企图从二者的共同的社会政治和思想文化背景下来考察它们之间的对立和统一关系。这实际上意味着已开始尝试从事马克思主义哲学与现代西方哲学的比较研究了。由于当时的主客观条件都不具备,我无法把问题明确提出来,更无法对它们做出明确的回答。但是我已把明确提出和回答这方面的问题当作我今后工作的主轴。

为此,我密切关注哲学界与此相关的研究动态,特别是作为对这两种哲学的比较研究的指导思想的马克思主义哲学的研究动态。如果马克思主义哲学研究还停留于以往那种僵化的状态,这种比较研究根本无法进行。即使进行,也必然被人简单当作是抹杀这两种哲学的对立、甚至是将现代西方哲学取代马克思主义,那就成了一个重大的政治问题了。好在改革开放以来我国马哲界经过多年的讨论,克服了种种分歧,大家在抛弃传统的所谓"教科书批判模式"并肯定实践的观点是马克思主义哲学的核心观点这个大方向上取得了一致。而这意味着可以用重新理解的马克思主义观点来认识马克思主义哲学本身及与其同时代的现代西方哲学,并重新评价它们之间的关系。对于现代西方哲学,我国哲学界早已改变了以往那种简单地全盘否定的状况,对众多流派和哲学家的理论进行了越来越广泛和深入的研究,这也为对它们进行求实的评价提供了可靠的依据。

正是由于国内有上述哲学研究背景,我在 20 世纪 90 年代中期已就马克思主义哲学和现代西方哲学的比较研究问题形成了两个相对确定的观点。要言之,一是西方哲学从近代到现代的变更不能像以往那样归结为由唯物主义转向唯心主义、辩证法转向形而上学、进步转向反动,而是西方哲学发展史上一次具有划时代意义的哲学思维方式的转型,它标志着西方哲学发展到了一个新的、更高的阶段。二是西方哲学的现代转型与马克思在哲学上的革命变革大体上发生于同一历史时代。它们所要变更的哲学都是已处于严重危机和困境的西方近代哲学。二者在批判和超越西方近代的哲学思维方式、建立适应现代的哲学思维方式上必然存在着重要的共同之处,在一定程度上可以说是殊途同归。但是,二者之间在阶级基础和理论形态上又有着原则性的区别。例如,作为马克思主义哲学的核心观点的实践,指的是以物质生产活动为基础的人的全部改造自然和社会的活动,它与马克思主义的唯物主义自然观和社会历史观是统一的。因此,马克思主义哲学既超越了西方近代哲学,也超越了西方现代哲学。这两个观点是对流行了一个多世纪的权威观点的全面颠覆,公开发表显然要冒较大风险,但我还是要做一番尝试。1995 年我发表了《从西方古典哲学到现代哲学的转折》①一文。由于观点表述不够鲜明、论证不力,没有引起学界注意,但也未引起什么麻烦。于是我在 1996 年又发表了《西方哲学的近现代

---

① 刘放桐:《从西方古典哲学到现代哲学的转折》,《河北师院学报》1995 年第 2 期。

转型与马克思主义哲学和当代中国哲学的发展道路(论纲)》①一文。该文对上述两个观点的阐释比前文明确和清晰得多,经《新华文摘》几乎全文转载,在哲学界引起了相当广泛的反响。尽管也曾有人怀疑它是否偏离了马克思主义,但赞同和大体上赞同的占了绝大多数。

上述论文毕竟只是"论纲"性的,论证远非全面和充分。在此后的近二十年间,我一直持续在从事这方面的工作,发表了几十篇论文(其中《当代哲学走向:马克思主义与现代西方哲学的比较研究》②、《对西方哲学近现代转型的历史与理论分析》③等十多篇为《新华文摘》转载)。以此为基础,我编写了《马克思主义与西方哲学的现当代走向》(人民出版社 2001年)、《中国的现代哲学历程:西方哲学与马克思主义》(华盛顿英文版 2004年)、《西方近现代过渡时期的哲学:哲学上的革命变革和现代转型》(人民出版社 2009年)、《探索、沟通和超越:现代西方哲学与马克思主义哲学的比较研究》(北京师范大学出版社 2010年)、《马克思主义哲学与现代西方哲学研究》(北京师范大学出版社 2012年)等专著。广为发行的《现代西方哲学》教材的第三版,即《新编现代西方哲学》(人民出版社 2000年)在对现代西方各派哲学的评述上也具体贯彻了上述两个观点。在这些论著中,我试图分别从不同方面、不同视角、结合不同哲学问题对马克思主义哲学与现代西方哲学的关系问题尽可能做出明确的阐释。从相对狭义的马克思在哲学上的革命变革和西方哲学从近代到现代的转型来说,我个人所能做的大体上都已做了。

在重新得到正确理解的马克思主义指导下重新研究和评价现代西方哲学,在西方哲学从近代到现代转型的大背景下重新更深刻地理解马克思在哲学上的革命变革的伟大意义,这是改革开放以来我国哲学研究中的一种具有很大普遍性的潮流。我对马克思主义哲学与现代西方哲学的比较

---

① 刘放桐:《西方哲学的近现代转型与马克思主义哲学和当代中国哲学的发展道路(论纲)》,《天津社会科学》1996年第3期。

② 刘放桐:《当代哲学走向:马克思主义与现代西方哲学的比较研究》,《天津社会科学》1999年第6期。

③ 刘放桐:《对西方哲学近现代转型的历史与理论分析》,《学海》2000年第5期。

研究不过是较为自觉地适应这种潮流,我所做的工作只是我国哲学界在这方面的重要成就中的全豹之一斑。事实上,哲学界许多专家、特别是中青年专家在这方面所做的比我要广泛和深刻得多。作为一个突出的事例,我在此提一下 2000 年在上海举行的马克思主义哲学和现代西方哲学研究的对话会。

上文曾提到早在 20 世纪 80 年代后期马哲和西哲界就曾准备举行双方的对话会,虽因时机不成熟未能开成,但我们一直在关注着这方面的研究动态。我从 20 世纪 90 年代中期发表的上述见解在马哲和西哲界都引起较多共鸣。许多专家发表了与我类似、但有的更深刻和具体的意见。研究马哲的专家深入研究西哲、研究西哲的专家重新研究马哲,这时已成为普遍的风尚。我感到对话的时机已经成熟,就向时任教育部哲学学科教学指导委员会主任的陶德麟教授建议,以这个委员会的名义召集马哲和西哲的专家开一个对话会,得到了他和其他几位副主任的赞同,教育部的相关领导也批准了我们的申请。这个对话会于 2000 年夏由复旦大学哲学系承办举行。参加会议的专家学者有一百多人,高教系统从事马哲和西哲研究的老中青三代著名专家几乎都来了。其中包括当时已年逾八旬的萧前、黄枬森、张世英教授,萧前教授是坐着轮椅来的。由于改革开放以后一直未能成立全国性的哲学学会,以往马哲和西哲界的全国性学术会议都是分学科单独举行的。这次难得有机会在一起、并就马克思主义哲学与现代西方哲学的关系这个共同关注的重要议题自由探讨,大家都很兴奋,表达了一种将这两种哲学结合起来研究的强烈意愿。由于会议时间毕竟有限,不可能就许多具体问题深入探讨,但在摆脱以往受到教条主义扭曲的马克思主义批判模式,重新理解马克思主义哲学的革命意义、并在其指导下重新研究和评价现代西方哲学上,可谓取得了高度的一致。这次会议对我国马哲和西哲研究、特别是二者的比较研究上起了重要的推动作用。

上海对话会以后,我国这方面的比较研究得到了新的重大发展。许多中青年专家在这方面做出了更为广泛、深刻和具体的研究,并取得了极为丰硕的成果。这最突出地表现在从事马哲研究的专家都非常重视对现代西方各派哲学的研究。他们已远不满足于对它们的一般性了解,而是按著名西方哲学家和哲学派别的具体理论逐个进行专题研究,他们关于这方面的论著所达到的研究水平受到了西哲界的高度评价。同样,西哲界的专家也更为关注对马克思主义哲学的重新学习和研究,更加善于将以往受到极大扭曲的马克思主义与真正的马克思主义区分开来,更好地将对西方哲学、特别是现代西方哲学的研究与对马克思主义哲学的研究结合起来,从而大大地推进了我国的整个哲学研究。而这也正是我国马克思主义哲学与现代西方哲学比较研究最主要的成就。

四、比较研究存在的问题及未来走向

马克思主义哲学与现代西方哲学的比较研究在我国已取得了许多重要成就,但也还存在一些问题,有待进一步研究和解决,对此笔者做些简要分析。

1. 对比较研究的合法性达成进一步的共识。

我们上面曾谈到,许多研究马克思主义哲学的学者对现代西方哲学做了大量研究。他们对现代西方哲学的各个派别和哲学家的理论所做的深入细致的探讨不亚于专业的西方哲学研究专家。他们不仅善于运用现代西方哲学的话语,往往能把后者的一些积极因素引入马克思主义哲学研究中,丰富和发展了马克思的哲学。例如,他们对现代西方哲学中的生存概念做了唯物主义的改造,并将其与马克思主义的存在论和实践论统一起来,就是对马克思主义哲学本体论的一种更好的阐释。但是,为了避免僵化的马克思主义的非难,他们在合理地利用现代西方哲学中反映人类哲学发展的积极因素时,却又不得不避免使用现代西方哲学中本来合理的话语,甚至避免提及现代西方哲学。尽管很少有人再主张用僵化的马克思主义来评价现代西方哲学,但毕竟还有人未能划清僵化的马克思主义与发展着的马克思主义的界限。这意味着马克思主义哲学与现代西方哲学比较研究的合法性问题尚未完全解决,这显然不利于批判地借鉴现代西方哲学的积极成果用来丰富和发展马克思主义哲学。

2. 全面研究和正确处理资产阶级自由化和西化思潮与现代西方哲学的关系。

资产阶级自由化和西化思潮与我国社会主义精神文明建设不相容,而西方资产阶级哲学是资产阶级自由化和西化思潮的重要理论基础。因此,许多人对西方哲学、特别是西方现当代哲学的作用怀有疑虑、对其可能产生危害怀有警惕,这是很自然的。揭露和批判现代西方哲学思潮对我国可能产生的负面作用,是我国哲学研究的重要任务之一。

但是,对西方哲学思潮与资产阶级自由化思潮的关系的理解又不宜简单化。

大家现在所谈论的资产阶级自由化大体上是指西方资产阶级所宣扬的自由、平等之类思想倾向,它们的产生与资本主义商品经济的出现相适应。商品必须在市场上实现,商品经济就是市场经济。而市场关系外表上是自由、平等的买卖关系。相对于封建制度下农民在经济和政治上对贵族地主阶级的人身依附关系,资本主义的这种自由、平等关系有过进步意义。一些资产阶级思想家由此给它们戴上普世价值的光环。其实,这种外表上的自由、平等掩盖了资产阶级对无产阶级事实上的剥削和奴役。马克思在《资本论》中对这种自由、平等的虚伪性和欺骗性做过淋漓尽致的揭露。资产阶级的思想家大都是这种所谓普世价值的宣扬者。但是,随着资本主义奴役制度内在矛盾的暴露,也有一些西方思想家从同情广大群众的角度来谈论普世价值。杜威强调"私利服从公益"、肯定发扬个性(个人主义)的主要目的是更好地服务于社会,罗尔斯等人强调公平正义,都不能简单地说是站在资产阶级欺骗立场,有的研究具有重要的现实意义,对之要具体分析。

更为重要的是:现代西方哲学不只是谈论自由化等政治问题。它们从当代科学技术和人类认识的发展出发对存在论、认识论、科学方法论等各方面的哲学问题都在不同意义上做过大量研究,有的研究取得了重要成果,推动了哲学的进步。

总的说来,反对资产阶级自由化并不排斥对西方哲学、特别是西方现当代哲学的研究,恰恰相反,为了更好地处理二者的关系,划清二者的界限,需要在加强对发展着的马克思主义的研究的同时,更深入具体地理解发展着的西方哲学,加强对它们的比较研究。

3. 深入探究西方现代各派哲学之间的区别和联系,特别是深入探讨它们的变化与由马克思主义哲学为主导的现当代哲学发展的总的趋势的联系。

改革开放以来,我国的西方哲学研究不仅得以恢复,而且在许多重要领域都取得了显著的成果。一些专家早已不满足于一般性的了解,而是选择他们认为重要的哲学家或哲学流派进行深入细致的研究。例如一些研究现象学的学者大都有一段在国外从事研究的经历,在那里取得博士学位或进行访问研究。回国后他们对现象学继续进行有计划、有组织的研究。他们在这方面的研究成果已不比国外同行逊色。对英美盛行的分析哲学的研究虽然有些曲折,但总体来说也已进入国际前沿。中国学者至少可以与国外先行的哲学家平等对话。也正因为国内哲学界对现代西方哲学的研究已经相当深入细致,他们的分析也已达到较高水平,那种仅凭现代西方哲学的片言只语便对之简单批判的状况总的说来已经过去。

但是,我国学界对现代西方哲学的研究也还有不足之处。其中最重要的是对各个西方哲学家和各派哲学之间的联系、特别是这些哲学家和哲学流派的理论与由马克思主义哲学为主导的整个现当代哲学的发展趋势之间的关系的研究还相对薄弱。研究现代西方哲学当然需要深入具体地研究各个哲学家和哲学派别的具体的理论。但如果只是孤立地研究各个哲学家或各个哲学派别,那我们所获得的就可能局限于它们所论及的较狭窄或者较独特的方面,无法从与其他哲学家或哲学流派的理论、特别是与马克思主义哲学的比较中来了解所处时代哲学发展的趋势。这样我们同样无法对这些理论做出恰当的评价。任何一种哲学理论发生什么样的作用,都不可能是孤立地来判断,都必须由它在所处时代以及这个时代哲学发展的总趋势中的地位来判断。准确地理解现当代哲学所处的时代以及这个时代哲学发展的总的趋势,是准确理解这些哲学的地位和作用的重要前提。

4. 为了准确地理解现当代哲学所处的时代以及这个时代哲学发展的总的趋势,最重要的是进一步深入具体研究西方哲学从近代到现代的各种转向、特别是马克思在哲学上的革命变革以及二者之间的关系。

对于近代哲学到现代哲学的转向,马克思主义哲学界一般做双重解释。其一是从近代哲学到马克思主义哲学的转化,即马克思在哲学上实现的革命变更。这方面虽然还有不少具体问题需要讨论,但对马克思把与唯物主义和辩证法相统一的革命实践当作这一变革的基础,大家的认识基本一致。其二是西方近代哲学到现代哲学的转向。绝大多数人都抛弃了过去的简单否定的倾向,肯定了这一转向的进步意义,但具体如何解释还是众说纷纭。

从 19 世纪中期即与马克思主义产生大致同时代起,西方哲学中弥漫着一种在不同的意义上批判黑格尔而要求回到康德的思潮,这也许并非简单倒退,而是利用康德的先验主体的能动性、将其做各种改造,以此超越传统的二元分立思维方式。许多哲学流派各自通过强调意志、生命、生活、行动、趋势、过程等的决定性作用,反对近代哲学的实体性形而上学和体系哲学,由此在不同程度上具有现代哲学的特征。20 世纪初罗素和摩尔通过语言分析对唯心主义的反叛所形成的分析哲学运动以及欧陆哲学家通过反对以二元分立为特征的传统形而上学所形成的现象学运动,构成了现代西方哲学的两大思潮,它们的兴起被公认为是由近代哲学转向现代哲学的标志性事件。这些现代西方哲学派别当然有着各种联系,都宣称自己实现了哲学上的转向,但又都强调各自的独特性,没有哪个流派具有优先地位。直到 20 世纪第二次世界大战时期,随着语言分析哲学越来越得势,所谓语言的转向在西方哲学的各种转向中逐渐取得了主导地位。往上由罗素、摩尔追索到弗雷格、皮尔士,往下扩及绝大部分现代西方哲学思潮。欧洲大陆现象学、存在哲学、阐释学、结构主义和解构主义等也被认为在一定意义上把哲学问题归结为语言问题。然而,由近代哲学到现代哲学的转向真的可以归结为语言的转向吗？至少从与马克思主义哲学做比较研究来说难于这样归结。实践的观点是马克思实现哲学上的革命变革的核心观点，这大概是众所公认的。而实践的观点很难归入语言的转向。如果把语言的转向看作是现代哲学的根本转向，那岂不是要取消马克思在哲学上的革命变革的意义吗？

至于现代欧洲大陆哲学之把哲学问题当作语言问题，也具有与分析哲学不同的意义。就以海德格尔的存在哲学来说，他虽然说过语言是存在的家，但这并不意味着语言就是存在。他更多地是强调"在"（Sein，在，是）本身怎样"在起来"这种活动。在实用主义哲学家中，皮尔士和杜威特别强调语言的作用。杜威甚至认为正是语言的使用使人类成为有思维和智慧的动物，从而有别于其他任何动物。但是他也并不把语言当作是某种终极的事物。语言始于说话，而说话本身就是一种活动。语言是在利用语言这种人类实践的特殊形式中产生的。

上述分析并非否定语言的转向以及其他西方哲学流派或哲学家根据他们自己的理论所提出的各种特殊的转向的意义；我只是认为它们未能将各种特殊转向的独特的意义充分展示出来，从而也未能理清它们之间的关系，这样就难以把握整个现代哲学转向的更为深刻和具体的意义，特别是难以正确揭示和阐释西方现代哲学的各种转向与马克思在哲学上的革命变革的关系。马克思在哲学上的革命变革的深刻意义只有在与各种其他哲学形态、特别是与同时代的各种西方哲学转向的比较中才能更具体地显示出来，我们研究后者的主要意义也正在此。

5. 把对西方哲学与马克思主义哲学的比较研究与对中国传统哲学和文化的变更的研究进一步联系起来，更妥善地处理好二者的关系。这一点更为重要。

一定的哲学总是在一定相应环境下产生和发展并为维护和发展这种环境服务。西方和中国哲学也都是这样。中国学者研究西方哲学（包括现当代）的主要目的不是发展、更不是创建这些适应西方环境和西方文化传统的哲学，而是通过研究这些哲学的成败得失，从中吸取经验教训，以利于创建和发展与中国环境相适应的中国特色的哲学。这并非什么新观点。严复等第一批译介现代西方哲学的专家早就是这样做的。由于后来出现过"全盘西化"倾向,对维护和发扬中国传统哲学和文化造成了不利影响。当时就有学者对其进行了批判。最近几十年来,随着对外开放的发展,中国学界对西学的译介和研究也空前发展,对"全盘西化"之类倾向更有必要提高警惕。许多学者就如何反对西化和自由化发表了大量论著,这是应当肯定的。

至于怎样从维护和发展中国传统哲学和文化的目标出发来研究西方哲学,前辈学者也做了大量工作,值得加以总结和借鉴。这方面的工作近些年仍有不少专家在做,并取得较多成果。现在大家更为关注的是如何使我们这方面的研究更加适应中国特色社会主义建设、特别是社会主义精神文明建设的需要。而这既需要我们对西方哲学本身与中国传统哲学和文化本身有更全面、客观和具体的理解,更需要我们对发展着的马克思主义、特别是中国化了的马克思主义有较好的掌握,因为只有在后者的正确指导下,我们才能在这方面取得预期的成就。改革开放以来,特别是党的十八大以来,中央和地方各有关部门都设立了大量有关这方面的重大研究课题,已有不少优秀的成果问世。我在这方面没有具体研究,无法多谈。

我对当下进一步开展马克思主义哲学和现代西方哲学的比较研究的理解,主要就是较好地解决上面所提到的几个主要问题。它们能得到何种程度的解决,是我国马克思主义哲学和现代西方哲学比较研究取得何种程度成功的主要标志。从近几年我国哲学界研究的实际状况看,上述一些问题都已在解决过程中,有的已取得重要成果。我对取得更好的成绩充满信心。

作为对马克思主义哲学和现代西方哲学比较研究的前瞻的补充,最后我就学界广泛谈论的关于如何打通"马中西"研究的问题再提一点看法。

人们在讲到当代中国哲学发展道路时经常强调要更好地打通"马中西"。我完全赞成。但如何理解三者以及它们的关系还有待探讨。有的学者提出"马魂、中体、西用",但也有学者提出应当更强调中国传统文化这个根,反过来提出"中魂、西体、马用"或"中魂、马体、西用"。我则认为应当将三者结合起来考虑。"马"无论是作为"魂""体"还是"用",都应是指在整个西方、甚至整个世界发展哲学发展大趋势下的"马",是发展中的马克思主义、在中国运用更应是中国化了的马克思主义。"中",也应当是发展中的"中"。建设中国特色社会主义新文化当然应当以中国传统哲学和文化为根基,但这不应当是照搬千百年来的、仅与以往历史相适应的旧文化,而应当是经过长期与外来文化、特别是一百多年来的马克思主义文化相互作用下的中国传统文化。至于"西",更应是在西方社会变更影响下经历了重要变更的"西",是经过马克思主义批判、用马克思主义观点重新理解的"西"。总之,"马中西"是发展着的"马中西",是在三者变更了的形态下、在三者的当代条件下的"马中西"。只有这样,我们才能适应当代变更了的条件将三者在符合中国特色社会主义建设要求下打通。

（本文作者:刘放桐　复旦大学哲学学院教授　本文发表于 2017 年第 5 期）

"互联网+"的技术红利与非预期后果

张兆曙

摘　要　信息技术范式和互联网逻辑塑造了一种全新的时空结构,即虚拟时空。虚拟时空改变了工业化逻辑下时空事项的区域化机制,在社会层面引起社会组织方式的变革,在经济层面带来源源不断的技术红利。以"去中介化"和"弹性时间"为特征的虚拟时空,一方面使市场交易摆脱了对空间上的邻近中介及其传递交易的路径依赖;另一方面使市场交易与时间的搭配更为机动有效。总体上看,虚拟时空显著促进了市场规模的技术性扩张和有效改善了市场交易的成本结构,从而构成"互联网+"的技术红利的结构性源头;但同时也导致按照工业化逻辑展开的传统市场、行业和商业模式的衰退。

随着互联网技术在市场领域的广泛应用,以电子商务和共享经济为代表的新经济逐渐展现出巨大的市场潜力,并深刻地影响到新世纪以来的中国社会。人们的日常生活对互联网技术产生了全面的依赖,各种基于互联网技术的商业模式为我们的消费带来了前所未有的快捷与便利。毫不夸张地说,互联网技术已经在事实上引领和推动着中国市场结构和交易秩序的变革。不仅如此,互联网技术还被赋予了更高的使命。中国政府甚至希望借助互联网的技术红利促使传统产业的转型升级、推动创新创业和消化过剩产能,进而将"互联网+"上升到国家战略的高度,并试图藉此改变中国在工业革命以来尾随者的地位。因此,互联网技术在市场领域得到了前所未有的拥抱,市场主体普遍因担心错失了互联网技术的快速列车和技术红利而纷纷加入新经济的行列。然而,谨慎的社会观察者则担心互联网所代表的信息技术革命是否会像工业革命一样,蕴含着类似经典社会学家反复批判的"现代性危机"。来自市场领域的批评者还担心既定的生产体系和市场秩序一旦按照互联网的方式进行重组,将会彻底摧毁基于工业化逻辑而建立起来的市场结构,并威胁到特定行业和群体的安全系统。从这个意义上说,"互联网+"是一个经济问题,"互联网+"的非预期后果是一个社会问题。围绕互联网的技术红利与非预期后果之间的纠结心态,则为我们提供了一个认知上的契机,即立足于互联网的技术特征,从互联网与市场的结合方式出发对"互联网+"的技术红利与非预期后果进行一种学理上的清理。

一、信息技术革命与社会组织方式的流变

网络社会学的奠基者卡斯特认为,信息技术革命至少和 18 世纪的工业革命一样,是个重大历史事件,导致了经济、社会和文化等物质基础的不连续模式。[1] 在这里,卡斯特所说的不连续模式,相当于吉登斯所说的存在于现代世界与传统世界之间的断裂,[2]强调的是社会组织方式的根本性差异。也就是说,网络社会相对于工业社会如同工业社会相对于农业社会一样,其社会组织方式并不是后者的延续,而是另起炉灶或者断裂性的变迁,网络社会的兴起意味着基于工业化逻辑的社会组织方式将会被基于互联网逻辑的社会组织方式所取代。本文所讲的社会组织方式,是指安排社会生活(包括政治、经济和日常交往)的程序和路径。体现在社会行动上,就是行动者在什么时间什么地点做什么事情。简言之,社会组织方式就是时间、空间和事项的搭配[3],本质上表现为行动者完成具体事项的时空

---

① 卡斯特:《网络社会的崛起》,夏铸九、王志弘等译,社会科学文献出版社 2006 年版,第 26 页。
② 吉登斯:《现代性的后果》,田禾译,译林出版社 2000 年版,第 4 页。
③ 张兆曙:《非常规行动与社会变迁:一个社会学的新概念和新论题》,《社会学研究》2008 年第 3期。

关系。

（一）前互联网时代的时空结构与市场组织方式

农业社会是一种以面对面为基础的感性社会,农耕时代的市场交易通常是在身体的直接接触和互动情景中完成的。吉登斯将"以身体在感知和沟通方面的各种模态"①定义为"共同在场"。"共同在场"并不是简单的情景勾画,而是一种时空关系的约束和特定的社会组织方式。如果以时空事项的搭配机制来看,"共同在场"首先要求行动者在身体可及的空间范围内完成市场交易。超出了身体可及的空间范围,任何人都无能为力。同时,身体可及的空间范围还意味着必要的时间消耗。为了实现"共同在场"并最终完成市场交易,行动者还必须满足克服空间限制的时间要求。总之,在农业社会中,"身体可及的空间范围"和"克服空间限制的时间要求"构成市场交易的时空要件。其中,空间表现为位置关系,是农业社会中市场交易的决定性条件;时间则是从属性条件。位置关系不仅直接制约着市场交易,同时还提出了时间要求从而间接制约着市场交易。因此,从时空条件来看,农业社会中市场交易的典型组织方式是以乡村集市为代表的地方性市场。

工业社会是一种无地域局限、以社会分工为基础的抽象社会。② 抽象社会的重要特征是不同职业群体在空间上相互分离,但功能上相互依赖。所以工业社会是一个没有空间障碍的沟通体系,市场交易不再局限于身体可及的空间范围以及面对面的互动情景,相距遥远的人们可以实现"在场可得性"。其中,由象征标志和专家系统构成的"抽离化机制"③发挥着关键的作用。抽离化机制在工业化的世界里建立起跨越空间的普遍信任。对全球化体系中的贸易和市场交易来说,最重要的因素不是位置关系和空间距离,而是货币结算体系和信用制度。因此,工业化时代的市场交易是一个不受空间局限、"去情景化"的抽象过程。工业化组织方式的另一个

---

① 吉登斯:《社会的构成》,李康、李猛译,三联书店1998年版,第142页。

② 张兆曙:《非常规行动及其后果:一种社会变迁理论的新视域》,中国人民大学出版社2009年版。

③ 吉登斯:《现代性与自我认同》,赵旭东、方文、王铭铭译,三联书店1998年版,第2页。

特点是时间与空间的分离。随着机械钟表的发明和推广以及全球统一时间标准和体系的建立,社会生活中的时间安排开始从一种服从于位置关系的地域时间转变为一种全球统一体系的世界时间。在市场交易中,时间不再是空间的从属性条件。时间开始成为一个独立发生作用的因素,跨越不在场(空间)的时间协作成为工业化条件下市场交易的组织方式。总之,从时空关系来看,工业社会中市场交易的典型组织方式是工业贸易体系所建构的全球化市场。

(二)信息技术范式与时空结构的革命性变化

网络社会是一种以信息技术范式为基础、按照互联网逻辑①组织起来的新社会形态。这里的信息技术范式和互联网逻辑是相对于工业社会的组织基础和运行逻辑而言的,其核心是时空结构的变化。

尽管工业社会的分工体系和抽离化机制极大地拓展了社会活动的空间范围,但是工业化逻辑并没有改变空间的样貌与形态。卡斯特指出,空间是社会的表现,并由整体社会结构的动态所塑造②。因此,工业社会的空间结构与工业社会的分工体系及其市场秩序是一致的,展现的是一种工业化的实践结构。也就是说,尽管工业社会实现了空间拓展,但社会生活仍然无法突破被社会分工体系和抽离化机制所"结构化"的工业秩序与空间结构。不过,网络社会的空间形式与过程则呈现出另一番景象。网络社会不仅继承了工业化逻辑在全球范围内空间拓展的实践遗产,而且彻底改变了空间的结构形态。新技术范式构造的独到之处便在于其重新构造的能力③。这种重新构造的能力首先是作用于空间的,也就是将原本按照工业化逻辑组织起来的空间结构重新按照互联网逻辑进行重组(简称空间重组)。信息技术范式的神奇之处并不在于空间的无限延展,而在于能够借助互联网技术将物理上并不临近的地方或位置接合起来,并且这种接合愈益显示出一种虚拟的情景化趋势。正因为如此,卡斯特将网络社会的空

---

① 卡斯特:《网络社会的崛起》,第64页。
② 卡斯特:《网络社会的崛起》,第382页。
③ 卡斯特:《网络社会的崛起》,第65页。

间定义为流动空间。他指出,"在互联网的世界,没有任何地方是自在存在的,因为位置是由网络中的流动交换界定的。因此地方并未消失,但是地方的逻辑和意义已被吸纳进网络。建构网络的技术性基础设施界定了新空间,就如同工业经济里铁路界定了经济区域和国内市场一样"①。

在前互联网时代,作为一种与空间形态相匹配的存在形式,时间始终代表着事项的先后次序或脉络。但是流动空间改变了时间的存在方式,"正在浮现的新社会结构逻辑,想要毫不留情地取代那种有秩序之事件序列的时间"②。网络社会的时间不再保持着事项固有的次序,导致原有事项推展的序列和秩序发生了"系统性的紊乱",呈现为一种"非序列化时间"。也就是说,在信息技术范式和互联网逻辑的作用下,事项推展的完整序列和脉络可以被分割为一系列"时间—事项"碎片,并根据某种支配性功能对这些"时间—事项"的碎片进行重组,进而建构出新的时间形式,以匹配网络社会中的流动空间。简言之,网络社会的时间是一种"时间—事项"的碎片经重组而形成的"非序列化时间"。在这个重组的过程中,事项的脉络可以分割,推展的次序可以打乱,不同的事项可以相互交织,也可以齐头并进。

二、"互联网+"的技术红利及其生产逻辑

技术红利是指由于新技术应用所产生的相对于原有技术效应的新增利润或溢出效应。在农业、工业和服务业等所有的社会生产领域,追逐技术红利构成技术更新的持久动力。对各种竞争性的市场主体或发展主体来说,掌握了新技术往往就意味着掌握了发展的主动权甚至主导权;而错失了新技术不仅意味着与技术红利失之交臂,而且有可能被科技理性的高速列车所抛弃。从某种意义上说,技术已经成为一种发展的隐喻,并因此

---

① 卡斯特:《网络社会的崛起》,第384页。
② 卡斯特:《网络社会的崛起》,第432页。

被赋予了一种特殊的地位和象征意义。这就是科学技术被定义为"第一生产力"①的内在逻辑。很显然,新技术应用意味着社会生产过程的某种变化,而技术红利的产生则与这种变化有关。

（一）技术中介与技术红利的生产结构

人与世界（包括自然世界和社会世界）的关系构成社会的基本秩序,而技术则充当着人与世界的联系中介。也就是说,人是通过技术来感知和处置外部世界的。因此,技术通常表现为人们感知和处置外部世界的方法和手段。作为一种联系中介,技术具有两方面的关系属性,一是选择性,人需要借助特定的技术才能与外部世界发生联系,所以技术首先是人们选择的结果;二是匹配性,即技术选择必须与外部世界的存在方式相匹配,才能更清晰地感知和更有效地处置外部世界。很显然,技术红利的产生,取决于技术选择是否匹配行动者所要感知和处置的外部世界的存在方式。

世界的存在方式分为两种,即空间和时间。我们对世界的感知是从空间及时间的差异开始的,如果不能区分空间的差异和时间的差异,就无法认识这个世界,更无法与外部世界发生联系。因此,作为感知世界的原始中介,技术的第一要务是如何对空间进行区分和对时间进行区分,进而奠定了社会生活的组织根基。吉登斯所揭示的"时空区域化"②机制就是分别对空间和时间进行区分的结果。然而,如果要同外部世界发生进一步的联系,则需要将联系世界的具体事项置于特定的空间区域（即"场所""地点"）和时间区域（即"时段"）中展开,也就是"在什么时间什么地方做什么事情"。因此,技术的本质就是如何对时空事项进行搭配。从农业耕作技术、工业生产技术到互联网技术,莫不如此。

至此我们发现,就展开程序和路径而言,技术与社会生活的组织方式是"一体两面"的关系,两者在本质上均表现为时空事项的组合。每一次技术变迁所导致的时空事项的重新组合,都会在社会层面引起社会组织方

---

① 哈贝马斯:《作为"意识形态"的技术与科学》,郭官义、李黎译,学林出版社 1999 年版,第 62 页;《邓小平文选》第 3 卷,人民出版社 1993 年版,第 274 页。

② 吉登斯:《社会的构成》,李康、李猛译,三联书店 1998 年版,第 210、211、238 页。

式的变革,在经济层面带来源源不断的技术红利。从这个意义上说,时空事项的组合方式构成技术红利的生产结构。由于所有的技术红利最终都必须通过市场才能实现,因此,在技术红利的生产结构中,最核心的事项就是市场交易。简言之,技术红利就是围绕市场交易这一核心事项进行时空重组的结果。那么,"互联网+"的技术红利也就是借助互联网技术为市场交易构建一种新的时空结构所产生的新增效益。这个过程的根本变化在于"虚拟时空"替代"工业时空"。

(二)工业时空:中介化的空间拓展和功能化的时间安排

尽管工业化逻辑突破了地方性市场的时空限制,并借助抽离化机制和分工体系的相互依赖性建构了全球化的市场,但是按照工业化逻辑展开的时空结构(简称"工业时空")仍然属于"现实时空"的范畴。表面上看起来,工业时空在空间维度上是无限延伸的,在时间维度上又实现了时空分离。然而,工业化逻辑对空间的拓展,实际上是依靠不同职业群体之间的相互链接实现的。正是环环相扣的市场链,才实现了空间上的无限延展。但这种空间上的延展是一个中介化的空间拓展。任何处于市场链中间位置的职业群体或市场主体在资源流动中都充当着市场中介的作用。也就是说,工业化逻辑的空间拓展并不依靠行动者的"亲身所及",而是以其他职业群体为中介,由近及远地渐次推展。在此过程中,消费者与遥远世界的市场交易是借助一系列市场中介的传递交易实现的。一旦不同职业群体或市场主体之间的市场链发生了断裂或者中介缺失,也就意味着空间拓展的边界所致。总之,中介性的市场链构成工业化逻辑的空间形式。无论生产者与消费者在空间上相距多远,市场链总能将其衔接起来。

在工业化的时空结构中,时间已经与空间发生了分离。时空分离改变了时间的存在方式,时间不再表现为一段由空间距离或位置关系所决定的发生序列或物理上的间隔,而是一种对工业化生产和全球性社会分工的协调体系和制度安排。从"时间间隔"到"制度时间"的转变,意味着时间对市场交易的意义从一种约束条件转变为一种协调机制。也就是说,工业化逻辑的市场交易完全不受"身体可及的空间范围"的限制,市场交易的链条可以延伸到世界的任何一个角落,但是市场链的延伸需要借助时间制度的协调与行动次序上的合理安排才能取得实效。在工业化生产和全球性社会分工体系中,每个时间区域的安排都是功能性的或专门化的。也就是说,在特定的时间区域或时段,只能从事社会分工所赋予的特定事项。科层化的组织形式和麦当劳化的流水线作业构成了这种时间安排的典型形象。概言之,工业化的时空结构具体表现为中介化的空间拓展和功能化的时间安排。这种时空结构与市场交易的结合,意味着空间上更大范围的资源流动和时间上更有效率的功能统筹,工业化的技术红利就是在这种特定的时空结构中产生的。

(三)虚拟时空与"互联网+"的技术红利

互联网技术塑造了一种全新的时空结构——虚拟时空。虚拟时空的首要变化表现为空间上的"去中介化"。如同工业社会一样,网络社会的空间同样是无限延伸的,但是,互联网逻辑对空间的拓展,并不是依靠职业群体的中介作用由近及远地推展实现的,而是通过互联网将任意的两个位置或场所直接连接起来所构造的"虚拟空间"实现的。在网络空间的虚拟情景中,不需要一系列职业群体充当市场中介和市场链,即能实现远距离的市场交易。也就是说,工业化逻辑中的市场交易,依赖于空间上邻近的市场中介及其递推式链接,从而间接获得遥远世界的消费品(比如,通过生活空间范围内的市场中介,我们可以获得世界上任何产地的商品);但互联网逻辑的市场交易则不需要邻近中介的递推与链接,可以直接与遥远世界的商品提供者进行交易。简单地说,互联网逻辑的空间拓展彻底摆脱了对空间近邻的依赖性,进而建构了一种没有中介的市场,市场结构变得极为简单。正因为如此,按照互联网逻辑呈现的空间才具有一种流动性,互联网的技术特征能够围绕产品与服务的市场关系,对供给与需求进行空间上的"黏合",从而实现了市场交易的"去中介化"。

虚拟时空的另一个变化表现为时间上的"弹性化"。工业化逻辑在时间维度上表现为一种结构化的序列,在社会分工高度发达的工业体系中,社会生活的时间与事项的搭配是高度程序化和功能化的,即"在固定的时间完成固定事项"的时间分配制度。吉登斯和福柯曾对社会生活中广泛使用的"时间表"进行过精辟的分析①。现代社会中几乎所有的职业机构都采用同学校和监狱类似的"时间表",对工作时间和工作事项进行严格的控制。一旦固定的时间没有完成固定的事项,系统运转就有可能陷入阻塞和紊乱②。尽管工业社会的市场交易是一个开放的系统,但任何市场交易都必须遵循时间分配制度和制度时间的统筹。从日常购物到股票交易,从期货市场到跨国贸易,都表现出功能化的时间结构。但是,由于互联网技术(特别是移动互联网技术)彻底摆脱了空间对市场交易的限制,使得互联网时代的市场交易不再需要专门的时间安排,随时随地可以完成。比如,我们可以在乘坐地铁上下班的途中完成购物,可以在工作间隙完成证券交易,可以通过在线方式参加远程视频会议等等。也就是说,在信息技术范式和互联网逻辑的作用下,高度程序化的时间脉络变得富有弹性和机动,高度体系化的时间结构变成了时间碎片并且能够及时组合。

毫无疑问,虚拟时空的"去中介化"和"弹性时间"从根本上改变了工业化逻辑中时空事项的组织方式,但同时也重构了一种全新的时空事项结构,并成为"互联网 +"的技术红利的结构性源头。具体而言,"互联网 +"的技术红利主要来自虚拟时空作用于市场的技术效应(简称"虚拟时空"的市场效应)。第一个效应是"去中介化"显著促进了市场规模的技术性扩展。"去中介化"意味着市场交易彻底摆脱了空间的障碍和对空间近邻的依赖性。在虚拟的时空结构中,市场关系可以无限延伸,只要存在互补性的供给和需求,不管供求双方身居何处,互联网都能够通过技术性撮合,将受空间限制的潜在交易对象变为现实的交易伙伴。因此,"去中介化"不仅重构了市场关系的空间特征,而且实现了市场规模的技术性扩张。第二个效应是"去中介化"和"弹性时间"有效改善了市场交易的成本结构。

① 参见吉登斯《社会的构成》,李康、李猛译,三联书店 1998 年版;福柯《规训与惩罚》,刘北成、杨远婴译,三联书店 2003 年版。

② 相应的,私人领域的事项也只能在工作之余的时间完成。尽管个人的生活世界相对灵活,但时间与事项的搭配也是相当固定的。一个人什么时间起床、什么时间就餐、什么时间睡眠、什么时间购物和休闲都有规律可循。

一方面,虚拟时空的"去中介化"直接缩短了市场链的跨度,从而降低了资源流动过程中由于市场中介"雁过拔毛"式的利益实现而不断向下游转嫁、累加所形成的市场成本①。工业化逻辑下的市场交易虽然也延伸到世界的每一个角落,但是过度延伸的市场链和复杂的市场结构却不可避免地抬高了资源流动的成本。另一方面,虚拟时空的"弹性时间"以及相应的"弹性工作",导致时间与事项的搭配更为机动灵活。在互联网条件下,人们不仅能够利用碎片时间创造价值;还可以对时间进行重新分割,实现时间与事项的最佳组合。因此,虚拟时空中的市场交易随时随地都能够完成,而不需要功能化的时间安排和制度时间的协调,从而有效降低了市场交易的机会成本和时间成本。

三、"互联网＋"的非预期后果

从技术红利产生的时空结构来看,信息技术范式毫无疑问是一种再结构化的机制。因此,以电子商务和共享经济为代表的网络经济,本质上是对建基于工业化逻辑的时空结构进行再结构化的过程,进而再造一种建立在虚拟时空结构之上的市场关系和交易秩序。对于市场交易来说,虚拟时空意味着互联网技术对市场空间的任意勾连和重组,能够快速实现市场范围的扩张和实现市场交易主体之间的黏合,并以虚拟的方式完成现实的交易;同时,虚拟空间还颠覆了工业化逻辑中僵硬的"时间区域化"机制,弹性时间和弹性工作不仅意味着时间利用方式的变化,而且意味着更有效的利用时间和降低市场交易的时间成本。总之,互联网技术和信息技术范式造就了一种相对于工业时空的比较优势,空前提高了人们对市场空间、市场关系和交易方式的想象力和建构力。"互联网＋"的技术红利就是在这种时空结构的比较优势中不断生产出来的。

---

① 这里的市场成本主要是市场中介的利益实现对资源流动所产生的成本;而不是市场交易的物流成本。

然而,互联网与市场的结合也是一把双刃剑,人们在追逐技术红利的过程中,一方面源源不断地创造出新的市场、新的行业、新的商业模式和新的财富;另一方面也直接导致了传统市场的萎缩、传统行业的凋敝和传统商业模式的衰退,甚至冲击了国家与市场的关系。也就是说,互联网经济的发展是有代价的。这种代价使互联网经济总会遭遇到某种力量的质疑和抵制。比如最近几年常常发生的对某知名电商平台的抨击、对网络约车的打压和对互联网金融的限制等等。作为一种发展的代价,互联网对传统的市场、行业和商业模式的冲击,确实导致相关行业及特定群体遭受严重的生存危机。比如,电子商务的发展确实导致许多实体商铺的存续危机乃至破产;网络约车的发展确实对传统出租车行业及其从业者构成严重威胁;共享单车的发展则直接摧毁了自行车的零售行业,等等。简单地讲,互联网技术带来了巨大的技术红利,但同时也产生了相当严重的非预期后果。

(一)"去中介化"与市场领域的传统危机

实际上,"互联网+"对传统市场、行业和商业模式的首要冲击来自虚拟时空的"去中介化"。为了适应以社会分工为基础的工业化逻辑,现代社会形成了由一系列市场主体和流通环节所构成的市场链和市场结构。除了位于市场结构两端的生产者与消费者之外,任何一个市场主体都充当着勾连上游主体和下游主体的中介。这些中介性的市场主体凭借对上下游市场的"信息垄断"、资源流动的"路径依赖"和对市场经验的"空间隔离"①而获得了一种市场地位的优势。在工业化的社会分工体系中,离开了这些中介性的市场主体,资源流动与资源获取都难以实现,人们不太可能绕开市场中介直接进行市场交易。从某种意义上说,市场中介本质上是工业化逻辑的产物,资源流动与资源获取只能依靠市场中介环环相扣地进行交易传递。但是,网络社会的崛起彻底改变了工业化逻辑的市场结构和

---

① 张兆曙:《中国城乡关系的"中间地带"及其"双重扩差机制"——一种"空间—过程"的分析策略》,《兰州大学学报》2016 年第 5 期。

交易秩序。实际上,目前受"互联网＋"冲击比较严重的市场、行业和商业模式,无一例外地属于信息技术范式和互联网逻辑"去中介化"的牺牲品。当互联网技术将市场结构中被空间和市场中介隔离起来的市场主体直接勾连起来,通过虚拟空间直接进行市场交易的时候,那些在工业化逻辑下围绕市场中介所固有的地位优势而建立起来的市场、行业和商业模式也就不可避免地走向边缘,成为互联网时代的弃儿。

经验观察表明,互联网的技术潜力发挥得越充分,传统中介的市场前景将会越暗淡,市场领域的传统危机就会越严重。特别是随着移动互联网技术和智能手机的发展,无线信息服务已经帮助网络终端彻底摆脱了固定设施和固定位置的限制。凡是网络信息覆盖的地方都能够完成市场交易,Wifi 甚至被戏谑为人类的第一生存需要。这表明没有任何力量能够阻挡互联网技术在市场领域的"去中介化"过程。从某种程度上讲,"去中介化"已经构成信息技术范式和互联网逻辑的一种隐喻,它代表着虚拟空间对市场交易程序的极度简化。伴随着这个简化过程,作为工业化产物的抽离化机制,也在适应互联网逻辑的过程中再一次地发生抽离,货币进一步抽离为数字,网络(移动)支付替代现金交易。这种基于互联网技术的抽离,实际上是金融领域的"去中介化",它有可能推动更为广泛地"去中介化",从而进一步加深市场领域的传统危机。

(二)弹性时间与市场交易的注意力转移

在没有互联网的工业化时代,由于社会分工体系的分割,人们完成任何一个事项都需要功能化的时间安排或者专门的时间安排。从企业流水线上的生产流程到科层组织中的仪式性活动,从系统到生活世界,从社会生产到市场交易,概莫能外。即使是维持日常生活所必需的采购、票务以及货币存取等市场交易活动,也必须安排专门的时段并且到特定的场所才能完成。由于每一个时间区间都是有价值的,因此当人们用专门的"时间区域"来完成既定事项的时候,那就意味着失去了利用这个时段去完成其他事项和创造其他价值的机会①。简言之,"时间区域化"的组织方式是有机会成本的。或者说,人们在完成市场交易中所消耗的时间是排他性的。在工业化逻辑的条件下,任何人的日常生活都离不开这个专门的时间安排,也无法利用这个专门的时间获得其他价值。

实际上,上述市场交易所需要的功能化时间安排,是工业化逻辑的空间拓展对市场中介和空间近邻的依赖性所致。然而,信息技术范式和互联网逻辑的"去中介化"过程则彻底将人们从市场交易所需的功能化时间中解放出来,人们不再需要专门时间安排就能完成日常生活所需的市场交易。那些传统上被视为不能创造价值的剩余时间、临时空闲、机动时间和可置换时间等时间碎片,均可及时借助互联网与市场结合起来,在虚拟空间中完成市场交易。更为重要的是,这种去功能化的时间(弹性时间)与事项(市场交易)的重新组合,日益受到人们青睐,并在网络社会的注意力分配中显示出占据优势和引领发展的趋势。这种市场交易(特别是日常消费)中的注意力转移表明,"弹性时间"已经在事实上改变了网络社会的时间结构,除了在基本的生产结构方面还保持着必需的"时间区域化"要求之外,整个社会生活中的市场交易和社会交往在时间安排上已经变得十分机动。互联网与市场的结合将人们用于市场交易的专门时间释放出来,充分利用弹性时间的组织方式降低了交易时间的机会成本。相比较而言,那些仍然需要功能化时间安排的传统市场、行业和商业模式,在网络社会的注意力分配中受到冷落是一件不可避免的事情。

总体来看,互联网技术通过"去中介化"和"弹性时间"彻底改变了人们对空间和时间的体验。新的时空结构不仅源源不断地创造出"互联网＋"的技术红利,而且,也为消费者带来了前所未有的快捷与便利。人们一旦接受了借助虚拟时空完成现实交易的行为方式,即产生了新的路径依赖。伴随着人们日常消费对虚拟时空的依赖,基于工业时空而组织起来的传统市场、行业和商业模式,自然失去了其不可替代的中介优势。同时,

---

① 王水雄:《"过程分化"在改变社会》,《中国社会科学报》2012 年 5 月 21 日。

以"去中介化"和"弹性时间"为特征的虚拟时空,作为后工业社会技术红利的结构性源头,其近乎无限的市场空间和无可匹敌的时间效率,自然会受到寡头资本的青睐和竞相追逐,从而在极短的时间内走向垄断。很显然,这种"互联网+"的技术优势与资本的联姻,将会进一步加速工业化逻辑下的传统市场、行业和商业模式的式微和衰败。从这个意义上讲,"互联网+"的非预期后果实际上也是一种网络社会的必然趋势。

四、总结与讨论

由于互联网技术重新定义了空间和时间,人类社会赖以存在的时空结构发生了革命性的变化,从而形成一种以信息技术范式为基础、按照互联网逻辑组织起来的社会形态。作为一种再结构化的力量,互联网技术最重大的意义在于彻底改变了时空事项的搭配方式,在社会和经济两个层面上产生了深刻影响。在社会层面,互联网改变了人类生活的空间格局和时间结构,通过时空事项的重新搭配塑造了一种全新的社会组织方式;在经济层面,互联网改变了市场交易的传统结构,新的时空结构与市场交易的结合产生了源源不断的技术红利。

工业化逻辑突破了地方性市场的时空限制,但工业化的时空结构仍然属于现实时空的范畴。工业时空表现出两个基本特点:一是中介化的空间拓展,即通过市场中介的传递交易实现空间拓展;二是功能化的时间安排,即时间与事项的固定搭配。尽管工业化的时空结构将人类社会带入到一个前所未有的发展阶段,但是仍然被互联网技术的发展所解构。在网络社会,信息技术范式和互联网逻辑塑造了一种全新的时空结构,即"虚拟时空"。虚拟时空也有两个基本特征:一是"去中介化",即互联网技术使市场交易摆脱了对空间上的邻近中介及其传递交易的依赖性,可以直接将任意的两个位置或场所连接起来建构一种虚拟交易情景;二是"弹性时间",互联网技术使时间与事项的搭配更为机动灵活,人们能够更有效率地利用时间。总体上看,以"去中介化"和"弹性时间"为特征的虚拟空间,显著促进了市场规模的技术性扩张和有效改善了市场交易的成本结构,从而构成"互联网＋"的技术红利的结构性源头。然而,虚拟时空的上述两个特征也直接导致了传统市场的萎缩、传统行业的凋敝和传统商业模式的衰退等一系列非预期后果。特别是"互联网＋"与资本的联姻,将会进一步加剧市场领域的传统危机和强化市场交易的注意力转移。

综上所述,"互联网＋"的技术红利及其非预期后果均源自互联网技术所造就的虚拟时空。从这个意义上说,新时空结构的出现构成网络社会最根本的变化,互联网与市场的结合所产生的诸多后果实际上都跟时空结构的变化有关。值得注意的是,时空结构的变化并不意味着人类社会已经全然按照虚拟时空的方式存在和运行。实际上,虚拟时空仅仅出现于按照互联网逻辑运作的那一部分社会存在,除此之外的绝大部分仍然是按照工业时空的逻辑运行的。具体而言,虚拟时空主要存在于以社会交往为基础的市场、管理和服务等领域,而作为人类社会活动根基的基础设施建设和物质生产过程仍然是以工业时空的方式存在的。

因此,虚拟时空仅仅是在工业时空的框架中所发生的一种技术建构。这种技术建构具有惊人的能量,但是仍然不能彻底摆脱工业时空对人类活动的基础功能和限制作用。比如,人们可以通过虚拟的方式同世界上任何地方的商品提供者进行市场交易,但仍然需要工业化的物流支持才能转变为现实的消费,而且这种"虚拟交易＋物流支持"的模式必须比单纯工业化逻辑中"市场中介＋传递交易"的模式更为有效,否则虚拟交易就没有存在的价值。也就是说,虚拟时空中的市场交易仍然需要相匹配的工业时空提供支持,如果工业化逻辑的时空结构不能匹配互联网逻辑的要求时,极有可能由于结构上的不适而衍生出无法预料的间接后果。这在共享单车的快速发展中已经十分明显地表现出两种时空结构之间的不适。

（本文作者:张兆曙　浙江师范大学法政学院教授　本文发表于2017年第5期）

"复杂现代性"论纲

汪行福

摘 要 现代性是现代哲学和社会科学的母题。无论是作为批判对象的现代性,还是作为实践筹划的现代性都是复杂的。在现当代各种理论中,现代性的复杂性没有得到充分的重视和研究,然而,复杂现代性不仅是真实的故事,而且应该建构为新的理论范式。复杂现代性理论范式将突出三个方面的特征。(1)作为现代性自我证成理论,它是后形而上学的;(2)作为现代性规范的自我理解,它是非同一和非总体化的;(3)作为自反性和悖论性的过程,它是辩证的。复杂现代性范式具有双重性,针对现代性的矛盾和缺陷、失败和挫折,它是批判的;面向它的历史成就和合理潜能,它是肯定的。复杂现代性意识对思考中国发展道路有重要的意义,只有参照现代性规范和价值来自我定向,中国的改革和发展才能不走歪路,只有充分考虑现代性背景和实现条件的复杂性,它才能少走弯路。

查尔斯·泰勒曾指出,现代性是现代哲学和社会科学的母题。从启蒙运动开始,人类文化、社会制度和自我理解都是围绕着现代性问题展开的。不仅现代生活的制度,如市场经济、现代科学技术、工业生产、城市化,现代生活方式,如个人主义、世俗化和工具理性思维等,都是现代性的产物,而且新出现的社会病态现象,如异化、物化和无意义感等,也是现代哲学和社会科学必须面对的问题①。因此,现代性问题在哲学和社会理论中具有核心意义。

自晚清以来,中国社会开始了"现代性的转向"。经过一百多年的努力,中国不仅实现了独立,而且实现了富强。特别是近三十多年来,随着经济实力和国力的增强,"中国崛起"已成不争的事实。在此背景下,现代性话语与中国发展道路及命运有了特殊的理论关联。

关于中国崛起的性质和意义,学界有不同的观点。最典型的有两种观点,一种观点认为,当今中国正处在一个从前现代社会向现代文明秩序转变的时期。金耀基说:"中国的现代性,不多也不少,是指一个中国现代文明秩序",而"中国的现代性或中国的现代文明秩序的建立,有意识地或无意识地是以欧美形态为参照的"②。中国的现代性建构必须实现对其社会结构和文化传统的现代改造,完成其"未完成的方案"。另一种观点强调,中国的崛起是中华传统文化或儒家文化的特殊成就,中国传统文化不仅不是现代化的障碍,而且包含着建构现代性的独特文化和精神资源。大体上说,前者在立场上多少偏向普遍主义,而后者偏向于特殊主义。然而,我们要追问的是:西方到底有多普遍? 中国到底有多特殊? 严格来说,这两种立场都是片面的。

虽然现代性源于西方,但作为现代人类历史的实践"筹划",现代性是一个不断展开和进行着的过程。起源于 18 世纪欧洲的现代性,迄今为止已经穿越了两个多世纪的历史时期,横跨了从欧洲到全球的地理空间。在经历了资本主义与社会主义激烈竞争、帝国主义与殖民主义侵略和战争破坏、工业化到后工业化的社会转型、现代主义到后现代主义的文化变迁之后,已不再是"原初"现代性了。在当今时代,现代性不是固定的状态,而是各种力量较量的力场(force – field)。其中,任何原则、力量、要素的霸权倾向都会受到反制和挑战,任何主张和方案的自我证成都必须与他者进行

---

① 查尔斯·泰勒:《现代社会想象》,林曼红译,译林出版社 2014 年版,第 1 页。

② 金耀基:《建构中国现代文明形态》,载秦晓编《追问中国的现代性方案》,社会科学文献出版社 2010 年版,第 202~203 页。

沟通和对话。在这一特殊的时空背景下,不论是在观念形态上,还是在现实形态上,现代性都成了一个非常复杂的事物。面对这一变得非常复杂的现代性,任何简单化的思维不仅在理智上是有缺陷的,在实践上也是有害的。

当今人类面临的问题很多,其中有两大问题特别凸显现代性的复杂面相。一是复杂社会中的自由问题,二是复杂环境下人类的共存和发展问题。笔者承认,虽然现代性话语不可避免地会触及文化偏好和意识形态立场之争,但它同时也涉及其自我理解和解释的方法论之争。为此,笔者尝试着把复杂性意识引入现代性话语,提出"复杂现代性"的新的概念和理论范式。

一、复杂现代性是真实的"故事"

以复杂性理念和研究方法著称的法国思想家埃德加·莫兰在《现代性的危机》中就指出,现代性具有歧义性。他认为,在现代世界中,科学、技术、市场经济和资本主义是驱动地球飞速发展的四部发动机。但是,今天这四部发动机皆因其失控而正在使地球陷入困境。如何面对这一困难和复杂的处境,莫兰说:"我不排除不确定性和倒退、甚至毁灭的可能性。但是在生成关于事态恶化发展的戒备意识之后",仍然存在着"改换道路以谋求一种新的起始"的可能性①。他主张,在思考一切事物,尤其是人类事务时,都要抛弃碎片化、单一性和线性发展的简单性思维,树立以非中心化、歧义性和非线性为特征的复杂性思维。可见,现代性的复杂性是由它自身发展带来的。

其实,对现代性的复杂性的意识并非全新的意识,许多先哲都以这样或那样、直接或间接地触及现代性的这一维度。黑格尔是最早意识到现代性复杂性的思想家,也是第一个系统阐述现代性的矛盾和张力的辩证法的

① 埃德加·莫兰:《现代性的危机》,陈一壮译,《国外理论动态》2012 年第 11 期。

思想家。黑格尔哲学思考的核心问题也是现代世界中自由理念和实现条件问题。在文化层面上,黑格尔把康德对人的道德自主性的强调与浪漫主义对个体和共同体的本真性的强调结合起来,既批判了启蒙理性主义的原子式个人自由,也避免了浪漫主义非理性的整体主义意识。黑格尔在《法哲学》中试图把现代性规范与社会制度结合起来,阐述了一个既保护个人自由和自主性,又具有实质伦理性的现代秩序,充分地揭示了现代世界中自由的复杂性,因而可以视为复杂现代性理论的开端。

卡尔·波兰尼的《大转型》关注的也是"复杂社会的自由"问题。在这本书中,作者提出的"脱域"(disembedded)和"嵌入"(embedded)概念,为理解现代性提供了重要的概念工具。波兰尼指出:"制度是人类意义和意图的具体体现。除非理解了在一个复杂社会里自由的真正意义,否则我们就无法得到我们所要寻找的自由。"在他看来,人性的需求和价值是多方面的,不可能靠任何单一制度来满足,正常的社会是复杂的有机体。波兰尼认为,"19世纪社会的先天缺陷不在于它是工业性的,而在于它是一个市场社会。"[①]自由资本主义的特征是普遍的商品化和市场对社会整体的"脱域",它不仅把土地、货币,而且把劳动力(人本身)变成了商品,市场完全脱离了人性的约束,变成了碾碎一切的"魔鬼磨坊"。在波兰尼看来,在现代社会中,任何简单化的思维都是有后果的,"自由在法西斯主义面前的彻底破灭,实际上是自由主义哲学不可避免的后果,这种哲学宣称权力和强制就是罪恶,自由要求它们从人类共同体中消失"[②],却没有看到市场的任性和强制也同样是罪恶。为了拯救现代社会中的自由,波兰尼提倡复杂性思维。在他看来,现代社会的生存依赖于双重运动,一方面是从社会到市场的运动,它把人从传统伦理共同体中解放出来,赋予他们以生产和消费的自由。另一方面必须有一个从市场到社会的"反向运动",否则资本主义就会走向极端,陷入危机,破坏人类生存依赖的自然、文化和社会环

---

① 卡尔·波兰尼:《大转型:我们时代的政治和经济起源》,冯钢、刘阳译,浙江人民出版社2007年版,第212页。

② 卡尔·波兰尼:《大转型:我们时代的政治和经济起源》,第218页。

境。因此,市场经济需要重新嵌入到社会机体之中,受到社会和文化的制约。波兰尼认为,合理的社会需要调和生产和消费自由与经济安全和社会公正之间的冲突,形成一种能把各种因素结合起来的社会市场经济。在这里,"市民社会的终结,在任何意义上都不是市场本身的消失。这些市场继续以各种方式存在,以保证消费者的自由、指示需求的变动、影响生产者的收入,并作为会计核心的工具;但完全不再是经济自由调节的机制了。"针对资本主义社会秩序对私有财产权和经济交换的依赖,波兰尼明确指出:"仅仅只有关于权利的宣称那是不够的,需要让这些权利发挥作用的制度"[1],为此必须把还未得到承认的公民权利添加到人权法案中去,而这正是第二次世界大战后福利国家所走的道路。

英国社会学家 T. H. 马歇尔的公民权理论也体现了一种复杂现代性的意识。经济学阿尔弗雷德·马歇尔曾思考这样的问题:人类能否通过稳步的、哪怕缓慢的进步,直至每个人都成为"绅士",即能够过体面生活的人。T. H. 马歇尔认同这一思考方向,"这个方向就是对生活标准的定量评价(quantitative assessment)需转向把生活视为一个整体的定性评价(qualitative assessment),前者依据的是消费品和享受到的服务,后者依据的是文明和文化的基本要素"。马歇尔主张:"公民权是一种地位(status),一种共同体成员都享有的地位,所有拥有这种地位的人,在这个地位所赋予的权利和义务上都是平等的。"[2]在马歇尔那里,公民权问题实际上是人的自由和实现条件问题。在英国历史上,公民权的发展经历了三个时代,即 18 世纪的市民权、19 世纪的政治权利和 20 世纪的社会文化权利。在现代社会,只有同时拥有上述三种权利,才能过上体面和有尊严的生活。马歇尔不是一个社会主义者,他主张保留自由市场要素,但也认为,为了实现平等公民权的理想,国家必须运用它的强制力,通过福利制度克服阶级对立。马歇尔明确提出,现代社会应该是一个"复合社会"(hyphenated society),

---

① 卡尔·波兰尼:《大转型:我们时代的政治和经济起源》,第 213~214、216~217 页。

② T. H. 马歇尔、安东尼·吉登斯等:《公民身份与社会阶级》,郭忠华、刘训练编,江苏人民出版社 2008 年版,第 8、23 页。

其中代议制民主、混合经济和福利国家等因素应该结合起来。在马歇尔这里，复合社会不是多元社会，多元社会意味着每一种要素都能构成一个社会的整体，而"复合社会"强调的是，市场、福利和民主是同一社会的不同要素，各自在自己的领域中构成社会的轴心原则，这样的社会，"它催生的不是一种社会主义，而是一种使三种模式得以完善的混合经济，民主社会主义的金牛犊（golden calf）于是转变成了由三头圣牛所牵引的三驾马车"①。显然，马歇尔的理论也给我们提供了一个复杂社会中实现自由的方案。

我们再转向当代社会理论家。吉登斯把"脱域"理解为现代性的核心特征。所谓"脱域"就是"社会关系从彼此互动的地域性关联中，从通过不确定的时间的无限穿越而被重构的关联中'脱离出来'"②。在前现代性阶段，人类的生活是被置于相对狭小的地域性空间和相对不适应的文化空间之中的，在全球市场经济、大规模的工业化生产和新的民族国家等 现代性变迁之后，传统的生活背景瓦解了，人们的生活越来越从对传统的依赖转向对新的知识和制度系统的依赖。相对于传统的知识和社会关系，新的知识和制度系统是高度专业化和抽象化的，因而给自我定向和人际关系协调带来了新的挑战。在现代性的反思中，吉登斯多方面地表达了对现代性的构成及其后果的复杂性意识。他认为，现代性是一个复杂制度丛。与古典社会学家对现代社会的单一维度的强调不同，吉登斯指出，现代性是由马克思所分析的资本主义、涂尔干所强调的工业主义、韦伯所强调的合理化和监督体系以及他自己强调的暴力－军事体系四个方面的制度构成的。同时，现代性既不是福音，也不是陷阱，而是充满风险和机遇的地方，"在某些领域和生活方式中，现代性降低了总的风险性；但它同时也导入了一些先前年代所知甚少或全然无知的新的风险参量"③。对待现代性，我们不能抱有任何历史目的论的终极意识。从启蒙运动以来，人们一直幻想，

---

① T. H. 马歇尔、安东尼·吉登斯等：《公民身份与社会阶级》，第134~135页。

② 安东尼·吉登斯：《现代性的后果》，田禾译，译林出版社2011年版，第18页。

③ 吉登斯：《现代性与自我认同》，赵旭东等译，三联书店1998年版，第4页。

"对历史更深刻的理解意味着行动的更大透明性以及由此产生的对历史过程的更有力控制"①。但是,"甜蜜理性"(sweet reason)并非总是奏效,它经常会遭遇挫折和失败,这不仅仅因为理性的有限性和人类知识的缺陷,而是因为人类生存的环境已经处在他的行动的影响之下。吉登斯认为,现代性不是命定之物,而是人类的筹划,不可能完全避免"设计风险"和"操作风险"。现代性的本质特征是"脱嵌",它一方面表现"解传统化",在这里,传统与习俗越来越被专家知识取代,而专家之间在几乎任何问题上又是相互对立的,因此,知识并没有给我们提供更大的确定性;另一方面表现为"解地域化",即"日常决策与全球化后果之间的这种不断增强的特殊关联,以及全球秩序反过来对个人生活所产生的影响,共同组成了新议程的关键主题。"②显然,无论是解传统化还是解地域化,都意味着人类社会环境越来越复杂,越来越卷入到自身的活动所产生的新的风险和不确定性之中。

在《自反性现代化》中,乌尔里希·贝克把"制度毁于其自身的成功"作为现代性的特征。贝克区分了简单现代化和反思现代化,或第一现代化和第二现代化。第一现代化是简单现代化,它是工业社会对传统社会的抽离。第二现代化是更为复杂的现代化,是后工业社会对工业社会的抽离。正因为如此,在复杂的现代化中,生活越来越远离已有的自然和文化传统,卷入越来越深的自我抽象和反思之中。贝克认为,现代性的特征具有"自反性",这里的自反性不仅意味着反身性意义上的反思,即任何知识和规范都需要反思地加以理解,并做出选择,而且是自我对抗(self-confrontation),即行为结果与其意图和目的对立。当今时代,工业社会的思想和行动无意识地产生出各种不受欢迎的后果,并破坏现代社会自身的基础。更为重要的是,经过了现代化的两次抽离,我们再也无法回到某种原初的确

---

① 吉登斯:《超越左与右:激进政治的未来》,李惠斌、杨雪冬译,社会科学文献出版社 2009 年版,第 194 页。
② 乌尔里希·贝克、安东尼·吉登斯等:《自反性现代化》,赵文书译,商务印书馆 2001 年版,第 74 页。

『复杂现代性』论纲

459

定性,无法回到启蒙时代的现代性信念,"由于现代社会的复杂性,个人却不能在坚实可靠的基础上作出必要的决策,即考虑到可能的后果"①,因而需要寻找新的社会调节形式。

哈贝马斯思想中也包含着对复杂现代性的思考。在他看来,老一代法兰克福学派学者对现代性的认识过于简单,没有认识到现代性的两面性以及新变化。与传统社会相比,现代社会的特征是生活世界与系统已经"脱钩"。随着传统宗教和形而上学世界的解体,出现了不同的文化价值领域的分化,因此,意义的理解成了问题;随着传统伦理共同体的解体,社会经济和行政系统脱离了生活世界的约束成为独立的力量,自由、意义和团结等价值日益受到金钱化和权力化的威胁。哈贝马斯把现代性的核心问题理解为社会的复杂性与现代性的规范期待之间的矛盾和张力问题。"一方面,出现了这样一幅社会图景:这是一个越来越复杂的社会,包括诸多功能分化的行为领域,这些领域把个人行动者推入'当事人'这样一种边缘地位,使他受到自成一体的系统的不确定状态的摆布。另一方面,出现了这样一种期待,即这种不确定状态是可以驯服的,是可以用行政权力的干预、也就是通过福利国家的预防性或反应性的导控行动,而在规范上加以驯服的。"②为此,他提出现代性的解放理想不能再回到原来的自由人联合的乌托邦。哈贝马斯认为,"在复杂社会中,最稀缺的资源不是市场经济的生产效率,也不是公共行政的导控能力"③,而是公共领域的民主力量。易言之,复杂社会的自由既不能依赖金钱调节的市场,也不能依赖权力调节的国家,只能依赖交往自由的制度化的民主才能对市场体系进行社会的、生态的"改造",对行政权力的干预进行有效的"控制"。显然,这是一个非常艰难的任务。

从上面的分析可以看出,复杂现代性是一个真实的故事,无论人们自

---

① 乌尔里希·贝克、安东尼·吉登斯等:《自反性现代化》,第12页。

② 哈贝马斯:《在事实与规范之间:关于法律和民主治国的商谈理论》,童世骏译,三联书店2003年版,第503~504页。

③ 哈贝马斯:《在事实与规范之间:关于法律和民主法治国的商谈理论》(修订本),三联书店2014年版,第546页。

觉与否,中外学者实际上已经以各种方式触及这个主题。但是,迄今为止,思想家所做的努力还是不自觉的、非系统的,远没有把它作为独立论题加以全面思考。我们承认,现代性起源于西方,在两个多世纪的时间里,无论在现实中还是在观念上,它都已经被大大地改写了。首先,现代性不再仅仅是西方的故事。在全球化时代,无论是冲突还是合作,现代性事业都已成为人类的共同故事。其次,现代性不再仅仅是资产阶级的故事。在过去的二百年间,自由资本主义经历了危机、改革,出现过法西斯集权主义的惨痛教训。同样,过去一百年间,社会主义作为另一种现代性方案也经历了激动人心的伟大试验,如苏联体制的失败和斯大林主义的惨痛教训,在这个意义上,现代性成了当代思想家共同反思的对象。再次,现代性不再仅仅是现代化的故事。长期以来,解决物质稀缺和获得经济安全是现代性的核心冲动,但是,物质发达并没有带给人类以普遍幸福,对自然的征服和控制也没有带给人类更大的安全,特别是在生态危机出现后,现代化本身已经成为现代性理论反思和批判的对象。在此背景下,现代性理论需要突破已有的各种理论的限制,吸收各种有益观点,重绘现代性地图,而"复杂现代性"理论正是这样一种有益的尝试。

二、复杂现代性理论新范式

作为一个分析框架,"复杂现代性"范式意在肯定现代性规范诉求的普遍性、共性和相对确定性的基础上,强调现代性在不同时间和空间背景上的特殊性。笔者认为,复杂性渗透在现代性的方方面面,我们大致可以从三个维度来思考。其一,现代性诸规范及其之间关系的复杂性;其二,现代性在实现条件和实现方式上的复杂性;其三,现代性的规范与事实之间相互作用的不确定性和矛盾性。

1. 现代性在规范层面上的复杂性。

人们往往把现代性追溯到 18 世纪启蒙运动和法国大革命,这一时期,自由、平等、博爱成为人类追求解放的口号,理性和批判成了实现进步的条件。但是,起源于18世纪欧洲的现代性在经历各种思潮的质疑和批判以及各种文化传统的中介和改写之后,在规范层面上已经变得十分复杂了。按照马歇尔的公民权理论,18世纪的主题是个人自由权的平等,19世纪的主题是政治权利的平等,20世纪的主题是社会权利的平等。虽然这些规范仍然具有普遍性,但其内涵已经超越了特定国家和时代的限制,成为现代性话语争夺的对象。

在现代世界中,没有一种意识形态不承认自由,但对自由却有各种不同的理解。自由主义强调,"自由"就是思想和行为不受约束的状态,因而把人身自由和财产权作为全部内容,马克思主义传统把自由理解为人的主体能动性的实现,是个人全面发展的积极状态,于是有了消极自由与积极自由两种观念的对立,这两种自由都有其正当性和合理性,却又存在内在的张力和矛盾;在平等问题上,自由主义偏好法律和机会平等,社会主义强调资源平等和结果平等,然而,这两种平等均既不可缺少,但又往往相互冲突,显然"何谓平等"也成了一个问题。虽然民主尚未成为所有国家的政治形式,但是,作为现代性规范,它也具有普遍的正当性。问题是,我们追求的民主为何,是精英民主还是人民民主?是议会民主还是大众民主?是选举民主还是协商民主?且更重要的是,上述自由、平等和民主的理解上的差异和冲突不能简单地理解为正确与错误、真理与意识形态的对立,它们代表的是复杂社会中人们对现代性规范及其实现可能性的不同理解。

实际上,现代性在规范领域的分歧远不只上述故事。在过去二百多年还出现了许多其他的现代性规范和价值,譬如,在反对帝国主义和殖民主义斗争中,出现了民族独立和自主性要求;在反对男权主义和异性恋婚姻制度斗争中,出现了性别平等和婚姻形式多样性要求;在反对工业化和生产主义斗争中,出现了环境保护和动物权利要求;在反对占有性个人主义和消费主义文化中,出现了文化自主性和生活本真性要求,等等。现代思想史就是现代性观念冲突和斗争的历史,在这里,自由主义与共和主义、社会主义与资本主义、世界主义与民族主义、个人主义与集体主义、生产主义与生态主义、工具理性与价值理论、世俗化与宗教、无政府主义与国家主义、现代主义与后现代主义等等之间的矛盾冲突,都进入到现代性话语之中,挑动着人们的神经,引起各种意识形态和社会政治冲突。

由此观之,如果现代性的规范与价值不是一维的,而是多元的,在既定的条件和情境下,它们往往是相互冲突,或者说是无法同时实现的,这样一来就需要进行价值排序,根据轻重缓急做出取舍。在这里,不同文化传统、不同发展阶段的国家在现代性价值的排序和优先性的理解上的不同,必然导致现代性的具体形态和特征不同,由此产生了现代性历史形态和表现形式的复杂性。

总而言之,对现代性的反思需要一种规范复杂性的敏感性意识,一方面,我们不能把对现代性规范和价值简单地理解为意识形态面具或政治权力的工具,另一方面,也不能浪漫化地相信,好东西总是相容的,或现代性诸规范和价值自在地具有自洽性,仿佛现代性的弊病与现代性设计无关,完全是由于操作失误。其实,现代性不是上帝的计划,也不是历史本身的目的。它不过是人类在现代社会和文化条件下努力实现更好生活的历史—实践筹划。在这里,没有“终极词汇”,也没有完美的统一性,在对现代性的反思中,我们要对现代性规范的多元性和矛盾性保持敏感性,避免在规范层面和理念上陷入绝对主义教条和乌托邦幻想。

2. 现代性在制度和事实层面的复杂性。

关于社会制度,有两种典型的话语类型,一是黑格尔式的对制度的实践理性解释,它把一切合理的社会制度都理解为自由意志的对象化形式,并强调,任何制度都不能仅仅从实存出发,而且要从概念即其内在应有的本性出发进行评价。另一种是韦伯式的对制度的权力主义解释,它把制度理解为独立于人的动机和意志的外在秩序,一种只需根据其外在的经验效力而无需根据其内在的规范加以评价的社会体系。总而言之,黑格尔式理解强调社会制度的规范和理性方面,韦伯式理解则强调社会制度的经验的和实效的方面。其实,社会制度既有与规范相联系的内在方面,也有与社会约束和适应环境相联系的外在方面。易言之,一方面,制度总是人类的实践创设,是为了人类的目标服务的,因而需要联系规范和价值要求加以评价;另一方面,制度也是人类在适应现实环境中形成的稳定的规则和组织系统,需要承担社会整合和协调的作用,并维持自身系统的稳定和发展,因而必须从其外部效力方面加以衡量。这一双重视角要求我们以复杂的、批判的眼光审视现代性制度和客观条件。

以市场和行政国家为例,经典自由主义者认为,自由竞争的市场经济不仅是实现经济繁荣的工具,而且是实现人的自由的当然条件。它把私有财产和商品交换关系作为社会秩序的基石,把社会理解为自利的个人之间竞争的场所,把市场体系理解为独立于国家权力和个人意志的理性交换系统。而传统社会主义者认为,国家不仅是经济合理化(计划)的工具,而且是人类自由和平等的实现条件,它发展出一套计划经济体系以及自上而下的社会控制体系。其实,无论在规范上还是经验上,这两种观点都陷入各自的制度神话。苏联式国家社会主义不仅没有真正实现平等,而且产生出比资本主义市场异化更严重的权力异化。自由竞争市场经济虽然给人们提供了消极自由,但没有产生出满足人类生存和繁荣所需要的自由、和谐的可持续条件。其实,任何社会制度都不是万能的,它只能在其正当范围内起作用,因而在空间和领域上总是受限制的。我们要意识到,人类生活依赖的制度本身就是矛盾的集合体,自身包含着规范性与事实性的张力,在这里,我们既要抛弃"权威即压迫"的神话,也要破除"制度即自由"的神话。对待任何制度,我们要考虑它们在规范和经验意义上的效果。

民族国家和现代技术也是如此。经典现代性是民族国家的现代性,在这里,国家是人口、地理空间、文化认同和政治主权四者合一的最高社会单元,它既承担着社会经济秩序的维持和管理的功能,也是世俗化时代政治认同的对象和社会团结力量。就此而言,现代世界的许多成就是与民族国家分不开的,如国民经济体系、法治、工业化、民主政治、福利社会、世俗化、大众教育等等。但是,与此同时,我们也要看到,现代殖民主义、帝国主义、世界大战、环境污染、气候危机等等,也与民族国家之间恶性竞争和它的霸权冲动有关。因此,我们不能把民族国家神圣化,我们也同样需要根据规范的正当性和应对经验挑战的效力加以评价,摆脱当今盛行的国家主义与全球主义非此即彼的简单化思维。

现代技术与其他的现代社会发明一样也是一柄双刃剑,既可造福人类,也可加害人类。启蒙时代思想家和经典马克思主义者更多地强调现代科学的知识启蒙意义和技术对生产的促进作用,而当代哲学家和西方马克思主义者更多地强调其意识形态本质和生态破坏后果,它们不仅批判技术对人的控制,而且批判技术给人类带来的灾难。大致来说,前一种观点相信,现代科学技术总体上是进步的、积极的,现实中所出现的消极后果都可归入"操作失误"的范畴;而后一种观点则相反,它认为现代技术本身就是一个"设计失误",当今科学技术所带来的消极和负面后果都是技术系统内生的。实际上,无论是工业技术还是今天的信息技术都是复杂的,既包含着技术自主论所批判的系统的强制性,也包含技术进步论赋予它的增进人的能力和自主性的作用。正如温纳所说:"现代人已经使世界充斥着大量奇异的发明和创新。如果现在出现的情况是这些成果不能从根本上加以重新考虑和改造,那么人类就可悲地面临一种永久的处境,即受其自身发明产物的束缚。如果我们还能够加以设想去拆解、学习和重新开始,人类就会有解放的前途。"[1]在这里,对待技术也应该像对待市场、国家和民族等现代社会制度一样,既要承认现代科学和技术是现代性不可取消的基本要素,又要对其内在矛盾和复杂后果保持反思和敏感性意识,在控制和反控制、支配和人的自主性之间保持张力。

3. 规范与事实相互作用的辩证法。

现代性是人类的事业,它既不能理解为纯粹的观念和思想,也不能理解为无规范的客观自然过程。在现实过程中,现代性的规范因素与事实因素总是相互作用的。然而,理想与现实、计划与操作并不总是和谐的,无论是现代性观念的变化,还是现代性经验条件的变化,都会打破已有的平衡,带来新的矛盾和问题。吉登斯、贝克、拉什的"自反性现代化""反思现代

---

① 兰登·温纳:《自主性的技术:作为政治思想的失控技术》,杨海燕译,北京大学出版社 2014 年版,第 287 页。

性""风险社会"等理论已表明,现代性状况不是一成不变的,早期工业化是在一个相对固定的自然环境和相对不变的文化背景下展开的,在这里,风险更多地来自自然,而晚期现代性是在人造的环境下展开的,它的风险更多地来自人类活动自身,因而具有更复杂的特征。现代性作为人类与环境相互作用的过程本身就包含着矛盾,这些矛盾以各种方式出现,不可避免地会出现脱节、失败、倒退、混乱等结果。吉登斯曾谈到,启蒙进步主义的"甜蜜的理性"之所以"变酸",既有设计错误,也存在操作错误。其实,现代性作为主体与客体、规范与事实、个人与他者之间相互作用的过程,除了设计错误和操作错误外,还有其他的失败形式。譬如,"因成功而失败":一个制度越是成功就越容易固化,进而失去对新的挑战和问题的应对能力,当今西方民主制度面临的困难其中有些属于这种情况。"自我反噬",如韦伯认为,资本主义精神来源于新教伦理的禁欲主义,但资本主义的发展必须瓦解它自身的基础,走向享乐主义和科层制。"溢出效应",如在经济学所说的市场外部性中,人类活动领域之间没有绝对的界限,一个领域的活动往往对其他领域产生出意料之外的影响。不仅如此,外部性不仅存在于经济领域,而且也存在于民族国家之间、人类活动与自然之间、个体的活动与他者之间。"抑制效应",如强势政府有其社会管理和经济调控的优势,但"抑制"了民间社会的发展,由此会损害社会的自我调节能力。凡此种种都表明,在现代性过程中存在着规范与事实、意图与结果的矛盾,存在着自我否定的辩证法。因而,我们需要有一种对现代性过程的复杂性的敏感性意识。

总之,现代性虽然受到规范和价值的引导,但不是某种先天地为我们准备好的蓝图的实现,也不是一个万无一失的过程。在现代性中,矛盾和冲突是广泛存在着的。只有意识到现代性的复杂性,才能保持着一种偶然性和可错性的意识,只有破除固定的、封闭的、线性的思维,才能使现代社会健康发展。

三、复杂现代性范式的若干特征

2003 年 5 月,针对美国发动第二次伊拉克战争,哈贝马斯和德里达在《法兰克福汇报》上发表一篇反战宣言,并阐述了"核心欧洲"的现代性经验。作者指出,几个世纪以来,欧洲经历了城市与乡村、神权与政权、信仰与知识、阶级之间、国家之间的对立和残酷斗争。在这个过程中,"欧洲也已经从痛苦中学会了如何沟通歧义、整合矛盾以及化解紧张"。哈贝马斯列举了其中的重要方面,如欧洲社会的世俗化相当成熟,政治与宗教之间泾渭分明,任何越界的行为都会受到人民的怀疑;欧洲经历过现代化战争和技术灾难,因而对科技进步的悖论和风险有着敏锐的"启蒙辩证法"意识,不再对科学技术发展抱着天真和乐观态度;欧洲在经历过野蛮资本主义时代的激烈的阶级冲突,经历过工人阶级革命和激烈的抗争,因而产生了驯服市场的批判意识,具体来说,"他们选择接受福利国家所带来的社会安全保证,也接受以团结为基础的规范"。此外,欧洲经历过有史以来最为残酷的二次世界大战,因而,"对于暴力的使用,他们所能容忍的门坎非常低。对于国际秩序,他们追求的是多边的合法管制,与此密不可分的是,他们希望改革联合国,并在此架构下推行一个有效的全球政策"①。这里我们不评论哈贝马斯对欧洲现代性经验的总结准确与否,但是,他强调,我们必须从失败中学习,必须对现代性保持反思和批判态度,必须根据现实的变化调整现代性方案,则是需要肯定的。总而言之,现代性不仅是复杂的,且必然是非完满的,因此需要不断地反思、批判和加以修正。

21 世纪以来,世界历史的最重要事件显然是中国的崛起,它改变的不仅是中国的面貌,而且是全球的格局和未来的走向。有学者把中国的崛起视为"世界历史的中国时刻",在此千载难逢的历史机遇下,"唯有透过内

---

① 哈贝马斯、德里达等:《旧欧洲、新欧洲、核心欧洲》,邓伯宸译,中央编译出版社 2010 年版,第 29页。

修文德,中国文化之复兴也即'新生转进',中国才有意愿、也才有能力见义而勇为,外平天下,膺承中国的世界历史天命"①。另一种观点认为,中国的崛起绝不应是物质富裕和国家强大,而且应该是富强转向文明,把民族复兴融入普世文明之中,化普世文明为中国文明,完成现代性计划。从复杂现代性视野看,这两种思路都存在着局限性。普世主义简单地重复西方现代性的价值和西方现代化道路,没有看到现代性规范本身的复杂性、现代性方案本身的流变和不同民族对它的改写。传统文化复兴论过于轻易地相信中国传统文化的"新生转进"和通达现代性的可能性,没有充分考虑中国传统文化与现代性之间的结构差异。中国现代化和社会转型是在特定的历史时间和空间中展开的,我们面临的问题不是简单的中西问题,也非完全是古今问题,而是在复杂现代性条件下合理社会秩序的建构和完善问题。在这里,我们不能把复杂现代性理论直接地"转译"为中国发展道路理论,相反,我们应该把中国的现代化放在现代性这个大问题中来考虑,把中国的发展作为一个既受现代性约束又改变现代性构成的现实过程。

复杂现代性概念的提出有多重背景,这里包括社会学前提、文化传统、历史经验和现实难题等,在上述背景下,现代性事业只有基于自我批判和反思基础上才能继续推进。就思想特征而言,概言之,复杂现代性理论有以下三个方面特征:

其一,从哲学思维来说,复杂现代性理论首先是一种后形而上学的现代性理论。现代性既非某个先天历史意图的展现,也不是某种终极目标的实现过程。现代性的起源得益于一系列分散事件的合成后果。1455 年谷腾堡发明印刷术使知识的大众传播成为可能;1592 年哥伦布发现美洲新大陆,使海外贸易的路线由地中海转移到大西洋沿岸,为西方走向世界提供了契机;1520 年哥白尼提出的"日心说",为现代科学奠定了基础,标志着一种独立于神学权威的新的认知态度;14—16 世纪欧洲文艺复兴发现

---

① 秋风:《世界历史的中国时刻》,《文化纵横》2013 年第 3 期。

一个非基督教的世界，形成了新的人的观念、文化趣味和生活态度；16世纪宗教改革对天主教的批判和信仰的主观化，为道德主观化和个人自由意识提供了信仰前提；17世纪的"古今之争"在审美领域第一次明确确立现代对古代的优越性，在审美和艺术领域引入了求新、求变的意识；18世纪法国启蒙运动是人的觉醒和理性的高歌，它全面地推动了人的权利意识、科学精神和功利意识，为资产阶级革命准备了条件；法国大革命标志着社会政治领域的变革，为资产阶级在欧洲的统治提供了条件，也彻底改变了政治合法性意识；工业革命带来了大规模生产以及全球市场，使全球成为现代性的竞技场。凡此种种都表明，现代性的产生本身是一个非常复杂的历史过程，它们都为现代性注入了自己的元素，也对后来的现代性发展产生各种影响。

现代性哲学视野的后形而上学性，并非仅仅指它的起源的历史性和偶然性，而且也指它的历史过程和结果的历史性和偶然性。吉登斯把现代性定义为"解传统化"，即现代性是以批判传统观念和生活方式为特征的。但是，在早期现代性思想中还存在着许多未被清理的形而上学基础和前提，它们不是把现代性建立在绝对理性或必然性基础上，就是相信现代性受到某种历史目的论的保障，因而还保留着一些错误的简单化观点。莫兰就认为，未经启蒙和自我批判的现代性意识有三个神话，即征服世界的神话、历史进步主义神话和人类幸福的神话。但是，这三个神话在生态危机、技术风险和大规模战争面前已经破产了。在今天，虽然我们不必全盘接受后现代主义者所鼓吹的宏大叙事终结、历史的终结、人的终结等等，但历史确实表明，现代性没有绝对的基础和终极目标。现代性是脆弱的、开放的、未完成的、可错的事业，我们既不能对它做历史决定论的辩护，也不能为它做历史目的论的辩护。现代性合法性的基础是现代性成就本身，同样，现代性的问题也是缘于它自己的局限性。在这个意义上，我们既不能在现代性之上，也不能在它之外去寻找确定的立场对它加以辩护和谴责，我们只能既置身于现代性湍流之中，通过自觉地反思和批判，尽量把握它的发展方向。

其二,复杂现代性范式拒绝把现代规范和价值理解为绝对同一性的整体。哈贝马斯根据韦伯对客观知识、法律－道德知识以及艺术和审美知识的区分,把自我认识、自我决定和自我实现作为现代性的基本规范。其实,现代性规范和价值远比这要复杂。在今天这个文化多元和普遍反思的时代,现代性价值既包含着自由、民主、人权、公正等保护个人自由和调节社会关系的普遍要求,又包括个人追求个性和本真生活的个体化要求,包括追求文化认同、团结、环保等与集体共存有关的价值。这些价值所构成的系统既不是基于某个先验原则的演绎,也不是简单的经验归纳,它们是对现代世界中人类遭遇的难题和挑战所做的回应。现代性没有统一的价值清单,也没有放之四海而皆准的价值排序。在这里,规范和价值之间有时是互补的,有时是矛盾的,我们不能幻想有一个十全十美的现代性计划。譬如,自由与民主是两种相互竞争的价值,多元文化与社会团结、效率与公平、发展与环境、个人自由与共同体、情感与理性等等之间,也往往存在着相互竞争的关系。20 世纪人类最重要的经验就是,必须承认人类自身的有限性和世界的非完美和非统一性。弗里德里克·詹姆逊主张,我们在考察事物的差异和非同一性时,要区分"矛盾"和"二律背反",矛盾是一种有缺陷的状态,而二律背反是事物的正常状态,在这里,对立的双方都有存在的理由,正如帕斯卡所指出的:"一个真理的对立面不是谬误,而是一个相反的真理。"N. 波尔也表达了类似的意思:"一个平庸的真理的对立面是一个愚蠢的错误,但一个深刻的真理的对立面总是另一个深刻的真理。"①承认现代性价值中存在着二律背反和非自洽性,就是要排除对现代性的规范与价值的统一性和总体性幻想,避免在不同的现代性价值之间简单地做非此即彼的选择。

其三,复杂现代性理论也包含着对现代性自反性(self - confrontation)的自觉意识。自反性并非偶然性的现象,它普遍存在于个人和社会生活之中。《启蒙辩证法》是一部对现代性自反性进行反思的悲怆之作,在《启蒙

---

① 转引自埃德加·莫兰《论复杂性思维》,陈一壮译,《江南大学学报》2006 年第 5 期。

辩证法》的开篇,作者就指出,"就进步思想的最一般意义而言,启蒙的根本目标就是使人们摆脱恐惧,树立自主。但是,被彻底启蒙的世界却笼罩在一片因胜利而招致的灾难之中"①,并认为"启蒙的自我毁灭"是第一个要讨论的对象。海德格尔对主体形而上学和技术现代性的批判也是如此,在他看来,"在以技术方式组织起来的人的全球性帝国主义中,人的主观主义达到了它的登峰造极的地步,人由此降落到被组织的千篇一律状态的层面上,并在那里设立自身。这种千篇一律状态成为对地球的完全的(亦即技术的)统治的最可靠的工具。现代的主体性之自由完全消融于与主体性相对应的客体性之中了"②。现代性的自反性并非所有现象的特征,但也绝非偶然或罕见的现象。实际上,自反性相当普遍地存在于世俗化、工业生产和科学技术等现象之中。我们要抛弃线性的、简单化的进步观念,承认事物在其发展中自我否定的可能性。

但是,承认现代性的自反性并不意味着一种新的宿命论和现代性失败论。现代性的自反性是现代性本身悖论之一,但不能把它理解为超历史的人类宿命,否则的话,我们就从盲目相信进步的必然性走到了另一极端,走向历史的灾难论。正如进步是不确定的一样,历史的倒退和毁灭的结局也不是确定的。韦伯、海德格尔、阿多诺、福柯和各种历史灾难论者的错误不在于揭示了现代性在具体现实中存在着自反性,而在于他们把这种自反性思辨地解释为现代性的必然命运。其实,危机可以变成转机,"自我转变的天赋会在危机的状态下觉醒"③。

中国的崛起,既带来巨大的机遇,也给自己带来巨大的责任。发展起来的中国,不仅要实现繁荣和富强,而且要建设新的社会秩序;不仅要选择自己的现代化模式,而且要建构自己的现代性方案。鉴于中国的巨大体量和影响力,中国的选择无论对错好坏,对 21 世纪的人类都产生至关重要的

---

① 马克斯·霍克海默、西奥多·阿道尔诺:《启蒙辩证法:哲学片断》,渠敬东、曹卫东译,上海人民出版 2003 年版,第 1 页。
② 《海德格尔选集》(下),孙周兴选编,三联书店 1996 年版,第 894 页。
③ 埃德加·莫兰:《现代性的危机》,陈一壮译,《国外理论动态》2012 年第 11 期。

影响,因而须以对历史负责、对自己负责和对世界负责的态度严肃对待。复杂现代性范式意在强化这样的意识:中国发展道路的选择必须是对规范敏感的,即合于人类文明大道,符合现代性的规范与价值,也必须是对现实敏感的,符合中国文化传统和社会现实,符合当今世界的发展变化和中国与世界的互动关系。在这个意义上,现代性事业必须是伦理的,也是审慎的。同时,复杂现代性思维也包含着这样的辩证意识:在现代性成就面前,不放弃批判和反思的要求;在现代性的挫折和困难面前,不放弃希望和走向犬儒主义。复杂现代性既是一种基于历史经验的反思和批判意识,同时也是基于规范和信念的建构意识。在这里,只有尊重现代性的普遍规范和价值,中国才能避免走歪路,与此同时,只有慎重对待现代社会的复杂性,认识到中国进一步发展的艰巨性和困难,才能避免走弯路。

（本文作者:汪行福　复旦大学哲学学院教授　本文发表于 2018 年第 1 期）

第四次工业革命与产业政策的转型

张其仔

摘　要　当下全球正处于技术和产业发生深刻转变的时期,这一深刻转变,预示着第四次工业革命的来临。此次工业革命与前三次工业革命的主要差异表现在创新范式上,前者为组合式创新范式,后者为采摘果实类创新范式。创新范式的巨大差异,使得第四次工业革命有着不同于前三次工业革命的基本逻辑,其进程难以通过采取通用技术或主干技术分析这类方法加以把握,尽管这一方法对于分析前三次工业革命是适用的。作为融合多种新趋势的突破性式技术创新,第四次工业革命技术突破的总体方向是数字化、网络化、智能化、绿色化。作为世界上最大的发展中国家,中国面临着难得的"直道超车"的历史机遇。为了抓住这一机遇,中国既要发挥好市场的力量,也要通过政府这只"无形之手"发挥好产业政策的作用,但面对新的局势,不能简单地直接搬用过去产业政策实施中的成功做法,而必须与时俱进,对产业技术政策、产业结构政策、产业布局政策、产业组织政策进行新的筹划和必要转型,以提升中国适应、参与和引领第四次工业革命的能力。

我们正处于一个正在发生深刻变革的时代,对此已无人质疑。但对与此次变革相关的一些基本问题却尚无一致看法:如,这次变革,究竟只是一次旧革命的延续,还是一场在旧革命基础上"颠覆式创新"的革命? 是第三次还是第四次工业革命? 这次变革的内涵与外延如何界定? 在此背景下,中国应如何发挥产业政策的作用? 等等,这些问题都没有得到充分讨论,更没有得到根本解决。也正因为如此,杭州二十国集团峰会上发布的《二十国集团新工业革命行动计划》中明确提出,二十国集团成员峰会作为国际经济合作的主要论坛,要开展合作研究,讨论新工业革命的趋势及影响,形成新工业革命发展进程的共识;要发布一份由经济合作与发展组织、联合国贸易和发展会议和联合国工业发展组织起草的新工业革命报告,概述新工业革命带来的机遇和挑战。准确判断当前工业革命所处的阶段、新工业革命的基本逻辑及方向,对于中国制定合理的产业政策,充分发挥产业政策的作用,举足轻重。对此类问题进行讨论,也不仅仅是因为在这些问题上尚无共识,更为重要的是,它们实质性地关涉到中国能否以主动应对的方式,有效地抓住这次新的机遇实现"直道超车"。

一、如何理解当前工业革命所处的阶段

2008 年国际金融危机在美国爆发,为了应对此次危机,西方主要发达国家纷纷推出了产业振兴和技术创新政策,积极推动一场新的产业和技术变革,为全球经济发展注入新的动能,新技术、新业态、新商业模式日益涌现。但各界对于此次革命的认识并不一致,这次革命也由此被冠以各种名称,尤以第三次或第四次工业革命的提法最为流行。

2012 年英国《经济学人》发表了一篇题为《第三次工业革命》的短文,把 3D 打印作为全球正在发生一场新的技术革命的标志,并宣称世界正在发生第三次工业革命[1],由此第三次工业革命迅即成为国内的热门话题。与此并行的是,2012 年德国成立工业 4.0 工作小组,并于次年发布了《工业 4.0》报告,宣称世界正在迈向第四次工业革命[2],此后,国内又开始了第四次工业革命的讨论。关于第四次工业革命的讨论虽然日渐增多,但第三次工业革命的提法并没有因此销声匿迹,由此出现了一种奇怪的现象,对

---

[1] 《第三次工业革命》,《经济学人》2012 年 4 月 21 日。
[2] 张其仔主编:《产业蓝皮书:中国产业竞争力报告(2014) No.4》,社会科学文献出版社 2014 年版,第 1 页。

当前正在发生的深刻变革,有人称之为第三次工业革命,也有人称之为第四次工业革命,第三次、第四次工业革命的概念在经济学界同时使用,更令人惊诧不已的是,甚至无人质疑两者并存的状态是否合理。对此现象或可解释为,国内的政府部门、学术界认为,究竟应把当前的工业革命称之为第三次还是第四次工业革命,无关紧要,只是个名称而已。为了避免所谓的不必要争论和前后称谓不一致的尴尬,部分文献干脆将其称之为新工业革命,而在政府相关文件中,迄今也鲜见第四次工业革命的提法。此种态度,看似非常实用,无关大雅,但究其深层次的原因,则是因为我们对当前发生的革命理解得不透彻、不深入。

当前正在发生的工业革命到底是第三次还是第四次工业革命,这个问题背后所蕴藏的疑问是,这场革命究竟是一场具有颠覆性意义的新工业革命,还仅是一场旧工业革命的延续? 任何一次能称之为工业革命的革命,必定是突破性的,具有颠覆性,而作为一种延续旧工业革命的革命,则只可能是渐进式的。把当前正在发生和将要发生的变革,称之为第四次工业革命,意味着这次工业革命具有突破性,而将当前的工业革命称之为第三次工业革命,无论如何宣称其具有何种革命性,都只能意味着这次工业革命具有渐进性。面对不同性质的工业革命,一个国家的应对策略不应相同,不同的应对策略,其结果可能有天壤之别。所以,究竟哪种称谓正确,涉及对这次变化的规律和本质的深层认知,而只有对这次变化的规律和本质有了正确的深层认知,决策部门才能制定出适应变化的科学政策,进而采取合理化的行动,中国也才可能最大限度地利用和培育自身的优势,更好把握这场新工业革命带来的机遇。

贾根良(2014)从经济长周期的角度,对当前的工业革命进行了定位。他提出,历次工业革命都是百年周期,都包含着两次康德拉季耶夫长波,奇数的长波相对于上次工业革命都具有间断性和"飞跃性",偶数的长波则与上次奇数长波具有连续性并以其为基础。从这个角度来看,第六次康德拉季耶夫长波即"可再生能源革命"的长波无疑是以信息通信技术革命长波为基础的。因此,在他看来,这次工业革命只是第三次信息技术革命的延续或者深化。德国政府 2006 年发布了《德国高技术战略》，以此为基础，2010 年又推出了《2020 高技术战略》，提出了一系列重点关注的战略领域，工业 4.0 位列其中。2011 年德国举办了汉诺威工业博览会，并在这一博览会上提出了工业 4.0 的概念。2012 年德国成立专门的工作小组，对工业 4.0 开展研究，并于 2013 年 4 月发布了相关研究报告，该报告分别把水、蒸汽动力机的发明、电气化以及始于 20 世纪 70 年代的信息化称为第一次、第二次和第三次工业革命，并且提出，目前世界正迈向一场新的工业革命，也就是工业 4.0 时代（Industrie 4.0 Working Group，2013）。2016 年，世界经济论坛把第四次工业革命作为焦点话题，世界经济论坛主席施瓦布宣称，新的工业革命不能被视为第三次工业革命的延续。

从经济发展的历史看，一个长经济周期的产生会和一场重大的技术革命相伴随，一个长经济周期的结束会与一场重大技术革命的潜力消耗殆尽相联系。从生产率的变化趋势看，在周期开始阶段，生产率增长缓慢，而后生产率大幅度上升，经过一个时期的大幅度上升后，生产率又会出现下降。生产率的这种变化趋势是典型的果实类创新范式的特征。果实类创新范式将通用目的技术的创新称为生长出新的果实，开发、拓展创新的应用，就是一直在采摘果实。依据采摘果实类创新范式，一项新的通用目的技术出现初期，因为技术不成熟、应用范围有限，收益只能是涓涓细流，当通用目的技术得到提升、扩散后，其收益将变成滔滔洪流，但随着技术扩散潜力消亡，技术所带来的收益又将复归于涓涓细流①。然而除了采摘果实类创新之外，还存在另外一种不同类型的创新——重组式创新。Weitzman（1998）将旧思想重组视为新思想产生的源泉，就好比育种时，将现有植物进行杂交，产生新的品种，这些品种将作为新的品种进入原有品种库中，如此循环往复，植物的品种将会越来越多。以此方式进行的创新，创新速度必然大幅度提高，新思想也不再构成对增长的约束。数字化技术的发展为思想重

---

① 埃里克·布莱恩约弗森、安德鲁·麦卡菲：《第二次机器革命》，蒋永军译，中信出版社 2014 年版，第 177～183 页。

组提供了极大的便利,推动着创新范式从采摘果实类创新向组合式创新转变,新技术的产生、扩散、拓展速度空前提高,故难以用过去百年周期的规律来推断未来新的经济周期进程。

第三次工业革命是由信息技术推动的,信息技术可以视为第三次工业革命的通用技术。这就意味着,承载着信息技术的电子信息产品与其他各种产品存在着十分密切的联系。如果把各种产品之间的联系计算出来,根据这些联系绘制一幅产品空间图,则那些体现通用技术的产品,必处于中心位置。因此,第三次工业革命是否正在让位于一场新的工业革命,可以通过考察产品空间结构是否发生重大变化,也即体现信息技术的电子类产品在产品空间图中的位置是否发生变化进行推断。借鉴 Hidalgo et al.(2007)的研究方法,李颢、张其仔(2013)构建了 1992—2011 年的产品空间图,结果发现,1992—2010 年间,作为信息技术载体的电子信息类技术产品在产品空间中的位置发生了较大变化,1992—1994 年间位于产品空间中心区域,但随着产品生命周期的演进,这些产品逐步偏离中心区域,最终在 2009—2011 年间被分离到了产品空间的外围,与木材加工、纸制品乃至服装制造等传统劳动密集型产品处于同样的位置,成为外围集群的"成员"。

第三次工业革命正在让位于一场新的工业革命的结论,还可从生产率的变化趋势中得到佐证。虽然我们不能用百年长周期的观念来判断当前新的产业革命所处的阶段,但对于一场旧的工业革命是否已经走到了尽头,还是可从生产率变化的角度发现其端倪,意即生产率是否在经过了一个较大幅度增长后走向停滞。2013 年美国经济学家 Larry Summers 在 IMF 夏季演讲中,针对国际金融危机之后美国的低经济增长率、低就业增长率、低通货膨胀率等现象,提出美国经济进入了长期停滞期(secular stagnation)。美国经济学家 Gordon(2012)对美国经济增长的历史进行了回顾后也指出,国际金融危机爆发之后,全球经济增长出现停滞。虽然研究者对美国以及全球经济是否会从此进入长期停滞期尚有争议,但两位经济学家对经济增长已经出现停滞问题的发现,却从另一个角度为新的革命正在到来提供了证据。

二、如何把握第四次工业革命的大势

为了应对第四次工业革命,中国政府推出了一系列战略和政策,如《中国制造2025》《"十三五"国家战略性新兴产业发展规划》等。为贯彻落实《"十三五"国家战略性新兴产业发展规划》,国家发展改革委员会同科技部、工业和信息化部、财政部等有关部门根据战略性新兴产业的发展新变化,对《战略性新兴产业重点产品和服务指导目录》(以下简称《目录》)2013版作了修订完善,形成了《目录》2016版,依据规划明确的5大领域8个产业,进一步将我国战略性新兴产业细化到40个重点方向下174个子方向,近4000项细分的产品和服务。中国政府这一系列政策措施是否符合第四次工业革命的大趋势? 对此,需对第四次工业革命的重大趋势进行探讨,只有充分了解第四次工业革命大趋势,我们才能对中国政府所强调的重点领域和方向是否与第四次工业革命的大趋势相吻合作出评价。

从技术层面考虑,第四次工业革命究竟具有何种特点? 在分析一场产业革命时,通常的做法是,把推动此次产业革命的技术区分为通用技术和一般技术,并把研究的重点放在通用技术上。有的研究在分析第四次工业革命时,仍沿用了传统的逻辑,简单地将其归结为智能化,把智能化作为此次工业革命的树干。这种研究方法有助于突出重点,让研究者不至于迷失在纷繁复杂的细枝末节上,但第四次工业革命的最大特点是重组式创新,此次工业革命是要长出一片丛林,丛林中不同的树种会结出不同的果实,不同的果实通过组合,再不断地长出新的树干,结出新的果实,所以用过去的分析模式和逻辑将难以准确地分析此次工业革命的进程,把握其发展规律。

对第四次工业革命特点的把握既不能失之于简单化的概括,也不能陷于层出不穷的新概念、新提法的迷雾中,否则,我们无法对中国政府所强调的重点领域和方向是否符合大势做出合理的评价。要深刻理解第四次工业革命的内涵,有两种路径,一是分析第四次工业革命提出的背景,另一个则是对有关新工业革命的各类文献进行梳理,通过归纳分析,提炼出新工业革命的规律和特点。

第四次工业革命虽然是对全球正在发生的一场深刻的技术变革的统称,而不仅仅是指德国提出的工业4.0,但在各国推进新技术革命的战略中,惟德国提出的工业4.0战略是明确地基于第四次工业革命这一理念基础之上的,所以研究德国提出工业4.0的背景,更有助于理解第四次工业革命所要解决的关键问题及其意义。德国的工业4.0战略初期是作为其《高技术战略》的组成部分提出的,德国于2006年发布的《高技术战略》明确提出其目标,就是支持德国科技创新在欧盟乃至全球市场上处于领先地位。在对2006年《高技术战略》实施的效果进行评估、分析后,德国政府认为,这个战略取得了明显成效,促进了德国研发投入的增长和研发人员、技术人员就业规模的扩大。2005—2008年间,德国私人部门的研发投资增长约19%;2004—2008年间,从事研究的人员增长约12%,2008年研发经费占GDP的比重达2.7%,30%的公司的研发从德国政府改进研究和创新政策中获益。受此积极评估结果的推动,德国政府于2010年发布了《思想,创新与繁荣:德国2020高技术战略》,在这一战略中,德国政府指出,在未来数十年中,德国将面临巨大的经济与金融政策挑战,需要最大限度地开发现有增长潜力和培育新的、有发展前景的产业;国际金融危机之后,知识、技术和人才的竞争将更加激烈;全球面临的一系列挑战,如气候变化、人口问题、食物与能源供应、疾病等,都需要靠科技创新加以解决。此外,德国4.0工作小组发布的关于工业4.0报告还指出,德国是制造业强国,有充分开发工业4.0的巨大潜力。德国提出和实施工业4.0战略,主要是试图应对两大挑战,具言之:

首先是要解决其制造业竞争力下降的问题。

德国是制造业强国,2003年取代美国成为全球最大的制成品出口国,其制成品出口占全球制成品出口的比重达11.4%,美国则降至10.6%。2006年发布《高技术战略》时,德国仍然是全球制成品出口第一大国,出口占比达 11.37%。2007 年这一比重虽然进一步上升,但却被中国超越,降至第二位。2008 年国际金融危机之后,德国制成品出口占全球制成品出口的比重一路下滑,到 2012 年已降至 10% 左右。在德国政府看来,其制成品出口占比下降的根本原因在于来自发展中国家的竞争。

除了发展中国家的挑战外,德国政府还认识到,其制造业未来将面临来自发达国家更大的挑战,特别是美国的挑战。2008 年国际金融危机爆发前,发达国家,特别是美国,服务业的国际竞争力总体上处于上升态势,制造业的国际竞争力则不断弱化;金融危机爆发后,美国以及欧洲发达的资本主义国家多对其发展战略进行了反思,纷纷提出了"再工业化"计划。西方国家当时提出的"再工业化",虽然不是要完全重新振兴传统的工业生产,但高举的也并非新工业革命的旗帜。直到 2011 年里夫金《第三次工业革命》一书出版,2012 年英国《经济学人》杂志提出了第三次工业革命的概念,西方国家的所谓"再工业化"才开始与新工业革命接轨。概言之,德国提出工业 4.0 战略,既是对一场新工业革命的描述,也是德国应对一场新工业革命的整体举措。

其次,德国工业 4.0 战略与前几次战略所面临环境的最大不同点之一,就是全球化程度空前提高。

在这样一个背景下,一个国家要成功地在一场新工业革命中占有关键地位,就必须有全球视野,使其产业的发展、技术的变革能有效解决和应对人类发展中所面临的共同挑战。在德国 4.0 工作小组看来,工业 4.0 可以有效应对全球面临的资源与能源问题带来的挑战。

支撑一国经济发展的不仅仅是经济资本,还包括自然资本等。第一次和第二次工业革命主要解决的是支撑经济发展的经济资本问题,人类对自然资本的利用还没有达到或接近上限。到了第三次工业革命时期,资源、环境和能源问题开始受到关注,资源环境问题从作为经济发展的背景存在转而走向前台,成为影响第三次工业革命的重要因素而发挥作用。但在第三次工业革命进程中,发达国家虽然基本解决了其国内的传统环境问题,却并没有完全缓解全球所面临的资源环境挑战,人类对环境的损害并没有被完全终止。2014 年 UNU – IHDP 和 UNEP 发布的《包容性财富报告(2014):对可持续发展能力的测度》对全球 120 个国家生产资本、人力资本和自然资本进行了测度,其结论是,与 1992 年相比,2010 年全球的生产资本增长了 56%,人力资本增长了 6%,自然资本下降了 30% [1]。第一次、第二次、第三次工业革命中,人类使用的能源主要是化石能源,化石能源不仅是不可再生的,而且使用过程中会产生温室气体,使全球气温升高。减少温室气体排放,控制全球气候变暖依然是当前人类发展面临的重大挑战之一。

由于此次新工业革命仍处于孕育期,对其方向有着不同的解读,新的概念、新的技术层出不穷,国内学者在借鉴外国学者研究的基础上,也做了诸多有益的探索,提出了不同的概念和新的技术,详见表1。为从各种纷繁复杂的概念中提炼第四次工业革命的核心要素,我们借鉴社会科学研究中的质性研究方法,通过对第四次工业革命的典型文本分析,对各种概念进行重新编码、归类,将现有的有关新工业革命的概念、所涉及的技术合并成四类:(1)与数字化相关;(2)与网络化有关;(3)与智能化相关;(4)与绿色化相关(参见表2)。易言之,第四次工业革命是一次聚合了数字化、网络化、智能化和绿色化四大趋势的破坏式技术创新[2]。

---

[1] UNU – IHDP、UNEP:《包容性财富报告(2014):对可持续发展能力的测度》。

[2] 邓泳红、张其仔:《中国应对第四次工业革命的战略选择》,《中州学刊》2015 年第 6 期。

表1　与新工业革命相关的典型概念

名称	提出者	主要特征	标志性技术	生产组织方式
第三次制造业革命	《经济学人》（2012）	增材式制造	3D打印	分散化
第三次工业革命	里夫金（2012）	可再生能源替代化石能源	可再生能源技术、作为微型发电厂的建筑、能源存储技术、能源共享网络、电动车	分散化
新工业革命	彼德·马什（2013）	差异化制造	3D打印、灵活自动化、互联网、计算机辅助设计	定制化
第二次机器革命	布莱恩约弗森等（2014）	知识性生产将被替代	智能机器人	智能化
第三次工业革命	黄群慧、贺俊（2013）	计算机和信息技术的广泛应用	基于模块的开放架构、人工智能、数字制造、工业机器人、添加制造技术	大规模定制、个性化制造、模块化设计
第三次工业革命	吕铁、邓洲（2013）	制造业数字化、智能化、个性化	信息技术、新材料技术	大规模定制、个性化生产
第三次工业革命	贾根良（2014）	智能与清洁生产方式的革命	计算机、软件、远程通信、机器人、太阳能发电、光伏建筑一体化、智能装备制造、新能源汽车、3D打印	
第四次工业革命	工业4.0研究小组（2013）	智能制造	虚拟网络—实体物理系统技术、管理复杂系统的工具与方法、安全保障技术、智能机器人、智能工厂、智能产品	自适应组织
第四次工业革命	邓泳红、张其仔（2015）	多个趋势融合的突破式创新	移动互联、新能源、智能机器人	分散化
第四次工业革命	克劳斯·施瓦布（2016）	物理技术、数字技术和生物技术相融合	可植入技术、数字化身份、视觉交互界面、可穿戴设备联网、普适计算机、智能手机、免费无限存储空间、万物互联、数字化家庭、智慧城市、大数据、无人驾驶汽车、人工智能、机器人服务、比特币与区块链、共享经济、3D打印、基因编制技术、神经技术	

表2　第四次工业革命的主要特征

特征	相关的概念
数字化	数字化身份、数字制造、大数据、比特币与区块链、3D打印、计算机辅助设计、基因编制技术、普适计算机
网络化	能源共享网络、互联网、视觉交互界面、可穿戴设备联网、万物互联
智能化	灵活自动化、智能机器人、人工智能、数字制造、智慧城市、智能手机、无人驾驶汽车、神经技术
绿色化	3D打印、可再生能源技术、作为微型发电厂的建筑、能源存储技术、电动车、太阳能发电、光伏建筑一体化、新能源汽车、新能源、个性化定制

三、第四次工业革命背景下应如何发挥产业政策的作用

制定合理的产业政策对中国适应、参与和引领第四次工业革命,具有重要的战略意义。2016年9月,张维迎教授与林毅夫教授对于产业政策的两种不同见解引发了经济学界的热议,双方围绕产业政策的必要性和有效性,展开了一场论战。尽管对产业政策作用的理论争论仍将继续,但实践中,国家没有选择,必须拥有产业政策,关键在于要实施什么样的产业政策,应如何发挥产业政策的作用。面对第四次工业革命浪潮,中国既要坚定地抛弃完全否定产业政策的做法,也要避免不顾历史条件的变化,直接将过去的一些成功做法套用到新阶段的做法。第四次工业革命有其自身的特征,通过发挥产业政策的作用,抓住其为我国提供的直道超车的机会,对产业政策实行转型是必要的。

1. 产业技术政策的转型。

作为一个发展中国家,传统产业政策的技术目标,就是通过模仿发达国家的先进技术,实现模仿式创新,不断缩短与发达国家在优势产业方面的差距,是一种追赶型的产业技术政策。就当前经济发展水平和产业技术水平而言,中国相较于改革开放初期已经有了很大提高,但仍然是最大的发展中国家这个基本国情没有变。中国的产业发展,面临着发展中国家在

迈向高收入国家过程中所面临的共同问题,即在追赶发达国家的过程中,其发展水平会越来越高,离技术前沿的距离越来越短,后发技术红利也会越来越少。由此通过追赶维持平稳增长的压力将越来越大,要保持经济的持续平稳增长,必须在追赶的过程中,同时着手推动技术前沿相关课题的研究。所以,随着中国经济发展水平的提高,产业技术政策目标要实现由追赶主导型向并跑和领跑主导型目标的转型,第四次工业革命无疑凸显了这种转型的紧迫性与必要性,其主要体现为以下三个方面:

第一,第四次工业革命推动了发达国家重振制造业的雄心壮志,使中国制造业在发展中面临的竞争更加激烈。为迎接新工业革命的挑战,近年来,不少国家都出台了制造业中长期发展战略,如德国的"工业4.0"、法国的"新工业法国"、欧盟的"欧洲工业数字化战略"、韩国的"制造业创新3.0"、印度的"印度制造战略"、西班牙的"工业连接4.0"、俄罗斯的"国家技术计划"、日本的"机器人新战略"等等,这一系列计划的实施,将形成新的技术前沿和新的生产可能性边界,从而极大地改变中国与发达国家的比较优势。现阶段,中国劳动力成本虽然出现一定幅度上涨,已高于一些发展中国家,但与发达国家相比,仍有劳动力成本优势,伴随第四次工业革命出现的机器对人的替代,中国对发达国家的劳动力成本优势就会消失,很难再利用劳动力成本优势与发达国家进行竞争。与此同时,新生产可能性边界和新的技术前沿将使得原有前沿技术变得过时,弱化追赶型发展策略的红利,提高并跑和领跑型技术策略的红利。

第二,第四次工业革命将使传统的产业格局发生重大变化,使追赶型策略下追赶对象和追赶路线的选择变得极其困难甚至不可能。第一次产业革命形成了工业生产和农业生产的国际分工,第二次工业革命产生了全球的产业间分工,第三次工业革命则带来了产业链分工,产品的生产分为不同的环节,不同环节拥有不同的附加值。在此背景下,作为发展中国家的中国,追赶目标较为明确,即向产业链的高端攀升。第四次工业革命将重塑全球产业分工格局,全球产业分工将从产业链式分工向产业网络式分工转化,多层次的网络化制造格局将由此形成。在这一新的背景下,保证追赶型策略成功的信息条件不复存在,全球产业分工的网络化,使得全球产业分工更加平等,确定追赶对象和追赶路线所需的信息呈爆炸式增加,而且具有巨大的不确定性,要对此精准把握,困难重重。

第三,全球正在经历一场深刻的技术革命,这为我国塑造更多依靠创新驱动、更多发挥先发优势的能力提供了前所未有的历史性机遇。近些年来,我国已相继取得一批重大科技成果,达到了国际先进水平,在国际科技前沿已占有一定地位,但企业进行前沿性技术创新的能力以及培育和发挥先发优势的能力仍然不够强,实施颠覆性创新的能力仍有待进一步积累。世界知识产权组织发布的《2015 年世界知识产权报告》中指出,我国在 3D 打印、纳米技术和机器人工程学 3 个领域的专利申请方面表现不俗,自2005 年以来,全球 3D 打印和机器人工程学领域的专利申请中,我国专利申请所占比重超过四分之一,在纳米技术方面,我国是第三大专利申请来源国。中国更多发挥先发优势的引领型发展能力正处于积累时期,这也为我国实现产业技术政策的转型提供了现实基础。

2. 产业结构政策的转型。

中国产业结构虽然在不断优化,但产业结构调整的任务仍然较重。中国产业结构方面存在的主要问题是,劳动与资源密集型产业、低技术含量的产业虽然具有很强的国际竞争力,但却面临较大的成本上涨、质量提升、环境保护压力;中高端制造产业发展能力不足,总体而言不具有明显的比较优势;服务业占 GDP 的比重已经超过工业,但总体竞争力不足,服务出口中的知识和技术含量与发达国家相比有较大差距。中国进行结构性调整的任务之一,是要通过实现产业的转型升级,增强中高端产品的国际竞争力,提高中高端产业对我国经济增长的贡献。

产业政策一直是推动我国产业结构优化升级的重要工具,在解决第四次工业革命背景下中国产业转型升级所面临的问题时,产业政策仍应发挥重要作用,但其方式需要转型。传统的产业政策发挥作用,涉及识别需要支持的产业,这些产业通常具有较大的外部性。识别方法包括通过投入产出表分析产业的带动效应筛选出应进行扶持的主导产业;通过分析经济发展水平相似或水平较高国家的产业结构,确定产业发展的重点等等。这些方法对中国产业政策的制定起到过重要作用,但此类做法在渐进式技术变革时期比较有效,因为在这样的背景下,产业变革的趋势和方向较易判断。而在面临突破式技术变革和创新时,这些方法就会面临很大的挑战,因为在这样一个时期,产业之间的关系将会被重新塑造,产业间的技术关系将发生颠覆性变化,无论是政府,企业或专家都无法根据历史的产业关联科学地识别出真正的主导产业来。第四次工业革命将是一次突破式创新,这一变化是全球性的,发达国家推进第四次工业革命的规划,虽然对中国制定产业政策会有所启发,但发达国家的产业格局同样正在被重塑,中国将很难通过跟随发达国家策略选择出需要支持的主导产业。对通过识别出主导产业,实行针对性极强的产业政策的更大挑战性还在于,第四次工业革命数字化、网络化的特点正在重新定义产业的边界,产业与产业之间的融合趋势十分明显;由数字化、网络化、智能化等因素所引起的创新方式的变革,使技术创新和产业变革的扩散路径更具随机性、多样性。

针对产业结构调整的政策有两种类型:一种就是选择识别出主导产业,对此实行更具针对性的干预,我国传统的产业政策就属于这种类型;另一种就是政府使用范围更广泛的政策,在这样的一种政策下,"只需要确定受惠于这些政策的行业与那些被这些政策抑制的行业相比",能为社会带来更多的学习效益就可以了,"企业和行业会在一个经济体中自我选择,具有更强学习能力企业和行业的扩张会提升整体经济能力"①。与第一种方法比,实行更具针对性的产业政策的益处是,可以促进更多的知识积累和更快速的经济增长,从而具有更高的效率,但这一方法对国家的治理能力的要求更高,而且需要能准确识别出"更具针对性"的具体产业。总体而言,在第四次工业革命的背景下,选择运用较"广泛的政策工具的产业政策"较为可行。

---

① 约瑟夫·斯蒂格里茨等:《增长的方法:学习型社会与经济增长的新引擎》,陈宇欣译,中信出版社2017年版,第268～269页。

3. 产业布局政策的转型。

改革开放四十年来,中国早期的产业布局政策多以主导产业为导向,根据资源禀赋、人力资本、区域经济平衡发展等因素进行产业布局。随着技术进步和产业转型升级的需要,各地区的生产要素价格出现变动,区域经济发展水平差距扩大,东部地区土地、劳动力价格大幅上涨,大城市的低端产业亟待疏散,产业政策长期关注的是国内区域间的产业布局和转移。但随着工业化水平的提高,中国的部分产业已经达到了世界领先水平,具备了向国外扩展产业布局的能力。更为重要的是,通过产业的国际化布局,可以更好地利用全球的创新资源,扩大创新可利用的知识池。

要在第四次工业革命中占有一席之地,一个国家在制定产业政策时就必须使政策不仅能利用其在知识和学习能力方面的比较优势,而且能够不断地提高这种能力。影响这种能力利用和培育的因素很复杂,但扩大可利用的"知识池"肯定是重要的因素之一。实施开放式创新策略则是扩大"知识池"资源的加速器。

一个国家要处于国际创新的最前沿,就必须利用国际科技资源,建立全球创新网络,实行开放式创新战略,这对于发展中国家来说显得尤其重要。对产业进行全球化布局是支撑开放式创新的关键措施,"从某种程度上来说,学习在地理上是局部化的,学习的局部化也是源于信息流动的局部化。当人们在地理上分开后,联系的密度就会降低,沟通的效率可能也会打折扣。"[1]实现产业的全球化布局,可以加强与其他国家的联系,提高沟通效率,克服局部化学习所带来的障碍。

4. 产业组织政策的转型。

第四次工业革命在产业组织上未来会形成两种趋势,一种是分散化的趋势,另一种则是高度集中化的趋势。第四次工业革命在某些情况下会形成一种赢家通吃的局面:数字化创造了赢家通吃的市场,数字化产品的容量限制已经日益变得无关紧要,产品的生产者仅凭自己再加上一个网站就

---

[1] 约瑟夫·斯蒂格里茨等:《增长的方法:学习型社会与经济增长的新引擎》,第77页。

能创造成千上万的客户群体;交通和通信领域的技术进步扩展了公司的业务范围,使得那些次优产品的生产者,无法通过消费者的无知或者地理的障碍来保护他们的边际利润了;网络及其标准化应用的重要性日益突出,由此产生的网络效应会创造赢家通吃的局面①,在这样一种趋势下,企业的相对优势会带来绝对控制。

第四次工业革命同样为中小企业的生存和发展创造了更大空间。易言之,3D 打印技术与物联网的结合,会产生一种新的制造模式,即云制造模式,这是一种替代大规模生产的方案,且由小规模、分布式节点组成,是一种由小型制造企业组成的超大规模网络的分布系统②。第四次工业革命将催生分散式的物联网基础设施建设,降低商品和服务生产及配送过程中的通信、能源和物流边际成本。通过去除价值链中几乎所有中间环节的交易成本,中小型企业和数十亿的产消者可以在协同共享下以近乎零的边际成本直接分享商品和服务,降低了创建新企业的成本③。基于互联网基础上发展起来的互联网金融,使得中小企业更容易获得融资,从而突破传统市场经济条件下中小企业融资难对其发展的资金约束。

面对上述两种趋势,产业组织政策的核心是创建一种大中小企业融合发展的格局,在具体实施机制上就是要协调好产业政策与竞争政策、创新政策的关系,不仅要支持大企业的发展,特别是平台型企业的发展,同时要加强对企业垄断行为的监管,充分发挥大企业的引领作用,为大中小企业融通发展提供良好的环境。

20 世纪 80 年代以来,国内学者较为关注产业政策的实施,而将竞争政策作为产业政策可有可无的补充,甚至将竞争政策看作一种特殊的产业组织政策,认为竞争政策应该服从于产业政策④。从性质上看,产业政策

①　埃里克·布莱恩约弗森、安德鲁·麦卡菲:《第二次机器革命》,第 177~183 页。

②　胡迪·利普曼、梅尔芭·库曼:《3D 打印:从想象到现实》,赛迪研究院专家组译,中信出版社 2013 年版,第 69 页。

③　杰里米·里夫金:《零边际成本的社会:一个物联网、合作共赢的新经济时代》,赛迪研究院专家组译,中信出版社 2014 年版,第 23 页。

④　参见江小涓《经济转轨时期的产业政策》,上海三联书店、上海人民出版社 1996 年版。

与竞争政策都是政府干预微观经济运行的政策手段,目的都是促进产业部门的发展,弥补市场的缺陷。但两种政策在实施机构、利益出发点、产业指向性、作用时间点、实施手段等方面都存在明显的差异。我国的产业政策通常是通过国务院、发改委、工信部、商务部、科技部等部门发布,以生产者为导向,具有明确的产业指向,且对产业的支持具有预期性和提前布局的特点。相应地,竞争政策的实施机构为国务院反垄断委员会、商务部、国家工商总局等执法机构,没有特定产业指向,主要对违反竞争的企业行为进行事后调节。两者之间有时难免发生冲突,所以,协调产业政策与竞争政策的关系,在机制上加强部门之间的沟通和协调十分必要,在第四次工业革命这个大背景下尤其重要。

产业组织政策转型的另一个重要方面,则是要建立一种无许可创新的体制机制,竞争是鼓励创新的一种方式,但还有一种机制,就是要以创新法律来管理创新。创新是一个不断发展和试错的过程,但政府管理具有连续性和稳定性的特征,所以,政府往往会让创新与现有法律法规相适应,而不是相反,否则会阻碍创新。为了破除这一阻碍,政府应建立一种无许可创新机制,就是新技术的创造者,在其服务投放市场前无须得到政府许可,新技术、新的商业模式除非其被证明会给社会带来严重危害,否则都应该被默许[1]。

本文系中国社会科学院创新工程项目"工业增长新动能的培育"、中国社会科学院重点学科建设工程"发展经济学重点学科建设项目"的阶段性成果。

参考文献:

1. Industrie 4. 0 Working Group, "Securing the Future of German Manufacturing Industry: Recommendations for Implementing the Strategic Initiative INDUSTRIE 4.0",2013.

---

[1] 阿鲁·萨丹拉彻:《分享经济的爆发》,周恂译,文汇出版社 2017 年版,第 196 ~ 197 页。

2. C. A. Hidalgo, et al. , "The Product Space Conditions the Development of Nations" , *Science*, 2007(317).

3. Martin L. Weitzman, "Recombinant Growth" , *The Quarterly Journal of Economics*, 1998 (2).

4. Robert J. Gordon, "Is U. S. Economic Growth Over? Faltering Innovation Confronts the Six Headwinds", NBER Working Paper Series, 2012.

5. 彼德·马什:《新工业革命》,赛迪研究院专家组译,中信出版社 2013 年版。

6. 黄群慧、贺俊:《"第三次工业革命"与中国经济发展战略调整》,《中国工业经济》2013 年第 1 期。

7. 贾根良:《第三次工业革命:来自世界经济史的长期透视》,《学习与探索》2014 年第 9 期。

8. 杰里米·里夫金:《第三次工业革命:新经济模式如何改变世界》,张体伟、孙豫宁译,中信出版社 2012 年版。

9. 克劳斯·施瓦布:《第四次工业革命:转型的力量》,李菁等译,中信出版社 2016 年版。

10. 李颢、张其仔:《全球产品空间结构的演化》,载张其仔主编《产业蓝皮书:中国产业竞争力报告(2013) No. 3》,社会科学文献出版社 2013 年版。

11. 吕铁、邓洲:《第三次工业革命的技术经济特征》,《中国党政干部论坛》2013 年第 10 期。

(本文作者:张其仔　中国社会科学院工业经济研究所、产业与企业竞争力研究中心研究员　本文发表于 2018 年第 1 期)

现代中国实证史学建构的两种路径论衡

胡逢祥

摘 要 实证论于 19 世纪末传入中国,对其后中国史学的现代转型起着重要的推进作用。从 20 世纪初十余年新思想界涉及实证论的文字看,人们最感兴趣的无疑是其以观察和实验手段研究社会,以及社会现象和发展有"法则"可寻之新观念,它对当时史学界兴起以探求"公理公例"为目标的历史科学思想产生过相当的引导和催化作用。不过,此种现象在新文化运动前后却发生了显著变化,大多数实证史家关注的重心已转向如何将之用于史料和史实的具体考证,对西方现代史学的借鉴主要是朗克等人鼓吹的"客观主义"史学,而非先前孔德、斯宾塞和巴克尔等所倡探求社会历史法则的门径。而从当时崇尚实证的史家看,其现代史学的建构则大致形成了两种路径:一是以西学为准则的"以西融中"模式,一是希望以中国文化精神为根本依托而兼采域外新理论和新方法的路径。深入比较两者的异同和得失,对于新时代中国史学的发展当不无裨益和启示。

实证史学作为 20 世纪上半叶中国史学的主要流派,对现代中国史学的整体发展和形塑,影响至深且远。目前学术界的相关论述不可谓不多,然细加审视,仍有剩义可寻。如来自西方近代科学的实证论,在改造历史学这类传统人文学科的过程中,与其原先的治学方法特别是人文思维方式究竟处于何种关系? 其内在的冲突或接榫又是如何展开的? 历史学被提升为"现代科学"后,是否意味着实证论已成其"重建史实"的唯一支撑? 从认识论的角度看,史料的实证考据究竟能达到何种程度的"客观"? 人文方法在其中是否仍有发挥的余地？若然,则如何实现其与"科学实证"的互补？这些问题都值得进一步探讨。本文试结合其中某些问题的思考,就现代中国实证史学的建构路径及流别再作考察,略抒管见,以求教于通人方家。

一、实证史学的输入及其概念流变

"实证"一词虽早见于中国传统典籍,然本意皆指"确凿证据",并无方法论之含义,从《水经注》的"盖沿历之实证,非为谬说也",到清阎若璩《四书释地又续》"古人文义有从实证出者"和皮锡瑞《经学通论》所谓"朱子可谓搜得真赃实证矣"①等,无不如此。直到近代西方实证论的传入,"实证"始成一专门术语。

实证论(positivism)作为一种哲学观和方法论,系19世纪前期法国哲学家、社会学家孔德(Auguste Comte)创立,它实际上是当时西方自然科学迅猛发展在思想界的反映。其说以为,人类社会及其主流思维模式在经历了神学和玄学阶段后,现已进入科学或实证时期,为人类思维趋于成熟之阶段,其标识性特征是"认定一切现象皆受不易的自然法则所支配",欲知此现象界之法则,端在观察和实验,即通过具体现象的归纳进而求得科学定律。在孔德看来,数学、天文学、地球物理学、化学和生物学的研究均先后进入实证阶段,唯社会现象因最富个性、最为错综复杂,仍徘徊在外,值此科学日见昌盛之际,自当摆脱神学和玄学束缚,以实证方法究其运作变化法则,使之同登科学之殿堂。如此,"则近代人之哲学系统实际可臻完备,而一切现象咸可分别归入五大范畴焉。一切基本概念既调合一致,则实证状况于以告成"②。这一理论不但确立了实证社会学的地位,还激发起人们探寻社会历史规律的信念。不过值得注意的是,孔德所说"现象界

---

① 参见郦道元《水经注》卷七济水注,载《王国维全集》卷十二,浙江教育出版社2009年版,第248页;阎若璩《四书释地又续》卷下,四库全书文渊阁本,第56页;皮锡瑞《经学通论·书经》,中华书局1954年版,第83页。

② 《孔德实证哲学绪论》,王光煦译,《光华大学半月刊》1936年第4卷第9期。此文系孔德《实证哲学教程·绪论》译出。

之法则",只是指人所能感知的现象界因果法则,至于超乎感觉经验之外的宇宙本体或事物内在本质,依然在不可认知之列。这表明其理论明显存在着经验主义乃至某些不可知论的倾向。孔德的上述基本观点,不久就得到了英国学者斯宾塞(H. Spencer)、巴克尔(H. T. Buckle)等人的呼应,在国际学术界产生了广泛影响。

实证论在19世纪末传入中国。严复1895年发表《原强》《救亡决论》等文,不仅介绍了西方学术"一一求之实事实理,层累阶级,以造于至大至精之域,盖寡一事焉可坐论而不可起而行者",具有"一理之明,一法之立,必验之物物事事而皆然,然后定为不易"的特点,还力赞斯宾塞的社会学说"精深微妙,繁富奥衍,其持一理论一事也,必根柢物理,征引人事,推其端于至真之原,究其极于不遁之效而后已"①。其所译斯宾塞的《群学肄言》,更是反复论说社会学足以成为一门探究社会发展"公例"之学的理由,认为"群之事变,其缪葛深隐,常过于他学之所治,则其术固不得入他学之至简。类同事之变,以见其会通,其所会通者,常出于至宽之涂,而大其时地之界限。虽然,既有其会通矣,会通斯有其公例,有公例则可本之以明事变之由,而即此遂得以成学"。据此,"群之有学,固可决耳"②。20世纪初,孔德其人其学通过章太炎、王国维等被译介到国内。1902年,章太炎翻译出版了日本岸本能武太的《社会学》,其中提到:"初言社会学者,为法人欧哥斯德·廓模德(即孔德)。其所著《实验哲学》始见索西奥罗其衣(sociology,社会学)"③。同年,王国维也在所译《心理学》(元良勇次郎著)中指出:"法国之硕学孔德分一切学问为六种,以自简入繁为先后,即数学、星学、物理学、化学、生物学、社会学是也。"④

当时学界对"实证"一词译法颇不一致,除章太炎译作"实验"外,1902年王国维所译《伦理学》(元良勇次郎著)在述及孔德的社会三阶段论时,

① 王栻主编:《严复集》第一册,中华书局1986年版,第11、45、6页。
② 斯宾塞:《群学肄言》,严复译,商务印书馆1981年版,第36、37页。严复翻译此书第一、二章先载于1897-1898年天津《国闻报》,1903年方出版全译本。
③ 《章太炎全集·译文集》,上海人民出版社2015年版,第50~51页。
④ 《王国维全集》卷十七,第319页。

亦谓:"第三级,实验之时(positive state)也。在此时代,万事无不由实验与观察,而自天然之事实中得抽象之概念,名之曰天然法"①。次年出版的浮田和民《史学通论》的几种中译本则均译为"实学",称:"法国奥格士德·肯特者,创社会学,立历史上之三大法则,云社会者必经过神学的思想、哲学的思想、实学的思想"②。而1901年出版的桑木严翼《最近独逸(今译"德意志")哲学史》(东京专门学校出版)和1906年出版的冈岛诱《最近西洋哲学史》(东京博文馆出版)日文原版则表述为"实证哲学"和"实证论"。按照日本学者小林郁的说法:"孔德之philosophie positive,在日本原被译为积极哲学、实验哲学、实理哲学、实证哲学。因孔德将以前的哲学称为'消极哲学',从对立的角度言,其哲学似可称为'积极哲学',但这难免会陷入与消极哲学的简单对立之中。'实验哲学'的称呼展示了孔德重视实验法,但这样似乎只强调了经验论(empiricism),这点孔德是绝对反对的。另外,把握科学整体的总脉络以求得其逻辑规律是孔德最终的理想,这样来看,称其哲学为'实理哲学'好像是最适切的。可惜孔德也仅仅止步于'理想'二字而已,其自身亦明瞭这点,所以这个词也未能概括其哲学。孔德注重事实的论证,为求得与科学整体研究法的一致,其所提出的规律十分重视整体内部相互间可能的融合,从这个角度看,其哲学最合被称为实证哲学,这个词已久为学界使用"③。可见最后多采用"实证"这一译法,是日本学术界比较选择的结果。

今所见国内刊物上明确译为"实证"的,较早见于罗振玉、王国维所编的《教育世界》。1906年,该刊以"法国实证哲学家孔德"为标题登出一张孔氏照片。次年,王国维又在杂志上发表《自序二》,采用了"知识论上之实证论"的提法④。此后,这一哲学方法论概念术语渐为学术界所通用,讨论实证论或实证主义的文章日趋增多,如缩章译桑木严翼的《实证主义与

① 《王国维全集》卷十六,第600页。
② 浮田和民:《史学通论》,载邹国义编校《史学通论四种合刊》,李浩生等译,华东师范大学出版社2007年版,第94页。
③ 小林郁:《コムト(孔德)·绪言》,东京合资会社富山房明治四十二年(1909)印本,第1页。
④ 《王国维全集》卷十四,第121页。

理想主义》、毛坤的《实证时代之宗教观》、林宝权的《孔德实证哲学原理》、刘节译《实证哲学与孔德》、吴霆锐译《孔德之实证社会思想》①等。

从 20 世纪最初十余年新思想界涉及实证论的文字看，人们最感兴趣的无疑是其提出的以观察和实验手段研究社会，及其社会现象和发展有法则可寻之新观念。梁启超参照浮田和民《史学原论》介绍孔德和斯宾塞的社会进化观以及巴克尔的文明史观，在《新史学》中一再强调"善为史者，必研究人群进化之现象，而求其公理公例之所在"②。章太炎也通过译作《社会学》向人们详细介绍"社会历史研究法"，称："小则以此研究一社会，大则遍施于人类社会之全体。所研究者，第一原人之状态，第二组织社会之次序，第三种种分业之起原，第四种种制度之发现，第五制度之变迁沿革。于此五者知其微旨，则可以知今世社会单复异形进化异度之故，又可以知现在过去诸社会其文野不同者，特人类进化之异其阶梯耳"③，并据此提出了治史当"以发明社会政治进化衰微之原理为主"的主张④。王国维表达了同样的关切，谓孔德"学说中社会进化之法则占重要之地位。彼谓人类之进步必经许多之阶级，而于各阶级中，其法律、风俗、习惯各不同，此必然之理也。故欲知今日之人类，不可不知历史上过去之人类，不由历史而以抽象的方法建立道德上及政治上之理想者，其必无效矣。凡法律及道德之改变，其势力全决于社会之动力。此见解不但广行于其学派中，凡今日有教育之人皆深赞之者也"⑤。

这对当时史学界兴起以探求"公理公例"为目标的历史科学思想起了相当的引导和催化作用。诚如 1930 年代徐炳昶所说："在十九世纪中叶，大家受了黑智尔及孔德两派哲学的影响，前者把历史看作绝对理性的发

① 分别载于《进步》1913 年第 4 卷第 5 号；《晨报副刊·新少年旬刊》1925 年第 6 期；《真善美》1929 年"女作家号"；《南开双周》1930 年第 5 卷第 7 期；《复旦大学社会学系半月刊》1931 年第 2 卷第 7 期。
② 梁启超：《新史学》，载《饮冰室合集·文集》之九，中华书局 1989 年版，第 7~8 页。
③ 《章太炎全集·译文集》，第 56 页。
④ 《章太炎来简》，《新民丛报》1902 年第 13 号。此函作于当年 7 月，时方译毕岸本能武太《社会学》。
⑤ 《王国维全集》卷十八，第 128 页。

展,后者更笃实地指明历史为社会科学所必不可缺底根基,于是历史科学的地位突然增高。研究历史的人突然增多。一方面对于批评史料的方法有极缜密的研究,对于古人所传说,不经过一次深刻的批评和拣择者,绝不与以迅速的轻信。另外一方面,史料的来源,却尽量地扩大。不惟对于各种文字的著录要尽量地采取和研究,就是不包含文字著录,凡存于地上地下的遗迹遗物均尽量地整理、发掘。另外对于世界上尚留遗的各种浅化民族(指原始民族——引者注)的研究,也可以帮助我们作历史上的比较。于是吾人对于人类历史的知识,不仅如从前一样限于有文字著录的数千年,却将自有人类以来数十万年的经历,广搜博证,浏览其变化,寻求其因果,而后历史乃得成为一种独立的科学。"①实际上,这也可视为对中国现代史学初兴的一种概括。

不过,这种以孔德、斯宾塞和巴克尔思想为主要参照系的实证史学观念,到新文化运动前后却有了明显的变化。其时大多数实证史家对西方现代史学的吸收往往更注重于方法论,特别是德国朗克学派的治史理念。事实上,朗克(Leopold Von Ranke)的史学本不以"实证"名于世,且不赞成历史有规律可循,但由于其强调严格依据史料,不偏不倚地反映历史真相的"客观主义"治史态度和方法,与实证主义提倡的治学原则颇为一致,故一般也被归入实证史学的范畴。1919年胡适在《中国哲学史大纲·导言》中就将朗克派史家朗格诺瓦(Charles-Victor Langlois)和瑟诺博斯(Charles Seigniobos)合著的《历史研究法入门》列为讨论史料整理和审定方法的重要参考书。20世纪20年代中期以后,该书的中译本《史学原论》(李思纯译,商务印书馆1926年版)曾一度风靡学界。傅斯年亦引朗克史学为同调,并熟读该派史家伯伦汉(Ernst Bernheim)的《历史学导论》②。与此同时,他对历史哲学却颇表轻视,谓"中央研究院"史语所"同人之治史学,不

---

① 徐炳昶:《西北史地季刊·导言》,《西北史地》1938年第1卷第1期。
② 王汎森、杜正胜编《傅斯年文物资料选辑》(傅斯年先生百龄纪念筹备会1995年印本,第51页)称此书为伯伦汉的《史学方法论》(*Lehrbuch der Historischen Methode*)。然据同事李孝迁教授说,细加审视,该书当为伯氏另一著作《历史学导论》(*Einleitung in die Geschichtswissenschaft*)。对此,他将在近期与人合作的论文中加以辨析,可参阅。

以空论为学问,亦不以'史观'为急图,乃纯就史料以探史实也"①。"历史哲学可以当作很有趣的作品看待,因为没有事实做根据,所以和史学是不同的"②。他甚至说:"现在的科学家没有一个相信因果律的,尤其是自然科学家没有一个会相信因果律的,只有宗教家才会相信因果律。"③而原先主张历史有"公理公例"可寻的梁启超,这时在接触了柏格森、詹姆士、李凯尔特等人的学说后,也认为"历史现象最多只能说是互缘而不能说因果","当然不能又认他受因果必然法则的支配"④。

史学界这一主流观念的转向并非偶然。英国史学家杰弗里·巴勒克拉夫曾作过分析,谓19世纪末20世纪初"历史学界的重大争论是在以孔德和巴克尔为代表的实证主义和以德罗耶森、里克特(一译李凯尔特)以及温德尔班为代表的唯心主义之间展开"的,结果是双方达成了事实上的妥协,"在理论上,大多数历史学家接受唯心主义的立场,将历史学与科学严格地加以区别,强调直觉是历史学家处理历史的最终手段;但实际上,大多数历史学家的方法论却以实证主义为依据,也就是说,历史学家的主要目标有两个,一是发现'新事实',一是'通过历史的批判'来消除谬误","即将历史学家的工作分为前后两个阶段,第一个是搜集和准备资料阶段,第二个是解释资料和表述成果阶段。前一个阶段以实证主义为主;在后一个阶段中,历史学家的直觉本能和个性起主要作用"⑤。寻求社会历史发展的"公理公例"显然已非他们的关注点。

西方史学观念的这种流向转变,有着深刻的历史背景。19世纪西方自然科学取得的一系列成就,曾使人们普遍对认识世界和社会充满了信心。在"从自然科学奔向社会科学潮流"冲击下,一些西方学者把生物学、地理学、数学等自然科学方法和成果引入史学领域,认为史学也完全可以

---

① 傅斯年:《〈史料与史学〉发刊词》,载欧阳哲生主编《傅斯年全集》卷三,湖南教育出版社2000年版,第335页。
② 傅斯年:《考古学的新方法》,《史学》1930年第1期。
③ 转引自马乘风《中国经济史》第一册《诸家批判》,中国经济研究会1935年初印本,第490页。
④ 梁启超:《研究文化史的几个重要问题》,载《饮冰室合集·文集》之四十,第4、3页。
⑤ 杰弗里·巴勒克拉夫:《当代史学主要趋势》,杨豫译,上海译文出版社1987年版,第7页。

成为物理学一样精确的科学。但 19 世纪末至 20 世纪初,由于物理学的一系列革命性的发展,特别是爱因斯坦相对论和普朗克量子力学的产生,从根本上动摇了伽利略和牛顿建立的古典物理学基础。与此同时,数学、化学、生物学也经历了相应的"危机",遂致旧自然哲学观上建立起来的机械决定论大受冲击。加之第一次世界大战的发生,也使人们对现实产生了悲观的幻灭感。思想界的震波在历史学、心理学等人文学科领域引起了连锁反应,不少西方学者抛弃了"决定论"而转向相对主义和不可知论。在他们眼里,历史学应放弃寻求历史发展规律这一大而无当的奢侈目标,踏踏实实地以搜集史料和考证一事一物作为自己的职志。中国史学界出现的上述现象,与当时西方史学界的风气转变恰好是一致的。

徐炳昶曾对这一时期国内实证史学的发展状况有过描述:"民国五六年以后,梁启超、胡适诸先生因受西方的影响,盛倡以科学方法整理国故之说,而后历史学的面目焕然一新。史料的搜集、整理、批评,在这将近二十年中,实有极重要的进步。虽说有时怀疑太过,引起笃信好古者很有理由的反抗,但这些却是历史科学进步历程中所必经过底阶段,不足为病。另外一方面,地上地下遗物遗迹的搜求和发掘,更足以扩充历史的范围,证明或改正历史书上所载茫昧的事实(王国维先生从甲骨文材料证明《史记·殷本纪》中所载先公名字之可靠与微误,其尤著者也)。对于浅化民族比较史料的搜集,虽着手较晚,而业已开始。实证的阶段已经确实地走到。"①其透出的信息同样是:此时实证史学的主流建设思路已非先前孔德等人所倡探求社会历史法则的门径,而是按照德国朗克学派的客观主义和胡适等人提倡的实验主义展开的,其工作重心已完全转向了以史料和史实考证为主的一边。

二、现代中国实证史学建构的两种路径

新文化运动之后,中国现代主要史学流派进入了重要的形成发展期。

---

① 徐炳昶:《西北史地季刊·导言》,《西北史地》1938 年第 1 卷第 1 期。

关于实证史学,有一个比较流行的称谓,叫作"新历史考证派",基本上把所有以考据为主要治史风格的史家,如王国维、孟森、胡适、傅斯年、顾颉刚、陈垣、陈寅恪等均纳入其内。这样的分法固然有其理由,但我个人以为过于笼统,如稍作考察,便会发现这些人在治学特色及现代史学的建构路径上实存在一定的差异。其中至少可分为两派,一派以胡适、傅斯年为主,可名之为"科学方法派";一派以王国维、陈垣和陈寅恪为主要代表,他们三人的治史虽各有特点和所长,但在基本路向上前后相承,可称之为"新考证派"。

从总体上看,两派对中国现代文化的建设都主张走中西融会之路。王国维就指出:"异日发明光大我国之学术者,必在兼通世界学术之人,而不在一孔之陋儒"①,故于西学,自当积极输入,使之"与我中国固有之思想相化"②。胡适也希望在传统文化中"找到移植西方哲学和科学最佳成果的合适土壤",以便"在新旧文化内在调和的新的基础上建立我们自己的科学和哲学"③。他们的实证史学也都表现出传统考据与西方实证论相结合的特征,唯两派的具体建构路径和目标,实不尽相同。

大致说来,胡适、傅斯年一派比较倾向以西学为准则的"移植"模式,即指望通过完全按照西方现代史学的规模体系确立基本框架,同时将本土史学中接近或符合该体系要求的内容纳入其中,由此实现中国学术从传统到现代的转型或改造。这是一种以西学为标杆,同时吸附某些符合其标准的传统学术因子而形成的"以西融中"体系。

这一建构思路实际上是建立在其线性进化论文化观基础上的。在胡适看来,世界各地文化发展始终处于同一演化过程中,盖人类的生理构造和生活需求既大致相同,其文化的表现方式也必然大同小异,"我们拿历史眼光去观察文化,只看见各种民族都在那'生活本来的路'上走,不过因

---

① 王国维:《奏定经学科大学文学科大学章程书后》,载《王国维全集》卷十四,第36页。
② 王国维:《论近年之学术界》,载《王国维全集》卷一,第125页。
③ 胡适:《〈先秦名学史〉导论 逻辑与哲学》,载陈平原选编《胡适论治学》,安徽教育出版社2006年版,第77、76页。

环境有难易,问题有缓急,所以走的路有迟速的不同,到的时候有先后的不同"①。据此而言,所谓传统文化反映的只不过是业已过时的旧文化,而西方文化则代表了现代与未来,故中国学术要进步,只需一心步武西方即可实现。傅斯年也主张,现代"世界中无论哪一种历史学或哪一种语言学,要想做科学的研究,只得用同一的方法。所以这学问,断不以国别成逻辑的分别,不过是因地域的方便分工"。据此,他根本反对提倡或运用"国学"之类的概念②。在他们看来,现代学术体系建构模式只有一种,即西学。

从实践层次看,胡适自言其治学方法所受主要影响,先后来自《马氏文通》、美国学者布尔(G. Lincoln Burr)开设的"历史的辅助科学"、乌德瑞(Frederick J. Wooddrige)历史哲学课中注重史料学的观念,以及杜威的实验主义方法论③,以致其一生对科学方法的宣传、对传统史学方法的取舍准则,始终不出这一范围。他对传统文化在知识积累上达到的成就虽抱以相当的尊重,曾发起"整理国故"运动,欲使之系统化,破其迷信,还其真相,便其阅读,但对其蕴含的精神意态和价值观,则评价不高,认为"在中国,科学一方面当然是不足道的,就是道德和宗教,也都觉浅薄得很。这样,当然不能引起青年们的研究兴趣了"。同时,"中国的国故书籍,实在太没有系统了。历史书,一本有系统的也找不到;哲学也是如此。就是文学一方面,《诗经》总算是世界文学上的宝贝,但假使我们去研究《诗经》,竟没有一本书能供给我们做研究的资料的"④。就学术方法而言,能入胡适法眼的大概就只"考据"一术。之所以如此,乃因他在西方的学术体系中发现了其相应的位置,故才敢充满信心地宣称,宋儒的"格物说",特别是清儒的考证学、校勘学、训诂学等,"所以能够有国故学的大发明,正因

---

① 胡适:《读梁漱溟先生的〈东西文化及其哲学〉》,载《胡适文存》第二集第二卷,亚东图书馆1924年版,第82~83页。

② 傅斯年:《历史语言研究所工作之旨趣》,载蒋大椿主编《史学探渊——中国近代史学理论文编》,吉林教育出版社1991年版,第500页。

③ 参见胡适《青年时期逐渐领悟的治学方法》,载陈平原选编《胡适论治学》,第26~27页。

④ 胡适:《"研究国故"的方法》,载陈平原选编《胡适论治学》,第139页。

为他们所用的方法无形之中都暗合科学的方法"。而他的责任便是"要把汉学家所用的'不自觉的'方法变为'自觉的'"①。

傅斯年对实证史学的建构,格局比胡适要大些,其所关怀的主要不是治学的具体逻辑程序和思维方式,而是试图将史学、语言学等人文学科置于自然科学的序列中,连接考古学、人类学,以及生物、地理、地质、气象、天文诸学的知识和方法,加以根本改造。钱穆曾指"其以历史语言二者兼举,在中国传统观念中无此根据。即在西方,亦仅德国某一派之主张。大体言之,西方史学并不同持此观念。其在中国,尤属创新。故其所主持之史语所,其时尚仅有地下发掘与龟甲文研究两门,皆确然示人以新观念、新路向"②。这种"新路向"的基本目标,应当就是历史学的自然科学化。为达此目的,理论上,傅斯年声称:"近代的历史学,只是史料学,利用自然科学供给我们的一切工具,整理一切可逢着的史料",并严词排拒任何带有主观色彩的因素,如"历史哲学"、史论和著史等进入"近代史学"的殿堂,以为只有文献或史实考证工作才有可能实现科学化,而传统史学中,值得重视的也只有史料考据的精神与方法,至于那些"传统的或自造的'仁义礼智'和其他主观同历史学和语言学混在一气的人,绝对不是我们的同志!"③在此种观念的支配下,他们特重摹效的自然是西学方法,至于传统史学方法,虽然也承认其某些长处,但无论是在总结还是运用上,都处于比较粗放和笼统的状态。

而以王国维、陈垣和陈寅恪为代表的一派,虽也受到西方近代学术理念的深刻启发,并崇尚实证,如王国维素主"吾侪当以事实决事实,而不当以后世之理论决事实"④,陈垣自谓其"从前专重考证,服膺嘉定钱氏;事变后颇趋重实用,推尊昆山顾氏"⑤,陈寅恪对史料考证的重视亦为世所公

① 胡适:《论国故学》,载陈平原选编《胡适论治学》,第112页。
② 钱穆:《师友杂忆》,三联书店1998年版,第168页。
③ 傅斯年:《历史语言研究所工作之旨趣》,载蒋大椿主编《史学探渊——中国近代史学理论文编》,第493、503页。
④ 王国维:《再与林博士论洛诰书》,载《王国维遗书·观堂集林》卷一,上海书店出版社1983年版。
⑤ 陈垣:《致方豪》1943年11月24日,载《陈垣来往书信集》,上海古籍出版社1990年版,第302页。

现代中国实证史学建构的两种路径论衡

认,以致被一些人归为与傅斯年同道的"史料学派",然他们的史学建构路径却并不"唯西是从"、处处比照西学方法以衡其得失。王国维在1911年就指出:"余谓中、西二学,盛则俱盛,衰则俱衰,风气既开,互相推动。且居今日之世,讲今日之学,未有西学不兴而中学能兴者;亦未有中学不兴而西学能兴者。"①即主张在中西学的平等沟通中实现共同推进的目标。陈寅恪更提出:"吾国近年之学术,如考古历史文艺及思想史等,以世局激荡及外缘薰习之故,咸有显著之变迁。将来所止之境,今固未敢断论。惟可一言以蔽之曰:宋代学术之复兴,或新宋学之建立是已"②,并称陈垣所作《元西域人华化考》"材料丰实,条理明辨,分析与综合二者俱极具工力,庶几宋贤著述之规模"③,明确表达了现代中西文化交融,应学习宋代以本土文化消融外来佛教文化,进而形成中华学术发展新高峰的模式④。其所谓"新宋学",显见是一种以中国文化精神为依托,同时又能融会世界最新理论和方法的现代学术形态。他们的实证史学建构和实践,同样反映了这一旨趣。这主要表现在:

首先,与胡适等人相比,他们在传统考据方法的继承和运用方面,作了更为精深的开掘。王国维早年通过东西方哲学论著的研读和翻译,已对西方现代方法论有相当的掌握,但在辛亥革命后转向经史研究时,虽已是学术界名人,但为更好继承传统方法之长,仍重新下苦功对清代朴学作了深入研究。其1913年《致缪荃孙》函称:"移居以后,日读注疏一卷,拟自'三礼'始,以及他经,期以不间断"。次年又谓"比年以来拟专治三代之学,因先治古文字,遂览宋人及国朝诸家之说"⑤。在此基础上,他称清人学术,"其尤卓绝者,则曰小学。小学之中,如高邮王氏、棲霞郝氏之于训诂,歈

---

① 王国维:《国学丛刊序》,载《王国维全集》卷十四,第131页。

② 陈寅恪:《邓广铭宋史职官志考证序》,载《陈寅恪集·金明馆丛稿二编》,三联书店2001年版,第277页。

③ 陈寅恪:《陈垣元西域人华化考序》,载《陈寅恪集·金明馆丛稿二编》,第270页。

④ 关于陈寅恪倡导"新宋学"的含义,拙文《陈寅恪史学的个性再探讨》(《史学理论研究》2018年第1期)中略有申说,此处不再展开。

⑤ 《王国维全集》卷十五,第50、55页。

县程氏之于名物,金坛段氏之于《说文》,皆足以上掩前哲。然其尤卓绝者,则为韵学,古韵之学自昆山顾氏,而婺源江氏,而休宁戴氏,而金坛段氏,而曲阜孔氏,而高邮王氏,而歙县江氏,作者不过七人,然古音廿二部之目,遂令后世无可增损"①。正是此种经历和贯通的认识,使之在治学中得以融会中西之长,在熟练驾驭清人音韵、训诂、古文字学,乃至程易畴、吴大澂等古器物实验研究法等基础上,形成自己的治学特色。以甲骨金文的研治为例,其弟子戴家祥便指出他在音韵训诂学上,囊括了清以来七大家的所有知识,不仅能在研究中融贯古文字形、声、义等综合知识,且尤善运用"同声通假"之法②,是以能取得超迈前人的成就。

陈寅恪在考释庾信《哀江南赋》的用典时,指出其作赋多"用古典以述今事"的特点,惜历来读者止限于诠说典故词源,而不能实指其"今典"为何。故"解释词句,征引故实,必有时代限断。然时代划分,于'古典'甚易,于'今典'则难。盖所谓'今典'者,即作者当日之时事也。故须考知此事发生必在作此文之前,始可引之,以为解释。否则,虽似相合,而实不可能。此一难也。此事发生虽在作文以前,又须推得作者有闻见之可能。否则其时即已有此事,而作者无从取之以入其文。此二难也"③。如此细密的论证,实非深知中国文史传统真髓者不能为也。

其次,与胡适等人的考据法带有相当浓厚的科学主义情结不同,王国维与陈垣、陈寅恪对考证学意蕴的把握,含有更多的中国元素和人文意识,往往更见通达和宽厚。这种差异体现在多个层面。

如对古文献史料的判别运用,胡适曾力主"宁可疑而过,不可信而过",特别是先秦文献年代既远,不少材料孤证难凭,且又夹杂着一些不可信的传说,遂以考古材料太少为由,主张研究时不妨"先把古史缩短二三千年,从《诗》三百篇做起,将来等到金石学、考古学发达上了科学轨道以

---

① 王国维:《周代金石文韵读序》,载《王国维全集》卷八,第255页。其《〈殷墟书契考释〉后序》《沈乙庵先生七十寿序》等文,也表达了类似的意见。

② 戴家祥:《王静庵先生与甲骨文字学的发展》,载袁英光选编《王国维学术研究论集》(一),华东师范大学出版社1983年版,第2、3页。

③ 陈寅恪:《读哀江南赋》,载《陈寅恪集·金明馆丛稿初编》,三联书店2001年版,第234~235页。

后,然后用地底下掘出的史料,慢慢地拉长东周以前的古史"①。他本人讲古史,便只"用《诗经》作时代的说明,丢开唐、虞、夏、商,迳从周宣王以后讲起"②,这也是当时整个"古史辨"派的基本看法。这是因为,按照他们对实证论的理解,唯有看得见摸得着的现象才是可证的,凡难以确定完全可靠的材料,便不能用作考证的依据。但平情而论,先秦早期遗存文献如《尚书》《仪礼》以及有关三代的其他记载或传说,尽管存在一些疑问,事实上仍保存着不少历史真相。何况考古发现一般只是历史的片段局部场景,研究三代史,如抛开这些古文献,期望全据考古发现的材料来填补和"拉长",显然是不现实的。

而王国维的古史研究则从"两重证据法"出发,认为考古资料和传世古文献"实相表里,惟能达观二者之际,不屈旧以就新,亦不绌新以从旧,然后能得古人之真,而其言乃可信于后世"③,并指出"上古之事,传说与史实混而不分,史实之中,固不免有所缘饰,与传说无异;而传说之中,亦往往有史实为之素地,二者不易区别,此世界各国之所同也"。故《晏子春秋》《墨子》《吕氏春秋》《竹书纪年》以及明显带有大量传说乃至"荒诞"记载的《山海经》《楚辞·天问》等,"所记上古之事,今日虽有未得二重证明者,固未可以完全抹杀也"④。其《殷卜辞中所见先公先王考》和《殷卜辞中所见先公先王续考》两篇具有划时代意义的古史论文,正是在此理念的观照下,以出土甲骨文参以各类古文献,大体重建起了商先公先王的世系统绪。

在论及史料的真伪时,陈寅恪提出:"真伪者,不过相对问题,而最要在能审定伪材料之时代及作者,而利用之。盖伪材料亦有时与真材料同一可贵。如某种伪材料,若迳认为其所依托之时代及作者之真产物,固不可也。但能考出其作伪时代及作者,即据以说明此时代及作者之思想,则变

---

① 胡适 1920 年 12 月 18 日和 1921 年 10 月 28 日致顾颉刚信,参见顾颉刚编著《古史辨》第一册,上海古籍出版社 1982 年版,第 15、22 页。

② 参见顾颉刚编著《古史辨》第一册《自序》,第 36 页。

③ 王国维:《殷墟文字类编序》,载《王国维全集》卷十四,第 208 页。

④ 王国维:《古史新证》,载《王国维全集》卷十一,第 241、278 页。至 1920 年代后期,王国维的这一观点,实际为古史学界包括胡适、傅斯年等人普遍接受。

为一真材料矣。"至于史论，"治史者皆认为无关史学，而且有害者也。然史论之作者，或有意，或无意，其发为言论之时，即已印入作者及其时代之环境背景，实无异于今日新闻纸之社论时评。若善用之，皆有助于考史"①。此种辩证而开阔通达的史料观，应是他们的古史研究取得超迈前人成就的重要原因。

同时，在传统考据方法的具体评价上，两派的观念也略见参差。陈垣在《校勘学释例》中将中国传统校勘法总结为对校、本校、他校和理校四法。前三种皆有本可据，而以对校法最为基础，"此法最简便，最稳当，纯属机械法。其主旨在校异同，不校是非，故其短处在不负责任，虽祖本或别本有讹，亦照式录之；而其长处则在不参己见，得此校本，可知祖本或别本之本来面目"。理校则系凭借实践经验和见识所作的推理，"遇无古本可据，或数本互异，而无所适从之时，则须用此法。此法须通识为之，否则卤莽灭裂，以不误为误，而纠纷愈甚矣。故最高妙者此法，最危险者亦此法"②，并高度肯定了钱大昕、王念孙和段玉裁在这方面取得的成就。在他看来，四法互补，始为完整的校勘学。

但胡适在为该书所作的序中却只高度评价了对校法，认为校勘学的最高原则在寻得古本和善本，逐字对校，发现差异，恢复原本面貌，"至于如何定其是非，那是无从说起的"，并说"用善本对校是校勘学的灵魂，是校勘学的唯一途径"。对于"理校"，则评价甚低。他以为："推理之最精者，往往也可以补版本的不足。但校勘的本义在于用本子互勘，离开本子的搜求而费精力于推敲，终不是校勘学的正轨"，而只是校勘学的支流。"所以我们可以说，古来许多校勘学者的著作，其最高者如王念孙、王引之的也只是教人推理的法门，而不是校书的正轨；其下焉者，只能引学者走上舍版本而空谈校勘的迷途而已。校勘学的不发达，这种迷误至少要负一部分的责任"，并据此得出结论："纵观中国古来的校勘学所以不如西洋，甚至于不

① 陈寅恪：《冯友兰中国哲学史上册审查报告》，载《陈寅恪集·金明馆丛稿二编》，第280~281页。
② 陈垣：《校勘学释例》，中华书局1959年版，第144、148页。

如日本,其中原因我已说过,都因为刻书太早,古写本保存太少;又因为藏书不公开,又多经劫火,连古刻本都不容易保存。古本太缺乏了,科学的校勘学自不易发达。王念孙、段玉裁用他们过人的天才与功力,其最大成就只是一种推理的校勘学而已"。胡适所以独重"对校"而贬抑"理校",一方面固然是出于对那些师心自用,在校书中随意更改古书文字陋习的不满;更重要的是认定前者据文本对校,发现的错误有据可查,因而是"客观的"、实证的,后者则出于推理,不免是"主观的",亦即非实证的①。但事实上,在校勘中找到原稿或古写本的概率毕竟很少,多数校勘只能找到较早的本子,而多本互校出现的文字差异,尤需结合对校和理校等多种方法才能判其是非得失。且高明的理校,看似主观推理,其实是借助长期的实践经验,并综合了广博知识所作的判断。故在强调对校的基础上发展出理校,注重对校和理校的融会运用,应视为中国传统校勘学的创造和"高妙"处之一,实不宜如此贬抑。至于将古本保存的多少作为判断中西校勘学高低和是否"科学"的依据,更显得十分勉强。盖是否存有古本,对提高校勘的准确性固然至关重要,但这与校勘学方法的高低并不存在逻辑上的必然联系。换言之,评判校勘学方法高低的标准并不在古本的多少,而在其校勘程序和路径是否合理科学。

此种差异还反映在两派对某些传统方法的取舍和运用上。如在辨别传说真伪方面,古代学者一直有"验之以理""察之以情"的传统,这从《吕氏春秋·慎行·察传》的"必验之以理"和"缘物之情及人之情以为所闻",到王夫之的"使能揆之以理,察之以情,取仅见之传闻,而设身易地以求其实",均可看到②。在"古史辨"讨论中,站在疑古派对立面的刘掞藜曾据此提出了考察古史记载真伪,"总须度之以情,验之以理,决之以证"的主张③。就方法论而言,此三者交叉互证,本无不严谨处。但胡适却表示,他

---

① 胡适:《校勘学方法论》,载陈平原选编《胡适论治学》,第 203、200、195 页。
② 《诸子集成》六,中华书局 1954 年版,第 294、295 页;王夫之:《读通鉴论》卷二十《唐太宗八》,中华书局 1975 年版,第 693 页。
③ 刘掞藜:《讨论古史再质顾先生》,载顾颉刚编著《古史辨》第一册,第 164 页。

只认可"决之以证"一条,其余两条均不足取,因"历史学家只该从材料里、从证据里去寻出客观的条理",如以所谓情与理去揣度古史,必然会掺入自己的成见,最后使"断之以证"也不免为主观意见所左右①,从而根本否认了其余两条的方法论意义。与此不同的是,陈寅恪等却主张有条件地采用此法,提出研究古人学说,"应具了解之同情",即在深入了解其所处历史背景及身世的基础上,"必神游冥想,与立说之古人处于同一境界,而对于其所持论所以不得不如是之苦心孤诣,表一种之同情,始能批评其学说之是非得失,而无隔阂肤廓之论。否则数千年前之陈言旧说,与今日之情势迥殊,何一不可以可笑可怪目之乎?"当然与此同时,应切忌"穿凿傅会"和以今人之思想境况去"推测解释古人之意志"②。与之观点相近的汤用彤亦指出,研治佛教史,"如仅凭陈迹之搜讨,而无同情之默应,必不能得其真"③。可见关键还在于运用是否得法。

再次,对传统史学方法自身的总结更为系统深入。胡适虽然对传统史学方法作了一定总结,然总体上仍较为粗放,思路也都局限在西方实证史学现有的框架与知识点上,罕有逸出其外者。这一点从其代表作《清代学者的治学方法》《校勘学方法论》中可以看得很清楚。而王国维及陈垣、陈寅恪对传统史学方法中"现代性"的发掘,不但注入了现代科学精神,且能不为"西法"范围所牢笼,而是力求按照中国学术自身的特点和发展趋势,通过大量传统史学实践例证的系统归纳整理,将之提升到符合现代科学的方法论层面。

在这方面,陈垣的史学实践尤具启发性,其对史源学、目录学、年代学、校勘学和避讳学的研究,目的都在运用现代观念系统审视和清理中国传统学术方法,使之进入与西方学术并驾齐驱的科学境界。然其眼界却并不处处倚重比附西学的知识点,更非仅以西学的价值判断为基准,而是从传统学术自身的演变出发,在充分吸取本土前贤相关成果的基础上形成系统的

---

① 胡适:《古史讨论的读后感》,载顾颉刚编著《古史辨》第一册,第194、196页。
② 陈寅恪:《冯友兰中国哲学史上册审查报告》,载《陈寅恪集·金明馆丛稿二编》,第279~280页。
③ 《汤用彤全集》第1卷《汉魏两晋南北朝佛教史·跋》,河北人民出版社2000年版,第655页。

看法,是以无论在内容范围还是论述深度上,都要较胡适明显胜过一筹。这从陈垣对传统校勘学中"理校"方法的总结和评价,以及《史讳举例》对西方没有的中国古代避讳学的研究,史源学和目录学等的总结中,均不难看出。其《二十史朔闰表》《中西回史日历》,乃"就《通鉴目录》中宋刘羲叟《长历》及《辽史》中耶律俨《辽宋闰朔考》,并近代钱侗《四史朔闰考》、汪曰桢《历代长术辑要》等,各以本历,参校各史纪志,正其讹谬",复参考当时南京黄教士《中西年月通考》和日本内务省地理局所编之《三正综览》而编成①。其《史讳举例》自述撰写缘由:"洪迈《容斋随笔》、王楙《野客丛书》、王观国《学林》、周密《齐东野语》,皆有关于历朝避讳之记载。清朝史学家如顾氏《日知录》、钱氏《养新录》、赵氏《陔馀丛考》、王氏《十七史商榷》、王氏《金石萃编》等,对于避讳,亦皆有特别著录之条。钱氏《廿二史考异》中,以避讳解释疑难者尤多,徒因散在诸书,未能为有系统之董理。嘉庆间,海宁周广业曾费三十年之岁月,为避讳史料之搜集,著《经史避名汇考》四十六卷,可谓集避讳史料之大成矣。然其书迄未刊行,仅《蓬庐文钞》存其叙例,至为可惜。今肆上所通行专言避讳者,有陆费墀《帝王庙讳年讳谱》一卷,刊《历代帝王年表》末,黄本骥《避讳录》五卷、周榘《廿二史讳略》一卷,分刊《三长物斋》及《啸园丛书》中。此三书同出一源,谬误颇多,不足为典要。如开篇即谓'汉文帝名恒,改恒农曰弘农;汉和帝名肇,兼避兆、照'之类。人云亦云,并未深考。其所引证,又皆不注出典,与俗陋类书无异。其所记录,又只敷陈历代帝王名讳,未能应用之于校勘学及考古学上发人深思,所以有改作之必要也"②,更是对这一工作思路的清晰表达。就此而言,陈垣的文献学与方法论研究,实开启了依据传统学术自身特点,运用本土资源和经验,顺应现代科学讲求规整系统和逻辑严明的趋势,推进其理论化建设,以较平稳自然而非简单依附西学的方式将之导入现代的路径。

---

① 陈垣:《中西回史日历·自序》,中华书局1962年版,第2页。
② 陈垣:《史讳举例·序》,上海书店出版社1997年版,第1~2页。

综上可见,在传统史学方法的接纳上,胡适、傅斯年等因强调恪守西方实证论的原则,往往颇见拘谨;而王国维与陈垣、陈寅恪的积极姿态则使之在这方面更显宽容和可塑性。其中实透露出现代实证史学建构过程中"西化"和"本土化"两种路径的分歧。

三、在理性反思中寻求借鉴

现代中国实证史学的兴起发展,虽仅是整个新学术体系建设的局部环节,然其建构路径及得失却具有相当的典型性。众所周知,自近代以来在文化建设的过程中,取径于"西化"还是"本土化",始终争议不断。对于"西化",人们理论上多习惯于根本否定,那些公开主张"西化"的人士,亦常被指为"洋奴买办"文人或"民族文化虚无主义者"。然揆诸史实,情况并非如此简单。在现代化进程中,一段时期内或局部出现以"西化"为主流的态势,乃常见之现象,特别是在现代化初期,因认识上的局限,更难以避免。同时,还应看到,倡导"西化"的人中,固然有对民族历史文化丧失信心者,但也有一些是真心希望借此较快摆脱当时中国文化的落后危机而获取新生的,如陈序经、胡适等即是。故胡适等人的实证史学虽具有明显的"西化"倾向,并不含贬义,而只是试图在客观考察和比较的基础上,对学术现代化的进程做些理性的反思。

中国学术明显呈现出现代性质的转型,应在 1900 年之后。围绕着这一历史变革趋势,学术界提出过种种方案,其中最具影响力和实践操作意义的当推"西化"路径。回首看去,从 20 世纪初起,在短短的三十年间,中国的整个教育制度、现代学科分类和理论方法体系及其价值评估系统等,无不仿照西方的制度模式,完成了初步但覆盖面十分广泛的转换。史学同样如是。在此风气下,传统史学的体制、概念范畴及关注重心遭到了普遍质疑乃至淡化或忘却,西方现代史学的观念和理论方法遂成一代又一代新人治学的圭臬。

这种趋势的形成,从根本上看,并不取决于个别有影响人士的登高振臂一呼,而乃多重社会因素合力作用的结果。就社会心理层面而言,大致不出两端:一是晚清以来,随着西方政治、经济、军事和文化的强势压境,传统政治及其文化的弊端暴露无遗,欲振乏力,明显处于弱势,社会上下普遍感到失望,变革呼声日高。二是欲求富强,当时除西方现代文化制度之外,尚找不到其他样板或模式,于是,现代化即"西化"的观念遂大行其道,成为彼时中国文化改造及建设的主流思维与实践定势。

从学术变革的角度看,这一过程的积极意义在于:较快从理论上构建起中西学术沟通的桥梁,拉近了与西方学术界的距离;参照西方现代学术分类体系的图谱重新整合了本土旧有的知识谱系,推进了学术研究的精细化和系统化;并建立起一系列符合现代学术规范的设施及其运作机制,为其长远发展辟出了空间。

但同时应看到,由于这一学术建构框架是在传统文化处于最衰弱低潮时期(20世纪最初30年)确立的,特别是新文化运动时期,在新思想界的激烈抨击下,传统文化几遭全盘否定,对其学术的总体评价不免偏低。作为当年激进反传统的代表人物,胡适的态度自不能例外,加之其哲学上深受西方科学主义的影响,以致倡导的实证史学,除了专重吸收与西方自然科学"暗合"的考据学外,对传统学术中凡属价值观念或稍带"主观"嫌疑的方法,皆一意摈除;至于那些在西学中找不到对应点的内容与方法,则或批或弃,在其方法论体系中自然就难觅踪影了。

这一史学路径,当时就遭到了一些学者的非议。即使是赞同实证史学的王国维与陈垣、陈寅恪,也不愿为此所拘,如对传统史学一贯强调的"通识",他们便十分重视。考据学的对象是具体史料或史实,其中既有大问题,也有不少只是细琐的历史现象。史家若以一事一物之考证为治史之极则,往往易陷入所谓"碎片化"中而不能自拔。若能在考据中贯以通识,则可以小见大,或从一些"碎片"间的联系去把握某些史事的内在趋势和特点。梁启超称王国维治学,能"从弘大处立脚,而从精微处著力……虽好从事于个别问题,为窄而深之研究,而常能从一问题与他问题之关系上,见出最适当之理解,绝无支离破碎、专己守残之蔽"①。陈寅恪在《冯友兰中国哲学史上册审查报告》《陈垣敦煌劫余录序》中一再强调的"通识"②,都是这个意思。正因如此,他们的论著形式上虽考据色彩甚浓,却与不少乾嘉学者易流为支离的琐碎考证不同,其法多能"从小处入手,从大处着眼",对一事之始末和因果演变作出脉络清晰的贯通疏解。王国维的《宋元戏曲史》《简牍检署考》《胡服考》《记现存历代尺度》,陈垣的《元也里可温教考》《元西域人华化考》,陈寅恪的《隋唐制度渊源略论稿》《唐代政治史述论稿》等,无不具有这样的特点。

又如在史考和史论关系的处理上,傅斯年极力主张:"我们反对疏通,我们只是要把材料整理好,则事实自然显明了。一分材料出一份货,十分材料出十分货,没有材料便不出货"③,硬把史料解释层面的工作排除在"近代历史学"的殿堂之外。王国维与陈垣、陈寅恪则不然。陈寅恪主张治史应在搞清史实的基础上,"有新的理解,或新的看法,这就是史学与史识的表现"④。陈垣指出,司马迁、班固以降,史论尤繁,"自清代文字狱迭兴,学者避之,始群趋于考据,以空言为大忌",其实,不少史论"皆足代表一时言议,岂得概以空言视之"⑤,肯定了史论在史学中的作用。从实践看,王国维倡导的"知人论世"⑥,陈寅恪在中古史研究中对种族与文化观念的发挥,以及陈垣在《通鉴胡注表微》等著作中极力寻绎民族思想,倡导"有意义之史学",都反映出趋于兼重史考和史论的倾向。

① 梁启超:《〈王静安先生纪念号〉序》,载陈平原、王枫编《追忆王国维》,中国电视广播出版社 1997年版,第 99 页。
② 陈寅恪在《冯友兰中国哲学史上册审查报告》中称:"儒家及诸子等经典,皆非一时一作者之产物",今人"断断致辩于其横切方面,此亦缺乏史学之通识所致。而冯君之书,独能于此别有特识,利用材料,此亦应为表章者也";《陈垣敦煌劫余录序》亦谓:"吾国敦煌学著作,较之他国转独少者,固固国人治学罕具通识……"参见《陈寅恪集·金明馆丛稿二编》,第 280、266 页。
③ 傅斯年:《历史语言研究所工作之旨趣》,载蒋大椿主编《史学探渊——中国近代史学理论文编》,第 500 页。
④ 罗香林:《回忆陈寅恪师》,载张杰、杨燕丽选编《追忆陈寅恪》,社会科学文献出版社 1999 年版,第 105 页。
⑤ 陈垣:《通鉴胡注表微》,科学出版社 1958 年版,第 136 页。
⑥ 这在王国维《译本〈琵琶记〉序》和《耶律文正公年谱余记》等论著中均有反映,文繁不引,可参阅。

现代中国实证史学建构的两种路径论衡

　　至于有着明显文化保守主义情结的一批学者,对胡适一派的史学路径更表示了公开反对。现代新儒家熊十力即指责其"多以琐碎而无关大义之考据是务,岂不惜哉! 历史之学,《春秋经》之枝流余裔也。治史必究大义,本天化以征人事,鉴既往以策方来,其义宏远。若专考琐碎事件,何成史学?"①钱穆亦批评胡适等人"震于科学方法之美名,往往割裂史实,为局部窄狭之追究。以活的人事,换为死的材料。治史譬如治岩矿、治电力,既无以见前人整段之活动,亦于先民文化精神,漠然无所用其情。彼惟尚实证,夸创获,号客观,既无意于成体之全史,亦不论自己民族国家之文化成绩也"②。柳诒徵等人则强调继承传统史学的"经世"精神,称"治史者必求其类例,以资鉴戒。则原始察终,见盛观衰,又为史术所最重者也"③。

　　虽然这些主张更注重传统史学继承的理念与实践,因自身认识上的局限,亦存在种种不足粗糙之处,但对于那种唯"西化"是从、过于轻视传统的偏颇,无疑包含着一种合理的针砭与回拨。应当看到,传统史学中此类遭到胡适等人轻视的非实证类方法,虽不如一般形式逻辑概念来得清晰和易于把握,但同样是前人学术经验的深刻总结,有的则是社会和精神现象自身复杂特性的反映,在历史研究领域与逻辑方法上实有着相当的互补性,故不能简单套用西方实证科学的标准加以衡定和取舍,而应从理论上加强梳理和价值发掘,使之发挥应有的作用。

　　比较上述两种现代中国实证史学的建构路径,至少给我们留下了以下两点思索:

　　首先,实证论的加入直接触发了近代史学科学化的契机,使追求历史"法则"和史料史实的精确性成为一时风会,也使一些人认定实证方法乃历史研究的不二法门。但是,历史学与自然科学毕竟大不一样,其研究对象除一小部分遗存的古人生活残迹和文献中保留的残影外,绝大多数已一逝不返,更何况被视为"客观"对象的史料自身也或多或少羼杂着种种人

---

① 熊十力:《读经示要》卷二,台北,明文书局,1984 年,第 495 页。
② 钱穆:《国史大纲·引论》,《民国丛书》第一编本,上海书店 1989 年版,第 3 页。
③ 柳诒徵:《国史要义·史术第九》,华东师范大学出版社 2000 年版,第 320 页。

为主观成分。事实上,当客观历史变为由史料构成的"历史"时,两者已存在一定的距离,而通过史料研究重新获得的"历史本体",同样会与前两者有所不同,这与一般自然科学研究对象的相对稳定和可反复验证形成了鲜明的差异,由此大大制约了其"自然科学化"的程度,也不能不使实证方法在史学领域施展的范围受到一定限制。可见,面对如此复杂而变动不居的社会历史,希望完全按自然科学的模式来构建现代史学,显然是不现实的;面对如此丰富而多元的人类思想行为,试图单凭实证方法来探究其内在的一切,显然也是不敷其用的。故从总体看,历史研究仍离不开诸如"了解之同情",依据片段史迹和史料进行合理推测等带有人文意识的思维方式。也就是说,尽管实证是治史应持的基本态度与方法,仍应兼取人文或其他类型的有效方法,才能对人类历史这一特殊的领域展开多层次的、更为深入的研究和理解。

其次,中外史学的会通是现代史学发展的必然趋势,这早已成为学术界的共识。唯在如何把握中外史学结合的"度"上,各派一直争论不休。在这方面,片面强调本土文化体系自足的观念固不足为训,而专以西方现代性为取舍准则的建构模式,亦往往因轻视或排斥传统史学积累的人文要素,易致方法上的偏狭,或因附会西方的理论模式,对本土历史及其社会形态造成曲解。就当代中国史学建设而言,我们在这方面仍面临着两大课题:一是如何在进一步引入和学习外来新理论、新方法和研究成果中保持一份清醒,克服"洋教条主义",真正做到取其所长,知其局限。在传统史学的研究上,则应特别注意发掘和清理过去一度被低估的那些理论与方法范畴,以更充分地发扬其现实价值。二是如何在此基础上建立起真正融通中外而又特具中国个性的现代史学理论方法体系。相信经历了中国现代史学史的上述经验教训后,当代史学学科体系建设将会更趋理性,胸襟更博大,步履更为坚实。

(本文作者:胡逢祥　华东师范大学中国现代思想文化研究所、历史系教授　本文发表于 2018 年第 3 期)

解释学与思想的客观性

吴晓明

摘 要 解释学的主旨和要义是维护思想(或解释)的客观性,从而保障哲学和科学的真理性。黑格尔在近代哲学的架构中区分了客观性的三重含义:(1)外在事物的意义,有别于单纯意谓或梦想的东西;(2)知识中的普遍必然性,有别于感觉之偶然或特殊的东西;(3)思想所把握的事物自身,有别于只是我们的主观思想。由于黑格尔以绝对唯心主义的方式来建构思想之客观性的基础,又由于尼采的话"上帝死了"标志着这一基础的决定性瓦解,所以思想的客观性遭遇到严峻的挑战,而一般意识和学术方法则再度跌落到长期以来的"主观主义困境"中。解释学正是在这样的时代状况中要求重建思想的真正客观性。这样的客观性既不可能是粗陋淳朴的客观主义,也不可能建立在一般形而上学所设定的超感性世界的基础之上,而是通过对意识所预设的存在的本体论批判,使思想之客观性的本质被引导到生活世界——"此在在世"——的领域中。因此,解释学的当代重建是在同主观主义的持续斗争中获得意义规定的。那些从解释学的某些片段中引申出来的主观主义幻觉,从一开始就已经误入歧途了。只有当思想的客观性这个要点被牢牢把握住时,解释学才会对我们的学术整体形成积极而强大的动力。

随着近年来我国人文学术和社会科学的发展,随着这一发展进程中理论问题的积累增多,解释学——主要是作为"历史科学"或"精神科学"的方法论——引起了学界的极大兴趣和广泛关注。此种情形的出现对于学术的推进和深化是有利的,因为我们的学术发展确实在整体上到达了一个重要的转折点;在这个转折点上或通过这个转折点,先前积累起来的根本性问题和障碍能够通过解释学的介入而被揭示出来,并且被有效地课题化。然而,诸多学科对于解释学的理解和占用不仅差异悬殊,而且似乎在很大程度上陷入一种以主观主义来定向的纷乱中去了。张江教授以"强制阐释"一词描述了这种颇为盛行的纷乱:它是以任意和武断为基本特征的;而且据说这样的任意和武断又是假"解释学"之名来操作和实行的。既然当代解释学拒绝了现代形而上学(或一般形而上学)立足其上的那种客观性,似乎它也就理应允诺主观性的为所欲为了。本文试图阐述的论点与之恰好相反:当代解释学的大端和主旨向来就是最坚决地捍卫思想的客观性(或解释的客观性),并且是在"超感性世界"能够保障的客观性垮坍之际要求重建思想或解释的客观性;那种从解释学的某些片段中引申出来的主观主义幻觉及其在各学科中的任意发挥,从一开始——并且在根本上——就已经误入歧途。唯当思想的客观性这个根本之点被牢牢地把握住,解释学意识才可能对我们的学术整体形成积极而强大的动力。

一

一般来说,承诺并保障思想的客观性乃是哲学最基本的宗旨和态度,而思想的客观性主题是特别在近代得到发展的,并在德国古典哲学中达到其思辨的顶峰。伽达默尔把所谓"客观性(Sachlichkeit)告诫"称之为"我们所知道的哲学特有态度的起源",并且在古典思想家中,将黑格尔推举为"这种客观性的魁首"①。我们知道,在希腊人对"意见"和"知识"的区分中,就已经包含着革除"主观的"意见以维护"客观的"知识这一要求了;而在苏格拉底和柏拉图那里,辩证法正意味着在各种纷乱对立的"意见"中使事物自身显露出来,因而是一门通过追问而使不恰当的"意见"自行解体的艺术。诚然,对于希腊思想来说,"主观性"或"客观性"这样的术语是不恰当的或姑息性的,因为唯当近代哲学将

---

① 参见伽达默尔《哲学解释学》,夏镇平、宋建平译,上海译文出版社 1994 年版,第 71 页。

解释学与思想的客观性

意识的存在特性规定为主体性（Subjektivitaet）之际，这样的术语才开始获得其本己的含义①。然而，我们在这里能够领会到希腊哲学的立场是："意见"的革除或瓦解总意味着事物自身的展开活动，意味着"由自身而来的在场者"自行显现出来。

海德格尔后来对解释学方针的重新制订，一方面与古希腊思想形成独特的衔接，另一方面又与近代主体性哲学的整个进程和命运具有本质的关联。而在近代哲学（或现代形而上学）的架构中，黑格尔在总体上精确地区分了所谓"客观性"的三个基本意义："第一为外在事物的意义，以示有别于只是主观的、意谓的、或梦想的东西。第二为康德所确认的意义，指普遍性与必然性，以示有别于属于我们感觉的偶然、特殊、和主观的东西。第三……是指思想所把握的事物自身，以示有别于只是我们的思想，与事物的实质或事物的自身有区别的主观思想"②。此处所称客观性的第一层含义，想必是我们很容易理解的：一般的常识、人们的"自然信念"，乃至于较为淳朴的哲学思想都会确认这样的客观性；用我们很熟悉的话来讲，外在事物是客观的，它不以人的主观意见或主观意志为转移。这是一种通常的、健全的识见，正是这种识见将客观的事物同只是主观的、意谓的和梦想的东西区别开来。虽说这样的识见看来比较粗糙，但解释学在黑格尔之后力图重建的思想之客观性却在一般意义或基本口号上要求恢复这种识见。伽达默尔在《事物的本质和事物的语言》一文中写道："相应地，当我们说到事物的'本质'或事物的'语言'时，这些表述都含有反对我们论述事物时的极端任意性，尤其是陈述意见、对事物作猜测或断定时的任意性，以及否认或坚持个人意见的任意性。"③

思想的第二个含义上的客观性，是以普遍与必然的东西为客观的，使之对待于我们感觉中偶然和特殊的东西（主观的）。这种观念特别地属于主体性意识的时代，从而表明近代哲学的原则不再是"淳朴的思维"，而是

---

① 参见《晚期海德格尔的三天讨论班纪要》，《哲学译丛》2001 年第 3 期。
② 黑格尔：《小逻辑》，贺麟译，商务印书馆 1980 年版，第 120 页。
③ 伽达默尔：《哲学解释学》，第 70 页。

意识到了思维与存在的对立并要求通过思维去把握两者的统一①。黑格尔之所以用康德之名来谈论这种客观性，是因为主体性哲学的开端（"我思"）在康德哲学中得到特定的完成并绽露其基本的性质。一方面，康德确认我们既与的知识具有普遍必然性的成分，并因而在这个意义上是客观的；另一方面，我们知识的本质性被导回到自我意识（纯粹的统觉，纯粹的自发性），也就是说，这种知识的客观性源于我们具有普遍－必然性的范畴，而这样的范畴又在自我意识中有其本质来历。因此，那只是在感觉中的材料乃是主观的，而具有普遍－必然性的思想内容则是客观的。在这个意义上，"康德似乎把习用语言中所谓主观客观的意义完全颠倒过来"②了：感官可察觉之物是附属的和无独立存在的东西，而作为"纯思"（自我意识的纯粹活动）的思维乃是原始的、真正独立自存的。这种颠倒乃是近代哲学在主体性原理上的必然进展，并且正就可以用来标识康德所谓的"哥白尼革命"。这一革命的伟大成果包括：(1)决定性地把"知识"和"思维"自身区别开来，也就是说，关于"自我"的思考是与知识相当不同的东西；(2)知识对象或经验对象并不是现成地给予我们的东西，相反，它们是通过自我意识的活动而被构成的；因此，(3)先前关于客观性的淳朴的观念便瓦解了，客观性不再意指外在事物，而毋宁说是表示知识中普遍性和必然性的东西，亦即符合思想规律的东西。如果说，我们在后来的解释学中同样能够识别出上述这些"因素"，那么这是毫不足怪的；因为虽说解释学最坚决地维护思想的客观性，但却根本不再可能仅仅立足于淳朴天真的客观性观念了。

"但进一步来看，康德所谓思维的客观性，在某意义下，仍然只是主观的。因为，按照康德的说法，思想虽说有普遍性和必然性的范畴，但只是我们的思想，而与物自体间却有一个无法逾越的鸿沟隔开着"③。黑格尔说得非常正确：所谓"我们的思想"，只要它仅仅局限于"现象"之被构成的领

---

① 参见黑格尔《哲学史讲演录》第 4 卷，贺麟、王太庆译，商务印书馆 1978 年版，第 4～7 页。
② 黑格尔：《小逻辑》，第 119 页。
③ 黑格尔：《小逻辑》，第 120 页。

解释学与思想的客观性

域,只要它以物自身为纯粹的"彼岸世界"或"他界"①并因而是不可通达的,那么,它就不能不是主观的思想。此点就"真理"一词的含义来分辨是最为简易的,因为真理正就意味着通向并抵达物自身;只要思想与物自身处在决定性的分离隔绝中,那就意味着思想放弃真理并使思想仅仅作为主观思想而持立。就是在这个意义上,黑格尔声称"客观思想"最能表明真理,而真理既是哲学的目标,又是哲学研究的"绝对对象";也是在这个意义上,黑格尔指责所谓批判哲学——大多属于停滞下来的康德哲学的末流——把对真理的"无知"当成"良知",之所以如此,是"……因为它确信曾证明了我们对永恒、神圣、真理什么也不知道。这种臆想的知识甚至也自诩为哲学"②。这里出现的当然是一种主观主义,然而却是在试图建立较高的思想之客观性的进程中表现出来的主观主义。

为了从这种主观主义中摆脱出来,德国哲学最终采取了绝对唯心论的本体论立场,这一立场同时将自身揭示为思辨的辩证法。这一本体论立场的核心是:重建思想的真正客观性;也就是说,使物自身对于我们的思想来说成为可通达的。为了做到这一点,黑格尔把思想的真正客观性表述为:思想不只是我们的思想,而且是事物的自身(an sich)③。唯当我们的思想和事物的自身在本体论上是同一的时候,前者通达于后者才是可能的;唯当作为"绝对者"的思想不仅构成我们思想的本质,而且也构成事物自身的本质(对象性的东西的本质)时,这两者的同———真理——才是可能的。正是在这里,先验唯心论转变为绝对唯心论:"思想不但构成外界事物的实体(Substanz),而且构成精神性的东西的普遍实体"④。

黑格尔绝对者(实体 - 主体)的立场之所以同时就是辩证法,是因为绝对者作为主体乃是活动,并且除非它自我活动,否则就根本不可能活动;它不仅是无限的基质,而且是无限的机能——这种绝对者作为思想机体的

---

① 参见黑格尔《小逻辑》,第 125、151 页。
② 黑格尔:《小逻辑》,第 34 页;并参见第 93 页。
③ 参见黑格尔《小逻辑》,第 120 页。
④ 黑格尔:《小逻辑》,第 80 页。

组织活动就是辩证法。因此,黑格尔是在近代思想的情境下有意采纳了希腊辩证法的范式。如伽达默尔所说,希腊人在理解历史的"超主体的力量"(即"客观的"力量)方面超过了我们,"因为我们深深地陷入了主观主义的困境中"①。这种困境是试图从主观性出发并为了主观性而来论证认识的客观性;而我们一定还记得:作为对话或交谈的希腊辩证法从一开始就是要求在纷乱意见的解体中使事物自身显示出来,使事物的自我活动显示出来。或如海德格尔所指出的那样,"贯通某物"(Durch etwas hindurch)在希腊文中就叫做辩证法;因而在黑格尔那里辩证法就意味着主体——首先是绝对者主体——的自我活动(主体在所谓的过程[Prozess]中并且作为这个过程生产出它的主体性)②,意味着在这一过程中事物自身对于我们的思想来说成为可通达的。在这个意义上,黑格尔对希腊辩证法的复活是为了维护"真理"这一哲学的目标,是为了在主体性已然充分发展的态势下恢复思想的真正客观性。"那个与希腊人有关并且让哲学得以开始的东西,在黑格尔看来乃是纯粹客观的东西。它是精神的第一次'显示',是精神的第一次'出现',是一切客体得以在其中合而为一的那个东西。黑格尔把它称为'一般普遍者'(das Allgemeine überhaupt)"③。当这种一般普遍者在整个哲学史的行程中被充实和丰富起来时,当这一行程在经历了近代主体性哲学的全面发挥并最终在绝对者的自我活动中重建起思想的客观性时,哲学的立足点,那个由希腊开端的哲学立足点便在黑格尔的体系中完成了——因为黑格尔哲学抵达了精神之自我意识的最高的(海德格尔的说法:不可能更高的④)立足点。只有牢牢地把握住这一点,只有充分地理解思想之客观性的多重含义,对于解释学的各种讨论和发挥才可能被经常保持在正确的轨道上。

---

① 伽达默尔:《真理与方法》下卷,洪汉鼎译,上海译文出版社 1999 年版,第 588 页。
② 参见海德格尔《路标》,孙周兴译,商务印书馆 2000 年版,第 510 页。
③ 海德格尔:《路标》,第 513～514 页。
④ 参见海德格尔《黑格尔》,赵卫国译,南京大学出版社 2018 年版,第 3～4 页。

二

然而,黑格尔试图保障思想之客观性的宏伟意图和庞大建筑很快就面临着最严重的危机,危机特别关系到这一哲学的本体论基础:自我活动的绝对者(约言之:"绝对")乃是实体—主体,亦即"上帝"。一般来说,在现代形而上学即主体性哲学的基本建制中,只要哲学或科学仍然遵循所谓"客观性告诫",那么,某种绝对者实体就是非常必要的。正如笛卡尔为了使得思维"实体"和广延"实体"能够彼此协调一致而不得不设定更高的实体(神,神助说)一样,斯宾诺莎直接确认了绝对者实体,即上帝、自然或自因;并且正如谢林和黑格尔重新返回斯宾诺莎的实体一样,伽达默尔专门谈到了古典形而上学的"优势",即它从一开始就超越了主体和客体的二元论,超越了主观意志和自在之物的二元论,因为它通过绝对者实体设定了两者之间的"预定和谐"①。而这种预定的和谐之所以是优势,是因为现代形而上学在其基本建制中已先行分割了主体/客体,思维/广延,以及意识/对象等等,只要缺失作为最高统一的绝对者实体,意识就不可能通达对象,我们的思想就不可能通达事物自身。"只要人们从 Ego cogito(我思)出发,便根本无法再来贯穿对象领域;因为根据我思的基本建制(正如根据莱布尼茨的单子基本建制),它根本没有某物得以进出的窗户。就此而言,我思是一个封闭的区域。'从'该封闭的区域'出来'这一想法是自相矛盾的"②。

事情确实就是如此,除非在本体论上有来自绝对者(主体—客体、思维—存在)的保障。然而,绝对者即便在哲学上也不再能真正持立了。当费尔巴哈对宗教开展出激进的人本学批判时,他立即根据这一批判袭击了哲学(一般形而上学)本身,并把近代的思辨哲学称之为"思辨神学":斯宾诺莎是这种神学的罪魁祸首,谢林是它的复兴者,黑格尔是它的完成者③。一句话,宗教的上帝和哲学的绝对者是同一个东西,思辨哲学只不过是神学的最后一根理性支柱罢了。尤为重要的是,这样的批判并不仅仅是一个

①　参见伽达默尔《哲学解释学》,第 75 页。
②　《晚期海德格尔讨论班纪要》,《哲学译丛》2001 年第 3 期。
③　参见《费尔巴哈哲学著作选集》上卷,荣震华等译,商务印书馆 1984 年版,第 101 页。

偶然的"触犯",而是成为一种强大的时代意识了。我们此间可以省略许多批判的环节,但尼采的话"上帝死了"却正是这种时代意识的确切标志。按照海德格尔的正确阐释,"上帝死了"并不是什么无神论者的一个意见,而是意味着整个西方形而上学——它被名之为柏拉图主义——建立其上的"超感性世界"已经腐烂了、坍塌了,不再具有生命力和约束力了①。在这个意义上,如洛维特所说,"费尔巴哈对黑格尔哲理神学的感性化和有限化绝对是我们如今所有人——有意识地或者无意识地——处身于其上的时代立场"②。

就像黑格尔客观精神的思想在《新约》的普纽玛概念即圣灵的概念中有其根源一样,整个古典形而上学到处可以发现其根基上的神学因素。例如,包括黑格尔在内的古典形而上学的真理概念——知识和客体的一致、思想和物自身的一致——是以一种神学的一致为基础的。如果说,黑格尔是在近代哲学所面临的"主观主义困境"中通过返回思辨的绝对者来维护思想的客观性,从而来保障哲学或科学的真理性,那么,在"上帝死了"亦即超感性世界垮坍的时代处境中,思想的客观性是否还能够持存? 先前立足于超感性世界之上并借重于神学一致性的真理概念是否有可能重新获得奠基? 这是我们全部讨论中最为根本最为关键的问题,也是任何试图对解释学形成正确理解必须首先去面对和解决的问题;因为真正说来,解释学的复活和决定性意义只是由于这样的问题并力图在哲学上深刻地去应答这样的问题才得以产生的。

且让我们首先较为一般地来谈论问题:黑格尔是通过思辨的绝对者来建立思想的客观性以及由之而来的真理性,随着思辨的绝对者的解体,建筑其上的思想的客观性和真理性便不再可能持存;更为严重的是,黑格尔保障思想客观性的方式总体来说乃是一般形而上学即柏拉图主义的方式(固然我们可以更准确地将之理解为一种完成了的方式),因而思辨绝对

---

① 参见孙周兴选编《海德格尔选集》下卷,上海三联书店 1996 年版,第 771～775 页。
② 洛维特:《从黑格尔到尼采》,李秋零译,三联书店 2006 年版,第 108 页。

者的失败意味着:我们不再可能借重于一般形而上学——设定或通过超感性世界的优先地位——来重新占有思想的客观性。在这样的哲学处境中,除了极少数固守超感性世界之残垣断壁的无望挣扎之外,一般的意识(无论是学术的还是非学术的)只是身不由己地返回于"主观主义的困境"之中。事情大体就是如此,但我们在这里必须指出:有两种哲学上的巨大努力,曾坚决地要求为思想的客观性和真理性重新奠基,从而在本体论上决定性地超出主观主义的困境——其中之一是马克思对思辨辩证法的批判性拯救,另一则是海德格尔重新制订的解释学方针。虽说这两者并非同时,但在特定的论说主题上却可以被看成是一种平行现象,所以我们在关于解释学之基本性质的讨论中将在某些要点上使之形成相关的比照。即使是这种很一般的提法也能使我们或多或少意识到,对解释学做主观主义定向的理解是严重地成问题的。因为思辨唯心论的解体正就意味着这样一种状况,即哲学的或非哲学的观点纷纷散落到主观主义之中;如果解释学只是某种主观主义的类型,那么真正说来它就是不必要的或没有本质重要性的;相反,对解释学的主观主义误解倒是应当由这种状况来加以说明。

决定性的问题是:在绝对者"上帝"缺席的情况下,在超感性世界不再具有约束力的情况下,思想的客观性如何可能得到拯救? 为此首先需要一种本体论批判,而且这一批判必须从根本上全面地超出现代形而上学(作为一般形而上学的完成阶段)。我们看到,马克思在 1845 年就作出了这样的本体论批判,其基本表述是:"意识(das Bewusstsein)在任何时候都只能是被意识到了的存在(das bewusste Sein),而人们的存在就是他们的现实生活过程。"①很明显,这是一个地地道道的本体论判断;同样明显的是,这个判断不仅摧毁了康德把意识与物自身分割开来并从而把知识的本质性局限于自我意识的主观主义,而且拒绝了黑格尔把主观思想和事物自身的本质性一起导回到绝对 – 主体中去的思辨唯心主义。对于马克思来说,现实的意识只能是人们的意识,而人们的意识只不过是人们的存在即其现实

① 《马克思恩格斯选集》第 1 卷,人民出版社 1995 年版,第 72 页。

生活过程在观念形态上的表现（"反射""回声"，或"必然升华物"）罢了①。一句话，意识的本质性乃在于人们的现实生活过程；用现象学熟悉的话来说，意识的本质性是被引导到"生活世界"中去了。

在早期海德格尔那里，我们看到了一种类似的——但性质是相同的——本体论批判。他通过现象学（但以一种超出胡塞尔现象学）的方式对意识所预设的"存在"开展出著名的本体论批判；为此他不仅像马克思一样拆写了"意识"（Bewusst-sein）一词，以便特别地标明这一批判的本体论性质，而且在下述命题——此在（Da-sein）是"在世的在"——中为他对意识所作的本体论批判找到了口号②。这一批判的结果表明，"意识"只不过是此在在世的一种方式罢了。海德格尔曾说："在《存在与时间》里没有意识"③；这话的意思当然不是说该书对"意识"不置一词，而是说，意识的本质性是被全然置放到"此在在世"的那个领域中去了。而这个领域如果不是"生活世界"（这个世界，以往的形而上学从未真正置喙，只是在极为晚近才由胡塞尔等哲学家提示出来），又是什么呢？既然思想或意识的本质性不在"逻辑学"的天国，既然其真理性不再能借助超感性世界来获得保障，那么，除非生活世界本身能够为思想的客观性提供出一种保障，否则的话，它就不再有任何保障。

解释学正是在对意识开展出决定性本体论批判的过程中才真正被复活和重建的，我们在这里特别要提到海德格尔1923年的讲座《存在论（实际性的解释学）》，这个讲座的标题就已经把本体论（即存在论，ontology）问题与特定的解释学任务本质地勾连起来了。不必说，解释学的历史可以追溯得很远；也不必说，解释学一般而言似乎无关乎对意识的本体论批判。事情的实质在于：解释学的重建是"历史性的"，按海德格尔的说法即是"命运性的"；命运性的事件是：作为整个形而上学之完成的思辨哲学的夭折，从而使建立其上的思想之客观性土崩瓦解。而对于解释学的"历史学

---

① 参见《马克思恩格斯选集》第1卷，人民出版社1995年版，第73页。
② 参见伽达默尔《哲学解释学》，第118页。
③ 参见《晚期海德格尔的三天讨论班纪要》，《哲学译丛》2001年第3期。

解释学与思想的客观性

的"叙述,倒恰恰是要根据上述"历史性的"事件来为之制订方向,并使之获得意义揭示的。如果说海德格尔在该讲座中提供了一个解释学的简史,那么,特别引人注目的是:解释学的源头一直被追踪到柏拉图和亚里士多德;对奥古斯丁给出了最高的评价——因为他将解释学看作"包罗万象的和活生生的方式",从而提供了第一部"宏大风格的解释学";而对施莱尔马赫和狄尔泰则主要是批评性的——无论是前者的"理解的艺术",还是后者的"精神科学方法论",都使解释学陷入狭隘的形式主义中去了。毫无疑问,所有这一切都与海德格尔的本体论批判任务有关,与他从意识的领域转入到生活世界的领域有关,也就是说,与"实际性的"解释学亦即解释学在本体论上的"实际性"定向有关。

"实际性"(Faktizität)一词的含义非常清楚地表明海德格尔离开"意识"的领域而要求转入进去的那个领域的性质与运作:(1)实际性是表示我们的"本己的"(eigenen)此在——当下的这个此在或"此在具体的当下性"——的存在特征。(2)此在不是作为直观的对象和知识的对象,此在中的存在(Sein)作为及物动词意味着:去过实际生活!(3)"因此,实际性的(faktisch)意思是,表示它自身源于这样一个存在者的存在特征,并且以这种方式'所是'(ist)。如果我们将'生活'视为一种'存在'的方式,那么'实际生活'(faktisches Leben)的意思系指:作为以某种存在特征的表达方式在'此'(da)的我们本己的此在"①。以上诸点可以大体表明,所谓实际性的解释学在本体论上具有怎样的基本性质和活动领域;并且正如海德格尔晚年谈到主体性哲学之困境时所说的那样,必须从某种与"我思"不同的东西出发:关于物自身的基本经验需要一个与"意识"领域不同的领域,这就是被称为"此-在"(Da-sein)的领域。

三

思想的客观性,就其广义而言,不仅意味着承认思想与事物的同一性,而且意味着承认事物的自我活动,承认事物由自身便已在(von sich auschon vorliegen)。如果说这种承认在希腊人那

① 海德格尔:《存在论(实际性的解释学)》,何卫平译,商务印书馆2016年版,第9页;并参见第8~9页。

里几乎是不言而喻的,那么近代哲学即主体性哲学则造成了思想与事物自身的分离,并使其建制中的意识与对象、主体与客体的对待尖锐化了。对象或客体的特征是:由表象将它保持在对方;"而表象(在与对象的关系中,它是在先者)在自己面前对设对象,以至对象决不可能首先由自身而在场"①。为了在这样的处境中挽救思想的客观性,黑格尔不得不诉诸绝对者的自我活动,而这种自我活动的展开就是思辨的辩证法。由于这样的绝对者——上帝已经在本体论上崩塌,又由于必须在上帝销声匿迹的地方重建思想的客观性,所以海德格尔在开展出对现代形而上学之本体论批判的同时,诉诸——并重新定义了——解释学。因此,解释学从一开始就包含着与黑格尔哲学-思辨辩证法在本体论上的"争辩",就像马克思的辩证法最坚决地要求拒绝普遍者的神秘化一样。两者都要求决定性地突破思辨哲学-辩证法,而这种突破从根本上来说都是为了挽救思想的客观性。作为黑格尔的学生,马克思继续保留了辩证法一词;作为胡塞尔的学生,海德格尔启用了解释学这个"新概念"。在写于 1924 年的一个题为"解释学与辩证法"的附录中,海德格尔提示了基本要义:"'真理',被揭示状态,被揭示状态的发展以及辩证法。辩证法作为否定并不导致和要求非直接的把握和拥有。更彻底的可能性,新概念:解释学"②。

需要理解和把握的是海德格尔与黑格尔"争辩"什么以及如何"争辩"。在《黑格尔的精神现象学》讲座(1930—1931)中,海德格尔说,我们的争辩是"追随"黑格尔难题最内在的动向,由此我们便处于有限性和无限性的"交叉路口",而不是两种观点的对比;此间的问题是:对存在的领会与言说即语言,是神性的吗?《精神现象学》描述为超离的(absolvent)东西,是否只是遮蔽了的超越,即有限性③? 而在《黑格尔》讲座(1938—1939)中,海德格尔更加明确地说:争辩的立足点是深藏于黑格尔哲学中,

---

① 《晚期海德格尔的三天讨论班纪要》,《哲学译丛》2001 年第 3 期。
② 海德格尔:《存在论(实际性的解释学)》,第 124 页。
③ 海德格尔:《黑格尔的精神现象学》,赵卫国译,南京大学出版社 2018 年版,第 82 页;并参见第 64、95 页。

但却是作为其本身在本质上不可追究的"基底",因而真正的任务是深思熟虑地回溯到一个更加原始的立足点;而这一"原则性争辩之成败",则取决于能否获得更原始的(不是从外部侵入的)立足点,取决于能否通过这一立足点的规定能力去原始地把握原则性的东西①。正是依循这种争辩的"什么"以及"如何",作为本体论的解释学意味着:"实际性是本源的,而且在其中已同样本源的是一种活动(Bewegtheit)、解释和对象的多样性,我们恰恰要达到这个本源的统一并理解它的历史学的历史特征"②。由此我们可以非常清晰地看到:在本体论上最坚决地拒绝思辨唯心论‐辩证法的海德格尔,却像马克思一样,维护并保有了黑格尔哲学之最伟大的和最丰沛的思想成果。在上引的那段话中,除开那个"本源的统一",海德格尔说得几乎和黑格尔一模一样;诚然,由于本源的统一不再是"绝对精神"而是"实际性",所以,所谓"活动""解释和对象的多样性""历史特征"等等,势必要发生全面的意义改变。

因此,如果以为解释学之取代思辨辩证法可以为主观主义大开方便之门(即怂恿各种解释之任意和武断)的话,那么这种想法无论如何已经从根本上大错特错了。反之,我们倒是可以更正确地说,全部解释学的努力从一开始就站在捍卫思想之客观性的一边,并因而是各种主观主义——无论是否以"解释学"自居——的死敌。我们可以从以下几个方面来论述这一点。

第一,在关于"今日哲学"的探讨中,《存在论(实际性的解释学)》谈到了某种粗陋的客观主义。按照这种客观主义的哲学,"走向客观性"乃意味着"远离仅仅主观性的道路";海德格尔把这种哲学称为"野蛮人的柏拉图主义",它自以为采取了比历史意识和历史本身更为可靠的立场③。这种客观主义之所以得此不雅的诨名,是因为它愚钝地把客观性仅仅建立在与主观性的分离隔绝中,建立在与历史性或历史特征的分离隔绝中,并

---

① 参见海德格尔《黑格尔》,第4～5页。
② 海德格尔:《存在论(实际性的解释学)》,第126页。
③ 参见海德格尔《存在论(实际性的解释学)》,第55页。

自诩其站在理念论"真理"之最为稳固的客观性立场上。然而,至少自近代以来,这样的客观性便已进入到终结阶段;至少自黑格尔以来,我们便已懂得思想的真正客观性是通过主观性的活动被构成的,并因而是为历史性所贯彻的。此处的问题决不是"远离仅仅主观性的道路"(这是一种天真的客观主义),而是能够统摄主观性并通过这种统摄来历史地展开的客观性。正是黑格尔在哲学 – 思辨辩证法中精心制订并实现了这种历史性的客观世界,而"野蛮人的柏拉图主义"还只是以其粗陋的客观性来谴责类似历史主义的观点,来站到历史意识的对立面罢了。如果说黑格尔曾以思辨的辩证法来解决并把握住此间围绕着思想之客观性的错综复杂的话,那么这里的关键就既不是放任主观性的为所欲为,也不是退回到粗糙的和无思想的客观性上去。同样,如果说黑格尔的解决方案已经在本体论上全然失效,如果说这种失效使得思想的客观性问题在没有超感性世界屏障之时变得尤为错综复杂,那么,深深意识到这一点的海德格尔之所以提出解释学的新概念,恰恰是因为必须由解释学去承担这一艰巨的思想任务,而决不是去容留"野蛮人的柏拉图主义",也不是去姑息主观主义的饕餮盛宴。

第二,关于"真理"的立场可以说是衡准思想之客观性是否被移易的绝对标志,因为真理意味着物自身,意味着物自身对于"主体"来说是可通达的。我们知道,黑格尔曾声称:"客观思想"一词最能表明真理(作为哲学的目标和绝对对象);我们还记得,黑格尔对"批判哲学"之主观主义的抨击就在于:这种哲学把对真理的无知当成了良知[1]。如果说黑格尔通过思辨的绝对者扬弃了主体和客体的分立,从而使物自身成为可以通达的,那么,海德格尔为了做到这一点同样必须避免主体与客体、意识与存在的分割模式,"这种模式的任何变式都不能消除其不恰当性"[2]。德国唯心论最后是通过所谓"同一哲学"、通过所谓绝对者的自我活动来表明意识和客体实际上只是同一事物的两个方面(《精神现象学》的要义是:每一认识

---

[1]　参见黑格尔《小逻辑》,第93、34页。
[2]　参见海德格尔《存在论(实际性的解释学)》,第95～96页。

解释学与思想的客观性

527

到客体的意识都改变了自身并因而也必然地改变其对象）。既然绝对者已不再能够倚靠，既然思想的客观性又必须解除主体与客体的分割模式，那就必须重新制订"真理"概念，而这样的真理概念必须整个地超出形而上学（即柏拉图主义），以便更加"原始地"把握到那个只是在其基础之上才使主客体的分离得以可能并立足其上的同一本身。这一重新制订真理概念的努力特别清晰地出现在海德格尔《论真理的本质》（1930）一文中，而这样的努力还更早地出现在马克思《关于费尔巴哈的提纲》（特别是第二条）中。详尽地阐述这样的真理概念不属于本文的任务，在这里真正重要的是：真理的概念不是被放逐或废止，而是要求"在形而上学之外"被重建；重建起来的真理概念不是为了拱卫绝对者——上帝，而是为了维护思想的客观性，用马克思的术语来说，是为了维护人的思维的"真理性""现实性""力量"，人的思维的"此岸性"①。对于当代解释学来说，真理的要求，亦即思想之客观性的要求被提得如此之高，以至于伽达默尔在《真理与方法》一书的标题中就试图用"真理"和"方法"的对峙来突出地强调：这里所要求的不是方法（近代以来的"科学方法论"已被完全形式化了），而是真理（即抵达不再通过绝对者来保障的思想之客观性）；哲学解释学的任务是："去探寻那种超出科学方法论控制范围的对真理的经验"，去把握那些"不能用科学方法论手段加以证实的真理借以显示自身的经验方式"②。至于海德格尔，我们只需提到他的一个十分简要的说法就够了："重要的是做出关于物自身的基本经验。如果从意识出发，那就根本无法做出这种经验"③。很明显，既然这里的基本经验是关于"物自身"的，那就已经允诺了真理；同样很明显，既然主观意识的出发点无法做出这种经验，那它就与思想的真正客观性背道而驰了。

第三，也是最后一点，哲学解释学自始至终对主观意识或主观思想的观点进行了持续不断的和不遗余力的批判，而这种批判甚至主要地集中于

---

① 参见《马克思恩格斯选集》第 1 卷，人民出版社 1995 年，第 55 页。
② 参见伽达默尔《真理与方法》上卷，第 17～18 页；伽达默尔《真理与方法》下卷，第 734、738 页。
③ 《晚期海德格尔的三天讨论班纪要》，《哲学译丛》2001 年第 3 期。

"外部反思"性质的形式主义。伽达默尔之所以将"真理"与"方法"对峙起来，恰恰是因为"科学方法论主义"的方法乃是完全形式化的；并且正因为如此，这样的方法唯独适合于做外部反思的运用（一如知性反思将抽象的原则先验地运用到任何内容之上），因而是纯全主观主义的。我们知道，仅仅将抽象原则强加到任何内容之上的教条主义是主观主义的，而教条主义在哲学上更多地被称为形式主义；我们同样知道，黑格尔对康德主观主义的批评特别地关乎其在理论理性和实践理性上的形式主义："……康德的实践理性并未超出那理论理性的最后观点——形式主义"①。总而言之，至少自黑格尔以来，那种以外部反思为主要特征的形式主义或教条主义已被充分地揭示为主观主义性质的；然而由于现代性的意识形态和知识样式（知性科学）的统治地位，如此这般的形式主义以及与之相吻合的方法论主义似乎是纯全"客观的"。在此意义上的方法是纯形式的，也就是说，完全无关乎内容；并且正因为它完全无关乎内容方使自身成立为方法，亦即可以被先验地强加到任何内容之上，从而在此意义上保有其"普遍性"即"客观性"。不消说，在这样的方法中不再可能有真正"实体性的内容"，有的只是为抽象形式所强制的单纯"质料"；同样不消说，这种方法的客观性只是完全空疏理智的抽象构造，亦即德罗伊森颇为刻薄地称呼的"阉人般的客观性"。确实，长期以来，形式主义的那种确定无疑的主观主义性质被"阉人般的客观性"伪装起来，并且支配着几乎整个知识和学术领域。正如黑格尔在 1806 年就称这种形式方法只是将一切天上和地上的东西置入"普遍图式"——因而"不过是一张图表而已"②——中一样，海德格尔直至 1969 年仍在批评将"理论"仅只抽象形式地理解为一种"纲领化"（Programmierung），并追问道：这岂不是将音乐的理论混同于一场音乐会的节目安排了吗？③

　　无论是黑格尔还是马克思，也无论是海德格尔还是伽达默尔，都毕其

① 　黑格尔：《小逻辑》，第 143 页。
② 　参见黑格尔《精神现象学》上卷，贺麟、王玖兴译，商务印书馆 1979 年版，第 34 页。
③ 　参见《晚期海德格尔的三天讨论班纪要》，载《哲学译丛》2001 年第 3 期。

一生同各种主观主义——尤其是形式主义的主观主义——作斗争。如果说在这样的斗争中,他们决不会苟同并返回粗陋的客观主义,那么,他们尤其要求经由主观性的发展来更深入地把握思想之真正的客观性;对于他们来说,在现代性主导的时代境况下,形式主义的主观主义乃是这种客观性最顽固也最危险的敌人。无论如何,从海德格尔的《存在论(实际性的解释学)》讲座中可以清楚地看到:解释学的重建是与对形式主义—主观主义的批判步调一致的,甚至可以说,重建的解释学正是在这种批判中领到其出生证的。就此而言,以为海德格尔一般地否定辩证法,这是不正确的;因为,他否定的乃是被形式主义丑化的并从而已经名声扫地的辩证法(黑格尔本人的神秘化也有部分的责任)。正是在审视"今日哲学"的章节中,辩证法变成了单纯的"技能"和"诡辩的模式";并且正因为仅仅作为形式方法,辩证法才成为一年之内就能学会并可以被到处运用的"成对的充满灾难的概念"①。同样,以为海德格尔一般地赞同现象学并无条件地以之为立足点,也是不正确的;因为虽然海德格尔是胡塞尔的学生并从现象学出发,但他已深刻意识到:现象学的精神似乎是更为迅速地跌落到形式主义的歪曲和伪造之中,以至于"先验唯心主义便进入到现象学";而伴随着其他与之相关的倾向,"这样,人们没有将现象学作为一种可能性来把握……所有这些倾向都是对现象学及其可能性的背离,这种破灭再也阻挡不住了!"②因此,就海德格尔的重新奠基来说,解释学的意义正是通过这样一种对形式主义—主观主义的批判而被揭示和规定的。由此我们便能够很容易理解,为什么海氏将解释学的源头一直追溯到古希腊,并把重心置放在奥古斯丁那种具有普遍意义的和活生生的解释学之中;而他对施莱尔马赫以及狄尔泰的决定性批评,又恰恰在于解释学在他们手中总是或多或少地被形式主义地狭隘化了。在现代性所规定的主观主义困境中,一般所谓方法都陷入天真的方法论主义中去了;而方法论主义无非意味着:形

---

① 参见海德格尔《存在论(实际性的解释学)》,第 58~59 页。
② 海德格尔:《存在论(实际性的解释学)》,第 90 页;并参见第 89 页。

式方法及其外部反思的运用;由于这样的方法既是形式主义的又是主观主义的,所以它与重建的解释学主旨恰好背道而驰。伽达默尔很正确地看到,海德格尔的《存在与时间》乃是"对哲学主观主义所作的根本性批判"①;而我们现在的许多执解释学之名的阐释者,却试图从中或由此发挥出最极端的主观主义观念,这岂不是极为可笑的痴人说梦吗?

由此我们也能更正确地理解海德格尔与黑格尔的关系,以及解释学和辩证法的关系。对于这样的关系,伽达默尔似乎总有一些疑惑:一方面是海德格尔对黑格尔不遗余力的有时甚至苛刻的批判,另一方面则是海德格尔一直没有摆脱黑格尔的影响。这样的影响既包括历史被同化到哲学研究中去,又包括海氏思想中"隐藏的和不为人注意的辩证法"。这里的情形是,"与那种被当代学术很快忘记的现象学技术相反,黑格尔纯思想的辩证法以再生的力量来表现自己。因此,黑格尔不仅继续引起海德格尔进行自卫,而且按照所有试图防御海德格尔思想的人的观点来看,黑格尔也是一个与海德格尔相联系的人"②。事实上,就我们所论述的那个主题来说,这样的情形是不难理解的:现代形而上学的主体——无论是绝对者主体还是自我意识——必已在本体论的决定性批判中陷于瓦解的境地,而在这一瓦解过程中哲学又必承担起拯救思想之真正客观性的任务。就像马克思的辩证法面临着这样的任务一样,解释学也面临着同样的任务;正是这种任务的艰巨性规定着海德格尔对黑格尔的繁复关系。只有当我们充分意识到这样的任务并参与到这样的任务中去,解释学的基本目标和定向才能被真正把握住,从而解释学的思想创获才能对我们的学术总体形成强大而持续的积极动力。

(本文作者:吴晓明　复旦大学哲学学院教授、当代国外马克思主义研究中心主任　本文发表于 2019 年第 1 期)

---

① 参见伽达默尔《哲学解释学》,第 48 页。
② 伽达默尔:《哲学解释学》,第 225 页;并参见第 225~226 页。

解释学与思想的客观性

解释世界和改变世界:是补充还是超越?

——再读马克思《关于费尔巴哈的提纲》第11条

何中华

摘 要 马克思在《关于费尔巴哈的提纲》第11条中所说的解释世界和改变世界的关系,很多学者倾向于认为是加和性的补充关系,但这其实是一种误解。从整个《提纲》的立意和马克思哲学的用心看,解释世界和改变世界只能是超越和替代的关系,它们是"非此即彼"的,亦即体现着两种完全不同、互盲互斥的哲学视野和立场。如果说解释世界是认识论的、静观的、形式逻辑的看待方式,那么改变世界则是存在论的、动观的、辩证逻辑的看待方式。从解释世界向改变世界的"格式塔"转变和过渡,标志着马克思所建构的新哲学观的确立,也标志着马克思所引发并完成的哲学范式的革命性重建。

马克思的《关于费尔巴哈的提纲》(以下简称《提纲》),被恩格斯称作"包含着新世界观的天才萌芽的第一个文件"①,其重要性不言而喻。列菲弗尔(又译勒斐弗尔)认为《提纲》是"马克思的最有名的、最精炼的、最难解的著作"②。而《提纲》的第11条也是最后一条,它的文字最短,但其分量却最大、重要性最强。据苏联马克思文献学家巴加图里亚的考证:"马克思划了一条线,把最后一条即第十一条提纲同前十条分开,似乎以此来

---

① 《马克思恩格斯选集》第4卷,人民出版社1995年版,第213页。
② 亨利·勒斐弗尔:《马克思主义的当前问题》,李元明译,三联书店1966年版,第35页。

强调这最重要的一条提纲具有总结的性质。"①这一文献学事实,意味着第11条具有哲学观的性质和意义,而且整个《提纲》正是马克思为了告别一切旧哲学、建构一种全新的哲学而写的,作为总结性的最后一条,我们只有从哲学观高度去领会马克思新哲学的基本立场和主张才恰当,由此也决定了我们的解读所应秉持的期待视野和基本意向。

一、问题的提出

《提纲》第11条虽然格外重要,但令人遗憾的是,它被人们误解得也最多、最为严重。马克思所说的解释世界与改变世界,这两者究竟是什么关系? 是连续的还是断裂的? 是补充性的还是替代性的? 是加和性的还是超越性的呢? 应该说,国内外学术界对此存在着不同甚至截然相反的理解。因为这个问题直接涉及如何看待马克思学说同以往哲学的关系的性质,也关乎对马克思学说本身的性质及实质的认定,所以不可不察。

大致说来,学者们在此问题上主要有两类观点。一类是认为解释世界与改变世界是补充关系、连续性的关系、加和性的关系,亦即在解释世界的基础上再加上改变世界。这是为大多数学者所持的观点,我们把它称作"补充论"。另一类则认为是断裂的、替代性的、非加和的关系,这种观点可被称作"超越论",但对它又有着完全相反的解释:一是认为马克思是在哲学的范围内实现这种断裂、超越和替代的,从而是哲学内部的革命。这种解释当以巴加图里亚为代表,他明确认为:马克思"在第十一条中把理解同解释对立起来,把实践的哲学同直观的哲学对立起来,把以理解世界(目的在于改变世界)为己任的哲学同以解释世界(目的在于与世界调和)为己任的哲学对立起来"②。显然,在巴氏看来,解释世界和改变世界体现

---

① Г. А. 巴加图里亚:《〈关于费尔巴哈的提纲〉和〈德意志意识形态〉》,载《马列主义研究资料》1984年第1辑,人民出版社1984年版,第28页。

② Г. А. 巴加图里亚:《〈关于费尔巴哈的提纲〉和〈德意志意识形态〉》,载《马列主义研究资料》1984年第1辑,第50页。

了两种哲学类型即所谓"直观的哲学"同"实践的哲学"的本质差别,它们作为两种视野是互斥的、"非此即彼"的。笔者同意巴氏的观点,但他未能为自己的观点提供具体的理由,也未能对这一观点所蕴含的深刻意义作出充分揭示。二是认为马克思把哲学变成了科学,所以这种断裂体现的是哲学与非哲学的互斥。阿尔都塞就持这样的见解,例如他说:"我们不应该把关于费尔巴哈的第十一条提纲看作是宣布一种新的哲学,而应该把它看作是宣布与哲学决裂,以便为建立一种新的科学扫清道路"。阿尔都塞认为,"这种新的科学是唯物主义的,但是任何科学都是这样的……这里的唯物主义完全只是科学家对其对象的现实的严格态度。"①但具有讽刺意味的是,这里存在着巴里巴尔所指出的一个吊诡:尽管可以认为"马克思的理论思想不是作为一种哲学出现,而是体现为对哲学的替代多次出现,体现为一种非哲学,甚至是一种反哲学"②;然而马克思的学说"不仅没有给哲学画上句号,反而就它本身提出了一个永久开放的问题,维系哲学的继续存在并有助于它的更新。……发生在马克思身上的仅仅是哲学地点、问题和目的的变迁,我们可以接受也可以拒绝,但是它却具有足够的约束力,使我们无法无视它的存在"。因此,我们对于马克思依旧应该"把他作为哲学家来解读"③。

我们再来看"补充论"的观点。我认为,这种观点并不符合马克思的真实意图,它遮蔽了马克思哲学革命的实质和意涵,因而是一种对马克思《提纲》第 11 条及整个《提纲》总体命意的曲解和误读。为了表明这种误解的广泛程度,我们在此列举国内外的一些有相当代表性的说法作为例证。

黄枬森先生认为:"马克思说:'哲学家们只是用不同方式解释世界,问题在于改变世界。'这话常常被理解为旧哲学与马克思主义哲学的根本

---

① 路易·阿尔都塞:《列宁和哲学》,载《马列主义研究资料》1984 年第 3 辑,人民出版社 1984 年版,第 170 页。
② 埃蒂安·巴里巴尔:《马克思的哲学》,王吉会译,中央编译出版社 2007 年版,第 3 页。
③ 埃蒂安·巴里巴尔:《马克思的哲学》,第 7 页。

区别之一,旧哲学只是解释世界,马克思的哲学只是改变世界。难道马克思的哲学就不解释世界?如果马克思真正认为他的哲学不解释世界,他还有必要写文章吗?他的文章中能不包含对世界的解释吗?旧哲学与马克思的哲学的区别除了在于是否要改变世界之外,并不在于是否要解释世界,而在于如何解释,在于是否科学地解释。马克思并未批评旧哲学解释世界,而是批评旧哲学'只是'解释世界。因此,说马克思的哲学不解释世界,是一种误解。"①曾枝盛先生强调说:"事实说明,马克思终生遵守自己年轻时立下的诺言,不仅仅着眼于'解释世界',更重要的是'改变世界'。"②王东先生认为:"马克思认为他的新哲学不仅'解释世界',而且'改造世界'。这里马克思更多的是强调新哲学的两种功能——解释世界和改造世界之间是一种递进的关系。新唯物主义不仅可以解释世界,更重要的是它可以改造世界。"③

美国学者麦金太尔认为:"提纲第十一条并没有告诉哲学家们放弃去理解世界的企图,而是告诉他们,指导他们理解任务的则是一个特定目的的实现。什么目的呢?这一目的就是马克思在第一条提纲中所说的客观的活动。"④苏联学者奥伊泽尔曼认为:"与对这一条提纲的许多非马克思主义的解释相反,必须强调:马克思决没有否定对世界作出哲学解释的必要性。他所反对的是把哲学的任务仅仅限于解释现存事物,因为这种自我限制把哲学和根本改造现实的斗争对立起来了。可见,这一条提纲的真正含义在于这样一个绝对命令:使哲学成为革命地改造世界的必要性的理论论证。"⑤法国学者列菲弗尔指出:"迄今为止,哲学家们只是说明世界(提纲第十一条)。……现在,仅仅说明世界是不够的,应该改造世界。这是

① 黄枬森:《正确理解马克思的哲学观点——从"和而不同"谈起》,《人民论坛》2005 年第 2 期。
② 曾枝盛:《吕贝尔马克思学文集评介》,载曾枝盛编选《吕贝尔马克思学文集》上,郑吉伟等译,北京师范大学出版社 2009 年版,第 28 页。
③ 王东、郭丽兰:《〈关于费尔巴哈的提纲〉新解读——马克思原始稿与恩格斯修订稿的比较研究》,《武汉大学学报》2007 年第 6 期。
④ A. 麦金太尔:《马克思的〈关于费尔巴哈的提纲〉:一条未走之路》,《国外社会科学》1995 年第 6 期。
⑤ T. И. 奥伊泽尔曼:《辩证唯物主义与哲学史》,娄自良译,上海译文出版社 1985 年版,第 58 页。

否说人们将拒绝各种说明呢？不是的。因为如果是这样，人们就同时抛弃了唯物主义哲学和唯心主义哲学。这个命题意味着人们要使各种哲学受行动的考验。"①英国学者麦克劳根认为："从马克思的观点来看，哲学应该是什么。……我们只需看看费尔巴哈论纲著名的第十一条就够了……当然马克思并不是蔑视解释，不过他更强调的是解释应该导向变革的实践。但问题是，解释和改变之间如何联系起来？如果把理解世界和改变世界、理论和实践这二个过程视为相对独立的，那么，将它们联系起来的最直截了当的方式就是承认，为了能够改变世界我们必须解释世界。"②美国学者保罗·斯威齐强调：《提纲》第 11 条，"不用说，这不是否认解释（理解）世界的必要，而只是肯定理解世界的目的是为改变世界奠定基础。马克思主义就是这样，从一开始就具有两重性：一方面它是一门社会的和历史的科学；而另一方面它更是一个改变世界的纲领"③。

我认为，以上这些"补充论"的说法，对于马克思在《提纲》第 11 条关于解释世界和改变世界所作的区分及其真实用意，存在着某种明显的误解。在我看来，在马克思的语境中，改变世界同解释世界的关系并不是一种补充和加和性的关系，而是替代和超越的关系。只有从哲学观重建的高度来领会这种关系的性质才是恰当的。它意味着马克思实现了哲学观层面上的一场"格式塔"转变或曰革命。我认为，这样一条理解思路才符合马克思的真正意图和用心。那么，何以会有如此多的学者把解释世界和改变世界了解为加和关系或补充关系呢？一个重要的原因，就是他们大都忽视了《提纲》第 11 条乃至整个《提纲》的总体命意和性质。要知道，它并不是为了去一般地刻画个人的具体活动顺序，譬如人总是要先知后行，也不是为了解决一个认识论意义上的认识和实践的关系问题，而是要同以往的一切可能的旧哲学彻底划清界限，进而建构一种全新的哲学观。只有在这

①　亨利·勒斐伏尔：《马克思主义的当前问题》，第 37～38 页。
②　米歇尔·麦克劳根：《改变世界？马克思主义与哲学宗旨》，张大卫译，载《国外马克思主义研究报告 2010》，人民出版社 2010 年版，第 468 页。
③　保罗·斯威齐：《马克思逝世后一百年的马克思主义和革命运动》，载《现代国外经济学论文选》第 12 辑，商务印书馆 1987 年版，第 1 页。

个意义上去理解,才有可能读懂这一条以及整个《提纲》的基本意蕴。终结一切可能的旧哲学,无法靠修补旧哲学来完成,它只有通过哲学观层面上的根本转变才能完成。这正是马克思在哲学领域所做的一次脱胎换骨式的范式重建。

二、两种视野的划界与新哲学观的确立

我认为,《提纲》所说的解释世界和改变世界,标志着两种根本不同的哲学范式和哲学视野,它们彼此不是互补或加和性的关系,而是互斥和互盲的关系,是非此即彼的。由解释世界到改变世界的"格式塔"转变,意味着两种完全不同的哲学视野的置换。正是在此意义上,笔者同意巴加图里亚对于《提纲》第11条所作的理解。

马克思之所以拒绝并摒弃"解释(interpretiet)世界"的哲学视野或立场,主要是为了从根本上彻底摆脱旧哲学观,这种旧哲学观的主要代表是青年黑格尔派和费尔巴哈。在《德意志意识形态》"费尔巴哈"章中,马克思明确指出:青年黑格尔派的"这种改变意识的要求,就是要求用另一种方式来解释(interpretieren——引者注)存在的东西,也就是说,借助于另外的解释(interpretation——引者注)来承认它"[1]。因为"这些英雄们仅仅想消灭言词,而根本不想改变那些一定会产生这些言词的关系……他们要做的全部事情就是编造新的词句来解释现存的世界"[2]。因此,他们虽然表现出激进的批判姿态,但仍然不过是最大的保守派。就像马克思所批评的那样,"青年黑格尔派玄想家们尽管满口讲的都是所谓'震撼世界的'词句,却是最大的保守派。"[3]因为他们只是用一种新的"解释"去替换已有的"解释",而没有能够超越和克服这种"解释"的方式本身,未曾实现由解释世界向改变世界的转变。在马克思看来,改变意识决不能通过给出一种新

---

[1] 《马克思恩格斯选集》第1卷,人民出版社1995年版,第66页。
[2] 《马克思恩格斯全集》第3卷,人民出版社1960年版,第460~461页。
[3] 《马克思恩格斯选集》第1卷,第66页。

的意识来实现,否则就只能在意识形态范围内兜圈子,而无法终结一切可能的意识形态。马克思认为,改变意识只有诉诸改变世界,亦即改变派生意识形态的社会根源和历史基础本身才是可能的。马克思批评说:费尔巴哈只是"希望确立对这一事实的理解(Bewuβtsein——引者注),也就是说,和其他的理论家一样,只是希望确立对存在的事实的正确理解,然而一个真正的共产主义者的任务却在于推翻这种存在的东西"①。显然,这些意识形态家们都是局限于解释世界,而未能从哲学上找到诉诸改变世界的内在理由和根据。费尔巴哈的感性原则,也不过是诉诸感性直观而不是感性活动。无论是思辨哲学,还是费尔巴哈的人本学,都不能不局限在意识的范围内,而根本无法真正触及现实。

如果说解释世界是认识论的,那么改变世界则是存在论(Ontology)的;换言之,"解释"属于认识论论域,改变世界才属于存在论论域。"解释"是事后的,是对"已成之物"的把握,"改变"却是事先的,是对"方成之物"的开启。它们在性质上迥异,在视野上互盲,在归属上完全不同。存在论所试图把握的 being 作为动名词,源自 to be,即"去在",它内在地含有能动性,因而是建构性的,而不是预成性的。改变世界是创造性的活动,它昭示着一种向未来敞开着的可能性,因为这本身正是实践所固有的本质特征。

作为认识论意义上的规定,解释世界只能以主体—客体这一对象性框架作为先行有效的绝对前提,海德格尔从现象学立场出发把它称作"不祥的前提"。它体现的是旁观者的姿态而非参与者的姿态。而改变世界则全然不同,它不能被领会为一种对象性的关系,而是"参与"性的"亲在"(Dasein)。倘若把它了解为对象性的关系,就不能把它同解释世界真正区分开来,也不能凸显改变世界的存在论含义和现象学意味。按海德格尔的说法,解释世界属于"现成在手状态",从而是预成性的、静态的,它无法导致变革和超越。改变世界则属于"当下上手状态",从而是生成性的、动态

① 《马克思恩格斯选集》第 1 卷,第 96~97 页。

的,它必然导致变革和超越,即通过实践而实现能动的建构。这是因为解释世界体现的是一种认识论立场,它所适用的逻辑不过是静态的形式逻辑,而改变世界体现的则是一种实践论立场,它所适用的逻辑才是动态的辩证逻辑。资产阶级学者囿于自己的狭隘眼界,不能理解辩证逻辑也就没有什么可奇怪的了。胡克责难说:"辩证法的各个基本规律,被认为是辩证法概念的主要东西……这些规律违反了逻辑、科学方法的基本原则,而且处处违反了首尾一贯的造句法的基本原则。"①波普尔也批评道:"如果一种理论含有矛盾,则它可以导出一切,因而实际上什么也导不出。如果一种理论给它所肯定的每一信息都加上其否定,那就不能给我们任何信息。因此,一种包含着矛盾的理论作为一种理论是毫无用处的。"②在波普尔看来,矛盾导致不确定性,所以信息量为零,因为信息乃是不确定性的消除。但他恰恰不能了解确定性与不确定性之间的辩证法。对此,海尔布隆纳正确地指出:"难题产生是因为许多批评者仍然用亚里士多德哲学的逻辑来解释'矛盾'";这种对于辩证法的批评,其实质在于"将辩证法的运用贬低为违反常识和意义的混乱,但是那不是矛盾作为一种联系的世界观具有的意义"③。恩格斯曾经做过一个类比,即形式逻辑与辩证法的关系,就类似于初等数学与高等数学的关系④。按照马克思"从后思索"的观点,我们只能是从高级形式去理解低级形式,所谓"人体解剖是猴体解剖的一把钥匙";而不能相反,把这种顺序颠倒过来。这也就意味着从辩证逻辑可以理解形式逻辑,因为前者是以扬弃的方式内在地包含了后者的;但不能反过来,从形式逻辑则根本就理解不了辩证逻辑。胡克和波普尔对于辩证

---

① 悉尼·胡克:《理性、社会神话和民主》,金克、徐崇温译,上海人民出版社 1965 年版,第 220 页。
② 卡尔·波普尔:《猜想与反驳——科学知识的增长》,傅季重、纪树立、周昌忠、蒋弋为译,上海译文出版社 1986 年版,第 456 页。
③ 罗伯特·L. 海尔布隆纳:《马克思主义:支持与反对》,马林梅译,东方出版社 2014 年版,第 22 页。
④ 在《自然辩证法》中,恩格斯说:"固定不变的范畴""就好像是逻辑的初等数学"(《马克思恩格斯全集》第 20 卷,人民出版社 1971 年版,第 546 页);在《反杜林论》中,恩格斯又指出:"初等数学,即常数数学,是在形式逻辑的范围内运作的,至少总的说来是这样;而变数数学——其中最重要的部分是微积分——本质上不外是辩证法在数学方面的运用。"(《马克思恩格斯选集》第 3 卷,人民出版社 1995 年版,第 477 页)

法的指责,就类似于拿初等数学来否定高等数学,是不恰当的。

当然,我们在把解释世界指认为"现成在手状态",把改变世界指认为"当下上手状态"时,不能无视和回避晚年海德格尔曾在讨论班上对《提纲》第11条提出的质疑,他说:"[让我们]来考察以下这个论题:解释世界与改变世界之间是否存在着真正的对立?难道对世界每一个解释不都已经是对世界的改变了吗?对世界的每一个解释不都预设了:解释是一种真正的思之事业吗?另一方面,对世界的每一个改变不都把一种理论前见(Vorblick)预设为工具吗?"①问题在于,马克思当年并不是在实践与理论相互渗透这个一般的意义上去讨论的,而是在确立怎样的哲学视野和立场才能同人的本真存在照面的意义上去讨论的。海德格尔还追溯"理论"(theoria)的词源学含义,并把它同实践本身联系起来,例如他说:"理论就是古希腊语的 theoria。Theoria 指逗留盘桓在对存在的观照之中。在《尼各马可伦理学》(X,第5~6页)中,理论是人类活动的最高形式;由此它也是最高的人类实践。波弗埃详细解释说,theoria 的特性在于区分为三种 pragmateiai(活动)"②。事实上,恰恰是亚里士多德在《尼各马可伦理学》第10卷中明确区分了"理论思维"和"实践活动",他说:"在理论思维之外,从这种活动(指思辨——引者注)中什么也不生成。而从实践活动中,我们或多或少总要得到另外的东西"③。海德格尔在此批评马克思的时候,似乎遗忘了他早年曾做过的那个正确的划分,即"现成在手状态"和"当下上手状态"。如果用马克思的话说,前者体现的就是"理论关系"④,后者体现的则是"实践关系"。在人的现实活动中,理论和实践当然是无

---

① F. 费迪耶等辑录:《晚期海德格尔的三天讨论班纪要》,丁耘摘译,《哲学译丛》2001 年第 3 期。
② F. 费迪耶等辑录:《晚期海德格尔的三天讨论班纪要》,丁耘摘译,《哲学译丛》2001 年第 3 期。
③ 亚里士多德:《尼各马可伦理学》,苗力田译,中国社会科学出版社 1990 年版,第 225 页。
④ 在"理论关系"上,海德格尔也强调"凝视"或"观看",但他认为这种姿态只能造成对本真性的遮蔽而非敞显。譬如,他以"锤子"为例指出:"对锤子这物越少瞪目凝视,用它用得越起劲,对它的关系就越变得原始,它也就越发昭然若揭地作为它所是的东西来照面,作为用具来照面。"这是因为"物具有着各种各样属性的'外观',如果对这种'外观''仅仅作一种观看',那么这种'观看'哪怕再敏锐也不能揭示上手的东西。只是对物作'理论上的'观看的那种眼光缺乏对上手状态的领会。"(海德格尔:《存在与时间》,陈嘉映、王庆节译,三联书店 1987 年版,第 86 页)

法截然二分的,就像我们在实际的社会存在中既找不到纯粹的生产力,也找不到纯粹的生产关系。但这并不妨碍我们在思维上对它们作出一种必要的抽象。不然的话,任何谈论都将变得多余和非法,从而在现实面前只能保持沉默。马克思之所以能够超越资产阶级经济学的局限,能够在物与物的关系(属于生产力范畴)背后揭示出人与人的关系(属于生产关系范畴),从方法论上说就在于他凭借抽象力所作的必要划分。

关于解释世界的静态特点,科尔纽曾指出,费尔巴哈所代表的那种立足于解释世界的旧唯物主义,不过是"对感性客观现实的静观的考察方法",而"这种考察方法使得人对感性客观现实采取消极态度"①。麦克莱伦也认为,"马克思对费尔巴哈总的批判是:认为费尔巴哈的学说纯粹是'静观的',只是说明事物而不指导行动。他的学说似乎无视了经济和历史的发展。马克思认为,这种静观不是认识的唯一方法,而必须用'实践'来补充。"②其实,马克思所做的工作,不是用动态的实践去补充静观的解释,而是用动态的实践去取代静态的解释。这才是《提纲》第 11 条真正的旨趣和用意所在,也是它对于哲学革命所贡献的最大价值所在。值得一提的是,罗素同样注意到了这种静与动的差别,他把这种静态的哲学一直追溯到古希腊,强调说:"哲学曾经从希腊人那里接受了一种消极静观的概念,并且认为知识是靠静观而获得的。马克思则坚持认为,我们始终是积极主动的,即使当我们最接近于纯'感觉'的时候,我们决不只是觉察到我们周围的环境而已,而始终是同时在改变着它"③。这一刻画无疑是准确的,但他所作的解释却值得怀疑。由静到动的过渡,直接地取决于马克思所完成的存在论由古典形态向现代形态的转变,亦即本质主义向实存主义的过渡。前者是预成论的,后者才是生成论的。巴曼尼德区分了真理之路

---

① 奥·科尔纽:《马克思的〈关于费尔巴哈的提纲〉》,载《马克思哲学思想研究译文集》,人民出版社 1983 年版,第 137 页。

② 戴维·麦克莱伦:《青年黑格尔派与马克思》,夏威仪、陈启伟、金海民译,商务印书馆 1982 年版,第 119 页。

③ 罗素:《辩证唯物主义》,载何兆武、张文杰主编《现代西方历史哲学译文集》,上海译文出版社 1984 年版,第 120~121 页。

和意见之路,他信任的是前者而非后者,前者才是变中之不变的规定。柏拉图认为"哲学就是给不确定者以确定"。古典存在论并不信任时间性,所以它对"动"不感兴趣,而对"静"则抱有高度的热情。古希腊哲学"通过柏拉图制造了这样一个王国,以便在思想上从时间的恶中解脱出来"①。但马克思何以能够完成由古典存在论向现代存在论的转变呢?罗素认为它源自马克思的辩证法②,这很类似于海尔布隆纳所作的解释③。其实真正的原因并不在这里,而在于马克思从哲学上自觉地确立了实践这一绝对的原初性范畴。只有在实践这一原初基础上,辩证法才能获得真正可靠的立足点。只要想一想黑格尔辩证法,就不难理解这一点。尽管黑格尔是"辩证法大师",但他最终仍未能摆脱本质主义的桎梏,其哲学在总体上依旧未曾突破其保守性,以至于沦为替普鲁士王国作辩护的官方哲学。造成这种保守性的原因,从哲学上说不能不归咎于他未能把哲学的原初基础归结为实践。

解释世界体现的是把事物当作"感性对象"的理论态度,改变世界才是把事物当作"感性活动"的实践态度,它们是人的两种完全不同的存在方式,不可混淆。马克思正是通过这种划界,来澄清自己同费尔巴哈哲学乃至整个旧哲学的原则区别。在《德意志意识形态》"费尔巴哈"章中,马克思批评费尔巴哈把事物或人当作"感性对象",认为这是一种"停留在理论的领域内"的态度④。在马克思看来,只有把事物或人当作"感性活动"来看待,才是超越这种理论领域的实践态度。理论的态度只能导致对世界的"解释",而不能导致对世界的"改变"。所以,正如马克思所批评的,费尔巴哈"只是希望确立对存在的事实的正确理解",而不是"推翻这种存在的东西"。在马克思那里,异化的扬弃说到底不是理论的任务,而是实践

---

① 威廉·巴雷特:《非理性的人——存在主义哲学研究》,段德智译,上海译文出版社1992年版,第79页。
② 罗素:《辩证唯物主义》,载何兆武、张文杰主编《现代西方历史哲学译文集》,第121页。
③ 海尔布隆纳认为:"矛盾的观念可以让我们洞察社会中的存在与变化——也就是说,洞察历史。"(罗伯特·L.海尔布隆纳:《马克思主义:支持与反对》,第18页)
④ 参见《马克思恩格斯选集》第1卷,第77~78页。

的任务。他强调：无产者或共产主义者正是"在实践中，即通过革命使自己的'存在'同自己的'本质'协调一致"①。也正因此，马克思才把"共产主义者"和"实践的唯物主义者"看成是彼此等价的同义词。

"改变世界"本身就意味着实践，即马克思所说的"革命的""实践批判的"活动②。实践范畴具有总体性。诚如伽达默尔所言："'实践'（Praxis）一词，这里不应予以狭隘的理解，例如，不能只是理解为科学理论的实践性运用。……'实践'还有更多的意味。它是一个整体，其中包括了我们所有的活动和行为，我们人类全体在这一世界的自我调整……我们的实践——它是我们的生活形式（Lebensform）。"③这个意义上的实践，固有其辩证本性和内在张力。实践具有双重品格。按照黑格尔的说法，"实践的理念"作为"行动"，比"认识的理念"更高，"因为它不仅具有普遍的资格，而且具有绝对现实的资格"④。列宁在《哲学笔记》中予以引述："实践高于（理论的）认识，因为它不但有普遍性的品格，而且还有直接现实性的品格。"⑤那种立足于市民社会的资产阶级狭隘眼界，其想象力是极其贫乏的，它只能被束缚在"现存"性之内，把一切对未来可能性的敞开和筹划，都斥之为"乌托邦"。但正像伽达默尔所说的那样，"乌托邦的首要功能恰在于：对当前进行批判，而不是设计出行动的方案"。在伽达默尔看来，它"属于一种想像力（Blidkraft），它能够给反思以有效的推动"⑥。离开了这种超越性诉求，我们在现存的一切面前就将丧失批判地反思的冲动和能力，进而陷入马克思所憎恶的那种保守和辩护立场。而要做到这一点，解释世界的态度是无能为力的。就像伯林所指出的，在西方有"一种古代观点"，这种观点认为"存在的东西（'客观地说'）就是最好的；解释（'归根

---

① 《马克思恩格斯选集》第1卷，第96～97页。
② 《马克思恩格斯选集》第1卷，第54页。
③ 伽达默尔、杜特：《解释学·美学·实践哲学——伽达默尔与杜特对谈录》，金惠敏译，商务印书馆2005年版，第67～68页。
④ 黑格尔：《逻辑学》下卷，杨一之译，商务印书馆1976年版，第522～523页。
⑤ 列宁：《哲学笔记》，人民出版社1974年版，第230页。
⑥ 伽达默尔、杜特：《解释学·美学·实践哲学——伽达默尔与杜特对谈录》，第78页。

到底'）就是辩护；或者，知道一切就能原谅一切"①。

实践首先是马克思哲学的逻辑特征，同时也是它的功能性特征，而这两者又是内在相关的。马克思哲学的逻辑特征，亦即对实践的原初性地位的自觉确认，决定了实践必然构成马克思哲学的功能性特征。反过来说，马克思哲学的实践批判的功能，又为其逻辑特征提出了内在要求，也是逻辑特征的确证和表征。从哲学史上看，马克思哲学提供了一种全新的批判方式，这就是实践的批判。马克思所处的时代的哲学也进行批判，因为当时就是一个批判的时代。以至于弗里德里希·施勒格尔抱怨"批判"的泛滥，他说："正因为现在哲学碰到什么就批判什么，所以对哲学的批判也许不外乎是一个正当的报复手段"②。但它们所作的批判，从根本上说都未曾超出思辨的批判和道德的批判的范围。因为马克思在《神圣家族》中就说过："思想根本不能实现什么东西，为了实现思想，就要有使用实践力量的人。"③马克思不满意于旧的批判方式在现实面前所显示出来的苍白无力，提出了实践的批判这一全新的批判方式。这种实践的批判，只有诉诸人的感性活动才是可能的，亦即马克思在《德意志意识形态》"费尔巴哈"章提出的"实际地反对并改变现存的事物"，以便"使现存世界革命化"④。这正是《提纲》第 11 条所谓改变世界的内涵，它的实现和落实也就是马克思哲学之功能的发挥和表征。马克思说："……是实证的，也就是说，是非批判的。"⑤如果不把改变世界和解释世界了解为两种完全不同的哲学观、两种彼此互盲的哲学视野，那么我们就无法从哲学意义上去理解马克思何以要进行政治经济学批判，并且把这种批判作为他自己终其一生的理论事业。从哲学上说，政治经济学的保守性正是源自它的解释世界的性质，它作为对既有事实的"解释"，无法以超然的态度去看待现存的事物，只能把"暂时的必然性"误解为"永恒的必然性"，不可避免地陷于保守立场，扮演

---

① 以赛亚·伯林：《自由论》，胡传胜译，译林出版社 2011 年版，第 94 页。
② 弗里德里希·施勒格尔：《雅典娜神殿断片集》，李伯杰译，三联书店 1996 年版，第 61 页。
③ 《马克思恩格斯全集》第 2 卷，人民出版社 1957 年版，第 152 页。
④ 《马克思恩格斯选集》第 1 卷，人民出版社 1956 年版，第 75 页。
⑤ 《马克思恩格斯全集》第 1 卷，第 99 页。

"辩护士"的角色。它在哲学上的原因,归根到底就在于跌入了解释世界的窠臼。马克思揭示了这样一种关系:倘若排除掉实践关系,就无法把握历史。他在批评布鲁诺·鲍威尔时说:"难道批判的批判以为,它不去认识(比如说)某一历史时期的工业和生活本身的直接的生产方式,它就能真正地认识这个历史时期吗?"①辩证法之所以能够从暂时性的角度看待现存事物,归根到底就在于实践范畴的先行地有效,因为回到历史就必须首先回到实践。

在认识论框架内,人的认知活动所导致的后果就是理论和思辨。我们知道,理论(theoria)一词的本来意思就是"看"。从词源学角度追溯,希腊词 theoria 意指"心灵中关于真实的影像,得自 theorein(沉思或思辨)和 theasthai(注视),赋予沉思以视觉上的联系"②。如阿伦特所说的,"'理论'一词就来自希腊语的'旁观者'(theatai),在几百年之前,'理论性的'这个仍然表示'沉思',也就是从外边、从位于参与演出和完成演出的那些人后面的角度来观察某种东西。根据行动和理解之间的这种最早区分,显然能得出一个结论:作为旁观者,你能理解演出所包含的'真理',不过,你必须付出的代价是不参与演出。"③她强调的是"旁观者"的角度和姿态,外在地"观看"乃是理论一词的最不可剥夺的原初含义。巴雷特同样指出:"专擅理论的人,哲学家或纯粹科学家,也是以超然的态度看存在,一如我们坐在戏院里观看台上的场面一样。"④

但问题的复杂性在于,在人类史的范围内,马克思揭示出这样一种关系,即人既是"剧作者"又是"剧中人",既是"演员"又是"观众"。人的这种自我缠绕、自我相关、自我指涉关系,使得人们对于历史的认识持一种纯粹旁观的姿态成为不可能。这正是人类史不同于自然史的一个重要差别。正如阿隆所说:"历史认识的对象既然是人类现象,那么对它们的理解与

---

① 《马克思恩格斯全集》第 2 卷,第 191 页。
② 尼古拉斯·布宁、余纪元编著:《西方哲学英汉对照辞典》,人民出版社 2001 年版,第 993 页。
③ 阿伦特:《精神生活·思维》,姜志辉译,江苏教育出版社 2006 年版,第 102 页。
④ 威廉·巴雷特:《非理性的人——存在主义哲学研究》,第 80 页。

对自然现象之关系的理解显然就不一样。"①人类史领域存在的这种人的自我相关性,早已为近代意大利思想家维科所提示,而到了马克思那里,这一点又得到了重申和自觉的强调。人类史的这一特殊性,造成了"历史叙事与自然科学的表述方式的截然不同"②。由此凸显出"理论"视域所固有的局限性和致命困难。正是由于这个原因,马克思特别强调实践关系必须取代理论关系而被置于哲学上的优先地位,理论关系则应让位于实践关系而退居次要位置。

"理论"所把握的事实上不过是人的"亲在",但它却误以为把握的是与人的存在无关的外在对象,而自身不过是纯粹旁观的客观结果。这正是"理论"何以成为一种遮蔽的力量,从而沦为马克思所批判的意识形态修辞的重要原因。正是它造成了马克思所试图揭露并解构的"虚假意识"的蒙蔽。"理论"的这种"原罪",往往使人从现实生活中抽身而出,逗留在脱离历史和现实生活的抽象观念之中。马克思强调说:"我们需要深入研究的是人类史,因为几乎整个意识形态不是曲解人类史,就是完全撇开人类史。"③之所以"曲解"人类史,是因为意识形态作为"理论"不能恰当地把握自身同现实生活之间的关系;之所以"撇开"人类史,是因为意识形态作为"理论"误以为可以不受自身的真实基础制约的独立的抽象王国。这也正是马克思何以不把自然科学作为意识形态的原因所在。由于自然科学所把握的是自然史,人同它之间不存在自我缠绕和自我指涉的关系,所以自然科学没有沦为意识形态的危险。

如果说"解释"(interpretiert)是形式逻辑的,那么"改变"(verändern)则是辩证法的。因为"解释"属于认识论建构,它不过是为了获得某种关于世界的科学知识。就像恩格斯所说的,"自然,对于日常应用,对于科学的小买卖,形而上学的范畴仍然是有效的。"④对于科学这种"小买卖"来

---

① 雷蒙·阿隆:《论治史——法兰西学院课程》,冯学俊、吴泓缈译,三联书店2003年版,第444页。
② 雷蒙·阿隆:《论治史——法兰西学院课程》,第285页。
③ 《马克思恩格斯选集》第1卷,第66页。
④ 《马克思恩格斯全集》第20卷,第555页。

说,形而上学是必要的,也是有用的。形式逻辑是静态的把握方式,例如它的同一律就是不包含差异于自身的绝对自我等同(即"A = A"),因而无法自我展开,由此决定了其概念、判断和推理之间不存在内在的过渡。形式逻辑在思维方式上就表现为近代意义上的形而上学。辩证法作为人的实践本身的反思形式,才是人的实践逻辑。改变世界中的所谓"改变",其逻辑就是辩证法的,而非知性的形式逻辑。我们需要注意"改变"(verändern)一词同黑格尔逻辑学所谓的"变易"之间的词源学和哲学上的内在关联。

其实,通过《提纲》本身的第 3 条第 2 段论述,即"环境的改变和人的活动或自我改变的一致,只能被看作是并合理地理解为革命的实践"①,我们对改变世界所蕴含的实践意义和辩证法意义,可以看得更加清晰。马克思所说的"环境的改变"和"人的活动的改变",其"改变"一词的原文是"das Ändern",而所谓人的"自我改变",其"改变"一词的原文是"Veränderung"。在《提纲》的英文版中,这两者一般被译作"change"或它的现在分词形式"changing"。有学者认为:"从文中看,环境的改变和人的活动的改变的'改变'一词为 Ändern,而自我改造一词是 Veränderung,两字词根相同,意义也是相同的,而且统一译法文气较为贯通,理解也较容易。"②应该说,这个意见是有道理的。而马克思所谓的"革命的实践"(revolutionäre Praxis)用 revolutionäre 来修饰 Praxis,我们只能在辩证法的意义上来理解"革命"的含义。因为马克思在《资本论》第 1 卷第 2 版跋中说得十分明确:"辩证法不崇拜任何东西,按其本质来说,它是批判的和革命的。"③总之,《提纲》第 3 条第 2 段论述和《提纲》第 11 条论述中的关键词"改变",在特定语境上的一致和德文原词在词源学上的勾连,使我们把两者联系起来诠释并使之相互发明获得了一种合法性。

在黑格尔思辨辩证法的逻辑展开中,"有"(das Sein)、"无"(das Nich-

---

① 《马克思恩格斯选集》第 1 卷,第 55 页。
② 周敦耀:《也谈恩格斯对〈关于费尔巴哈的提纲〉的修改》,《哲学研究》1983 年第 7 期。
③ 《马克思恩格斯选集》第 2 卷,第 112 页。

ts）、"变"（das Werden）构成其最原初的一个"三一式"。黑格尔说："'有'与'无'的真理，就是两者的统一。这种统一就是变易（das Werden）。"①我认为，《提纲》第 11 条所谓的改变世界的"改变"，应从黑格尔辩证法的"变"的角度来领会。贺麟先生认为，"Werden 作为动词可译成'变为'或'变成'，法文是 devemr 译为'形成'。作为名词，以译为'变易'较为适当，因为变易既包含有变化（德文是 Veränderung，英文是 change），又包含有发生和消灭两个环节，简称生灭。"②由此可见，仅就这种词源学勾连而言，马克思所谓改变世界的"改变"（verändern），应该同黑格尔的那种作为有无之扬弃的"变"（Werden）联系起来，并从这种辩证法意义上的"变易"之高度去理解。当然，马克思的辩证法作为实践辩证法，乃是对黑格尔思辨辩证法加以根本改造的产物。如果说辩证法的本义乃是"对话"，在苏格拉底那里它不过是语言层面的辩证法，那么到了黑格尔那里，辩证法则变成了通过反思实现的逻辑的自我展开及其完成。马克思则开辟了辩证法的第三种形态即实践的辩证法，其实质在于它是以反思的方式对人的存在本身的自我绽现及其完成的把握。辩证法在黑格尔那里只是纯粹的逻辑构造，在马克思那里则变成了人的实践本身的结构或关系。所以，马克思意义上的辩证法本然地有赖于人的感性活动，它不再是与实践无关的，而是其本身就是实践的。正因为立足于实践，所以马克思才能够"在对现存事物的肯定的理解中同时包含对现存事物的否定的理解，即对现存事物的必然灭亡的理解"；在"对每一种既成的形式都是从不断的运动中，因而也是从它的暂时性方面去理解"③。

在作为《提纲》思想之展开和进一步完善的《德意志意识形态》中，马克思写道："人创造环境，同样，环境也创造人"④。环境与人之间充满张力的关系，恰恰是通过实践的辩证法不断地建构起来的。马克思还说过：无

---

① 黑格尔：《小逻辑》，贺麟译，商务印书馆 1980 年版，第 195 页。
② 贺麟：《新版序言》，载黑格尔：《小逻辑》，第 xviii 页。
③ 《马克思恩格斯选集》第 2 卷，第 112 页。
④ 《马克思恩格斯选集》第 1 卷，第 92 页。

产阶级"非常清楚地知道：只有改变了环境，他们才会不再是'旧人'，因此他们一有机会就坚决地去改变这种环境。在革命活动中，在改变环境的同时也改变着自己"①。显然，在马克思看来，改变世界并不是无产阶级的单向度的建构活动；相反，而是无产阶级和世界（环境）在相互建构中实现的同时"改变"。这种主客体之间的辩证法，正是通过无产阶级的革命实践才得以实现并被历史地表达。

三、"改变世界"的哲学观之滥觞

马克思的改变世界的哲学立场，为人们以内在的方式彻底克服旧哲学同现实生活撅为两截这一致命缺陷提供了可靠的保障。这一哲学上的实践诉求，可谓是青年马克思在思想上逐渐形成而又持续不断的一条主线。对马克思来说，"问题在于改变世界"的哲学观，并不是一时心血来潮的产物，也不是横空出世、突然降临的结果，它有一个相当长（这当然主要不是指时间上的，而是指思想步骤和节奏上的）的酝酿过程。

从马克思本人的思想发生和发展史看，他在《提纲》第11条对解释世界与改变世界所作的划分及褒贬态度，其滥觞可以一直追溯到马克思博士论文写作时期的思想胚芽。

马克思在博士论文中比较了德谟克利特和伊壁鸠鲁的自然哲学，指出："德谟克利特被迫改用经验的观察。他不满足于哲学，便投入实证知识的怀抱"②。后来在《德意志意识形态》中，马克思又说："德谟克利特不仅不排斥世界，反而是经验的自然科学家"③。而在马克思看来，"伊壁鸠鲁则以一个相反的形象出现在我们面前"，因为"伊壁鸠鲁在哲学中感到满足和幸福"。因此，伊壁鸠鲁"轻视实证科学，因为按照他的意见，这种

---

① 《马克思恩格斯全集》第3卷，第234页。
② 《马克思恩格斯全集》第40卷，人民出版社1982年版，第201页。
③ 《马克思恩格斯全集》第3卷，第146页。

科学丝毫无助于达到真正的完善"①。马克思总结道："德谟克利特注重必然性,伊壁鸠鲁注重偶然性"②,因此,他们"所体现的是两个相反的方向"③。

正如梅林所说的:"德谟克利特所从事的是自然科学,并认为这就是目的。伊壁鸠鲁所需要的只是自然见解,以便来论证他的哲学体系。"④物理学作为解释世界的方式是过去时的,哲学作为改变世界的方式则是将来时的,它蕴含着向未来敞开着的可能性。实证的也就是非批判的,亦即保守的。梅林说得好:"马克思决不否认伊壁鸠鲁的学说在物理学上是不合理的";但他"竭力在伊壁鸠鲁的物理学说的不合理中去探求哲学上的合理"⑤。马克思对德谟克利特和伊壁鸠鲁的比较研究,并不是对思想史事实作纯客观的描述和比对,不属于思想史范式的研究,而是怀有哲学建构的自觉诉求的,从而有其价值上的偏好和取舍。总之,马克思是作为哲学家而不是作为哲学史家去从事这一研究的。马克思在比较德谟克利特和伊壁鸠鲁这两个哲学家时,并不是平分秋色,而是像梅林所说的:"他(指马克思——引者注)在'区别这两位哲学家的精神和实践'时站在伊壁鸠鲁一方,而不站在德谟克利特一方"⑥。而"他之所以对德谟克利特有反感,就是因为后者缺乏'能动的原则'"⑦。诚然,倾向于伊壁鸠鲁,向往"能动的原则"并不是唯一的原因。有学者认为,"最重要的是,他为伊壁鸠鲁——古希腊最伟大的启蒙者和公开反对信仰上帝的人——的无神论辩护。"⑧马克思后来在《德意志意识形态》中说:"他(指伊壁鸠鲁——引者注)是古代真正激进的启蒙者,他公开地攻击古代的宗教,如果说罗马

---

① 《马克思恩格斯全集》第 40 卷,第 202 页。
② 《马克思恩格斯全集》第 40 卷,第 205 页。
③ 《马克思恩格斯全集》第 40 卷,第 203 页。
④ 梅林:《保卫马克思主义》,吉洪译,人民出版社 1982 年版,第 180 页。
⑤ 梅林:《马克思传》上,樊集译,人民出版社 1973 年版,第 41 页。
⑥ 梅林:《保卫马克思主义》,第 184 页。
⑦ 梅林:《马克思传》上,第 44 页。
⑧ 海因里希·格姆科夫等:《马克思传》,易廷镇、侯焕良译,人民出版社 2000 年版,第 23 页。

人有过无神论,那末这种无神论就是由伊壁鸠鲁奠定的"①。必须承认,马克思的确是在无神论的意义上把伊壁鸠鲁称作"古代真正激进的启蒙者"的。马克思之所以推崇的是伊壁鸠鲁而不是德谟克利特,这无疑是一个重要的原因。但也应指出,自由理想与无神论信念在启蒙的意义上具有某种相关性,因为对于宗教的否定恰恰意味着精神束缚的解除也就是自由。从更深层的意义上说,马克思对伊壁鸠鲁思想的偏爱和欣赏无疑包含着对自由的追求这一强烈动机。就此而言,麦克莱伦的说法完全正确:"马克思赞美的正是伊壁鸠鲁思想的这种最重要的自由因素"②。马克思的确借普罗米修斯之口说过:"老实说,我痛恨所有的神。"但他又强调:"普罗米修斯是哲学日历中最高尚的圣者和殉道者。"③普罗米修斯固然是拯救者和殉道者的角色,但他同时又象征着解放和自由。而"哲学研究的首要基础是勇敢的自由的精神"④。这个论断具有双重的意义:一是自由构成哲学研究的条件,二是自由精神也构成哲学研究的初衷。马克思后来的思想演进表明,他对自由的渴望正是通过在哲学上诉诸能动的实践实现的。

马克思在《关于伊壁鸠鲁哲学的笔记》中写道:"伊壁鸠鲁哲学的原则,就是证明世界和思想是某种可想象的,可能的东西;……这可能性在自然界的表现是原子,它在精神上的表现则为偶然和任意。"而"对于伊壁鸠鲁宇宙观的方法来说,具有代表性的是创造世界的问题"⑤。马克思关注的是伊壁鸠鲁对创造世界的肯定。马克思认为:"应该把'科学'和'哲学'区别开来,伊壁鸠鲁对科学的轻视涉及我们称之为知识的东西,这一论断完全符合他的整个体系。"⑥显然,马克思注意到了伊壁鸠鲁对于认识论的"轻视"。马克思还指出:"伊壁鸠鲁表示反对毫无意义的惊愕地直观天

① 《马克思恩格斯全集》第 3 卷,第 147 页。
② 戴维·麦克莱伦:《卡尔·马克思传》,王珍译,中国人民大学出版社 2005 年版,第 30 页。
③ 《马克思恩格斯全集》第 40 卷,第 189、190 页。
④ 《马克思恩格斯全集》第 40 卷,第 112 页。
⑤ 《马克思恩格斯全集》第 40 卷,第 41、53 页。
⑥ 《马克思恩格斯全集》第 40 卷,第 59 页。

解释世界和改变世界:是补充还是超越?
——再读马克思《关于费尔巴哈的提纲》第11条

体,这种直观束缚人,使人产生恐惧。他主张精神的绝对自由。"①从某个角度说,马克思所比较的两个古希腊哲学家典型,在马克思哲学的意义上,构成解释世界和改变世界的最原初的象征。

马克思强调说:"自为存在是伊壁鸠鲁哲学唯一的、直接的原则。"②因为按照伊壁鸠鲁的"原子偏斜说","原子显示,它的本性不在于空间性,而在于自为存在。它服从的不是空间性的规律,而是别的规律"③。只有"自为存在"才是时间性的,这正是它的能动性和创造性的表征。马克思在博士论文中认为,"他(指德谟克利特——引者注)解释时间,目的是为了取消时间"④。而"'偏离直线'就是'自由意志',是特殊的实体,原子真正的质"⑤。马克思写道:"卢克莱修说得对,如果原子不偏斜,就不会有原子的冲击,原子的碰撞,因而世界永远也不会创造出来。"⑥按梅林的说法,"在卢克莱修那里,伊壁鸠鲁的哲学是完全按照原来创始者的精神被阐述的"⑦。

马克思在博士论文"附注"中指出:"世界的哲学化同时也就是哲学的世界化,哲学的实现同时也就是它的丧失"⑧。这以思辨的语言体现着青年马克思的哲学理想。因为"哲学的实现",不是通过解释世界完成的,而是通过改变世界完成的。其实,从马克思后来的思想发展看,这一理想不过是《提纲》第11条中所说的改变世界这一哲学的双重特征——内在的逻辑特征和外在的功能性特征——的抽象预言或预演罢了。因为"哲学的世界化"和"世界的哲学化",亦即所谓的"哲学的实现",它既是马克思哲学的逻辑本性的内在要求,也是马克思哲学通过人的实践活动这一最本然的存在方式"在"出来的历史结果,或曰其功能性特征的体现。马克思

---

① 《马克思恩格斯全集》第40卷,第46页。
② 《马克思恩格斯全集》第40卷,第120页。
③ 《马克思恩格斯全集》第40卷,第119页。
④ 《马克思恩格斯全集》第40卷,第230页。
⑤ 《马克思恩格斯全集》第40卷,第121页。
⑥ 《马克思恩格斯全集》第40卷,第216页。
⑦ 梅林:《保卫马克思主义》,第179页。
⑧ 《马克思恩格斯全集》第40卷,第258页。

写道:"哲学自我意识""永远具有一个双刃的要求:其中一面针对着世界,另一面针对着哲学本身"①。这种"双刃的要求"不正是马克思哲学的逻辑特征和功能性特征的表达吗?马克思学说自诞生之后,的确深刻地"改变"了"世界",实际地创造了历史。在人类发展史上,有哪一种学说像它那样能够如此广泛而深刻地得到过"实践能力的明证"呢?如果说改变世界作为马克思哲学的内在逻辑特征,使其获得了"理论的彻底性";那么改变世界作为马克思哲学的外在功能性特征,则使其获得了"实践能力的明证"。

马克思说:"哲学把握了整个世界以后就起来反对现象世界。"②如果说此时的马克思这一论述还只是一种抽象的断言,那么当马克思在《黑格尔法哲学批判》"导言"中指出哲学把无产阶级当作自己的物质武器的时候,这种哲学"起来反对现象世界"的诉求,就已然蕴含着无产阶级作为历史主体通过实践来"实际地反对现存的一切"这一具体内涵了。

在《第179号"科伦日报"社论》中,马克思写道:"哲学不仅从内部即就其内容说,而且从外部即就其表现来说,都要和自己时代的现实世界接触并相互作用"③。可以说,马克思的新哲学观在这里已初见端倪。问题在于,怎么才能避免这不是一时的心血来潮或哲学的一厢情愿呢?倘若不能从哲学观革命的高度为这一诉求奠基,它就不可能成为一种哲学上的必然性。在一定意义上,可以说马克思上文中所谓的"内容"和"表现",就已经隐含着后来《提纲》第11条所说的改变世界的双重内涵,即一方面就哲学的逻辑特征来说——它属于"内部"或"内容";另一方面就哲学的功能性特征来说——它属于"外部"或"表现",而这两个方面都是实践的。

1843年9月,马克思在给卢格的信中提出,"我们的任务是要揭露旧世界,并为建立一个新世界而积极工作"④。用"新世界"来取代"旧世

---

① 《马克思恩格斯全集》第40卷,第259页。
② 《马克思恩格斯全集》第40卷,第136页。
③ 《马克思恩格斯全集》第1卷,人民出版社1956年版,第121页。
④ 《马克思恩格斯全集》第1卷,第414页。

解释世界和改变世界:是补充还是超越?
——再读马克思《关于费尔巴哈的提纲》第11条

553

界",这显然是一种革命的诉求。问题在于,它是如何可能的呢?马克思写道:"新思潮的优点就恰恰在于我们不想教条式地预料未来,而只是希望在批判旧世界中发现新世界。"①这就明确地提出了"批判"的主题。马克思进一步指出:"我们的任务不是推断未来和宣布一些适合将来任何时候的一劳永逸的决定",而是"要对现存的一切进行无情的批判"②。马克思所谓的"批判"不是理论的,而是实践的,因为他明确强调:"什么也阻碍不了我们……把我们的批判和实际斗争结合起来,并把批判和实际斗争看做同一件事情"③。显然,这种"批判"已经超出了思辨的拘囿,而同现实的变革内在地联系起来了。

1843 年 10—12 月,马克思在《黑格尔法哲学批判》"导言"中为自己提出的哲学任务,就是建立那种"为历史服务的哲学"。这种"哲学"的使命,就是"确立此岸世界的真理"④。这种此岸性,离开了改变世界的哲学是根本不可能达成的。这种"为历史服务的哲学",其内涵就在于马克思所说的"物质的力量只能用物质的力量来摧毁"⑤;而哲学要变成"物质力量",就必须诉诸实践本身。改变世界只有借助于"物质的力量"才成为可能。而且此时的马克思已经找到了改变世界即实践的主体,这就是无产阶级,进而揭示了"无产阶级"和"哲学"互为"武器"的关系:"哲学把无产阶级当作自己的物质武器,同样,无产阶级也把哲学当作自己的精神武器"⑥。"哲学变成现实"已经成为此时的马克思的自觉诉求,而且在马克思看来,它只有诉诸改变世界才是可能的。"确立此岸世界的真理",意味着通过"实践能力的明证"来显示"理论的彻底性"。

在《1844 年经济学哲学手稿》中,马克思指出:"要扬弃私有财产的思想,有思想上的共产主义就完全够了。而要扬弃现实的私有财产,则必须

① 《马克思恩格斯全集》第 1 卷,第 416 页。
② 《马克思恩格斯全集》第 1 卷,第 416 页。
③ 《马克思恩格斯全集》第 1 卷,第 417~418 页。
④ 《马克思恩格斯选集》第 1 卷,第 2 页。
⑤ 《马克思恩格斯选集》第 1 卷,第 9 页。
⑥ 《马克思恩格斯选集》第 1 卷,第 15 页。

有现实的共产主义行动"①。其实,这里已经隐含着"共产主义者"何以必须同时又是"实践的唯物主义者"的答案了。马克思批评说,思辨的批判存在着一个致命的错觉,即"思维自以为直接就是和自身不同的另一个东西,即感性的现实,从而认为自己的活动也是感性的现实活动,所以这种思想上的扬弃,在现实中没有触动自己的对象,却以为实际上克服了自己的对象"②。这不过是一种自欺欺人的把戏罢了。而马克思所追求的哲学目标,当然是共产主义。那么,在马克思的语境中,"共产主义"又意味着什么呢? 他写道:"共产主义是私有财产即人的自我异化的积极的扬弃"③。所谓"积极的扬弃",用马克思的话说,就是"为了人并且通过人对人的本质和人的生命、对象性的人和人的作品的感性的占有"④。这里的要害在于"感性的占有"。这种"占有"无法在思想中实现,而只能在实践中实现。这一思想萌芽,在后来《德意志意识形态》"费尔巴哈"章中得以展开。马克思写道:"'解放'是一种历史活动,不是思想活动,'解放'是由历史的关系,是由工业状况、商业状况、农业状况、交往状况促成的。"⑤这意味着人"只有在现实的世界中并使用现实的手段才能实现真正的解放"⑥。因此,在马克思的意义上,共产主义只有作为实践活动的结果才是可能的。因为在他看来,"历史的全部运动,既是它(指共产主义——引者注)的现实的产生活动——它的经验存在的诞生活动,——同时,对它的思维着的意识来说,又是它的被理解和被认识到的生成运动"⑦。而"历史"又是什么呢? 按照马克思的说法,"整个所谓世界历史不外是人通过人的劳动而诞生的过程"⑧。它是人的实践活动不断建构着的过程,同时也是它不断积淀的结果。

---

① 马克思:《1844 年经济学哲学手稿》,人民出版社 2000 年版,第 128 页。
② 马克思:《1844 年经济学哲学手稿》,第 111 页。
③ 马克思:《1844 年经济学哲学手稿》,第 81 页。
④ 马克思:《1844 年经济学哲学手稿》,第 85 页。
⑤ 《马克思恩格斯选集》第 1 卷,第 74~75 页。
⑥ 《马克思恩格斯选集》第 1 卷,第 74 页。
⑦ 马克思:《1844 年经济学哲学手稿》,第 81 页。
⑧ 马克思:《1844 年经济学哲学手稿》,第 92 页。

在《1844年经济学哲学手稿》中，马克思还明确区分了"实践的态度"和"理论的态度"，他写道："工人在生产中的现实的、实践的态度，以及他对产品的态度（作为一种内心状态），在同他相对立的非工人那里表现为理论的态度"①。晚年马克思在《评阿·瓦格纳的"政治经济学教科书"》中指出："人们决不是首先'处在这种对外界物的理论关系中'。正如任何动物一样，他们首先是要吃、喝等等，也就是说，并不'处在'某一种关系中，而是积极地活动，通过活动来取得一定的外界物，从而满足自己的需要。"②显然，在马克思看来，相对于"理论关系"而言，人的实践性的存在才具有本然性和始源性的地位，它不仅在时间上而且在逻辑上也优先于"理论关系"。这正是改变世界的哲学含义所在。

马克思在《德意志意识形态》中批评了德国的意识形态家们的致命缺陷和错误："这些哲学家没有一个想到要提出关于德国哲学和德国现实之间的联系问题，关于他们所作的批判和他们自身的物质环境之间的联系问题"③。要克服这种错误和缺陷，弥合哲学与现实之间的割裂和鸿沟，就必须把改变世界作为哲学的根本出发点或立足点。而这一点恰恰是马克思在稍早时候写的《提纲》第11条中正式宣布了的。可以说，所有这些都不过是在与马克思的《提纲》内在相关的前后不同时期和不同文本所蕴含的改变世界这一哲学立场的发生和发展史的展现。

（本文作者：何中华　山东大学哲学与社会发展学院教授　本文发表于2019年第3期）

---

① 马克思：《1844年经济学哲学手稿》，第64页。
② 《马克思恩格斯全集》第19卷，人民出版社1963年版，第405页。
③ 《马克思恩格斯选集》第1卷，第66页。

多重的复调：五四的特异性与多歧性

罗志田

摘　要　从五四的下限北伐开始，五四认知渐趋定型。然而关于五四形象的历史协商，仍在进行之中。自成一体、自具其相的五四，可以说是自足的。而在整体的五四之中，又有着许多独具特色的个体。把五四放在历史脉络中，更容易把握其时代性，了解五四在中国近代史上所表现的更多是延续还是突破。同时，自具体相的五四又显出与整个近代大趋势不同的特异性。这种双重的时代特性增强了认识五四的难度，却也指明了努力的方向，即正视五四那多元复杂而激情洋溢的时代特色，充分认识五四外在的整体特异性和内在的多歧个性，注意观空与观时的互动。述史如史，复调的五四需要复调的研究。

五四运动距今已经过去整整一百年。百年来许多人为它"树碑立传"，其形象（包括体相和个性）已更清晰，却也依然如雾中之月，微茫而朦胧。盖五四的内容和意涵本来相当丰富，而对五四的诠释和解读也历久不衰。随着时间推移，五四的遗产被不断重估，也促成了五四形象的波动。

五四向有广狭两义，两种五四不仅运动时间长短不同，就连其象征性的口号也各异。随着时间的积累，两种五四的并用已经约定俗成。从研究者到媒体，大家都共同使用含义其实各异的概念，而不觉其间的冲突①。

---

① 实则即使 1919 年的运动，也还可以细分，我们若回看时人的文字，当年很多人是把"五四"和"六三"视为两个运动的。

这反衬出一个我们可能注意不多却实际存在的事实,即五四的形象原本就不那么"一元化",还需要继续探索①。

林同济曾提出,"每个时代有一个时代偏重的中心现象",亦即"时代的'体相'(gestalt)"。明乎此,也就知晓了"那时代的意义"。五四就可说是一个自成一体、自具其相的自足时代②。不过,自具体相的五四却表现出与整个近代大趋势不同的特异性(详后);而在整体的五四之中,还有着许多独具特色的个体(不仅是所谓组成整体的局部)③。尤其需要强调的是,那是一个充满矛盾、冲突和激情的时代,发生在当时的任何事情,多少都带有时代的烙印。我们需要正视五四那多元复杂而感情洋溢的时代特色,充分认识五四外在的整体特异性和内在的多歧个性,以复调的取向来研究五四的人和事。

一、五四的延续与转折

说到对五四的认识,运动究竟何以发生,就还需要进一步的探索。张东荪在学生运动两年后就指出,"在五四以前,可以发生和五四相同的事件的机会不知凡几,而卒无一件"发生;"五四以后,可以继起的名义又不知凡几,而竟继起不成"④。他说的更多是狭义的五四,却也适合于广义的五四。

五四学生运动当年的危机并不是近代中国前所未有,何以几千人的游行就造成那么大的影响,的确需要深入分析。我的一个感觉,很可能是此

---

① 以下说五四,凡不特别注明,皆为广义的,唯用以断时的"五四后"和"后五四",则多为狭义的。
② 参见林同济《战国时代的重演》,《战国策》第 1 期,1940 年 4 月 1 日;《廿年来中国思想的转变》,《战国策》第 17 期,1941 年 7 月 20 日。
③ 林同济特别强调,"全体不是一切局部的总和",也"不是某一局部的放大或延长"。所以问题应当要总体地看,而不是从局部的各角度去看。参见林同济《第三期的中国学术思潮——新阶段的展望》(1940 年),载许纪霖、李琼编《天地之间:林同济文集》,复旦大学出版社 2004 年版,第 19~25 页。
④ 东荪:《创造群众》,《时事新报》1921 年 5 月 29 日。

前大家都太乐观了些,缺乏"出事"的思想准备所致①。但这只是导致学生运动的一个具体因素,此前新文化运动的兴起,却更多是危机感所致,方向恰恰相反。可知学生运动的前几年是一个希望与失望并存的短时段,或以物喜,或以己悲。不同的人有不同的感受,百感交集,而又激情四射。

张东荪所谓有继起的名义而竟继起不成,特别适合于广义的五四。常乃惪稍后即说,《新青年》六卷一号发表宣言,"明白表示他们主张是拥德先生和赛先生",把"文化运动的方向和内容都规定得更清楚了。不过可惜《新青年》以后并没有切实向这个主张去发挥,新文化运动以后也没有切实往这个方向去走"②。也就是说,新文化运动以后还在延续,却未必是沿着此前设计的方向走。

这就提示出一个重要的问题,即五四在中国近代史上所表现的,更多是延续还是突破? 史华慈(Benjamin I. Schwartz)不止一次强调,五四不是"一座从平川上突兀拔起的山峰,而只像是一脉连绵丛山中的一座更高的山峦"。康有为、梁启超、严复和章太炎那一代人,早年深受传统影响,"生活在中国文化的长流之中",各种"来自西方的新元素,仍然被嵌入由 19世纪中国思想的意识框架所形成的精神世界中",他们才是近代"突破性的一代"或"转型一代"。而五四师生那一代人则是在一个新的时代推进了上一代人的突破,在他们眼里,"中国传统"与"现代西方"已"绝然两分"③。

史华慈强调了两代人的延续,认为五四一代不过是推进了前人的突破。但若从他所说的西方冲击下传统对人的影响和人对传统的感受言,显然又表现出一种断裂。可见延续与断裂是并存的,深受史华慈影响的许纪霖就把 1918—1919 年视为两代知识分子世代交替的转折点④。既言交

① 参见罗志田《"六个月乐观"的幻灭:"五四"前夕士人心态与政治》,《历史研究》2006 年第 4 期。
② 常乃惪:《中国思想小史》(1930 年),载黄欣周编《常燕生先生遗集补编》,台北,文海出版社,1967年,第 183 页。按,常乃惪原说的是七卷一号,应为六卷一号。
③ 史华慈:《〈"五四"运动的反思〉导言》《"传统—现代模式"的局限:中国知识分子的情形》,载《思想的跨度与张力:中国思想史论集》,中州古籍出版社 2009 年版,第 206~207、225~227 页。
④ 许纪霖:《五四新文化运动中"旧派中的新派"》,《华东师范大学学报》2019 年第 1 期。

替,似乎五四一代也有自己的突破乎？

更广义地说,两代人的差异与天下的崩散直接相关。晚清一代生于"天下"尚存之时,仍是所谓天下士,具有"澄清天下"的责任,天下和他们的身世是共存的(不仅生死与共,个人的道德完形也涵容于其中)。而五四一代则生于后天下时代,徘徊于世界与中国、国家与社会之间,探寻其归属而不得。他们一方面深感自己受到文化、政治、社会关系的全方位压迫,试图从这些既抽象又具体的桎梏和羁绊之下解放出来;另一方面又因为天下已去,有一定程度的自我异化,从国家到所谓"传统",都可以质疑甚或排拒。所以他们可以把自己的传统视作"客体",也可以向往全盘彻底的西化①。从这个意义言,两代人的异多于同。

历史之流永远是连续的,就像逝者如斯的流水,抽刀难断。晚清到五四,当然也是连续的。但在王汎森看来,这种连续的方式跟一般所想的大不相同,就像行进的火车,前进的动力固在,韦伯所说的"转辙器"却使火车转换前进的方向。这是一种"竹节"式的跳跃发展,仿佛火箭发射,一节节推进,每一节自成一个结构。过去的研究不免依据后见之明,抹除了那些顿挫、断裂、犹豫的痕迹,强化了思想发展为单纯延续的印象。其实,五四已有诸多方面与之前不同:晚清以来公理、公法、公例所明示或暗示的中西、古今在同一平台上的想法变了,更强调中西或东西方之间的对立;晚清那种追求一国富强的取向淡出了,不再以为中国将来也要成为像帝国主义那样的强者,而偏向于普世的人类和世界主义;政治概念的代谢,许多从传统脱胎出来的政治词汇没落了,而日系词汇大胜,以科学为主的知识论和形而上学词汇大量出现;以前分散的民主与科学渐被绑在一起,形成整体性的影响,白话文也成为一种放之四海而皆准的表述方式;基于以上不同,

---

① 这个问题太大,只能另文探讨。一些初步的看法,参见罗志田《把"天下"带回历史叙述:换个视角看五四》,《社会科学研究》2019年第2期。关于视传统为"客体"的一些初步探讨,参见 Luo Zhitian and Zhao Yanjie,"Understanding Chinese History in the Context of World History: An Interview with Luo Zhitian", *Journal of Modern Chinese History*, Vol. 10, 2016 (2);罗志田《文化翻身:梁漱溟的憧憬与困窘》,《近代史研究》2016年第6期。

人们看待事物的方式也发生了变化,其影响广及方方面面,并延伸到后来①。

我们知道,民初有相当一些人从革命和文化的双重角度,强调五四超过辛亥,因为后者未曾带来人们向往的"人心革命"②。这或者带有时代的偏见,但改朝换代的辛亥鼎革尚不如承平时代的五四,也说明时人多么看重人心的转变。正是在此意义上,武装的革命可以表现出时代的延续,而文化的运动却因改变了人们看待事物的方式而成了时代的"转辙器"。

从大趋势言,或可说五四之前延续多,五四之后转折多。晚清开始的物质化、集团主义轨道并未发生大的转变,但五四的特异性却悄悄转换了行进的方向。以文化为表征的运动最终促成了再次的武装革命,而"行动时代"的出现也逼退了与读书相关的方方面面。五四孕育了后来的行动时代,却也终结了特异的自己。即使认为从晚清到五四是一个延续的大格局,因"转辙器"作用而变换的方向,已远非始料所及。对最看重人心转变的五四人来说,这就是划时代的变化,而五四就是分水岭。

二、五四:划时代的分水岭

傅斯年在1919年曾提出一个近代中国人觉悟的四段论,即"中国人从发明世界以后,这觉悟是一串的:第一层是国力的觉悟,第二层是政治的觉悟,现在是文化的觉悟,将来是社会的觉悟"③。不过这个说法当年没有发表,不为人知。最常为人所引用的,是梁启超稍后总结的三段论,即近代士人的"觉悟"有一个由器物到政制再到文化的阶段性演变。而第三期的开端正在五四前后,其特征就是"从文化根本上感觉不足"。由于辛亥"革命成功将近十年,所希望的件件都落空,渐渐有点废然思返,觉得社会文化是整套的,要拿旧心理运用新制度,决计不可能,渐渐要求全人格的觉悟"。

---

① 参见王汎森《启蒙是连续的吗?——从晚清到五四》,《近代史研究》2019年第5期。
② 参见罗志田《体相和个性:以五四为标识的新文化运动再认识》,《近代史研究》2017年第3期。
③ 傅斯年:《时代与曙光与危机》(约1919年),台北史语所藏傅斯年档案。

此时"恰值欧洲大战告终,全世界思潮都添许多活气",国内也有新人物的努力,故能"划出一个新时期来"①。

傅斯年、梁启超两人都把五四看作分段的界碑,也都看重外来影响。而陈独秀更是把中国的转变与世界大势关联思考,以为欧洲"此次大战争,乃旷古所未有。战后政治、学术、一切制度之改革与进步,亦将为旷古所罕闻"。这样的大变势必影响到中国,国人必须有相应的"觉悟"②。或受此影响,杜亚泉稍后也强调,欧战改变了世界,需要引起国人的充分注意:

> (欧战既终)吾人对此时局,自不能不有一种之觉悟,即世界人类经此大决斗与大牺牲以后,于物质精神两方面,必有一种之大改革。
>
> 凡立国于地球之上者,决不能不受此大改革之影响。③

这个改变既是泛指,也有所特指。中国人当一方面"实行政治上、精神上之社会主义,以纾未来之祸";一方面"留意于世界改革之大势,明其真相,悉其主旨,详其利害,以为适应之预备"④。其中以社会主义"纾未来之祸"一语,特指如何应对新俄的社会革命。

傅斯年、梁启超、陈独秀、杜亚泉等人都使用了同一个关键词——觉悟,这就提醒我们,至少在认知层面,他们都感觉到了时代的转变(具体所"觉悟"到的未必相同)。其他很多人,不论是否发声,估计也分享着相近的感触。

杜亚泉还提出一个以特定时段的"时势"来划分新旧的主张,而这个时段又以标志性事件来确定,实即据事件以分新旧。由于"时势"在变迁之中,所以新旧不是固定的,而是相对的。盖新旧与时代相关,"时代不同,意义亦异",如戊戌时代和欧战后现时代之新旧,意义就不同。两者不

---

① 参见梁启超《五十年中国进化概论》,载《饮冰室合集·文集》之三十九,中华书局1989年版,第43~45页。
② 陈独秀:《俄罗斯革命与我国民之觉悟》(1917年4月),载任建树主编《陈独秀著作选编》第1卷,上海人民出版社2009年版,第322~323页。
③ 杜亚泉:《大战终结后国人之觉悟如何》(1919年),载田建业等编《杜亚泉文选》,华东师范大学出版社1993年版,第384页。
④ 杜亚泉:《大战终结后国人之觉悟如何》(1919年),载田建业等编《杜亚泉文选》,第390页。

能混为一谈,亦不能相互否定。具体言之,戊戌时代"以主张仿效西洋文明者为新,而以主张固守中国习惯者为旧";但欧战改变了整个世界局势,西洋先知先觉者已"深知现代文明在现时已无维持之法,惟有创造未来文明,以求救济",则戊戌时代想要仿效的"西洋之现代文明,乃不适于新时势,而将失其效用"①。

最后的意思才是杜亚泉的真意所在,即过去欧洲的"现代文明",是"以权利竞争为基础";而世界未来的"新文明",将"以正义公道为基础"。这其实与中国的"旧文明"相近,如欧洲的"平民政治"与中国的民本主义、欧洲的世界和平运动与中国的大一统主义,都"忻合无间",易使固有文明固结于心的中国人产生"共鸣之感"。故欧洲"新文明产生"实即中国"旧文明复活"。而此前想要仿效的西方"现代文明",则不能不让其"死灭",以结束因权利竞争而生的"近二十年来之纷扰"②。

杜亚泉的这一看法既展现了前瞻的眼光,又提出了返回传统。前者是针对世界的,后者则面向自己的本土。从更宽广的脉络看,近代中国不能不有重大变革是多数"有识之人"的共识,但中国的出路究竟在于割断历史的延续还是出新意于固有文化之中,亦即应当推陈出新还是温故知新,是从晚清就出现而延伸到民国的一个基本问题。民初越来越多的人日渐倾向于前者(《新青年》就是一个代表),也有一些人因对前者不相信而倾向于后者,但出于某些思虑感觉说不出口③。杜亚泉是相信并公开申论后者的少数人之一,但他又不是一般所说的复古派,而以前瞻性的世界眼光为其主张护航。

无论如何,根据以事件为表征的"时势"观来看,强调欧战的世界性转折意义意味着同时期的五四也是划时代的。就中国自身而言,五四的确像是一个分水岭,将此前和此后的时代潮流大致区隔。毛泽东甚至认为,

---

① 杜亚泉:《新旧思想之折衷》(1919年),载田建业等编《杜亚泉文选》,第408~409页。
② 杜亚泉:《大战终结后国人之觉悟如何》(1919年),载田建业等编《杜亚泉文选》,第387页。
③ 陈寅恪所谓"论学论治,迥异时流,而迫于事势,噤不得发",就是一个典型的表征。参见陈寅恪《读吴其昌撰〈梁启超传〉书后》,载《寒柳堂集》,三联书店2001年版,第168页。

"自有中国历史以来,还没有过这样伟大而彻底的文化革命"。在"全部中国史中,五四运动以后二十年的进步,不但赛过了以前的八十年,简直赛过了以前的几千年"①。

这可能是迄今为止对五四划时代意义的最高认可。且不论五四带来的变化是否赛过了"以前的几千年",但相对"以前的八十年"和以后的几十年而言,五四的突破显然超过了延续。梁漱溟就说,新文化运动影响深巨,"是历史上不可磨灭的事"。如果"将来要有个新中国出现;那么,后来作史的,一定要从那时叙起"。新文化运动虽以白话文的风行著称,其实还表现出"一种新人生、新政治、新经济的要求",因此而"不到创造出新中国不止"②。梁漱溟所说的新中国当然是较为广义的,而点明它的历史要从新文化运动叙起,确是一个睿见,也与五四当时一些人的观察相吻合。

五四时正在中国的杜威描述进行中的学生运动说:"我们正目睹一个民族/国家的诞生(the birth of a nation)。"③这大概是那时不少在华外国人的共识,法国公使也认为五四运动表现出"一种前所未有的、最令人惊异的重要现象,即中国为积极行动而形成了一种全国性的舆论"④。而当年6月的《北华捷报》引用复旦公学校长李登辉的话,以为"五四运动见证了中国'舆论'的诞生"(不过他审慎地把范围限定在"上海和许多其他城市的中国人")⑤。我们不好说此前中国就没有"舆论",至少从此时起,所谓舆论代表了更多人,成为一个更有影响的因素。而"诞生"一词的使用,同样表现出划时代的意味。

---

① 毛泽东:《新民主主义论》,载《毛泽东选集》(一卷本),人民出版社1968年版,第660、664页。

② 梁漱溟:《蔡先生与新中国》(1940年),载《梁漱溟全集》第6卷,山东人民出版社1993年版,第75页。

③ "John Dewey from Peking", June 1, 1919, in John Dewey and Alice C. Dewey, *Letters from China and Japan*, edited by Evelyn Dewey, New York, 1920, p. 209.

④ Paul S. Reinsch, *An American Diplomat in China*, Garden City, New York: Doubleday, 1922, p. 373. 徐中约显然同意杜威等的看法,他以为五四运动标志着作为一种"新力量"的民族主义在中国的"出现"。Immanuel C. Y. Hsu, *The Rise of Modern China*, 2nd, New York: Oxford University Press, 1975, p. 605.

⑤ "Public Opinion in China", *The North-China Herald*, June 21, 1919,转引自方德万《现实政治中的五四运动》,林立伟译,《二十一世纪》2019年6月号。

法国公使所谓"全国性的舆论",或是基于外部的视角。其实从中国内部看,在新兴的"国家"和"社会"之间,舆论或更偏向于社会一边。这一点时人已有所觉察,1918 年创刊的《学灯》在宣言中明确表示,这副刊"非为本报同人撰论之用,乃为社会学子立说之地"①。而北大学生傅斯年从五四运动所看到的,恰是"从五月四日以后,中国算有了'社会'了"②。傅斯年所说的"社会"有其特定的含义③,但从此开始的"有"和此前的"无",当然彰显出一个划时代的界碑。

关于那个时代与此前的差异,其他人还有更细致的观察。张东荪在学生运动前夕就注意到,时人之间充满了相互不信任:"青年对于前辈怀疑,社会对于社会中枢怀疑,人民对于政府政客怀疑,政客对于军人怀疑。对于统一,对于护法,固然已怀疑了;就是对于议和,也是怀疑"。小到食粮研究,大到国民制宪,同样是提倡也怀疑,反对也怀疑。故"现在的中国,大可名为'怀疑时代'"④。

怀疑时代或许意味着怀疑一切,然其一个重要表征,是对旧有的东西都要问为什么。许德珩观察到,与过去因袭、崇拜古人的风气不同,"自从有了这回运动,大家觉得旧有的东西合于现在的人生与否,要发生个重要问题。所以对于社会、家庭和人生的生活,要发生个'为什么'的问题"⑤。这大概就是后人所说的反传统,并因质疑传统而延及当下的人生。而他所说的"这回运动",指的就是五四学生运动。

五四的影响不仅在反传统一面,也见证了新偶像的诞生。在何浩若眼中,当时"知识界醉心时尚"的一个表征,就是"年来竟欲以尊崇孔孟之心理,转而崇陈独秀诸人"。他显然对此不满,以为"孔孟之道固未合时,陈氏之言亦何尝尽对"⑥。唯何浩若只说"陈氏之言亦何尝尽对",则他虽对

① 东荪:《〈学灯〉宣言》,《时事新报》1918 年 3 月 4 日。
② 傅斯年:《时代与曙光与危机》(约 1919 年),台北史语所藏傅斯年档案。
③ 参见王汎森《傅斯年早期的"造社会"论》,《中国文化》第 14 期,1996 年 12 月。
④ 东荪:《政治上怀疑论之价值》,《时事新报》1919 年 2 月 4 日。
⑤ 许德珩:《五四运动与青年的觉悟》,《国民》2 卷 1 号,1919 年 11 月。
⑥ 何浩若:《中国之歧途与末路》,《大江(季刊)》1 卷 1 期,1925 年 7 月。

此现象不满,也不得不对陈独秀有所尊崇。这样一种温和的反对,最可表现那时代的权势转移。

时人类似的观察还有不少,从各个侧面展现出时代的不同,在此不一一引述。但还有一种不同,需要后见之明才能辨识,即历史的节奏好像变快了。德里克(Arif Dirlik,又译作德利克)即由此而看见一种划时代的转变。他敏锐地观察到,五四不仅塑造了"自我形象",并产生出一种对历史叙述有影响力的"运动政治"观,使"五四运动成为中国近代史上的分水岭"——"在它之前,有起义、改革和革命;从那以后,中国历史似乎由一个接一个的连续运动所组成"①。

与接二连三的运动相比,起义、改革和革命当然是更宏阔的主题,似乎五四后历史的动荡变得更急剧也更显细微了。借用史华慈所谓"一脉连绵丛山"的比喻,历史走向细化意味着一座座山峦的分布比此前更加密集。在技术层面,这牵涉到对"运动"指谓的界定。如果思想界一次次的辩论也算运动,就五四后十多年的史事看,运动频仍所展现的历史细化,确是有迹可循的。

当然,一连串的运动链条,似乎与后五四时代的历史不完全吻合。因为五四后不到十年,国民革命就又一次改朝换代。其间长留在历史教科书中的运动,只有五卅一次,而其后的新生活运动,至少也可算是改革。故对一系列运动的强调,可能遮蔽了各种运动之外的其他面相,不一定能成功地叙述那段历史,甚或模糊了整体的历史。但这仍是一个值得反思的睿见,它提醒我们思考,究竟是历史本身细化了,还是五四这"分水岭"的出现使历史叙述细化了?

至少在一个方面,各类运动的模式与此前的历史衔接。五四前更大的"分水岭"是辛亥鼎革,那之前其实中国已经是事件频仍,但从甲午、戊戌

---

① Arif Dirlik, "Ideology and Organization in the May Fourth Movement: Some Problems in the Intellectual Historiography of the May Fourth Period", *Republican China*, Vol. 12, 1986 (1);阿理夫·德利克:《五四运动中的意识与组织:五四思想史新探》,载王跃、高力克编《五四:文化的阐释与评价——西方学者论五四》,山西人民出版社 1989 年版,第 48~68 页。

到庚子的一连串大事件,以及此后带有"在朝革命"性质的新政,基本是自上而下的行事;而从辛亥革命开始,此后的运动基本是自下而上的,五四正开其端。这是延续,却也是一种转换了轨道的划时代性突破。

而五四后历史的节奏变快,更是毋庸置疑的。五四后的十余年,是一个激变频仍的时段。那时的世局几乎可以说是年年翻新,一年一个样①。更重要的是,带有"分水岭"意味的事件,也在短期内频繁出现。我们常看到,当事人自己甫感觉到新时代的来临,旋又发现时代已不同了。历史"转辙器"的频繁出现,使连环式的竹节变得更短,仿佛即将进入一个承平时期的动荡尾声。其实不然,这种一个接一个的运动和事变,反使五四更像是从文化迈向武化的前奏。

三、渐入行动时代:五四的延展和终结

如果以五四后第一个显著的五卅运动为计算单位,学生运动后的几年似乎相对平稳。但也正是在这看似平稳的时间里,发生了一些影响此后中国历史的大事——首先是中国共产党的成立,然后是国共两党的正式合作。两事初起时并不十分引人瞩目,而一些有眼光的人逐渐认识到其间体现的时代转变痕迹。胡适在 1933 年曾对中国现代思想分期,约以 1923 年为界:前一段是"维多利亚思想时代,从梁任公到《新青年》,多是侧重个人的解放";后一段则是"集团主义时代,一九二三年以后,无论为民族主义运动,或共产革命运动,皆属于这个反个人主义的倾向"②。

这两个对应的标签有一定的代表性,但也不无一厢情愿的一面,因为整个近代中国的大趋势更多是强调所谓"集团主义"的,而清末为"群"大声疾呼且听众最广的,应当就是梁启超。认为梁启超一直侧重个人解放,

---

① 关于政治的变化,参见罗志田《"有道伐无道"的形成:北伐前夕南方的军事整合及南北攻守势易》,《中国社会科学》2003 年第 5 期。
② 《胡适日记全集》第 6 册,1933 年 12 月 22 日,曹伯言整理,台北,联经出版公司,2004 年,第 730 页。

或有些勉强。真正一度强调个人，除了清季影响很小的章太炎、鲁迅师徒的见解外，就是五四时期。而现在一般都承认，从学生运动开始，确实存在个人逐渐淡出以及对群体日益重视的趋势。因此，五四时期个人从兴起到退隐，其实也就那么几年①。

如果重群体的倾向在学生运动当年已开始兴起，我们或可将1919—1925年间看作两种倾向并存而竞争的时期，瞿秋白以为是"新文化思想"与鼓吹社会主义、研究劳动社会问题"两造"的"混流并进"②。虽然是并存并进，毕竟"集体"渐占上风，到五卅后，"个人"基本丧失竞争力，终不得不让位于"集团主义"③。更因帝国主义侵略威胁下中外竞争的激烈，此后强调集团主义的趋势长期是主流，故胡适的说法仍有可参考处。

后来梁漱溟论"中国的政治改造运动"，也采用了相似的分期界线。他把几十年的改造分为两期，"前期运动盖感受西洋近代潮流而来，其所响往者为英国式之宪政"；"后期运动，则感受欧战后共产革命潮流而来，其所响往者为苏联式之党治"。前者"起自清季之变法维新"，以1923年曹锟宪法之公布为结束；后者起自1924年国民党改组容共，迄于抗战前后为止④。

胡适、梁漱溟两人一说思想一论政治，但分期点如此接近，很能提示那时转折的存在。且两人都特别看重国民党联俄改组的意义，固然都借助了后见之明，很可能也因为他们都是中共诞生的早期知情人⑤。中共的诞生和国共合作，恰意味着杜亚泉担忧的"未来之祸"已正式进入中国，并带来新的政治运作和组织动员方式。这的确是个划时代的转变，而且影响深远。

---

① 关于五四时期的个人，尚有不少待发之覆，当另文探讨。
② 瞿秋白：《国民革命运动中之阶级分化——国民党右派与国家主义派之分析》（1926年1月），载《瞿秋白文集（政治理论编）》第3卷，人民出版社1989年版，第460页。
③ 参见鲁萍《"德先生"和"赛先生"之外的关怀——从"穆姑娘"的提出看新文化运动时期道德革命的走向》，《历史研究》2006年第1期。
④ 梁漱溟：《预告选灾，追论宪政》（1947年），载《梁漱溟全集》第6卷，第700~701页。
⑤ 按，胡适与陈独秀关系很深，而梁漱溟与李大钊关系密切，两人都曾有知悉中共创建的记述。

有意思的是,一些读书人已预测到、甚至期盼着进一步的动荡局面。闻一多在 1923 年说:"二十世纪是个反抗的世纪。'自由'底伸张给了我们一个对待威权的利器,因此革命流血成了现代文明底一个特色了。"简言之,"二十世纪是个动的世纪"①。1923 年恰是胡适和梁漱溟的分期点,若以今日的后见之明看,真正厉害的"革命流血"还没开始,闻一多的表述或更多是"预言"而已。不过,因向往自由而反抗威权是当时读书人的基本心态,尽管他们认知中的"自由"和"威权"都不免带有几分想象的色彩。

新政治运作方式的第一次显著表现,就是五卅运动。敏感的瞿秋白立即把五卅运动视为五四时代的终结②。此前处于竞争中的各倾向基本有了结果:群体压倒了个人,政治压倒了文化,行动压倒了言论,的确可以说开启了一个新的时代。作为一个新的分水岭,五卅把不久前的分水岭五四推入了历史。

"到民间去"的西来口号在五四前后已开始在中国传播,五卅后有了更明确而直接的意蕴:国共两党的工农运动以及"村治"派的出现,都可视为与工农相结合这一大趋势的不同侧面。人们很快见证了更直接也更具根本性的政治变动——中国现代史上又一次以暴易暴的武装革命,即国民党领导的北伐战争。北伐不仅是普通意义的改朝换代,也标志着一种新统治方式的出现,改变了国人对政党政治的认识。作为一个新的分水岭,北伐又把不久前的分水岭五四推入了历史。

从五四学生运动到北伐,也不过十年而已,在时人心目中却已三历时代的转变。今日学界对(广义)五四运动的下限看法虽各不同,但大体就在从 1923 年到北伐期间。胡适和梁漱溟借助后见之明,看到了转变始于 1923 年,尽管相对潜移默化;瞿秋白把五卅运动视为五四时代的终结,却是因为没有后见之明。到拿枪的北伐这一国民的革命,才真正终结了一个时代。

---

① 闻一多:《〈女神〉之时代精神》,载《闻一多全集》第 2 卷,湖北人民出版社 1993 年版,第 110~111 页。
② 瞿秋白:《国民革命运动中之阶级分化——国民党右派与国家主义派之分析》,《新青年》第 3 号,1926 年 3 月,人民出版社 1954 年影印本。

大体上,在第二次直奉战争之前,读书人眼中的"民不聊生"其实颇具构建的成分。闻一多 1923 年关于"动的世纪"之感叹,很可能就是基于这样的想象。不幸他的说法变成了准确的预测,此后的二十多年,连年的征战使动乱深入到基层百姓的生活,朱自清后来说"这是一个动乱时代。一切都在摇荡不定之中,一切都在随时变化之中"①,恰好呼应并诠释了闻一多的预测。"动乱时代"有一个由虚入实的过程,即从读书人想象中的"动"成为真正影响社会生活的"动"。而五四既是"传动轴",又是从思想到行动的"转辙器"。

有意思的是,即使在北伐之后,周予同仍以五卅为时代分界点,似乎无视北伐的存在,或以为两者同属一个"时期"。他提出,自"辛亥革命前后以迄现在",可以"划分为三大时期",即以"'辛亥'前后为第一时期,'五四'前后为第二时期,'五卅'前后为第三时期"。这三个时期"自有其不同的学术的背景,自有其不同的表现的方式,自有其不同的代表的人物与集团,也自有其不同的反动的现象"。周先生特别强调,第三期的特点在于"世界政治思想之有计划的实际的尝试"和"有组织的集团之力的表现"②。

以这样的特点概括新时代,可知周先生与前引胡适和梁漱溟一样,特别看重新政治方式的引进,不过把中间的分界点移后了两年。也因此,他把从坐而言到起而行的转变视为一种从"思想的表白"到"力的表现"的进步,故对北伐带来的改朝换代视而不见。但周先生和前面几位学人一样,都把五四看作一个已经过去的时代标识。

上面引述的一些见解并不专门针对五四,却也不妨视为五四时代结束的一种看法。一旦进入历史记忆,作为运动的五四,或者历史中的五四时代,也就结束了。一个时代的结束,意味着总结的开始。即使是尝试性的总结,也表现出某种认知开始定型。

---

① 朱自清:《动乱时代》(1946 年 7 月),载朱乔森编《朱自清全集》第 3 卷,江苏教育出版社 1996 年版,第 115 页。

② 天行(周予同):《第四期之前夜——向青年们公开着的一封信》(1928 年 10 月),《一般》6 卷 1 期,1928 年 9 月(实际出版于 1929 年 1 月)。

四、五四认知的形成和发展

五四时代的结束,象征着一个同质性的"五四运动"认知的大体形成。王造时后来说,"这个时代有两个根本出发点":"一是德谟克拉西(民主),一是赛恩斯(科学)。如果全个新文化运动有内容,这两位德、赛先生便是它的内容"①。他所说的"全个"的运动,应即是今人所谓广义的五四运动②,而具体的"内容"则代表着时代的精神。

大体上,经过未必有意的"协商"(negotiations),广狭两义的运动产生出一种奇特的妥协——学生运动获得了冠名权,"五四"成为运动的标准称谓;而新文化运动的口号"民主"和"科学"则成为五四的基本标识③。当然,这个定型或许仍是暂定的,一旦说及具体,时人和后人都见仁见智。我们也可以说,历史的协商仍在进行之中。

张灏先生注意到,除民主、科学这两点外,以前中国大陆的史家较多注重五四那反帝、反封建的面相,而海外史家则更强调五四的民族主义和反传统主义。这些观念"似乎代表五四的核心思想",也"构成了五四的基本形象"④。随着改革开放的推进,海外学界的一些观念明显影响到国内的研究,如五四反传统的一面就受到广泛关注,成为五四形象的一部分,尽管对其激烈的程度和是否"全面"反传统还有争议。

不过,这些基本形象的确立,似也简化了五四本身。实际上,从五四当时开始,对不同的人来说,五四的影响就是颇不相同的。而五四对后来的影响,或也没有我们所想的那样大。忽视五四的倾向很早就开始了,与看重五四的倾向长期并存。有些人虽也纪念,却流于空洞的形式。如1933

---

① 王造时:《中国问题的分析:荒谬集》(1935年),章清编,复旦大学出版社2015年版,第126页。
② 王造时自己明确把五四学生运动包括在新文化运动之中。参见王造时《复兴新文化运动》,《主张与批评》第3期,1932年12月1日。
③ 参见罗志田《体相和个性:以五四为标识的新文化运动再认识》,《近代史研究》2017年第3期。
④ 张灏:《重访五四——论五四思想的两歧性》,载《幽暗意识与民主传统》,新星出版社2006年版,第200页。

年《北平晨报》一篇题为《纪念五四》的文章，仅说"北京学生唤醒了沉迷不醒的中国国民，唤醒了腐败无力的中国民族。五四运动实在是中国国民的觉醒运动"，然后就是些今不如昔的感叹①。

或许那时关于五四已形成一套"政治正确"的话语，似乎必不可少，说的人却有些心不在焉；纪念者好像知道该说什么，实则不知说什么好。既感觉到纪念的必要，又不过说些口号式的套话，是五四在历史记忆中变得模糊的又一表征。

进而言之，不少人无意中似还愿意接受一个相对含糊的五四。如前所述，在很长的时间里，从研究者到媒体都分享着广狭两个含义各异的五四运动，对其间的冲突可以视而不见，仿佛很多人都自觉地并不追求标准化。这最能表现五四认知"定型"那种约定俗成的发展特色。寻求精确、向往标准划一是现代性的基本要素，在一个曾以现代化为目标的时空中，却隐存着带几分后现代意味的取向，是可以深长思之的。从清末开始，多数史家一直在意识层面追寻着史学的"科学"化，却在无心之中得到了史学的多样化。历史逻辑的展现就是这样貌似不明不白，却又并非无缘无故。

看重和忽视五四的两种倾向长期并存，说明对五四的认知一开始就有"各取所需"的一面（不必是有意的）。时人如此，后人亦然。通常比较看重五四的见解更多被研究者引述，而看轻的则易被忽视②。这样一种五四认知的历程，清楚地印证了前面的说法，即关于五四形象的历史协商，仍在进行之中。这就使人不能不问，我们对五四的了解已足够深入、足够充分了吗？答案恐怕不乐观③。认知的多样化，源于史事本身的多姿多彩。那个丰富多元的五四，还需置于历史长河（以及世界格局）中继续体味和理

---

① 冰森：《纪念五四》，《北平晨报》1933 年 5 月 4 日。

② 我自己也和许多人一样，有意无意间更多使用那些重视五四的史料。且我本倾向于广义的五四观，然在写作中也不时使用"五四后"和"后五四"字样，多数都是指狭义的五四，以之作为时间的分界（学生运动对整体五四的"改写"是清晰可见的，运动前和运动后的思想界出现了一些明显的变化，虽不足以改变五四的体相，却也不容忽视）。然若放在广义的范围里，其实也就说不上"后"了。

③ 例如，民初不少人认为近代中国的革命是一个过程较长的广义"大革命"，却又秉持一种从文化看革命的思路（参见罗志田《与改良相通的近代中国"大革命"》，《社会科学研究》2013 年第 5 期）。如果文化是革命的要项，则近代历史中的五四，就需要重新认识。

解。而这样的认识,仍基于对史事的进一步探索。

我们不仅需要知晓五四的体相,还要摸清五四的个性。前者论述较多而仍有待发之覆,后者尤缺乏足够的重视。其实五四的个性多彩多姿,最应探讨。这里无意也无法一一论及,仅就其中两点略作申述,一是五四在中国近代史上具有一些明显的特异性,不宜仅以常态视之;二来那是一个激情洋溢的年代,又特别强调个体人的解放,各种非理性的表现层出不穷。五四个性的这两个方面,都需要我们进一步认识和探讨。

五、五四个性的特异面相

中国的近代确是一个特殊的时代,在此时的中国界域之中,产生了很多此前和此外很少见到的现象。其共性是带有梁启超所谓的"革命性",即史事"最难律以常轨",而事情的结果往往与预定的计划相反[1]。那时许多洋溢着激情活力的面相,往往不能以常态视之,也不宜以常理度之。一个与常理相悖的显例,即"革命"那超乎寻常的特异表现:在精神物质两层面皆已确立菁英地位的既得利益阶层之中,仍有不少人长期向往和憧憬着一个可以带来根本变化的革命,并不断倡导和鼓励着各式各样的革命[2]。另一个典型例子,则是"家庭"这一多数人类社会历来最看重的"温暖港湾",在近代中国却忽然失去了护佑其成员的社会功能,变为一个阻碍国家民族发展的负面象征,成了革命的对象[3]。

上述两点近代中国与古今中外不同的特异性,在五四时期都表现得很显著。然而五四本身又可以说是近代一个相当特殊的短时段,具有与整个近代中国颇不一样的特异性。张东荪就曾说"五四是冷锅里的一个热泡儿"[4]。这样的双重特异性,当予以足够的重视。

---

[1] 梁启超:《中国历史研究法》,载《饮冰室合集·专集》之七十三,第117页。

[2] 参见罗志田《士变:二十世纪上半叶中国读书人的革命情怀》,《新史学》18卷4期,2007年12月。

[3] 关于家庭革命,参见赵妍杰《重构社会的伦理反思:近代中国的家庭革命,1895—1931》,北京大学历史学系博士论文,2013年。

[4] 东荪:《创造群众》,《时事新报》1921年5月29日。

由于中外竞争非常激烈,整个近代中国的大趋势更多是强调胡适所谓"集团主义"的。而面对晚清以来重群、重国、重社会的大潮流,新文化运动一度特别强调个人,侧重个人解放,体现出一种"反动",实在是个"例外"。同样,整个近代的大语境是注重物质和"学要有用",以图富强;而五四时代的主流学人却特别强调科学的"精神"和"方法",明显与晚清以来重力轻学的大潮逆流而行,也是一个显著的"异数"。

如果从这一视角看新文化运动,清季的鲁迅就是开风气者。章太炎早在 1894 年即写过《明独》一文,提出中国人唯有从亲族团体的"小群"中解放出来成为"大独",才有可能达成全国的"大群"①。这个见解当时反响似乎不大,却可能影响了他的弟子鲁迅。鲁迅在 1907 年明确提出了"非物质"和"重个人"的口号,强调要"掊物质而张灵明,任个人而排众数",以促邦国的兴起②。这样的救国方案与近代重群、重物质的大趋势恰相反,却在民初得到发扬。

依照前引杜亚泉的看法,五四这种特异性反与中国传统接近,甚至可以说是中国"旧文明复活"的表征。他还推测欧洲将来的"新文明"会接近于中国旧文明的一些特色。就西方而言,这或者有些一厢情愿。若就中国言,至少鲁迅曾提倡的,倒还可以说是回向传统。五四期间一度彰显的非物质和重个人,的确是中国文化的表征③。就此而言,新文化运动还真有点儿文艺复兴的味道。

"重个人"和"非物质"在五四时期得到不同程度的发扬,但鲁迅那时好像对自己曾经的主张淡然置之,尤其少见他在提倡文质方面有什么大声疾呼。我猜他并非忘了初衷,起初或是不想与人争论,后来则被时代裹挟,

---

① 参见王汎森《"群"与伦理结构的破坏》,载《章太炎的思想》,台北,时报文化出版公司,1985 年,第 243～248 页。

② 鲁迅:《文化偏至论》(1907 年),载《鲁迅全集》第 1 卷,人民文学出版社 1981 年版,第 50、46 页。

③ 关于传统中国文化那非物质的一面,参见罗志田《物质的兴起:20 世纪中国文化的一个倾向》,载《裂变中的传承:20 世纪前期的中国文化与学术》(修订版),中华书局 2019 年版,第 328～363 页。而传统中国文化对个人的看重,不幸长期被误会,当专文探讨。一些非常简约的初步看法,参见罗志田《为己或为人:五四期间关于个人的认知与传统的无意中改写》,《文史哲》2019 年第 5 期。

说些与同人相协调的话。如胡适所说,一个人若成了所谓"公人"(public man),就不得不说"公人"应说的话,而不一定能说自己想说的话①。

我们知道鲁迅当年参加文化运动是有些勉强的,他的一度沉默可能有各种原因,但其中之一或与陈寅恪的感触相近,即因自己的一些见解异于时流,只好噤而不发。而鲁迅比陈寅恪更痛苦的是,代表时流的这些人所主张的大方向又接近于他的向往。五四时很多人的共识,是中国这个国家必须改变,需要往一个新的方向走。鲁迅即其中之一。可是不少《新青年》同人提倡的,恰是"重物质"的一面——那时在"非物质"方面和鲁迅有共性的,是陈独秀攻击的杜亚泉;而在"重物质"方面与新文化人接近的,是于1919年重刊《物质救国论》的康有为②。这样一种多歧互渗的状态③,或使鲁迅不能不保持沉默。

让事情更复杂的是,《新青年》同人一面表现出"非物质"的特异性,一面又延续着"重物质"的晚清传统,以为国家的富强应先于文化的传承。鲁迅仍是其中之一。他曾把"保存国粹"和"保存我们"列为对立的选项,强调后者才是"第一义"④。这里的"我们",大体指与传统文化对应的实体"中国"。几年后他进一步指出,"目下的当务之急,是一要生存,二要温饱,三要发展",而无暇"保古"⑤。所以他也在逐渐疏离于自己过去的主张。

且鲁迅当时是"食君粟"的政府雇员,按旧理是不应出来说话的。这些多方面的复杂原因,或使他那时不得不欲语还休。在五四那种激情洋溢

① 胡适:《致汤尔和》(1936年1月2日),载《胡适来往书信选》中册,中华书局1979年版,第294页。
② 杜亚泉在1913年连发三篇《精神救国论》,明显就是针对康有为的《物质救国论》。杜亚泉:《精神救国论》《精神救国论(续一)》《精神救国论(续二)》(1913年),载田建业等编《杜亚泉文选》,第88~112页。
③ 当时新旧之间的多歧互渗表现在很多方面,如前引梁启超所说中国尝试的"新制度",在杜亚泉眼中却是世界的"旧制度",而与杜亚泉辩论的陈独秀,在这方面实与杜亚泉的思路暗合。陈独秀那时曾把西方思潮分为"古代思潮""近代思潮"和"最近代思潮",以为"近代思潮是古代思潮底反动",而"最近代思潮"又是"近代思潮底反动"。具体所指虽与杜亚泉不尽同,但都注意到西方出现了比既存之新更新的变化。参见陈独秀《自杀论·思想变动与青年自杀》(1920年1月),载任建树主编《陈独秀著作选编》第2卷,第154~155页。
④ 鲁迅:《热风·随感录三十五》(1918年),载《鲁迅全集》第1卷,第305~306页。
⑤ 鲁迅:《忽然想到》(1925年4月),载《鲁迅全集》第3卷,第44页。

多重的复调:五四的特异性与多歧性

的时代,如果选择不发声,与时流保持距离,既可能被认为跟不上时代,更可能被视为有损于"集体的事业"。而参与众所瞩目的话题,立言者有意无意之间可能是被各种因素"召唤"的——既可以是友朋的直接呼吁,也可能是被想要"澄清天下"的责任心驱使,去发出时代需要的声音。后来鲁迅在朋友敦促下站出来说话,很可能就是作为一个社会的"公人"而代时代立言,所说的更多是"时流"以为当说的,未必是他自己心里想说的。

鲁迅真正开风气的一面,揭示出五四的整体特异性;而他与时流若即若离的一面,又展现出当时的趋新群体本各有其个性。然而,其成员态度不一的《新青年》又多被用以代表五四。这本应彰显出五四的丰富一面,可惜我们无意中常把《新青年》群体看成思想一致的整体。一个原本复调的表征被视为单调的,也就多少遮蔽了五四的多歧个性。

五四的趋新群体向为研究者看重,而鲁迅更是研究中着墨较多的。如果他与五四的关联也还有待发之覆,就提示我们,不仅五四认知的定型和简约化可能遮蔽了那段历史的特色,既存研究在帮助我们理解五四之时,无意中确可能增添了一些"作雾自迷"①的诠释。

五四常被比附为欧洲的启蒙运动,这对认识五四是有相当推进的。然而,启蒙运动背后的一个关键词是理性,五四人却更偏于感性。如果中国的 20 世纪是个"动的世纪",五四更是一个激情四射的动荡时代。那时的许多言和行,最难以理性来概括。

闻一多在 1923 年曾说出一段很像狄更斯《双城记》里的话:"二十世纪是个悲哀与奋兴底世纪。二十世纪是黑暗的世界,但这黑暗是先导黎明的黑暗。二十世纪是死的世界,但这死是预言更生的死。这样便是二十世纪,尤其是二十世纪底中国"②。对身处中国的读书人来说,20 世纪是一个充满矛盾和紧张的时代,许多人正是在各种各样的希望和失望伴随下蹒跚前行,与时俱往。在那"一切都在摇荡不定之中"的时代,一个人要是理性

---

① 熊十力语,参见熊十力《读经示要》(1944 年),载《熊十力全集》第 3 卷,湖北教育出版社 2001 年版,第 840、854、874 页。

② 闻一多:《〈女神〉之时代精神》(1923 年 6 月),载《闻一多全集》第 2 卷,第 114 ~ 115 页。

十足,怕比别人更觉难以适应,也未必为他人所认可。

我们都知道,《新青年》之前特别有影响也有代表性的刊物是《甲寅》。罗家伦曾说,《甲寅》"可谓集'逻辑文学'的大成",是民初几年"一种代表时代精神的杂志"①。胡适同意这个看法,但也指出,《甲寅》那种引经据典的谨严文字,要十分用气力才读得懂,故读者"只限于极少数的人",在当日"实在没有多大的效果"②。这一论断甚可思考。若是由于文章太偏重逻辑而难以吸引读者,就意味着罗家伦所说的"时代精神"正在转变——"逻辑文学"的不受欢迎表明,理性未必能代表变动中的时代精神,一个"激情时代"已经来临。

杜亚泉当时就观察到了这种时代的转变,他曾以"知识"对应"情感",将五四时人分为四类,一是"知识明敏、感情热烈"者,他们"常为革新之魁";二是"知识蒙昧、情感冷淡"者,则"常为守旧之侣";还有"知识明敏、情感冷淡"者,貌似守旧,实则稳健,"为革新之中坚";而"知识蒙昧、感情热烈"者,则属于"所谓暴乱派"③。杜亚泉的本意是探讨新旧分野——第一类或指新文化人,第三类则近于夫子自道,并暗示两类人其实倾向接近,却点出了"知识"和"情感"这两种相互交织的时代亮色。

很多年之后,张灏先生提出,五四有多重两歧性,其中一个两歧性,就是理性主义与浪漫主义的对应:

> 就思想而言,五四实在是一个矛盾的时代:表面上它是一个强调科学,推崇理性的时代,而实际上它却是一个热血沸腾、情绪激荡的时代;表面上五四是以西方启蒙运动重知主义为楷模,而骨子里它却带有强烈的浪漫主义色彩。④

---

① 罗家伦:《近代中国文学思想之变迁》,《新潮》2卷5号,1920年9月,上海书店1986年影印本,第872~873页。

② 胡适:《五十年来中国之文学》(1922年),载《胡适全集》第2卷,安徽教育出版社2003年版,第308页。

③ 杜亚泉:《再论新旧思想之冲突》(1916年),载田建业等编《杜亚泉文选》,第211~212页。

④ 本段与下段,参见张灏《五四运动的批判与肯定》《重访五四——论五四思想的两歧性》,载《幽暗意识与民主传统》,第182~183、200~206页。张灏先生已说明,关于浪漫一面,他主要受到李欧梵先生著述的影响。

这样的两面大体近于杜亚泉所说的"知识"和"情感"。我们过去的研究，或许更重视张灏先生所说的"表面"现象，而相对忽视"骨子里"的本色，遂和五四人一样回避了"时代问题的复杂性"。一般情形下，"骨子里"的面相当然胜于"表面上"的，所以五四应是一个"情感"超过"知识"的时代。而"激情时代"的开始，又多是由于人们对现状的不满和不高兴，于是出现了浪漫的一种特殊表现，即一些时人注意到的"漫骂"。

学生运动前夕，在美国留学的张奚若就给胡适写信说，《新青年》中人说话"有道理与无道理参半，因他们说话好持一种挑战的态度——漫骂更无论了"。结果是"人家看了只记着无道理的，而忘却有道理的"①。其实何止《新青年》，那时许多立言者都有出言不逊之风，不过程度不同而已。其中一个显例，就是张东荪和《新潮》的"对骂"。

当年张东荪曾称赞学生辈办的《新潮》超过他们老师办的《新青年》，说《新潮》"的作者个个都有诚实的态度与研究的精神，不像《新青年》一味乱骂"。盖骂人不过表现出一种"浅薄心理"，可以称为"自慢的轻狂"②。结果自讨没趣，主持《新潮》的傅斯年引了一段张东荪的话，以为"似是而非，不通的很"，并暗示张东荪有些"乡愿态度"③。张东荪马上回应说这是和《新青年》一样的"骂人派"，指责他们具有"帝王主义的人性观，也可以名为私塾的人性观"④。按张东荪先前曾说"骂人是人人都会的。你骂人，人也会骂你，那骂人的结果不过教人还骂就罢了"，特别指出这很不可取⑤。结果自己因为被"骂"生气⑥，果然"还骂"⑦，或也未能免除"自慢的轻狂"。

---

① 《张奚若致胡适》(1919年3月13日)，载《胡适来往书信选》上册，第31页。
② 东荪：《〈新潮〉杂评》，《时事新报》1919年1月21日。
③ 孟真：《破坏》，《新潮》1卷2号，1919年2月，第349~350页。
④ 东荪：《破坏与建设是一不是二》，《时事新报》1919年2月6日。
⑤ 东荪：《〈新潮〉杂评》，《时事新报》1919年1月21日。
⑥ 张东荪的文章结尾说，"如不我信，记者敢以头颅为保证"，显然是动气了。东荪：《破坏与建设是一不是二》，《时事新报》1919年2月6日。
⑦ 傅斯年的再回应，便一再说张东荪骂人，既贬低了报刊身价，也有伤个人身格，并特别声明自己不是"还骂"。参见傅斯年《答〈时事新报〉记者》，《新潮》1卷3号，1919年3月，第523~529页。

必须指出，那是一个斯文尚未扫地的时代。与后来特别是今日相比，那时的读书人足以称得上文质彬彬。他们说的"漫骂"，其实不过带有胡适所谓"正义的火气"①，态度显得咄咄逼人，在批评对方时出语有些不敬，斥责不加掩饰，时或语含轻蔑，甚或出以"恶声"。以今天的标准看，所谓"不通"和"私塾"一类，几乎算不上"骂"，即使算骂也远不到"漫"的程度。但我们不能以后之标准看待昔人，他们互相都认为"骂"了，就表明彼此都感觉到对方的情绪过激，已经逾越了平常的言说准则。简言之，依照当时的对话标准，言说双方都不那么理性，而更带感性。

不过，也就在十多年前的清末，梁启超恰靠"笔锋常带情感"能动人而众皆欣赏。可知这不纯粹是"情感"的问题，而是因为对现状不满的人越来越多，时人的情感明显"恶化"。身在国外的张奚若或许还存留着往昔的君子之风，所以看不惯，却也可能是他的观感"落后于时代"了。而他那句"人家看了只记着无道理的，而忘却有道理的"很有提示意义，揭示出当日的时代风向——所谓"人家"，应即是今日所谓的受众。他们容易记着的，当然是更觉亲近的。可知广大受众的态度，明显偏向于主动挑战甚或漫骂的"无道理"一边。实际情形也是这样，在那时杜亚泉与陈独秀的论战中，陈独秀的风格显然更加咄咄逼人，而试图表现"情感冷淡"的杜亚泉却被商务印书馆解除了《东方杂志》主编职务。商务印书馆这样做，当然参考了决定其生意的读者态度，故此结局很能表现"漫骂"反易得同情的时风。

上面陈述的仅是小例子，却很能反映那个时代的非理性特色。一方面，五四有着与整个近代大趋势不同的特异性；另一方面，那是一个充满了矛盾、冲突和激情的时代。五四本身，也特别需要作为一个同样感性的丰富历史活动来理解和认识。这样一种双重特性的存在，增强了认识五四的难度，却也指明了努力的方向。

① 《胡适致苏雪林》(1961 年 10 月 10 日)，载胡颂平编《胡适之先生年谱长编初稿》第 10 册，台北，联经出版公司，1990 年，第 3768～3769 页。

多重的复调：五四的特异性与多歧性

或可以说,五四的整体特异性是全球范围内纲常解纽的一个局部结果。而在一个充满了矛盾、冲突和激情的时代,一旦个体开始思想解放,又使得整体进一步呈现特异性。在这里,宏观和微观是一种互相激发、相互促进的关系。不深入理解中欧古今皆难维持现状的大背景,很难理解五四个体的感性和浪漫;反之,不充分体会当时个人思想解放的程度,也不足以认识整体的特异性。所以对于复调的五四,不妨循"非碎无以立通"的取向,进行复调的研究①。

六、复调的五四研究

针对五四当时的新旧之争,张东荪曾提出:"现在流行的新思想是单调的,我们应当将他化为复调的。"②他对那时新思想的观察或有失片面,但他提出的转换取向,恰是五四研究需要参考的。如方德万(Hans van de Ven)所说,"在五四运动这个时刻,没有人能完全掌控事件。各种力量以不可预测的方式互相影响",可能让"局势发展为一种无人想见到的结局"。所以他主张最好还是以见之于行事的方式"还原某些行动者和涉及其中的各方势力复杂、暧昧和常常互相矛盾的动机",以避免五四的"物化(reification)"③。

史学本是一个非常开放的学科,治史取径尤应趋向多元,而不是画地为牢,株守既定的藩篱。《淮南子·泛论训》所说的"东面而望,不见西墙;南面而视,不睹北方;唯无所向者,则无所不通",最足揭示单一思路和视角的弊端,也最能喻解复调的研究可能带来多么丰硕的收获。

可以说,过渡时代的中国,就是一个复调的时空。以五四时期那种"古今中外"的氛围,思想不论新旧,都绝不会单调。特定的"主义"或思想

---

① 此承《近代史研究》的薛刚老师提示,谨致谢忱。"非碎无以立通"是钱穆的话,出自他为《古史辨》第4册写的《序言》,参见罗志田《非碎无以立通:简论以碎片为基础的史学》,《近代史研究》2012年第4期。

② 东荪:《我辈对于新思想之态度》,《时事新报》1919年4月7日。

③ 方德万:《现实政治中的五四运动》,林立伟译,《二十一世纪》2019年6月号。

倾向,可能影响具体人物的历史选择,却不一定足以解释其言动。凡事有主必有从,有左必有右。不论我们处理的是主是从、是左是右,都不宜望东不见西,视南不睹北,当为对应一方留有余地。特别需要注意那些本来存在而被我们视而不见的面相,勿以不知为不有。

从研究对象的选择到材料的使用都尽量让历史的失语者发声,本是民国新史学一个代表性的取向。林纾在五四时攻击新文化人几乎要让引车卖浆者流进大学教书,虽稍夸张,大体也反映出他们的倾向性。如郑振铎所言,民众"表现着另一个社会,另一种人生,另一方面的中国"①。当然,新文化人为了拨乱反正,确实带有故意矫枉过正的特点②。胡适专以文学史上旁行斜出的材料去构建文学正统③,就是一个典型体现。不过,这样的努力仍可说是复调的一个表现,因为他们注重并强调了过去视而不见的一面。

新史学的这个取向,不幸在五四研究中较少得到体现。与一般近代中国研究相比,五四研究更多受政治史和思想史倾向的影响,这样一种未必是有意的人为选择,在确立后影响相当大。尽管史学的社会科学化长期得到提倡,社会史也一向被视为新史学的正确方向,真正从社会史角度研究五四的,却相当少见。把本来丰富多彩的五四表现得异常简明扼要,的确是我们五四研究的一个特色,颇有些单调的意味。

且不说新文化运动的对立面和协同者,就是《新青年》群体,真正受到关注的人就那么几位,还多偏重特定的方面。而学生运动的领导者,不仅他们在运动中的具体作为仍待厘清,甚至其整体形象也尚显模糊。个体的人如此,群体的人则往往以抽象整体的面貌出现,他们当下的喜怒哀乐皆少见具体的描述,遑论其日常生活(运动前、运动中和运动后一日三餐与平日的异同,可以说明很多问题)。而个体和群体人的喜怒哀乐,更是一

---

① 郑振铎:《中国俗文学史》,载《郑振铎全集》第7卷,花山文艺出版社1998年版,第14页。

② 鲁迅曾说"要上下四方寻求,得到一种最黑,最黑,最黑的咒文,先来诅咒一切反对白话,妨害白话者"。这样一种他所谓"最恶的心",就是矫枉过正心态的一个显著表现。鲁迅:《二十四孝图》,载《鲁迅全集》第2卷,第251页。

③ 胡适:《白话文学史》上卷,载《胡适全集》第11卷,第216~217页。

个动荡时代不可或缺的要项。瞿秋白说得好,"欲了解一国的社会生活,决不能单凭几条法律几部法令,而要看得见那一社会的心灵"①。

一方面,言为心声,社会的心灵当然需要从人的具体言行(行为也是言说)去看。心声的表现又是多面的,有时直白,有时婉转。从所欲言到所言,以及隐伏其后的所以言,在在不能忽视。正如当年参与时流可能是被各种因素"召唤",很多人的言行往往也都有不得不如是的一面,不宜仅据"字面义"去认识,而要挖掘他们所以言所以行的初衷,然后考察其实际的言行。

如鲁迅与文学的关系,就颇具吊诡意味。从创作层面看,鲁迅是新文学的杰出代表,当年新小说的成绩远远超过新诗,他有着不可磨灭的贡献。而在整理国故的风潮下,后来新文学走向了考证,被一些人视为游离出思想运动的逃遁。鲁迅在心里可能更倾向于非考证的文学,但他又阴差阳错地做起了近于考证的文学史。结果,一位以创作见长的小说家却与文学创作分道扬镳,后来竟写起了杂文,恐怕也有些不得已而为之,不全是言为心声。我的感觉,鲁迅从创作到文学史再到杂文的历程,是不是有意为之,还大可斟酌。

又如梁启超等人也在推动他们的"新文化运动"②,而据舒新城的观察,他们"也想把握着一些青年,以期造成一种新的势力",实际也曾"鼓舞着一般青年",但"他们对于新文化之努力,不完全是由于内心苦闷所发出的呼号,而有点'因缘时会',所以在言论上是附和的,在行为上则不大敢为先驱"③。这个分析似不无所见。梁启超等人当然也有其"内心苦闷",唯他们的"苦闷"或不与许多青年同调,故其努力很难触及青年的心声,不容易得到广大青年的呼应。换言之,可能就是在喜怒哀乐层面,梁启超等人与年轻人产生了距离。而青年的"烦闷"是五四时的一个重要现象(并

① 瞿秋白:《赤都心史·引言》(1923年),载《瞿秋白文集(文学编)》第1卷,人民文学出版社1985年版,第115页。
② 参见周月峰《激进时代的渐进者——新文化运动中的"研究系"》,北京大学历史学系博士论文,2013年。
③ 舒新城:《舒新城自述》,安徽文艺出版社2013年版,第198页。

延续到五四后很长时期），是否能与青年"同心同德"，或许是对那些想要"把握"青年之人的一个重要考验。也算梁启超群体一员的张东荪曾注意到青年的"烦闷"，并指出"一部分人专为反对之言论，以扫青年之兴趣。此辈之言论虽不见于出版物，而交际场中固屡屡闻之"①。

这是否影响到他们"把握"青年的努力还需探讨，但在研究方法上是一个重要的提醒。所见、所闻和所传闻所反映的精确程度可以不同，却各有其自身的重要性。后之研究者不能不多看立言者的言说及相关出版物，同时也须尽量了解当时当地交际场中传播的言说，尽管这不得不多依靠间接的史料和史料的间接表述。盖即使道听途说，亦不妨时有所得。如鲁迅在北伐时了解到，傅斯年"近来颇骂适之，不知何故。据流言，则胡于他先有不敬之语云（谓傅所学之名目甚多，而一无所成）"②。这一信息便主要靠道听途说，当日不是与胡适和傅斯年亲近的人不能知此，非细心如鲁迅者不易得出这样综合流言的观察。

另一方面，若不教亦教，则不言亦言。仍以鲁迅为例，他并非总是随顺时流，有时是否发声以及如何发声，也是有选择的。例如很多新文化人预流的科学与人生观论战，他就没参加③。虽然很难确定这是有意的回避，却也不能排除。为什么鲁迅总是与（有特定走向的）时流保持某种若即若离的关联，似还可以继续探讨。尤其是五四后期（1923 年至北伐）的思想史，如果侧重鲁迅及其活动圈，展现出来的恐怕会是另一种图景。

实际上，就是那时鲁迅眼里和心里的"中国"，也和很多新文化人的认知有所不同。当时多数新文化人（及其追随者）所思考和讨论的"中国"，往往夹杂着以尚未成气候的城市为基础的想象，而鲁迅则是少数关注乡土中国的五四人。他笔下的中国，更多建立在乡村和小城镇的基础之上（也包括城市的中国，相对更少）。如果以鲁迅所见所述来再现当年的"中国"，恐怕也会是很不一样的图景。盖不仅民众表现着"另一方面的中

---

① 东荪：《青年之悲观》，《时事新报》1921 年 5 月 5 日。
② 鲁迅：《致章廷谦》（1927 年 6 月 23 日），载《鲁迅全集》第 11 卷，第 550 页。
③ 此承王德威教授提示。

国",长期受到忽视的乡镇亦然。

　　既然未庄切葱的方式都和城里不一样,则阿Q在多大程度上可以代表"中国人",恐怕是需要斟酌和界定的。而鲁迅对闰土的感喟,多少表现出他对"城市化"中国的几分不满。我们时常概括性地引述鲁迅对中国和中国人的见解,却忽略了那个"中国"未必是我们心目中的"中国"。倘若把鲁迅对乡镇中国人的批判(以及不多的赞扬)看作是针对城里人的,而形成郢书燕说式的领会,这误会可不浅鲜①。

　　尽管鲁迅备受关注,他对乡土中国的瞩目并未引起多少注意,也很少影响到我们的研究。包括我自己在内的既存五四研究,有着与整体近代中国研究同样的特色,就是关注和书写的基本都是城里人的经历,而对广大的乡镇视而少见,不管那里是否有类似的活动发生。对乡镇那"另一方面的中国"的长期忽视,是我们史学从业者的责任,必须予以纠正。至少我们当让历史本身的逻辑彰显自己的力量,而不是基于我们的偏向而构建出一个充满选择性的历史。

　　其实傅斯年很早就注意到,中国当时不仅有严重的城乡疏离,就是"大城市的一般社会"也以"互不接触"为特征:

　　　　职业一有不同,生活上便生差异,思想上必不齐一。在一个大城里,异样的社会,很少社交的关系。至于联合起来,而营社会的共同生活,造出一个团结的组织,又就着这组织活动去,更是谈不到的。②

这一观察和认识相当深刻。傅斯年之所见,既与认为中国没有"社会"、不善"组织"的众多感叹相应,却也指出了即使在那时的大城市里,各种群体之间仍以相互疏离为表征。很多既存研究都强调当时的社会转变导致不少人,特别是年轻人,开始走出封闭的家门而进入互联互动的社会,与傅斯年的观察显然不一样。

---

① 我自己少时多受鲁迅文字的影响,也一直准备写一篇五四与鲁迅的文章,却始终难产。因为鲁迅心细如发,为人既敞亮又有些深藏不露。他的所思所行,颇费思量。上面多次提到鲁迅,所述虽不无佐证,也不免带些猜想意味。唯关于鲁迅的既存研究甚多,若我的猜想已被他人述及,请恕我孤陋寡闻,自当以他人更有理据的论述为准。

② 傅斯年:《时代与曙光与危机》(约1919年),台北史语所藏傅斯年档案。

毋庸置疑,民初中国人的生活方式出现了带根本性的典范转移。梁漱溟在1930年描述说,三十年前的北京"完全是一个极静的社会,大家都静守在家里",而"今日的人,男男女女整天在街上跑"。以前没有后来那样的学校,也没有公园、公共图书馆,"各人在各人家中求学读书,各人在家中休息玩乐,各人在家中做一切事。一切公共组织,均不发达,大家简直都不上街,妇女更不上街"①。简言之,普通人的生活中心从家中移到了街上,出现了名副其实的"社会生活"。

这样一种生活方式的改变,的确可以用翻天覆地来形容。认识到并表现出这样的转变是非常必要的,但也不能忘记北京是中国的首都。尽管类似转变在少数口岸城市或更早发生,在一般的县城以及广大的乡村,这样的转变可能刚刚开始,甚或尚未开始。同时更要注意傅斯年对大城市生活的反向观察,即那些已经上街的人,可能也还生活在相对固定也狭小的圈子里。联系到当时新村运动和互助团体的一度风行(向往正提示出缺失的存在),我们是不是把人们的憧憬当成了时代的现状?

一方面,那时中国的社会已经不是孤立的,与世界各国发生了密切的联系;另一方面,城市中普通人的生活也变得不"孤立"而更社会了,一些人(如前引许德珩)因此提出生活规矩也要改变。然而究竟是生活变了,还是某些人的生活观念变了,仍需探求。能够走出家门的是哪些人? 实际走出家门的又是哪些人? 想要修改生活规矩的言说是针对他们,还是针对所谓蚩蚩之氓,更有必要辨析。那些已发生和进行中的变化固然是事实,然一味言变或显单调,若复调则当表述出对变化向往和担忧的双重现状,以及同时存在甚或更普遍的不变一面。

城乡疏离更是非常重要的背景。四民社会的解体导致了生活本身及生活观念的变化,却也有一个不短的过程。走出家庭的喧哗正发生于五四时期,如果广大乡村的蚩蚩之氓较少被五四触动,则五四的划时代影响就

---

① 梁漱溟:《形成民主势力的基础条件·梁漱溟昨在学术讲演会讲演》,《新晨报》(北平),1930年8月18日。

要打个折扣。反过来,我们也不能因为影响没有这么广泛,就小视五四对时代的影响。毕竟中国一向是个"分工"的社会,与朝廷相忘于江湖的蚩蚩之氓,一直尊重和承认读书人的引导作用。而生活观念最先变化的,正是后者。

因此,对五四本身及其在历史上的意义,我们的认识和理解可能还要经历一个很长的过程。这就需要我们以"见之于行事"的方式更多展现民众的生活。如顾颉刚所说,"民众的东西一向为士大夫所压伏,所以不去寻时,是'无踪无影'";但若有心搜求,所得便可能"无穷无尽"①。这里的关键,仍在于史家是否真以"民史"为目标。

民众如此,乡镇亦然。具体到广狭两义的五四,在某种程度上,县城以下的运动可能更多是我们所说的爱国主义运动,而较大城市里的运动或更偏于趋新的文化运动。具体是否如此,尚待有心的搜求、发掘和呈现。我们不必非在小镇乡村中去寻找"运动"的痕迹不可,只要展现他们的日常生活,运动与否、运动多少与怎样运动,自然会浮现出来,不求而自得。

如果把五四看作一个已经完成的历史文本,就当置于其产生的语境中解读,注重历时性的因素。同时也不妨以观时而观空,并以观空而观时②。过去受梁启超影响,都主张中国对外国的认识有从器物、制度到文化的三阶段进展,而讨论史事也多沿着甲午战争、戊戌变法、辛亥革命一系列事件的时序模式。其实五四学生运动本因外来刺激而起,那时的欧战,特别是新俄的出现,使五四人的思想受到强有力的外来冲击,他们对中国现状与历史的反省和对未来的憧憬,包括时人挂在口上的觉醒、解放和再造,基本都在一个时空纵横的框架之中,已经超越了线性的时间进程。是无数重时空因缘的叠加,使五四呈现出如许面貌。我们观察五四,最好因循时人的思绪,注意观空与观时的互动③。

---

① 顾颉刚:《孟姜女故事研究集自叙》,《民俗》第 1 期,1928 年 3 月 21 日。
② 陈寅恪:《俞曲园先生病中呓语跋》,载《寒柳堂集》,第 164 页。
③ 前引杜亚泉提出以特定时段的"时势"来划分新旧的主张,而这个时段又以标志性事件来确定,大体即据事件以分新旧,便多少带有以观时而观空的意味。